中华传世藏书

【图文珍藏版】

钦定古今图书集成

精华本

[清] 陈梦雷 蒋廷锡 ⊙ 原著

刘宇庚 ⊙ 主编

第七册

线装书局

第四十三章　星命汇考四十三

《三命通会》十五

井栏斜叉

　　《喜忌篇》云："庚日全逢润下，忌丙丁巳午之方，时遇子申，其福减半。"此格以庚申、庚子、庚辰三日为主，地支三合水局，天干透三庚，乃为全逢润下。庚用丁为官，以申子辰冲寅午戌火局，庚日得官星为贵。丙丁则官杀显露，巳午则井口填实，时遇丙子为时上偏官，甲申为日禄归时，难成此格，所以福气不全，而减半也。井栏叉，即井口也。润下者，水也。井中有水，所以济人；见午未填实，水为土杂，则无济人之功。若月寅午戌冲坏，水火相煎，反受其祸。若天干有壬癸字，则引申子辰为伤官，去寅午戌火力，戊己字克伤水局，不能冲寅午戌火，贵乃减分数，岁运同此格。须柱无一点火气，生秋冬为合局，见戊辰戊子亦不妨。若庚子再见子时，只作飞天禄马论；在辰月以印绶论，在子月以伤官论，须变通消息。果合此格，主清奇贵显，但不甚富。运喜东方财，北方伤；忌南方火土，西方平平。如王都统庚子、庚辰、庚申、丁丑，丁卯年戍边，得十次官诰。尹凤武状元参将癸未、庚申、庚申、庚辰，见行东方运，所以官显，乃此格之纯粹者。《赋》云："井栏润下，三庚为妙，财印为忻。忌离宫午位，喜寅字邀神。填实则荣华富贵，带刃则掌管千军。"详此说，庚以土为印，土能填实井口，寅能冲申，用神克伤，何以为贵？试思之。诗曰："庚日全逢申子辰，井栏叉出世超群。丙丁寅午全无露，定是清朝富贵人。"又："井栏庚日申子辰，庚多局全格始成。大怕寅午戌破局，丙丁逢著亦无情。"又："井栏运喜东方地，得到财乡真富贵。丙丁巳午岁运逢，失禄破财须且畏。"又："申子辰全日遇庚，井栏叉格制官星。局中无火方为贵，破动提纲祸已临。"又："生遇三庚喜气新，全逢润下井栏真。金精怕见寅午戌，水秀偏宜申子辰。伤贵缘多壬癸见，露官休共丙丁临。运行大抵东方美，一世荣华不受贫。"

壬骑龙背

《喜忌篇》云："阳水叠逢辰位，是壬骑龙背之乡。"此格以壬日坐辰，壬以丁为财，己为官。壬用支辰暗冲戌中丁戊，壬日得财官之贵；柱中须辰多方能冲起，再得一寅字合住财官为妙，不宜财官显露。喜行身旺及伤官、食神运，忌南方财官之地。柱有丁巳午戌，只作财官论。若壬日坐寅，柱中辰多，亦取此格。以壬食甲、甲合己为壬官，甲生丁为壬财，辰能冲戌，寅以合之为贵。若壬辰日，年月时皆寅午火局，财生旺得地，财多不清，只为富命。又曰："壬辰日取辰多，暗冲起戌中火土金，为财、官、印、三奇。"若三辰一寅为冲合贵气，有力；若壬辰日年月时皆寅，力轻。却用寅中甲木为食生财，故主富。柱中宜见丑未为贵，大怕己官、戊杀、乙伤、丁合不入格，纵辰多亦减分数，忌北方亥子运。又曰："壬辰为魁罡日，宜身旺，怕见财官，休否以运参详。"若柱中全见申子，当以润下格论。运戊己辰戌又冲，岁运并临，吉中反祸，此为骑龙走冲，不成格也。如刘成文甲子举人，己丑、戊辰、壬辰、庚子，戊辰年乙卯月死，正是巳官犯杀太旺，克壬为凶。《独步》云："壬骑龙背，见戌无情。寅多则富，辰多则荣。"《景鉴赋》云："壬骑龙背，喜寅辰二字相怡，忌戊己巳午为迍。寅多者，钱满粟腐；纯粹者，姓播朝廷。"《相心赋》云："壬骑龙背逢丁破，欲比申枨。"《妖祥赋》云："阳水逢辰见戊己，灾临难避。"《千里马》云："壬日壬时叠寅辰，高节承恩登御阁。"《宝鉴赋》云："石崇豪富，柱中多寅。"《秘诀》云："壬骑龙背，五行偏喜寅、辰。"诗曰："壬辰日诞号骑龙，飞出官星在对冲，四柱辰多官爵显，寅多却作富家翁。"又："阳水多逢辰字乡，壬骑龙背贵非常。柱中俱有寅辰字，富贵双全在庙堂。"又："壬骑龙背喜非常，辰多寅字转发扬。大忌官星来破格，灾刑须见寿元伤。"又："壬寅不及壬辰日，四柱壬辰字要多。辰字多分官职重，寅多可比石崇过。"又："壬骑龙背喜非常，阳水重重绕郑邦。辰向戌中冲秀气，戌来午上到官乡。龙如叠见封官爵，虎若重逢满库仓。上下三合全水局，富贵双全迥异常。"《鹧鸪天》："阳水叠逢最吉祥，柱无戊己坐朝堂。辰冲戌内财官贵，柱有寅合方是强。擎玉简，受金章，澄清四海镇边疆。尊贤容众修天德，烈烈威名遍八方。"如孙丕扬都宪：壬辰、甲辰、壬寅、庚子，是此格也。

子遥巳禄

《喜忌篇》云："甲子日再遇子时，畏庚辛申酉丑午。"此格以甲子日、甲子时，甲以辛为官，二子中癸水能遥合巳中戊土，戊来合癸，畏子上甲木克制，不敢来合，戊与丙同居巳宫，丙戊为父子，戊动丙亦动，丙却与酉中辛相合来克甲木，甲日得官星，戊方得合癸，是谓巳酉丑三合会起官星局，年、月大怕有午冲子、丑绊子，不能遥矣。或曰："甲为主克出巳中戊土，又用子中癸水克出巳中丙火，戊既被克出，却与癸合，丙被克出无配，来寻酉中辛金相合，而甲日得财官之美。"又曰："此格以二子中癸水，遥合巳中戊土为甲之财，丙戊禄同在巳，丙是甲之爵星，戊是丙之爵星，戊动丙亦动，丙见子戊贪合癸妻为印绶，丙却合起辛金为甲子官，如人有子继其后，传其家，以成父道之尊贵。"喜生壬癸亥子月印旺，卯寅月身旺，行官旺乡，必主登科食禄，权贵浊富。忌见庚辛丙字明露，申酉巳字破格，如有制化，亦不为害。柱有丑午绊冲，则减分数。岁运同。若生酉丑月，只作正官格。取虚露庚字，亦主富贵。全看月令何如，或可杀生印助，若成此格，须忌尤怕南方运，如樊继祖尚书：庚子、己卯、甲子、甲子，真此格也。经云："甲子逢合禄，终身须富足。"诗曰："甲子日逢甲子时，遥合官禄贵无疑。丑绊子冲官杀显，福不为祥禄亦迟。甲子重逢甲子时，休言官旺不相宜。月生日主根元壮，运到金乡反是奇。"又："甲子日生甲子时，蓦地逢官孰得知？癸来动戊戊动丙，丙合辛生是福基。切忌庚辛申酉字，又嫌丑绊午冲之。柱中运内遭逢著，格局不成福有亏。"又："子来遥巳细沉吟，甲子还将甲子寻。癸向巳中邀戊土，丙来酉上合辛金。暗忻申酉三六合，明怕庚辛二癸侵。丑午不逢高格论，登科及第宴琼林。"

丑遥巳禄

《喜忌篇》云："辛、癸日多逢丑地，不喜官星，岁时逢子、巳二宫，虚名虚利。"此格此有辛丑、癸丑二日，辛以丙为官，癸以戊为官，丙、戊禄在巳，惟丑能破巳，柱中多逢丑地，则丙戊之禄出，辛癸遥合得官星，忌见子绊未冲，巳字填实，不过虚名虚利而已。岁运同论。辛丑日宜生秋月，癸丑日宜生冬月，柱中金水多方合此局，再见申酉，得一合住巳字，不致贵气走出为妙。无丙丁巳午，辛日之纯粹；无戊己巳午，癸日之纯粹，再无冲绊。为人淳厚，富贵双全；略见损伤，亦主富足。若生辰戌丑未月，当以杂气取用，逢卯辰申酉亥时，亦不作此格。如辛日生丙寅、丙午、丙戌月，只以官星论。如生甲寅，以木助火，可用财官。癸日土多，以官杀论；见癸亥时，以拱禄论；生金旺月，以印绶论；生火旺月，以财星论。如生甲寅月，伤官不妨，宜行官星得地及身旺运，多贵。此格与辛亥、癸亥、飞天禄马大同。经云："辛癸日合禄，平生富有余。"诗曰："辛日癸日多逢丑，名为遥巳合官星。莫言不喜官星旺，谁信官来反有成。"又："辛丑癸丑二日干，丑能破巳巳藏官。丑字多见方为妙，不宜子字住中间。"又："辛癸无官众丑遥，巳中丙戊禄来朝。支元喜见酉申合，人格应须贵禄饶。辛忌丙丁兼巳午，癸嫌戊己马驼枭。子来绊丑心真懒，格局如轻福亦消。"又："丑遥巳格事如何。辛癸偏宜丑字多。申酉癸逢官会合，鼠蛇愁见福消磨。辛人怕与丙丁遇，癸日难将戊己和。前戒不临八字上，也应独步占高科。"

刑合得禄

《喜忌篇》云："六癸日时逢寅位，岁月怕戊己二方。"此格以六癸日为主，癸用戊土为官星，戊禄巳用，时上甲寅刑出巳中戊土，是癸日得官星也。喜见财星，或印助行财印，刑冲会合皆美。岁月支干，怕见戊己字，官杀显露减分数。若岁运填实，或福气已过，则死。柱有戊己字，时中喜逢空亡，若月令在偏、正官位，即不以时喜忌言矣。如癸亥、癸卯、癸未坐下木局，时逢甲寅，柱有戊己巳午，真正伤官见官，亦不入格，岁运逢之有祸。此格与飞天禄马大同。既曰"冲官"，亦宜有合，柱得酉丑一字合巳则可，惟不用申，以申能冲克寅故也。见亥或午戌字为羁绊，巳字为填实，申庚字为冲克，皆为破克，不贵。又曰："六癸日亦可用庚申时，刑合巳中戊禄为官。六己日亦可用壬申时，刑出寅中甲禄为官。六辛日得庚寅时，则刑不成。辛虽以丙为官星，建禄在巳，庚能克甲，寅字被伤，不能刑巳，辛日不得官星，所以不取。"《举善篇》云："刑合生于正月，便作伤官。"又云："柱中若逢酉丑字，遇者英豪名利客。"诗曰："六癸日生时甲寅，假名刑合亦非真。月令若加寅亥位，伤官格内例推寻。"又："但求癸日甲寅时，刑出官星贵可知。不喜庚金伤甲木，寅申冲破主忧危。"又："癸日无官时甲寅，巳中丙戊要寅刑。甲能克戊丙自出，癸得财官禄贵成。四柱更兼无戊己，方为合格大声名。庚来杀见能伤甲，纵有资财是白丁。"又："刑合格向六癸寻，生时喜见甲寅临。寅来临巳戊应出，癸去逢蛇官得任。戊己倘逢凶易致，庚申忽遇祸难禁。运流有类飞天局，所戒无伤福愈深。"如高拱阁老：壬申、癸丑、癸丑、甲寅，柱中带申，有破病，运行庚申，遇壬申流年，罢官，几致大祸。以上诸遥合、暗刑、飞冲等格，渊源十八格，柱内元无财官方用。凡人命四柱、三元内外无合，而有合在乎别位，虚邀暗拱，刑冲破克，合于别禄，以上诸格是也。若有刑无合，则贵气不住，不成格矣。

冲合禄马

如甲日生人，柱无酉辛，却有卯多冲酉，己酉合丑为甲日正官。喜壬癸生助，忌酉辛填实，若止一卯字，再有刑合起，亦为好命。乙日生人，柱无申庚，却有寅冲申，子辰合拱或巳刑出，为乙正官。喜壬癸生助，忌申庚填实。戊日生人，柱无卯乙，却有酉冲卯，亥未合卯，戊得官星。喜壬癸财、丙丁印，忌见卯乙。己日生人，柱无寅甲，却有申冲寅，午戌合寅，即暗有官星。喜财、印，忌见寅甲。丙丁二日即倒冲禄马格，庚辛壬癸四日即飞天禄马格，以例推之。以上四干冲合，皆忌官星明露及受伤，月令得官乘旺为妙。冲神遇合，不逢羁绊，必登清贵，将相公侯，缺一则减分数，破则近贵衣食，甚者贫乏，岁运喜忌同。《巫宝经》云："至节者，如天干属木，支元属木，人元属木，乃为至节。"其为人也，富贵不能淫，贫贱不能移，威武不能屈，大丈夫也。盖阴阳匹配，譬如六门，阳干半斤，阴干半斤，方成配偶。倘遇偏倚，难成造化。如清洁贞静之女，定要配中正贤良之夫，乙卯禄旺之木，终不合庚午、庚寅、庚子、庚辰之金，此衰败之金，终不能就合乙卯旺木，值此奈何？直待运临申酉金旺之乡，乙木随时而顺，如烈女直等庚申金旺为配也，庚午、庚寅、庚子、庚辰不能屈伏，此贞女为之妻也。且如乙用庚与申为夫柱无，却有子辰二字，则能合起申中之庚为乙官星，有此不必再要寅字去冲，有寅更妙。柱无子辰，乃取冲出。甲寅、乙卯、丙午、丁未、戊午、己未、庚申、辛酉、壬子、癸亥，以上十日，本身健旺，冲禄元最紧，壬辰、壬戌、戊辰、己丑，冲禄则慢，其余干不用。

如明神宗：癸亥、辛酉、癸亥、辛酉，主本癸亥健旺，冲出巳中丙戊禄马为癸用，却得二酉合住为妙。

破　官

四柱元无财官、印绶，却有破官之辰，如癸卯日破出午中己土为官，癸酉日破出辰中戊土为官，甲午日破出酉中辛金为官，柱中须得一字三合，合住贵气为妙。《元理赋》云："卯破午，午破酉，财官双美。"又云："年日支无破官之辰，月时支有破官合官之辰，主贵。"如甲寅日无破，月逢丙午，时临己巳，此取午破酉中辛官，有巳合之，又用巳中丙戊合辛，为贵。诗曰："卯破午未有大官，午未破酉一般看。丑破巳午不为例，子破卯辰用不难。"

飞　财

日干同月干，日支同时支，冲出对宫之财是也。得此格当发财禄，忌泄气，凶。如壬申日生，时支亦申，二申冲出寅中甲丙为财为用，岁运遇子则化成水局。如日干是庚被局，泄气伤官，不能生财，岁君、柱内再逢七煞克身，必死。盖飞财格，支辰不可变化他局故也。如戊寅、己未、戊寅、甲寅，三寅一甲七煞，六月全无财气，比肩甚旺，却得三寅冲出申中长生之水为财，运行西北，资财巨万。

破　财

此格如乙卯日生，八字不见财官，用卯字破出午未中己土为财用，要寅、戌一字暗合财气为妙，忌劫财填实，但有财位及填实，冲位便破不行矣。如庚申、辛酉日破寅、卯、辰之木为财，丙午、丁未日破酉、戌之金为财，壬子癸丑日破巳、午中之火为财，此数日本日刃、日禄，本体自强，故可冲破取财为用，其余日主柔弱，岂能破夺横来财乎？合此格者，多能横发，取不义之财。诗曰："命里无财看破财，破来财禄似山堆。运行官印多多福，却怕刑冲填实灾。"又："卯破午未取财看，午未破酉总一般。丑破巳午财来广，酉破辰卯福不难。"

卯未遥巳

此格以辛卯、癸卯、辛未、癸未四日，辛癸合巳中丙戊为官，要连见三四位卯字冲酉，三四位未字冲丑，酉丑暗合巳中丙戊，为辛癸日官星，大忌巳字填实，岁运同。若一二位，即不用此格，只取财官、贵食断之。

虎午奔巳

此格乃辛癸日见丑寅，取寅刑丑合，刑合出巳中丙戊，为辛癸官星，更得一酉字合贵为妙。有刑无合，禄不能住。柱见申巳，即不入格。如壬戌、辛亥、辛丑、庚寅，甲戌、辛未、癸丑、甲寅，二命合格为贵。诗曰："辛癸日生岁月时，若逢寅丑便为奇。寅刑丑合巳中禄，此是功名福贵基。"

羊击猪蛇

此格乃辛未、癸未二日，以二三未字合起亥字，冲出巳中丙戊为辛癸之官，柱有酉、丑一字合住贵气为妙，怕填实、冲刑。如甲戌、辛未、癸辛、癸丑，庚申、癸未、辛未、乙未，二命合格，俱贵。诗曰："羊击猪蛇格最强，日逢辛癸未相当。柱中再遇酉申字，合禄无伤入庙堂。"以上诸格，须柱中无财官方用，有则不取。《珞琭子》云："无合有合，后学难知。得一分三，前贤不载。"如有寅月戌便有午，有申有辰便有子，是得一分三，看其元辰有此为福、为祸叉。三合全者，却能叉出对宫物来为福为祸。如寅午戌叉出子中癸水，申子辰叉出午中丁火，辛癸日见丑寅刑，合出巳中丙戊，皆为无合有合，学者须细详之，此命之理所以为微也。

刑冲带合

刑者三刑，合者六合。刑者如砒，合者如蜜。人止知蜜之甜美，不知内有砒之毒害。如夫妇相交，虽一时快美，不知耗盗精气，反为患也。此格如甲子见己卯，丙子见辛卯，庚申见乙巳之类。干合支刑，上合下刑，人命犯之，多耽酒色，重则丧身破家，轻则成疾，至老不改。如十分合格，亦有权贵大命，但不免酒色成疾，闺门无德。若是贱薄之命，终身花酒昏迷，漂荡无成，运行凶杀克身，多致丧生。女命尤忌。诗曰："支刑干合最非宜，酒色伤身灾祸随。纵使为官居鼎鼐，也因好色致身危。"

六阴朝阳

《喜忌篇》云："六辛日，时逢戊子。嫌午位，运喜西方。"此格六辛日为主。

辛以丙为官星，以癸为寿星，喜戊子时，以卯合癸，子乃辛之生地，戊禄在巳，戊来印辛；戊乃丙之子，丙见戊印辛，丙却生戊，合辛为贵，辛日得官星也。柱中只宜子字一位，多则不中，怕午冲丑绊，则阴不能朝阳，丙巳填实，运行西方金旺之地，故喜。东北财伤次之，南方死绝则忌。此格只宜生申、辰、亥、卯、未、酉月。若生四季，以印绶论。丙午、丙寅、丙戌月，以财官论。甲寅、乙卯月，只以财论。月令为主，行运不拘南北，身旺为妙。若成此格，多名胜于财，为人高亢，伤妻害子，如犯上忌，贫薄。又曰："午一阴生，至亥六阴毕。辛金坐亥，或生亥月，乃为六阴之地。"时得子时，取子中一阳生，乃阴还阳，故名辛未。辛酉亦是。余三日则非是。金水涵秀为贵。或云："辛乃阴金，丙乃阳火，以辛向丙，非朝阳而何。六阴云者，犹言六辛日也。"亦通。《继善篇》云："阴若朝阳，切忌丙丁离位。"《景鉴》云："朝阳喜忌，怕丙丁而嫌离位，忌丑字运喜西方。若填实时，三场难进。见丙丁位，立案功名。不然则输粟济众，或者是主办公文。"又云："四季秋生无亥字，荣单富贵业尤奇。"《举善篇》云："朝阳生于季月，可称印绶。"《真宝赋》云："六阴朝阳带印，清朝之士。"《秘诀》云："辛日子时，忌行火地，西北行来则吉，东南一去忧凶。"古歌云："辛逢戊子号朝阳，运喜西方禄位昌。丑午丙丁无出现，腰金衣紫入朝堂。"又："南地平平最嫌北，西方第一次东方。若还子字无相遇，贵处朝堂姓名香。"又："辛日生时逢戊子，戊来动丙作辛官。六阴金合朝阳格，富贵镃基是不难。子宫只宜得一位，若多一子福还悭。丙丁巳牛俱无迹，运向西方入贵班。"又："六阴行运喜西方，临到东方也吉昌。最怕北方多不吉，南离冲破主灾殃。"又："朝阳贵格六辛金，戊子居时福转深。子隐贵渊成会合，戊来动丙得官神。丙丁明现诚为忌，巳午重逢亦可憎。运历西方为第一，如转南离祸必临。"《鹧鸪天》："戊子时逢日六辛，朝阳合丙动官星。庚辛甲乙相连喜，紫绶金章作宰臣。寅卯贵，丙丁贫，南方不利有伤身。中和禀得无偏倚，稳坐朝堂治万民。"

六乙鼠贵

《喜忌篇》云："阴木独遇子时，为六乙鼠贵之地。"乙以子申为贵神，独遇子者用鼠不用猴也。乙用庚金为官星，得丙子时，以子上丙火遥归巳中本禄，巳来合申，申来动子，是谓申子辰三合会贵，谓申中带将庚来，乙日得官星，用申时则官

星显露，所以不取。若子字多，谓之聚贵，尤妙。年月中有午冲丑绊，则子不能遥禄，申庚为官露，酉辛为杀露，被丙伤，子反不中矣。岁运同。此格要月通木局，日下支神皆是木旺之地，水印亦可，忌见金火，若岁运逢申酉，凶悔，东方渐退，午运则亡。如一命：壬寅、辛亥、乙未、丙子，合格，若乙丑日绊子，乙酉日杀伤，则减分数。一子字怕见卯刑丑绊，多则不妨，透辛字不旺，再有丙丁合克，丙合辛化水，运顺行不伤贵。如己丑、丙子、乙卯、丙子，两子夹一卯；丁巳、壬子、乙丑、丙子，两子夹一丑，虽犯上忌，却是交夹贵中生，故皆大贵。若生夏令，只以伤官论。生七八月，贫下。如得庚申月，运北地，却以官论。生四季，有财库，喜水局、伤官、食神，南运亦吉。凡月令见财官印旺，即以财官取用，不以午冲子为祸。如合鼠贵，柱有未合午，略有损坏，富而虚名。《相心赋》云："六乙鼠贵，遇午冲而贫如颜子。"《真宝赋》云："鼠贵带食，早为藩省紫垣之相。"诗曰："乙木生临丙子时，要无午破卯刑之。四柱不逢申酉丑，管教年少拜丹墀。"又："六乙鼠贵在生时，杀官冲破不相宜。月中通得真三木，方可当元利禄奇。"又："乙日生人得子时，名为鼠贵最为奇。切嫌午字来冲破，辛酉庚申总不宜。"又："六乙生人时遇子，既带官星复用此。庚申辛酉马牛欺，一位逢之为丐子。"又："乙日时逢丙子旬，官星不要月中存。乙丙能生扶羊刃，丙得刑庚至贵神。"其格不宜逢刃午于中，亦惮见庚辛。若推岁运，如其理无破，清闲享福人。《西江月》："乙日生逢丙子，名为鼠贵幽元。无冲无破福周全，印食旺多显。子多名为聚贵，略逢冲破有愆。生春印地福滔天，岁运金乡克战。"

日禄归时

《喜忌篇》云："日禄归时没官星，号青云得路。"此格有七日：甲寅、丁午、戊巳、己午、庚申、壬亥、癸子，日主之禄归于时位，喜日干坐旺，印绶生月，透财元伤食，天月二德，主大富贵。忌刑冲破害、空亡死绝及劫财分禄、倒食作合、官杀克制，虽可取用，亦不纯粹，岁运同。如乙日见己卯时，是时上偏财。丙日见癸巳时，是官星显露。辛日见丁酉时，是时上偏官，不作归禄格看。四柱何如？若月有官星或天干透财官，只作财官论。若时支归禄，年月时支亦有禄，谓之聚福归禄，又谓五行归禄。若日禄归时，时禄归日，谓之互换禄；若年禄归时，时禄归年，如甲申见庚寅、乙酉见辛卯、壬午见于亥、癸亥见壬子等类，俱主大贵享福。

若重见禄位，如甲日寅时，又生正月，财官俱弱，只作建禄看。若月日天元同而止有时禄，谓之分禄，便为无用，若各自归禄，却又不妨。此格有七法，一曰"青云得路"，如戊子、甲寅、乙亥、己卯，柱中无一点官星，身旺得局，有印生助，虽子刑卯禄，不能破局，故贵。又壬午、庚戌、壬子、辛亥，身旺印助，登戊戌进士，为刑部郎中，作杂气格论尤是，故丁丑运戊辰科，丑刑辰冲故也。二曰"官星坐禄"，如丙申、丙申、丙申、癸巳，丙以癸为正官，生七月金乡有托，运行西北官生旺之乡，丙临申无气，三丙相倚，冲寅长生，癸官临巳，用神坐贵，得财官双美，故少年及第，中年拜相。三曰"归禄逢二德"，如辛亥、辛卯、甲寅、丙寅，甲专禄，而得丙寅为食会禄，甲为月德，月令辛卯为甲正官，辛逢二月无气，二寅中丙合去二辛，止有二寅为甲之禄，月德逢归禄，乃平章辅国英雄。四曰"归禄逢印绶"，如丁未、壬子、甲子、丙寅，二子印旺，丁壬化木，引至寅时木旺，运逢官杀，丙丁制合不能损局，故贵。又壬寅、丙午、甲辰、丙寅，日禄归时，不逢官杀，用丙为食，喜生寅旺午，午中己土为财，年干印绶库旺于日，所以承祖荫受职，富贵成名。又丙戌、癸巳、戊午、丁巳，柱无一点官星，丙丁印戊，日时禄互换，午戌己俱是火地印绶，生身太旺，运行西方食神伤，官之地生财，癸与戊合化成火象，所以少年登第，官至三品。五曰"归禄逢伤官"，忌见官。如壬辰、乙巳、己亥、庚午，己坐亥有甲为官，得巳冲去，有乙为杀，得庚合化为真金伤官，用壬为财，坐库，归禄日下，运行南方身旺，西方金旺，伤官去杀，生出财气，有用，英灵秀实之贵也。六曰"归禄逢杀"，如甲申、丙寅、戊申、丁巳，戊坐申自生，年干透甲为煞，归禄于寅，二申制之，戊归禄时地，无官混杂，所以掌握兵权，威镇边疆。七曰"归禄逢财"，如己亥、丙寅、丁丑、丙午，自坐财库，丙夺财，亥中壬制，寅与亥合，运逢官杀，比肩强旺，可以胜任，己土食神，归禄于时，制其官杀，运行戌酉申，俱财旺地，故贵。如甲子、丙子、戊子、丁巳，三子为财多而且旺，年干透甲为杀，逢生，喜日干戊土归禄于时，得地，月干火印亦归禄于时，所以大贵。《独步》云："日禄归时，青云得路。月令财官，遇之吉助。"《元理赋》云："归禄得财而获福，无财归禄亦须贫。"又云："日禄归时，四柱岁运皆不喜官星，有刑害，其福减半。"《景鉴》云："见官杀青云难遂，著刑害驿马荣身。"《壶中子》云："头戴脚踏，罕遇甲年寅时。"诗曰："月主生归时禄逢，无冲无刑不落空。官杀不临财印旺，伤食健身禄千钟。"又："六甲生人禄在寅，若逢官曜贵难伸。身无健旺忻生印，禄有多余爱食神。若遇相冲灾必至，忽遭克破福无因。流年大运皆同论，富贵尊崇压众人。”

拱禄拱贵

《喜忌篇》云：拱禄拱贵，填实则凶。拱，向也，夹也。禄是临官之禄，贵是官星之贵，或指天乙贵人。拱禄有五日五时，癸亥、癸丑、癸丑、癸亥拱子禄；丁巳、丁未、己未、己巳拱午禄；戊辰、戊午拱巳禄。拱贵有五日五时，甲申、甲戌拱酉，乙未、乙酉拱申，是官贵；甲寅、甲子拱丑，戊申、戊午拱未，辛丑、辛卯拱寅，官贵兼天乙贵。凡拱格，须日时同干，贵禄与月令通气，运行身旺及贵禄旺地，方大好。印绶、伤官、食神、财运，亦吉。忌刑冲破害，羊刃七杀，伤了日时，拱不住贵气。大忌填实、空亡，譬如器皿虚则能容，实则无用，所以只宜虚拱；完则能盛，破则无用，所以怕见空亡。岁运同。又曰：虚拱之法，看拱出空中之物，端系我家何物，或吉神、凶杀之类。如子寅拱丑，甲日固得官星，有未冲丑，则拱夹不定，贵气走透。若无未有辰戌逼迫，虽急，犹且庶几。有亥卯则拱气坚牢，缺一则偏枯失序。此小方面格也。又如丑寅巳午拱夹卯辰，广切包顾，而卯辰有我贵气，更以余干唤醒其内有情者，中方面格也。又如拱东西南北地，面南则巳午未自然有火气；东则寅、卯、辰，自然有木气，大方面格也。若非格局雄壮，体段大器，不敢乱取，大疏阔故也。《赋》云：“禄重位显，定知夹禄之乡。”假如癸丑见癸亥，拱子位，癸禄生秋冬，禄重有气，如戊子见甲寅，亦拱丑贵，然戊受甲克，岂能拱之？余以例推。《独步》云：“拱禄拱贵，填实则凶。提纲有用，论之不同。”《三命》云：“夹禄夹贵，必居八座之尊。”《心镜》云：“干旺而禄贵夹，清正官员。”《景鉴》云：“拱禄拱贵，纯粹者王侯之伦，填实者虚名虚利。无财印不喜伤害，忌官杀又怕空亡。”诗曰：“日时双拱禄中庭，金柜藏珠格最清。至贵至高君子命，无忧无虑到公卿。”又：“虚拱贵神兼禄位，不逢填实及空亡。冲刑羊刃并七杀，破败官星不可当。”又：“拱禄拱贵格中稀，也须月令看支提。提纲有用提纲重，月令无神用此奇。”又：“所拱之位怕填实，又怕伤官在月支。阳刃重重来破格，如无此破贵无疑。”

冲　禄

此格如庚禄申，柱中无申，得庚寅日，年、月、时再有寅字，并冲申为庚之

禄。甲禄在寅，柱中无寅，却得甲申日，年、月、时再有申字，并冲寅为甲之禄。大忌丙伤庚，庚伤甲，填实禄位则不贵。余例推。如己巳、丁巳、庚寅、戊寅，辛巳、乙未、甲申、壬申；乙卯、甲申、辛卯、辛卯三命，合格，贵。

六壬趋艮

此格乃六壬日见甲寅时，合出亥中壬禄，即暗禄格。经云"明禄不如暗禄"是也。忌亥字填实，怕冲刑克破。壬寅、壬辰二日为正，见寅字多者大富，以寅中甲木食神，生丙火长生之财，财旺生官，故美。忌官杀损身，申庚伤甲，不能生财，为凶。又曰："壬日多见寅字，用寅中甲木暗邀己土为壬官星，寅中丙火暗邀辛金为壬印绶，怕午合申冲，忌财官填实，喜身旺地。岁运同。"《口诀》云："六壬趋艮，逢亥月必贫。"《相心赋》云："六壬趋艮，智足多仁。"《真宝赋》云："六壬趋艮，透财印为奇。官杀来侵，反为贫穷下贱。"诗曰："六壬趋艮喜非常，壬日寅时是贵乡。大怕刑冲并克制，逢申岁运有灾殃。"

六甲趋乾

此格乃六甲日见亥。亥，天门之位，北极之垣，甲木赖之长生。又，亥能合出寅中本禄，与趋艮同。忌寅字填实，巳字刑冲。又曰：甲见亥时，亥有壬禄为印，喜见辛金生印，不喜见财，柱有卯合亥，即不能合寅中禄矣。若身弱遇巳、酉、丑局，金神太多，岁运重见，生灾。《相心赋》云："六甲趋乾，主仁慈刚介心平。"《真宝赋》云："六甲趋乾，透印绶为佳。财星叠见，位列名卿。"《千里马》云："壬趋艮，甲趋乾，清朝吉士。"诗曰："趋乾六甲最为奇，甲日生人得亥时。岁运若逢财旺处，官灾患难来寻之。"详诗与赋，有忌财喜财不同。余见透印忌财，身旺喜财。

财官双美

《继善篇》云："六壬生临午位，号曰禄马同乡；癸日坐向巳宫，乃是财官双美。"禄即官，财即马，二句同一义也。壬以丁火为财马，己土为官禄，俱禄于午；癸以丙火为正财，戊土为正官，俱禄于巳。人命禄马、财官，难得兼全，况自坐支下，所以为贵。喜秋生金旺，水生木死，不能克土，故为远害。若见寅卯旺则秀而不实；冬生元武当权，贵为王侯。如柱有财官，更得在二日生，尤妙。如己丑、丁卯、壬午、癸卯，年、月透出丁、己，归禄日下，合此大贵。《珞璟子》云："禄马同乡，不三台而八座。"又云"每见贵人食禄，无非禄马同乡"是也。甲戌、乙丑、乙巳、丙申、丁丑、戊辰、己亥、庚寅、辛未、壬戌、癸未，此数日支内，自藏财官，亦是禄马同乡，经独取壬午、癸巳二日，以壬癸所坐正财正官，余则或偏或正，不纯一故也。类推之，甲戌、乙丑二日，喜金土月分富贵，但金气不可太多，恐伤身盗气，若无官贵，必发财富。丙申、丁丑二日，生金木月贵，惟忌土重，若会起土克官，主富。己亥日宜生四季月，或有倚托相生为吉。庚寅日喜见火，宜生冬至后一阳生火旺之时，主贵，若得金刚火强炼成锋刃之器，秋生逢火尤佳。唐太宰：丙午、庚子、壬午、丙午，壬日生子月身旺，冲起年干丙字，二丙同窠，却冲去日庚枭食，庚既受冲克，则避丙就本日午上，时干丙就月支子，壬是庚之子，就时干午，变成丙午、丙子、庚午、壬午，皆禄马同乡，又为水火既济，又名六壬移换，故主大贵。大凡大贵，命合三二格局取之，左右逢源，不可格多为杂，如渊源之说。又如甲子、丙寅、壬戌、辛丑，壬日坐戌，丁、戊为财官，奈戌中火方生，土遇寅月受病，却得苦丑时丑去害午，子又冲午，冲害出午中丁巳为壬财官，寅、戌又合住午中禄马，火见寅、戌得局，己土丑中得位，皆有气，运行南方禄马旺相，此得一个丑字，变为三奇为禄马飞天，无合有合，故亦大贵。如丙午、甲午、壬戌、丙午，壬生五月，日干无气，火太旺，当以丁壬从火，运行西方官旺之地，此化象之美，壬干本弱，却得三午破出酉中辛金为印，冲起子中羊刃助身，胜任财官，生平无一日空闲，一官未去，一官来，运至庚子火死之地，庚为枭食，兼水旺伤其倚托，火神无气，土流荡而水冲击，又是填实权刃之位，所以不利。《诀》曰"死处生而旺处脱"是也。子平云："三奇禄马同乡，要生时不在休败之地。"古歌曰："禄马同乡无克夺，财官同处最为荣。三台八座真奇贵，克夺如强欠利名。"

二德扶身

天月二德，乃日月会合照临，有何阴昧邪暗，敢容其间？故奸盗息，恶献潜，神明扶，邪鬼遁，此天地德秀之气，化凶为吉之神。人命带之，大为福德，更禄马贵人、印绶相扶，或二德就为财官，印食合诸贵格，再遇三奇，五行生旺，无伤克破坏，官荣禄显，一生不遭凶横；若犯伤破，作事无成，命不合格，贫贱凶恶，见此亦有救解。又曰：天德宜月将相扶，正月丁喜亥将，忌见癸伤丁；二月坤宜戌将，忌寅破；三月壬宜酉将，忌戊伤；四月辛宜申将，忌丁伤；五月乾宜未将，忌己破；六月甲宜午将，忌庚伤；七月癸宜巳将，忌己伤；八月艮宜辰将，忌申破；九月丙宜卯将，忌壬伤；十月乙宜寅将，忌辛伤；十一月巽宜丑将，忌亥破；十二月庚宜子将，忌丙伤。月德寅、午、戌月丙合辛，忌壬伤；亥、卯、未月甲合己，忌庚伤；申、子、辰月壬合丁，忌戊伤；巳、酉、丑月庚合乙，忌丙伤。若犯此忌，不成德合矣。二德以天德为重，月德次之，变财官印绶，则加一倍福力，或日干就是，尤吉。《秘诀》云："天月二德临日，主一生无险无虞。更遇将星，名登相府。"《鬼谷》云："一德扶持，众凶解释。男逢平步青云，女值福寿俱全。"《玉鉴》云："卦逢生气天德合，在世长年。"《三命钤》云："天月德者，阴阳同类异位之德也。凡人遇之，文学超群，仕宦清显。"《三车》云："天月二德扶持，利官少病。"《心镜》云："天月二德为解救，百灾不为害。"《相心赋》云："二德印生作事，施恩布德。"《幽微赋》云："慈祥敏慧，天月二德呈祥。"《奥旨赋》云："命亏杀旺，要天敕二德吉祥。"诗曰："天德原来大吉昌，若逢时日最为良。修文必定登科甲，庶俗营谋百事强。"又："人命若还逢月德，百事所求多利益。士农工商各相宜，兄弟妻儿无破克。"又："阴阳二命杀星通，化杀为权德在中。时日若逢天、月德，男当一品女褒封。"又："天月二德喜重逢，贵比汾阳富石崇。祖荫丰肥承福厚，不然年少步蟾宫。"

又：太阳躔度众星，居垣入局，如正月生，每日得子时，二月亥，三月戌，四月酉，五月申，六月未，七月午，八月巳，九月辰，十月卯，十一月寅，十二月丑，得此时生，更与日干支有关涉者最吉。

将星扶德

《珞琭子》云："将星扶德，天乙加临，主本休囚，行藏汩没。"子平云："月将德合逢日贵，名登八座将星。"正月从亥上起运行十二月，一月一宫，须照台历，每月中气后太阴过宫，方为遇将，六壬月将加时，正此义也。正月功曹，二月大冲，三月天罡，四月太乙，五月胜光，六月小吉，七月传送，八月从魁，九月河魁，十月登明，十一月神后，十二月大吉，将星临于本，生月逢德位，合贵格，本主兴旺，富贵双全；本主休囚，不合天时、地利，虚名虚利，蹇滞之命。将星扶德，如正月雨水后得亥将，太阳已躔娵訾之次，又见丙丁日是也。更会日干见官贵，禄马相扶合格局，主为人广学聪明，睿智翰苑，清台之贵；若柱偏官，则典兵刑之权。如余命：庚寅日生十二月大寒后，太阳在丑宫斗十九度，天月二德在庚属日主，又庚以丑为贵神，是将星扶德，天乙加临，庚生丑月，虽休不弱；年壬午本则旺，时丙戌，柱有偏官，所以典兵刑，为清台。日主休废官，故不大。总兵传津，腰玉挂印，与余命同。傅西人庚日得地，故也出身武科命，信然。诗曰："将星扶德贵人期，名显京华折桂枝。暗合贵神来拱助，八座威权定不虚。"又："将星文武两皆宜，禄重权高定可知。不作宰臣清要职，便居帅府拥旌旗。"

金 神

金神者，破败之神，即的杀，止有三时，乃癸酉、己巳、乙丑。此格六甲日为主，见此三时，作金神论，甲子、甲辰二日为最。月令通金气成火局，方可取用。柱中更带七杀、伤刃，真贵人也。若月令不通金气火局，即当以他格论，或财官印绶，或变化从类，虽忌水亦可。若无化而行水乡，祸不可言。又曰：威猛者以强暴为能，威苟不专，人得侮之，然太刚必折，不有制之，则宽猛、刚柔不相济，何以履中和之道？若调摄驯伏，致其中和，则福禄踵至。得此格者，有明敏刚断之才，坚强不屈之志。四柱火局运行火乡，作此格论。生亥、卯、未月，行火乡，亦以此格论。若生水月，或行水乡，不用生辰月，行北方运，可作印绶，喜官杀、阳刃，怕刑冲。若逢癸酉时，酉为甲之官位，不可以金神火制之说断之，当作正官论。财官得地之运发福，年月重见申庚，官杀混杂，仍以金神论。岁运见火必福，见水必祸，柱中有火，不行火乡，亦难发，喜见财，行财运亦发。六巳日见此三时，亦作金神论。运行金水乡，即祸立至，财运乃美，火乡更妙。《独步》云："甲日金神，偏宜火地；己日金神，何劳火制。"又云："六甲生春，时犯金神。水乡不发，火重名真。"又云："甲乙丑月，时带金神。月干见杀，双目不明。"经云："金神遇火，威镇边疆。"《妖祥赋》云："金神喜七杀，而忌刑冲。"《元机赋》云："金神最宜制伏。"《秘诀》云："金神喜火旺之乡，若行北方则凶。"《相心赋》云："金神贵格，火地奇哉。有刚断明敏之才，无刻剥欺瞒之意。"《定真篇》云："金神运到水乡，身尸分拆。"诗曰："癸酉己巳并乙丑，三位金神时怕有。火乡杀刃贵相逢，如在水乡随刑丑。"又："癸酉己巳并乙丑，时上逢之是福神。傲物恃才宜制伏，交逢杀刃贵人真。"又："六甲生人旺本身，时逢酉兑作金神。如逢巳位须还制，酉丑何须锻炼深。"又："甲干时上见金神，杀刃相临真贵人。木火旺中财禄发，如逢金水必伤身。"又："金神遇火贵无疑，金水灾殃定有之。运到火乡多发达，官崇家富两相宜。"又："时遇金神贵气多，如逢阳刃却中和。若行水运贫而疾，火制名高爵位峨。"又："金神癸酉在时参，巳巳还同乙丑三。四柱水多忌趋北，五行火旺要趋南。虽逢阳刃凶为吉，纵欲偏官苦变甘。敏断刚明无屈节，调驯得所有官衔。"如方逢时兵部尚书：壬午、乙巳、甲辰、己巳，甲见己巳，金神主事，巳、午纯火，制之得宜，运历南方，少年科第，西方官杀，功名迍蹇，北方水乡，如何贵极一品？四柱火多，甲木少印，至北而足之耶！赵铿县丞命同。辛亥运水旺，酒色风狂，破荡田产。方楚人火地，赵燕人水地，疆域不同故也。元脱脱丞相：壬辰、丁未、己丑、己巳，金神生六月中旬，火旺，未有木库、偏官，年干透壬丁，壬合化真木助官，又喜带刃、运行西方，有戊己克水，申酉制伏，偏官行戊运，冲开火库，金神有制，贵至台辅。行亥运水旺之地，三十七戊辰，岁君刑开水库，金神无制，财旺生起，官杀为祸，死于鸩毒。

日 贵

日贵者，自坐天乙是也。此格止有四日：丁酉、丁亥、癸巳、癸卯。主为人纯粹，有仁德，有姿色，不傲物气高。贵气聚于日，更有财食印相助，贵气为福。喜三六合宅墓合，行贵人财旺运，发福。大忌刑冲、破害、空亡，运行再遇前忌，太岁加会，更见魁罡，定主贫夭。若别成格，不论。日贵须分昼夜，日生要癸卯、丁亥，夜生要癸巳、丁酉，日夜不背为得体。经云："贵人者，慈祥恺悌之号，德性尊重之名。遇财官印食则吉，值杀刃冲刑则凶。运遇魁罡，为害不浅。"又云："贵逢破害冲者，生来贫贱寿倾危。"古歌云："生日天干遇贵支，若见魁罡福不齐。年逢月禄不为喜，日贵重逢奇又奇。"又："丁日猪鸡癸兔蛇，刑冲破害谩咨嗟。才临会合方成贵，终始分之乃是佳。"又："日德日贵主慈祥，财官印遇福荣昌。刑冲杀刃如来见，反吉为凶不可当。"又："癸临蛇兔是英奇，丁向猪鸡一例推。切忌魁罡分昼夜，更防刑害失尊卑。运行嘉会名须重，命带空亡祸必随。贵重尊严持厚德，或逢前戒凶无疑。"

日　德

此格止有五日：甲寅、丙辰、戊辰、庚辰、壬戌。取甲丙戊庚壬五阳干，甲坐寅得禄，丙坐辰官库，庚坐辰财印两全，壬坐戌三奇俱备。寅为三阳之首，辰戌为魁罡之地，干支异于别位，故名"日德"也。查吉神一百二十五位，无日德，或者别有取义，余则未晓。日德要多，二三位并踏同者方用。若只一位，还以月令财官印食取之。何者得位得时，何者被害失时，可用者取之，不可用者去之。若合日德，主为人性格慈善，体貌魁梧，有怜贫敬老之心，无毒害克剥之意，逢凶有救，遇难有解，不遭非横，福必丰厚。《赋》云"日德心善多稳厚，而作事慈祥"是也。运临身旺，大是奇绝，若旺气已衰，行遇魁罡必死；或未及发福，格局既好，运至魁罡，必生祸患，一脱乎此，亦能再发，终力微。此格只一位，喜财官日德重叠，不宜见财官及刑冲、破害、空亡、魁罡会合加临，皆为大忌。诗曰："壬戌庚辰日德宫，甲寅戊丙要骑龙。运逢身旺必慈善，日德居多福自丰。"又："日德不喜见魁罡，化成杀曜最难当。局中重见还须疾，运限逢之必定亡。"又："丙辰切忌见壬辰，壬戌提防戊戌临。日坐庚辰畏庚戌，甲寅还且虑庚辰。"又："日德重重免祸殃，官星且忌见财乡。更无冲破空亡物，堪作朝中一栋梁。"又："日德喜杀害身强，不喜财星官旺乡。为性温柔更慈善，一生福寿喜非常。"如张烛运同：甲申、戊辰、戊辰、壬戌，由学官而腰金衣紫，得五品官诰，是此格也。一命：庚辰、己卯、戊辰、甲寅，三位日德，作此格论，但甲寅忌见庚辰，运行壬午财乡之地，午中阳刃持权，皆犯日德，所忌丁巳年，寅巳相刑，四月死，寿止三十八，平生性重，亦不慈善，恶疾久缠。再考日德，有丙子、壬午、辛卯、丁酉等日，又有乙巳、乙酉、乙丑等日，恐未然。

魁　罡

此格有四日：庚辰、壬辰、戊戌、庚戌。辰为天罡，戌为河魁，乃阴阳绝灭之地，故名。独除甲干，以居干之首，在辰为青龙，在戌为禄堂，有吉而无凶故也。此格须叠位重逢日位，加临者众，以伏为贵。经云："魁罡聚众，发福非常。"主为人性格聪明，文章振发，临事果断，秉权好杀。《赋》云"魁罡性严，有操持而为人聪敏"是也。运行身旺，发福百端。一见财官，祸患立至，或带刑杀尤甚。倘日位独处，刑冲克制重临，必是小人，刑责不已，穷必彻骨。运临财官旺处，主防奇祸。若月令见财官、印绶，日主一位，即以财官印食取用，虽微有破败，财官印食得位，亦无大害，须斟酌提纲，当用者取之，不可拘此小节。又曰：庚戌、庚辰二日，无官星，若魁罡重叠有情，主富高于名，但见财则不成局，岁运再见财旺之乡，祸不可测。庚辰日生九月，虽辰戌相冲，运行南方，柱中有火，方可言贵。庚戌日生三月，纵有官星、印绶亦不用，盖庚用戌中火为官库，戌土为印，辰中癸水伤官，又泄庚气，不成格矣。戊戌日无财不贵，不宜见官，若魁罡重叠有情，富贵两全。壬辰日怕见财官，大喜印绶、劫财与杀，岁运同。又曰：辰是水库，属天罡，戌是火库，属地魁，辰、戌相见，为天冲地击。《子平总论》云："身值天罡地魁，衰则彻骨贫寒，强则绝备贵显。"诗曰："壬辰庚戌与庚辰，戊戌魁罡四座神。不见财官刑杀并，身行旺地贵无伦。"又："魁罡四日最为先，叠叠相逢掌大权，庚戌庚辰怕官显，戊戌壬辰畏财运。"又："魁罡四柱日多同，贵气朝来在此中。日主独逢冲克重，财官显露祸无穷。"又："魁罡重叠是贵人，天元健旺喜临身。财官一见生灾祸，刑杀俱全定苦辛。"按此格，俱用辰戌，独天干少异，内庚辰二日，既曰"日德"，又曰"魁罡"，论其格局，迥然不同，不必拘论。如张时金事：庚午、丁亥、戊戌、丙辰；刘大受少卿：丁亥、癸丑、庚戌、戊寅，二命魁罡日，只取财官印是也。

福德秀气

此格专以巳酉丑金局而看所得天干，如乙巳、乙酉、乙丑三日，是乙用金为杀，喜印绶，喜制伏，不宜生六月逢未，以墓上带旺，金能克木，不宜生八月再露其杀，运行印绶官旺乡，便能发福。丁巳、丁酉、丁丑三日，是丁用壬为官，喜金旺生水，亦不喜生八月，以八月火死，功名蹭蹬，又不喜生十一月，以十一月癸水为杀，为寿不耐，柱中喜见财官，旺位为贵，运行官旺，便可发福。己巳、己酉、己丑三日，是己用甲木为官，巳酉丑金局皆伤其官，亦名盗气，何以为吉？殊不知金能生水财，喜行财运便发，柱中不要见丙、丁、寅、午、戌，以伤金局，及刑冲破害，又不喜生四月火旺，秀气浅薄，立身在晚，多成败孤克。癸巳、癸酉、癸丑三日，是用金神为印，见巳酉丑金局能生癸水，喜秋冬，亦不喜生四月，以水绝于巳，然虽金生在巳，以金水亦不能绝，得官印运便能发福，只嫌火财伤金。或曰：

"此三日与飞天禄马同。"如生已月，名为月临风，是谓填实，贵位亦通。辛巳，辛酉、辛丑三日，柱全金局为妙，若见午戌火旺有破，反生灾咎，若通丙火旺为正气官星，或值寅位为天乙贵人，俱吉。岁运同。古歌云："阴木加临酉丑蛇，生居六月暗咨嗟。为官得禄难长久，纵有文章不足夸。"又："乙巳乙酉并乙丑，八月生人短寿。四柱若见火伤官，降官失职定然有。"又："阴火相临巳酉丑，生住丑月寿难长。更兼名利多成败，破败荒淫不可当。"又："丁巳丁酉并丁丑，八月生人人不久。前程名利两区区，更忌饮酒及交友。"又："阴土逢蛇鸡与牛，名为福德号貔貅。秀气火来侵克破，须教名利一时休。"又："己巳己酉己丑，福德秀气造化有。大怕四柱火相侵，纵有功名不长久。"又："阴金合局主前程，造化清奇大有情。四柱火来侵克破，须知名利两无成。"又："西方金气坐阴柔，不怕休时不怕囚。鬼杀生时方发福，功名随步上瀛洲。"又："癸巳癸酉月临风，百务迟延作事空。名利生成难有望，始知人在五行中。"又："癸巳癸酉及癸丑，四月生人人不久。功名成败在晚年，最忌贪淫并饮酒。"

第四十四章　星命汇考四十四

《三命通会》十六

三奇真贵

经云："若遇三奇真禄马，名闻达天下；日逢禄马旺兴隆，一举便成名。"如甲生酉、丑、未月，乙生巳、申月，柱有壬癸，或亥子，财官印兼全，为三奇之贵。忌伤官、七杀、劫财、刑冲、破害，运喜财官印身旺之地，凡人遇之，主聪明好学，神童状元，有节操，有道义。三奇分内外：天干明露，为外；地支暗藏，为内。外奇主劳而成富贵安处，常有未宁之象，以天干常动故也。倘月令财官衰败或运行衰地，即为贫困之命。如左鉴郎中：己卯、癸酉、甲午、辛未，是天干三奇，但日干衰而财官旺，印又弱，恐不大贵。若内三奇，地支暗会财官为真禄、真马，得天干扶合，不逢冲克，月令通财官生旺之气，如辛生巳月，官印俱建禄，更得财旺，日主健强，贵当一品。经云："男遇三奇逢生旺，定居一品之尊。"

如张居正阁老：乙酉、辛巳、辛酉、辛卯，月令官印建禄、日主坐禄，自旺年乙财引归，时卯建禄，是日主财，官印俱坐禄，四月天德在辛，辛乙互换归禄，所以少年拜相位，为少师，六子、父母、兄弟俱全，子与弟癸酉同中，一子翰林，前朝阁臣宠任，无与为比。又谭论尚书：庚辰、甲申、丁未、丙午，财官印俱在，月令丁未八专，又归禄于时，身旺而得三奇，平生以军功显贵，至一品。

又曰：甲生仲秋，干支有壬癸、戊己，日主乘旺，亦主大贵。若干又逢申、庚，官杀混杂，柱得乙合庚，或旺丙克制，亦可取用，终不清纯。若生季夏、季冬，空抱才德，难以成名。甲生丑月，丑中有辛为甲正官，有己正财，有癸正印，四柱月令三奇有气，或结成局，日主健旺，略带印生助，为带印聚贵，最佳。余以例推。又曰：财官食全备，亦为三奇。所以取食者，以甲食丙，丙能生己，为甲之财，合辛为甲之官，要月令及日时引旺为妙，凡人遇之，主权贵；纵轻，亦财帛丰盛，但三奇会食，只以偏印为忌。又曰：三奇宜顺逢，更一旬内合见最贵。如甲子日见己巳、辛未，乙丑日见戊寅、庚辰，丙寅日见辛卯、癸巳，丁未日见庚戌、壬子，戊戌日见己亥、癸卯，己未日见壬申、甲戌，庚辰日见乙酉、丁亥，辛巳日见乙未、丙申，壬午日见丁未、己酉，癸卯日见丙辰、戊午，以上三奇顺逢，一旬内遇为真禄马，更有印助身，主为公侯。又曰：甲逢酉、子、巳，乙遇申、午、亥，丙临子、卯、申，丁喜亥、酉、寅，戊见卯、亥、午，己逢寅、子、巳，庚遇午及寅，辛临巳并卯，壬喜午并酉，癸见巳与申，为地三奇，又名内三奇，财印不可相伤，故正官、正印会偏财也。凡人遇此，无冲破带生旺，必然处世英雄，科甲高第，官至卿相。又曰：三奇之贵，须要详审财官、印爵，有何生助，有何伤损，但有一忌，便是奇贵有损。逐类断其祸福：如财星被劫，岁运再逢比劫，断此年伤妻破财，或因妻奴官非破耗。如官贵，明暗有伤。岁运再逢伤损之神，断此年剥官退职；印星有损，破耗镪基祖荫；岁运临死绝之地，再逢破坏之神，必见重祸。但凡看命，要察柱中何者为用神，何者为助。如官贵为用，忌见死败、破坏。若见用神被伤，相助者有救，虽凶不死。再，相助者亦有阻克，日主又衰，其死必矣。诗曰："财官印绶号三奇，文将英雄武将威。心性忠良纲纪大，满门受荫定光辉。"又："财官爵印号三奇，三者兼全罕遇之，年少科名魁众彦，功勋盖世寿期颐。"又："印禄飞来就马骑，资财官职两相宜。旺中更为本元助，上格荣华第一奇。"

天元暗禄

此格取庚寅、乙巳、丙申、己亥四日。如庚日取丁火为正官，年、月、时中不见丁，则无官矣。喜庚自坐寅，寅中有长生火气，庚自克出为官，甲禄在寅木，乃火之母，母子有相继之理，岁、月、时中喜有戊、巳滋助天元，四柱见乙丁更佳，见丙杀宜得壬癸、亥子制之。乙己日坐长生之金为官，戊禄为财，柱喜再见庚、戊引透，要壬癸卯生助，忌辛金七杀，其巳中原带丙火旺，须壬癸亥子去其火气，方美。丙申日喜庚辛财、癸水官、甲乙印，忌戊己伤官。己亥日坐亥中长生甲木为官，忌金伤官。经云："庚逢寅位禄权欢，丙丁逢之寿必端。"又曰："庚遇寅而值丙主旺，无危。"又曰："丙临申位逢阳水，难获延年；己入亥宫见阴木，终须损寿。"又曰："乙入巽宫，名为不绝。"是指此四日也。闻渊尚书：庚子、甲申、庚寅、丙戌。潘潢尚书：丙辰、丙申、丙申、壬辰。一都宪：辛巳、辛丑、己亥、丙寅。一副使：丁亥、壬寅、己亥、乙亥。一知县：甲子、丁卯、乙巳、丙子。数命此日生。

禄元三会

此格如甲日见巳、酉、丑，喜壬癸印生助，忌亥、卯、未冲克庚杀，丁伤阳干，遇之不纯，柱中有制，取偏官可也。丙日见申、子、辰，喜甲乙印，忌壬杀、己伤、寅午戌冲克。戊日见亥、卯、未，喜丙丁印，忌甲杀、辛伤、巳酉丑冲克。庚日见寅午戌，喜戊己印，忌丙杀、癸伤、申子辰冲克。壬日见寅、午、戌，喜庚辛印，忌戊杀、乙伤、申子辰冲克。此格大要身旺印滋，运行官印身旺之乡必发，富贵。《珞琭子》论："禄有三会，乃甲见寅，而得寅午戌；乙见卯，而得亥卯未。"又谓之"得一分三"，是指临官之禄。

禄元互换

此格止有四日：戊申、丁酉、丙子、庚子。戊申日见乙卯时，戊取卯中乙木为官，乙取申中庚金为官，互换成其贵禄，柱中喜壬癸为财，生助乙木官星，运临官旺乡，便是贵命。忌见甲杀、辛伤、寅酉冲。丁酉见壬寅，丙子见癸巳，庚子见丁亥，喜忌与前同推。如一命：癸亥、壬戌、丙子、癸巳，互换禄旺，各临官贵，无刑冲、破害，故贵。又：己未、辛未、丙子、癸巳，合格，大贵。古法论禄元互换，如戊午见丁巳之例，是取临官之禄。

六壬移换

此格柱中有禄有刃，有官有印。不就本身者，遇冲克则变化。有天干、地支冲克，或年、月、日冲克，或日时干克支。冲者，当彼此互换为用，以天干常动，地支静，故地支因冲克以动天干也。如甲子日见庚午时，壬子日见丙午时，便当以庚子日甲午时、丙子日壬午时取用论祸福。庚午日见丙子时，癸亥日见丁巳时，当作丙午丁亥论。惟丁酉遇癸卯，却不移换，缘丁生于酉，癸生于卯，各就天乙贵人，贪生故也。古以三命先立主用，乃虚中之奥旨，祸福贫贱，载在方册，无不悉备，今人往往用之不验，惟不知前说之理故也。如己巳、癸酉、丁卯、癸卯，二卯一酉，丁癸相克，此因地支卯酉冲，撼动天干，一丁夹二癸之中，似难展步，丁乃太岁己之母，己见癸克丁，子来救母，反伤癸酉水，癸避己占卯，丁却让癸居卯，乃就儿居酉，各逢贵地，所以大贵。又甲午、甲戌、戊辰、壬子，甲戌冲克戊辰，戊夺壬位居子，壬归辰位为壬骑龙背，戊得子，日时俱财官双美。又：丙子、丙申、庚辰、壬午，两丙似乎杀重，喜得壬午时冲克丙子，壬夺丙位居子，丙去夺庚居辰，庚避丙却居午上，各得官印俱全，且七月丙不能克壬水为德助，庚有力，所以合成造化之妙。又：乙亥、戊子、壬午、戊申，一壬居二戊之中，似难存济，喜得子午冲动，戊夺壬居午，壬避戊居子，各持刃，力停不战，变成戊午、戊申拱贵之格。又：癸亥、丁巳、甲子、庚午，地支巳、亥、子、午冲动，天干亦动，丁居亥，癸居巳，各逢贵地，庚居于子，虽是死地，近月令长生，却用巳中丙火为偏官有制，甲死午败，子前后无依，所以晚年致不测之祸。

绝地财官

《心镜》云："禄马绝处却向财，人元克出来。"此言命遇财官绝地，运中却得人元克出，主发福。《珞琭子》云"支作人元，运商途而得失"是也。诗曰："绝地财官要得知，人元克出有财期。运中更得支元力，此是荣华富贵基。

子午双包

子为帝座，午为端门，帝王所居之位。人命或两子两午，或两午包一子，或两子包一午，有水火既济之道，阳生阴生之机，遇者，主贵。如壬午、壬子、戊午、壬子，两午两子；壬子、癸丑、戊午、壬子，又甲子、庚午、丙申、戊子，又戊子、戊午、丁未、庚子，皆两子包午，戊午、甲子、甲申、庚午，又甲午、壬申、甲子、庚午，皆两午包子。俱贵命。

青龙伏形

甲乙木属东方，谓之青龙。伏形者，伏于金也。如甲申、甲戌、乙巳、乙酉、乙丑，此五日生，坐下财官，俱要月令有托，官星得地，不见伤官之神，金木相停为合象。有以乙巳日时，名"青龙伏藏"，主饮酒有失，暗损福寿，不饮则可。诗曰："甲乙如居申酉乡，木逢春旺最为良。四柱若逢库相助，财官双美不寻常。"

白虎持势

庚辛金属西方，谓之白虎，持势者，得其势也。如庚午、庚寅、庚戌、辛巳、辛卯、辛未，此六日生，坐下财官印贵，要日主有托受生气，或官旺得时有助，不见财官，用官必贵，用财必富，岁运同。有以辛卯日时犯白虎，不利勇猛战斗，令人多有眼目之疾，重犯尤忌之。诗曰："白虎持势寅卯强，如临巳午未戌乡。四野遇之多富贵，必向皇都作栋梁。"

朱雀乘风

丙丁火属南方，谓之朱雀，乘风，亦持势之义也。丙丁喜居金水之乡，身旺有托富贵。如丙子、丁亥，水火既济，又合胎元，受气之贵，官旺财旺为上。丙丁有申子辰水局，亦为既济。《赋》云："火旺得水，以成既济之功。"须水火相停，不致偏枯方是。丙申、丙辰丁酉、丁丑，得身有托，生气相扶，财官旺相，俱吉。有以丁未日时名朱雀折足，大不利六畜，亡散死伤，或患疮疾，有甲乙则有子孙。诗曰："朱雀乘风是丙丁，如逢金水便峥嵘。申子辰乡多贵达，逢时金殿玉阶行。"

玄武当权

壬癸水属北方，谓之元武，当权，亦持势之义。如壬寅、壬午、壬戌、壬辰、癸巳、癸丑、癸未，俱坐下财官印，若身旺有依托，官星通月令生气，为贵。大忌木局伤官，重并凶恶，死于不义，如遇土局火重，宜见金泄气，生助本身，为吉，冲破身弱则凶。岁运同。有以壬辰日时名元武受戮，主官员被谗，有失小人，是非不宁。诗曰："元武秋生旺北方，如临巳午土神乡。若见艮寅财福厚，平生名利两吉昌。"又："玄武当权要得真，日干壬癸坐财星。官星若也居门户，无破当为大用人。"

勾陈得位

戊己土属中央，谓之勾陈。当位，即当权之义。如戊寅、戊辰、戊子、戊申、己卯、己亥、己未，皆坐下财官印，若身旺，官得时者贵，财得时者富，不见伤官劫财为妙。忌冲刑，杀旺生灾。岁运同。诗曰："戊己勾陈在旺乡，寅卯之宫号最强。若是更临辰卯未，亥子相逢大吉昌。"又："日干戊己坐财官，号曰勾陈得位看。知有大才分瑞气，命中值此列朝班。"

胎元财官

《赋》云："五行绝处，即是胎元。生日逢之，名曰受气。"此乃阳干阴干受胎之位，非月前三位胎神也。甲申、乙酉、丙子、丁亥、戊寅、己亥、庚寅、辛卯、壬午、癸未十月生人，切不可遽言身弱遇鬼，但有依托，便为贵命。如甲木以金为官，水为印，又有戊土为甲之财，遇此日生，但要身旺，财官有气，为贵。八字虽不入格，富贵亦有盈余，凡干例推。经云："胞胎逢印绶，禄享千钟。"见胎元日，尤以得印生为贵，月令正印为妙。诗曰："五行绝处是胎元，胎里财官禀气先。不是月前三位取，须于日下探幽元。"

还魂借气

五行自死绝而有救，递相还者。如木绝在申，而遇甲申；金绝在寅，而遇戊寅之类。最吉。有福神次之，无则下。

阴借阳生

五阴日逢阳长生，不可以阳生阴死论。乙见午为炭柴之木，无亥不能生，如甲申、庚午、乙亥、丙子，得亥生。丁酉石精之火，无寅不能复明，如戊子、甲寅、丁酉、甲辰，得寅生。己卯粪壤之土，无申不能生物，如辛亥、庚子、己卯、壬申，得申生，辛见子，为流沙之金，无己不能生，如己巳、辛未、辛亥、戊子，得己生。癸卯脂膏之水，无申则为凝结，如壬寅、戊申、癸卯、癸巳，得申生。《独步》云："寅申巳亥，四生之局。"此古人所以只论四长生也。若命入格，更年通月气者，大贵。大忌官杀混杂，贫苦。诗曰："五阴日诞喜阳生，若是年支福最亨。月气得通须大贵，惟嫌官杀主孤贫。"

生处聚生

经云："生处聚生，五马诸侯之贵。"此格遇印绶生身，又引日长生之地是也。柱有官星，尤贵。大忌克印之辰，如乙卯、丁亥、丙寅、庚寅，木火相生，引身生旺之地为贵。诗曰："生处聚生福最佳，印绶引旺福无涯。长生复到长生地，五马诸侯富贵家。"

伏元贵杀

此格如甲日官在酉，见丁酉，丁伏辛禄，杀在申，得丙申，丙伏庚杀，财在午未，见甲午、乙未，木伏己土，不敢出见庚午，甲畏庚不能就己财，假令甲用辛官，见丁酉是官在伤下，见辛巳是官在杀上，若火神有托，官受制，甲即不得辛官之力矣。若生金旺月，柱有壬癸制合，亦能为福。见丙为食神，丙禄在巳，丙受水制伏，则甲不得食矣。若逢丙旺相，则吉，见庚为杀，庚禄在申，若丙申是庚在丙下，受丙克制，不能起而为杀，化杀为权，作贵取用。戊己为财，柱见甲寅、乙卯，是财被劫制，不得其财，须月令财通气生旺方可，见甲午财被分夺，得两午自能发见。戊午、壬午，是父母祖财，见庚午是财生杀，不吉。丙午富而不贵，为燥土不能生金，官又被伏故也。诗曰："伏元贵杀干支详，休咎之中细分量，财官无伤杀不起，生来福禄自非常。"

八专禄旺

八专日见前，或又添丙午、丁巳、戊辰、戊午、己巳、乙丑、壬子，而无丁未，六十甲子，独此干支同类，内甲寅、乙卯、庚申、辛酉四日，自专禄旺为正，甲乙宜亥卯未寅月成木局，庚申宜巳酉丑申月成金局，为秀气纯而不杂，主为人聪明有寿，平生少病，多好酒色。柱有官杀，虽身强不畏，但混杂则禄不得专，终为有祸。八字带财印食为福，运行专禄旺乡财印食旺之地，皆发富贵，怕比肩劫财，柱无财食官印，多孤，或为僧道。经云："干与支同，损财伤妻。"又云："身旺无倚，定为僧为道"是也。若只一位禄，运行身旺财食印旺之地，亦主发贵。若并叠三四位禄而无财官，又取冲起对宫财福为用，或月时带官有气，以身旺逢官，尤为贵格。忌冲刑散我旺气，纵贵亦多生病。如朱文公：庚戌、丙戌、甲寅、庚午，专禄得火局为食，二庚为杀，居火旺库，木秀得地，化杀为权，宜成大儒。董丞相：己巳、辛未、乙卯、丁亥，专禄而得木局，全日干聚生旺秀气，运行东方身旺局，全冲起对宫之禄为权，所以大贵。又曰：丁未、己丑、戊戌、戊辰四日，为自执；壬子、癸丑、丙午、丁巳，四日为帝旺；戊午、己未，亦坐帝旺；故八专日只取前四日也。详八专，疑只八日，照前为是。论八专，以二十四向，取天干八、地支十二，加乾坤艮巽，独子午卯酉为专，余则杂气不纯，此其义也。

干支持旺

甲乙日生亥卯未月，时逢寅卯；丙丁日生寅午戌月，时逢巳午；戊己日生巳午月，时逢辰戌丑未；庚辛日生巳酉丑月，时逢申酉；壬癸日生申子辰月，时逢亥子。得此为主本得地，归方就局，倚势自强，主人身健，一生自要安居远害、退身避位、名轻利薄、去尘脱俗人也。若甲乙人在寅卯、丙丁人在巳午之类，为五行不杂。经云："五行不杂，无淫欲之性。"各居禄位故也。

曲 直

甲乙日得亥卯未局，柱中须有亥字带印为入格，若无亥有卯，止是木之本气，却要见金土为贵，既无亥字，又无金土，则木不秀不实，难以言贵。如甲寅日有亥，时见丁卯劫财、阳刃、伤官，虽贵不全合格。诗曰："甲乙日生亥卯未，局合曲直须荣贵。柱中无亥宜土金，自是生来享福地。"又曰："甲乙生人寅卯辰，又名仁寿两堪评。亥卯未全嫌白帝，若逢坎位必身荣。"

炎 上

丙丁日遇寅午戌局，柱中须有寅字带印为入格，无寅止是九流近贵之命。若火自旺，无亥水相济，不贵。喜东北方运，忌见辰丑戌己，晦火光明，多主眼疾，或患风气，柱有木制成贵，忌水金乡，怕冲。诗曰："丙丁日坐寅午戌，火炎上格从此出，无寅无亥不成名，忌逢土晦主残疾。"

从 革

庚辛日见巳酉丑局，须带丙丁巳午一二位，方成其器，但不可火多，如辛巳、辛酉、辛丑三日，不喜五月生，被火所伤，宜八月或水土养育食神印绶为吉。诗曰："白虎但逢巳酉丑，格呼从革名偏厚。丙丁巳午少逢之，贵气炼成官最久。"又："金居从革贵人钦，造化清高福最深。四柱火来相混杂，空门艺术谩经论。"

润　下

壬癸日见申子辰全，忌引卯巳死绝之地，三刑四冲之乡，死绝则不流，冲刑则横流，岁运同。或曰：水太泛，须柱有土神一两位制之，得成堤岸，既有土怕会木为凶，如有木伤土要金印救解，终是一生成败。运喜西方，不宜东南。诗曰："壬癸日逢申子辰，局名润下最为真。必须巳午并辰戌，申字当权贵绝伦。"又："天干壬癸喜冬生，更值申辰会局成。或是全归亥子丑，等闲平步上青云。"

稼　穑

《赋》云："戊己忻逢四季，乃为稼穑之名。"是戊己生逢季月，喜见木为官，止得一木为妙，木多则土虚，主虚诈，为破家不仁之人。辰未土聚之地，见巳午火即贵，亦不宜多，多则土燥，不能滋生万物。丑戌之土，内怀金气，不宜重见，恐存杀气，不生万物，又不宜见金泄气，不贵。秋土不成器为死土，因土内含金；冬土不成器为泥土，因土内含水，故土只四季也。诗曰："戊己日生宜四季，多防丑戌怀金气。生来见木或逢荧，个中消息真荣贵。"又："戊己生启四季中，辰戌丑未要全逢。喜行财地嫌官杀，运到东方定有凶。"

土局润下

《赋》云："戊己居于润下，萍梗他乡。"此象乃戊申、戊子、戊辰三日，生于申子辰壬癸水旺之乡，非特贫贱奔波，合主四肢眼目疾，或恶疮脓血而死。辰戌丑未运应，其余土虚，逢水局，皆漂流之命。若自旺之土，在水局富贵，行火乡发达。如戊辰、甲子、戊申、乙卯，是土虚逢润下，故主目疾，为军。辛未、庚子、戊辰、壬子，土从众水，得土堤防，行丙申、丁酉运，生财大发。交乙未运，戊午年破财，复得平章之职，不可例戊己居润下为凶。

金白水清

《赋》云："金白水清，此辈宜登科第。"此象乃庚申、辛酉日生秋，月令引到时上，遇亥子水乡，以金则白，以水则清，无刑冲、破害，主福厚。切忌夏生，则不入格，春金二三月，运行西北亦可。如庚辰、庚子、癸巳、癸酉、癸丑等日，生秋冬，月令无火伤，无土制，见金水相停成局，亦是。诗曰："金清水白主荣贵，秀丽文章定出群。更无火土来刑制，声誉掀腾翰苑人。"

木火交辉

《赋》云："火明木秀，生春月以为荣。"此象乃甲戌、甲午、甲寅、丙午、丙寅、丙戌等日，生春月或夏月，柱无金水伤坏，时上有木火，行木火运。木日火秀，行南方运，火日木秀，行东方运，主清贵福厚。火日火秀，行东亦贵。如丙辰日生火旺月，行木火运，亦可；但富而不贵，木秀无火，则不成局，以木火有通明之象故也。如丁巳、甲辰、甲寅、丁卯；甲午、丙寅、丁卯、丙午；丁巳、甲辰、乙巳、丁亥，三命皆木火交辉，清贵之造。

火金铸印

《赋》云："金非火不能成器，火非金无以显诸用。"金火相停，有铸印之象，忌丑字为损模。《赋》云："乘轩衣冕，金火何多。"又云："金鬼无偏。"此之谓也。

火土夹杂

火见土则暗，土宿火则晦，故火自火，土自土，两不相掩为妙。若火土夹杂，主愚浊，经云"火虚土聚成何用，定是尘埃碌碌人"是也。如：戊申、己未、丙午、乙未；庚戌、乙丑、丙辰、戊戌；戊戌、丁巳、己未、丙寅，三命皆火土夹杂，平常。

青赤时为父子

此象青赤之理，父传子道也。今人只知木生火，火生土，土生金，金生水，水生木，却不知阴生阴，阳生阳，阳产阴为父，阴产阳为母。丁与壬合生甲己，壬食甲，壬乃甲之母，丁乃甲之父，生我者母，丁食己，己以壬为父，丁以己为母，克母者水也。甲己再合，甲食丙，己食辛，日上是甲，三柱中见壬丙辛，再合丙食戊，辛食癸，日上是壬，三位中见甲顺食戊癸，周而复始，青赤时为父子者，乙木为主，时见寅午戌也。此象主有文章。

水土败于酉

此格不利晚景，若更水命、土命，而日主见水土者，尤验。如甲寅、癸酉、癸未、辛酉；癸亥、乙丑、癸酉、辛酉；乙卯、丙寅、己巳、癸酉；癸酉、甲子、戊辰、辛酉；辛酉、甲午、戊子、辛酉诸命，或为小官而早退闲，或止平常而早弃世。水土败酉，不利晚景，信然。

夹　库

古歌云："乙巳生人喜见卯，癸酉亥时必发早。庚午逢申锦绣文，丙子寅时多财宝。"此格大忌填实库位及刑冲、破害、空亡，岁运喜逢官印之乡，日月同干，虚拱库位，亦好。如乙亥、己卯、己巳、甲子，己日为主临巳帝座，得己卯月虚拱辰中水库为财，柱无辰字填实，不犯空亡、破害、刑冲，乃丞相命。余例推。

墓　杀

古歌云："墓中逢鬼要知之，夹杀持丘骨肉离。犯此凶星无救助，生来福寿少年亏。"如甲日见庚戌、庚辰，乙日见辛丑、辛未，丙日见壬辰、壬戌，丁日见癸丑、癸未，戊日见甲辰、甲戌，己日见乙丑、乙未，庚日见丙辰、丙戌，辛日见丁丑、丁未，壬日见戊辰、戊戌，癸日见己丑、己未，此谓七杀入墓。《珞琭子》云："夹杀持丘，亲姻哭送。"如己巳、戊辰、癸丑、丙辰，癸日见戊为官，己为杀，戊己并在辰上，又为癸水库，多主早发早夭。又曰：癸日生四月，时临戊辰，为官星入墓，主早夭，仍带病，盖本身无气，癸水与官星俱入墓地逢鬼。或云：杀非止七杀，乃羊刃、亡劫，与日时，或日月夹藏墓中，皆凶。

四位纯全

寅申巳亥有五行生气，驿马学堂，是为四生；子午卯酉有五行旺气，乙辛丁癸临之，是为四正；辰戌丑未，五行杂气，华盖正印临之，是为四墓。经云："财官印绶，镇居于寅申巳亥。"《真宝赋》云："子午卯酉，八专之象。文为一品，砥邦砥柱。武则分茅，挂印成功。"又云："寅申巳亥，位至三公。"《元理赋》云："子午卯酉全备，酒色昏迷。"《千里马》云："四库全备龙变化，逢大海为九五之尊。"《宝鉴赋》云："辰戌丑未顺行，帝王君命无疑。"《理愚歌》云："四库全时为四贵，位班上列据权衡。"《独步》云："寅申巳亥四生之局，用物身强，遇之发福。子午卯酉四败之局，男犯兴衰，女犯孤独。"此格合者，多主大富贵，但不免六亲刑害，进退连茹，以各相冲而无合故也。如子午卯酉互换年月日时，子以辰申为眷属，酉以巳丑为同类，午以寅戌为交合，卯以亥未为连枝，四柱各亲其亲，定主骨肉分离，更带孤寡、刑害，克陷必重。《精纪》云："子午卯酉，入格为四极全备，失局为遍野桃花。男女犯之，虽贵有财，不免荒淫酒色，薄德之人。"《太乙》云："凡物太盛则折，如漂风暴雨之至，易盛易衰。要以胎代之，则为可久可大之命。不然，予见冲犯而早达致死者多矣。"诗曰："寅申巳亥四字连，辰戌丑未亦如是。不居大势掌魁权，必定朝中为近待。"又："月德日贵并魁罡，四柱纯全大吉昌。六格局中仍入格，这般造化岂寻常。"此取四位日德，四位魁罡，四位日贵，无别干支，与四位纯全格同论。

一气生成

天元一气，乃四壬寅、四辛卯、四庚辰、四己巳、四戊午、四丁未、四丙申、四乙酉、四甲戌、四癸亥是也。四柱干支一气，中间亦有轻重贵贱，须细别之。壬寅、辛卯、甲戌，富贵双全；己巳亦贵；戊午、丁未，刃旺性强，虽贵亦多凶险，克妻，不善终；庚辰贵而风流，名重利轻；乙酉多伤残；癸亥多贫薄；丙申生北方，亦可取贵，岁运如遇刑冲、破夺，必生灾祸。大要推其支内有无财官印食，入格有无伤损，天干有无得令，上下干支财官印食可化不可化，可从不可从，定其轻重贵贱。又曰：四戊午冲子，戊癸化真火，午合寅戌为印，权贵之命。四壬寅食神生财，又暗合午戌为财，主大富贵。四辛卯暗冲酉禄，主贵，晚年财薄，寿不坚牢。四甲戌，戌中有财官，主贵。但四戌皆火土，墓气重多，主孤或幼失双亲，或至晚年多灾祸。若遇酉未时，伤官见官。亥时劫杀，主贫。四庚辰冲戌为官贵，以魁罡论，但金盛多凶祸，克妻。四丁未刃旺，多凶恶，为军人，却以四未合亥，为羊击猪贵，从贱役至大贵。运引合刃见官之地，恐勃然祸至，大宜警省。但是刃格或带合，皆有此祸，须预防之。四丙申，七月火病死，财旺生杀为凶，喜四丙同类助身，克得财聚，主富贵，或先贫后富。四乙酉，胎元之贵，男吉，女多横亡不寿。四癸亥，水旺太过，喜冲出巳中丙戊为飞天禄马，但无酉丑一字将巳合住，主中贵，大忌填实。四己巳，主贫困，或冲出亥中壬甲为财官，四火为印，多贵，男凶女吉。又曰：四干纯一不杂，为天元一气，不可以比肩论，须详其支神有无生化，有无刑克，带财官印合格，岁运不背，必当大贵，冲刑克制亦凶，不可执定一气皆以贵言。如甲子、甲戌、甲寅、甲子之类，又名"凤凰干格"。叶正郎：壬辰、壬子、壬寅、壬寅，壬自绝于寅，是为驳杂，故止正郎。又曰：四支纯一不杂，为地物相同一，名"芝兰并秀格"。须看干元是支福聚祸聚，如是福聚合格，多居两府之贵。如甲寅、丙寅、庚寅、戊寅之类，又名"凤凰支格"。若三子时，亥为群鼠，夜游三酉时，寅为群鸡报晓，丑见巳未为犀牛望月，寅见巳巳为猛虎啸风，皆可理推，在人活取。《独步》云："天元一气，地物相同。人命得此，位列三公。"诗曰："天元一气定尊荣，不杂天干一字清。非可比肩争竞论，生来富贵至公卿。"又："天元一字水为源，生在秋冬妙莫言。大吉土神逢一位，少年仕路必高迁。"又："天元一字土为基，四季生时更是奇。申酉二支加入局，聪明俊秀异常儿。"又："天元一字木为根，传送登明显福元。四柱官星如得地，功名利禄好争先。"又："天元一字若逢金，时日魁罡福气深。羊刃逢冲并带贵，平生得遇贵人钦。"又："天元一字火融融，大吉功曹时日中。冲起财官为发用，平生富贵福兴隆。窃详二格，天元同者多贵，地支同者间有不贵，轻清重浊之分也。"又："四重阳水四重寅，离坎交争旺气生。运至火乡加贵显，往来须忌对提冲。"又："人命如逢四卯全，干头辛字又相连。身轻福浅犹闲事，只恐当生寿不坚。"又："金龙变化春三月，四柱全逢掌大权。不入朝堂为宰相，也须名利镇雄潘。"又："己巳全逢命里排，拘生天禄土生埋。人中必显名尊贵，秀夺山川出类才。"又："阳土重重午字多，天干一字得中和。名虚利实平生好，见子冲提寿若何。"又："四重丁未命中排，暗合阴生禄刃胎。有分东西成富贵，无情行到水边来。"又："丙申四位命中全，身杀相停显福元，不比平常名利客，管教势大镇魁权。"又："阴木生居八月天，重重乙酉喜相连。不分左右皆荣贵，更有收成在晚天。"又："天干四甲皆逢戌，分夺财官无所益。如还行运到南方，合此伤官些小吉。"又："天干四癸立乾宫，木水相生作倒冲，名利盈盈须有旺，南方行运数还凶。"

天干顺食　地支夹拱两干不杂

顺食，如甲见丙，丙见戊，戊见庚之例。夹拱，如子寅辰午之例。不杂，如甲年戊月甲日戊时之例。脱脱丞相：壬辰、甲辰、丙戌、戊戌，壬食甲，甲食丙，丙食戊，两辰两戌，土皆为食神，先辰后戌不倒，此为天干顺食格也。帖干远太师：甲寅、戊辰、丙午、丙申，寅辰夹卯，辰午夹巳，午申夹未，此为地支夹拱格也。叶丞相：庚寅、戊寅、庚寅、戊寅，此为两干不杂格也。《口诀》云："顺食者，食前方丈。"《元理》云："两干不杂利名齐。"《独步》云："八字连珠，支神有用。造化逢之，利名必重。"诗曰："富贵天干顺食奇，地支夹拱少人知。两干不杂还须贵，一气生成造化稀。"

棣萼联芳

此象如年月干同，日时干同，两甲两乙之类，地支亦同，遇寅卯二位尤妙。一名"二曜珍格"，又谓"凤凰恋禄"。若甲年乙月、甲日乙时之类，亦是。若火年火月，木日木时，干支纳音相类，谓之"父子同类"。又甲申年见甲申时，为"首尾公孙同类"，皆此格也。

极返格

此象乃官多无官，鬼多无鬼，财多无财，伤官伤尽，四柱全有者是也，二位见者非也。财多行身旺运，亦可发财；官多行身旺运，亦可发官；杀多行身旺运，亦可烜赫，或杀化成印局，尤妙。若财杀多，身弱，主孤刑疾夭。如何知府：戊寅、甲寅、戊寅、甲寅，四柱纯杀，皆有长生之火为印，运行南方火土旺地，以杀化印，宜贵。此杀多无杀，为极返格也。《总歌》云："诸般贵气虽合格，六格大纲难去得。更看向背运辰行，不可一途而取则。"

闻喜不喜

如六甲生人，以庚辛为官，戊己为财，生寅卯午亥子月，金绝败病死，不能为官。土神春死冬囚，不足为财，纵遇八字元有辰戌丑未申酉财官，福禄亦薄；运行财官旺地，转吉；忽遇比肩或财官衰地，有始无终。夫日时见财官，闻喜也；年月损克，不喜也。经云："见官背官，反为贫贱。"如甲戌、庚午、己丑、丙寅，己用甲为官，时逢寅位，禄旺本好，不合生午月甲死，运行西方伤官之地，柱中无财可倚，无官可托，得日主健旺为救，正为闻喜不喜，一僧命也。诗曰："甲乙庚辛官禄乡，生逢寅卯不荣昌。巽离乾坎月同论，徒有官名不显彰。"

当忧不忧

如甲日生逢申，庚本为七杀，当忧。若春月身旺金囚，岁月日时见丙丁，或寅午火制，或有卯乙合去，是当忧不忧也。若乙逢秋元气，或见丙在水上，却不能制合庚杀。余例推。如丙寅、戊戌、壬戌、癸卯，壬见戊七杀当忧，得癸卯时，癸合去戊为壬，以癸妹妻戊，壬以己为官，卯为伤官，却喜戌中辛金制之，卯与戌合，不能伤官，九月辛旺乙衰，伤官七杀皆无，运行东北，克得财聚，寅戌合财局，自然生起官星，是不忧也。诗曰："甲见庚申虽七杀，春生逢合或逢荧，化杀为权官贵显，英雄唾手占科名。"

源清流浊

天干用神，年月通气，生旺得助，日时引日主用神无力，或衰败死绝之地，或早年运吉，后运无气，必主晚年孤穷。《赋》云："末主孤寒，日时犯衰绝之地。"又云："时衰月秀，有始无终。"又云："月在旺乡，晚年不足。"诗曰："年月生旺日时枯，正旺之间福必殊。儿孙老去皆无立，中末途中一饿夫。"

源浊流清

年月财官用神败绝，或空亡，早年艰苦，日时却引财官用神生旺之地，必主中末荣华。月令运元，主初年得失；日主中年，时为结果。月令力轻，日时引旺，故主先贫后富。诗曰："源浊流清月令轻，出身寒贱早平平。日时生旺过年月，晚岁财名福禄盈。"

建禄不富

建禄，乃甲生寅月，乙生卯月之类。月为父母，人从父母生身，如人从宅中而出，故月令为门户，大运离了月令，故曰"出门"，行限运高低。甲生寅月，禄旺寅中，甲木比肩，先禄旺占财，如人财物在父母，家内先有大哥收管，其弟不能别求名利，外又不遇财禄，专用见成有数之物，日渐支消，岂能丰富？运再遇比劫，如人再见弟兄有分之人，算分家财在前，我已过用，无财分与，必致词讼争夺，破财弃妻、失子离父之象也，故建禄不富。如癸亥、丁巳、丙寅、甲午，建禄长生，寅午合局愈旺，虽有壬癸官杀，己午戊己伤克去了，日主大旺，无官可倚，无财可托，所以贫贱。又戊申、甲寅、甲辰、丁卯，月令建禄，辰为财库，戊为偏财，申为甲杀，尽好，不合见丁卯时伤官劫财。甲以辛为官，被丁伤；以戊为财，被甲乙夺用。申为杀，被寅丙冲克；丙火为食，被申壬冲克。财官食俱伤，所以贫贱。又丁巳、丙午、己未、戊辰，月令建禄，日主坐刃，劫财太重，本身比肩，俱各带刃，行壬寅运，戊己夺壬，财印相伤，寅巳相刑，寅刑禄元无位，己丑年冲起羊刃，被刑而死。诗曰："建禄生嫌门户中，难招祖业值财丰。妻奴破败重重见，却作长年白发翁。从化若还成别格，自然名利两从容。"

背禄不贫

背禄，乃甲乙见丙丁，丙丁见戊己之类。官遇休囚，又被伤克，不知食神伤官却能生财，运至财乡，必然发达。假令壬癸生寅卯月，戊己失时，又被伤尽，正二月木旺，火相暗中有财，运至财乡，必发。若见甲乙寅卯，在壬癸亥子上，湿木不能生焰，非特财薄，反自招祸。见七杀，主灾滞。经云："日干背禄，岁时喜见财星。"又云："但看财命有气，逢背禄而不贫。"又云："背禄逢财，若遇时富豪无相并。"如壬子、壬子、丁未、戊申，日丁用壬为官，有戊伤去，喜时支申中庚金为财，十一月金虽死地，赖丁壬合化癸水旺气，能克未中丁火，丁见壬从其夫化木，利于水生，是南方火化为东方木，受北方水资养，所以不贫。

背禄逐马

背禄者，甲以辛为官为禄，甲生春夏，金绝则无官矣，故为"背禄"。逐马者，甲以己土为财为马，被乙及亥卯未劫夺，甲无财矣，故为"逐马"。余例推。如壬子、壬子、丁未、乙巳，丁取壬为官禄，壬亥月建禄，丁生子月，癸旺是杀，壬禄已过为背，向者有禄，背者无禄；丁取庚为财为马，子月庚死，此为背禄逐马，逢杀运，行劫地，亦不发福，无根元故也。《珞琭子》云："背禄逐马，守穷途而恓惶。与此不同，解见赋中。"

夏草遭霜

夏已炎极，至后则一阴发生，为暑退寒生之渐，金伏水生之候。如甲乙生夏至后十日内，遇壬癸亥子为旺印，庚辛申酉为旺官，不逢冲刑克压，必大贵。丙丁生夏至后十日内，遇壬癸亥子为官逢生，庚辛申酉为财有气，大忌见伤官土局，凶横夭折。盖一阴初生，其气甚微故也。此象用丙日生于六月，坐下寅午戌火神，见壬癸甲乙为官印，戊己透克，运行官印及身旺乡，大贵，忌火败地不禄。如甲戌、庚午、乙未、丙子，生至后十日内用金水有气，贵为都宪。又乙酉、癸未、丙子、癸巳，明透官印，不逢伤克，支下己未火旺，又禄元互换，故主大贵。

冬逢热火

冬至冰成水冻，盛寒时也。至后则一阳发动，暖气初生，有火得用。如乙日坐亥卯未，支神生于至后，见丙丁，无壬癸透克，合象天。顺帝：丁未、壬子、乙未、丙子，月上虽透水，丁壬合化，只以木论，所以贵为天子。又曰：至后木相火出，若庚辛生人，在至后十日逢丙丁，为官有气，须要柱中有寅字为生火之源，方成大贵，若无丙丁明露，日逢庚午、辛巳，亦贵。大忌申子辰水局伤克，主残疾盲目。丑月不同，若见七杀，多死于水。壬癸日生于至后十日，干见丙丁，乘一阳为财有气；戊己日生，于至后十日，干见甲乙，乘一阳，为官有气；见丙丁为印有气，合此局，富贵。运喜财印地，逢生旺乡生祸，甚者夭亡。如：庚午、戊子、庚寅、戊寅，庚寅自坐丙杀，得子中癸水制之，化杀为权，乘一阳之气，为贵。又：壬辰、壬子、庚午、戊寅，庚坐午，官印两全，虽辰子会水，寅午亦会火，力停不降，故贵。诗曰："壬癸庚辛此地寒，更居西北亦如然。若见丙丁逢至后，居官定入紫微垣。"

吉会凶会

假甲日生人，见子辰全，会起申庚为甲七杀，乃凶会也。柱有丙或乙合制，是化杀为权；若无，须日主得令，方免生祸。生子辰水候，化杀为印，贵。乙日生人，见子辰合起申庚，甲日见己丑，合起酉辛，俱飞天禄，吉。丙日生人，见卯未会出亥，壬为七煞，柱有戊丁合制，其煞为权；若无，须日主得令，方免生祸。生卯未旺月，化煞为印，贵。丁日见卯未，合起壬水，丙日见申辰，合起癸水，俱飞天禄，吉。余例推。窃详吉凶会，如命喜财官、印食，禄马，贵人，值大小运、岁君俱合会，决主大发富贵，谓之吉会。如命忌七杀、伤官，羊刃、亡劫，而大小运、流年俱合会，决主大发凶祸，谓之凶会。非专指三合会起一物言也，其理尤长。诗曰："吉会凶会要推详，吉会相逢最吉昌。若是凶神相合起，破财剥职主灾殃。"

四柱暗带

《壶中子》云："四柱之中逢暗带，有荣有辱。"如甲子年，丙寅月，暗带乙丑，为正印，为贵人，为引进神，为偏禄元，是以有荣。若甲子年，壬戌月，暗带癸亥，为亡神，为正空，是以有辱。日时同看。四柱暗带，切于正带，即凭暗带，以言贵贱吉凶；若夹杀持墓，决主凶死。

五行拘聚

五行相克，此理之常；内有拘聚，此理之妙，乃相生法也。然必阴阳太旺，方能拘聚。如木旺则能拘火，火旺则能拘土，土旺则能拘金，金旺则能拘水，造化展转相生，更为有情。假日干是土，生于卯月衰弱，干支有水，财杀太重，日时但得一未字，未中暗藏丁巳，则以水拘木，以木拘火，以火拘土，火土扶身，胜任财杀，决主大贵。余例推。

第四十五章　星命汇考四十五

《三命通会》十七

合化成局

合者和也，化者变也，即甲与己合之类。甲属木本象，遇己合则化为土，不以木论，是化象。其理已论于前。兹又总合化成局；不成局者，提出言之。经云："天元化气本来真，举世无人会发明。甲乙人言惟属木，谁知表里多翻覆。若能辨得真与伪，便是人间瑞。甲己化土见戊辰，三元归本期为真。乙庚金时见庚辰，造化深。但看柱中无相害，恶杀亦难侵。丙辛水逢见壬辰，最为美。支辰若不值天魁，此是人间不世才。丁壬木，甲辰来见独为福。那知得此是魁星，遇者须教享大名。戊癸火，后见丙辰为妙理。三元来往少相妨，值者垂绅入朝堂。此是天机真造化，黄金白玉买无价。若逢生旺库扶持，富贵功名满天下。"此正化也。大概化气以日干为主，合年月时干，皆可化，如天干无而地支遇，正禄代之，甲不见己而见午，己禄在午之类，亦可化。但要成局，仍要旺气聚于时方可，兼得月气尤妙。或日得旺，自足以化。又有干支自化，却要运行化气旺乡，不然无用。若只得月气，却不可化。惟日有此气，不论财官、印食，但得生旺之气成局，运行化气旺乡，不遇伤克之地，皆是发越。喜身自旺，或柱有生气助旺，则化象尤有力。大忌相克重，化不成象，主贫下。遇冲克之运，亦多祸而致死。若干合而不成局，则不化，但以本干支取祸福断之，不必论化气矣。诗曰：丙辛合化喜甲辰，富贵荣华有福人。从革局中逢一二，少年平步上青云。丙辛四季月中生，受化艰难福力轻。土数重来贫且贱，飘飘身世似浮萍。丁壬化木喜逢寅，艺苑蜚声志气新。润下更归年月下，应知不是等闲人。丁壬合化入金乡，狗禄蝇营空自忙。节概低微无足取，眼前

骨肉亦参商。乙庚金局旺于酉，时逢从革更为奇，辰戌丑未如相见。此是名门将相
儿。乙庚最忌火炎阳，志气消磨事不良，寅午相逢为下格，随缘奔走乞衣粮。戊癸
南方火焰高，午寅时上逞英豪。局中曲直临年月，垂手功名着锦袍。天元戊癸支逢
水，败坏门庭事绪多。行运更逢水生旺，伤妻克子受奔波。甲己中央化土神，时逢
辰巳脱埃尘。局中岁月趋炎上，方显功名富贵人。甲己干头生逢春，平生作事漫劳
神。百般机巧翻成拙，傍人篱落度朝昏。格局清高人罕逢，也须月气要潜通。不通
月气生时背，早岁如何不困穷。

其 一

甲从己合，赖土化生。遇乙兮，妻财暗损。逢丁兮，衣禄成空。贵显高门，盖
得辛金之力。家殷大富，皆因戊土之功。见癸兮，平生发福。逢壬兮，一世飘蓬。
月遇庚金，家徒四壁。时逢丙火，禄享千钟。

其 二

己能化甲，秀在于寅。逢丁兮，他人凌辱。遇乙兮，自己遭迍。阳水重重，奔
走红尘之客。庚金锐锐，孤寒白屋之人。丙内藏辛，必得其贵。戊中隐癸，不至于
贫。若要官职迁荣，先须见癸。家殷大富，务要逢辛。

其 三

乙从庚化，气禀西方。蹇难兮，生逢丙地。荣华兮，长在壬乡。丁火当权，似
春花之遇日。辛金持世，若秋草之逢霜。最喜己临，满堂金玉。偏宜甲向，麻麦盈
仓。日日劳神，盖为勾陈作乱。时时费力，只因元武为殃。

其 四

庚从乙化，金质尔坚。最忌辛金暗损，偏嫌丙火相煎。遇丁官兮，似蛟龙之得
云雨。逢己卯兮，若鹏鹗之在秋天。癸水旺兮，田园飘荡。壬水盛兮，财禄增迁。
遇戊相侵兮，不成巨富。逢壬助力兮，永保长年。

其 五

丙为阳火，化水逢辛。有福兮戊土在位，成名兮乙木临身。官爵迁荣，生逢癸巳；家门显赫，长在庚寅。强横起于甲午，祸败发于壬辰。屡遇阴火，纵富贵能有几日？重逢己土，虽荣华亦是浮云。

其 六

辛能化水，得丙方成。四柱最宜见戊，一生最喜逢庚。见巳兮何年发福？逢壬兮何日成名？癸水旺兮，纵困而不困。甲木旺兮，虽荣而不荣。富贵荣华，重重见乙；伤残穷迫，叠叠逢丁。

其 七

丁为阴火，喜遇阳壬。见丙兮百年安逸，逢辛兮一世优游。富贵双全，喜甲临于天秤。禄逢双美，欣己共于金牛。活计萧疏，皆因戊败。生涯寂寞，盖为癸囚。乙木重重，财禄决于成就。庚金灿灿，功名切莫妄求。

其 八

壬从丁化，秀在东方。遇甲兮多招仆马，逢辛兮广置田庄。丙火相逢，乃英雄之豪杰。癸水相会，为辛苦之经商。佩印乘轩，己临官位。飘蓬落魄，戊会杀方。皓首无成，皆为庚金乘旺。青年不遇，盖是乙木为殃。

其 九

戊从癸合，化火成功。见乙兮终能显达，逢壬兮亦自丰隆。众男拱持，喜丁临于乙位。六亲不睦，缘甲旺于寅宫。丙火炎炎，难寻禄福。庚金灿灿，易见亨通。妻子损兮皆因己旺，谋为拙兮盖为辛雄。

其 十

癸从戊合，化火当临。丙内藏辛，一世多成多败。甲中隐己，百年劳力劳心。

仓库丰盈，欣逢丁火。田财殷实，喜得庚金。官爵扬荣兮，连绵见乙。资财富贵兮，上下逢壬。财源得失兮，缘辛金之太旺。仕途蹭蹬兮，盖己土之相侵。

返 象

夫返者，乃绝处逢生之意也。且如乙庚化金，生于寅月，乃金绝地，柱中木重，而却化金，此则化气失局，故曰"返象"。玉井又以化中返本，倒化之类，谓之返。如乙庚化金，见亥地多木重，非化金而却化木，其义一也。岁运同断。或以身弱而遇官杀，有官则进，有杀则退，亦为返象。经云："化成造化，各居于衰墓绝乡。成杂局，遇合而犹如不遇。"其象中性情，平生居止频迁，反复无成，立心不定，谓身弱而遇官杀，其义亦同。假如辛未、壬辰、丙午、癸巳，丙用癸为官，不合有壬来克丙辛化水，柱中辰巳午未，乃水墓衰绝之地，真返象也。又癸丑、丙辰、丙申、辛卯，丙与辛合，丙火坐申无气，辛金坐卯衰，行辛金旺运，夫从妻；丙火旺运，妻从夫。此命无祖业，一生进退无成。余仿此推。

照 象

夫照者，乃火土高明之意也。火气高明，土爱稼穑。土在上，如霾雾遮空；火在下，若太阳漏射。此乃先晦后明之象。日干属戊，得寅午戌火局，或地支午火，时干有丙，生其戊土，谓之照象。柱中不宜见水，见水土溶火灭，则减福力。又如火居上，水居下，亦为照象。譬如日丽于天，水底有光，亦能返照。经云："四柱无伤，直列朝廷之上；支中畏惧，亦须声誉非贫。运到衰乡，必生灾咎。"如戊戌、戊午、丙午、戊戌，丙日以三戊为食，火又旺生，四柱无伤，午、戌亦能冲子辰之官星。又：丙戌、癸巳、戊午、丁巳，日干戊土，支纯巳午戌火局，年时丙丁，生其戊土，柱中虽有一癸，亦化成火，又化气得时得位，故皆大贵。又：戊戌、甲寅、丙午、甲午，四位无伤；甲戌、丙寅、丙午、庚寅，照上无破，俱宰相命。

鬼 象

夫鬼者，杀也，乃干逢杀克之意也。须明上下干支，或鬼旺身衰，或身旺鬼衰。如乙木以庚金为官，天干化合，又见辛酉七杀，则为鬼旺。经云："己身临鬼，须明天地之中。象旺象衰，要识荣枯贵贱。身衰鬼旺，应须肢体伤残。身旺鬼衰，

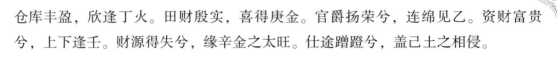

定作凶徒之命。鬼身皆衰，男子飘蓬，女作尼姑。"《玉井》云："身鬼俱强，兵法刑名而或济；鬼身尽弱，败破狂荡以何疑。"木气胜者，专用微金。水气多者，宜凭病土。金气旺者，须凭衰火。火气强者，要假浅水。土气厚者，却寻死木。假如本身乘旺而逢鬼象，返为贵命，旺中有制，方为全福。身鬼全彰，得刃制，主勇暴而贵显，或乘酒以得官位。如癸卯，辛酉、乙亥、辛巳，乙木八月无气，二辛杀旺，故主残疾。又：戊辰、己亥、甲申、庚午，日坐杀星，又值庚时，本身受克，又亥中木旺，木死于午，此飘流之命。

伏　象

夫伏者，隐而不显之意。柱中财官、印杀不通月气，不曾透露，隐于地支人元之中，无形而难明之谓。《玉井》云："本身不通月气，而伏藏我气于别支之内，有援而起者也。"又："日干不遇生旺，死绝气多，却遇官杀太甚，克伏其身，亦为伏也。"经云："官鬼皆全，乃遐龄而不遂；干中破败，于支内技艺随身。"如戊午、甲寅、戊寅、辛酉，戊日被甲寅克之太甚，本身无气，故为手艺之人。又：癸丑、辛酉、甲子、己巳，甲木生八月无气，月令官星太旺，巳酉丑三合官局，虽有贵而不得享，或中乙榜，或履任夭折。大抵伏藏之气无援，主孤立，贫寒，无寿；有援则否。

属　象

夫属者，五行各属之意。即主干临何方位，乃东西南北之神也。如寅卯辰，乃东方属木；巳午未，南方属火；申酉戌，西方属金；亥子丑，北方属水，各专一方之气。经云："先分南北与东西，次看三合内别认。"却看干神与所属之地宜与不宜，或为财官，或为印食、贵人，以成贵象。此干神入其地面，气类相感，如橘种江南则为橘，移植江北则为积，各宜所属之气，岂人之机巧乎？寅卯辰，木象，天于戊己土，属木而论。巳午未，火象，天干庚辛金，属火而论。申酉戌，金象，天干甲乙木，属金而论。亥子丑，水象，天干丙丁火，属水而论。无气不言，有气则属。如壬子，壬子，癸丑，癸丑，子丑属北方壬癸，分夺二子癸禄，日干太旺，癸用火为妻，土为子，火遇水灭，土遇水溶，妻子俱衰，故为僧道，不然亦主无子。又：乙酉甲申、乙酉，乙酉，天干甲乙，木属，地支申酉为官。刘文庄公都宪。

又：乙酉、甲申、甲申、甲戌，天干甲乙，木属，地支申酉戌金，为财官之妙，以成贵象。

类　象

夫类者，会成一家之意也。如甲乙得亥卯未，会成木局；丙丁得寅午戌，火局；庚辛得巳酉丑，金局；壬癸得申子辰，水局；戊己得辰戌丑未，土局；乃五行从其重者为类。或曰：如比肩之类，五行皆归纯一。天干一类，本非其象。或类化气而不成局，或类印绶而不成印，多靠别人之力，入赘过房命也。如丙寅、戊戌、庚戌、戊寅，二戊生庚，类印绶，二寅克戊为七杀，寅午戌火局，年干透丙，似印非印，煎熬太过，倚托别房父母。又：丁未、己酉、乙巳、乙酉，乙木得巳酉丑金局，似从金化，然无庚不化，返为杀，主人性刚多病，倚托贫夭。经云："生而不生，过房入赘之人；化而不化，蹭蹬淹留之子。"又：庚戌、戊寅、庚午、丙戌，金类火，浊而不清。又：丁丑，丙午，庚寅，丙戌，亦金类火，贵而不久。又：癸卯、乙卯、己卯、乙亥。又：乙亥、己卯、己卯、乙亥，己土类木。又：乙巳、乙酉、乙酉、乙酉，乙类金，不忌鬼多，俱为福贵。

从　象

夫从者，夫妻相从之意也。论引用之气，夫乘旺则妇从，妇乘旺则夫从。官杀者，夫也；财者，妻也，借夫妻之名，以取人之祸福。如乙日生巳酉丑申之位，是妇从夫；庚日生亥卯未寅之位，是夫从妇。若遇其从，即从其地支专气言之；若归其本，即从其本言之。《玉井》云："但从其有气，或党多亦从。"又云："自身无气，从局变象，在支三合，所属同也。"经云："从中有贵有贱。从中显贵得时，位列三公；从中衰败失时，孤贫奔走。"如甲戌、丁卯、庚申、己卯，庚申金自旺，生卯月卯时木极旺，是妻乘旺而夫从之，主因妻得财，或就妻得财。如庚申、戊寅、己酉、丙寅，己日见月时二寅，甲是正官，乃夫旺妻从之象，虽庚甲欲损寅，寅有长生，丙火制之，甲用酉中辛金为正官，夫星得官，甲禄归寅，故嫁夫贵显，三台之命妇也。又曰：无根为从象。如乙酉、壬午、甲申、己巳，甲木无倚，乃能从土。又庚辰、乙酉、乙酉、庚辰，又庚戌、乙酉、乙酉、壬午，俱乙木无依，从金而化，况庚辰、庚戌，纳音又属金，皆贵命也。

化　象

夫化者，阴阳合化之意也。乃天地相停，五行均配。经云："化内成局，运转而成封帝侧。"又曰："化象伏而平生碌碌。"谓干支相停者，化是看日时合化不合化。《玉井》云："五气有化象，须要纯一清洁。化而或返，有贵有贱；化而不化，或寿或夭。"《通元论》云："乙旺庚从，庚旺乙从。"庚日主无气化有气，方可用。若各无气，不可用。如丁壬化木，生于春，则夫从妻生；生于冬，则妻从夫生，是谓化也。如甲寅、己巳、甲戌、壬申，谓甲己化土得土局，长生在申。又：甲戌、甲寅、癸巳、戊午，戊癸化火，生于寅月，临官于巳，旺于午，此化气得时得位。又：辛卯、戊戌、甲寅、庚午，甲就午中己土，化为真土，故主福厚富贵。余仿此推。元虚道人曰："类属从化，格判旺衰，照伏拱遥，局分明暗。"荆山居士解曰："若甲乙日干，见地支寅卯辰全者为类，见亥卯未全者为属，乙日见巳酉丑或申酉戌之类为从，甲日见己，乙日见庚之类为化，类属要身旺而从化要衰也。丙丁日，四柱皆火，而时支得卯木，谓之木火相照；壬癸日，四柱皆水，而时支得一金，谓之金水相照；壬生午月，水无根，乃弃命以从；午中丁火，丁与壬合如夫妇，此伏象也。"此说伏照不同，其理无异，以上八法乃看命定格之大关键，须细推之，再考诸家贵格。

天地德合

干为天之清气，支为地之厚载。干合者得贤人之心，本乎天者亲上；支合者得众人之心，本乎地者亲下。干支俱合，是为天地德合。如甲子见己丑，戊戌见癸卯之类。时合为上，日合次之，若年与月相合，日与时相合，尤为福紧。如张舜臣尚书乙卯、丁亥、戊寅、癸亥，林见素尚书辛未、丁酉、己卯、甲戌是也。

君臣庆会

干为君之象，支为臣之义。干支俱合，在一旬之内见之，是谓君"臣庆会"。如甲戌见己卯，戊辰见癸酉之类是也。时合为上，日合次之。若年与月合，日与时合，为双鸳德合，尤妙。以上二格，前论合化已言，但未提作格耳。古歌云："甲人己巳到甲申，乙是庚辰乙酉亲。丙须辛卯及丙戌，丁下壬寅丁亥乘。戊生癸亥戊寅日，辛用丙申辛巳迎。壬逢丁未兼壬午，癸注戊午癸未神。己因甲戌来己卯，此是荣华福寿龄。中若更加他格局，定主侯王宰相身。"如虞尚书：癸未、甲寅、戊午、丙辰；蔡学士：甲申、戊辰、己巳、庚午；魏丞相：己卯、甲戌、乙酉、庚辰；谢源明尚书：丁巳、己酉、甲申、壬申是也。

一气为根

谓年月日时胎，纳音纯金、纯木、纯水、纯火、纯土是也。如甲子、癸酉、辛巳、乙未、甲子胎之类。《赋》云："一气为根，则刺史吏部。"若木人得寅卯辰，火人得巳午未，金人得申酉戌，水人得亥子丑，一气亦是。若遇此格，不厌鬼多，多则贵。若干支全一气，如甲乙人得丁壬亥卯未全之类，尤妙。凌相都宪乙未、庚辰、壬寅、辛亥；王一夔状元乙巳、戊子、丙申、丁酉；翁万达尚书戊午、己未、癸巳、丁巳是也。

两干不杂

谓年月日时连占两干，纯一而不杂也。如甲子、乙亥、甲戌、乙丑，甲乙两字不乱。又：丙寅、丁酉、丙辰、丁酉，丙丁两字不乱之类是也。《赋》云："干头相类，铜臭官卑。"以甲人得乙，乙人得甲，谓之偏禄，多无科名。

三台聚会

谓年月日时胎，或干辰带三位一同，或支辰带三位一同，或纳音带三位一同，盖取一生二，二生三，三生万物盈数之义也。如三丁一癸，三壬一戊，三庚一丙之类，切忌建旺太过，中又太过，惟土金不然。如三金得土，三土得火，或三戊、三庚、三辛，建旺不碍其支辰。如三寅一申为马，三亥一寅为合之例。纳音三位，如甲子、乙丑、壬申则金得地之类，方吉。

五行俱足

谓年月日时胎，带金木水火土，或真气，或纳音，而三元有气，又谓之全逢五库。如甲子、戊辰、丁巳、丁未、己未胎之类是也。须是相生不死绝，福神递互乘之，方贵。如自死自绝，而无救，不入格。《壶中子》云："五行俱足不论胎，乃取当生真气而圆之。"盖真气即当年之主，昧者添胎月一辰纳音，则误。李廷相尚书辛丑、甲午、丙申、戊戌，乙酉胎；何洛文翰林丙申、辛丑、壬子、辛亥，壬辰胎是也。

六位相乘

谓年月日时胎，再加年日禄马，或命宫，合起十二支神，更天干五位，合全十干为贵。如甲子、丁卯、戊寅、辛酉，戊午胎，巳上安命之类。余命：壬午、癸丑、庚寅、丙戌，甲辰胎，禄马在申是也。

聚精会神

《淮南子》曰："精神者所受于天，而形体者所禀于地。"离为火，坎为水，火为日，水为月，日月运行于天，以成四时，此天之精神也。水为精，火为神，精为气之母，气为神之子，一气周流而长生不死，此人之精神也。如人命，或干支，或纳音，二水二火各乘旺得地，无他物以杂之，相合相济，则英灵之气，与天同运，不但贵显出人，抑且寿命悠久。李东阳阁老丁卯、丁未、癸亥、己未；杨一清阁老甲戌、丙子、壬午、丁未是也。

神藏杀没

谓甲庚丙壬，为阳干之吉会，生于孟月尤佳。乙辛丁癸为阴干之贵德，生居季月最好。六凶神至此而潜藏，四恶杀遇兹而伏没，如年月日时，四位四干分明，不论刑害冲破，皆为吉气，更加禄马、官印尤吉。《赋》云"阳奇阴耦最豪英"是也。

或曰：五行墓杀有四：寅午戌月煞在丑，丑为金墓，故大吉为金杀，到乾没。亥卯未月杀在戌，戌为火墓，故河魁为火杀，到坤没。申子辰月煞在未，未为木墓，故小吉为木杀，到巽没。巳酉丑月煞在辰，辰为水墓，故天罡为水杀，到艮没。人命如生寅午戌月，日得丑而时得亥，则杀没。天乙凶将有六：螣蛇、朱雀属火，在亥壬子癸为堕水投江；白虎属金，在巳丙午丁为烧身；元武属水，在坤艮辰戌丑未为折足，皆受制克，而胜则是六神藏也。即元武当权等煞。

禄马交驰

如寅午戌马在申，而时干得庚；亥卯未马在巳，而时干得丙戌；申子辰马在寅，而时干得甲；巳酉丑马在亥，而时干得壬。如年月日时四位干支互换得之，年月不见而日时互见，尤妙。忌冲破空亡。

赶禄拦马

如甲戌生人，甲禄在寅，得丁丑以赶之；戌马在申，得癸酉以拦之。不必求正禄正马，而禄马自来，此格极贵。所谓"禄不赶不发，马不拦不住"是也。

集福发福

即四位集福于帝座，帝座发福于四位，已论前年、月、日、时中。王昺侍郎壬子、壬子、乙酉、丁丑；吴远都宪戊寅、甲寅，壬寅、戊申是也。

干支双连

谓甲午见乙未，丙申见丁酉，戊戌见己亥，上下相连之类。如甲子见乙丑，庚午见辛未，甲庚贵丑未，乙辛贵子午。一名二仪，贵偶，此为连珠福神，能压众杀，更加禄马，十分之命。若连珠进退，如丙寅见丁卯同气，是名退气，丁卯见丙寅退一辰，却是进，乃真气也。

天干连珠

谓年月日时胎得甲乙丙丁戊，或己庚辛壬癸。甲合己，乙合庚，丙合辛，戊合癸，又谓"十干连珠格"。若纳音连珠，四位相承，自上生下，或自下生上亦是。有"倒垂连珠"，如丁未人得丙午时，辛丑人得庚子时之类。有"正印连珠"，壬午人得癸未时，甲子人得乙丑时之类。有"悬印连珠"，乙亥人得甲戌时，癸巳人得壬辰时，丁巳人得丙辰时之类。《壶中子》云："一路连珠，早擅四方之誉。"彭金宪丁卯、戊申、己亥、庚午；黄华卿甲戌、丙子、戊午、庚申是也。

地支连茹

谓年月日时胎得子寅辰午申戌，地支各间一位，或子丑寅卯辰相连之类。《赋》云："拔茅连茹兮，愈坚愈固。"又云："得连茹者富。"是干支之别也。若天干地支俱连，富贵双全。如英国公丁巳、丙午、丁未、戊申；诚意伯刘瑜庚子、戊寅、庚辰、壬午是也。若年隔二位，月隔时日一位，如子年卯月，己日来时之类，谓之贵人局，主吉。

五行正印

如甲子生人，得乙丑时，丙寅生人，得甲戌时之类。若无冲破、空亡、死绝，更有福神互为之助，五行入库，取为上格。若甲乙未，丙丁戌之类，年月日时皆有，谓五行逢库，主两府台辅之贵。或落空亡，亦吉。

禄库逢财

岁干之墓处，谓之禄库。禄库中得带地财，或纳音为财，不惟贵，而主富。如无，则职虽显，家贫。经云："禄库空虚，囊空职重"是也。

福会相迎

此十干所生及所克。如甲生丙克戊之类，乃食神逢财也，不犯他干，仍带贵气。若人胎月日时遇之，主衣食丰足，官爵崇高。大小运，行年至此，亦有迁官、进财之喜。

生死相聚

如庚辰、辛巳，庚午、辛巳，甲戌、乙亥，甲子、乙亥，壬寅、癸卯，壬辰、癸卯，丙申、丁酉，丙戌、丁酉，是阳死阴生，如甘苦同受之意。所谓庚生于巳，辛死于巳；甲生于亥，乙死于亥；壬死于卯，癸生于卯；丙死于酉，丁生于酉，是不相离也。若金则金生，木则木生，贵贱不相入则否。

一旬包裹

乃甲子见癸酉、甲寅见癸亥之类。月日胎俱包年时中，尤妙。若四位、五位、七位包俱同旬，二十四统三十六位，大衍虚一，中间干支得用，与年时财官、印食，或禄马、贵人者，皆大贵。

四柱顺布

谓时次日，日次月，月次年，先后不乱是也。

五行一旬

谓年月日时胎，共出一旬，如甲子、丙寅、己巳、庚午之类，带生旺，六合无破败，则吉。又年月日时胎，各占一旬，谓之"五福集祥"，亦大格也。须福神递互相乘，无破败方吉。

贵人黄枢

谓戊己二字而带辰戌丑未全。如戊戌、己未、己丑、戊辰，或贵集丑位，而此日生，为入格。古歌曰："四镇之星福自强，更看权杀在何方。数重贵禄兼生旺，不作公侯便作王。"如明太祖：戊辰、壬戌、丁丑、丁未，土居四季辰戌丑未顺，阴阳贵全，所以为创业天子。

四冲得位

四冲得位，与四位纯全微不同。谓寅申巳亥欲自生，或互换生子午卯酉欲自旺，辰戌丑未欲自墓，方取。如甲申、丙寅、辛巳、己亥，四位皆自生旺，加丁巳胎，五行足，又是词馆、学堂，所以封侯。如辛卯、庚子、癸酉、戊午，乃胎生元命，又为自旺四仲局。如乙丑、癸未、丙辰、壬辰，甲戌胎，四印秀局，五行数足，故皆大贵。考柱史韩平原：壬申、辛亥、己巳、丙寅。杨良讲云："申为金位，有坤土以厚之，金之刚者莫加焉，故取象剑锋。是金不畏他火，惟丙寅能制之，以丙寅干支纳音俱火而履于木，木实生火，生生不穷，虽百炼刚金，终被消烁，天理之自然也。"凡人生时主末，主今乃遇之。年运丁卯，火为沐浴，气微而败，灰烬熔竭，自不能支。岁遇丙寅，火炎金液，外强中干，以刚遇烈，赫赫然天地一炉鞴，万物一橐籥，孰可向迩？然受物也大，非尽其用弗可。一阳将萌，宣其时乎？盖四孟全备，二气交战，虽以致莫大之福，亦以招冲击之灾。吴江丞袁韶，登科有隽才，其命辛巳、丙申，丁亥、壬寅，亦全四孟，天干丁、壬、丙、辛，真化地支巳、申、亥、寅，六合于格，为鸳鸯德合，或天地德合，四柱大分明，所以非韩之比，喜二化气俱生，韩自此却不及。此讲得之，或以己用甲为官，丙为印，归禄时下，甲木亥月长生，申欲冲刑，为受巳刑，寅与亥合，申自受刑，不能冲寅，运至寅卯，官星得地，贵为经略。一交丙辰，水旺伤印，无火制伤官，丁卯年遂遭极刑，寿止五十六。亦是一说。

四时乘旺

如春生甲乙日时、夏生丙丁日时之类。主人心明，时全见者，足寿富贵多权。

三五连合

自上生下，阴阳相合。两比干在上，一干在下，谓之顺排连合。一干在上，两比干在下，谓倒垂连合。顺排者，甲乙丙丁戊戊己庚庚辛壬壬癸甲是也。倒垂者，癸壬辛庚己己戊丁丁丙乙乙甲癸是也。倒垂相连，顺数为上，杂数比次之，不犯他干，生旺相乘，福禄相助，尤胜。

六合双鸳

如戊辰、癸亥、戊寅、甲寅，一亥合两寅为马。经云"六合双鸳坐槐庭，而布政"是也。如甲寅、丙寅、甲寅、丙寅，名"双飞蝴蝶格"，此格极贵。

贵气冲和

如丁亥土人，得甲辰、丙辰时，为阴阳六辰，自然清贵。更天干纳音稍有和气，富贵极盛。

引从包承

居年前曰引，年后曰从。如甲子人，以前三辰为引，则丙寅、丁卯为引；以后三辰为从，则壬戌、癸亥为从。引宜远，以丁卯为远；从宜近，以癸亥为近。若甲子生人，后得癸亥，前得乙丑；丙寅人，后得乙丑，前得丁卯之类。或曰：甲子人，以丁卯为引，然子卯相刑，不若丙寅为食神带禄马。若得壬戌时，则丁与壬合，卯与戌合，暗中有合，则壬戌、癸亥、甲子，缺乙丑以待用。前引神有丙寅、丁卯，一甲中天地气全，前后要看纳音，有无生旺之气，兼诸贵杀助者，大贵。年月日时更在一旬中，尤妙。引从包承拱太岁，则官历清华；刑害冲破，则一生困苦。如己酉年，癸酉月，戊申日后从，壬子时前引，引远从近，乃大贵人。居朝廷则多出入有人，盖引从动之也。乙丑人见甲子为从，或前遇庚午日乘引，乙与庚合，见己巳乘引，甲与己合，干支有情，余例推。如辛卯人遇壬辰日、庚子时，此乃从远引近，不中。又壬辰日，壬寅时，拱卯作丁酉正端门格，不以引从论。《赋》云："引从不同前后，宜乎审察。"《赋》又云："官贵引从，位列鸳班。"或官在前，贵在后，或贵在前，官在后，或杀在前，吉在后，包承引从，尤贵。如徐阶少师：癸亥、壬戌、癸未、壬子，壬戌后从则近，壬子前引则远。又天干俱壬癸，一气互换，亥子为禄，乃真引从包承格也。又杨博少傅，一品十二年考满，己巳、庚午、乙卯、庚辰，庚午前引，庚辰后从，天干乙庚，合化二庚为官引从，方为奇特。若前后二支包承，本命在中。如辛亥人，得庚子月，戊戌日，子在前为包，戌在后为承，止为包承，亦主清贵福厚，怕空亡、冲破。如孙慎都宪：乙亥、丙戌、辛丑、戊子；孟重都宪：乙亥、丁亥、乙丑、丙戌，则十二位包又多一格矣。古歌曰："年为天子坐中宫，日时相逢两侍从，辅弼贵星须要识，为官气势最英雄。"

四般生一

古歌曰："四般生一一生四，便断公卿更莫疑。添减福神随厚薄，官资仔细定寻推。"如许运使：癸巳、癸亥、辛亥、壬辰，甲寅胎，纳音一金生四水是也。

驿马驼禄

如谢参政：乙卯、戊寅、己酉、己巳，甲申暗合乙禄，在卯遁得己卯。己为禄元、马元，故曰"马驼禄而暗合官"是也。

鞍马坐贵

古歌曰："玉镫金鞍坐贵人，便知三品定官荣。若无的杀加此格，两府中书居帝京。"如王驸马：庚寅、乙酉、辛亥、乙未，庚寅见乙未，为攀鞍，庚贵在未，纳音又是金，号曰"贵人坐金鞍"。

锦衣特赐

古歌曰："甲丙庚日遇寅时，丙庚壬向巳中推。庚壬甲地归申坐，壬甲丙来亥取之。此是衣锦第一局，时日无差定不移。"如石参政：壬申、己酉、甲辰、丙寅。又：甲申、乙亥、丙辰、庚寅是也。

清贵入堂

古歌曰："乙丁辛见马，丁辛癸向鸡。此是正郎格，清华著锦衣。"如林安抚：己酉、乙亥、癸丑、乙卯，即暗合三奇格也。

循环相生

古歌曰："生年遁数逢癸亥，生月又遁见甲寅。从日推之逢辛未，此般格局有功名。"如陈右相：癸巳、癸亥、甲寅、辛未，为入格。

龙吟虎啸

古歌曰："寅辰二字是龙虎，遇此生人福最隆。吟啸风云成聚会，荣华富贵受皇封。"又曰："壬喜逢寅庚喜辰，云龙风虎越精神。干支重叠无冲战，知是清朝食禄人。"《预知子》云："龙吟得水，戊辰见甲寅。龙啸得木，甲寅见戊辰。"《珞琭子》云："龙吟虎啸，风雨助其休祥。"《玉门关集》云："凡龙吟虎啸，日时遇之大好，日月次之，日月年月遇之，却于时上遇禄者，亦佳。但不犯空亡、支干相破便是。"如王状元：戊寅、甲寅、丁酉、甲辰是也。

夹贵夹禄

甲人得卯丑，乙人得寅辰，丙戊人得辰午，丁巳人得巳未，庚人得未酉，辛人得申戌，壬人得戌子，癸人得亥丑，为夹禄乡。有丁己庚而得未，有丙戊乙而得辰，有甲癸而得丑，有辛壬而得戌，为夹禄窠。二者，夹禄窠为上，夹禄乡次之。凡禄最喜于墓，谓之库，而又有所藏也，忌空冲。然当生遇库印，为福为寿；岁逢墓印，为灾为凶。丙丁猪鸡，以戌为夹贵；壬癸蛇兔，以辰为夹贵；丙午、丁未，丙子、丁丑，纳音水，以火为财库；壬子，癸丑，壬午、癸未，纳音木，以土为财库，以上为夹贵。印库火财而得壬辰之水，土财而见戊辰之木，谓之库中逢鬼，先成必破。又甲戊庚乙己丙丁壬癸，六辛年月日时，顺连四干不断，不必在牛羊鼠猴鸡猪马虎之位，但见辰戌二位，便为天乙，受福纳，主学问该博，文章华藻，科名巍峨，官职清华。库带正印而库墓者为上，库墓而非正印者次之，无印者为下。又曰："干神一字而支神相应。"前有贵拥，后有马乘，中有建禄者，是夹禄夹贵也。假令己未人，己巳月，己未日，己巳时，四己干神，一字不杂，己贵在申，故曰"前有贵拥"未有马在巳，故曰"后有马乘"，贵逾三品之命。若丁巳、丁未则正夹禄，辛卯、辛丑则正夹贵，当从落断之。又曰："贵禄夹持人少得。"如戊午人，得丙午日时，戊禄在巳，夹在后；戊贵在未，夹在前。又如己未年，辛未月，己未日，辛未时，盖己禄在午在后，己贵在申在前，禄与贵人，夹扶其身，不须带别支神，乃为贵命。又曰："前遮后拥人中仙。"乃禄马夹贵，在本命前后是也。《理愚歌》曰："凡欲持纲入帝朝，贵星不与贱星交。将军须是贵杀裹，宰相多因禄马包。"凡贵人格，须要五行中无一位驳杂，往来更生旺有气，带福神于其上，四位贵，却不是贵格。古歌曰："好年不如月，好月不如时。尊亲帝座位，前后贵人随。"只如陈国相：庚寅、丙戌、辛卯、己丑，虽是大败，却得天乙贵，更本命太岁，为年中天子，前歌云"尊亲帝座位"是也。又己丑、庚寅、辛卯相连，谓之"连珠凤凰"，虽无科名，官居相位。又寅带天德，月戌为大煞同。况陈姓属微音火，在戌合其寅。经云："本音墓处，天德大杀，同主三台八座之荣。"自余不夹，太岁值禄马同入相。

中华传世藏书

钦定古今图书集成

精华本

古今图书

星命篇

二七〇

福神相还

凡禄马官贵六合，华盖金舆，文星贵人，正印库食，奇德之类，皆谓之福神，递互相还为格，若无死绝、冲破、空亡，有五行旺气，福神助之，主为将相。如此而又有杀神，即少达，历重任。若有死绝，无冲破、空亡，只在格上看之，又须尊者吉方可。干神主本为重，凡干神作生旺临官，或作福神，皆是吉位，而纳音死绝，兹谓"尊吉卑凶"。若纳音既死绝，更有冲破、空亡，即不成就；不过一簿尉州县，纵他位有福助之，亦不过一多难京朝官耳。若空亡、冲破，更有三刑六害，必是一孤独贫夭，或僧道，并无成举人。更观五行轻重消息，乘生旺气者，特达之士，只消一件可作大；乘生旺之气，须两件可也。

四时摄聚

甲寅、丙寅，木火摄聚于寅；丁巳、辛巳，金火摄聚于巳；庚申、甲申，金木摄聚于申；壬申、戊申，水土摄聚于申；癸亥、乙亥，水木摄聚于亥。遇者主清要显达，虽月令不得地亦福。《神白经》云："金水聚于申，火木聚于寅，水木聚于亥，火土聚于巳，全在日时，往往有福。若更四时有气逢生，十有九贵。"

致一凝神

圣人得抱一之真，则无所不达；鬼神含得一之灵，则变化无穷。而阴阳之理，精神之运，敛散抑扬于一者，所以为致一之命，乃间世贤辅，出群大贵人也。如年月日时胎五位纳音，四木一水，四金一土之类，一见于时；或一金四水土，一水四金土，一见于年，各有旺气发越一路是也。五位中年胎月俱丑，而日上或时上见一寅之类；年胎月时俱是戊己，而日上见一丙之类；或天乙、天官、文星、天德，往来见于四位，为福贵之气，独胎一位无福贵之气；禄马、官印、福德，会于帝座，三合于日时上，带本家一位禄马，四位俱乘旺气，独于时上带一路死绝之气，或四位俱带死绝之气，独于日或时上带一路生旺之气；四位或甲乙、或丙丁、或庚辛、或壬癸，而日上或时上见一真官；诸如此类，须往来会合，归于一者，方成此格。若自生旺，一路见福贵。自死绝一路见福贵，亦是。

虚中精实

人之年时，上下如天地覆载，而运日月于太虚之中，此虚中精实之格，最为奇妙，虽美恶相杂，喜憎相半，无不并包而兼容之，真大器远业之命。年与时上下乘生旺之气，惟日一路带衰败，死绝之气；或上下乘金玉刚柔之德，惟月日上一路建水火变通之气；或上下俱带天乙、天官、文星、禄马，并互换见诸吉神，独日位无禄马贵气；或年月时得寅午戌，生旺库，三合纯全，独日上一位带三合衰败、死绝之气是也。入此格者，旷世无忌，休休有容，富贵不能淫，威武不能屈。如陈以勤阁老辛未、戊戌、丁卯、辛亥，申时行状元乙未、乙酉、甲辰、乙亥，是此格也。

功夺造化

年月日胎俱在死绝无气之乡，而得一时在自生自旺之地是也。假令本命属金，年月日胎俱无气，而得癸酉；属火，而得戊午；属水，而得丙子；属土，而得庚子；属木，而得辛卯，皆纳音自旺之地。或辛巳、丙寅、己亥、甲申、戊申，皆纳音自生之地。若大小二运，行年太岁，只以生时较量灾福。盖不生不旺，则不能成人故也。

功侔造化

本命纳音生居无气之地，却得救助，而往来复旺于本位是也。假令辛酉人得癸卯，癸卯人得辛酉，盖辛酉之木困于金乡，却得癸卯，金复旺于酉，而木复旺于卯，往来互换，故为吉会。又云：辛酉失位之木，惟对以癸卯，则刚柔相济。得之者，文明俊敏，决取巍科。如前朝穆宗丁酉、癸卯、癸卯、辛酉，严嵩阁老庚子、己卯、癸卯、辛酉，是此格也。

内阳外阴

如年时纳音金水，日月属火木，金水为阴，火木为阳。又年时属水，日月属木，水绕花堤，乃外阴内阳，俱是。又云：不拘内外，只要成象为妙。

鼎足镃基

鼎足之义，谓之三合见三奇。三合见一马合，三合见本干，三合带本家，俱以得生旺为贵，切忌以金当寅午戌之类，须旺中损寿。三合见三奇，乃乙丙丁或甲戊庚在年月日时，而地支三合之类。三合见一马，乃申子辰而得寅马，巳酉丑亥马之类。三合见马合，乃寅午戌见巳合申之类。三合见本干，乃甲乙人得亥卯未，丙丁人得寅午戌之类。三合带本家，如寅午戌火命，得丙寅、戊午、甲戌，带本家火；亥卯未得己亥、辛卯、癸未，带本家木之类。又三合寅午戌马在申，有申而缺寅亥卯；未马在巳，有巳而缺亥申子；辰马在寅，有寅而缺申巳酉；丑马在亥，有亥而缺巳，名三合马换头支也。

拱揖阙门

阙门乃年对处。本命甲子，以己巳、辛未为拱揖，虚午为阙门；本命乙丑，以庚午、壬申为拱揖，虚未为阙门。余皆仿此。考诸书，尤重子午，余稍轻，以子午为端门帝座故也。阳命见天官合，阴命见天官、印绶在日时，拱揖二位者，如甲以己为天合，辛以丙为天官，壬为印绶之类。或二天合二天官、二印绶，夹辅阙门，亦贵。资以天德、天乙，尤贵。凡拱二位，虚夹一位，两干同类，方为真拱。有拱将、拱官、拱座、拱贵、拱印不同，不特拱门已也。拱将，乃月将；拱官，乃官星；拱座，乃时为帝座；拱贵，乃天乙贵人；拱印，乃甲戌、乙丑，壬辰、癸未为本家印，只须不破，为贵。林开云"坐实不如拱虚，明合不如暗会"是也。拱有七十二格：拱刃、拱害、拱马、拱学堂、拱飞刃、拱劫杀、拱亡神、拱鬼、拱旺、拱破、拱孤辰、拱寡宿、拱岩廊、拱合、拱君臣合。凡拱，须详杀神轻重，分高低，言祸福贵贱。若甲子见甲寅，乙丑见乙卯，丙寅见丙辰，丁卯见丁巳，戊辰见戊午，己巳见己未，庚午见庚申，辛未见辛酉，壬申见壬戌，癸酉见癸亥，命前二辰有用，必贵；无用，平常一名金章格。

龙跃天门

辛亥人得壬辰日时，壬辰人得辛亥日时，如见丁亥为正入格，天门在西北处，乾位得壬辰水正印而六龙在御，见亥所以为福。若得丁亥则干神合壬禄在亥，入此格者，有润泽生民，济世功业。

虎卧龙阁

庚申人，得辛卯日时者，为正入格。白虎家在庚申而辛卯重重，见之则为龙阁，故曰"虎卧龙阁"。得此者主贵，有声誉，弹压名臣。

云行雨施

丙午、丁未人，得戊子、己丑日时；戊子、己丑人，得丙午、丁未日时，盖丙午、丁未天河水，戊子、己丑霹雳火，子午居阴阳之正位，今全见之，阴阳合乃雨，如已入贵格而更得此，主膏泽及民。有冲破、空亡，亦不失为州县之职。

清肃宪台

巳酉丑人，皆得乙字者是。假令乙丑人得乙酉月，乙巳日得乙酉时，为正人格。金主刑，乙真金，巳酉丑金之正位，上下全见之，多为台谏之任。若胎月中见驿马，则任宪司之职。

风云庆会

此格，一至三日得甲或寅，四至六日得乙或卯，七至九日得丙或巳，十至十二日得丁或午，十三至十五日得戊或己，十六日至十八日得己或午，十九日至二十一日得庚或申，二十二至二十四日得辛或酉，二十五至二十七得壬或亥，二十八至三十得癸或子。须将三日一分干，十干日内细推看，甲乙逢寅卯为贵。

重荫重官

重荫者，如甲人逢癸又见庚；重官者，如甲人逢辛又见丙。盖甲以癸为荫，癸以庚为荫。甲以辛为官，辛以丙为官，如甲人逢两辛，不用此论。

包裹旗旌

凡命中劫杀曰旗，亡神曰旌。二者相见，方为旌旗，独遇一位则非。包裹者，乃贵也。且如庚辰、丙戌、庚午、丙子，劫杀在巳，亡神在亥，庚辰、庚午拱巳上劫杀，曰包"裹旗"；丙戌，丙子拱亥上亡神，曰"包裹旌"。余格类此。若遇旌旗全，官虽卑，亦作小监司或为帅将。如带刃，身克杀，多斩人。杀克身，必刃来伤死。

富贵所成

如甲人生亥卯未，甲辰得辛亥、丙寅、己亥，乙寅得辛未、丙子、己亥。

真体守位

如丁人得壬而在寅卯辰亥之中，或见丙辛，各在旺地，别位无丁是也。

虚一待用

四主本干相连，即跳一字。如甲乙丙戊，跳丁一字是也。得之者，稳步青云。若四主本支相连，而重一字，如子子丑寅，乃头重尾轻，主夭折。

假音得时

如土人生夏季，或居申子辰中运四季。

宝义制伐四事显朝

尊生卑曰宝，卑生尊曰义，上克下曰制，下克上曰伐，以此四者，胎月日时，上下相生相克。

五行不杂九命相养

谓三元各处一方，带本位禄而和，及三元各居旺库，而纳音干支相生育也。

主旺本成会于一方

庚子土，得丙戌月、丁丑胎、庚辰日、癸未时之类。若无冲破，却会在本气之方，更有禄马，尤妙。

月官德合暗逢支禄

如丁亥得壬辰、壬戌，甲人得丑未亥之类。

用刑者有时守刑者不乱

如寅刑巳而生在春，制克有用；如癸巳刑戊申，而无丁干者是。

人生元命，支干四柱，应以上诸格，虽主本无气，亦主名闻，挺特出群，三元有地而贵。四柱递合，而荣三元，俱有用得地，必富贵清显。胎月日时，交互相合而朝命，即是荣贵清显之命，但忌空亡、死绝、相冲为破坏，若入格，命更得福集帝座，须历清华之选。或有刑破迤递，减退言之。若有天中相冲、相刑、带杀，多是右职，更天中相刑冲，主多停替。

十干十二年生大贵人例

六甲年	丁卯 月	乙未 日	戊寅 时
六乙年	己卯 月	甲戌 日	乙亥 时
六丙年	庚寅 月	丁巳 日	丙午 时
六丁年	丙午 月	壬辰 日	丁未 时
六戊年	壬戌 月	己丑 日	戊寅 时
六己年	辛未 月	己未 日	丙寅 时
六庚年	甲申 月	庚申 日	辛巳 时
六辛年	丙申 月	庚午 日	辛巳 时
六壬年	辛亥 月	壬辰 日	丁未 时
六癸年	丙辰 月	丙辰 日	戊子 时

以上逐年，只有一日一时，主有大贵人应世，建功立业之命，不然，出尘神仙，常术不能晓也。大贵人莫过帝王，考历代创业之君，及明朝诸帝，无一合者。余尝谓天下之大，兆民之众，如此年月日时生者，岂无其人？然未必皆大贵人。要之，天生大贵人，必有冥数气运以主之，年月日时多不足凭。余记缙绅与凡民，命同者不能悉数。姑就绪绅论，如黄懋官侍郎，与申价副使命同，黄死于兵祸，申死

牖下，申先黄死，官之大小又不论也。朱衡与李庭龙命同，朱发科壬辰，李发科癸丑，朱官至尚书，李止大参，寿又不永，其子孙之多寡贤否，又不论也。万案与饶才命同，万举进士，官至卿贰，饶止举人，官至太守，然饶多子而万则少，又万以谪戍死而饶则否，其寿夭得丧又难论也。三河王且斋兄弟同产，而功名先后亦自不同，况天下之大，九州之广，兆民之众，其八字同者何限，恶可以例论耶！余记小说，见有走卒与鲁公命同，鲁公遇朝廷有大恩宠，则此卒受大责罚，鲁公有小喜庆，则此卒有小罚，其相反有如此者。又染家生子与鲁公命同，前后差六十年，术者以鲁公之命证之，其家大喜，谓他日必贵，自孩童时恣其所为，后遂酗酒，游荡醉死于水，年止十九。岂非失教之所致耶。又记《乐善录》：太学二士人命同，又同发解过省，约就相近游宦，庶彼此得知灾福，后一人受鄂州教授，一人任黄州教授。未几黄州者死，鄂州者为治后事，祝曰："我与公生年月日时同，出处同，公先舍我去，使我今死已后公七日矣，若有灵，宜托梦以告。"其夜，果梦云："我生于富贵，享用过当，故死。公生于寒微，未得享用，故活。"后鄂官至典郡，岂非有所警戒享用不过之所致乎？又吾郡有颜守芳生员，与厂民袁大纲命同，颜贫袁富，颜多子，袁仅二子，颜在而袁已死，颜读书守礼，有危疾而能自保，竟岁贡出身，袁则反是。合是数命观之，岂所生之家不同，而各人所习之业又异，其保身慎修，克俭长年，在吾人自求多福耳。若曰我命该富贵长寿，而不修德进学，骄恣不法，岂命之所以为命也耶。

第四十六章　星命汇考四十六

《三命通会》十八

论六十甲子得时吉凶

阴阳家每日十二时各有吉凶，选择者慎焉。余因悟人命既以时为重，生时得吉，亦犹选择之得吉也。论财官、印食虽与选择不同，而禄马、贵神则与子平无异。验之人命得吉，果吉，信不诬矣。今将选择家六十甲子每日十二时吉凶神煞并录如左，亦看命之一助也。

甲子日　支空干，日上吉。戊癸年二八月凶。

甲子　金贵、黄道、福德、月仙、福星、贵人、水星、时建。

丑　天德、黄道、宝光、天德、天乙、贵人、六合、武曲、太阴。

寅　福星、贵人、八禄、五符、驿马、左辅、喜神、土星。白虎、黑道、天狱。

卯　玉堂、黄道、少微、天开，喜神。天罡、时刑、计都。

辰　三合、武曲。天牢、黑道、锁神、寡宿。

巳　元武、黑道、天狱、五鬼、罗巡。

午　司命、黄道、凤辇、日仙、金星。时破、五鬼、五不遇。

未　天乙、贵人、太阳。勾陈、黑道、地狱、时害。

申　青龙、黄道、太乙、天贵、三合。截路、空亡。

酉　明堂、黄道、明辅、天官、贵人、唐符、贪狼、水星。截路、空亡、河魁。

戌　国印、右弼。天刑、黑道、旬中空、孤辰。

亥　左辅。朱雀、黑道、天讼。

乙丑日　干克支，日中平，辰戌丑未月玉皇入中宫。

丙子　天乙、贵人、六合、太阳。天刑、黑道。

丑　福星、贵人、金星。朱雀、黑道、天讼、时建、飞廉。

寅　金匮、黄道、福德、月仙。五鬼、罗喉。

卯　天德、黄道、宝光、天德、八禄、五符。五鬼、土星。

辰　白虎、黑道、天煞、河魁、计都。

巳　玉堂、黄道、少微、天开、水星。寡宿、五不遇。

午　贪狼。天牢、黑道、锁神、时害、截路、空亡。

未　右弼、水星。元武、黑道、天狱、时破、截路、空亡。

申　司命、黄道、凤辇、日仙、天官、天乙、贵人、左辅。

酉　三合。勾陈、黑道、地狱。

戌　青龙、黄道、太乙、天贵、唐符、武曲、喜神、金星。天罡、时刑。

亥　明堂、黄道、贵人、明辅、驿马、国印、喜神。孤辰、旬中空、罗喉。

丙寅日　支生干，日上吉。子午卯酉月玉皇入中宫，辰戌丑未月天皇入中宫。甲巳年、月凶。

戊子　青龙、黄道、天官、贵人、福星、太乙、天贵、贪狼、唐符。孤辰、五鬼。

丑　玉堂、黄道、明辅、贵人、国印、右弼、太阴。五鬼。

寅　水星。天刑、黑道、时建。

卯　贪狼。朱雀、黑道、天讼。

辰　金匮、黄道、福德、月仙、右弼、太阴。截路、空亡、五不遇。

巳　天德、黄道、八禄、宝光、五符、左辅、金星。天罡、时害、截路，空亡、时刑。

午　三合。白虎、黑道、天煞、寡宿、罗喉。

未　玉堂、黄道、天德、少微、武曲、土星。

申　驿马、喜神。天牢、黑道、时破、计都。

酉　天乙、贵人、喜神、木星。元武、黑道、天讼。

戌　司命、黄道、三合、凤辇、日仙、太阴。旬中空。

亥　天乙、贵人、六合、水星。勾陈、黑道、地狱、河魁。

丁卯日　支生干、日上吉。寅申巳亥玉皇直日，子午卯酉天里直日，甲巳年五三月凶。

庚子　司命、黄道、凤辇、日仙。天罡、时刑、火星。

　丑　唐符、武曲、木星。勾陈、黑道、地狱、孤辰。

　寅　青龙、黄道、太乙、天贵、国印、左辅、太阴。截路、空亡。

　卯　明堂、黄道、贵人、明辅、木星、福德。时建、截路、空亡、五不遇。

　辰　武曲。天刑、黑道、时害、计都。

　巳　驿马。朱雀、黑道、天讼、土星。

　午　金匮、黄道、福德、月仙、八禄、五符、喜神。河魁、罗睺。

　未　天德、黄道、宝光、三合、喜神、金神。寡宿。

　申　白虎、黑道、天煞。

　酉　玉堂、黄道、少微、天开、贪狼、福星、天乙、贵人。时破。

　戌　六合、右弼、水星。天牢、黑道、锁神、五鬼。

　亥　天德、黄道、宝光、天乙、贵人、三合、左辅、太阴。元武、黑道。旬中空、

　　　天狱、五鬼。

戊辰日　干支同和日大吉。寅申巳亥月天皇直日吉。甲巳年、月凶。

壬子　三合、唐符。天牢、黑道、锁神、截路、空亡。

　丑　天乙、贵人、国印。元武、黑道、天狱、河魁、截路、空亡。

　寅　司命、黄道、凤辇、日仙、驿马、金星。孤辰、五不遇。

　卯　天官、贵人、太阳。勾陈、黑道、地狱、时害。

　辰　青龙、黄道、太乙、天贵。时建、时刑、火星。

　巳　明堂、黄道、明辅、贵人、八禄、五符、喜神、水星。

　午　贪狼、太阴。天刑、黑道。

　未　天乙、贵人、右弼、木星。朱雀、黑道、天讼、天罡。

　申　金匮、黄道、福德、月仙、福星、贵人、三合、左辅。寡宿、五鬼、计都。

　酉　天德、黄道、宝光、六合。五鬼、土星。

戌　武曲。白虎、黑道、天煞、时破、旬中空。

亥　玉堂、黄道、少微、天开、金星。

己巳日　支生干，日大吉。辰戌丑未月紫微直日吉。甲巳年正七月凶。

甲子　天乙、贵人、贪狼。白虎、黑道、天煞。

丑　玉堂、黄道、少微、天开、三合、右弼、唐符、太阴。五不遇。

寅　天官、贵人、国印、喜神、木星。天牢、黑道，锁神、天罡、时害。

卯　贪狼、喜神。元武、黑道、天狱、孤辰、计都。

辰　司命、黄道、凤辇、日仙、右弼。

巳　左辅。勾陈、黑道、地狱、时建、五鬼。

午　青龙、黄道、太乙、天贵、八禄、五符、金星。五鬼。

未　明堂、黄道、明辅、贵人、福星、武曲、太阴。

申　天乙、贵人、六合。火星、天刑、黑道、河魁、截路、空亡、时刑。

酉　三合。朱雀、黑道、天讼、寡宿、截路。

戌　金匮、黄道、福德、月仙、太阴。

亥　天德、黄道、宝光、驿马、木星。旬中空、时破、五不遇。

庚午日　支克干伐日凶。子午卯酉月紫微直日吉。甲己年二八月凶。

丙子　金匮、黄道、福德、月仙、金星。时破、五不遇。

丑　天德、黄道，宝光、天乙、贵人、武曲。时害、罗喉。

寅　三合、左辅。白虎、黑道、天煞、五鬼、土星。

卯　玉堂、黄道、少微、天开、唐符。河魁、五鬼、计都。

辰　国印、武曲、喜神、木星。天牢、黑道、锁神、孤辰。

巳　太阴。元武、黑道、天狱。

午　司命、黄道、凤辇、日仙、天官、福星、贵人、水星。

未　天乙、贵人、六合。勾陈、黑道、地狱、截路、空亡、火星。

申　青龙、黄道、太乙、天贵、八禄、驿马、五符、太阴。

酉　明堂、黄道、贵人、明辅、贪狼、金星。天罡。

戌　三合、喜神、右弼。天刑、黑道、寡宿、旬中空、五不遇、罗喉。

亥　左辅。朱雀、黑道、天讼。

辛未日　支生干，日上吉寅申己亥月紫微直日吉，甲己年三九月凶。

戊子　天刑、黑道、时害、五鬼。

丑　太阴。朱雀、黑道、天讼，时害、时刑。

寅　金匮、黄道、福德、月仙、天乙、贵人、水星。

卯　天德、黄道、宝光、三合。火星。

辰　唐符。白虎、黑道、天煞、天罡、截路、空亡。

巳　玉堂、黄道、少微、天开、天官、贵人、福星、贵弼、国印、驿马辰、截路、空亡。

午　天乙、贵人、六合、贪狼。天牢、黑道、锁神、罗睺。

未　右弼。元武、黑道、天狱、时建、土星。

申　司命、黄道、凤辇、日仙、左辅、喜神。计都。

酉　八禄、五符、喜神、木星。勾陈、黑道、地狱、五不遇。

戌　青龙、黄道、太乙、天贵、武曲、太阴。河魁。

亥　明堂、黄道、贵人、明辅、三合、水星。寡宿、旬中空。

壬申日　支生干，日上吉，甲己年四月十月凶。

庚子　青龙、黄道、太乙、天贵、三合、贪狼。寡宿、火星。

丑　明堂、黄道、贵人、明辅、五符、水星。

寅　驿马、太阴。天刑、黑道、时破、截路、空亡、时刑。

卯　天乙、贵人、贪狼、木星。朱雀、黑道、天讼、截路、空亡、时害。

辰　金匮、黄道、福德、月仙、福星、贵人、三合、右弼。计都。

巳　天德、黄道、宝光、天乙、贵人、六合、左辅。河魁、土星。

午　天官、贵人、唐符、喜神。白虎、黑道、天煞、孤辰、罗睺。

未　玉堂、黄道、少微、天开、国印、喜神、武曲、金星。

申　太阳。天牢、黑道、锁神、时建、五不遇。

酉　元武、黑道、天狱、火星。

戌　司命、黄道、凤辇、日仙、水星。旬中空，五鬼。

亥　八禄、五符、太阴。勾陈、黑道、五鬼、时害。

癸酉日　支生干，日大吉。甲己年五十一月凶。

壬子　司命、黄道、凤辇、日仙、八禄、五符。河魁、截路、空亡、土星。

丑　福星、贵人、三合、武曲。

寅　青龙、黄道、天乙、贵人。地狱、罗睺。

卯　司命、黄道。时建。

辰　六合、武曲、天刑、黑道、火星。

巳　天官、天乙、贵人、三合、喜神。朱雀、黑道。

午　金匮、黄道。天罡。

未　天德、黄道。孤辰、五不遇。

申　国印。白虎、黑道、天讼、五鬼、计都。

酉　时建、时刑、五鬼、土星。

戌　天牢、黑道。时害、罗睺。

亥　驿马、喜神、左辅。元武、黑道、天狱、旬中空。

甲戌日　干克支制日中吉。辰戌丑未月玉皇直日吉。甲己年未丑月凶。

甲子　福星、贵人。元武、黑道、锁神。

丑　天乙、贵人、太阴。天牢、黑道、天讼、天罡。

寅　司命、黄道、凤辇、日仙、天官、贵人。喜神。寡宿。

卯　六合、喜神、勾陈、黑道、地狱、计都。

辰　青龙、黄道、太乙、天贵。时破、土星。

巳　明堂、黄道、贵人、明辅。五鬼、罗睺。

午　三合、贪狼、金星。天刑、黑道、五鬼、五不遇。

未　天乙、贵人、右弼、太阴。朱雀、黑道、天讼、河魁、时刑。

申　金匮、黄道、福德、月仙、驿马、左辅。孤辰、旬中空、截路、空亡、
　　火星。

酉　天德、黄道、宝光、天官、贵人、唐符、水星。时害、截路、空亡。

戌　国印、武曲、太阴。白虎、黑道、天煞、时建。

亥　玉堂、黄道、少微、天开、水星，无凶星大吉。

乙亥日　支生干义日大吉子。午卯酉月玉皇直日。辰戌丑未月天皇直日。甲己
年寅申巳亥月凶。

丙子　天乙、贵人、贪狼、太阳。白虎、黑道。

丑　玉堂、黄道、少微、天开、福星、贵人、右弼、金星。

寅　六合。天牢、黑道、锁神、河魁、五鬼、罗睺。

卯　八禄、三合、五符、贪狼。元武、黑道、天狱、寡宿、五鬼、土星。

辰　司命、黄道、凤辇、日仙、喜神。　计都。

巳　驿马、左辅、木星。勾陈、黑道、地狱、时破。

午　青龙、黄道、太乙、天贵、太阴。截路、空亡。

未　明堂、黄道、贵人、明辅、三合、武曲、水星。截路、空亡。

申　天官、贵人、天乙、贵人、天刑、黑道、天罡、时害、火星、五不遇。

酉　太阳。朱雀、黑道、天讼、孤辰、旬中空。

戌　金匮、黄道、福德、月仙、唐符、喜神、金星。

亥　天德、黄道、宝光、国印。时建、时刑、罗睺。

丙子日　支克干伐日凶。寅申巳亥玉皇直日。子午卯酉天皇直日。甲己年卯酉月凶。

戊子　金匮、黄道、福德、月仙，天官、福星、贵人、唐符。时建、五鬼。

丑　天德、黄道、宝光、六合、国印、武曲、太阴。五鬼。

寅　福星、贵人、驿马、左辅、水星。白虎、黑道、天煞。

卯　玉堂、黄道、少微、天开。天罡、时刑、火星。

辰　三合、武曲、太阴。天牢、黑道、锁神、寡宿、截路、空亡、五不遇。

巳　八禄、五符、金星。元武、黑道、天狱、截路、空亡。

午　司命、黄道、凤辇、日仙。时破、罗睺。

未　勾陈、黑道、地狱、时害、土星。

申　青龙、黄道、太乙、天贵、三合、喜神。旬中空、计都。

酉　明堂、黄道、贵人、明辅、天乙、贵人、贪狼、喜神。河魁。

戌　右弼、太阴。天刑、黑道、孤辰。

亥　天乙、贵人、左辅、水星。朱雀、黑道、天讼。

丁丑日　干生支宝日吉。寅申巳亥月天皇直日。甲己年辰戌月凶。

庚子　六合。天刑、黑道、火星。

丑　唐符、水星。朱雀、黑道、天讼、时建。

寅　金匮、黄道、福德、月仙、国印、太阴。截路、空亡。

卯　天德、黄道、宝光、木星。截路、空亡、五不遇。

辰　白虎、黑道、天煞、河魁。

巳　玉堂、黄道，少微、天开、三合。寡宿、土星。

午　八禄、五符、喜神、贪狼。天牢、黑道、锁神、时害。

未　右弼、喜神、金星、元武、黑道，天狱、时破。

申　司命、黄道、凤辇、日仙、左辅、太阳。

酉　三合、福星、天乙、贵人。勾陈、黑道、地狱、旬中空。

戌　青龙、黄道、太乙、天贵、武曲、水星。天罡、时刑。

亥　明堂、黄道、明辅、天官、福星、太乙、贵人、驿马。孤辰。

戊寅日　支克干伐日凶。辰戌丑未月紫微直日。乙庚年巳亥月凶。

　壬子　青龙、黄道、太乙、天贵、唐符、贪狼。孤辰、截路、空亡。

丑　明堂、黄道、明辅、天乙、贵人、国印、右弼。截路、空亡、罗睺。

寅　金星。天刑、黑道、时建、五不遇。

卯　天官、贵人、贪狼、太阳。朱雀、黑道、天讼。

辰　金匮、黄道、福德、月仙、右弼。火星。

巳　天德、黄道、宝光、八禄、五符、喜神、左辅、木星。天罡、时害、时刑。

午　三合、太阴。白虎、黑道、天煞、寡宿。

未　玉堂、黄道、少微、天开、天乙、贵人、武曲、木星。

申　福星、贵人、驿马。天牢、黑道、锁神、时破、旬中空、五鬼。

酉　元武、黑道、天狱、五鬼、土星。

戌　司命、黄道、凤辇、日仙、三合。罗睺。

亥　六合、金星。勾陈、黑道、地狱、河魁。

己卯日　支克干伐日凶。卯午酉子月紫微直日。乙庚年午未月凶。

　甲子　司命、黄道、凤辇、日仙、天乙、贵人、水星。天罡、时刑。

丑　唐符、武曲、太阴。勾陈、黑道、地狱、孤辰。

寅　青龙、黄道、太乙、天贵、天官、符人、国印、喜神、左辅、木星。

卯　明堂、黄道、明辅、贵人、喜神。时建、计都。

辰　武曲、喜神。天刑、黑道、时害、土星。

巳　驿马。朱雀、黑道、天讼、五鬼、罗睺。

午　金匮、黄道、福德、月仙、八禄、五符、金星。河魁、五鬼。

未　天德、黄道、宝光、福星、贵人、三合、太阴。寡宿。

申　天乙、贵人。白虎、黑道、天煞、截路，空亡、火星。

酉　玉堂、黄道、少微、天开、贪狼、水星。时破、旬中空、截路、空亡。

戌　六合、右弼、太阴。天牢、黑道、锁神。

亥　三合、左辅、木星。元武、黑道、天狱、五不遇。

庚辰日　支生干义日吉。寅巳申亥月紫微直日。乙庚年丑未月凶。

丙子　三合、金星。天牢、黑道、锁神、五不遇。

　　丑　天乙、贵人。元武、黑道、天狱、河魁、罗睺。

　　寅　司命、黄道、凤辇、日仙、驿马。孤辰、五鬼、土星。

　　卯　唐符。勾陈。

　　辰　青龙、黄道、太乙、天贵、国印、水星。时建、时刑。

　　巳　明堂、黄道、贵人、明辅、太阴。

　　午　天官、福星、贵人、贪狼、水星。天刑、黑道、截路、空亡。

　　未　天乙、贵人、右弼。朱雀、黑道、天讼、天罡、截路、空亡。

　　申　金匮、黄道、福德、月仙、八禄、五符、三合、左辅、太阳。寡宿、旬中空、十恶大败、禄陷空亡。

　　酉　天德、黄道、宝光、六合、金星。

　　戌　武曲、喜神。白虎、黑道、天煞、时破、罗睺、五不遇。

　　亥　玉堂、黄道、少微、天开。土星。

辛巳日　支克干伐日凶。乙庚年寅申月凶。

戊子　贪狼、木星。白虎、黑道、天煞、五鬼。

　　丑　玉堂、黄道、少微、天开、三合、右弼、太阴。五鬼。

　　寅　天乙、贵人、水星。天牢、黑道、锁神、天罡、时害。

　　卯　贪狼。元武、黑道、天狱、孤辰。

　　辰　司命、黄道、凤辇、日仙、唐符、右弼、太阴。截路、空亡。

　　巳　天官、福星、贵人、国印、左辅、金星。勾陈、黑道、地狱、时建、截路、空亡。

　　午　青龙、黄道、太乙、天贵、天乙、贵人。罗睺。

　　未　明堂、黄道、贵人、明辅、武曲。土星。

申　六合、喜神。天刑、黑道、河魁、时刑、计都。

酉　八禄、三合、五符、喜神。朱雀、黑道、天讼、寡宿、旬中空、十恶大败、截路、空亡、五不遇。

戌　金匮、黄道、福德、月仙、太阴。

亥　天德、黄道、宝光、驿马、水星。时破。

壬午日　干克支制日中平。乙庚年卯酉月凶。

庚子　金匮、黄道、福德、月仙。时破、火星。

丑　天德、黄道、宝光、武曲、水星。时害。

寅　三合、左辅、太阴。白虎、黑道、天煞、截路、空亡。

卯　玉堂、黄道、少微、天开、天乙、贵人、木星。河魁、截路、空亡。

辰　福星、贵人、武曲。天牢、黑道、锁神、孤辰、计都。

巳　天乙、贵人。元武、黑道、天狱、土星。

午　司命、黄道、凤辇、日仙、天官、贵人、唐符、喜神。时建、时刑、罗睺。

未　六合、国印、喜神、金星。勾陈、黑道、地狱。

申　青龙、黄道、太乙、天贵、驿马、太阳。旬中空、五不遇。

酉　明堂、黄道、贵人、明辅、贪狼。天罡星。

戌　三合、右弼、水星。天刑、黑道、寡宿、五鬼。

亥　八禄、五符、左辅、太阴。朱雀、黑道、天讼、五鬼。

癸未日　支克干伐日凶。辰戌丑未月玉皇直日。乙庚年辰戌月凶。

壬子　八禄、五符。天刑、黑道、时害、截路、空亡。

丑　福星、贵人。朱雀、黑道、天讼、时破、截路、空亡、时刑。

寅　金匮、黄道、福德、月仙、金星。

卯　黄道、宝光、天德、天乙、福星、贵人、三合、太阳。

辰　白虎、黑道、天煞、天罡、火星。

巳　玉堂、黄道、少微、天开、天官、天乙、贵人、驿马、水星、喜神。孤辰。

午　六合、贪狼、太阴。天牢、黑道、锁神。

未　右弼、唐符、木星。元武、黑道、天狱、时建、五不遇。

申　司命、黄道、凤辇、日仙、左辅、国印。五鬼、计都。

酉　勾陈、黑道、地狱、旬中空、五鬼。

戌　青龙、黄道、太乙、天贵、武曲。河魁、五不遇、罗睺。

亥　明堂、黄道、贵人、明辅、三合。寡宿。

甲申日　支克干伐日凶。子午卯酉月玉皇直日。辰戌丑未月天皇直日。乙庚年己亥月凶。

甲子　青龙、黄道、太乙、天贵、福星、贵人、三合、贪狼、水星。寡宿。

丑　司命、黄道、贵人、八禄、五符、驿马、喜神。

寅　福星、贵人、八禄、五符、驿马、喜神。天刑、黑道、时破、时刑。

卯　贪狼、喜神。朱雀、黑道、天讼、计都。

辰　金匮、黄道、福德、月仙、三合、右弼。土星。

巳　天德、黄道、宝光、六合、左辅。河魁、五鬼、罗睺。

午　白虎、黑道、天煞、孤辰、旬中空、五鬼、五不遇。

未　玉堂、黄道、少微、天开、天乙、贵人、武曲、太阳。

申　元武、黑道、锁神、时建、截路、空亡、火星。

酉　天官、贵人、唐符。天牢、黑道、天狱、截路、空亡。

戌　司命、黄道、凤辇、日仙、国印、水星。

亥　木星。勾陈、黑道、地狱、天罡、时刑。

乙酉日　支克干伐日凶。寅申巳亥月玉皇直日。子午卯酉月天皇直日。乙庚年子午月凶。

丙子　司命、黄道、凤辇、日仙、五符。　河魁。

丑　福星、贵人、三合、武曲、太阴。勾陈、黑道、地狱、寡宿。

寅　青龙、黄道、太乙、天贵、太阳。五鬼、罗睺。

卯　玉堂、黄道、贵人、明辅、八禄、五符。时破、五鬼、土星。

辰　六合、武曲。天刑、黑道、计都。

巳　三合、木星。朱雀、黑道、天讼、五不遇。

午　金匮、黄道、福德、月仙、太阴。天罡、截路、空亡。

未　天德、黄道、宝光、水星。孤辰、旬中空、截路、空亡。

申　天乙、贵人、天官、贵人。

酉　玉堂、黄道、少微、天开、贪狼、太阳。时建、时刑。

戌　唐符、右弼、喜神、金星。天牢、黑道、锁神、时害。

亥　驿马、国印、左辅。元武、黑道、天狱、罗睺。

丙戌日　干生支宝日。吉寅巳申亥月天皇直日。乙庚年未丑月凶。

戊子　天官、福星、贵人、唐符、木星。天牢、黑道、锁神、五鬼。

丑　太阴。元武、黑道、天狱、天罡、五鬼。

寅　凤辇、日仙、福星、贵人、木星。寡宿。

卯　勾陈、黑道、地狱、火星。

辰　太乙、天贵、太阳。时破、截路、空亡、五不遇。

巳　明堂、黄道、贵人、明辅、八禄、五符、金星。截路、空亡。

午　贪狼。天刑、黑道、旬中空、罗睺。

未　右弼。朱雀、黑道、天讼、河魁、时刑、土星。

申　金匮、黄道、福德、月仙、驿马、喜神、左辅。孤辰、计都。

酉　天德、黄道、宝光、天乙、贵人、喜神、木星。时害。

戌　武曲、太阴。白虎、黑道、天煞、时建。

亥　玉堂、黄道、少微、天开、天乙、贵人、水星。

丁亥日　支克干伐日凶。辰未戌丑月紫微直日。乙庚年寅申月凶。

庚子　贪狼。白虎、黑道、天煞、火星。

丑　玉堂、黄道、少微、天开、唐符、右弼、水星。

寅　六合、国印、太阴。天牢、黑道、锁神、河魁、截路、空亡。

卯　三合、贪狼、木星。元武、黑道、天狱、寡宿、截路、空亡、五不遇。

辰　司命、黄道、凤辇、日仙、右弼。计都。

巳　驿马、左辅。勾陈、黑道、地狱、时破。

午　青龙、黄道、太乙、天贵、八禄、五符、喜神。十恶大败、禄陷空亡、
　　罗睺。

未　明堂、黄道、贵人、明辅、三合、武曲、喜神。旬中空。

申　太阳。天刑、黑道、天罡、时害。

酉　福星、天乙、贵人。朱雀、黑道、天讼、孤辰、火星。

戌　金匮、黄道、福德、月仙、水星。五鬼。

亥　天德、黄道、宝光、天贵、福星、天乙、贵人。时建、时刑。

戊子日　干支制日中平　卯午酉子月紫微直日　乙庚年卯酉月凶

壬子　金匮、黄道、福德、月仙、唐符。时建、截路、空亡、土星。

丑　天德、黄道、宝光、武曲、天乙、贵人、六合、国印。截路、空亡、
罗睺。

寅　驿马、左辅、金星。白虎、黑道、天煞、五不遇。

卯　玉堂、黄道、少微、天开、天官、贵人、太阳。天罡、时刑。

辰　三合、武曲。天牢、黑道、锁神、寡宿、火星。

巳　八禄、五符、喜神、水星。元武、黑道、天狱。

午　司命、黄道、凤辇、日仙、太阴。时破、旬中空。

未　天乙、贵人、木星。勾陈、黑道、地狱、时害。

申　青龙、黄道、太乙、天贵、福星、贵人、三合。五鬼、计都。

酉　明堂、黄道、贵人、明辅、贪狼。河魁、五鬼、土星。

戌　右弼。天刑、黑道、孤辰、罗睺。

亥　左辅、土星。朱雀、黑道、天讼。

巳丑日　支生干和日吉　寅巳申亥月紫微直日　乙庚年辰戌月凶

甲子　天乙、贵人、六合、水星。天刑、黑道。

丑　唐符、太阴。朱雀、黑道、天讼、时建、五不遇。

寅　金匮、黄道、福德、月仙、天官、贵人、国印、喜神、木星。

卯　天德、黄道、宝光、喜神。计都。

辰　白虎、黑道、天煞、河魁、土星。

巳　玉堂、黄道、少微、天开、三合、寡宿、五鬼、罗睺。

午　八禄、五符、贪狼、金星。天牢、黑道、锁神，时害、五鬼、十恶大败、
禄陷空亡。

未　福星、贵人、右弼。元武、黑道、天狱、时破、旬中空。

申　司命、黄道、凤辇、日仙、天乙、贵人、左辅。截路、空亡、火星。

酉　三台、水星。勾陈、黑道、地狱、截路、空亡。

戌　青龙、黄道、太乙、天贵、武曲、太阴。天罡、时刑。

亥　明堂、黄道、贵人、明辅、驿马、木星。孤辰。

庚寅日　干克支制日中平。丙辛年己亥月凶。

丙子　青龙、黄道、太乙、天贵、贪狼、金星。孤辰、五不遇。

　丑　明堂、黄道、明辅、天乙、贵人、右弼。罗睺。

　寅　天刑、黑道、时建。

　卯　贪狼、唐符。朱雀、黑道、天讼、五鬼。

　辰　金匮、黄道、福德、月仙、左辅、国印、木星。

　巳　天德、黄道、宝光、左辅、太阴。天罡、时害、时刑。

　午　天官、福星、贵人、三合、水星。白虎、黑道、截路、旬中空、天煞、寡宿。

　未　玉堂、黄道、少微、天开、天乙、贵人、武曲。截路、空亡、火星。

　申　八禄、五符、驿马、太阳。天牢、黑道、锁神、时破。

　酉　金星。元武、黑道、天狱。

　戌　司命、黄道、凤辇、日仙、三合、喜神。罗睺、寡宿、五不遇。

　亥　六合。勾陈、黑道、地狱、河魁。

辛卯日　干克支制日中平。丙辛年午月中凶。

戊子　司命、黄道、凤辇、日仙、木星。天罡、时刑、五鬼。

　丑　武曲、太阴。勾陈、黑道、地狱、孤辰、五鬼。

　寅　青龙、黄道、太乙、天贵、天乙、贵人、左辅、水星。

　卯　明堂、黄道、贵人、明辅。时建、火星。

　辰　唐符、武曲、太阳。天刑、黑道、时害、截路、空亡。

　巳　天官、福星、贵人、国印、驿马、金星。朱雀、黑道、天讼，截路、空亡。

　午　金匮、黄道、福德、月仙、天乙、贵人。河魁、罗睺。

　未　天德、黄道、宝光、三合。寡宿、旬中空、土星。

　申　喜神。白虎、黑道、天煞、计都。

　酉　玉堂、黄道、少微、天开、八禄、五符、喜神、贪狼、水星。时破。

　戌　六合、右弼、太阴。天牢、黑道、锁神。

　亥　三合、左辅、水星。元武、黑道、天狱。

壬辰日　支克干伐日凶。辰未戌丑月玉皇直日。丙辛年丑未月凶。

庚子　三合。天牢、黑道、锁神。

　丑　木星。元武、黑道、天狱、河魁。

　寅　司命、黄道、凤辇、日仙、驿马、太阴。孤辰、截路、空亡。

　卯　天乙、贵人、木星。勾陈、黑道、地狱、时害、截路，空亡。

　辰　青龙、黄道、太乙、天贵、福星、贵人。时建、时刑、计都。

　巳　明堂、黄道、明辅、天乙、贵人。土星。

　午　天官、贵人、唐符、贪狼、喜神。天刑、黑道、旬中空、罗睺。

　未　喜神、国印、右弼、金星。朱雀、黑道、天讼、天罡。

　申　金匮、黄道、福德、月仙、三合、左辅、太阳。寡宿、五不遇。

　酉　天德、黄道、宝光、六合。火星。

　戌　武曲、水星。白虎、黑道、天煞、时破、五鬼。

　亥　玉堂、黄道、少微、天开、八禄、五符、太阴。五鬼。

癸巳日　干克支制日中平。卯午酉子月玉皇直日。辰未戌丑月天皇直日。丙辛年寅申月凶。

壬子　八禄、五符、贪狼。白虎、黑道、天煞、截路、空亡、五鬼。

　丑　玉堂、黄道、少微、天开、福星、贵人、三合、右弼。截路、空亡、罗睺。

　寅　天牢、黑道、锁神、天罡、时害。

　卯　天乙、贵人、贪狼、福星、贵人、太阳。元武、黑道、天狱、孤辰。

　辰　司命、黄道、凤辇、日仙、右弼。火星。

　巳　天官、贵人、天乙、贵人、左辅、喜神、水星。勾陈、黑道、地狱、时建。

　午　青龙、黄道、太乙、天官、太阴。

　未　明堂、黄道、贵人、明辅、唐符、武曲。旬中空、五不遇。

　申　六合、国印。天刑、黑道、河魁、时刑、五鬼。

　酉　三合。朱雀、黑道、天讼、寡宿、五鬼。

　戌　金匮、黄道、福德、月仙。罗睺。

　亥　天德、黄道、宝光、天德、驿马、金星。时破。

甲午日　干生支宝日吉。寅巳申亥月玉皇直日。卯午酉子月天皇直日。丙辛年

甲子　金匮、黄道、福德、月仙、福星、贵人、水星。时破。

　丑　黄道、天德、宝光、天乙、贵人、武曲、太阴。时害。

　寅　福星、贵人、八禄、五符、三合、喜神、左辅、木星。白虎、黑道天杀。

　卯　玉堂、黄道、少微、天开、喜神。河魁、计都。

　辰　武曲。天牢、黑道、锁神、孤辰、旬中空。

　巳　元武、黑道、天狱、五鬼、罗睺。

　午　司命、黄道、凤辇、日仙、金星。时建、时刑、五鬼、五不遇。

　未　天乙、贵人、六合、太阳。勾陈、黑道、地狱。

　申　青龙、黄道、太乙、天贵、驿马。截路、空亡、火星。

　酉　明堂、黄道、明辅、天官、贵人、唐符、贪狼、水星。天罡、截路、空亡。

　戌　三合、国印、右弼、太阴。天刑、黑道、寡宿。

　亥　左辅、木星。朱雀、黑道、天讼。

乙未日　干克支制日中平。寅巳申亥月天皇直日。丙辛年辰戌月凶。

丙子　天乙、贵人、太阳。天刑、黑道、时害。

　丑　福星、贵人、金星。朱雀、黑道、天讼、时破、时刑。

　寅　金匮、黄道、福德、日仙。五鬼、罗睺。

　卯　天德、黄道、宝光、天禄、五符、三合。五鬼、土星。

　辰　白虎、黑道、天杀、天罡、计都。

　巳　玉堂、黄道、少微、天开、驿马、木星。孤辰、旬中空、五不遇。

　午　六合、贪狼、太阴。天牢、黑道、锁神、截路、空亡。

　未　右弼、木星。元武、黑道、天狱、时建、截路、空亡。

　申　司命、黄道、凤辇、日仙、天官、天乙、贵人、左辅。火星。

　酉　太阳。勾陈、黑道、地狱。

　戌　青龙、黄道、太乙、天贵、唐符、武曲、喜神、金星。河魁。

　亥　明堂、黄道、贵人、明辅、三合、国印。寡宿、罗睺。

丙申日　干克支制日中平。辰未戌丑月紫微直日。丙辛年巳亥月凶。

戊子　青龙、黄道、太乙、天贵、天官、福星、贵人、专符、贪狼、三合、水星。寡宿、五鬼。

丑　明堂、黄道、贵人、明辅、国印、右弼、太阴。五鬼。

寅　福星、贵人、驿马、水星。天刑、黑道、时破、时刑。

卯　贪狼。朱雀、黑道、天讼、灾星。

辰　金匮、黄道、福德、月仙、三合、右弼、太阳。旬中空、截路、空亡、五不遇。

巳　天德、黄道、宝光、八禄、五符、六合、左辅、金星。河魁、旬中空、截路、

空亡、十恶大败、禄陷空亡。

午　白虎、黑道、天杀、孤辰。

未　玉堂、黄道、少微、天开、武曲。土星。

申　喜神。天牢、黑道、锁神、时建、罗睺。

酉　天乙、贵人、喜神、木星。元武、黑道、天狱。

戌　司命、黄道、凤辇、日仙、太阴。

亥　天乙、贵人、水星。勾陈、黑道、地狱、天罡、时害。

丁酉日　干克支制日中平。卯午酉子月紫微直日。丙辛年午子月凶。

庚子　司命、黄道、凤辇、日仙。河魁、火星。

丑　六合、唐符、武曲、水星。勾陈、黑道、地狱、寡宿。

寅　青龙、黄道、太乙、天贵、国印、左辅、太阴。截路、空亡。

卯　明堂、黄道、贵人、明辅、木星。时破、截路、空亡、五不遇。

辰　六合、武曲。天刑、黑道、计都。

巳　三合。朱雀、黑道、天讼、旬中空、土星。

午　金匮、黄道、福德、月仙、八禄、五符、喜神。天罡。

未　天德、黄道、宝光、喜神、金星。孤辰。

申　太阳。白虎、黑道、天杀。

酉　玉堂、黄道、少微、天开、福星、天乙、贵人、贪狼。时建、时刑。火星。

戌　右弼、水星。天牢、黑道、锁神、时害、五鬼。

亥　天官、福星、天乙、贵人、驿马、左辅、太阴。元武、黑道、天狱、

五鬼。

戊戌日　干支同和日吉。寅巳申亥月紫微直日。丙辛年丑未月凶。

壬子　唐符。天牢、黑道、锁神、截路、空亡。

丑　天乙、贵人、国印。元武、黑道、天狱、天罡、截路、空亡、罗睺。

寅　司命、黄道、凤辇、日仙、三合、金星。寡宿、五不遇。

卯　天官、贵人、六合、太阳。勾陈、黑道、地狱。

辰　青龙、黄道、太乙、天贵。时破、旬中空、土星。

巳　明堂、黄道、贵人、明辅、八禄、五符、喜神、水星。十恶大败、禄陷
　　空亡。

午　三合、贪狼。天刑、黑道。

未　天乙、贵人、右弼、木星。朱雀、黑道、天讼、河魁、时刑。

申　金匮、黄道、福德、月仙、福星、贵人、驿马、左辅。孤辰、五鬼、
　　计都。

酉　天德、黄道。时害、五鬼、土星。

戌　武曲。白虎、黑道、天煞、时建、罗睺。

亥　玉堂、黄道、少微、天开、金星。

己亥日　干克支制日中平丙辛年寅申月凶

甲子　天乙、贵人、贪狼、水星。白虎、黑道、天煞。

丑　玉堂、黄道、少微、天开、唐符、右弼、太阴。五不遇。

寅　天官、贵人、六合、国印、喜神、木星。天牢、黑道、锁神、河魁。

卯　三合、喜神、贪狼。元武、黑道、天狱、寡宿。

辰　司命、黄道、凤辇、日仙、右弼。土星。

巳　驿马、左辅。勾陈、黑道、地狱、时破、旬中空、五鬼。

午　青龙、黄道、太乙、天贵、八禄、五符、金星。五鬼。

未　明堂、黄道、明辅、福星、贵人、三合、武曲、太阳。

申　天乙、贵人。天刑、黑道、天罡、时害、截路、空亡、火星。

酉　朱雀、黑道、天讼、孤辰、截路、空亡。

戌　金匮、黄道、福德、月仙、太阴。

亥　天德、黄道、宝光、木星。时建、时刑、五不遇。

庚子日　干生支宝日吉。丙辛年卯酉月凶。

丙子　金匮、黄道、福德、月仙、金星。时建、五不遇。

　丑　天德、黄道、宝光、天乙、贵人、六合、武曲。罗睺。

　寅　驿马、左辅。白虎、黑道、天煞、五鬼。

　卯　玉堂、黄道、少微、天开、唐符。天罡、五鬼。

　辰　三合、国印、武曲、木星。天刑、黑道、锁神、旬中空、寡宿。

　巳　太阴。元武、黑道、天狱。

　午　司命、黄道、凤辇、日仙、天官、福星、贵人、水星。截路、空亡。

　未　天乙、贵人。勾陈、黑道、地狱、时害、截路、空亡、火星。

　申　青龙、黄道、太乙、天贵、八禄、五符、三合、太阳。

　酉　明堂、黄道、贵人、明辅、贪狼、金星。河魁。

　戌　喜神、右弼。天刑、黑道、孤辰、五不遇。

　亥　左辅。朱雀、黑道、天讼、土星。

辛丑日　支生干义日吉。辰未戌丑月玉皇直日。丙辛年辰阙月凶。

戊子　六合、木星。天刑、黑道、五鬼。

　丑　太阴。朱雀、黑道、天讼、时建、五鬼。

　寅　金匮、黄道、福德、月仙、天乙、贵人、水星。

　卯　天德、黄道、宝光。火星。

　辰　唐符、太阳。白虎、黑道、天煞、河魁、截路、空亡。

　巳　玉堂、黄道、少微、天开、天官、福星、三合、国印、金星。寡宿、旬中空、截路、空亡。

　午　天乙、贵人、贪狼。天牢、黑道、锁神、时害。

　未　右弼。元武、黑道、天狱、时破、土星。

　申　司命、黄道、凤辇、日仙、左辅、喜神。计都。

　酉　八禄、五符、三合、喜神、木星。勾陈、黑道、地狱、五不遇。

　戌　青龙、黄道、太乙、天贵、武曲、太阴。天罡、时刑。

　亥　明堂、黄道、贵人、明辅、驿马、水星。孤辰。

壬寅日　干生支宝日吉。卯午酉子月玉皇直日。辰未戌丑月天皇直日。丁壬年己亥月凶。

庚子　青龙、黄道、太乙、天贵、贪狼。孤辰、火星。

　　丑　明堂、黄道、贵人、明辅，右弼、水星。

　　寅　太阴。天刑、黑道、时建、截路、空亡。

　　卯　天乙、贵人、贪狼、木星。朱雀、黑道、天讼、截路、空亡。

　　辰　金匮、黄道、福德、月仙、福星、贵人、右弼。旬中空、计都。

　　巳　天德、黄道、宝光、天乙、贵人、左辅。天罡、时害、时刑、土星。

　　午　天官、贵人、三合、唐符、喜神。白虎、黑道、天煞、寡宿、罗睺。

　　未　玉堂、黄道、少微、天开、国印、喜神、武曲、金星。

　　申　驿马、太阳。天牢、黑道、锁神、时破、五不遇。

　　酉　元武、黑道、天狱、火星。

　　戌　司命、黄道、凤辇、日仙、三合、水星。五鬼。

　　亥　八禄、五符、六合、太阴。勾陈、黑道、地狱、河魁、五鬼。

　　癸卯日　干生支宝日吉。寅申巳亥月玉皇直日。辰未戌丑月天皇直日。丁壬年午子月凶。

壬子　司命、黄道、凤辇、日仙、八禄、五符。天罡、时刑、截路、空亡、土星。

　　丑　福星、贵人、武曲。勾陈、黑道、地狱、截路、空亡、罗睺。

　　寅　青龙、黄道、太乙、天贵、左辅、金星。

　　卯　明堂、黄道、明辅、福星、天乙、贵人、太阳。时建。

　　辰　武曲。天刑、黑道、时害、火星。

　　巳　天官、天乙、贵人、驿马、喜神、水星。朱雀、黑道、天讼、旬中空。

　　午　金匮、黄道、福德、月仙、太阴。河魁。

　　未　天德、黄道、宝光、三合、唐符、水星。五不遇。

　　申　国印。白虎、黑道、天煞、五鬼、计都。

　　酉　玉堂、黄道、少微、天开、贪狼。时破、五鬼、土星。

　　戌　六合、右弼。天牢、黑道、锁神、罗睺。

　　亥　三合、喜神、左辅、金星。元武、黑道、天狱。

　　甲辰日　干克支制日平。寅巳申亥月天皇直日。丁壬年未丑月凶。

甲子　福星、贵人、三合、水星。天牢、黑道、锁神。

丑　天乙、贵人、太阴。元武、黑道、天狱、河魁。

寅　司命、黄道、凤辇、日仙、福星、贵人、驿马、八禄、五符、喜神。孤辰、旬中空。

卯　喜神。勾陈、黑道、地狱、时害、计都。

辰　青龙、黄道、太乙、天贵。时建、时刑、土星。

巳　明堂、黄道、贵人、明辅。五鬼、罗睺。

午　贪狼、金星。天刑、黑道、五鬼、五不遇。

未　天乙、贵人、右弼、太阳。朱雀、黑道、天讼、天罡。

申　金匮、黄道、福德、月仙、三合、左辅。寡宿、截路、空亡、火星。

酉　天德、黄道、宝光、天官、贵人、六合、唐符、水星。截路、空亡。

戌　国印、武曲、太阴。白虎、黑道、天煞、时破。

亥　玉堂、黄道、少微、天开、木星。

乙巳日　干生支宝日吉。辰未戌丑月紫微直日。丁壬年寅申月凶。

丙子　天乙、贵人、贪狼、太阳。白虎、黑道、天罡。

丑　玉堂、黄道、少微、天开、福星、贵人、三合、右弼、金星。

寅　天牢、黑道、锁神、天罡、时害、罗睺、五鬼。

卯　八禄、五符、贪狼、元武、黑道、天狱、孤辰、旬中空、五鬼、土星。

辰　司命、黄道、凤辇、日仙、喜神、右弼。计都。

巳　左辅。勾陈、黑道、地狱、时建、五不遇。

午　青龙、黄道、太乙、天贵、太阴。截路、空亡。

未　明堂、黄道、贵人、明辅、武曲、水星。截路、空亡。

申　天官、天乙、贵人、六合。天刑、黑道、河魁、时刑、火星。

酉　三合、太阳。朱雀、黑道、天讼、寡宿。

戌　金匮、黄道、福德、月仙、唐符、喜神、金星。

亥　天德、黄道、宝光、驿马、国印。时破、罗睺。

丙午日　支干同和日吉。卯午酉子月紫微直日。丁壬年卯酉月凶。

戊子　金匮、黄道、福德、月仙、天官、福星、贵人、唐符。时破、五鬼。

丑　天德、黄道、宝光、国印、武曲、太阴。时害、五鬼。

寅　福星、贵人、三合、左辅、水星。白虎、黑道、天煞、旬中空。

卯　玉堂、黄道、少微、天开。河魁、火星。

辰　武曲、太阳。天牢、黑道、锁神、孤辰、截路、空亡、五不遇。

巳　八禄、五符、金星。元武、黑道、天狱、截路、空亡。

午　司命、黄道、凤辇、日仙。时建、时刑、罗睺。

未　六合。勾陈、黑道。

申　青龙、黄道、太乙、天贵、驿马、喜神。计都。

酉　明堂、黄道、明辅、天乙、贵人、贪狼、喜神。天罡。

戌　三合、右弼、太阴。天刑、黑道、寡宿。

亥　天乙、贵人、左辅、水星。朱雀、黑道、天讼。

丁未日。干生支宝日吉。寅巳申亥月紫微直日。

庚子　天刑、黑道。

　　丑　唐符、水星。朱雀、黑道、天讼。

　　寅　金匮、黄道、福德、月仙、国印、太阴。截路、空亡。

　　卯　天德、黄道、宝光、三合、土星。旬中空、截路、空亡、五不遇。

　　辰　白虎、黑道、天煞、天罡、旬中空。

　　巳　玉堂、黄道、少微、天开、驿马。孤辰、土星。

　　午　八禄、五符、六合、喜神、贪狼。天牢、黑道、锁神。

　　未　喜神、右弼、金星。元武、黑道、天狱、时建。

　　申　司命、黄道、凤辇、日仙、左辅、太阳。

　　酉　天乙、贵人、福星，贵人、勾陈、黑道、地狱、火星。

　　戌　青龙、黄道、太乙、天贵、武曲、水星。河魁、五鬼。

　　亥　明堂、黄道、明辅、天官、福星、太乙、贵人。寡宿、五鬼。

戊申日　干生支宝日吉。丁壬年月凶。

壬子　青龙、黄道、太乙、天贵、三合、唐符、贪狼。寡宿、截路、空亡、
　　　　土星。

　　丑　明堂、黄道、明辅、天乙、贵人、国印、右弼。截路、空亡、罗睺。

　　寅　驿马、金神。天刑、黑道、时破、时刑、旬中空、五不遇。

　　卯　天官、贵人、贪狼、太阳。朱雀、黑道、天讼。

　　辰　金匮、黄道、福德、月仙、三合、右弼。火星。

巳　玉堂、黄道、宝光、八禄、五符、六合。　水星。河魁。

午　太阴。白虎、黑道、天煞、孤辰。

未　黄道、玉堂、宝微、天开、天乙、贵人、武曲、木星。

申　福星、贵人。天牢、黑道、锁神、时建、五鬼、计都。

酉　元武、黑道、天狱、五鬼、土星。

戌　司命、黄道、凤辇、日仙。罗喉。

亥　金星。勾陈、黑道、地狱、天罡、时害。

巳酉日　干生支宝日吉。丁壬年午子月凶。

甲子　司命、黄道、凤辇、日仙、天乙、贵人、水星。河魁。

丑　三合、唐符、武曲、太阴。勾陈、黑道、地狱、寡宿、五不遇。

寅　黄道、青龙、太乙、天贵、天官、贵人、国印、喜神、左辅、木星。

卯　明堂、黄道、贵人、明辅、喜神。时破、旬中空、计都。

辰　六合、武曲。天刑、黑道、土星。

巳　三合。朱雀、黑道、天讼、五鬼、罗喉。

午　金匮、黄道、福德、月仙、八禄、五符、金星。天罡、五鬼。

未　天德、黄道、宝光、福星、贵人、太阳。孤辰。

申　天乙、贵人。白虎、黑道、天煞、截路、空亡、火星。

酉　玉堂、黄道、少微、天开、贪狼、水星。时建、时刑、截路、空亡。

戌　六合。天牢、黑道、锁神、时害。

亥　三合、左辅、木星。元武、黑道、天狱、五不遇。

庚戌日　支生干义日吉。辰未戌丑月玉皇直日。丁壬年未丑月凶。

丙子　三合。天牢、黑道、锁神、五不遇。

丑　天乙、贵人。元武、黑道、天狱、天罡、罗喉。

寅　司命、黄道。寡宿、旬中空、五鬼、土星。

卯　唐符。勾陈、黑道、地狱、五鬼、计都。

辰　青龙、黄道、太乙、天贵、国印、木星。时破。

巳　明堂、黄道、贵人、明辅、太阴。

午　天官、福星、贵人、三合、贪狼、水星。天刑、黑道。

未　天乙、贵人、右弼。朱雀、黑道、天讼、河魁、时刑、截路、空亡、火星。

申　金匮、黄道、福德、日仙、三合、八禄、五符、驿马、左辅、太阳。孤
　　辰、截

路、空亡。

酉　天德、黄道、宝光、金星。时害。

戌　喜神、武曲。白虎、黑道、天煞、时建、五不遇。

亥　玉堂、黄道、少微、天开。土星。

辛亥日　干生支宝日吉。辰未戌丑月天皇直日。卯午酉子月玉皇直日。丁壬年
寅申月凶。

戊子　贪狼、水星。白虎、黑道、天煞、五鬼。

丑　玉堂、黄道、少微、天开、太阴。五鬼。

寅　天乙、贵人、六合、水星。天牢、黑道、锁神、河魁。

卯　贪狼。元武、黑道、天狱、寡宿、旬中空、火星。

辰　司命、黄道、凤辇、日仙、五符、右弼、太阳。截路、空亡。

巳　天官、福星、贵人、驿马、国印、左辅、金星。勾陈、黑道、地狱、时
　　破、截

路、空亡。

午　玉堂、黄道、太乙、天贵、天乙、贵人。罗睺。

未　明堂、黄道、贵人、明辅、三合、武曲。土星。

申　喜神。天刑、黑道。

酉　八禄、五符、喜神、木星。朱雀、黑道、天讼、孤辰、五不遇。

戌　金匮、黄道、福德、月仙、太阴。

亥　天德、黄道、宝光、木星。时建、时刑。

壬子日　干支同和日吉。寅巳申亥月玉皇直日。卯午酉子月天皇直日。丁壬年
二八月凶。

庚子　金匮、黄道、福德、月仙。时建、木星。

丑　玉堂、黄道、三合、武曲、水星。

寅　白虎、黑道、天煞、旬中空、截路、空亡。

卯　天乙、贵人、木星。天罡、时刑、截路、空亡。

辰　福星、贵人、武曲。计都、天牢、黑道、锁神、寡宿。

巳　天乙、贵人。元武、黑道、天狱、土星。

午　司命、黄道、凤辇、日仙、天官、贵人、唐符。时破、罗睺。

未　国印、喜神、金星。勾陈、黑道、地狱、时害。

申　青龙、黄道、驿马、三合、太阳。五不遇。

酉　明堂、黄道、贵人、明辅、贪狼。河魁、土星。

戌　右弼、水星。天刑、黑道、孤辰、五鬼。

亥　八禄、五符、左辅、太阴。朱雀、黑道、天讼、五鬼。

癸丑日　支克干伐日凶。寅巳申亥月天皇直日。丁壬年辰戌月凶。

壬子　八禄、五符。天刑、黑道、截路、空亡、土星。

丑　福星、贵人。朱雀、黑道、天讼、时建、截路、空亡、罗睺。

寅　金匮、黄道、福德、月仙、金星。

卯　天德、黄道、宝光、福星、天乙、贵人、太阳。旬中空。

辰　白虎、黑道、天狱、河魁、火星。

巳　玉堂、黄道、少微、天开、天官、天乙、贵人、喜神、三合、水星。寡宿。

午　贪狼、太阴。天牢、黑道、锁神、时害。

未　唐符、右弼、木星。元武、黑道、天煞、时破、五不遇。

申　司命、黄道、凤辇、日仙、国印、左辅。五鬼、计都。

酉　三合。勾陈、黑道、地狱、五鬼、土星。

戌　青龙、黄道、太乙、天贵、武曲。天罡、罗睺。

亥　明堂、黄道、贵人、明辅、驿马、金星。孤辰。

甲寅日　干支比和日吉。辰未戌丑月紫微直日。戊癸年己亥月凶。

甲子　青龙、黄道、太乙、天贵、福星、贵人、贪狼。旬中空、孤辰。

丑　明堂、黄道、明辅、天乙、贵人、右弼、太阴。

寅　福星、贵人、八禄、五符，喜神、木星。天刑、黑道、时建。

卯　喜神、贪狼。朱雀、黑道、天讼、计都。

辰　金匮、黄道、福德、月仙、右弼。土星。

巳　天德、黄道、宝光、左辅。天罡、时害、时刑、五鬼、罗睺。

午　三合。白虎、黑道、天煞、寡宿、五鬼、五不遇。

未　玉堂、黄道、少微、天开、天乙、贵人、武曲、太阳。

申　驿马。天牢、黑道、锁神、时破、截路、空亡、火星。

酉　天官、贵人、唐符、水星。元武、黑道、天狱、截路、空亡。

戌　司命、黄道、凤辇、日仙、三合、国印。

亥　六合、木星。勾陈、黑道、地狱、河魁。

乙卯日　干支同和日吉。卯午酉子月紫微直日。戊癸年午子月凶。

丙子　司命、黄道、凤辇、日仙、天乙、贵人、太阳。天罡、时刑。

丑　福德、贵人、武曲、金星。勾陈、黑道、地狱、孤辰、旬中空。

寅　青龙、黄道、太乙、天贵、左辅。五鬼、罗睺。

卯　明堂、黄道、贵人、明辅、八禄、五符。时建、五鬼、土星。

辰　喜神、武曲。天刑、黑道、时害、计都。

巳　驿马、木星。朱雀、黑道、天讼、五不遇。

午　金匮、黄道、福德、月仙、太阴。河魁、截路、空亡。

未　天德、黄道、宝光、三合、水星。寡宿、截路、空亡。

申　天官、天乙、贵人。白虎、黑道、天煞、火星。

酉　玉堂、黄道、少微、天开、贪狼、太阳。时破。

戌　唐符、六合、右弼、喜神、金星。天牢、黑道、锁神。

亥　国印、三合、左辅。元武、黑道、天狱、罗睺。

丙辰日　干生支宝日吉。寅巳申亥月紫微直日。戊癸年未丑月凶。

戊子　天官、福星、贵人、唐符、三合、木星。天牢、黑道、锁神、五鬼、旬中空。

丑　国印、太阴。元武、黑道、天狱、河魁、五鬼。

寅　司命、黄道、凤辇、日仙、福星、驿马、贵人、水星。孤辰。

卯　勾陈、黑道、地狱、时害。

辰　青龙、黄道、太乙、天贵、太阳。时建、时刑、截路、空亡、五不遇。

巳　明堂、黄道、贵人、明辅、八禄、五符、金星。截路、空亡。

午　贪狼。天刑、黑道、罗睺。

未　右弼。朱雀、黑道、天讼、天罡、土星。

申　金匮、黄道、福德、月仙、三合、喜神、左辅。寡宿、计都。

酉　天德、黄道、宝光、太乙、贵人、天乙、贵人、六合、喜神、木星。

戌　武曲、太阴。白虎、黑道、天煞、时建。

亥　玉堂、黄道、少微、天开、天乙、贵人、水星。

丁巳日　干支同和日吉。戊癸年寅申月凶。

庚子　贪狼。白虎、黑道、天讼。

丑　玉堂、黄道、少微、天开、唐符、三合、右弼、水星。

寅　国印、太阴。天牢、黑道、锁神、天罡、时害、截路、空亡。

卯　贪狼、木星。元武、黑道、天狱、孤辰、截路、空亡、五不遇。

辰　司命、黄道、凤辇、日仙、右弼。计都。

巳　左辅。勾陈、黑道、天狱、时害。

午　青龙、黄道、太乙、天贵、八禄、五符、喜神。罗睺。

未　明堂、黄道、贵人、明辅、武曲、喜神、金星。

申　六合、太阳。天刑、黑道、河魁、时刑。

酉　天乙、贵人、三合、福星。朱雀、黑道、天讼、寡宿、火星。

戌　金匮、黄道、福德、月仙、水星。五鬼。

亥　天德、黄道、宝光、福星、天官、天乙、贵人、驿马、太阴。时破、
　　五鬼。

戊午日　支生干义日吉。戊癸年卯酉月凶。

壬子　金匮、黄道、福德、月仙、唐符。时破、旬中空、截路、空亡、土星。

丑　天德、黄道、宝光、国印、天乙、贵人、武曲。时害、截路、空亡。

寅　三合、左辅。白虎、黑道、天煞、五不遇。

卯　玉堂、黄道、少微、天开、天官、贵人、太阳。河魁。

辰　武曲。天牢、黑道、锁神、孤辰。

巳　八禄、五符、喜神、水星。元武、黑道、天狱。

午　司命、黄道、凤辇、日仙、太阴。时建、时刑。

未　天乙、贵人、六合、木星。勾陈、黑道、地狱。

申　青龙、黄道、太乙、天贵、福星、贵人、驿马。五鬼、计都。

酉　明堂、黄道、贵人、明辅、贪狼。天罡、五鬼、土星。

戌　三合、右弼。天刑、黑道、寡宿、计都。

亥　左辅、金星。朱雀、黑道、天讼。

己未日　干支同和日吉。辰未戌丑月玉皇直日。戊癸年辰戌月凶。

甲子　天乙、贵人、水星。天刑、黑道、时害。

丑　唐符、太阴。朱雀、黑道、天讼、时破、时刑、旬中空、五不遇。

寅　金匮、黄道、天德、月仙、天官、贵人、国印、喜神、木星。

卯　天德、黄道、宝光、三合、喜神。计都。

辰　白虎、黑道、天煞、天罡、土星。

巳　玉堂、黄道、少微、天开、驿马。孤辰、五鬼、罗睺。

午　八禄、五符、六合、贪狼、金星。天牢、黑道、锁神、五鬼。

未　福星、贵人、右弼、太阳。元武、黑道、天狱、时建。

申　司命、黄道、凤辇、日仙、天乙、贵人、左辅。截路、空亡、土星。

酉　木星。勾陈、黑道、地狱、截路、空亡。

戌　青龙、黄道、太乙、天贵、武曲、太阴。河魁。

亥　明堂、黄道、贵人、明辅、三合、木星。寡宿、五不遇。

庚申日。干支同和日吉。卯午酉子月玉皇直日。辰戌丑未月天皇直日。戊癸年巳亥月凶。

丙子　青龙、黄道、太乙、天贵、三合、贪狼、金星。寡宿、旬中空、五不遇。

丑　明堂、黄道、明辅、天乙、贵人、右弼。罗睺。

寅　驿马。天刑、黑道、时破、时刑、五鬼。

卯　唐符、贪狼。朱雀、黑道、天讼、五鬼、计都。

辰　金匮、黄道、福德、月仙、国印、三合、右弼、木星。

巳　天德、黄道、宝光、六合、左辅、太阴。河魁。

午　天官、福星、贵人、木星。白虎、黑道、天煞、孤辰、截路、空亡。

未　玉堂、黄道、少微、天开、天乙、贵人、武曲。截路、空亡、土星。

申　八禄、五符、太阳。天牢、黑道、锁神、时建。

酉　金星。元武、黑道、天狱。

戌　司命、黄道、凤辇、日仙、喜神。罗睺、五不遇。

亥　木星。勾陈、黑道、地狱、天罡、时害。

辛酉日　干支同和日吉。卯午酉子月天皇直日。戊癸年午子月凶。

戊子　司命、黄道、凤辇、日仙。河魁、五鬼。

丑　三合、武曲、太阴。勾陈、黑道、地狱、寡宿、旬中空、五鬼。

寅　青龙、黄道、太乙、天贵、天乙、贵人、左辅、木星。

卯　明堂、黄道、贵人、明辅。时害、火星。

辰　唐符、六合、武曲、太阳。天刑、黑道、截路、空亡。

巳　天官、福星、贵人、国印、三合、金星。朱雀、黑道、天讼、截路、空亡。

午　金匮、黄道、福德、月仙、天乙、贵人。天罡、罗睺。

未　天德、黄道、宝光。孤辰、土星。

申　喜神。白虎、黑道、天煞、计都。

酉　玉堂、黄道、少微、天开、八禄、五符、喜神、贪狼。时刑、五不遇。

戌　右弼、太阴。天牢、黑道、锁神、时害。

亥　驿马、左辅、木星。元武、黑道、天狱。

壬戌日　支克干伐日凶。寅巳申亥月天皇直日。戊癸年午子月凶。

庚子　天牢、黑道、锁神、旬中空、火星。

丑　水星。元武、黑道、天狱、天罡。

寅　司命、黄道、凤辇、日仙、三合、太阴。寡宿、空亡。

卯　天乙、贵人、六合、木星。勾陈、黑道、地狱、空亡。

辰　青龙、黄道、太乙、天贵、福星、贵人。时破、计都。

巳　明堂、黄道，明辅、天乙、贵人。土星。

午　天官、贵人、唐符、三合、贪狼、喜神。天刑、黑道、罗睺。

未　国印、喜神、右弼、金星。朱雀、黑道、天讼、河魁、时刑。

申　金匮、黄道、福德、月仙、驿马、左辅、太阳。孤辰、五不遇。

酉　天德、黄道、宝光。时害、火星。

戌　武曲、水星。白虎、黑道、天煞、时建。

亥　玉堂、黄道、少微、天开、八禄、五符、太阴。五鬼。

癸亥日　干支同和日吉。辰未戌丑月紫微直日。戊癸年寅申月凶。

壬子　八禄、五符、贪狼。白虎、黑道、天煞、截路、空亡。

丑　玉堂、黄道、少微、天开、福星、贵人、右弼。旬中空、截路、空亡、罗睺。

寅　六合。天牢、黑道、锁神、河魁。

卯　天乙、贵人、三合、贪狼、福星、太阳。元武、黑道、天狱、寡宿。

辰　司命、黄道、凤辇，日仙、右弼。火星。

巳　天官、天乙、贵人、骡马、左辅、喜神、水星。勾陈、黑道、地狱、时破。

午　青龙、黄道、太乙、天贵、太阴。

未　明堂、黄道、贵人、明辅、唐符、三合、武曲。火星、五不遇。

申　国印。天刑、黑道、天罡、时害、五鬼。

酉　朱雀、黑道、天讼、孤辰、五鬼。

戌　金匮、黄道、福德、月仙。罗睺。

亥　天德、黄道、宝光、金星。时建、时刑。

第四十七章　星命汇考四十七

《三命通会》十九

论性情相貌

　　夫贵贱关乎八字，性情应乎五行。善、恶、仁、义、礼、智、信，心之所主；喜、怒、哀、乐、爱、恶、欲，情之所生。东方震位木，号青龙，名曰曲直，五常主仁。其色青，其味酸，其性直，其情和。旺相主有博爱恻隐之心，慈祥恺悌之意；济物利人，恤孤念寡，直朴清高，行藏慷慨；丰姿秀丽，骨格修长，手足纤腻，口尖发美，面色青白，语句轩昂，此则木盛多仁之义。休囚主瘦长发少，拗性偏心，嫉妒不仁，此则木衰情寡之义也。死绝则眉眼不正，悭吝鄙啬，肌肉干燥，项长喉结，行坐不稳，身多欹侧。遇火则色带赤，见土则色带黄，逢金则色带白，见水则色带黑，其余四行例见。

　　火属南方，名曰炎上，五常主礼。其色赤，其味苦，其性急，其情恭。旺相主有辞让端谨之风，恭敬谦和之义；威仪凛烈，淳朴尊崇：面貌上尖下阔，形体头小脚长，印堂窄而眉浓，鼻准露而耳小；精神闪烁，语言急速，性燥无毒，聪明有为。太过则声焦面赤，摇膝好动。不及则黄瘦尖楞，诡诈妒毒，言语妄诞，有始无终。

　　土属中央，名曰稼穑，五常主信。其色黄，其味甘，其性重，其情厚。旺相主言行相顾，忠孝至诚，好敬神佛，不爽期信；背圆腰阔，鼻大口方，眉清目秀，面肥色黄；度量宽厚，处事有方。太过则执一古朴，愚拙不明。不及则颜色忧滞，面偏鼻低，声音重浊，事理不通，狠毒乖戾，不得众情，颠倒失信，悭啬妄为。

　　金属西方，名曰从革，五常主义。其色白，其味辛，其性刚，其情烈。旺相则英勇豪杰，仗义疏财，知廉耻，识羞恶；骨肉相应，体健神清，面方白净，眉高眼深，鼻直耳红，声音清亮，刚毅果决。太过则好勇无谋，贪欲不仁。不及则悭吝贪酷，事多挫志。有三思、少决断，刻薄内毒，贪淫好杀，身材瘦小。

水属北方，名曰润下，五常主智。其色黑，其味咸，其性聪明，其情良善。旺相则机关深远，足智多谋，学识过人，诡诈无极；面黑光彩，语言清和。太过则是非好动，飘荡贪淫。不及则人物矮小，行事反覆，情性不常，胆小无略。此虽五行之喻，实与人事相干。以上五行、情性参以命中所遇吉凶神煞断之，大抵生旺者主长大，死绝者主矮小。若有煞临，不在此限，又从煞上断。若有克，则从所克之五行断，又概取日时上纳音，看有克无克，并神煞所临有气无气，断其形状、性情，无有不验。又曰：推人性行，只在日时上，看本五行，不论纳音。命若入格而逢生旺，主天性明白，遇物不逆，动必应机，言语声高，豁达大度，临事能断，公平不疑，犯难不畏，平生不以财物为吝，好施与，不私己，奢泰欢乐，多情尚义，防有不善终之患。若命入贵格而逢死绝者，主为性寡合，机深意密，多疑多忌，动拘礼节，谨顾行止，修饰仪貌，常自检约，不妄设施，防有阴谋之患。若小人之命已入贱局而逢生旺者，主性气无常，不自检束，为事不顾危亡，好斗争，恃强压弱，亲近恶党，不事家业，必竟不得善终；死绝则为性淫邪，动必巧伪，畜缩执拗，举动修饰，专弄言词，好自矜诩，临事无断，少是多非，一生无立。《宰公要诀》云：智高量远，盖因水处深源；笃信守仁，只为土成山岳；仁慈敏厚，木成甲乙之方；性速辨明，火应丙丁之位；誉高义重，因金归合庚辛处。"于中者，正性不移，或盛或衰，性情变易。水乘衰败，性昏无赖；土力太微，蔽执寡用；木归塞地，太柔而治事无规；火数未兴，小辨而太伤无决；金当浅薄，虽义而有始无终，是五行之得地失地，太过不及，皆能为凶也。"《子平赋》云："美姿貌者，木生于春夏之时；无智识者，水困于丑未之日；性质聪明，益为水象之秀；临事果决，皆因金气之刚。五行气足，体必丰肥；四柱无情，性多顽鄙。"《指迷赋》云："文章明敏兮，定须火盛。威武刚烈兮，乃是金多。木盛则怀恻隐之心，水多则抱机巧之智。至土之性，最重为贵。"《广信集》云："凡命五行生旺者，好事华饰，胸中无物，亦主好色。火命尤紧，死绝相克墓者，多好禅道，归根复本也。"张白先生云："自绝五位五般情：金主义，自绝则寡义；木主仁，自绝则不仁；水主智，自绝则失智；火主礼，自绝则无礼；土主信，自绝则寡信。凡五行，如先生旺，后死绝，则为多鄙。"《壶中子》云："言词狡猾，诞时合值六虚。"六虚住处曰谩语神，凡人得之，心好撰饰，虚词重并；遇者必狡猾，平生妨克尊亲，漂流他国，作事多虚声。

论疾病先知五脏六腑所属干支

歌曰："甲胆乙肝丙小肠，丁心戊胃己脾乡。庚是大肠辛属肺，壬系膀胱癸肾藏；三焦亦向壬中寄，包络同归入癸乡。"又曰："甲头乙项丙肩求，丁心戊胁己属腹。庚是脐轮辛属股，壬胫癸足一身由。"又曰："子属膀胱水道耳，丑为胞肚及脾乡。寅胆发脉并两手，卯本十指内肝方。辰土为皮肩胸类，巳面咽齿下尻肛。午火精神司眼目，未土胃脘膈脊梁。申金大肠经络肺，酉中精血小肠藏。戌土命门腿踝足，亥水为头及肾囊。若依此法推人病，岐伯雷公也播扬。"又曰："午头巳未两肩均，左右二膊是辰申。卯酉双胁寅戌腿，丑亥属脚子为阴。"又曰："乾首坤腹坎耳俦，震足巽股艮手留。兑口离目分八卦，凡看疾病此推求。"

夫疾病，皆因五行不和，即人身五脏不和也。盖五行通于五脏，六腑通于九窍，凡十干受病属六腑，十二支受病属五脏。丙丁巳午火局南离，主病在上；壬癸亥子水局北坎，主病在下；甲乙寅卯属震，主病在左；庚辛申酉属兑，主病在右；戊己辰戌丑未属坤、艮，主病在脾胃及中脘。诸风晕掉，眼光日昏，血不调畅，早年落发，筋青爪枯，属肝家甲乙寅卯木受亏，主病故也；诸痛脓血疮疖、舌苦喑哑者，属心家丙丁巳午火受亏，主病故也；浮肿、脚气、黄肿、口臭、翻胃、脾寒、膈热者，属脾家戊己辰戌丑未土受亏，主病故也；鼻塞酒齇、语蹇气结、咳嗽喊者，属肺家庚辛申酉受亏，主病故也；白浊、白带、霍乱、泻痢、疝气小肠，属肾家壬癸亥子受亏，主病故也。

甲乙见庚辛申酉多者，内主肝胆惊悸、痨瘵、手足顽麻、筋骨疼痛；外主头目眩晕、口眼歪斜、左瘫右痪、跌扑损伤。遇丙丁火多无水相济，则痰喘咯血、中风不语、皮肤干燥、内热口干。女人主血痨欠调，有孕者堕胎。小儿主急慢惊风、夜啼咳嗽、面色青黯是也。

丙丁见壬癸亥子多者，内主心气疼痛、颠痫舌强、口痛咽哑、急慢惊风、语言蹇涩；外主潮热发狂、眼暗失明、小肠疝气、疮痍脓血、小便淋浊。妇女主干血痨经脉不调。小儿主痘疹、疥癣，面色红赤是也。

戊己见甲乙寅卯多者，丙主脾胃不和、翻胃隔食、气噎蛊胀、泄泻黄肿、择拣饮食，呕吐恶心；外主右手沉重、湿毒流注、胸腹痞塞。妇女主饮食不甘、吞酸虚弱、哈欠困倦。小儿主五疳五软、内热好唾，面色痿黄也。

庚辛见丙丁巳午多者，内主肠风痔漏、粪后下血、痰火咳嗽、气喘吐血、魍魉失魂、虚烦劳症；外主皮肤枯燥、肺风鼻赤、疽肿发背、脓血无力。妇女主痰嗽血产。小儿主脓血痢疾、面色黄白是也。

壬癸见戊己辰戌丑未多者，内主遗精盗汗、夜梦鬼交、白浊虚损、寒战咬牙、耳聋睛盲、伤寒感冒；外主风虫牙痛、偏坠肾气、腰痛膝痛、淋沥吐泻、怕冷恶寒。女人白带、鬼胎、经水不调。小儿主耳中生疮、小肠疼痛、夜间作炒，面色黧黑是也。《赋》云：筋骨疼痛，盖因木被金伤；眼目暗昏，必是火遭水克；土虚逢木旺之乡，脾伤定论；金弱遇火炎之地，血疾无疑。又云：木逢金克，定主腰胁之灾；火被水伤，必主眼目之疾；心肺喘满，亦干金火相刑；脾胃损伤，盖因土水战克。支水干头有火遭，必腹病心蒙；支火干头有水遇，则内障睛盲。炎上烦焦蒸土曜，头秃眼昏；润下纯湿无土制，肾虚耳闭；荧惑乘旺临离巽，中风失音；太白坚利合兑坤，兵前落魄。又云：心受病，口不能言；肝受病，目不能视，脾受病，口不能食；肺受病，鼻不能嗅；肾受病，耳不能听，各从所主，以证虚实。金鬼不宜针刺，火鬼切忌艾伤；土不用丸木，须忌散金为福；西地求医，木来生东方用药。水绝须当针刺，药宜金石回生。土弱欲得火炙，寻医征姓无厄。火鬼煎剂，能治水鬼，丸散偏宜。噫！人病百端，理无二焉，望闻问切，乃医家之妙用；生克制化，为术士之元微。若能参究根源标本，不离斯法。论曰：康泰生于和合，疾病起于刑伤。究五行衰旺之理，推百病表里之详，内应五脏，外属四肢。且如木气休囚，两鬓消疏而稀发；火临死绝，双瞳昏暗而无光；火中隐土少水制，则心神恍惚；木下藏金无火救，而腿足损伤。甲乙兑生逢壬癸，醉乡而死；丙丁坎育遇庚辛，沟港而亡。水盛木浮，多生泄痢；土重金理，常病气高。诸风掉眩，乙木旺而辛金衰；疼痒疮疡，丁火盛而癸水弱；痞塞肿满，只因己土太过；愤郁病痿，盖为辛金不及。耳目聪明癸水旺，寒邪拘缩肾经虚。甲乙能伤戊己，无救而缺唇；丙丁善克庚辛，少制而暗哑。火中有土，项生瘰疬之灾；水中有土，腹患蛊肿之病。用神受制而被刑，亡于棒杖；上下逢鬼而无救，死作悬梁。四柱重冲多凶而他乡丧体，五行衰败不足而瘟疫亡身。水败腰驼，莫用轩岐之法；金刑龟背，安施卢扁之方。庚辛气秀，西方见木而亡于兵刃；甲乙败绝，坤南无水而骨飞肉飏。辛巳、丙申遇刑，臂短而人生六指；己卯、戊寅逢敌，胃弱而常病疮疽；乙未、甲午逢金，人多鳖头；癸卯、己丑相刑、病生腰膝；甲申、乙酉，幼年多病肝经；辛卯、庚寅，晚年劳伤筋骨。丙火上炎，丈夫每忌于身心；丁火下湿，女人虚痨而血产。金土临寅卯，病肺喘脾寒；戊己值败火，患脾困宿块。庚辛见火相刑，女人须忧白带；丙丁俱向离方，妇人切忌血崩。羊刃则砭肱而灸股，悬针则刺面以文身。日时衰败，大患难廖；干支刑害，小疾不疗。气相得而安和，气相逆而灾渗。病症不离于六脉，死生难越乎五行，细究兴衰，万不失一。古歌曰："戊己生时气不全，月时两处见伤官。必当头面有亏损，脓血之疮苦少年。"又："日主加临戊己生，支辰火局气薰蒸。冲刑克破当残疾，发秃那堪眼不明。"又："丙丁日干五行衰，七煞加临三合来。升合日求衣食缺，耳聋残疾面尘埃。"又："壬癸重重叠叠排，时辰设若见天财。纵然头面无班癞，定主其人眼目灾。"又："丙丁火旺疾难防，四柱休囚辰巳方。木火相生来此地，哑中风疾暗中亡。"

又曰：人之生也，受气于父，成形于母。五脏和平者无疾，克战太过不及者主疾。《内经》云：东方实西方虚，泻南方补北方。东方实者，木太过也；西方虚者，金不及也；泻南方者，火太过也；补北方者，水不及也。是以五行太过不及，皆主疾也。若水升而火降，火降而金清，金清而木平，木平而土不及克，五脏各得中和之气，疾病何自生焉？人之四柱，内外上下，五行和者无疾，或相战克太过不及，皆为疾也。《阴阳书》："金刚火强，自刑其方。木落归本，水流趋东。"所以论三刑，刑则残害，言太过而身疾也。若只取不及为疾，必有一偏之失。凡五行有死绝而成疾者，水死绝，多肾气腰足攻注，滑泄便溺不利之疾；火死绝，主肠气结塞、惊悸健忘、精神不安之疾；木死绝虚风目涩、眩晕筋急、爪甲枯悴、喜怒颠倒，择饮择食之疾；金死绝，主气虚喘急、咳嗽、皮毛焦燥干啬、骨节疼痛、涕泪、大肠泻痢、便血之疾；土死绝，主面黄、减食、膈塞吐逆、肢体怠惰、喜卧嗜睡、多思足虑、耳聋、神浊健忘、少喜动作之疾。

有相克而成疾者：金火相克，生旺则疡疮痈疽，死绝则痨瘵呕血；土木相克，生旺主疲闷昏眩、风麻、小肠疾痛瘅，死绝主吐食症块，疝癖积滞之疾，或主中风；金木相克，生旺主肢足骨节不完、眼目之疾，死绝主气虚精脱、痨瘵瘫痪之疾；水土相克，主脾湿泄泻、中满痰嗽不利之疾。

有相生而生疾者：火木相生，生旺则上盛膈壅，目赤头风；死绝则伤寒作狂、闷乱疾。火土相生，生旺则胃实；死绝则唇焦红气，热结大便不利。金水相生，生旺则气滞，死绝则精滑。水木相生，生旺则呕吐胃虚，死绝则精败、伤寒痁疟。金土相生，生旺则多虚，无肌肉，死绝肠鸣虫作。凡水土木相逢于无气之处，主蛊气肠胀、吐逆之疾；凡金水火相逢于无气之地，主痢疾，金主大肠，水火守之，阴阳不和也。凡水逢土多，主翻胃疾；土多而无木气疏之，主聋聩疾。盖肾水不流，则为翻胃；气不通，则为聩也。

又曰：凡论残疾病症，先论日干，次详月令，然后通年时看之，伤官主残疾；煞重亦然。乾卦在亥，亥为天门，六辛生人得此日此时，多主盲聋。亥属肾，肾通耳，丙火遭水克也；子位坎宫，伤官煞重相刑，主下部疾；寅宫艮土，主脾胃，面色痿黄之疾；若戊己生人，甲乙为刑旺之煞，二月乙木子卯相刑，刑起子中卯木为煞者，亦主下部疾。辰属震，此月带伤官，少年主多惊疾，盖震者动也。轻则主惊脾胃疾，重则主足疾。震长男子，二月水生木者，亦如此。巳为巽，伤官煞重，主妇人血气不调，痨疾；午为离为目，伤官煞重，主失明头风之症；申属坤。为众阴，伤官煞重，主腰脚筋骨之疾，伤官伤尽者，不在此论。酉为兑属，口齿不全之疾。戌为火库，主下血痔漏之疾。丑未伤官，亦主脾胃。伤官煞旺者，年年病瘟，主用上下战克，五行无救助，主身体不完，头面残伤。《赋》云："申中无气遇寅战，头目偏斜。乙丙有刑遇辛伤，每朝发祸。"炎火盛水而灭，眼目多昏。虚土旺水而崩，肚肠蛊肿。丙中藏土，人多火眼；巳到震方，定主缺唇。土受木制，乃多脾胃之灾；木被金伤，筋骨疼痛之患。水土相刑无救助，定有失步之虞；金火相刑为鬼煞，多应上喘之疾。壬癸戊己相扶，难听音乐；丙丁壬癸相随，乍辨青黄。时来克日，肢体难完；水若遇刑，头面易损。若上下鬼克都临死墓，土临甲乙，死于呕吐之中；火局庚辛，绝在心气之病。水东，肾虚临身；金北，骨痨加体；木南，风气为灾。更看空亡五墓，元辰七煞，如遇死绝，难保性命。

又曰：凡一切诸煞，亦有主疾者，劫煞主小肠，又主耳聋、咽喉疾；官符主腰脚疾；咸池主酒色、痨瘵、脓血、便溺疾；大耗主暗昧，或赘疣疾；飞廉名天瞽，支干无气，主无目。凡禄主因食致疾，须带煞克身方是。

凡命见真冲气散，或真刑气散，多是废疾之人。甲辰、甲戌、乙丑、乙未，土木交加，主瘫痪之疾；丙申、丁酉，金火交加，主血筋所伤；戊子、己亥，水土交加，主脾胃之疾；庚寅、辛卯，金木交加，主筋骨劳嗽之疾；癸巳、壬午、丙子、丁亥，水火交加，主头面目疾。《烛神经》曰："日被时克莫相对，终是艰辛病祸缠。金木战兮忧病骨，水凌火气眼生烟。金水死兮为风癫，土多水少败丹田。土遭木克脾胃弱，火胜金残血里眠。水深金重逢水厄，遇水定教落深渊。水少火多应受渴，火多土少语狂颠。水若深兮火若明，水满火明寿难延。金绝切忌四肢损，土多带火受忧煎。木若盛时应塞塞，更须仔细辨根源。"《广信集》云："凡命禄对冲，一辰如坐命宫，或疾厄宫，主人手足有缺，身体不完。六厄亦系，名曰互战。辛卯日时，名曰白虎闭目，火年必损眼。其余辛与卯字者，亦忌之。"《壶中子》云："金衰火盛呕血，不尔脱肛；水竭土盈病癖，忽然耳聩。"沈芝云："破碎羊刃招残疾，疾宫六害还非吉。日时累犯旺鬼凌，无气空亡缠病卒。"又曰："月阴淫泆忌相逢，阴命须忧带下通。月水不调缘好事，男儿痔漏及肠风。"

凡欲推疾病灾厄，先看禄命身三等，大小运如何。若三命无气，禄马败绝，但得禄财、命财、旺相，亦不至死。若父病推其子命，如子命遇孤辰、寡宿、丧门、吊客及白衣煞临命，其父必有不可救之疾。夫妻亦准此推。

论贫贱凶恶

凡贫贱之命，多无贵气。或五行死绝，支干闲慢，不相干涉；或禄空亡，大耗克身，天中临日；或五行死绝，又落空亡；或一位上聚诸禄马，生旺却天中临之；或有他位来刑害，至于气散或福聚处，不能独立，被众位分擘其福；或驿马克身；或劫多逢克制；或辰戌丑未相克，五行无气而不激扬，位位逢合；或不合不冲，上下相异其气；或干支错乱，阴阳偏枯，八字无格扶持，九命有刑驳杂；或先逢生旺，继逢死绝；或化气失时，本命无气；或假音殃克，主本倒乱，父子乖违，以上此等之命，俱主贫贱。又云：贫贱之命，常用建禄、食神为救神，命中有此二救，虽贫不致困饿，虽贱不致奴婢，一遇运发，却小小称意，运过仍贫贱也。《鬼谷遗文》有"刑聚败极"，甲申得丁巳、己卯、己巳之类，四柱不收；甲子得丙寅、丁巳、辛亥、壬申之类，五形未备；甲子得庚子、己卯、癸卯之类，一方前后。如木命人得巳丑之类，柱得隔角，如辛丑得辛卯，甲子得甲戌之类，皆主贫贱。

凡凶恶之命，乃命与五行无气而又相克。或支干乖戾、刑冲，互相凌战带煞；或真冲刑气散；或官符大耗，刑克本命，五行死绝，全然无救；或官符克身，两木相刑冲；或见辰戌，魁罡相冲，全无贵人、驿马相助；或五行死绝，相克处见天火、水溺、白虎、自缢等恶煞；或五行皆旺，却位位相克气散；或交互见空亡、孤寡；或岁破羊刃、白虎等煞；或见天中大耗、劫煞、亡神同宫，重叠相克；或柱多隔角带煞；或日时劫亡，并煞克年；或悬针倒戈，金神、七煞、羊刃等煞重重克本命；或刑聚败极，四柱不救；或四柱相刑，更临虚废之地，以上此等之命，俱主凶恶。又曰：凶恶之命，常以贵人、三奇、华盖、夹贵为救神，有此虽见凶神，不致加害。大忌五行闲慢，而无建禄、食神、三才刑克，带煞而无贵气相御，则其贫贱凶恶也，无疑矣。

论寿夭

夫修短之数，大抵生旺则寿长，死绝则夭折。譬如根深者蒂固，源浚者流长，亦理之自然也。凡命月日上逢生旺，时上虽有死气，不妨。如月上死绝，日时上虽生旺气，不甚雄，盖生承死绝故也。月日生旺，时上死绝，寿不过四十五岁；月日死绝，时上生旺，死在三十岁前；更有凶煞五行凌犯，必为殇子。常以月管一岁至三十岁，日管三十一岁至四十五岁，时管四十五岁至一百岁，或生旺或死绝，逐限详之。夫人气聚则生，气散则死，若气遇二运，太岁会集在死绝衰息之乡，更太岁刑克与灾限相应者，定死，各发在身无气日月时上。凡命中有生旺多，又不犯煞，应是少疾病，善终，死于一念之间。若死绝多，带刑煞重，主憔悴苦楚之灾，或久淹岁月难瘳之疾。凡旺运中死，或禄上死者，主称意中卒。老人行年生旺，死于苦楚，盖生旺则尪羸淹久，少者则死于善疾。命中是亡神、大耗重叠，死须破尸。凡天干生旺不损克者，寿；天干败死有救助者，尤寿；天干败死相赋者，夭；天干生旺中有破克者，尤夭。

《三命钤》云："凡欲知人寿命长短，但以本年纳音，观其刑克。若生月克命，即多夭折；命克生月，主寿算延长。"假令癸亥水命人，四月生，即无寿，以戊癸之年，四月见丁巳，纳音属土，土能克水，是生月克命。又癸亥人四月生，为禄命绝处，故无寿。如癸丑木命，三月生，即有寿，以三月建丙辰，纳音土，木克土，是命克生月，设如凶煞下生，亦为身制煞。又癸丑人三月生，为禄命库墓中生，多主有寿，但三十岁以前，常有患难，缘前有绝乡，运后有死病，历尽衰乡，运到旺处，故主晚福。

《玉门关集》云：凡寿以生月定之，生月居支干纳音旺处，及五音相生，不逆日时，并胎皆得数不相刑克者，主上寿。《玉霄宝鉴》云：人命有天寿朝元，乃纳音居死绝之地，而有真五行与纳音比合，居于生旺之位是也。假如乙酉人，纳音水已败，若得辛亥、丙申，则丙申真水复生于申，此类主享眉寿。如乙亥人，得癸亥、戊寅之类，亦是。

子平以印绶重逢者，寿；八字停均者，寿；六格犯憎嫌者，不寿。余验人命，信然。

《珞琭子》云：若乃身旺，鬼绝虽破命而长年；鬼旺身衰逢建命，而天寿。就中裸形夹煞，魄散酆都；所犯有伤，魂归岱府。

《壶中子》云：死绝依前生旺命，曰返魂。乃死而复生，绝而复旺于本命之位。丘墓坐于本命，其名绝体。墓处为丘，丘处与本命同一方。又云：寿处伤残本命，必逢三合。如本命金，而逢巳酉丑之类。

又云：颜回夭折，只因四大空亡。甲子甲午，旬命无水；甲申、甲寅，旬命无金，若只见两重流年，大运遇一，重圆之，亦是。

沈芝云：建命须知寿延长。如丑人见子，子人见丑之类，如遇滋助无克，多长寿。

李虚中云：凡命带长生多者，定有寿。须本家纳音旺者，谓之长生，见克制则夭。凡禄马、贵人，往来在生旺之地，兼死绝之气者，虽早发，亦早死，然须在乘旺之地，方为福，余且徒然。若时得力，则晚发而寿长。古歌曰："寿算幽元识者稀，识时须是泄天机。六格内有憎嫌者，岁运逢之总不宜。"又曰："寿星明朗寿元长，继母逢之不可当。宠妾不来相救助，命如衰草值秋霜。"又曰："丙临申位逢阳水，定是天年未可知。透出干头壬癸水，其人必定死无疑。"如乙酉、壬辰、丙申、癸巳、果凶夭。

《理愚歌》云："要知天算得遐长，五行生旺最高强。旺鬼克身为短命，禄财无气亦为殃。"

《神白经》云："火忌申酉亥金嫌亥子丑水土寅卯巳，木怕巳午申。更若逢阴鬼，寿算永不停。艰辛久住世，发即祸来寻。若人逢此地，不请怨天文。"谓之人过鬼门，气度萧关也。

又曰："鬼限生来有所忧，欲知人死向斯求。金哥出去休骑马，火弟归来莫跨牛；木通鼠蛇须远走，水逢鸡子也堪愁。土人更切防猪兔，难保年光到白头。"

又曰："受气重重鬼莫临，四柱交加岂可亲。时兼本命还相遇，富贵之中寿不存。"

有冲夭煞。歌曰："生日对时人短命，生年对月亦堪伤。此是人间短命法，人生值此少年亡"

如寅年申月午日子时，又月与时对，更被时克者是也。

又曰：生日对时人促寿，时日相冲寿不长。四大空亡难保守，定知恶死路头亡。

余见时日对冲者，多克妻伤子，不短命恶死。亦有促寿者，四柱并详之，难以对冲断。或云冲而不破，无害。

又曰："生日对年须可叹，生时对日亦堪伤。那堪生处时同岁，二八风流寿不长。"

如甲寅年丁酉月戊申日甲寅时，不出周岁死，信然。对月者亦然。

有短命煞。歌曰：猪鼠无良犬战牛，鸡声催促夜行彪，龙羊蛇兔不相入，己午无人到白头。

此与妨害中隔宿同例。《三命钤》作夭年煞，主寿不长，多遇丧祸。若身能克煞，则可免。

有急脚煞。歌曰："甲乙申酉见阎王，丙丁亥子切须防。庚辛巳午如风烛，戊己寅卯亦重伤；壬癸辰戌加丑未，永别浮生入鬼乡。"

《广信集》作天鬼截路煞。若甲人见申，乙人见酉，生时带著支干皆有者，定夭。如甲人见庚申之类，太岁与大运逢之，多主孝服，更与小运并，主夭。

又曰："金人沐浴火木胎，土死水墓四季裁。命有限逢为再犯，阎王急脚送书来。"

有截命煞。歌云："人命归前次一支，子生须与丑为期。三逢必定遭凶死，两见须忧血渍衣。"

若子生人见丑，各于本命前一辰是。

有推命煞。歌云："命后一辰不宜见，两重见者涉疑猜。三重在外中年夭，五百年前祸必来。"

若子生人见己亥，各于本命后一辰是。

有五行满数。歌曰："五行生处定阴阳，日月平分两位当。

凡月一日至十五日为阳，十六日至三十日为阴。

六日初生名甲乙，

初六日木生，至初十日满。

丙丁依次火为强。

十六日火生，至二十日满。

壬癸水流相注定，

二十六日水生至三十日满。

从兹生死不乖张。"

假如己亥年九月三十日己酉丁卯时，其日值水满，年是己亥，日是己酉，其水被两土所克，此人夭寿。

有阴阳二极。歌曰："阴阳二极君知否，男女皆从本命数。男逢九位女三双，位位相逢兼顺去。大小两运气全无，到此须知身死处。两运有气则无妨，合致一年灾运苦。"

男以本命顺数至九辰，为阳极；女以本命逆数至六辰，为阴极。

《源髓歌》有云："水木遇己金逢寅，生火生金伤本身。五行命里皆防此，遇者知非鹤发人。"

以上诸说，须尽详之。先以五行生旺死绝，次以格局有无损坏，然后考诸神煞，而以流年太岁参之，蔑不中矣。或曰：人之寿夭禀父母，父精母血，盛衰不同，故人之寿亦异。其有生之初，受气之两盛者，当得上中之寿；受气之偏盛者，当得中下之寿；受气之两衰者，能保养仅得下寿，不然多夭折。虽然，又不可以常理拘泥论也。或风寒暑湿之感于外，饥饱劳役之伤乎内，岂能一一尽乎所禀之元气，而终其天年也耶。知命君子，要在修身以俟之而已。

论女命

或问妇人何利？利在夫星。夫利，其妇必利；夫困，其妇必困。妇人从夫，先观夫星以定出身之贵贱，再看子星以察晚年之荣辱。官煞财得地，夫利也；食神得地，子利也。夫利则出身富贵，一生享福；子利则晚年厚养，褒宠诰封。然亦有旺夫者，以食生财，财生官故耳。反是，则否。女命以克我者为夫，我生者为子，皆要得时，乘生旺之气。若旺气只聚于时，亦可用官为夫，不要见煞；用煞为夫，不要见官，一位为好。有两位官星，无煞以杂之；四柱纯煞，无官以混之，俱为良妇。更得本身自旺尤佳，但旺不可太过。食为子息。引归时逢旺，再得二德扶身，乃夫贵子荣之命。不宜身旺，重叠暗藏夫神及伤官、七煞、魁罡相刑，羊刃太重，合多有情，皆主不美。岁运亦然。看有八法八格，须细详之。

纯

纯者一也。如纯一官星，或纯一煞星，有财有印，不值刑冲，不相混杂是也。如：癸巳、戊午、辛酉、丙申，本身专禄，旺不从化。辛用丙官为夫星，五月火旺夫健。丙用癸为官，坐贵见戊为食，同归禄于巳。辛金生壬水为子，引入申时长生之地。天干癸戊辛丙，水火既济；地支巳午酉申，拱夹财库，所以嫁夫为官，而食天禄，夫荣子贵之命。又：癸亥、甲寅、丙戌、甲午，丙用癸为夫，临官在亥，甲为印坐寅建禄，自身坐库，己土为子，归禄于午，居时子息之位，甲木为己土之官，四柱纯一不杂，故主贵。余仿此推。

和

和者恬静也。如身柔弱，独有一位夫星，柱无冲破、攻击之神，票其中和之气，则为和也。如：壬辰、辛亥、己卯、己巳，己用甲为夫，亥乃长生之地，得天时地利；甲以辛为官，金生于巳，己以金为子，亦生于巳，谓之夫得官星，子得长生，故主益夫旺子。虽自坐卯支为煞，有巳中庚制，为去煞留官之论，女命之贵也。又：丁丑、壬寅、丁酉、己酉，丁用壬为夫，甲为印，乃夫之食禄，丁酉日贵，生己酉之子，壬水得己土为官，主夫贵。己土得甲为官，主子贵。酉中财旺，荣夫荫子之造。余仿此推。

清

清者洁净之称。女命或一官一煞，不相混杂，谓之清。要夫星得时，柱有财生官，有印助身，无一点混浊之气，方为清贵。如：己未、壬申、乙未、甲申，乙以庚为夫，庚禄到申；以丁为子，丁旺于未；以壬为印，壬生于申。又坐下支神为乙木之财，财旺则能生官，四柱无刑冲破败。经云：财官印绶三般物，女命逢之必旺夫。故有两国之封，夫人之命。又：甲寅、癸酉、丙寅、戊子，丙用癸为夫，坐酉自生癸，得戊为官，癸禄居子，夫得禄者，贵；丙火得戊土为子登龙池凤阁，主子贵。余仿此推。龙池杀，申子辰人龙午凤酉，寅午戌人龙子凤卯，巳酉丑人龙卯凤子，亥卯未人龙酉凤午。

贵

贵者尊荣之号。命中有官星，得财气以相资，三奇得其宗，四柱不值鬼病，乃女命尧舜也。经云：无煞女人之命，一贵可作良人。又云：女命无煞逢二德，可两国之封。二德者，非独天月二德，即财为一德，官为一德，加之印食，愈为贵也。如：甲午、丙寅、丁未、壬寅，丁以壬为官，壬食甲为印，壬用丙为财，壬以亥为禄，得二寅暗合，虽夫星失时，喜行西北夫旺之运，故主大贵。又：乙亥、丙戌、辛卯、癸巳，辛用乙为财旺于亥，丙为夫星，坐库归禄，巳上癸水，为夫之官，辛金生癸为子，坐巳上，与夫禄同位。又：是贵神，又为财官双美，乃得夫子俱贵，封两国夫人。余仿此推。

浊

浊者混也。乃五行失位，水土互伤。其身太旺，正夫不显，偏夫丛杂，柱多分别，无财官印食，为下贱村浊，或娼妓婢妾，淫巧之人。如：己亥、乙亥、癸丑、己未，癸水生十月太泛，癸以戊为夫不显，时引己未是偏夫，嫌丑未皆有土混杂，柱中无财，乙木为食神干旺，己土受克，鬼败临身，五行失位，主先清后浊，不能享福。又：癸未、甲寅、辛酉、乙未，辛酉八专自旺，用丙火为夫，长生为寅，夫旺本好，但辛贪乙未库中财，惹起未中丁火为暗夫，两库暗夫，重过明夫，明暗交集，虽有正夫，未免暗中偷夫得财，乃浊乱之象，余仿此推。

滥

滥者婪也。谓柱中明有夫多，暗中财旺，干支又多带煞，必因酒色、私暗得财。此等之命，或为婢妾，或克夫再嫁。如：庚寅、丙戌、庚申、丁亥，庚申八专自旺，丙火为夫，寅戌会局时干，又丁爱重火情，庚申金暗克寅亥木为财，亥中壬水为食生财，其人虽美貌有福，不免滥而得财。又：戊子、甲寅、己未、丁卯、正月甲木旺，卯未会局，偏正夫多，子上又有旺财，己合甲官，阴阳匹配，故虽聪明秀丽，不免失之于滥。况倒插桃花，上坐娣妹，不是官星，岂为良妇。又：己酉、丁丑、癸丑、壬戌，柱中明有己夫，二丑一戌，三夫暗藏，丁为财归库于戌，与丑相刑，二阳得令，火亦进气，是夫多财旺，丁壬太过。又：甲辰、癸酉、丙子、辛卯，丙子日犯阴阳煞，主男子挑诱，丙以癸为夫，辰子会水夫多，日时丙辛合子卯，刑支刑干，合犯荒淫滚浪，酒色昏迷，酉中财旺，癸夫专坐，二命俱妓，卖奸得财。余仿此推。

娼

娼者妓也。乃身旺夫绝，官衰食盛，食柱中不见官煞，或有而伤官伤尽，或官煞混杂而食神盛旺，此必娼妓之命，否则，为师尼婢妾，克夫淫奔。如：丁亥、庚戌、戊辰、庚申，戊以甲为夫，九月失时无气，又被庚克绝。时引入申以庚为食，建禄在申。戊辰魁罡，生申太旺。亥中壬财亦旺，谓之身旺逢生，贪食贪财，夫绝而为秀丽娼也。又：乙亥、丙戌、甲子、丙寅，甲以庚辛为夫，九月金衰气退。时引食神、长生，木地会局，甲木归禄身旺，庚金引至寅地，绝而无气。二丙食神太旺，伤其金夫，谓之自旺食盛，衣食虽好，不免风尘娼妓。又：癸丑、庚申、戊辰、庚申，戊用乙夫，绝在申戌，日得庚申为食神，月时重见，谓之食旺夫绝，故主为娼。凡阳干女命，食神多者为娼；阴干女命，食神多者为妓。余仿此推。

淫

淫者泆也。乃本身得地，夫星明暗交集。谓日干自旺，柱中皆官煞是也。在干者为明，支者为暗。四柱太过，如一丁见三壬及辰子多之例，谓之交集，于人无所不纳也。如戊辰、壬辰、壬戌、癸亥，丙辰、癸亥本自得地，明有戊土为正夫，暗有辰戌为偏夫。又：庚戌、戊子、乙酉、甲申，乙以庚为明夫，而身坐酉支，时又引申为暗夫，运行西方金旺之地。二命俱夫星，明暗交集，淫不可言。又：癸亥、壬子、丁丑、壬寅，丁火纯于众水之中，明暗夫多，淫乱无耻。《经》曰："丁遇壬而太过，必犯淫讹之乱"是也。又：癸卯、甲子、己卯、乙亥，己用甲为夫，甲败在子，卯为暗夫，坐于支下。又亥卯多，明暗交集，正夫不能主张禁制，暗夫得势而入，正夫反回避也。余仿此推。

旺夫伤子

夫女人有旺夫伤子者何？此法皆时上推之，时为归宿之地，夫子二星引归于时，夫星生旺，子星衰败是也。且如：丙戌、丙申、丁巳、辛亥，丁坐巳自旺，以壬水为夫，时上乃是夫星临官之地，月支申金，乃夫星长生之地。以辛金为财，七月金旺，二丙相比，皆坐夫之财印，故主夫聪秀富贵。丁以戊为子息之垣，引至时上见亥，亥中甲木能克戊土，乃子星被克而难得也，故主旺夫伤子。余仿此推。

旺子伤夫

有旺子伤夫者何？此法专以月时推之，谓克我者为官为夫，有气得时，则夫发福；若支干失位，不得月气，柱中又逢冲克，时上又无旺气，而己生之子，引至时上，逢长生、临官、帝旺之地，又无刑克，是旺子伤夫也。且如：己卯、甲戌、乙卯、戊寅，乙用庚为夫，九月庚金无气，乙用丙为子，丙火长生于寅，与戌会局，皆属火。月令既无金气，时引绝地，又被火克，是伤其夫星，旺其子息，故曰旺子伤夫。余仿此推。

伤夫克子

伤夫克子者，乃夫星干支失位，生月失时，柱中又逢冲克，时支亦不生扶，兼且印绶重逢，盗夫之气，克子之甚，夫子不能旺，反绝于时是也。且如：丙子、庚子、乙亥、丙子，乙木以庚金为夫星，十一月金寒水冷，又金死子地，支亥子水盗金气尽，柱无土生助伤官，太多，故伤其夫。乙木以丙火为子，引至子时，乃水旺火灭之地，虽年时干二火被群水相克，夫子皆亡，故曰伤夫克子。余仿此推。

安静守分

安静守分者，乃夫星有气，日干自旺，相停无克，不值刑冲，财食得所者是也。且如：癸巳、庚申、乙卯、丁亥，乙坐卯专禄自旺，又得时支亥字合局，是本身旺也。以庚金为夫，七月庚禄到申，又得年支巳火为金长生之地，是夫星旺也。亥中壬水，夫之食神天厨，故主夫食天禄。此乃自己夫星两不相伤，各乘旺气，无混杂相侵，夫妇偕和，安静守分格也。

横夭少年

夫横夭少年者，造化之穷绝，格局之变异也。有悬梁溺水、血产少亡、被人杀死，若此者何？乃身弱而遇煞重，煞多克身，又带刑冲、破败之类；或命中元有官星受伤，行运复遇官乡；或无官见伤，运复临官之类；或带刃无制，运行合刃之地，及亡神劫煞等类，此皆横夭类也。不独女命有之，男命亦同。且如：丁卯、癸丑、庚辰、丙子，庚用丁为官，被癸水子辰伤官叠遇，克之太重，水多金沉，一交丁巳运，伤官见官，又会丙煞克身，故有溺水之害。又：乙酉、戊子、丙寅、己亥，日干丙火长生于寅，冬生亥子，官煞太重，谓之旺火投于盛水，故生产而亡。又：壬子、癸卯、甲戌、丁卯，月令羊刃，时丁卯伤官，羊刃，子刑戌合，柱中又无夫星、财星，癸酉年、乙丑月、己卯日，犯奸杀死。凡女命官煞太重，羊刃无情，非淫滥则凶亡。余仿此推。

福寿两备

夫福寿两备者，造化之中和，格局之纯粹也。有享用一生，永锡难老，若此者何？乃身坐旺乡，通于月气，支干相辅，更带财官、印绶，各得其位，不行脱财、坏印、伤官之局，尤喜金神、天厨。若身旺而运行财食之乡，此皆福寿两备之命也。且如：丙午、庚子、辛酉、癸巳，辛坐酉支，专禄自旺，时癸归禄于子为食神，寿星、子星得地。辛用丙火为官，丙禄归于巳，为夫星得地。又十一月生人，乃金白水清之象，兼支干上下相辅，俱无伤损，身不从化，故主为人美貌端正，夫子相停，福寿两备也。余仿此推。

正偏自处

夫正偏自处者何也？乃夫妇相合，复遇比肩分争，如一位夫星有两位妻星相合，谓之争合。若本身自旺，彼身值衰，四柱不冲，则我正而彼为偏。若彼旺我衰，四柱冲我，则彼为正而我为偏矣。盖我身旺有气，则夫从我为正；我身衰而别位旺，则夫从别位，我反为偏，谓之彼旺争去我夫，我只得为偏。或自旺太过，柱无夫星者亦为偏；或官煞混杂，或伤官太重，亦为偏，更淫滥。且如：壬子、丙午、辛酉、辛卯，辛用丙为夫星，身坐酉支，专禄自旺，虽时引辛卯之金，彼却无力，故我为正，而彼为偏，此为二女争夫，正、偏自处。又：癸未、壬戌、癸巳、壬子，癸用土为夫，癸巳水弱，壬子水旺，弱不能胜旺，被壬水争去戊土正夫，乃彼胜我衰，我只得为偏。但壬水重而太泛，又带桃花，不能自处。余仿此推。

招嫁不定

夫招嫁不定者何也？乃月令中有夫星，透干与己相合，己身从伏，其夫星却无气，时引夫星或煞星却乘旺地来克己身，又从伏偏夫，故谓之招嫁不定。若夫星不旺，或受克制，必嫁夫迟，或嫁夫不明，或夫不济事，或有外情。且如：癸酉、甲子、己未、乙亥，己用甲为夫，生于十一月，失时不旺，时逢亥字，乃甲木长生，是夫旺也，却不合，又被乙木制己未，未为乙木库地。甲生子月，夫坐败地，不显，时逢乙亥，亥中又有长生之甲，欲甲而又招乙也，此为招嫁不定，余仿此推。

论曰：凡观阴命，先推夫子兴衰，欲究荣枯，次辨日时轻重。官为夫，财为父，财旺夫荣；食为子，印为母，印盛子衰，日干不宜太旺，月气务禀中和。日主旺相，夺夫权而孤苦；月令休囚，安本分而持家。官星得地，夫主荣华；伤官无克，子当贵显。有官而不可见煞，有煞而不可逢官，设使官煞混杂，为人安得祯祥？官星无克，值二德，可两国之封；七煞有制，遇三奇，为一品之贵。喜食神而制煞生财，恶伤官而克夫盗气，贪财坏印，岂是良人？用煞逢官，非为节妇；孤贫下贱，盖因子死休囚；富贵峥嵘，只为夫兴子旺，官太旺，公寿难延；财重叠，婆年早丧。身居旺地，虽富足，夫子刑伤；日值衰乡，纵贫寒，夫子完聚；自旺而巧于妇业，日衰而拙于女工。贵神一位，不富即荣；合神数重，非尼即妓。贵人乘驿马，决主风尘之美妓；官星带桃花，定为深院之良人。食神独者，安和而有子有寿；合贵重者，娇媚而多贱多情。桃花不宜倒插，沐浴最忌裸形，犯之者多为侍婢，值之者定作师尼。四仲全，乃酒色荒淫之女；四孟备，乃聪明生发之人。未丑刑而不忌，戌辰冲处非良。大抵夫星要值健旺，己身须禀中和。食神不可刑伤，子星要临生地。印绶生身一位，则可财神发福，多见无伤。财强身弱，不能发福；身强财弱，安得为良？伤官叠遇，克夫星而再嫁之人；印绶重逢，不死别即生离之妇。刑冲羊刃，恶狠无知；破害金神，血光产难。四柱无夫，不偏房定为续室；八字空亡，非寡鹄决是孤鸾，大概贵贱观其夫位，荣枯究其财官，此为天依乎地，地附乎天，故贵者随夫而贵，贫者随夫而贫。前八法以泄其元机，后八格乃明其奥旨，倘有缺误，俟知者择焉。又云：乾道成男，坤道成女，阴阳刚柔，各有其体。故女命以柔为本，以刚为刑，以清为奇，以浊为贱。故三奇得位，良人万里封侯。二德归垣，贵子九秋步月。一官一贵，乌云两鬓拥金冠。四煞四空，皓月满怀啼玉箸。官行官运，镜破钗分。财人财乡，夫荣子丧。衣锦藏珍，官星有气。堆金积玉，财库无伤。大低官多不荣，财多不富。用正印而逢枭，兰阶夜冷。用枭神而遇印，玉树春荣。金清水冷，日锁鸾台。土燥火炎，夜寒鸳帐。群阴群阳，清灯自守。重官重印，绿鬓孤眠。田园广置，食神得位不逢官。粟帛盈余，印绶失时还遇煞。伤官不见官星，犹为贞洁。无食多逢印绶，反作刑伤。穷枭见食，坐产花枯。恶煞混官，临春叶落。远合勾情，背夫寻主。冲官破食，弃子从人。财衰印绝，幼出娘门。身旺印强，早刑夫主。五煞簪花，日夜迎实送客。三刑带鬼，始终克子伤夫。杨妃貌美，禄傍桃花。谢女才高，身乘词馆。华盖临官，情通僧道。孤神坐印，身受尼姑。胞胎常堕，食旺身衰。鸾鹄频分，官轻比重。娣妹刚强，乃作填房之妇。财官死绝，当招过继之儿。官临财地必荣夫，身入财乡须克子。煞枭破禄连根，堕冰肌于水火。比刃遭刑丧局，掩玉骨于尘沙。交驰逢驿马，母氏荒凉。差错对孤神，夫家零落。五马六财，穷败比肩之地。八官七煞，分离刑害之乡。刑空官煞，几临嫁而罢浓妆。冲克印财，纵得家难成厚福。不若藏财不露，明煞无伤，重印逢财，多财遇印。四败匪佳人之有辛，四冲岂良妇而无嫌。水聚旺乡，花街之女。金成秀丽，桃洞之仙。四生驰四马，背井离乡。三合带三刑，伤夫败业。暗煞逢刑，藥砧不善。明官跨马，夫主增荣。黄金满籝，一财得所。红颜失配，两贵无家。先比后财，自贫至富。冲官合食，靠子刑夫。死绝胞胎，花枯寂寂。长生根本，瓜瓞绵绵。合贵合财，珠盈金屋。破财破印，衾冷兰房。吕后名驰天下，只缘阴并阳刚。绿珠身堕楼前，盖是枭冲煞位。秋水通源，剔眸立节。冬金坐局，断臂流芳。娣妹同宫，未适而先抱恨。命财有气，配夫到老无忧。

《通明赋》云：女人之命，一贵为良，食重孤孀，贵多淫贱。

贵指官煞言，食伤官煞，孤克之星也，官煞叠见，淫乱之象也。

二德真贵，封赠可知，三奇真良，国号自至。金木有坚心之淑德，水火生乱性之虚花，五行偏喜休囚，四柱不宜生旺。富贵贫寒，全凭夫子。

二德即天月德也，女命得之，更有财官，纯粹不杂，必受封赠。三奇，甲戊庚之类，财官印食亦为三奇，女命中有此，必受国号。德者，纯一不杂之谓。金木性纯，本为女人之所守；水流主淫，火炎主暴，水火多则乱性，为人虚花不纯而暴恶矣。阴主柔，阳主刚。女阴也，与男相反，故喜休囚而忌生旺。

《继善篇》云：女人无煞，一贵可作良人；贵众合多，必是师尼娼婢。伤官克，则食绝孤苦；夫健旺，则子秀身荣。《玉振赋》云：阴命印重本绝嗣，运行官煞，反吉。

夫旺子生，此理之常。

女犯伤官须克配，运入财旺亦佳。

伤生财，财生官，所谓能使无情更有情。

弃命就煞，必配名家；专禄食神，断受诰命。孤鸾最利于七煞，桃花喜带乎官星。

此四格，皆主富贵，益夫旺子。

官贵太多，非偏房即为舞妓；会合过盛，不媒妁则是尼姑。

女命虽不嫌官贵，多则不吉。天干地支，三合六合带得多者，必为此等之人。盖媒妁联二姓以成亲，尼姑受万人之施舍参之人事，章章明矣。

甲木坐申透庚金，子都西子；丙火坐申时壬水，大乔小乔。

言此二日专用煞，苟无混杂，其女必有倾国倾城之色矣。

《赋》云：庚寅、戊寅，纵遇破败犹得；己卯、癸未、休教红艳相侵。

此四日，俱自坐长生临官之夫。如庚得寅，戊得申，乃上人之妻；已得乙，癸得己，亦不失为佳妇。但五阴日不宜。红艳、桃花二煞，五阳遇之，纵为不堪，亦可养身。

官临墓绝之地，老困娇娘；夫居杂气之中，最宜佳妇。

如庚用丁为夫，十一月生；辛用丙为夫，八月生，虽名为夫，实则不时，纵有貌，必然受困，所谓红颜多薄命是也。如癸日生于未月，杂气之中，有丁乙己夫星，子息财帛全，虽居杂，见之不忌。

官得令而逢伤，反作奴婢；煞当权而有制，当为正室。日刃逢煞，不偏则尼；月伤叠刃，非奴则婢。

日刃逢煞，如壬子日戊申时之例。月伤叠刃，如丁卯月甲辰日之例。

伤官夺夫之柄，化煞助夫之资；桃花喜共官星，红艳休同煞伴。寒衾少怨，命值孤鸾；独枕早孀，日临寡鹄。

柱中绝无官煞，值此日为忌，如有官煞等项倚靠，虽犯孤鸾，阴阳差错等日，反吉。寡鹤即孤鸾。

孤鸾若遇夫星，必多子女；天德如逢煞化，定盛婢奴。一片比肩，官地争夫拟定；浑身泄气，印星望嗣堪求。旺夫伤子，乃官令而枭强；旺子伤夫，因食时而官绝印重。盈盘遇富夫，而多得子；食清值令得壮妹，必许夫荣。

富夫，乃官星带财之论。

印重官轻夺夫权，凤舞鸾飞坑婢命。

孤鸾日，乃旺毒之辰。

天月二德无他乱，衣锦冠金；羊刃七煞无善降，身尘发垢。一逢阴煞非守志，必也无儿；两透阳伤且娇身，而不克婿。

五阴日见五阴煞为凶，阳伤官得印重反荣身，而不克婿。

日刃同刃，最忌生产；食神反破，难与留胎。

日刃同刃，是逢冲也。如丙午、庚寅、壬子、癸卯，是年刃与日刃相冲。食神犯破，是逢枭也。如丙申、庚子、戊戌、丙辰，月干庚食，被时丙克之。

官临死绝知夫丧，枭遇驱除断子来。何知夫得贵，孰察子得官？食附官而可知，官即食而可见。

如己未日、辛亥时，甲与己合，辛附甲官，食神健旺，子贵；逢破，则子不肖。

先后兴衰，倚夫星之好恶；始终盛替，察子运之荣枯。

如一命：戊日生春甲寅时，偏官，乃戊之夫，虽壮不见，财星行至东方，又无金制其木，其夫无名无利。交到午运，夫星正值食得所，却是甲木死地，故克夫再嫁。未申二运，财帛驰至，大发。运至酉，下五年甲胎，为寿。戊上丙火，至此俱死，七煞见伤官，甲无倚而亡。

《壶中子》云：登明足艳，太乙多淫。

亥为入夜之时，巳为迎夜之候，女命而得亥多者，有姿；巳多者，好色。

木盛则妖妍，水澄则清洁，金多夭折，火致刚强，土则富厚。负天月二德，则霞帔金冠；得禄命身三财，则夫荣子贵。

岁干所克者，禄财；岁支所克者，命财；纳音所克者，身财。其三财所属之五行，在命中一财不乏，而得之全者，夫必荣，子必贵。

切嫌者阴刃，妨害尊亲；最忌者纯阴，不宜子息。

禄后一辰曰阴刃，男得之，妨妻族亲，女得之，妨夫族亲。又命年月日时干支俱属阴、或生五月之后，十一月之前者，乃阴极而阳不生，是为纯阴，多无子息。盖独阴不生，独阳不成故也。

骨髓破，殃罹内外；荐枕星，招涉是非。

骨髓破即白衣煞，得之者刑及内外，二族。荐枕星乃冠带位，得之者一生多涉是非。

鸳鸯惮于见水，倾国倾城。

凡三支三干，凤凰、麒麟、风沼三格，在女命则变为鸳鸯煞，主淫秽；命中又见水多，主风尘，多艳质。

官鬼旺于贵垣，凤冠霞帔；花钗与桃花相犯，暮雨朝云；贵人共天喜争寨，穿垣骞牖。

命前一辰为花钗煞，后一辰为桃花煞，本生上见之，全而不偏，是为同犯，主为娼优。得三奇不在此论。天乙住处曰贵人，旺气住处曰喜神，本生上带之，而又同官，是为争寨，主为淫奔之妾。落空亡不在此论。

《赋》云：女人无煞，一贵何妨。喜逢天月德神，忌见煞官混杂。贵众，则舞裙歌扇；合多，则暗约偷期。五行健旺，不遵礼法而行；冠带互逢，定是风声之丑。回眸倒插，泛水桃花；沐浴裸形，螟蛉重见，多为婢姜娼尼，少有三贞九烈。双鱼双女号淫星，不宜多犯；官星七煞曰夫主，忌见重逢。寅申互见性荒唐，巳亥相逢心不已。或有伤官之位，不远嫁定见克夫；重临枭印之神，非生离终须死别。四柱有官鬼入墓，使夫星已入黄泉；岁运临夫绝之宫，俾鸳配分飞异路。

又云：欲观女命，先看官星：官带煞而贫贱，官得令以安荣；伤官太重，必妨夫，且是为人性重；倒食重逢，须减福，那堪更犯孤神。煞重须从贵室，合多定损贞名。坐禄乘辇而稳重，逢冲遇马以轻浮。桃花浪滚，淫奔之耻不堪言；日禄归时，贵重人钦尤堪羡。天、月二德，以为本命，如逢印绶，贵当两国之封；时日羊刃，本是刚神，不利夫宫，损坏平生之性。时犯金神健旺，要观八字之强；专食子荣，切忌偏印。守闺门而正静，必由阴日得中和；代夫婿以经营，此乃阳干支旺。甚欣逢正禄，怕犯咸池。清秀得长生之辅，浊杂值暴败之归。四柱败多，大忌冲身而逢合，一生忙甚，若是，非妓即为媒。印重与公姑相妒，食专，得子息之宜。官煞重逢，须防淫乱；娣妹透出，便是争夫。魁罡有灵变之机，日贵得安常之福。又云：若观女命，则异乎男。富贵者，一生官旺；纯粹者，四柱休囚；浊滥者，五行冲旺；娼淫者，官煞交差。无官多合，此为不良；满柱煞多，不为克制。印绶多而老无子，伤官旺而幼伤夫。四柱不见夫星，未为贞洁；五行多遇子曜，难免荒淫。食神一位逢生旺，招子须当拜圣明。官煞不杂遇印扶，嫁夫定知登云路。守寒房而清洁，金猪木虎相逢。对空帐而孤眠，土猴火蛇相遇。财旺生官，辅食无伤而夫荣子贵；官食禄旺，一印有助而后宠妃褒。伤官叠见无财印，败室刑夫；官煞重逢遇三合，荒淫无耻。合多官重，贪淫好色之人；官杂气衰，嗜欲刑夫之妾。身旺官囚，非师尼而为娼婢；食神变德，先贫贱而后荣华。《口诀》云：凡论女命，只用月支中财、官、印三件为奇。第一论印。无财损印，如得天、月二德在日干上者，决主此妇得父母家资财，福德广盛，为人温厚，逢凶不凶；招名望之夫，生贤贵之子，受封之命。岁运同论。休咎、忌财、喜官。第二论官。亦看何支中所藏一位为奇。一忌官多，二忌伤重，三忌带合，四忌杀混，五忌日主柔弱。除此五忌外，略要些小微财，决主此妇生于富贵之家，夫富子贤，并无克剥之患；为人精明、伶俐，尊重有福。第三论财。取月支中为要，财不要多，只宜一位，略得岁中一位官星。此命招父母力气，得见成金宝之福，益夫益子，善于持家。除此三格外，以下十五格，皆非妇命所宜。盖十五格，莫非伤官、七煞、羊刃、建禄、冲动、遥合，多无官星，有伤财印，所以不取。妇人用官星为夫；见伤官为伤夫；用生出为子，如甲日生人属木，用丙丁巳午寅戌为子火，得时令便作多子之命言之。火临墓绝之地，或临水局，壬癸相克，方断无子。若火居绝墓之地，四柱有冲，晚年得嗣，终不为孤。又六壬日壬寅时。《三命》云：阳干产阳为子，产阴为女；阴干产阴为子，阳为女。寅乃木之分野，甲木临官之地，当生荣贵福寿之儿；若木在午未申酉之时，火土分野，木墓死绝之地，主子息寡少，纵有，亦多贫疾，不然僧道过房螟蛉之类。又乙木生人，用庚为夫，庚用丁为官星，丁却为乙食神，即子星也。丁生旺得时，即夫之名分是取食旺，相官明朗，不但夫荣，亦且子贵。余仿此推。

又云：女人之命见七煞，即为偏夫。因会正官，偏正交集，所以不喜。若偏官只一位，柱有制伏，无淫乱之说。但主欺夫夺权，会持家，性刚。若日主健旺，或背禄，或月时无所倚，或夫星死绝，或孤神六害，多出家师姑之命。不然寒房守望，独坐哭夫之命。如夫墓绝并鬼伤之乡，主重婚再嫁。夫若命强可配，却一生不和，当生离死别。官星显于生旺之地，煞星隐于衰弱死绝，亦作清正财禄之命，不以混杂论。若煞星多，则忌更带合神，官衰食旺财党煞，非娼妓之流，则淫滥之妇。又云：女命多有产厄，乃食神带枭，而枭神太重，又生年干头上带伤官，时犯羊刃、冲刑、克害，更加流年及运冲合枭刃，决主产厄无疑。若八字安稳，无克战、刑冲之患，日干健禄，煞星受降，更逢天、月二德，一生不犯产厄及血光之厄，逢凶有救。

又云：凡妇人日主弱，比肩旺，主婢妾夺权。如甲寅、己巳、己卯、辛未，此命日主己坐卯上，柔弱无力，己巳比肩同类，生四月火土印旺天时，比肩得地，年上甲为夫星，月上己巳合去，日主衰弱无用，此妇平生被妾夺权，不得丈夫和气。余仿此推。

又云：凡看女命，须五行清淡，不要生旺，不居暴败，不犯临官，得四柱和气为佳，休囚死绝为上，不带贵人、驿马、旺禄、合神为良。若犯生旺、临官，兼有贵人、驿马、旺禄、合神，皆为不美。犯亡神、劫煞、三刑六害、羊刃飞刃，皆为不善。《神白经》云：驿马遇贵神，终竟落风尘。合绝莫合贵。此法人难会。但以日为年，此诀圣人传。带禄入生旺，产死遭人谤。带禄入衰乡，虽祸未为殃。《司马季主》云：凡推女命，贵人一者为良，若丛杂合多，不妮即妓。沈芝云：桃花又带双鸳合，冗杂贵人真妓才。桃花者，临官上见马谓之桃花，马临官上见劫煞谓之桃花煞。又有一般煞，乃巳酉丑生人，见午之例，谓之咸池煞。全见，谓之遍野桃花煞，女命最忌之。双鸳合，如一己见两甲，一乙见二庚，一辛见二丙，一丁见两壬，一癸见两戊之类。或是四柱元有甲己，又有乙庚，子丑寅亥两两对合，谓之双鸳合。女命有之，皆不为良。若犯桃花煞更双鸳煞，尤为不美。《理愚歌》云：贵人或落空亡里，禄马背违如不值。假令性识甚聪明，男即伶伦女娼妓。亦有生来贵族中，淫声浪迹颇相同。须知斯命重所使，桃花三月惹春风。《源髓歌》云：滚滚桃花逐水飘，月笼华发色偏饶。多情只为空伤合，惆怅佳人魂易消。以上皆论桃花煞，犯者皆为不良。若犯三刑、六害、亡神、劫煞、孤辰、寡宿，皆主丧夫克子。凡女命，怕临官、帝旺全，主夫妻相伤。《源髓歌》云：临官帝旺未为好，再嫁重婚伤亦早。若逢相敌作夫妻，头男头女当见天。若犯羊刃及朝元羊刃，皆主产厄。《源髓歌》云：或时藏刃入于胎，日刃或朝时上来，更若支干相克剥，妻身当产妊忧灾。此言夫命犯之，当主妻有产厄。妇人之命若如此，敢断定忧生产厄。更加卯酉二时生，若免堕胎应克子。所谓朝元、羊刃者，如卯年生人，见甲日与甲时之类；或辰日而时干见乙，皆谓之朝元羊刃。余仿此推。

又曰：凡女命，以年为翁父，胎为婆母，月为妯娌，日为夫、己身，时为子孙。女命是子午卯酉日生，合嫁子午卯酉命夫，四孟四季日亦同。若嫁日干合、支神三合、六合者，俱不偕老。四柱宜纳音上克下。主有殊福；不宜下克上，主欺诈僭越。若年之纳音克时之纳音，不宜子；若克战、刑破，主少子多女；若绝中有生，旺中有死，空亡中有破，五行无情，乃吉。刑冲无情为上，只无情次之。日坐年禄荣神者，郡国之封；日带夫禄，仍有实库，次之荣神。春甲乙，夏丙丁之例。若生中有绝，死中有旺，空亡有合，更犯孤寡元辰者，贱。

凡女命，印若虚，库要实，五行恬静无情，不相带惹，为上等清廉之格。若贵人、天、月德，日上有官，主贤淑。大忌禄衰身旺，日在冠带、临官、帝旺，为不吉。一云库要虚，贵要不落空，印有气，则夺夫权；库有气，则蓄夫财。不战争，无情理，则无妒忌。奴婢宫有浮沉煞，主打死奴婢。

凡女命，生日在官鬼、死墓绝上，主克夫，若官鬼落空亡，或日落空亡，又生日无气者，主无夫。纵有，如无带旺气刑煞者，克夫下贱。古歌云：五行夫位落空亡，更值身低岂有郎？不是风尘须婢妾，纵有卑夫身亦娼。《尺璧》云：纳音金命火为夫，重重临寡又临孤，戌亥二宫夫死绝，徒然出嫁是场虚。

凡女命，生年生日同一位者克夫，嫁同音同年者庶几。生年生日带六甲者，名曰带甲，主克夫，月共日俱带者亦然。如甲午年生，再遇甲午日，十有九克夫，谓之金神带甲，此例尤紧。若生日带旺气，如丙子、庚子、戊午、癸酉、辛卯等日，名曰承旺，夫不下贱，多克夫。若带十分福德，则是内人，五六分则贵官左右，三五分则近贵上游娼，次则尼妾，甚者克夫淫荡。或曰：戊午多贵，癸酉、辛卯次之，丙子、庚子下贱。又云：戊午、癸酉、辛卯，大美小疵。若壬癸生人，见丙子、癸亥，申子辰人重重见壬癸，名曰流水煞，主下贱不贞洁。多水而无土主淫。多火而无水主淫。犯八专胎月日时，主淫乱及虚劳之疾。犯九丑多者，主淫荡及产厄恶死。犯沐浴咸池，乃酒色神，主淫乱。犯十恶大败，主淫恶破家。犯桃花劫者，主少入娼门，老为贫丐。寅午戌生人，在冬三月亥时，巳酉丑生人在春三月，寅时申子辰生人在夏三月巳时，亥卯未生人在秋三月申时。古诗云：桃花与却两相侵，不为盗贼犯奸淫，忽然女子遭逢著，少入娼门老至贫。

凡女命合多，更带贵人，是上游官妓，不然贵人左右。若生日无气，劫坐贵人，四柱有天月德，或日禄归时，主贱中生贵子，或有因而受封者，福在日时故也。其始终下贱，多是咸池自败大耗，天中凌克，刑冲气散，自刑带煞，为性尘贱淫荡，纵有贵格，亦有风声，魁罡交冲，多狠戾不顺或飘荡。生旺太过中见劫煞往来相冲，为性多烈，不睦六亲，却清贞不淫，动招患祸。若咸池与大耗同宫，则淫媚谗毒。天中与暴败相承，则情性多讹，招淫私玷辱，更有刑冲，必主淫私，官事发觉。日时上死绝带煞，主贫困下贱，或自营于街市，风尘庸劣之妇。见无礼刑或天中印或合墓中大耗者，多是媒巫术药之辈，中有建禄贵人者，市廛牙贩狼藉妇人也。若生日带大耗咸池，夫妻外心相挠。见官符多，适凶暴俗恶之夫，弃逐凌辱，或即妨克于夫，一生因夫烦恼。生时带劫煞大耗空亡者，生子少成，忧煎为挠，或生悖逆之子。见咸池多损孕，日时犯勾绞，有系绊意，多难产或子挂缠生。岁运见大耗为凶，夫子不祥之挠，更或克身，往往死矣。八数者，阴之终，所以大凶。若日时犯华盖正印，主无夫无子，亦有临终年克尽。犯刑害、空亡、冲破、飞刃、阳刃、劫亡、破碎、大败等煞，主克夫害子，更以五行加减轻重言之。有一生不产儿女，或多损胎，亦有不嫁者，纵有儿女，多不和孝。犯空亡、元辰、咸池、华盖、攀鞍，乃恶妇人也，主克夫，少子多病，妒忌。

凡女命带六个自刃，日时主无夫无子，便是十分好命也，须有克。犯羊刃及朝元羊刃多，主产厄、月经过多之疾，中年后主冷病。犯卯酉多，主堕胎克子，胁疼血刺。四柱俱阳不生男，俱阴不生女。时是阳干，头胎多生男。是阴干，头胎多生女。是仲主生仲子，孟季同。带寅申巳亥多者，主双生。亥字多者，双生男。巳字多者，双生女。有三年一胎，二年一胎，一年一胎者，皆以时之纳音取水一、火二、木三、金四、土五之数验，仍以日时纳音定夫子之数。犯火气多者，主一世不生长。五行燥气同犯，返伏吟时不利子，中年纵有，晚年必退。伏吟日主克夫，惟同岁者方可免。月是伏吟，不宜妯娌娣妹。胎是伏吟，不利骨肉。返吟同此论。

凡女命，俗得恬和中有贵格，更带禄马贵人，自生自旺。六合者，主性巧贤德，姿貌殊丽，不可伤于太盛，恐乏柔顺，不可过于死绝，则淫媚而性卑。苟得五行恬和，又紧要福气聚集于日时上，乃佳。盖日为夫，时为子，一切福神加于日时上，须因夫子而贵。女人之福在夫与子，当重封贵号早适贤夫。若日时二位福力不紧，乃常命也。如福聚月胎之上，只是生于富贵之家，终不为夫之福。

凡女命最喜金舉，六合自旺，则福厚而利骨肉，见印绶禄鬼，或水火既济，或金水相生，姿质美丽。自生自旺，带官符，或五行支干不相往来，无情，内政清白，严毅有守，不喜淫杂。若禄死绝，则俭素不华。印绶带煞，则权能任重。六合相生，则骨肉茂盛，周全和美。时上见贵人驿马，多生贤孝之子，孕产无虞。日上见之，得贤美聪明之夫，一生快乐。夫负阴抱阳者为男，负阳抱阴者为女。是以男命生则利旺不利衰，女命生则利衰不利旺。男旺则福，衰则否。女衰则福，旺则否。

古歌曰：财官印绶三般物，女命逢之必旺夫。不犯煞多无混杂，身强制伏有称呼。又曰：女命伤官福不真，无财无印守孤贫。局中若见伤官透，必作堂前使唤人。又曰：有夫带合还须正，有合无夫定是偏。官煞犯重成下格，伤官重合不须言。又曰：官带桃花福寿长，桃花带煞少祯祥。合多最忌桃花犯，比劫桃花大不良。又曰：女命伤官格内嫌，带财带印福方坚。伤官旺处伤夫主，破了伤官损寿元。又曰：飞天禄马井栏叉，女命逢之最不佳。只好为偏并作妓，有财方可享荣华。又曰：眉拖翠柳脸如花，禄马长生贵气赊。紫木太阳临四正，益夫荫子会持家。禄马会于长生，或带墓库及一重贵，所谓长生禄马贵人时，子贵夫荣貌必奇是也。又曰：一重亡劫及逢羊，天乙同生禄马乡。色绝过人贞且洁，荣夫益子炽而昌。又曰：驿马多逢无礼刑，临官帝旺更恼人。柱中再有咸池遇，此等佳人不要寻。又曰：亡劫孤刑寡隔双，平头华盖一般详。宝香薰被成孤宿，忍对珠穷月半床。

亡神、劫煞、孤辰、寡宿、隔角、平头、双辰、华盖、六害、三刑，所谓切忌五行神煞重是也。

又曰：羊刃劫亡休合动，合动高党云雨梦。合贵合马合咸池，必定其人假尊重。

如庚申、己丑、丁亥、壬寅是也。

又曰：生月那堪合上宫，更兼时合众凶同。外容尊重非真实，内乱尤防不善终。

如乙亥、甲申、己巳、乙亥是也。

又曰：命值咸池洗日星，为人性巧更多能。男人得此多相识，女子逢之犯众憎。又曰：上宫切忌带廉贞，己不淫兮妻必淫。设使夫妻皆正大，官事因妻及女人。

上宫，日干所坐是。

又曰：女子咸池日上加，聪明守义不奸邪。却愁夫婿多颠倒，赌博呼游也破家。

如甲戌、乙亥、乙卯、丁亥，有丁亥之旺土制乙卯之败水，却生大族，自己不淫，其夫游荡破家。

又曰：咸池一煞最乖戾，克我生我皆不利。比和也是贱星名，好色贪财难致贵。

如癸酉、己未、丙午、庚寅，自贪色，妻亦淫。又甲戌、癸卯日者，夫多学无成，淫荡。

又曰：咸池尽道主淫邪，须看其中有浅深。有制克他方作福，惺惺不得众人情。又曰：字与桃花四正临，那堪驿马更同音。巧言令色难和众，小智奸邪枉用心。又曰：亥子重逢不可当，公姑妯娌致参商。男子丈母应重拜，方免妻家败一场。又曰：上宫亡劫更刑冲，男女逢之一例凶。宝月修真非一度，朱弦再续必重逢。

如甲子、丙寅、己巳、丁卯，再醮。

又曰：羊刃亡劫落上宫，克妻生病最为凶。进神若也同来到，死别生离疾似风。又曰：孤寡双辰并隔宿，时日逢之刑骨肉。假子招郎何足言，仍忌男女遭耻辱。

如丁未、戊申、戊申、丙辰，其男为盗，其女淫奔。

又曰：女人羊刃不宜多，合克罗纹带倒戈。祸起萧墙流粉黛，华容难避马嵬坡。

如丙戌、壬辰、戊午、壬子，因讼奔出，流落风尘。又戊午、己卯、癸未、戊午，是合羊刃，竟凶死。

又曰：一重羊刃为权柄，三两重来凶最甚。荒淫奸妒多为娼，凶暴恶亡仍短命。又曰：妇人亡劫最非祥，时日逢之性必刚。死绝常多兼克主，合起相生亦祸殃。妯娌公姑皆寡合，官司内起丑声扬。又曰：年月日时分战降，命宫全带喜风光。男如崔子寻花柳，女似杨妃睡海棠。

子午卯酉全带，准上文。

又曰：女人天乙两三重，多贵番成吉作凶。弦管丛中为活计，死绝休囚又不同。又曰：一座贵人为好命，两座贵人心不定。三座贵人定作娼，晚年或作豪家正。

如丙子、己亥、己亥、乙亥，娼也。又丁酉、辛亥、己亥、乙亥，年过不嫁，老而无子。

又曰：色因倾国是登明，期我桑中太乙星。驿马更兼逢六合，一生不免有淫声。

如乙亥、甲申、己巳、乙亥，有色而淫，死三夫，又犯服内之奸。

又曰：紫木罗阳四正排，贵人兼印煞冲开。夫荣子贵人端厚，两国诰封天上来。又曰：禄马咸池夹贵来，太阳紫木并三台。聪明性巧人和顺，卷耳情怀柳絮才。又曰：牡丹自古号花王，占断风流艳一方。堪笑好花难结子，年年虚度好时光。又曰：贵人禄马定分毫，时上逢之产凤毛。卓荦英豪皆异众，惟岐惟嶷福坚牢。又曰：贵人禄马在生时，定主多男有白眉。或有乾生来凑足，增光宗祖好男儿。又曰：五行恬淡福星临，重厚温恭必至诚。天使喽啰无半点，却交顽福重千斤。又曰：满盘印绶得夫星，运句夫行子息生。造化夫星无劫夺，兴夫旺子两宜情。

印绶多，主无子，运行财官，子息反多。阴干枭印重，亦莫言无子。行泄克之运，亦主子多而秀。如癸未、癸亥、乙酉、癸未，此命行南方火土运财食之地，以财制枭，食神无损，生七子显达，夫妻偕老。一命：壬午时，亦生五子，刑夫失节。

杂气格中禄最佳，干头便混也堪夸。运行财地无伤劫，嫁得才郎享福遐。

甲乙丑月之例，俱藏夫星，干头不忌混杂，此以月言也。

壬辰壬戌坐中夫，庚戌庚寅亦自殊。壬午甲申戊寅日，妇人得此福偏俱。

此数日，坐下夫星，只宜一位为福，此以日言也。一命：庚申、己丑、庚寅、庚辰，大富，八子，寿五十余。

丙庚子午各分推，己土偏于卯未宜。乙日更堪巳酉丑，癸临己未亦当时。

此数日，亦坐下夫星，不宜破支独见，乃吉。

煞星独印格中清，身主清高富贵成。不有官星来混格，号封恭淑重呼名。

女命煞印最吉。如上：己卯、己未、癸丑、乙丑、乙酉、癸未、辛未、甲申、庚寅、戊寅、壬戌、壬辰、丙寅等日，不宜再混夫星为贵。

五阴妇女要身衰，若遇刚强灾病来；岁运再行身旺地，花前风雨恨相摧。

五阴日宜弱，强多生灾，行建禄会旺地，柱无官煞，伤夫害子。

孤鸾日犯本无儿，一见官星得子奇。运遇旺乡多姊妹，临风惆怅绿楼时。

孤鸾日，柱中若见官星，反得其子，阴日更好，不可混以无儿断之。运行身旺，及比肩争夺，真孤鸾。

夫星得地子多余，姊妹交加反是虚。财旺更逢儿位吉，伤官相见又如初。

妇人以夫为主，夫星得时，必多子息。若见比肩分夺，反孤无子。故又喜财生之，再见伤官，又作初论。

一位夫星姊妹多，伤官岁运便难过。纵遇有夫也伤克，寒衾独枕奈如何。

官星只一位，是怕比肩分夺，况岁运又逢伤官，其害夫也必矣。若原是伤官格，柱中不见官，无害。怕行运见官，战斗雠仇，克夫无疑。

格用伤官亦两猜，若逢食旺益夫财。财星旺处生官旺，无食无财印喜来。

伤官得时者，无害。但怕旺印破用，食神为用得时，尤奇。却宜见印，但不宜印多，惟中则吉。一命：癸未、乙卯、庚子、庚辰，伤官用财，嫁贵夫，受封一子。

妇人格局要清和，夫气休囚困苦多。运逢财官重旺相，著罗衣锦笑呵呵。

假如辛日生子酉月，干头虚见丙火，虽官无用，主巧而贫。再辛壬互见，克夫，若得行煞官及财运，生起火木，则吉。余照此。

伤官性重有权舆，比劫重逢礼不疏。印绶日寻清慎独，丁壬化合晓诗书。

此言伤官性情乖觉，女中丈夫也。

金水相涵秀丽佳，比肩也作金水夸。丙逢壬制颜如玉，甲逢金克貌如花。

金水涵秀，故多美貌。若壬克丙，甲见金，一煞清独，其貌亦美，性情亦静。混杂者，淫贱，貌亦丑。

印绶生身遇煞良，伤官财旺坐高堂。如行死绝阳肩墓，独守空闺哭子丧。

煞印相生，伤官生财，皆为上格。若行财、煞、死绝、阳刃、比肩及伤官入墓之地，伤夫克子。

阴阳自旺日平常，身健无依未是良。运向夫乡争竞起，改容再醮补填房。

桃花红艳两交差，频向妆台理鬓斜。若有官星藏与透，却归良室福无涯。

二煞不吉，妇人最忌。如见官星，则有倚赖，反主有福。

桃花与煞怕同途，官见桃花却旺夫。金水相逢虽貌美，无官贵室亦多污。

官星桃花，不害于良人；煞星桃花，则多为娼妇。桃花之煞虽一，而逢官遇煞迥异。金水伤官，无官煞其志不定。

食神独旺胜诸祥，金水伤官得火康。受气不宜逢姐妹，煞星一位便为良。

一食遇生旺，金水见火，胞胎无比肩，煞星一位得时，此数格，妇命遇之皆吉。

官星得禄知夫贵，食遇临官子便贤。福位青龙格煞食，驱奴使婢夺夫权。

如己遇甲，夫得寅月，甲食丙，嗣得巳月，主夫子俱好。若煞格、食格用，遇禄神带青龙福位者，主夺夫权，聪明标致。

食神暗合巳夫来，食旺无涌富贵胎。透出财星分等第，枭煞合处起疑猜。

食神不宜财轻，又不宜太过，清者第一，见官次之，枭煞相见，不吉。

乙庚夏月正金疲，运向西方夫得时。丙子不来金水好，东方遇乙贵分之。

乙以庚为夫，夏月金失时，行西扶起为吉。见丙伤庚，见乙争合，故皆不喜。

辛官金水月夫轻，再遇辛壬两度新。运行木火难胜福，不伤自己也伤人。

辛干以丙为官，辛生秋冬，遇丙则轻；时又见辛壬分克，则丙愈轻。运行火木，夫虽得时，恐不胜其福，未免伤人害己。

己夫秋甲暗伤支，乙见干头两度期。除是东方逢木旺，击伤金木又交持。

己秋月遇甲夫，支有伤官为害，再见乙未，去彼从此，乃甲与己合，被乙战克，不能就官而从煞，主两度成婚。行东方木旺之地，有火驱金，虽好，亦不免伤夫再嫁，或多寡居。辛未、甲午、己未、甲戌、王妃。丙午、辛丑、己未、甲子、进士、女王妃。

庚夫金水月逢丁，壬丙干头两见争。富贵春风衾枕冷，伤官支上怕分情。

庚以丁为官，秋冬遇壬，金水得时，乃前夫被克。又从丙火，若丙戌时，其夫入墓；子时，其夫被伤。虽居富贵，终是寡居，子亦少。

甲夫巳午及寅宫，遇丙合辛被火熔。身旺食神家富足，独眠孤枕怨春风。

甲日以辛为夫，辛生春夏失时，又遇丙火，难以吉论。盖妇人以夫为主，官既受害，虽财食赢余，不免伤夫。若柱无辛见丙丁，运行见辛，亦吉。

丙夫夏癸月藏伤，若遇庚辛西地祥。木火透干能泄水，夫财虽旺发难长。

丙干以癸为夫，夏月癸水休囚，内藏土为伤官，如不透戊己，得辛金佐之，运行西，吉。柱有木火，泄窃癸气，终是不久。不见癸用食神，更吉。伤见则非。

癸水生于寅卯月，合戊经行南地宜。只恐干中明见甲，自怜衾枕与谁依。

癸日生春，遇戊为夫，行南方及印地，不为利害。若甲透及癸分夺，便伤夫。不见戊，但见甲，行至戊运，亦如之。若原无戊，用食、伤官，行火地，皆吉。

壬癸如生季月中，夏间土旺亦论同。不宜寅甲连相见，重犯作伤反无功。

壬癸生辰戌丑未月，及夏中，伏夫星得时，最吉，但不宜太过。若寅甲并见，食神重犯，作伤官论。单见甲或寅，则吉。一命：庚辰、癸未、癸酉、戊午，嫁富贵俊雅之夫，生四子受封。

甲乙秋生夫正时，煞官若混细分之。舒配去留成格吉，丁丙引强困又离。

甲乙用金为夫星，庚辛秋令得时，若官煞重见，分配去留，不相混杂，聪明富贵。见丁丙重，时引强地，则又伤金为害。

戊己春生木正青，煞官多处便为情。支干遇合方成吉，会水重金又一评。

戊己春生有二论：己日虽官煞混杂，有甲合为贵。戊日宜清乃贵，都利煞为用，皆怕金水多，水渗其土，金多害木，南运不忌。

庚辛夏月丙丁藏，不透干头便是良。只恐煞官交互见，非惟不吉也争强。

庚辛已未月，或寅卯戌月，俱有财官，不宜丙丁多透煞官，混杂相伤，二丙一辛争合，俱为不吉。盖金生春夏，已失之柔，再透，则太过故也。

丙丁冬月与秋同，独遇为奇乱则空。煞正官清居富贵，不堪混杂日临凶。

水，冬旺秋相。丙丁生秋冬，夫星得地，官煞皆美。见官只论官，见煞只论煞，不宜混杂。清者，富贵。乱者，浊淫。

财旺生官格最稀，财官相遇十分奇。夫荣子贵因财旺，贞洁贤良五福宜。

总 歌

正气官星第一格，财官两旺亦同说。
官星带合兼坐禄，女命逢之真有福。
官星桃花是良人，带合兼煞便不同。
印绶天德惟最妙，日贵财官亦相肖。

独煞有制羊刃同，伤官生财亦不凶。

归禄逢财准此断，食神生旺尤堪羡。

煞化印绶格局纯，二德扶身贵无伦。

三奇合局真造化，拱禄拱贵也不怕。

煞官混杂兼无制，此等女人不堪娶。

伤官太重又见官，贪财破印俱不堪。

比肩重犯多争妒，财官遇劫决不富。

财多身弱亦如然，羊刃冲刑尸不全。

金神带刃凶恶断，桃花带合淫乱看。

无官见合多官合，倒插桃花乱闺阁。

身旺无依夫子伤，此等妇人大不祥。

倒食重犯须减福，更犯寡宿主独宿。

孤鸾红艳阴阳差，此等神煞俱不佳。

若是贵命合官印，小小神煞不为病。

又曰：择妇须沉静，细说与君听。夫星要强健，日干当柔顺。二德坐正财，富贵自然来。四柱带休囚，增名又增寿。贵人一位正，两三作宠嬖。金水若相逢，必招美丽容。四贵一位煞，权家富贵说。财官若藏库，冲开无不富。寅申巳亥全，孤淫腹便便。子午并卯酉，定是随人走。辰戌兼丑未，妇道必大忌。有辰怕见戌，有戌怕见辰。辰戌若相见，多是淫破人。有煞不怕合，无煞却怕合。合神若是多，非妓亦讴歌。羊刃带伤官，驳杂事多端。满盘却是印，损子必须定。天干一字连，孤破祸绵绵；地支连一字，两度成婚事。此是妇命诀，千金莫轻视。

第四十八章　星命汇考四十八

《三命通会》二十

论小儿

夫观小儿之命，如种花木之法。善培养者，则根苗茂盛，花果兴隆；不善培养者，反是。何以言之？凡人种花木，必以土栽培其根，根实则苗盛；必以水浇灌其体，体壮则花茂；赖阳火温照其花，花实则果成；假金刃修伐其枝，枝清则本固。设若土虚根浅，水少苗枯，日爆花焦，风摧果落，是皆失中和培养之气，其花木安有不枯之理乎？人之八字，以年为根，月为苗，日为花，时为果，其理皆然。故推小儿之命，要日干有气，月令生扶，年上栽根，印绶无伤，财官有制，七煞得化，伤官遇合，气禀中和，不值刑冲破害，此则易养长寿之命。如煞重身轻，财多身弱，伤官叠遇，食神重逢，日干或旺甚无依，或太柔少印，气失中和，柱中有刑冲破害，此则难养促寿之命。二者类如栽培之法耳。又曰：小儿之命，当论时辰为正，先看关煞，次看格局。日主强，财官旺，有关无煞，日主弱，财官少，常病易养；日干弱，财官多，有煞有关，难养。夫关者何也？即偏官为关，偏财为煞。专以日干为主，取生成之数断之。关者，譬如今之关隘，乃险阻之地。人至关，非明文不敢私渡，违者必致其祸。小儿命犯此关，则为不利。柱中日干强健，制伏纯粹，印绶无伤，如有明文之类，通达顺遂，易养长寿。反之则否。又曰：古往今来，只有三命有关最紧，不应者多。五星家有种关煞，犹三命关之说也。子平之关，只以煞论。假如初生小儿甲日者，庚为关，柱有戊土党煞，此为关重无财。日主健旺，得印生解化者，关轻无害。甲日见庚为九岁关，丁见癸为六岁关，戊见甲为三岁关，丙见壬为一岁关，壬见戊为五岁关，癸见己为半岁关。四柱原有者为

是，运及太岁流年遇者则非。阳干见阳煞，阴干见阴煞。阳忌单年单数，阴忌双年双数。如一六属水之数，壬属阳为一数，丙人见之，为一周半关；癸属阴为六数，丁人见之，为六岁关。非特干头七煞为关，中隐者亦紧，余干仿此推之。小儿犯关，以河洛生成数为断。若夫百日关、铁蛇关、鸡飞关、阎王关、深水关、鬼门关、四季关、四柱关、将军箭，其说见《百中经》可考，然多不验，故不录。又曰：小儿犯关，如甲子、壬子、戊子三旬生人，俱从申上数起；庚子、丙子两旬生人，俱从寅上数起。假如辛未命，是甲子旬中生人，用甲子从申上数起，顺行一位一辰至卯上本年辛未，此是关也，却看命宫在何宫？若是兄弟、奴仆、迁移、相貌四宫，为犯关。余宫非在三宫，不过三岁。六十二宫依次言之，惟弟九宫，不出三十岁死。若行年太岁、大小运冲并，决不能免，谓之大关。又如：辰戌年生，关在辰子；亥酉年，亥午；丑未年、卯寅年、巳年、未；卯年，子，看命宫在何宫。若煞在三、六、九、十二宫，是死关也。六、九不过三百日，三五周同十二宫，更兼恶煞来临，定凶。谓之小关。又一例：子卯丑、未寅巳、卯子辰、辰巳申、午午未、丑申寅、酉酉戌、未亥亥、即三刑也。假令子生人，卯上起煞，其煞在三、六、九、十二宫，主天。又：春丑巳，夏辰申，秋未亥，冬戌寅，即孤辰寡宿。又正、七月巳亥，二、八月辰戌，三、九月卯酉，四、十月寅申，五、十一月丑未，六、十二月子午，正月巳，七月亥，即六冲，犯此时者，主难养。又：生时纳音不可克年。如生年纳音属金，忌午时属火，名曰鬼关。犯者多不过三十天。金木不可犯巳酉时，火不可犯辰申时，水土不可犯午戌时，名曰三关煞，主天。若生月乘旺气，或鬼可犯午戌时，名曰三关煞，主天。若生月乘旺气，或鬼自绝，无伤元气，亦主中寿。若四柱带父母，四柱一位二位，虽犯关不死。又有从戌上起正月，逆行至本生月住，却向日上起子，须行至本生时住，遇辰戌丑未上是关煞。又寅申巳亥月，见子午卯酉时；子午卯酉月，见辰戌丑未时；辰戌丑未月，见寅申巳亥时，犯之必应。以上诸说，亦不尽验。又有小儿运例：阳男阴女，寅至卯，寅上一岁，卯上二岁，辰上三岁；阴男阳女，申至未，申上起一岁，未上二岁，午上三岁。一年行一位，凡接辰巳戌亥年，定有灾殃，号名孩儿运。又一法：一命二财三疾厄，四妻五福顺行流。数到本年十五岁，若遇凶煞定可忧。此星盘中看小儿法也。古有占男女生时之日，阴晴贵贱法：如金命，天阴生，主官贵相；昏暗，贫贱；不问大小风起，不长寿；有雨雪，主心善孝顺。木命，天阴生，大富；晴朗，有官，长寿；

天昏，衣食平微，短命；有雪雨，身贵孝顺。水命，天阴生，心恶，倘来衣食；明朗，大贵；昏暗，短命，贫贱；有风起，久后贵人提携。火命，天阴生，大富；晴朗，虽富寿夭；昏暗，有官分；不问大小风起，有衣食；大雪，短命；微雪雨，年至五十左右，有病。土命，天阴，不过十五死；微雨，不过三十，大富；昏暗，富贵，有官分，寿却夭；大风，忤逆短命；雨雪，有外财；晴朗，富贵久远。又曰：凡小儿日时带甲乙者，主印堂宽，目藏神，人中长，眉疏秀。带丙丁者，主眼大须长额窄，少年多患疮。带戊己者，主头大额广。带庚字者，主面方额阔。带辛字者，主凤眼，耳朝口，有垂珠。带壬癸者，主眼大，好吃酒，胆大。犯辰巳多、申酉多者，主左右眼耳_缺。犯寅丑或戌亥多者，主一只脚大一只脚小。犯三四卯字、辰字者，主使左手。沈芝云：小儿犯丁丙字多者，主重顶，更加冲破受克，主脑大侏儒寿夭。时居卯酉日月门户，主眼圆大，或邪眇，又平生好徙移，或多道路亲离。若带煞刑克，眼大难全。生时是辰戌丑未，又四柱中多墓，主过房；带午未多者，名执拗煞，主为性执拗。戌多者，亦然；带子亥多，主疝气偏坠，是子时者无不应，壬子、丙子尤紧；生时与胎同在辰上者亦然；带火多，主少年脓血之灾；带丁午多，有未字者，主头大，害疮疖，或疤痕，或秃疮，大人脑疽。四孟月上带金火相克，多疮疖惊疾；金水火相克制，主剥皮疮灾；金水多，主晚语；见木，主早言。五行，一位生三四位，幼失乳；犯戊寅戌申癸巳日时，主与父母不相保守。带四孟或四季多者，背父生，方不克陷。四孟，母先亡，辰戌丑未克父母。《尺璧》云："辰戌克父，丑未克母。犯巳午多者，主十八九前克父母，巳午时尤紧。"胎年同位，及胎生元命者，主先克母。五行全者，主少便清俊伶俐，是凤有灵骨。五行自生月至时上，以次求生旺，少刑冲者吉，主长寿，成器人也。反是，则夭。纵使福神多，有救，少年当十生九死，及至成人，亦非长寿。盖禀五行生旺则气实，气实则寿长；五行死绝则气薄，气薄则短夭。凡月日时枝干错乱而重见太岁，曰重元星，主过房寄生螟蛉之子。初生或食神重叠，或偏印太旺，皆主无乳。四柱财多，主偏生庶出，或过房螟蛉，或妨克父母。若幼年运行财旺之乡，亦如此类。带生旺气者，是嫡母所生；胎元命有气，更年与时支刑克冲破胎元者，母不正。带四水，生船中；三金生逆旅。或闻钟鼓金革器声，或有孝子着白衣，妇人相看。见三木闻喧呼惊怪，或不在正堂，或近园林、村庄、庭舍；见三土，生时近家、堤堰积土处，或有土工动作之事；三火，邻家有丧祸事，或家中有忧恐离别事。若胎元坐生

中华传世藏书

钦定古今图书集成

精华本

星命篇

二七八一

年、驿马，主在胎中频频动跃，生时有脐带缠头；时带劫煞，主顶有双旋，或纵顶旋；带亡神，主母有惊恐，或家中有讼，及难产；带月煞，主背父而生，及偏顶；带正印者，少惊哭，自襁褓无惊恐，易养。犯五重羊刃，名曰满盘刃，多养不成，更时带刑害者，决死。女儿差慢，终不免产厄而死。生时见官符，父有公讼，母有惊恐；咸池重合，不得亲父母养育，或非嫡母所生；重叠见空亡，主惊颠失坠，克父母。生时犯空亡及自死绝者，七岁前羸疾，七岁后陡肥。胎犯空亡，主左眼圆小。见前丧后吊，名曰丧吊直帐，多汤火灾；见丧门吊客，初生时有白憟尿草之性；生时见丧门，母氏难产，及生，则母多疾病。凡俗推小儿正否，命见孤辰、寡宿，多隔房异宅，势不行，气不转，幼离父母。如戊辰木得庚辰金，木为金克，其势不行。如庚辰金见己巳火，金气转于十二支，则有火截，所以气不转。余仿此推。胎中带廉贞，两位冲一位，阴阳不正为庶子；或六害相刑带煞，主过房。胎月生时，大小墓空，刑绝同处，不是双生异母，必是寄侄抱归。日时犯勾绞克身，多主惊吊；生时若逢禄，少年乳粗口有角，或少时就好酒。古诗曰：时逢年害临华盖，四季胎空加六害，若非寄养外人家，庶出倚亲多此辈。如戊寅、戊午，得戊戌时生，时与年干同，为华盖之例。又曰：时入空亡子拗性，天元受克多刚劲。或加辰戌等宫中，庶出不然身两姓。如辰戌丑未四时，生空亡中，多是庶出，又性执拗，生产定时。歌云：子午卯酉面向天，寅申巳亥侧身眠；辰戌丑未定是覆，此是人间定时仙。或问：偶然同产，一母所生，何以别贵贱荣枯？答曰：凡一时有八刻，十二分，故有浅深前后，吉凶不同。其有同时一母所生，须分浅深，及日时之阴阳。如阳日时，兄胜；阴日时，弟胜。浅则占先时之气，深则占后时之气。古歌云：双生之法有奇门，欲验荣枯视日辰。阴日弟强兄必弱；阳时兄贵弟须贫。李九万云：凡小儿带四生，多主双生。《神白经》云：阳命后生者死，阴命先生者死，不以男女论。又一说：一时分方向，如木命向东方者受生气，向西方者受克气，贵贱寿夭，以是别之。余闻三河王氏兄弟双生，弟先中，兄后中，功名寿夭，大率相似，而兄竟不如弟。颖州李氏兄弟双生，因差一时，故弟登科甲，兄止秀才。考其八字、日时，果如前说。

论六亲

或问：阴阳何所配合为夫妇而成六亲？答云：如甲以乙为妹，配与庚金为妻；

丙以丁为妹，配与壬水为妻；戊以己配甲；庚以辛配丙；壬以癸配戊，一阴一阳配成夫妇，有夫妇然后有父子，有父子然后有兄弟。六亲者，父母、兄弟、妻子也。六甲娶己为妻，甲己合而生庚辛为子。男取克干为嗣，女取干生为息，则己者庚辛之母；庚辛者，己之子也。庚娶乙木为妻，乙庚合而生丙丁，则乙庚者丙丁之父母，庚为父，乙为母，故谓阴干生我者为母，我克阳干者为父，克我者为官为子，我克者为财为妻，比和者为兄弟、娣妹，生我妻阴干为丈母，妻克阳干为丈人，克我女者为女婿，食神为孙，其余六亲，俱于十干变化取用。且如六甲生人，以癸水为母，癸为正印，如遇巳土正财；戊土为父戊是偏财，如遇比劫，则父有伤。六乙生人，亦以癸为母，癸是偏印；以戊为父，戊是正财。甲乙俱以庚辛为子，庚金为男，在甲则为七煞，在乙则为正官也；辛金为女，在乙则为七煞，在甲则为正官也。巳土为妻，戊土为妾，谓乙木克己土也。虽云阴见阴，不成配合，然阴木克不得阳土，且妇人以阴为正也，故云甲乙俱以己为妻，戊为妾。如女人则甲遇庚七煞，乙遇庚正官，皆夫星也。谓庚是阳，男为正夫属阳，不可以辛阴为夫也，但阳见阳多无情，阴见阳则夫妇和鸣。或云：取正财为妻，偏财为妾；女甲则辛为正夫，取阴阳之正合也。甲乙生人，俱以甲为兄姊，乙为弟妹，以丁为婆，生我父者为祖母，丁生戊也。壬水为公，壬与丁合也。又以丁火为丈母，生我妻者为我外母，丁生己配与甲作正妻也。壬为丈人，壬与丁合也。妻之兄弟为妻舅。己土为妻，戊土则为妻兄、妻舅。癸水则是舅之妻，为妗也。其余八干，俱以类推。女人取用，与男不同，我生者为子，克我者为夫，生我夫者为姑，克我姑者为公，其余父母、兄弟，皆与男同断，但须辨其阴阳耳。如甲乙干则以丙为男，丁为女，庚为夫，辛为夫之兄弟，己者姑，甲为公也。或曰：食神为子，伤官为女，取阴阳之各生也。经云：以年为祖业，月为父母兄弟门户，日为妻妾己身，时为子息。须看四柱之中，父母、兄弟、妻子星居何地？论旺相休因而言其吉凶。如父母星坐长生、旺库禄马、贵人之地，则主父母富贵，福寿荣耀；如坐空刑、克煞、死亡、衰败交并之地，则主父母贫薄、破伤、刑天，或死于外，及不善终；若带刑、带破害，虽居于生旺库之地，主父母有寿而贫贱。兄弟星若生得时得令，坐长生、库旺、禄马、贵人之地，则主兄弟富贵荣华成群；如坐刑克、煞刃、死绝、衰败之地，兄弟不得力。如坐长生、旺库而遇刑冲、破害者，虽有兄弟而仇敌，及不得力。如妻妾星坐生旺库、禄马、贵人之地，或有物以生之，主妻妾富贵荣华，美貌多才；如坐空刑、克煞、羊刃、死绝、冲败之地，则主妻妾贫薄、丑貌、刑夭、淫乱、残疾，或产亡不得力；如坐生旺、禄马之地，被刑冲、破害，妻虽有寿，亦主破相贫薄；如禄马、贵人、财库之地，带刑冲克煞，主妻虽富贵亦夭。如子息星坐生旺、禄马、贵人、官印之地，有物以相生，主子息荣华聪明，多得送老；如坐禄马、贵人居于死绝之地，虽有聪明俊秀，不送老也；如居生旺之地被刑冲、破害，有子主愚顽，或残疾送老；如居死绝又刑冲、破害、劫财之地，不得子之力，纵有子，主残疾破相，或不才。女命如子居生旺之地，主多子；如坐禄马、贵人，主子富贵福寿；如坐空刑、克煞并冲羊刃、死绝之地，主子不得力；若妾位居生旺，则宜主偏生之子。《赋》云：论其眷属，忧其死绝。《三命》云：四柱观其九族，三元辨其六亲是也。或问：甲乙日主以戊癸为父母，四柱干支并无癸水，只戊壬二字显于干头，或藏于地支，则论何者为父母？答曰：本经所谓"明干有时明干取，明干无时暗中求"是也。如柱无癸字，只有戊字，是甲乙之父，将父求其母，如无母只将壬为母，亦须论戊为父。其戊壬不得系婚配，非儿女嫁娶，必是服内成亲，或母多父岁，或失婚而再配也。或又问：甲日主月支年支是乙木，时支是甲木，乙先甲后，何为兄？何为弟？答曰：不论先后，只以强为兄，弱为弟。夫人之生也，上父母，下妻子，中兄弟，其联属离合，命之为也。言命不及六亲，自是偏见。但世人不达正理，以五阳干取为母、为妻、为女，五阴干取为父、为夫、为男，谬戾甚矣。此法教人甲取己为妻，乙亦取己为妻，不当取戊，戊乃阳也。甲以庚为嗣，以戊为父，以癸为母，乙亦如之，不拘偏正，惟辨阴阳，阳男阴女，理之大顺也。《神白经》云：甲人丁为父，壬为母；乙人戊为父，癸为母。余八干例见，是不论阳男阴女，只取阴生阴，阳生阳，则生我者为母，与母合干为父，夫妻合而后生子。阳干伤官为父，正印为母；阴干正财为父，偏印为母。见父则无父而发，见母则无母而发。克年干不利父，克月干不利母，干鬼不利父，倒食不利母，胎与四柱交并，即有异父母也。其说亦通。又曰：春秋二分前后，犯卯酉日时者，主散绝骨肉、祖业。辛酉日时，名白虎临庭，在日克妻，在时克子，不利骨肉；戊申、戊寅，名六道消虚，主不利亲族；壬戌日时，名天后失行，主不利妻孥。《广录》云："凡命生时辰戌丑未，主妨父母；带劫煞亡神元辰羊刃多者，亦然。日时犯两重亡神者，克母；若时犯辰戌丑未，却不犯恶煞，亦不克。"《天元变化书》云："凡命，生在父母气绝弱之位者，必刑克，带煞多者，主离背，不必在四季之时。"《尺璧》云：

"凡时犯劫煞羊刃，虽非辰戌丑未，亦有克四维母、四正父也。"《直道歌》云："四季生人背太阳，定主父先亡。"《壶中子》云："月坐孤虚，棣萼凋悴。"《尺璧》云："凡巳酉丑全带辛字者，主骨肉在他乡，不得归葬。"《鬼谷遗文》云："五墓为盖藏之地，时贵亦妨；四孟是孤绝之神，带煞必克。"《珞珠子》云："眷属同于水火，相逢于沐浴之乡；骨肉中道分离，孤宿尤嫌于隔角。"古歌云："隔角分明亥子初，日时犯著定应孤。若非父母隔绝早，定主偏房外寄居。累犯惟宜孤立吉，更将年上来求日。妻家不是丧无人，便是自身姓非一。时上子孙少更迟，不然不出在亲闱。月中兄弟应须少，日里当防换几妻。"

妻　妾

正财妻，偏财妾也。且如甲日生，用己为正财，即为正妻；戊为偏财，即为偏妻。若日干健旺，四柱见己为正妻，得时令，遇旺乡，略带官星，主妻贤明，才貌兼全，因妻遇贵。岁时中有印临之，主妻有财物嫁资；若正财衰，偏财旺显，主有偏妻分缘；若己字落陷，或坐死绝之乡，或生春令，日主健旺，如甲寅等类，主不了克妻；若妻生得旺日，坐衰局，或居死墓之地，主自淹滞，一生著妻妾欺，或再嫁他人。若甲申、甲戌日，生甲寅、乙卯月，日主大旺，虽有妻，以比肩分夺，恐不免嫁他人，或著他人占之，或妻有别情，余同此例断。

子　息

子嗣者，即官星也。官星得令，八字无伤官、冲克，加之日主自坐旺乡，便子孝送终，后代荣昌。假甲乙日，用金为嗣，金旺，则四九之子合数；若日主柔弱坐煞，官星坐旺显之地、更带三刑、六害，隔角交加，或合煞局，定主子多不孝，远离他乡亡家；若日主太旺，坐空亡宫，命带伤官败财，官星无气，定一生孤独，无子送终，偏房庶出亦难招；若时上七煞太旺，或七煞制伏太过，皆主难为子。如官煞相混，去留不清，或招两般子，但透煞者，必先招女煞为偏子，或为女也。余考士大夫命，有子者，官多正出，煞多庶出，煞重女多，官重多子，又以干支分女子，干支叠见，子女俱多；若时落空亡，原是官煞，子女亦有二三；伤官俱无带财印，别论。印则有女，财则有子。若伤官成格，如鼠贵刑合之例，柱有官煞，亦主有子；落空则无。若伤官坐煞，如丙日见己亥时之类，亦有子，但不和顺。若论生子，岁运官煞重，则在伤官食神；官煞轻，则在财年，或官煞年。官煞轻，食伤重，须是偏印、正印年。官煞重，而财又多，须得比劫、羊刃，或天地合，三合、六合年分，以此活法参之，蔑不中矣。

父母

父以偏财论，母以印绶论，无伤则少年无妨害。假庚日用甲为父，如柱中再见庚字，或合巳酉丑金局，即伤父；若命带七煞，则不妨。如日干健旺，甲字在亥卯未寅，或冬令，主父母和顺，或父母受封爵，皆可类推。又戊日生者，取丁火为母，忌柱中正财太重，轻克印绶，如贪财坏印之说。元带天地之财，运行财乡，则克早；只有地财，运未行财乡，则克迟。四柱有正官一位，不妨。如戊日生，四柱原有二壬，皆得地，主母有二夫，正印为母，偏印为继庶之母。若人命带父母全，一生得祖业分缘，又无克剥之患。

兄弟

兄弟者，即劫财、比肩，甲见乙、乙见甲之类。如庚日坐寅午戌之上，或临死墓之乡，却有辛酉自旺之地，带财得时，主弟自明显，兄不及弟之福。如兄弟相和，强弱相分，其理则一；如不和者，乃四柱带庚丁辛丙之类，兄之官星克弟之本身，如此，五行自然不和。《本经》云：不仁不义，庚辛与甲乙交差。此之谓也，余仿此推。歌云："煞官混杂带三刑，更无财曜是偷生。我明他暗从他象，父死之时不赴灵。庚金化成火相持，父亡见血不须疑。比肩三合族人害，三刑零落及离妻。比肩暗损及门房，兄弟无情被罔欺。如带比肩成别象，兄弟不睦报君知。妻带三合及坐妻，妻从认得是亲友。坐妻透妻成别象，定主离妻又娶妻。多透妻财须怕妇，妇归绝路不生儿。化成别象克正夫，必主欺夫礼义疏。身旺食强亦如此，食明旺相懂然俎。阳母专位主偏生，母来父上受其惊。天时地利生过月，七煞兼行顶上偏。儿归煞地母有疾，丙丁双者顶双灵。日禄归时须孕梦，小儿无乳食神冲。壬子乙酉时偏生，丙戊丁壬妻护灵。背父而生甲乙卯，此时须要记分明。"《赋》云：过房入舍，年月冲分。随母从夫，财空印旺。早年父丧，偏财临死绝煞宫。幼岁母离，印绶逢财多死地。比肩重而兄弟无情，羊刃多而妻宫有损。官逢死绝之地，子招难得。若见伤官太甚，儿亦难留。如遇冲破提纲，定主离于祖业。再见空亡，三番四废。印绶逢生，母当贤贵。偏财归禄，父必峥嵘。官星临禄旺之乡，子当荣显。七煞遇长生之位，女招贵夫。自身借宫所生，多主依人过活。妻星失令，半路抛离。若乃借宫所生，亦是他人义女。印绶旺而子少息希，七煞强而女多男少。偏财逢败，父主风流。子曜若临，破家荡产。妻入墓，不得妻财。父临库，父当先死。比肩逢禄，兄弟名高；印绶被克，母亲丧早。桃花若坐煞星，妻宫必主淫荡。年冲月者，祖基不守。日冲时者，妻子难为。若见天元刑战，父母不全。如遇地支所生，凶中成吉。七煞能生正印，萱堂暮景精神。伤官喜助偏财，椿老百年安逸。比肩虽有兄弟，比重而父寿难延；旺财可以生官，财多而母年不固。食神频见，难招继续之人。羊刃重逢，再配持家之妇。官鬼盛，则昆仲消疏。七煞兴，则己身不利。夫妻偕老，皆因财旺身强。子妇盈眸，只为官兴煞盛。四柱相生值吉曜，三代皆全。五行战克遇凶星，六亲不备。若推女命，反此参详。婆是偏财，若是伤官当考寿。公为比劫，如逢七煞命难延。财官兴盛，必招富贵之夫。食比司权，当生贤孝之子。印绶能伤子息，逢财反得安康。同类干头为娣妹，财上支绝不兴夫。此则六亲真妙诀，五行生克定荣枯。又曰：年逢刃煞，幼年早丧爹娘。时遇刃伤，末年却损儿女。冲者无兄弟，刑者损六亲。外冲六亲无力，内冲夫妇不协。岁月官印财全，三代祖先富贵。日时煞刃逢枭，半路妻儿亏损。男命伤官多损子，女命伤官多克夫。伤官见财而有子，七煞有制乃多儿。财重刑伤父母，鬼旺后代迁荣。劫财重重父早丧，破印太重母先亡。岁月财官旺相，公父显荣。日时禄马相生，妻儿贤俊。印伏藏而财秉令，庶出奸生。正财旺而身失时，母年早丧。偏官、偏印、偏财叠逢，必然偏庶。正官、正印、正财独遇，的是正宗。男旺官，子必多。女重枭，儿必绝。月中劫背绝财官，父终外土。岁月背逐更冲害，公葬他乡。日逢刃，时逢枭，妻妾产亡。岁值煞，月值伤，兄弟难有。月令伤官多夺长，时行神煞兄弟无。男命劫叠外家稀，女人煞重亲骨绝。专禄兼阴错，外舍伶仃。逐马见阳差，公姑真假。印旺妨儿女，财重妒公姑。岁月叠煞有刑害，公姑遭伤。日时背逐无救助，妻儿离克。正财偏财复见合，虽多妻妾主滥淫。偏官正官更冲害，任有丈夫而偷奸。旺夫伤子，乃食位而受伤。旺子伤夫，察官星而丧绝。女命印旺官轻，夫权在手。男命财多身弱，妻语惬心。日下伤官持刃，夫必恶亡。月中带印刑冲，母家零落。刃健煞刚，祖基微薄。官强财旺，后代昌荣。日逢背禄逐马，多破祖离乡之客。时遇财旺生官，有兴家助国之男。煞刃月逢，有父无母。偏官叠见，多生女子少生男。偏财复逢，少爱正妻多爱妾。财源得地，因妻致富成家，其妻抑且有为。官位临垣，显己增崇祖业，而男亦须兴旺。月官印，年伤官，父优祖劣。日财位，时劫财，父兴子败。比劫重婚必迟，官星生儿必早。男逢伤官、阳刃，逢官煞。不可断其无嗣。女命伤官、枭印，行财官。亦堪决其有子女。人食重遇，官轻夫衰子旺。男命煞旺逢比劫，兄有弟无。太过不及，兄弟俱无。库位中和，同气主有煞生。旺官败绝，女子盛而男子衰。财官旺身主休，夫家兴而祖家失。女人比劫太多，夫有绝妻之义。男子财胜劫重，妻怀私欲之心。年月印绶相生，受现成之基业。日时伤官伤尽，发不义之横财。年上官星，父祖为官。月上官星，兄弟必贵。男逢比劫定伤妻，女人印枭难嗣子。阳刃逢伤官七煞，骨肉亲友伤情。三合六合相和，友善五湖四海。

又曰：凡推六亲，男命以年为父，胎为母，月为兄弟，官员以月子为僚友，日为己身妻妾，时为子孙，官员以时为帝座祸福。凡是午卯酉日生，主娶子午卯酉命妻，若妻申子辰生、丑生、甲己生者，皆不永。如克过头，妻再醮，不在此限。亦有屡克，直到娶生日干支不同者，方不克。寅申巳亥辰戌丑未生，俱同上说。凡命，四柱内有我克者为妻，无我克者，名曰局中无妻，却看所生日在何地？如在财旺之乡，当有得力之妻。或美妾更带贵人、禄马年，主妻带官嫁夫。若在本命时财死墓绝败处，定主克陷，或一生鳏居。若日禄在时上遇见，如六丙日得癸巳时，六壬日得辛亥时之类，名名誉煞，不惟主富，亦主因妻有官。若日带年之官，或年之印，主妻夺夫权，或禄出妻荫，或妻权贵之家，驸马郡马之类。日坐命财，更在财生旺之乡，主得妻财，又主妻贤明。若在死绝墓处，得妻家死人财。日坐贵人。主妻有族望，不然贤淑美丽及有美妾、少仆。若命带日刑，日带年冲破年，阳刃、劫煞、六厄、元辰、空亡，或三四娶，或无妻。日带自刃，名曰日煞，或时阳刃归日，俱主克妻。日带破碎煞，须主色痨血疾，或厄难之类，丑日尤紧，巳酉日差慢。日带年墓，日带正印，主克正室，或以娼妾为妻，五行顺则吉。日带刑害、冲破，又带恶煞，或坐浮沉煞，多主妻生离或恶死。日在命财、死墓绝处、主克妻。如金命人，日在午未申上，仍以纳音论之。古诗云："纳音金命木为妻，午未宫为死葬期。更进一辰妻是绝，若无倾陷也先亏。"日坐华盖，主频频克妻。或娶娼妾为妻，大抵四季日多如此。古诗云："时逢华盖主身孤，有子临年必定殂。日若值时妻屡克，不娶娼尼即婢奴。"《寸珠》云："日坐华盖，主妻不廉不孝；日坐驿马，主妻多病慵懒，或孤。五行相克，亦主克陷。辛酉日生，克妻；癸巳日生，主夫妻有病，或酒色荒淫。"年日同一位，名主本同宫，主克妻，娶同年妻方免，俗谓之凤凰池。沈芝云："兄弟同宫凤凰池，但使人心怀不佳。日时相冲、相破、相刑、六害，皆主离婚离嗣。男女通用。"申日辰时，未日亥时，寅日戌时，丑日巳时，皆为井栏斜冲，主难为妻。更带食神，名绝房煞，主多女少男，如甲辰、壬午，带倒食者，尤紧。《古赋》云："井栏斜冲，庄子鼓盆而歌。"正谓此也。日是自刑，主妻多病；日坐沐浴煞，主得美妻，多不廉。凡命以日之纳音，论妻之数目，水一、火二、木三、金四、土五，甚者倍之。凡人妻位冲辰，为娶妻之年。罕有与日三合、六合而见妻者，更以巧拙言之。赋云：日凌亲年，老妇无恭。如乙丑人，见辛日乃伤年干，癸日乃吞乙干，遇午日是乙之长生，多不伏夫。盖年为父母，日为妻妾，更支神刑冲带煞，故无恭顺或助生。别干则不然，如乙见辛有壬字，辛金生壬水，壬水生乙木也。又云：有前见害，琴瑟不调。谓当生已见六害，行年大小运又遇，谓之有前见害，其年必主夫妻不和。又云：日支忽在岁前众笑，怕妻声丑恶。盖日为妻妾，支神在太岁前，主怕妻，或妻性气。凡是煞临妻位者，主多伤克；若妻家零落，乃免。又云：阴惆阳怅，亥来子上，妨夫。夹角夹维，寅向丑边，克妻。

辰戌丑未，不为惆怅煞。惟阴阳并处，然后有之。亥人向子，乃阴怅其阳，如妻号其夫，故言亥来子，上妨夫。子人得亥，乃阳怅其阴，如夫哭其妻，子来亥上妨妻，不待言而见也。子午卯酉，无隔角寡宿煞，惟方隔四处，然后有之。寅人得丑，乃隔角寡宿，则不利妻，故曰寅向丑边，克妇。丑人得寅，隔角孤辰，则不利夫，丑向寅上克夫，故不待说也。

又曰：凡男于妻绝中生者，不宜生女，生女则丧妻。如甲子金男，以木为妻，七月生，为妻绝。女于夫绝中生者，不宜生男，生男即丧夫。如甲子金女，以火为夫，十月生，为夫绝也。余准此推。

癸亥、丙寅、己巳、乙巳、庚申等日，为鼓盆煞，畏其日之旺也。与孤鸾大同。又云：绝宫为鼓盆之煞。

金申酉，火巳午，水土亥子，木寅卯，名望乡煞，恶其命之强也。与建禄无异。又亥未戌春，巳子辰夏，寅卯午冬，申酉丑秋，名狼籍煞

《百忌历》以正月为大败，二月狼籍，三月八败。男败妻家，女败夫家。

又：寅申巳亥生七月，子午卯酉生丑月，辰戌丑未生卯月，名绝房煞。《百忌历》云：以十二支辰月上呼，男害妻儿父母，女伤夫主公姑子位者，以妻所生者为之。假如木命人，以土为妻，土生金为子，阴命以所生者为子。如木命人，以火为子，如子位在旺相之乡，主有聪明忠孝之子，光显祖宗；反之，则否。欲知子之性情，各以五行推之。木命人以金为子，主其子性怀廉正，刚烈自用。火以水为子，性谦和恬淡，扶高接下。土以木为子，性慈忠孝，柔顺谦和。宜少不宜老。金以火为子，性多贪悭，中心虚妄，逐利胜己，有始无终。水以土为子，性缓慢凝重耿介，老而有福。五行各在有气之乡，当以是论。若在休墓之地，反是。男命四柱内无鬼，名曰局中无子，却看生时在何地？如木命以金为子，若局中无子而得申酉巳时者，必有子，名曰子乘旺气。若金死于子，绝于寅，即无子也。凡以时之纳音推子之数，水一、火二、木三、金四、土五，有气乘旺，则倍数言之；无气背时，则减数言之。有不依数者，在五十后，祸福方定。若男犯局中无子，又时不在鬼生旺之乡，却支干与年合者，但只生女得成，生子不育。《古诗》云：哭子带刑死位傍，子多复是少年亡；忽若干支并德合，只宜养女得成双。如一命：癸未、癸亥、丙辰、戊子，此是局中无子，又在官鬼死绝地，却癸与戊合，故生女多子皆不成。若见甲子，则主有子。以日干论，丙辰以癸为子，引归时上建禄、临官之地，主多子，然却无子，是以纳音取年上论，亦准。又如：癸未、甲子、辛卯、癸巳，是局中有子在死地，喜时引官鬼长生之地，故生数子而少女。又有一郎官：庚辰、壬午、戊寅、辛酉，白虎临庭下，五十六不禄，儿女俱无。《尺璧》云：凡命犯亥字多得儿，巳字多得女。时带年冲刑、破害、刃劫、元辰，俱克子；时带年空亡重者，绝子；自刃、飞刃，克子；时坐华盖，克子；五十后如见，不牢；时带自刑，子多疾病；六厄，子多厄；浮沉煞，死泻痢。时坐本音墓，主有寿，无子送老，但有孙息；坐日破、空亡、刑冲、食刃，皆主克头子。纳音带绝气，又时在绝乡，如癸巳、壬寅、庚申、乙亥、丁巳等时是也。假令庚申得壬寅时，定主绝嗣。凡命见申日亥时，巳日寅时，互换见者，名曰狡害煞，主绝嗣，须庶出过房佳。《古诗》云：五行狡害最不良，夫妇孤单独守房，死去坟无子哭，求他异姓却相当。《鬼谷遗文》云：若人生时见禄马，往来朝命，不犯孤寡，亦有子孙。时干克年干，及倒食年干者，主生男不顺。《五行要论》云：凡大小二运，与岁命三合六合者，主有孕生男女之庆。阳多生男，阴多生女。若纯阳则极而反阴，生女；纯阴则极而反阳，生男。假如甲子命属阳，大小运临辰位或申位，三合外夹辛巳，太岁属阴，则是阳多生男。余准此。

定妇人孕生男女

诀曰："父母岁数两头安，受胎之月中心取。乾坎艮震为男儿，巽离坤兑总属女。"假父母年双为拆，受胎月只为单，成坎卦，定男；父母年只为单，受胎月双为拆，成离卦，定女。父年上，母年下，胎月中，余准此推。又一法：以大衍之数推之，诀曰：七七四十九，问娘何月有；除却母生年，单奇双是偶；奇偶若不常，寿命不长久。假先下四十九数于算盘，乃加上其母受胎月数，总得若干数。若值正月胎，是五十数，其母三十一除去，止余一十九数，九则为单，单则男。若单生女，双生男，主夭折。一云：加除法以天一、地二、人三除之，看剩数。又云：除一、除二、除三，除尽看零数。

第四十九章　星命汇考四十九

《三命通会》二十一

六甲日甲子时断

六甲日生甲子时，败中印绶官生至。月通木气不寻常，反此而言虚名利。

甲日甲子时，虽甲败在子，暗有癸水生气印绶，兼有官生其印，若巳土破印，通月有气贵；否则秀而不实，平常。

甲子日甲子时，子遥巳格，年月无庚辛申酉，丑绊午冲，离祖自立，贵。若年月俱寅，逢申酉运大富，后退财。子亥卯未年月行西运，贵。甲辰月亦贵。酉月只以正官格论，大贵。巳午戌月平常。午月甲死子冲，尤不吉。乙卯、乙巳月主法死。樊继祖尚书庚子、己卯、甲子、甲子。谪戍。鲁邦彦行人戊子、己丑。恬退。陈太珊进士戊午、丙辰。赵寿祖进士己未、乙亥。欧解元甲戌、丁卯，此当代之贵者。钱丞相己巳、乙亥。朱少保甲寅、甲戌。魏郎中丁酉、壬子。曹郎中庚寅、癸未。何通判戊子、辛酉，此异代之贵者，合观年月，轻重见矣。下例同。

甲寅日甲子时，拱丑中辛，贵。年月无庚辛申酉丑未，大贵。再甲寅月孤克，惟僧道可。亥子年月，四品贵。午月，行东北方运，亦贵。申酉丑巳等月，明有官杀，柱但有印，俱贵。卯未甲太旺，未免刑伤。乙巳月受刑。丁亥月旺中恶死。潘九龄参议辛亥、辛丑、甲寅、甲子。王鹤府尹甲戌、丁丑。傅行简状元戊子、甲寅。陈九思总兵戊子、癸亥。韩御史己巳、丙子。臧郎中壬寅、甲辰。张太尉庚寅、戊子。吕安抚乙丑、己卯。赵安抚乙亥、戊子。范都事辛丑、辛丑。

甲辰日甲子时，若水位年月水泛木浮，主移根换叶。申月杀星会印，俱贵。子月行
　　水木运，亦贵。酉月正官，大贵。寅午戌月俱吉。乙卯月刑折。癸巳月水火中
　　死。癸亥月凶死。秦吉士布政壬辰、辛亥、甲辰、甲子。辛巳年背卒。陈典布政
　　庚辰、戊子。庚午年病故。张振先宪副庚子、壬午。

甲午日甲子时，时日并冲，忧伤妻子，月通木气者，显贵。纯子午年月或亥未酉月
　　俱贵。一云高。一云身孤有财，清贵有名。乙巳月，破祖夭。乙亥月自刑刃
　　死。癸亥月旺中恶死。李弥纶学士己未、庚午、甲午、甲子。张四维阁老丙
　　戌、甲午。木火通明，文章秀丽，子午双包。曹子登布政丁酉、壬子。

甲申日甲子时，甲胎逢印，印化煞，贵。鸳鸯重叠，子嗣难为。若行东南方运，文
　　武职居闲。亥卯未辰申丑等月俱贵。乙卯月夭。丁巳月死不全尸。黄廷用侍郎
　　庚午、己卯、甲申、甲子。一云庚申年甲午日。金宪副己亥、丙子。翰林癸
　　酉、甲子。举人丙申、庚寅。李刚丞相癸亥、己未。帖木花学士甲子、乙亥。
　　苑郡王癸亥、乙卯。

甲戌日甲子时，拱亥天门，会同帝阙，甲长生地也，不可以隔角论。年月通申巳酉
　　丑金气，大贵。戊寅年月主聋哑，或狼虎伤害，见壬则吉。乙卯月刑死。乙亥
　　月遭盗死。以上六日年月喜忌当通融活看。下同。谢迁阁老己巳、丁丑、甲戌、
　　甲子。王让侍郎丁丑、壬寅。孙侍讲同上。吴希孟参议戊辰、乙丑。朱维京评
　　事己酉、乙亥。

　　甲干遥禄局，白玉出沉泥。一朝时运至，自有贵人提。甲子相逢甲子连，拟作
蟾宫折桂仙。丑绊并冲官鬼破，功名蹭蹬不周全。

　　甲子时逢甲子，就中印绶符同。庚申辛酉若相逢，丑未再兼年月。拱贵暗藏极
显，巳午冲破平中。果无刑克与空冲，定主超群出众。

六甲日乙丑时断

　　六甲日生时乙丑，劫财羊刃不宜有。柱中逢火带辛金，制伏和平贵亦久。

甲日乙丑时，辛金为官，己土为财，丑中暗己被明乙劫夺，乙丑金神若年日时合成
　　火局，得制伏，主德性纯和而贵，无火凶狠。如合水局，凶恶损家。

甲子日乙丑时，连珠得合，妻贤子贵。春月身旺，财帛破散。夏月甲衰，金神有
　　制，贵。秋生近侍之贵。丑月最吉。亥子多凶。程勋总兵癸亥、癸亥、甲子、

乙丑。子进士。魏尚书庚辰、壬午。杨进士丙子、辛丑。张应凤举人壬戌、己酉。乙丑、丁亥。富而无子。

甲寅日乙丑时，春贫，秋贵，冬富。夏火制金神，吉。汪集侍郎壬申、己酉、甲寅、乙丑。戊子、甲寅。乙丑、壬午。俱贵同。

甲辰日乙丑时，主富厚有财，通火气年月贵。一云主血。胡柏泉尚书癸亥、癸亥、甲辰、乙丑。名臣。丙辰、辛丑。平章。

甲午日乙丑时，金神入火局，身弱贫夭。寅戌会火，是一木叠逢火位，不吉。若单寅单戌或申酉亥月，四五品贵。杨受堂宪副乙亥、壬午、甲午、乙丑。聂静郎中乙卯、甲申。己酉、癸酉。丁亥、壬寅。俱举人。

甲申日乙丑时，带疾平常。子月生南方运，贵。秋生纯杀，天干透印绶，尤贵。王一鹗都宪甲午、壬申、甲申、乙丑。刘凤翔总兵乙酉、戊子、丙寅、乙未。贵同。陈进士乙巳、乙酉。陈长祚尚书乙巳、丁亥。

甲戌日乙丑时，田连阡陌，贯朽粟陈，但未免先刑。寅年月父子俱显。子月西方运金紫。陈瑞尚书乙亥、乙酉、甲戌、乙丑。杨一清阁老甲戌、甲戌。无子。

丑为金锁局，无钥不能通。柱逢寅午戌，火制始成功。

劫财羊刃忌时垣，宫内财官锁闭门。辰未相逢为大吉，如无随意度晨昏。

甲日时逢乙丑，库中金玉收藏。贵人天乙劫财伤，皎月云遮光荡。火局南方运贵，金神制伏相当，木枯水盛且平常，背祖离乡晚旺。

六甲日丙寅时断

六甲日生时丙寅，时居日禄坐食神。旺壬不见无刑破，福寿康宁富贵人。

甲日丙寅时，甲木寅上健旺，丙为食神，寿星得地，柱无壬夺癸克，通火木月气者贵，忌见官星及申冲禄。

甲子日丙寅时，日禄居时，青云得路，年月无庚辛金贵，逢火木气极贵。午月行东北方运，五六品贵。申月归禄逢杀，主大权贵。水局平常。若年月与日时同，大贵。一云迁徙之命。韩琦丞相己未、壬申、甲子、丙寅。陈蔡都堂辛卯、己亥。崔峨参议庚申、壬午。富。钱布政丙午、癸巳。张主事甲辰、庚午。孟御史丁巳、戊申。徐状元甲寅、丁卯。王太守乙未、乙酉。韩指挥乙未、甲申。戊子、乙卯。举人。姜璧御史庚子、己卯。

甲寅日丙寅时，年月无巳酉辛丑字，是归禄格，位至一二品纯。木火带土，富贵双全，六卿之职。丙子及亥未卯月，四五品贵。行西南方运最吉。亦有酉丑月贵者，看干透及年何如。王大用都堂己亥、丁丑、甲寅、丙寅。聂豹尚书丁未、壬寅。讲学无子黄都督己未、己巳。王参政戊寅、丙辰。郑枢密甲寅、丙寅。张卤都宪癸未、己未。

甲辰日丙寅时，龙虎拱门，又龙吟虎啸，主贵，或一生近贵，财源或得或失，名利既济未济。未寅年月官至六卿。戌月风宪。酉月三品。子亥丑月四五品，行西方运大贵。卯巳年月平常。《神白经》云：化木主贵。孙燧忠烈公庚辰、戊子、甲辰、丙寅。死宁王之难。靳贵阁老甲申、丙寅。周侍郎己卯、癸酉。石参政壬申、己酉。辛酉、丁酉。癸酉、癸亥。俱举人。

甲午日丙寅时，身居绝地，主平。若通水月，木得滋养，吉。火月寿夭，天干比助无妨。赵卿总兵甲子、庚午、甲午、丙寅。称名将。王尧日给事壬戌、甲辰。崔总兵丙戌、戊戌。系狱终凶钱参政丙午、癸巳。郭进士己亥、丙寅。壬子、甲午。少卿。甲子、甲戌。通判。丁未、丙午。贫夭。乙酉、丙戌。瞽目。

甲申日丙寅时，时日并冲，忧伤妻子。若年月日同，大贵。己亥二三品。辰子年月会水以杀化印，吉。未月财库亦吉。温景葵举人都宪丁卯、辛亥、甲申、丙寅。乔宇冢宰甲申、丙寅。郑庆云进士壬子、壬子。张乔进士戊寅、癸亥。庄科知府壬辰、丁未。赵太守丁未、甲申。薛枢密丙申、庚子。

甲戌日丙寅时，年月有土则富，有金反覆。如有金须生亥子卯月方贵，余月则否。《神白经》云：火木化主厚福。倚顿壬辰、戊申、甲戌、丙寅。财命有气，奈辰戌相亏，寅申相冲，故先富后贫。林聪尚书丁酉、辛亥名臣。陈情宪副甲戌、丁丑。韩参政壬申、壬子。戊午、壬戌。富。癸酉、乙丑。双瞽凶死。甲子、丙寅。瞽一目贫。

日禄归时局，无官始是奇。刑冲通不遇，富贵莫猜疑。

甲丙相邀入虎乡，福星坐禄显文章。运逢四柱无伤害，早晚升迁到省堂。

甲子寅时遇丙，学文福禄班齐。若逢辰戌两三妻，禄主朝元富贵。丁午庚申减福，无官惹绊为奇。生来贵显有人提，此命先难后易。

六甲日丁卯时断

六甲日生时丁卯，伤官羊刃真当恼。纵然月气有扶持，未免为人性不好。

甲日丁卯时，伤官羊刃，甲用辛为官，丁字伤之，用己为财，卯中乙木劫之，主为人凶狠。若柱透辛，伤官见官，刑害百端，运气凶险，不得善终。柱有七煞合刃，行财官印绶，大贵。

甲子日丁卯时，克剥悭吝，作事进退，不免刑伤妻子或死他乡。生辰戌丑未月贵。卯月凶。柱有官杀制亦吉。李迁侍郎辛未、戊戌、甲子、丁卯。杨禹参政丁酉、庚戌。欧阳焕进士丙寅、乙未。赵叶进士壬子、癸丑。

甲寅日丁卯时，年月木火相停，通明之象，贵。月令坐丑未贵。乙亥月文章冠世，官至三品，干支金水全，官印双显贵。一云：水火相战，主凶刑。屠大山尚书庚申、辛巳、甲寅、丁卯。赵侍郎丙午、丙申。丙子、癸丑。武贵。甲子、甲戌。巨富。

甲辰日丁卯时，财帛满目，生计盈余，妻贤子孝，高命论之。春生太旺，无制贫贱残疾。丑酉月贵。一云：身孤凶。继周解元壬申、癸丑、甲辰、丁卯。辛卯、壬辰。进士。丙申、丁酉。宪副。丁卯、甲辰。知县。戊申、甲寅。贫。己卯、丙寅。残疾。

甲午日丁卯时，身坐绝地凶刑。若生秋冬寿夭，春夏富贵。甲午月大贵。运宜东北方。王知府丙午、癸巳、甲午、丁卯。辛酉、丙申。举人。

甲申日丁卯时，主武职风宪权贵。酉月火木运，中贵。寅午年月大贵。一云：寅卯月总凶。李世忠总兵癸未、丁巳、甲申、丁卯。刘栋侍郎戊戌、甲子。李秋都堂庚午、辛亥。范之箴大参乙亥、庚辰。许宣进士壬申、甲辰。陈九德举人乙卯、乙酉。壬寅、丙午。尚书。辛稼轩安抚庚午、辛巳。宇文丞相戊午、丙辰。庚申、己卯。甲戌、丙寅。皆凶死。

甲戌日丁卯时，逢亥月有才学，贵。显羊刃最坏造化，须有制合方吉。身弱无凶。若年月纯杀，甲木秋生，主夭折。毛鹏都堂壬午、庚戌、甲戌、丁卯。损妻克子，寿止四十余。吴情探花甲子、丙寅。寿不永官不大。方攸芊举人庚午、甲申。

月缺云笼局，人通道不通。柱中元救助，财禄少从容。

甲旬六日逢丁卯，重重叠叠怕冲刑。运行背禄无官贵，到老穷经不许名。

甲日时临丁卯，伤官羊刃相随。甲逢丁火化为灰，父母兄弟难倚。祖业田财聚散，妻儿总有刑亏。运行官杀始为奇，性格或嗔或喜。

六甲日戊辰时断

六甲日生时戊辰，天财坐库会滋身。富商巨贾田园盛，月带辛金禄贵人。

甲日戊辰时，天财坐库，辰中水局滋生，通月气者，商贾发财，田园广盛。八月带禄，财官俱有，富贵双全。忌比肩羊刃夺财。

甲子日戊辰时，主移根换叶，改姓易宗，妻贤子孝，作高命论。未月行北方运贵。酉月北方运大贵。童承叙春坊乙卯、乙酉、甲子、戊辰。岳忿总兵甲申、丙寅。张皇亲戊子、丙辰。李参政庚寅、乙酉。耿中丞癸酉、丁巳。乙亥、乙酉。亦贵。

甲寅日戊辰时，龙吟虎啸格，贵纯。辰中贵纯。寅康寿。亥卯未三合，财旺身强，大贵。酉丑申年月亦吉。高简尚书庚申、丁亥、甲寅、戊辰。谪戍。林元甫都堂乙丑、癸未。子贵同。赵宪长丁亥、癸卯。辛亥月同运使。李仰止进士乙卯、戊子。闻人诠提学庚辰、乙丑。姚怪山进士丁卯、庚戌。靳光先吏部己丑、丙子。壬申、己酉。通判。

甲辰日戊辰时，刑冲发财，妻重子晚，双亲有克。酉月三四品贵。丑月亦贵。地支纯辰大贵。潘恩尚书丙辰、壬辰、甲辰、戊辰。三子俱进士。陈健知府辛亥、戊戌。极富，子贵。丙子、庚子。贵同。马应魁例贡侵欺问军命同。方一梧郎中乙丑、丙寅寿不永。吴普泉郎中甲寅、戊辰。丙戌、庚寅。节度丙戌、庚戌，文贵。丙申、辛丑。武贵。

甲午日戊辰时，财多成败，早岁灰心。亥子丑卯午未年月，大贵。酉月亦贵。黄侍郎辛未、甲午、甲午、戊辰。方时逢知府己卯、癸酉。李进士壬子、癸丑。己酉、乙亥。举人。辛酉、庚寅。进士。

甲申日戊辰时，主孤，僧道清高。丑月富贵。寅月尤贵。庚符进士丙申、辛丑、甲申、戊辰。庚寅、己卯，进士止知县。庚子、壬午，举人止知县。辛丑、甲午。平章。

甲戌日戊辰时，大富。年月扶合，亦贵。寅亥年月，三四品贵。但时日并冲克，早年身孤，中年发福。林洪举人乙亥、丁亥、甲戌、戊辰。刘文岳举人丙戌、甲午。周汝器举人乙亥、乙酉。壬午、癸丑。丁卯、丙午。丙申、庚子。乙卯、癸未。己未、甲戌。俱大富。

仓库钱龙局，财门日日开。运行官禄地，福禄自然来。

时上偏财不用多，干支内外细搜罗。运通财旺官生至，运拙身衰恐受磨。

甲日戊辰时遇，柱中要戊相扶。财官运气展良图，喜遇钱龙守库。辛庚透干贵显，壬癸滋助不枯。只怕比劫弟兄多，岁运逢之有祸。

六甲日己巳时断

六甲日生时己巳，病中财物实难任。月通火气方为贵，若是身衰亦不禁。

甲日己巳时，食旺身衰，甲木巳上病，虽有暗戊为财、丙为食，不通月气，难任其福。甲己为平头杀，生逢春月，身旺财衰，主骨肉参商，平生作事弄巧成拙。己巳金神，有火制伏，巳酉丑合局，行南方运，名重禄高。柱不见火，残害化气，主凶恶暴亡。

甲子日己巳时，先贫后富，祖业轻微，妻勤子拗。生寅未巳丑年月，虽贵防疾。申子辰戌，大贵。《神白经》云：化气主贵。岳飞癸未、乙卯、甲子、己巳。万衣布政戊寅、己未。甲子、癸酉。通判。癸酉、丁巳。指挥。

甲寅日己巳时，时日相刑，忧伤妻子。生火年月，有明断之才，掌兵权之职。戊子年月，承袭父荫，主富。史朝宾进士庚午、壬午、甲寅、己巳。辛未、甲午。县丞，富。丁卯、庚戌，解经雅吏科。

甲辰日己巳时，丰姿敦厚，一生平安，财帛有成。巳酉丑年月行火金运，贵。化气凶。万镗尚书乙巳、戊子、甲辰、己巳。一云壬申时。方逢时尚书壬午、乙巳。赵铿县丞。命同。方楚赵冀，金神喜火嫌水，此其异也。姚文华举人壬子、丁未。

甲午日己巳时，金神入火乡，大贵。酉月行火木运，武职有权。雷礼尚书乙丑、丙戌、甲午、己巳。徐问尚书庚子、庚辰。无子。王太守辛巳、甲午。吴经略壬辰、丁未。史浩丞相丙戌、戊戌。

甲申日己巳时，敦厚聪明，善于决断，身孤清贵，不免破刑。陈琳侍郎壬午、癸丑、甲申、己巳。蹇进士戊寅、己卯。乙酉、壬午。丙辰、乙未。俱贵。

甲戌日己巳时，财神贵格，名利两全。子戌年月，五品以上贵。刘畿侍郎己巳、己巳、甲戌、己巳。寿不永。陈宪副乙亥、丙戌。曾熙炳举人丙子、丁酉。食神合禄局，有志改门庭。几翻成又败，破后再逢荣。

甲己中央作土神，时逢辰巳脱埃尘。局中岁运趋炎火，显达功名富贵人。

甲日时逢己巳，火临土厚无光。旱苗得雨叶枝强，火局金神旺相。进士有名无实，常人改祖翻庄。为人性格不寻常，运至晚年气象。

六甲日庚午时断

六甲日生时庚午，死处又遭鬼当头。丁丙不逢生再弱，忙忙贫苦度春秋。

甲日庚午时，死地逢鬼，甲木死于午，干头见庚为鬼，不通月气，无救助者，带疾寿促。月逢丙寅身旺，庚绝则吉。亦主有始无终。若通木气，主方面。通水气行东方运止郎官。

甲子日庚午时，时日相冲，忧伤妻子，平常。若子午年月及寅戌月生，行西北方运，金紫风宪。张安参政甲午、壬申、甲子、庚午。吴中丞命同。一甲午、庚午，瞽目。李万实佥宪庚午、戊寅。戊子、甲子。经历。

甲寅日庚午时，春月有寿。夏月伤官伤尽，财源进退。申有权，酉反覆。冬月伤妻子。子未年月，煞助印生，四品。林应 尚书癸巳、壬戌、甲寅、庚午。吴执卿侍郎丁卯、癸丑。李继芳通判庚午、戊寅。汪万里举人戊寅、戊午。詹寺丞壬午、庚戌。

甲辰日庚午时，田园乐赏。寅月行金运，风宪。一云：主血发。石继节长史乙酉、乙酉、甲辰、庚午。有风疾，寿不永。

甲午日庚午时，破祖业，发财禄，因财不得善终。寅午戌年月贵。林梅进士辛亥、辛丑、甲午、庚午。詹丞相壬午、庚戌。贾天官庚寅、壬午。李侍制丙寅、丁酉。辛卯、戊戌。贵。

甲申日庚午时，子辰年月会，印亥卯年月身旺，俱贵。寅戌会伤制杀，甲得倚托，亦贵，运喜金水。赵鉴参政甲戌、丁卯、甲申、庚午。常侍郎庚寅、庚辰。

甲戌日庚午时，生辰戌月，敦厚，不贵则富。丑月行火土运，金紫风宪。寅月清贵。唐皋状元己丑、丙寅、甲戌、庚午。马毅庵御史戊寅、丁巳。吴悌举人甲戌、甲戌。陈光前举人壬午、庚戌。庚戌、戊寅。参政。壬寅、甲辰。进士。

时日偏官格，身强制伏高。柱中无破害，兰蕙出蓬蒿。

午时庚申是偏官，制伏相宜不等闲。身弱煞强无食见，平生谋望主艰难。

甲日时逢庚午，柱中喜见寅申。身强煞浅转精神，父母雁行不顺。妻子早年刑害，晚年出众超群。平生反覆好翻腾，先破后成之命。

六甲日辛未时断

六甲日生辛未时，官星坐贵最为奇。月逢金气须荣贵，财禄相停敢断之。

甲日辛未时，时贵逢官，甲见辛为官，未有天乙贵。巳为财，未中巳土得气，若通
　　木气月有倚托者，富。通土气月者，富贵双全。

甲子日辛未时，辰戌丑未及巳酉月，上金地方，文贵显达。屠冢宰庚申、丙戌、甲
　　子、辛未。己巳、戊辰。府判。己丑、戊辰。州判。庚戌、丁亥。少保。

甲寅日辛未时，寅申月贵纯，酉丑年月大贵。《神白经》云：金化木主贵。赵汝谦
　　正卿乙卯、戊寅、甲寅、辛未。黄体行知府乙酉、丙戌。王侍郎戊寅、丁巳。
　　王枢密戊寅、庚申。辛巳、丙申。举人。乙巳、戊子。举人。

甲辰日辛未时，辰戌丑未月富。巳酉丑子年月贵。游进士丙子、戊戌、甲辰、辛
　　未。乙未、己酉。庚午、己卯。俱举人。

甲午日辛未时，春吉，夏凶，秋身弱难任官禄。冬贵。一云高。左鉴郎中己卯、癸
　　酉、甲午、辛未。癸巳、己未。同贵。甲辰、戊辰。举人。

甲申日辛未时，春吉，夏辛苦，秋显达，冬根基别立，贵。子丑月大贵。《神白经》
　　云：金化木主贵。王世贞尚书丙戌、庚子、甲申、辛未。丙申、甲午。举人。

甲戌日辛未时，先刑后贵。寅卯酉丑年月贵，子申年月位至六卿。何良傅进士己
　　巳、乙亥、甲戌、辛未。

临官开库局，遇险免危灾。因得贵人助，富贵莫疑猜。

时逢辛未是财官，平步青云路不难，好比退毛鸡化凤，得时飞上彩云端。甲日
时逢辛未，干官守库相扶，贵人财禄是良图，初苦末终荣富。君子迁官进职，常人
丰厚充余，刑冲破害柱中无，定有青云之路。

六甲日申时断

六甲生时遇壬申，明伤暗鬼坐其身。柱无丙戊秋冬旺，坎下飘流无定人。

甲日壬申时，甲木绝在申，申上壬水长生，庚金建禄，明枭暗鬼，甲旺化鬼为官，
　　犹不免凶暴。若生秋庚旺，生冬壬旺，柱无丙戊制伏，漂流之象。若巳午月大
　　吉。强旺透庚作煞论。运行北方贵。

甲子日壬申时，申子辰亥月，水泛木漂，移根换叶，玉堂金马之贵。水土运凶。宪副庚申、戊寅、甲子、壬申。壬寅、戊申。<small>小贵。</small>乙卯、丙戌。<small>都督。</small>

甲寅日壬申时，旺中有失。辰戌丑未月，勾陈得位，寅午戌月，偏官有制，俱贵。秋月行东南运亦同。谢源明尚书丁巳、己酉、甲寅、壬申。<small>丁酉年贵同。</small>庚午、辛巳。<small>丞相。</small>丙午、己亥。<small>进士。</small>

甲辰日壬申时，寅辰年月，文章显贵。透丙戊尤美。留正丞相乙酉、丙子、甲辰、壬申。王廷左都癸未、癸亥。李璿通判己巳、壬申。

甲午日壬申时，申子辰月，改姓更宗，敦厚之命。午月贵。马从谦光禄卿乙卯、壬午、甲午、壬申。戊戌、甲寅。<small>府判。</small>甲辰、戊辰。<small>举人。</small>壬申、丙午。<small>丞相。</small>

甲申日壬申时，寅月身杀两停，卯月以刃合杀，俱贵。子辰年月以杀化印，巳午火月七杀有制，俱吉。最怕杀旺身弱，大凶。一云：离乡发福。陈位进士庚申、戊子、甲申、壬申。刘墨庵评事己丑、丁丑。乙巳、戊寅。<small>平章。</small>庚午、辛巳。<small>丞相。</small>丁酉、癸卯。<small>贵。</small>庚寅、庚辰。<small>富。</small>庚申、甲申。<small>盗。</small>丁亥、壬子。<small>杀。</small>

甲戌日壬申时，辰戌丑未月，衣锦有成。亥月学堂，寅月建禄，俱贵。午酉月寿促，不然贫贱。沈丞相壬申、辛亥、甲戌、壬申。马同知己巳、戊辰。<small>充军。</small>己丑、甲戌。<small>大贵。</small>

梦中得禄局，觉后没思量。更有刑空克，平生心事忙。

甲日时逢喜遇申，偏官偏印怕刑冲。欲求名利终难定，有救须教运气通。

甲日时逢壬申，倒食暗鬼相侵。生逢身旺主昌荣，身弱性情不定。雁侣六亲少力，谋为自立自成。运行吉地显声名，运弱平常之命。

六甲日酉时断

六甲日生时癸酉，暗官明印未希奇。柱中有火无刑破，元命胎生贵可知。

甲日癸酉时，胎生元命，甲木酉上受胎，为甲生气。明癸为印，暗辛为官，有己土破印，不贵。酉为金神。若柱有寅戌通火气者，德性纯厚而贵。无火见水，凶暴残疾。

甲子日癸酉时，春生木旺，酉月官纯贵。若混之以杀，或杀多，柱中全无火气，凶。一云：先破祖后大富。何正庵主事甲午、甲子、甲子、癸酉。<small>夭。</small>辛巳、丙申。<small>贵。</small>甲申、壬申。<small>贼。</small>辛巳、庚子。<small>通政。</small>

甲寅日癸酉时，春生寿，夏反覆。秋性不定，多凶。冬平。丑未月贵。余午渠宪副甲戌、辛未、甲寅、癸酉。周尚书壬申、癸丑。杨太监癸亥、辛酉。庚申、乙酉。凶死。官煞两旺，柱无火制。

甲辰日癸酉时，子戌年月，有财有官，贵。丞相丙午、己亥、甲辰、癸酉。提学戊申、辛酉。戊午年。知县。

甲午日癸酉时，主孤。生寅午戌月，行东北方，郎官。陈宠举人庚午、癸未、甲午、癸酉。郑子充通判壬寅、戊申。庚戌、戊子。太守。

甲申日癸酉时，平常。通火气月行南方运，富贵。申酉年月多夭。有水化金毒，只作官印论，不作金神，亦吉，但主退早。卢布政癸丑、壬戌、甲申、癸酉。周道兴知府癸酉、壬戌。洪锵员外戊申、癸亥。张峰金事庚午、己卯。己亥、戊辰。给谏。

甲戌日癸酉时，子戌年月，文章显贵。子午月不贵即富。己未、甲戌、癸酉。正卿。辛卯。戊戌。举人。

鸡化青鸾局，未遇被鸦欺。有朝羽翼就，四海任翔飞。

甲日交通癸酉时，金神火局两相宜，运行南地无刑破，富贵荣华事事奇。

甲日时逢癸酉，为人富贵双全。三奇发福屡升迁，上下相和贵显。君子寒门将相，常人置立田园。无伤无破是英贤，此命定居台宪。

六甲日戌时断

六甲日生时甲戌，木遭火局气不舒。为了好善福平常，父母并伤诚可歔。

甲日甲戌时，甲用丙为食，辛为官，戌上食神入火局，辛有余气，身被火焚。为人好善，平常衣禄。甲以戊为父，癸为母，戌上旺甲伤戌，内有暗戊伤癸，戊癸受克，难为双亲。

甲子日甲戌时，春寿，夏暴，秋贵，冬移根换叶。柱见纯亥夹角，虽贵终凶。辰戌丑未杂气财官，亦吉。一云主聋哑头疮，犬狼虎伤。邵康节辛亥、辛丑、甲子、甲戌。邓廷赞都堂庚戌、甲申。无子。陈腾鸾进士庚子、己卯。鸾尚约推官丁亥、辛亥。无子。凶死，连累十七命。王九经举人辛卯、辛卯。乙巳、乙酉。乙丑、乙酉。俱贵。陈有年冢宰辛卯、庚寅。

甲寅日甲戌时，比肩争禄，木气遭焚，四十后渐不如前。甲丙申子年月大贵。纯戌风宪。午月行水火运，七八品贵。周给事甲戌、乙亥、甲寅、甲戌。欧志学知县甲子、乙亥。癸未、癸亥。侯。

甲辰日甲戌时，财源稳厚多凶。春月金火运，官至六品。杨参政己未、乙亥、甲辰、甲戌。丙戌、庚寅。贵。癸酉、己未。小贵。

甲午日甲戌时，春生贵人扶持。夏背禄逐马。冬印绶吉。纯寅年月，近侍贵。平章戊午、戊午、甲午、甲戌。知县壬子、壬子。梁志盛辛巳、己亥。聪明，多能破家。

甲申日甲戌时，夹酉官贵。但身孤，发亦不久。春生木土运贵。王侍郎壬申、癸亥、甲申、甲戌。雷雨进士丁酉、癸卯。辛巳、辛卯。贵。甲辰、辛未。郎中。

甲戌日甲戌时，背禄逐马，平常。秋生官杀有气，贵。辰戌丑未月吉，卯月凶。若丙寅甲午年月，三甲食一丙，丙夏得时，居寅长生，甲就食见禄，主富贵。刘文庄都堂乙酉、甲申、甲戌、甲戌。张钦都宪丁酉、戊申。戴静庵尚书壬申、己酉。詹宽进士乙巳、乙酉。乙卯、甲申。进士。戊辰、己未。举人。甲子、甲戌。贵。庄际昌会状戊寅、丁巳。

戌时火墓局，心志不相同。财官俱有背，官禄运中通。时逢甲戌比肩逢，库有天禄火气冲。鸡鸭同鸣皆聚散，到头心志不相同。

甲日时通甲戌，比肩带禄相逢。天孤仓库隐其中，酉丑辰支取用。无钥冲刑开破，立身多学少成。柱金木火旺火生，先暗后明之命。

六甲日乙亥时断

六甲日生时乙亥，羊刃反伤为祸害。财官辛戌不相逢，只恐功名不亨泰。

甲日乙亥时，甲木亥上长生有旺，乙为刃制克学堂，壬为倒食，亥上建禄。甲以金为官，戊己为财。辛金沐浴，戊己衰绝，不能作福。生巳酉丑月及见辛，柱有戊字，贵。余虽聪明，功名不遂，艺术人也。

甲子日乙亥时，成趋乾格，贵。如生申月，杀旺合刃，权贵。酉月正官，柱稍得土助，大贵。辰巳丑未戌月俱吉。年月纯卯，刃旺则凶。一云得妻财克妻。一云多患眼疾，财帛平常。吴丞相乙卯、乙酉、甲子、乙亥。己巳、乙亥。贵同。戊辰、癸亥。侯伯。徐缙侍郎己亥、癸酉。庚辰、辛亥。贵同。黄易编修戊申、壬戌。顾世科知府辛酉、戊戌。邹知州己巳、丙寅。辛巳、庚子。举人。

甲寅日乙亥时，辰戌丑未月富。申酉月贵，冬平常。若寅亥月，高贵。周枢密壬辰、辛亥、甲寅、乙亥。庚戌、乙酉。郎中。癸酉、丁巳。进士。辛酉、庚寅。知县。庚申、己卯。贵。

甲辰日乙亥时，酉月正官，最贵。辰戌丑未及寅亥年月，俱吉。申时行状元乙未、乙酉、甲辰、乙亥。贺丞相辛丑、庚寅。宋沈尚书、辛未、壬辰。陆深侍郎丁酉、己酉。乙巳月。副使。乙未、己卯。通政。方润郎中壬寅、丙午。辛亥、庚子。御史。袁知县庚戌、丁亥。文名。辛亥、甲午。伯。乙巳、丁亥。进士。

甲午日乙亥时，卯月羊刃刑并，骨肉身弱，不得善终。春生，贵为宰辅。申子戌午年月行水火运，官至六卿。王越尚书封威宁伯丙午、庚子、甲午、乙亥。王华状元尚书丙寅、戊戌。或云丙申年生。萧端蒙御史乙亥、壬午。林文华知府己酉、己巳。李嘉会举人己亥、戊辰。俞维屏举人甲戌、庚午。贺幼殊举人宪副丙戌、甲午。

甲申日乙亥时，亥月学问有成，贵为风宪。申酉月先贫后富。子月行水火运，金紫。辰戌丑未，杂气财官，寅月建禄，俱吉。李时阁老辛卯、壬辰、甲申、乙亥。纯良。冯天驭尚书癸亥、庚申。无子。庄思宽进士甲寅、乙未。徐荣长史癸丑、甲寅。陈知县壬申、庚戌。毛知县甲戌、丙寅。石华岳举人癸酉、壬戌。甲辰、丁丑。丞相。

甲戌日乙亥时，春冬生富土厚地方显贵。夏，劳力不聚财。秋平常。刘玉都堂壬午、癸丑、甲戌、乙亥。张达给事癸丑、癸亥。吴非玉博士乙亥、庚辰。蔡状元庚子、戊寅。凌进士甲子、丙寅。

驿马天廷局，财官都占先。东西须称意，南北自然安。

甲日时逢乙亥强，有官有印不寻常。时来自有高人荐，运至财乡大显扬。

甲日时逢乙亥，就中壬水相生。时临帝座紫微宫，子嗣螟蛉得用。父母雁行少力，花开结子防风。文章显达改门庭，运至超群出众。

第五十章　星命汇考五十

《三命通会》二十二

六乙日丙子时断

六乙日生时丙子，伤官坐贵福不全。柱中不见官刑破，方是平生贵禄缘。

乙日丙子时，六乙鼠贵。乙用庚为官，死于子，见丙为伤，丙暗邀辛化煞为权，柱中不见庚辛，无丑绊午冲，方成贵格。若有上忌，及不通月气，无救助者，暴恶贫贱，有疾寿促。

乙丑日丙子时，身弱平常，无午穿冲，贤德温厚。申酉年月风宪。寅子贵显。忌丙寅、己未、甲戌、己丑等月，主凶刑恶死。陈俊尚书己亥、丙寅、乙丑、丙子。周凤鸣进士己酉、丙寅。虞守愚侍郎癸卯、辛酉。王秩通政癸未、甲子。钱有威郎中乙酉、戊寅。乙亥、戊子。州判。庚子、乙丑。平章。甲子、丙子。总管。纪大纲金宪辛丑、己亥。

乙卯日丙子时，高。辰戌丑未亥年月，不见官星，贵。一云凶中逢吉，忌丁巳月，破祖，凶。戊申月，身不完，死。己酉月恶死。徐栻侍郎己卯、丙子、乙卯、丙子。喻时侍郎丁卯、癸卯。邵锡都宪丁酉、癸丑。曹尚书丁巳、壬寅。己卯、己丑。乙巳、癸未。俱侍郎。张皇亲壬寅、癸卯。吉思丞相丙戌、戊戌。赵太师癸卯、甲寅。王司业丁巳、庚戌。冯殿帅甲寅、戊辰。孔参政甲辰、辛未。叶太守甲申、丙寅。丁以诚郎中癸巳、甲寅。方山同知庚午、丙戌。张乔举人己卯、丁丑。陈元晖翰林甲戌、丁卯。

乙巳日丙子时，吉。若己午年月，寿促，不然身孤劳碌。纯土财旺生官，行西运，子辰行水火运，俱二三品贵。申月正官，酉月偏官，卯月建禄，俱吉。忌甲寅月，刑夭。乙酉月下贱。高曜府尹甲寅、壬申、乙巳、丙子。甲戌、乙亥。官同。江东侍郎己巳、丙寅。帖木丞相戊申、辛酉。陈尚书丁巳、癸卯。孙布政戊辰、癸亥。甲子、丁卯。知县。壬申、戊申。卿监。

乙未日丙子时，平。若子亥年月大贵，岁运同。忌己未月，刑伤。丙申月身不完死。己丑月，破祖恶死。郑岳侍郎戊子、甲寅、乙未、丙子。林爱民金事戊辰、甲寅。吴都堂甲戌、庚午。黄参政己卯、丙寅。李总兵甲寅、丁卯。刘元帅戊寅、壬戌。苏太卿戊子、癸亥。

乙酉日丙子时，贵，身孤反覆起倒。月通水气，不见辛午，亦贵。忌戊寅月，大凶。丁巳月破祖，贫。己酉月金刃死。翁成吾参政辛未、庚子、乙酉、丙子。谪戍。甲戌、丙寅。甲申、丙寅。俱举人。

乙亥日丙子时，化青赤主福。生庚辰年月富贵。纯亥成败。丑月行南运，郎官。己午西运，极贫。忌壬辰月刑，乙酉月破祖，高贵中恶死。以上六日，喜忌大同，但坐酉巳不成鼠贵，别格论之。王尚书甲申、庚午、乙亥、丙子。张承恩苑马卿丙午、辛丑。张安抚己巳、丙寅。解元帅丙戌、己亥。解御史壬戌、辛亥。马知县壬午、壬子。刘判院甲寅、甲辰。辛亥、甲子。贫。丙午、癸巳。丐。

时逢六贵局，先险却无凶。早岁难成就，末中财禄丰。

六乙贵格丙子时，如无冲破始为奇。不遇庚申巳酉丑，定乘轩冕拜丹墀。

乙日时临丙子，伤官伤尽荣昌。亥卯未月不寻常，运至身健旺相。辛庚不见发福，午冲丑绊平常。如逢刑克空一场，此命或衰或旺。

六乙日丑时断

六乙日生时丁丑，食神相助遇财官。月通金气化为福，不是寻常下贱看。

乙日丁丑时，食会财官，丁为食，庚为官，己为财，丑中有辛金合局，己土得位，如有倚托者贵，通金气月化者富厚尊重，不通月气平常。

乙丑日丁丑时，秋生有权，主带疾，夏吉，冬平，春旺，贵寿。萧注两制癸丑、乙丑、乙丑、丁丑。林通举人戊申、甲子。李引昌解元庚午、丙戌。

乙卯日丁丑时，亥月身旺，见辛偏官，柱有丁制风宪，武职。林东海进士丁巳、甲辰、乙卯、丁丑。吴与言宪副乙未、癸未。

乙巳日丁丑时，生亥卯未寅月，贵。通金气，月有倚托者，福重。吴铎思布政甲申、甲寅、乙巳、丁丑。倪禄游击庚寅、戊子。倭杀无子。戊辰、辛酉。大贵。甲申、乙亥。举人。顾秉谦大学士甲寅、庚午。

乙未日丁丑时，辰戌丑未月富。春寿长。秋名利。夏贫下。冬平常。申年月，武职三品。以下六乙日所忌月分与上同时亦并论。盛当时金宪丁酉、戊申、乙未、丁丑。万希庵主事乙丑、戊寅。夭。姜博进士辛未、己亥。

乙酉日丁丑时，若通木气，有倚托者，显贵。申丑年月亦好，寅亥尤佳。黄光升尚书丙寅、庚寅、乙酉、丁丑。甲申、乙亥。贵同。王昺侍郎壬子、戊申。李世臣御史戊寅、己未。戊辰、乙卯。太守。沈自邠翰林甲寅、己巳。辛巳、戊戌、会魁。

乙亥日丁丑时，亥月性急，有操持，妻贤子孝，官至六七品。午月长生。年月透官印，大贵。吴鹏尚书庚申、壬午、乙亥、丁丑。陈汝励都堂丙寅、庚子。王方田太守乙巳、乙亥。王继祖总兵丙子、辛丑。富。

时上财官局，天下透食神。刑冲若早遇，发福定然真。

仓库时开乙见丁，食神坐库禄财亲。无匙不作朝中客，也是清闲有福人。

乙日时逢丁丑，寿星发达无疑。身居磨羯莫嫌迟，库内钱财积聚。年时月合发达，空刑妻子难为。双亲雁侣有盈亏，运至牢藏金柜。

六乙日寅时断

六乙日生时戊寅，败财背禄实伤身。有心无力多成败，止是平常衣禄人。

乙日戊寅时，败财背禄，乙用庚为官，寅中有丙，伤官背禄。用戊己为财，寅中甲旺财败，为人作事成败平常。通土气者吉。

乙丑日戊寅时，高。生子年戌月者，富贵。辰戌行木火运，威权。丁阁老丁亥、癸卯、乙丑、戊寅。曹司贤金宪辛酉、癸巳。黄侍显郎中辛丑、丁酉。黄行可进士乙巳、壬午。吴玉荣御史庚申、甲申。周端进士己未、甲戌。

乙卯日戊寅时，刑中发福，秋生贵。酉年遇辰戌丑未月富。卯月建禄，午月印生透官印，俱吉。欧阳文忠公丁未、戊申、乙卯、戊寅。癸未、乙丑。进士。癸卯、乙卯。大贵。戊寅、庚申。举人。庚申、壬午。贵。丙午、辛卯。元戎。朱国桢詹事丁巳、壬寅。

乙巳日戊寅时，孤克平常。若年月申庚正官，丑辛七煞，俱贵。辰月北方运吉。一云中年横发。丘濬阁老辛丑、庚子、乙巳、戊寅。名臣。程秀民参政乙丑、戊寅。戊子、乙丑。贵。甲戌、丁卯。优人。

乙未日戊寅时，春生有寿。秋贵显。夏平常，冬反覆。辰戌丑未俱吉。岁运同。李公正宪副癸未、己未、乙未、戊寅。庚午、癸未。小贵。庚午、庚辰。戊寅、甲寅。俱举人。己亥、戊辰。例贡。

乙酉日戊寅时，春生富，夏平，秋贵，寿促，冬吉。西宁侯宋天训壬辰、丁未、乙酉、戊寅。凶死。卢梦阳布政丁卯、辛亥。黄如金宪副癸巳、丁巳。吉三泉都宪丁卯、丁未。万表总兵戊午、辛酉。

乙亥日戊寅时，春吉，夏劳力，秋冬贵，子丑年月，贵至三品，有起有落，寿永。一云三十年后身孤发福。张怀大参丙午、辛丑、乙亥、戊寅。林迁乔进士丙午、辛卯。乙巳、己丑。布政。

虎卧平原局，行藏恐虑危。正当明月出，光处又云迷。

乙日寅时仔细推，为人招是又招非。运衰更遇空刑克，劳力劳心无定期。

乙日戊寅时遇，就中暗损伤财。伤官背禄柱中排，富贵妻儿刑害。运旺财官发福，运行比煞兴灾。六亲骨肉少和谐，自立自成自在。

六乙日卯时断

六乙日生逢己卯，时居日禄财临好。旺通木气贵无疑，酉上辛重亦可恼。

乙日己卯时，禄入庙堂，乙木逢卯建禄，为人秀丽。通木火者贵。见庚辛为伤禄破命，患目疾。若生巳酉丑月，平常衣禄。辰戌丑未吉。申月亦吉。

乙丑日己卯时，高，中年大福。春生身太旺，孤。夏贫。秋有疾。冬温厚。柱不见辛金吉。若辰戌丑未月金紫贵。余福太守乙丑、戊寅、乙丑、己卯。孙渭进士庚午、庚辰。丁亥、己酉。进士太守。

乙卯日己卯时，高，春生旺为僧道，富足。夏平常，不见辛金吉。秋带疾。冬温厚。卯丑年月，显达高寿。林廷选尚书庚午、戊子、乙卯、己卯。张廉宪癸未、戊午。谢应徵进士壬申、癸丑。乙卯、戊子。万户。戊子、乙卯。都转运辛卯、庚子。进士。丁丑、乙巳。举人。癸丑、乙卯。大富。壬申、辛亥。尚书。

乙巳日己卯时，春孤贫，夏平，秋带疾，冬贵。午辰年月，地支一路相连，尤吉。

陈知府丁卯、甲辰、乙巳、己卯。陈龙图癸亥、甲子。丁亥、丙午。_{富寿。}

乙未日己卯时，年月不见庚辛金，贵。秋生看地厚薄，如生壬戌年月，三四品贵。

  李兆龙给事壬申、辛亥、乙未、己卯。甲午、丁丑。_{丞相。}辛酉、辛丑。_{参政。}

  庚辰、丁亥。庚申、己丑。己卯、壬申。_{俱举人。}甲寅、庚午。_{二子进士。}

乙酉日己卯时，秀，初年破祖，中年发财，末年孤刑。一云主死无葬地。申丑年月

  金紫。胡驿参政辛卯、辛丑、乙酉、己卯。陈云衢进士丁巳、癸卯。吴三省举

  人癸未、丁巳。乙卯、己丑。_{通判。}

乙亥日己卯时，生寅巳月，不见庚辛，日禄归时格，显达清贵。纯卯年月，高僧羽

  士，戌特达聪明，有财禄。陈锡都宪甲申、丁卯、乙亥、己卯。费茂卿进士甲

  寅、丁丑。林枢密戊子、甲寅。陈篁参议丙申、壬寅。

  日禄在时局，青云折桂枝。若无官破害，名誉四方知。

  日禄居时格不同，食神财马要相逢。伤官印运皆为吉，官不逢分禄自丰。

  乙日时临己卯，偏财时禄归迎。辛金酉字不相刑，虎榜定标名姓。父母六亲难

靠，雁行各自飞腾。文章光耀有才能，无破无冲贵命。

六乙日辰时断

  六乙日生时庚辰，水白金清化象真。壬从辛酉通官贵，却防目疾减精神。

乙日庚辰时，妻贤子贵。乙合庚化金，若通申巳酉丑月，为人秀丽，主贵，却防目

  疾。如不见化，以壬为印，庚为官，辰土癸水合局，乙木有托，行东南运

  贵显。

乙丑日庚辰时，破祖克父，身弱忌疾，通月气者贵。子申年月，天干透甲戊，合三

  奇，大贵。乔宇冢宰甲申、戊辰、乙丑、庚辰。杨慎状元戊申、甲子。李缵鸿

  胪卿辛巳、庚寅。吕孔梁知府丁丑、癸卯。

乙卯日庚辰时，富贵，通火土年月，大贵。一云刑后大发。一云恶死，若年月有救

  者，主刑。杨博尚书己巳、庚午、乙卯、庚辰。_{甲戌年卒，子进士。}董其昌礼部

  尚书乙卯、戊寅。_{以著书名。}己卯、庚午。_{举人。}

乙巳日庚辰时，作事成败，僧道富贵，带疾常人，刑克妻子，申子辰卯巳年月贵。

  钱亮侯少卿壬戌、乙巳、乙巳、庚辰。吴知府乙巳、丁丑。黄东松进士癸酉、

  壬戌。己卯、庚辰。_{举人。}丙戌、癸巳。_{万户。}

乙未日庚辰时，亥卯月身旺，巳申官旺，天干透杀印，皆贵。丑酉纯煞，柱有火制，亦吉。戌丑年月四库全，大贵。一云破祖刑灾身孤。吴一贯少卿乙亥、己卯、乙未、庚辰。史褒善都堂己未、丁丑。李贯给事丙申、辛卯。唐顺之会元丁卯、辛亥。官至都宪，有文名。李巨川进士壬申、辛亥。己亥、乙巳。陶真人。壬辰、己酉。举人。杨涟总宪壬申、戊申。死锦衣狱。

乙酉日庚辰时，亥子年月，干透戊癸，贵。寅巳午月，官煞有制，吉。纯酉化金主厚福。魏丞相己卯、甲戌、乙酉、庚辰。郑丞相乙卯、庚辰。李侍郎乙酉、乙酉。李人龙御史甲子、丙子。庚午、辛未。布政。丙申、癸巳。判官。乙酉、戊子。举人。庚辰、乙酉。四柱双合，大贵。

乙亥日庚辰时，不贵则富。若年月癸戊一化，申卯两旺，巳丑酉会金，行木土运，位至金紫。一云发中自刑害。周禾中丞丁卯、癸丑、乙亥、庚辰。高文达参政乙亥、戊寅。曾布政丙寅、丁酉。举人己亥月。辛未、庚子。小贵。癸酉、戊午。大富。

天地化气局，秋生大吉昌。运行东与北，显要岂寻常。

乙庚相会贵无疑，阴木阳金正合时，运吉身强无冲破，升迁自有贵人提。

乙日庚辰时正，天官守库乾元。青年虎榜姓名传，禀性温良恭俭。士庶妻贤子贵，才人禄位升迁。南离戊癸火相连，富贵之中当险。

六乙日巳时断

六乙日生时辛巳，金木交争主不仁。有化月中身旺贵，不通无化恐伤人。

乙日辛巳时，暗金交争，是非日有，若通身旺月，有倚托，化鬼为官，行身旺运，贵。通木气月，行金旺运，大贵。通金气月，行身旺运，亦贵。

乙丑日辛巳时，先杂后纯，生寅午、丙丁年月。偏官有制，作高命看。巳申酉丑月，官煞重叠，多带疾，从杀亦吉。惟身强，主兵权，有名誉。周琰都堂丁巳、癸丑、乙丑、辛巳。有十子。方近沙都堂乙卯、己丑。戊午、戊午。卿。辛巳、戊戌。盗。

乙卯日辛巳时，春生身强杀浅，大贵。夏平常。秋官煞旺，冬印绶旺，俱吉。秋不如冬。贾咏阁老甲申、丙子、乙卯、辛巳。史弥远惟月丙寅不同。李簶侍郎癸未、乙卯。王篆都堂戊子、己未。魏校太卿癸卯、壬戌。曾一经参议己卯、丙乙巳日辛巳时，克妻，妻子俱晚。若巳酉丑月，木柔金重，主带疾。不然寿促。甲己子巳年月，入偏官格，西运风宪。春月身旺，更吉。陆泰检讨癸酉、辛酉、乙巳、辛巳。黄荣金宪癸亥、乙卯。甲子、己巳。贵同。乙巳、辛巳。守备。甲辰、丙寅。丞相。

乙未日辛巳时，午月干强，武职有名誉。亥子印绶吉。田乐御史己亥、丙子、乙未、辛巳。刘葵郎中乙未、癸未。王楠太守庚子、丙戌。无子。丙申、癸巳。学宪。

乙酉日辛巳时，若未月生，身坐制伏则吉。秋偏官贵。酉月行南方运，贫，不然残疾。张文宪尚书辛亥、壬辰、乙酉、辛巳。宋悌金宪甲子、甲戌。郭兵宪丁巳、乙巳。何延贤举人甲寅、丁丑。王德新进士丙午、甲午。张溥翰林壬寅、乙巳。

乙亥日辛巳时，生巳午月，偏官有制。春干强，位居风宪，秋煞重，主残疾。高昌王丁酉、丙午、乙亥、辛巳。沈瑶进士丙寅、辛卯。夭。刘一儒侍郎乙未、戊寅。癸亥、丙辰。举人。何起凤尚书辛卯、辛丑。

时上偏官局，临危却有亨。身强逢旺运，离祖贵方成。

乙巳相伤逢金木，求名求利常反覆。六亲骨肉有如无，印绶运乡能发福。

乙日时逢辛巳，柱中鬼旺身衰。六亲难靠不和谐，谋望有成有败。几度遇凶则吉，信知苦尽甘来。运行身旺印绶怀，富贵时人喝彩。

六乙日午时断

六乙日生时壬午，印绶生身财食聚。月通水木禄丰盈，不通月气平常数。

乙日壬午时，印绶学堂，乙木长生在午，见壬为印，用丁为食，己为财。午上丁己建旺，若通水月气者，文章秀丽。不通月气，平常衣禄，通运亦好。

乙丑日壬午时，春夏多富贵，秋冬官印或纯煞透干，尤吉。吴参政庚戌、己丑、乙丑、壬午。文明进士辛丑、丁酉。祝时太举人庚申、庚辰。刘存省举人辛酉、丙申。赵汝江参将戊寅、乙未。

乙卯日壬午时，高，丑月入杂气财官，申酉月身煞两停，俱主显贵。纯午酉年月，三四品。辰戌平常。秦桧庚午、己丑、乙卯、壬午。奸臣。朱天球少卿戊子、癸亥。海瑞都宪甲戌、丁丑。以举人致此。因直言极谏故也。汪都宪丁酉、壬子。丙辰、壬午。庚午、庚辰。俱举人。

乙巳日壬午时，吉，春夏富贵。秋冬平常。王询都宪丙子、壬辰、乙巳、壬午。己未罢官。甲午、乙亥。举人。

乙未日壬午时，寅卯身旺，亥子印旺，丑月财官印三奇，俱主贵显。申月正官，尤吉。若庚午、丁亥年月，食神同窠就食，见禄富贵。黄侣郎中丙戌、丙申、乙未、壬午。何裕德御史己亥、甲戌。洪子成通判甲午、丁丑。郑子昂举人乙丑、甲申。癸亥、乙卯。丞相。乙亥、乙丑。知府。庚辰、壬午。贵。乙亥、己丑。富。李文缵知州庚寅、戊寅。甲午、丁卯。伯。

乙酉日壬午时，春吉，秋夏平常。柱纯乙酉，透庚合化或见印助，大贵。庚戌、乙酉、乙酉、壬午。侍郎。癸丑、丙辰。知府。张纬进士乙亥、庚辰。

乙亥日壬午时，春身旺。夏福厚，秋反覆。冬吉庆。林俊尚书壬申、癸卯、乙亥、壬午。名臣。丁巳年。贵同。席书尚书辛巳、癸巳。钱邦彦尚书庚申、壬午。崔参政戊申、壬戌。叶观宪副乙酉、壬午。杨时中举人癸卯、癸亥。

印绶临时局，其中遇食神。时来身显达，运拙阻功名。

乙日生逢壬午时，月通水木贵人钦。运行官旺无冲破，家业丰隆事称心。

乙日时逢壬午，食神印绶同宫，无冲无破不相刑，信是声名响应。词馆清秀高士，文章出众超群，贵人喜见小人憎，中末峥嵘之命。

六乙日未时断

六乙日生时癸未，入墓之中遇倒伤。马劣财微食见克，一生衣禄主平常。

乙日癸未时，乙以癸为倒食，未中丁火食神，己土偏财破癸，癸倒未中丁火之食，平常衣禄，通土气月则吉。

乙丑日癸未时，凶刑孤独，年月通土气吉。一云始杂后纯。孟进士甲戌、丁卯、乙丑、癸未。

乙卯日癸未时，改祖离亲，就妻为家。午未年月贵。春尤贵。许论尚书乙卯、戊寅、乙卯、癸未。丙申、辛卯。太师。

乙巳日癸未时，不贵则富，先难后易。纯午三品贵。辰戌丑月俱吉。张缨泉宪副戊辰、戊午。谢时泰进士庚子、庚辰。高仪大学士丁丑、庚戌。

乙未日癸未时，春身旺刑伤。秋官煞旺，科名有分，冬安稳，夏平常。李逢时举人庚辰、己亥、乙未、癸未。

乙酉日癸未时，身坐煞，春身旺，吉。夏身弱煞衰，贫。秋煞旺，身能从化，贵。冬平。辰戌丑未月透庚辛行金运，贵。一到刃运，退官罢职。张来溪都宪丙子、庚寅、乙酉、癸未。高江廉宪庚寅、丙戌。曾乾亨进士戊戌、庚申。钱士完巡抚乙卯、癸未。

乙亥日癸未时，春木旺，刑伤妻子。申月官旺，贵。酉煞旺，年月有火则吉。午未戌年月，一二品贵。冬生稳厚。夏邦漠尚书丙午、戊戌、乙亥、癸未。张津都堂甲申、丁卯。程太卿庚午、癸未。己亥、甲戌。给事。

六乙日墓局，身旺用财官。四柱无伤克，功名不等闲。

乙日相逢时癸未，算来离祖不成家。有刑克害多成败，运吉如添锦上花。

乙日相逢癸未，生逢木墓天孤。雁行兄弟有如无，心性不常喜怒。自立自成事业，六亲骨肉亲疏。贵人得合两相扶，此命先贫后富。

六乙日甲申时断

六乙日生时甲申，官星得印位生成。月中通气无冲破，必定荣华仕路人。

乙日甲申时，官印生身，乙用庚为官，壬为印，申上庚旺，壬生身有倚托，通金水月运者，贵。不通身弱官重，虽贵不永。

乙丑日甲申时，高，纯子辰年月，行东南运，大贵。巳酉丑贵中防凶。午未纯吉。亥卯亦吉，余月平平。柯实卿知府乙丑、丁巳、乙丑、甲申。凶死。甲午、丁丑。贵。乙酉、乙亥。富。何洛书检讨戊申、辛酉。

乙卯日甲申时，化贵。月通水气无伤破者贵，不然富。张侍郎甲子、辛未、乙卯、甲申。刘奋庸学宪甲午、丙寅。史给事庚子、己卯。

乙巳日甲申时，身强官旺。春聪明显达，官至四品。夏身心劳碌。秋冬眼疾。午年月行财运，贵。一云刑中化贵。路同知乙亥、癸未、乙巳、甲申。上官评事癸酉、戊午。丙寅、甲午。侍郎。

乙未日甲申时，生未酉亥月，聪俊特达，官至二三品。丙丁寅午卯酉年月，伤食制煞，权贵。一云旺中有失，终旺。茅瓒状元侍郎己巳、癸未、乙未、甲申。黄应鹏都堂乙未、己卯。张侍郎甲子、辛未。甲午、癸未。知县。甲辰、壬申。举人。但贵元进士己酉、甲戌。壬申、甲辰。解元。

乙酉日甲申时，官煞混杂，若柱丁火制煞留官则吉。亥卯未酉年月，武职极品，不久。若行南方运大贵。蒲尚书乙酉、乙酉、乙酉、甲申。考命书，或云赵尚书李侍郎俱同。邓知府乙巳、庚辰。余复状元壬申、癸丑。周大桂举人辛丑、壬辰。庚申、戊子。庚子、乙酉。俱贵。皆日时遇年月纯酒从煞，己丑煞局，子辰化印，俱吉。

乙亥日甲申时，时落空亡，主少子。秋生官居六卿。亥卯午未月，俱吉。《神白经》云：通乙庚之化，主厚福。王尧封尚书戊戌、庚申、乙亥、甲申。无子。壬戌、己酉。贵同。辛宾侍郎甲申、丙子。洪公偕宪副乙亥、庚辰。范辂参议丁酉、丙午。

癸丑、癸亥。进士。

长生驿马局，天福主文章。金土运乡吉，功名不可量。

乙日相逢时遇申，长生驿马内相亲。贵人天乙来相助，脱却褐衣入紫宸。

乙日申时逢贵，其间高人见喜。小人称美有奇希，克破冲刑减力。身旺运逢吉地，信知两旺财官。有鞍有马有衣冠，定主门庭改换。

六乙日乙酉时断

六乙日生时乙酉，得逢金局火为奇。用神遇木重重见，鬼绝寿伤反无依。

乙日乙酉时，身绝鬼旺，乙以辛为鬼，酉上辛旺乙绝，若通巳酉丑月化金局者，贵。如用神坐木身旺不化，又见于酉，不夭必贫。

乙丑日乙酉时，高，生巳酉丑月，合金局，更行西运，大贵。寅午戌月贫下。亥卯未月吉。纯子年月行南运，一二品贵。寅月火金，七品贵。申月水木，金紫贵。毛澄尚书庚辰、乙酉、乙丑、乙酉。壬子、壬子。贵同。陈一贯进士乙卯、丁亥。萧世延进士乙丑、辛巳。辛丑、丁酉。知府。

乙卯日乙酉时，月通金局者贵。未寅年月，官至一二品。韩信辛酉、丁酉、乙卯、乙酉。乙酉、己酉。都统。俱以武贵。林大章进士庚午、丙戌。夭。李春馨举人戊寅、甲寅。赵彦兵部尚书辛酉、己亥。

乙巳日乙酉时，春吉。夏伤官有制，好。秋木弱金重，夭，不然有疾。冬福厚，亦夭。

乙未日乙酉时，拱贵格无刑破者贵，有申填实则非。亥卯月行西运，贵。一云旺中
　　有刑。林钱御史癸卯、丙辰、乙未、乙酉。陈时范进士壬申、乙巳。张泰徵进
　　士甲寅、丙子。庚子、丁亥。<small>举人部郎。</small>

乙酉日乙酉时，旺处自刑。年月火土重，主灾。若通月气，透出印食，行火木运，
　　大贵。地支纯酉，化成金象，但带印绶，贵不可言。最怕岁运遇官。元世祖乙
　　亥、乙酉、乙酉、乙酉。张贵妃四柱纯乙酉，一清高一知县俱同。赵葵丞相庚
　　戌、乙酉。曲从太师甲寅、癸酉。梁梦龙侍郎丁亥、壬子。庚通政壬戌、庚
　　戌。陈知县己丑、乙亥。林成立举人戊午、丁巳。乙酉、甲申。<small>贵。</small>壬子、壬
　　子。<small>富。</small>壬申、癸丑。<small>凶死。</small>

乙亥日乙酉时，春生仁寿格贵。寅月行金火运，大贵。伦文叙状元乙亥、甲申、乙
　　亥、乙酉。<small>子以训、以谅、以诜、俱贵。</small>李乔主事壬申、庚戌。丙寅、丁酉。<small>知府。</small>
　　戊辰、甲寅。<small>参政。</small>甲午、庚午。<small>知县。</small>甲寅、癸酉。<small>通判。</small>何起鸣侍郎辛卯、
　　辛丑。庚寅、丁亥。<small>封尚书。</small>

　　顺水行船局，长江逐日流。煞降身旺吉，财禄任贪求。

　　日干是乙时临酉，假煞为权身旺奇。身弱遇官徒费力，功名须待运通时。

　　乙日时临乙酉，诞辰乙木无忧。其中权贵任求谋，无破功名定有。妻子早年克
害，财源雨散云收。迁宗移祖免忧愁，中末家业成就。

六乙日丙戌时断

　　六乙日生时丙戌，鬼败临身有损伤。若不气通身旺月，孤贫劳碌苦难当。

乙日丙戌时，鬼败临身，乙用庚为官，见丙背禄，戌中有辛余气，丙丁库食神制
　　煞，若柱透庚，伤官见官，为祸百端。年月有寅午丙火合局，即一木叠逢火
　　位，主人傲物气高，衣禄平常，残疾，不然寿促。通身旺月气者吉。

乙丑日丙戌时，春身旺，吉。夏伤官太重。秋劳力辛苦，冬亥子印绶带伤官，极
　　贵。戌月木火运，七品贵。纯戌年月，天干透庚丙者，大贵。寅午合全者夭。
　　柴经都堂丁酉、戊申、乙丑、丙戌。孟重都堂乙亥、丁亥。刘大实秦梁命同，
　　刘发科戊戌，秦丁未，孟癸丑。刘官止亚卿，秦止布政，孟则都宪。刘豫州，
　　秦扬州，孟雍州，分野不同故也。

乙卯日丙戌时，寅卯月行西运，六七品贵。子月印绶，丑月杂气刑出财官，俱贵。

刘䎖尚书癸卯、甲子、乙卯、丙戌。乙丑、己丑。贵。癸亥、丁巳。进士。

乙巳日丙戌时，吉。丑戌未年月风宪，六卿。亥月行东运，翰院清贵。闵如霖侍郎癸亥、丁巳、乙巳、丙戌。吴希贤学士丁亥、壬寅。丘秦进士乙卯、丙戌。余以中进士己未、乙亥。戊辰、丙辰。贵。壬寅、庚戌。乙丑、戊寅。俱大富。

乙未日丙戌时，旺处凶。卯午未戌年月，贵显。王鸿儒尚书己卯、乙亥、乙未、丙戌。靳学颜提学丁卯、庚戌。吴大本知县甲午、乙亥。甲戌、庚午。举人。

乙酉日丙戌时，春身旺，冬印助，大贵。夏巳午，秋酉戌，俱贵。亦看天干何如。丁未、甲辰，生计辛苦，一生遇贵。丑月刑戌吉。杨五华尚书丁亥、壬子、乙酉、丙戌。屠直斋尚书庚子、丙戌。徐绅都堂丙子、庚寅。问死得生。徐玨总兵丙辰、丁酉。田蕙进士乙未、戊寅。林环状元乙卯、辛巳。戊戌、戊午。举人。戊申、丁巳。贵，无子。乙未，丙戌。平，凶死。

乙亥日丙戌时，血疾。亥子卯未寅月，生涯遇贵发福。天干透财伤官生财，尤吉。张孚敬阁老乙未、戊子、乙亥、丙戌。一云丙子时。季膺进士癸未、戊午。李伟皇亲封武清伯庚午、己卯。三子。

枯木相逢局，逢春叶更生。晚年方得地，花发再重荣。

乙日丙戌时火库，藏辛遇丑乃吉昌。若也运逢凶克害，算来此命且如常。

乙日相逢丙戌，伤官库木枝枯。不临辛丑钥匙无，难倚六亲父母。雁侣分飞不睦，于人心悲成疏。要知发福改门闾，此命后甜先苦。

六乙日丁亥时断

六乙日生丁亥时，食神印绶亦奇哉。月气水土无财贵，切忌伤妻与子灾。

乙日丁亥时，死处逢生，乙木死亥，却壬水为生气印绶，乙用丁为食，亥中丁坐无气，喜甲木生助丁食为福。如遇金局行水运者，防目疾。四柱见财，或行财运，贪财坏印，主破财。戊为财为妻，庚为官为子，亥上庚绝土病，妻衰子少。

乙丑日丁亥时，秀。生壬子申未卯月，干透财印者，才德兼全，职任风宪。年月干支纯金，身衰煞旺，多主凶死。彭华阁老壬子、壬子、乙丑、丁亥。游侍郎乙未、己丑。梁进士壬申、戊申。一知县命同。庚戌、戊子。富，四子俱监生。辛巳、庚子。跌死。己丑、丁丑。毒死。

乙卯日丁亥时，巳酉丑月偏官，申月正官，俱贵。亥月东南运，风宪。未月三合木局，大贵。董丞相己巳、辛未、乙卯、丁亥。戊申、戊午。教谕。壬午、甲辰。举人。刘良弼少卿辛卯、戊戌。辛卯、庚子。进士。

乙巳日丁亥时，吉。卯月西北运，五品贵，通月气南方运，中贵。年月干透丁壬，支坐卯酉寅辰者，大贵。翟銮阁老丁酉、壬寅、乙巳、丁亥。方宜贤知府壬辰、壬寅。丁巳、甲辰。平章。乙未、己卯。知州。海瑞癸酉、辛酉。南总宪、以清直著。己卯、戊辰。都督。

乙未日丁亥时，贵。子亥年月，公侯。春生行西运，郎官。酉孤贵。年月木火，主发高科。水土金与日干合化有用者，俱吉。黄佐翰林庚戌、己丑、乙未、丁亥。王文焞状元壬寅、丙午。李价吏部癸未、乙丑。尹相给事戊午、癸亥。张书给事庚子、戊寅。乙亥、丁亥。侯伯。林萃举人庚子、戊寅。陈诗举人壬申、癸卯。

乙酉日丁亥时，月通金局，行水运大贵。通木气发达。土气称意。姚尚书丙申、庚寅、乙酉、丁亥。田顼宪副丙辰、丁酉。翁两川进士癸未、己未。良璞进士甲子、壬申。闫忠信举人癸未、乙卯。辛丑、辛卯。先贵后刑。杨述中郧抚庚申、丙戌。

乙亥日丁亥时，有财自刑。寅卯身旺。天干透财者富。辰丑行金火运，贵。亥子申官印双清，更辅以财。大贵。陈尚书丙午、己亥、乙亥、丁亥。王尚书戊子、壬戌。张时彻尚书庚申、丙戌。吴世腾少卿辛亥、庚子。乙丑、丁亥。知府。丙寅、丁酉。举人。乙卯、己卯。己亥、丙寅。俱富。庚戌、戊子。富，多子，克五妻。

时逢印食局，功名不可量。贵人相聚会，富贵坐朝堂。

时上生逢亥与丁，食神乙木遇长生。运行不值空冲破，富贵双全显姓名。

乙日时逢丁亥，食神印绶相扶。长生得意好文儒，令显清名贵遇。喜逢丁壬化气，运临冠带迁除。元机妙法实难窥，丙巳寅申减贵。

六丙日戊子时断

六丙日生时戊子，财官生旺遇食神。月气相扶为最贵，身衰无倚是常人。

丙日戊子时，官旺财生，丙用辛为财，癸为官，丙合辛，戊合癸，子中癸旺辛生，丙火无气。若通火气月有倚托者，贵，不通贫下，通木气亦吉。

丙子日戊子时，寅巳卯未月，木能生火，大贵。冬月丙火无气，贫夭。戌月行火土运，五六品贵。忌丁巳月，夭。己酉月，破家，失土身贱。董玘会元侍郎癸卯、辛酉、丙子、戊子。神童。应大猷都宪丁未、丙午。张洽御史己未、丙子。辛丑、辛丑。大贵。壬申、己酉。中贵。己卯、癸酉。衍圣公。

丙寅日戊子时，生卯丑月清贵。寅戌平常。夏月身旺，柱有水金方吉。子月正官，大贵。忌癸巳月刑，癸亥月恶死，己酉月大败。邹应辰给事壬辰、乙巳、丙寅、戊子。李玑尚书己未、丙子。一云丙子日。己卯、丙子。莫如士御史壬申、戊申。毛伯知状元丁酉、甲辰。癸卯、甲子。举人。

丙辰日戊子时，丙辰为日印格，喜见官星，若生戌月身旺，最宜武贵。寅月行金水运，中贵。申月三合会煞，有印贵。忌己巳月，主凶死，己亥月自刑死，癸丑月破祖恶死。李南庵参政戊辰、癸亥、丙辰、戊子。陈新知县乙酉、甲申。癸酉、辛酉。提学。

丙午日戊子时，丙午为日刃格，要官煞制合。生辰戌丑未月，大富。亥卯未寅年月大贵。申巳文贵三品，武贵不永。纯子为子午双包，贵格。忌丁巳月恶死，丁亥月自刑恶死，辛丑月孤独。颜回亚圣己丑、辛未、丙午、戊子。成国公辛未、庚寅。戊戌、己未。尚书。白怡官生太守辛酉、癸酉。陆果进士癸亥、乙卯。

丙申日戊子时，巳午年月行东北运，风宪。子月行木火运，三品，丑七品。酉亥虽遇贵，反贱。忌癸巳月中年刑，乙酉月破败。郑岳侍郎戊午、甲子、丙申、戊子。明一化解元戊辰、辛酉。魏瑄举人辛巳、己亥。曹志清举人辛巳、丙申。戊子、癸亥。同。

丙戌日戊子时，春生印绶最吉。夏身太旺平常。秋财旺身衰，有倚托则贵。纯酉年月，文进之贵。忌巳亥月死不全尸，癸丑月贫夭。刘白川尚书癸未、乙卯、丙戌、戊子。丁丑年致仕。何笋亭御史丙辰、己亥。吴国伦大参甲申、丙寅。发解。徐行布政己丑、丙寅。

食神迎马局，财气旺十全。不犯空冲克，才名远近传。

活计生涯四季隆，丙逢戊子食官同。无伤晚岁皆成就，吉处遭凶险处通。

丙子时逢戊子，官星食福同排。午丁未遇且沉埋，交通中年大快。父母妻子喜合，胸中隐匿文才。若逢好运一时来，富贵清闲自在。

六丙日己丑时断

六丙日生时己丑，官鬼相伤禄不成。若见申庚并乙旺，不求财禄过平生。

丙日己丑时，伤官背禄，傲物志高。丙用癸为官，丑中有癸余气，被明暗土伤。柱
　　透癸为祸，若见庚辛伤官生财，却为福庆。一云明出地上格，主贵。

丙子日己丑时，寅亥申辰年月，天干透财印食，贵。罗伦状元辛亥、庚寅、丙子、
　　己丑。名臣。舒春芳宪副戊寅、癸亥。戊辰、乙未。太守。

丙寅日己丑时，平常。生乙酉月正财格，有乙庚健旺者贵。己丑年月，干透官印者
　　贵。《神白经》云：火土象主贵，有血疾。徐锦都堂乙巳、丙戌、丙寅、己丑。
　　江良才宪副壬辰、己酉。陈谨状元己酉、乙丑。享寿不永，卒于乱军。詹惠御史己
　　亥、戊辰。雷贺进士丁卯、癸丑。潘允端进士丙戌、癸巳。父兄俱贵。郭琥总兵
　　丙子、丁酉。张驸马戊申、丙辰。刘提刑庚辰、壬午。

丙辰日己丑时，申亥年月化水则吉，不化寿促。戊月冲库，无人不发。寅午身旺成
　　炎上格，大贵。马愉侍郎乙亥、丙戌、丙辰、己丑。甲戌、癸酉。贵同。王慎
　　中大参己巳、甲戌。海内文名。董传策侍郎庚寅、壬午。谏言几死凶终。姚涞状
　　元戊申、戊午。尚书谟子。

丙午日己丑时，春月行火金运，官至极品。夏平，秋富，冬贵，难为妻子。午酉年
　　月，五六品，此月禄生财之验。徐乾布政甲辰、甲戌、丙午、己丑。王应钟御
　　史庚午、己丑。骆维俨举人丁丑、戊申。

丙申日己丑时，血疾。申月文学儒官，戊卯贵。子辰会官，寅卯会印，俱吉。林启
　　解元甲戌、丁丑、丙申、己丑。庚子、乙酉。御史。戊寅、丙辰。举人。赵焕
　　御史壬寅、壬寅。

丙戌日己丑时，高，武刑后发旺。生亥卯月火金运，大贵。辰未四库全火土成局，
　　大富。《神白经》云：六丙日见己丑时，多主血疾。王进布政乙卯、丙戌、丙
　　戌、己丑。余太宰丁卯、癸丑。卢知县辛未、辛丑。戊辰、己未。富。
　　时上伤官局，荣华不久长。常人离祖吉，君子外荣昌。
　　丙日财官库里藏，戊辰未字显文章。身衰若也无钥匙，求名求利总平常。
　　丙日时逢己丑，伤官财库暗藏。运交未戌不寻常，破出财官必旺。近贵谋夺劫

财，算来须有些害。六亲真假少和谐，直断依时莫怪。

六丙日庚寅时断

六丙日生时庚寅，学堂生气助其身。运中有合通金局，必是荣华富贵人。

丙日庚寅时，生气学堂，丙寅上长生，文章秀气；丙以庚辛为财，寅上庚绝丙旺。
若通月气金局者，财旺，富贵双全。喜西方运，不通局者财薄。

丙子日庚寅时，生子月近贵。癸酉月行水木运高贵，火木运五品以上贵。未申癸午
年月，身居武职，大贵，寿浅。武定侯郭勋丙申、戊子、丙子、庚寅。癸卯年死
于狱。余端礼丞相乙卯、戊子。张参政丁巳、壬寅。又己酉、癸酉，贵同。阎
光潜宪副戊寅、己未。符验南知州癸丑、辛卯。吴时来给事戊子、甲子。两上
疏言事，遭杖几死，谪戍数年，诏还，官至都宪。杨廷筠学院丁巳、丙午。

丙寅日庚寅时，贵不久。生酉申年月，世裔冷职。子丑寅未，贵显。纯寅尤吉。陈
尚书癸卯、乙丑、丙寅、庚寅。吕侍郎癸未、甲寅。吴棱解元庚午、乙酉。不
禄。周汝励解元癸巳、甲子。丁未、壬子。大贵。甲戌、乙亥。小贵。壬辰、壬
子。受荫有财。良辰、戊子。千户，凶死。

丙辰日庚寅时，生寅午戌未年月，妻贤子孝，富贵双全。申子行北运，大贵。酉丑
富。一云总高。甘为霖尚书丁未、壬子、丙辰、庚寅。以土木得幸。赵知府辛
卯、庚子。温举人癸卯、戊午。温都宪子。宋夏英公癸酉、壬戌。简继芳进士辛
丑、庚寅。

丙午日庚寅时，年月无壬癸子未巳字，飞天禄马贵。巳酉丑申，主文学，不贵即
富。未月伤官。辰月先贫后富。亥月行西运，贵显。费案尚书癸卯、丙辰、丙
午、庚寅。刘思问都宪己卯、丙子。廖庆郎中辛丑、癸巳。刘尚书丁亥、戊
申。甲戌、丙寅。宰相。丁酉、癸丑。待制。己酉、丁丑。元戎。

丙申日庚寅时，亥卯未、申子辰二局，官印两旺，大贵。巳酉丑财局，吉。寅午戌
本局，平。曾从状元乙未、甲申、丙申、庚寅。木尚书庚申、戊子。莫侍郎丁
亥、辛亥。何枢密己卯、丁卯。曾参政己未、壬申。谢少南参政戊午、己丑。
有文名。黄瑷知府壬辰、壬子。或作壬辰时。甲寅、辛未。举人。

丙戌日庚寅时，生亥子月贵显。申酉年月行北方运，寅午戌行官鬼运，俱大贵。若
运临死绝，即人黄泉无疑。魏尚书戊申、戊午、丙戌、庚寅、一云癸亥年。顾遂

侍郎辛亥、甲午。朱都堂甲寅、甲戌。_{缢死}。程一新布政癸酉、壬戌。

时上财神局，金生福未量。十年窗下隐，得志姓名香。

丙庚相合遇寅时，险难消除福自随。运至寒门名将相，时来平步上云梯。

丙日庚寅时准，双亲衰旺离乡。妻儿早害晚荣昌，白虎归山正旺。木有成林松柏，生涯广聚财粮。堆金积玉满高堂，共羡人言上样。

六丙日辛卯时断

六丙日生时辛卯，旺木双妻为人巧。不旺化水死乡中，色欲随身多爱好。

丙日辛卯时，败财逢合，丙日卯上沐浴，见辛合神。若身甚旺不得化者，只是为人无礼而贪色欲，却好，如身弱化水，卯上水死，秀而不实，为人惯巧虚诈。惟丙午、丙寅春月生，身旺不化者，文贵显秀。

丙子日辛卯时，子卯相刑，伤妻害子。年月同，主魁名，近侍之贵。寅午丑戌天干地支相合者，大贵。郑纪尚书癸丑、壬戌、丙子、辛卯。刘行素宪副丙子、辛卯。王履端进士丙申、庚寅。

丙寅日辛卯时，无祖自立，有肢体疾。寅卯未子月贵。余月平，岁运同。高云川御史己未、甲戌、丙寅、辛卯。_{一乙亥月，大贵凶死}。王太守乙未、丁亥。朱端明举人庚戌、丙戌。陈彝举人己巳、丙寅。习孔教翰林丙申、辛卯。凡此日生，年月午戌合局。_{作炎上格论}。

丙辰日辛卯时，生寅戌月，天月二德，高。巳月行北方运贵。酉丑亦贵。亥卯未大贵。嵇世臣编修癸亥、癸亥、丙辰、辛卯。癸酉、乙丑。_{法司}。

丙午日辛卯时，年月中得癸水官星去刃则吉。子月伤克妻子。寅酉性格刚强，不受击触，三四品贵。午戌行东南运，卯月行西北运，俱贵。一云旺中有失。王忬侍郎丁卯、丙午、丙午、辛卯。_{羊刃无制，故凶死}。赖有子凤洲复其官。张状元丁酉、乙巳。_{五行归禄}。许乐善进士丁未、己酉。戊寅、甲寅。_{丞相}。甲寅、戊辰。太师。甲寅、癸酉。_{祭酒}。陈栋会元探花丁酉、乙巳。

丙申日辛卯时，滞，主聪明，好酒色，身旺不化者贵。春吉。冬行北运，富贵双全。巳丑年月行东运，二品，午未三品。张衮太常卿丁未、丁未、丙申、辛卯。戊戌、辛酉。_{参议}。丙午、辛卯。_{监丞}。癸酉、甲子。_{进士}。吴哲参议癸未、癸亥。甲戌、甲戌。_{举人}。

丙戌日辛卯时，伤妻害子，身旺不化者贵。春聪明好酒色。冬行西运富贵。夏风宪。《神白经》云：火木化主福厚。姚夔状元乙酉、丁亥、丙戌、辛卯。癸丑、壬戌。侍郎。癸酉、甲子。进士。戊辰、辛酉。举人。壬辰、壬寅。富寿。

丙辛化水局，身弱难为福。官司防惹绊，常人多反覆。

丙辛化水不相当，有助身强大吉昌。四柱若逢冲克破，劳心劳力过时光。

丙日时逢辛卯，贪财坏印难成。财官运步显名声，身弱性情不定。父母六亲难靠，挺身改祖方成。雁行各自望前程，有破如常之命。

六丙日壬辰时断

六丙日生时壬辰，杀星坐库火难亲。身强反主为官贵，如弱定为贫夭人。

丙日壬辰时，火水未济。丙见壬偏官，辰上壬水合局，火死无光。若生春夏身旺，化鬼为官，复行身旺运，贵。秋冬身衰鬼旺，更无倚托，贫下残疾。

丙子日壬辰时，辰戌丑未月，偏官有制，吉。亥卯年月富贵。寅午行子运，子行寅午运，俱贵。不然僧道。一云有财招是非。曾丞相丁丑、壬寅、丙子、壬辰。何知府癸丑、壬戌。丙申、庚子。举人。庚午、丙戌。小贵。丁丑、丁亥。双瞽。庚申、戊寅。御史。

丙寅日壬辰时，身煞两旺，寅卯辰丑末年月大贵。巳午戌年月亦贵。一云仇冤大凶。夏言阁老壬寅、丁未、丙寅、壬辰。凶死无子。吴宽状元乙卯、己丑。王渤解元戊寅、己卯。壬午、己酉。侍郎。乙未、戊寅。进士。庚辰、丙戌。推官。己丑、丁卯。举人。乙卯、癸未。巨富。丁未、己酉、荫郎。

丙辰日壬辰时，身孤有财，主恶死。春生行北运，夏东运，俱贵。秋南运，官至三品。许天锡给事辛巳、庚寅、丙辰、壬辰。何永庆太守癸未、辛酉。

丙午日壬辰时，贵，身旺煞旺。若辰戌丑未月偏官有制，贵。无制平常。王健光禄卿壬戌、癸卯、丙午、壬辰。王时槐主事壬午、丁未。葛大纪进士丙午、辛丑。高瑶进士壬寅、壬寅。甲寅、癸酉。侍郎。己巳、丁卯。寺丞。辛卯、辛丑。参将。

丙申日壬辰时，旺中灾。春平，夏福，秋富，冬寿促。若申子辰水局，干透印比助，大贵。食制煞亦贵。嫌煞透无制，财党煞强，天死非命。石崇己卯、壬申、丙申、壬辰。虽富敌国，死于非命。潘潢尚书丙辰、丙申。一参政命同。钱弡知县乙酉、甲申。死倭难。庚子、甲申。参铺。戊子、丙辰。主事。丙子、丙申。御史。癸亥、甲子。河南周王贤。丁未、壬子。漂流外死。

丙戌日壬辰时，凶。卯未年月运行火土，官至三品，妻贤子孝。辰戌丑月平稳。寅午子巳年月，风宪。汪宏尚书丙戌、戊戌、丙戌、壬辰。一御史乙未月。刘都堂癸卯、丁巳。杨御史庚午、戊子。周懋矗知县己巳、庚午。杨濂苑马卿甲子、壬申。操守经进士甲申、甲戌。翁咏举人戊戌、甲子。

辰为官库局，妻子不周全。纵然财禄旺，离祖免灾缠。

丙日壬辰怕见申，再逢阳水定灾屯。柱中若得寅午戌，变凶为吉贵绝伦。

丙日壬辰时墓，身衰耗鬼当涂。雁行难倚不相扶，妻子何须缘误。君子文章福助，常人恩反成疏。运行官禄任谋图。无破不贵即富。

六丙日癸巳时断

六丙日生时癸巳，日禄归时又遇官。不见巳寅壬癸月，功名唾手得何难。

丙日癸巳时，日禄归时，丙火巳上见癸为正官坐贵。柱无壬巳并寅亥冲刑者，贵，有则否。官通水旺，丙通木旺，无有不贵。

丙子日癸巳时，丙禄在巳，癸禄在子，互换禄马，岁月无壬巳寅亥冲破，近侍风宪，位至公侯。《神白经》云：化火主有福，不宜饮酒。梁材尚书庚寅、乙酉、丙子、癸巳。名臣。吴章都堂庚子、戊戌。甲寅、壬申。阁老。唐商御史戊子、癸亥。癸酉、癸亥。进士。

丙寅日癸巳时，春月干支无水，文进绣衣，荣妻荫子。卯戌申酉年月，二三品贵。《神白经》云：火化主贵，无寿，不宜饮酒。倪岳尚书丁卯、庚戌、丙寅、癸巳。名臣。林一龙御史癸巳、乙丑。壬寅、庚戌。中丞。

丙辰日癸巳时，不利祖宗。酉戌寅丑年月魁罡格。通身旺贵。朱笈都堂庚申、乙未、丙辰、癸巳。谪戍复起。康郎都堂戊辰、庚申。郭日休进士庚子、丁亥。施传爱会魁辛未、甲午。刘省元丁未、戊申。张裕参将己巳、丙子。张太师壬辰、丙午。

丙午日癸巳时，丑辰月杂气财官，贵显。寅月丙长生，巳月丙建禄，天干透财印者，大贵，宜戒酒。子官旺，酉财旺，俱吉。林廷机侍郎壬戌、己酉、丙午、癸巳。庚午、己丑。宪副。丙午、庚寅。知府。癸丑、丁巳。国公。甲辰、己巳。

元帅。己卯、丙子。真人。

丙申日癸巳时，身坐偏官偏财，不贵即富。一云陆沉。巳午未身旺，吉。寅卯辰印旺，亥子丑官旺，俱吉。张镐都堂辛酉、乙未、丙申、癸巳。沈教都堂乙巳、丁亥。黄宗概给事丙寅、庚寅。林炳章举人丙子、壬辰。乙丑、丙戌同。丁未、丙午。大贵。丙寅、壬辰。小贵、不禄。丁酉、戊申。进士。

丙戌日癸巳时，卯戌丑未月贵不永。寅亥年月风宪，嫌冲刑，宜戒酒。王尚书己卯、甲戌、丙戌、癸巳。程一佳御史丁亥、辛亥。王钦进士乙卯、癸未。陈光解元甲午、丁卯。张庆举人辛卯、庚子。陆阳举人甲申、丙寅。

日禄归时局，逢官禄亦敷。时来无淹滞，富贵不劳图。

丙日时逢癸巳真，号为正贵喜相亲。柱中年月无冲破，必是荣华富贵人。

丙日时逢癸巳，正官禄马稀奇。算来妻子早难为，官禄冲克最忌。君子文名出众，常人财禄有余。黄金白玉出沉泥，运至时来偏聚。

六丙日甲午时断

六丙日生时甲午，格入伏晶要见土。乐逢戊己最为祥，火炎太过多辛苦。

丙日甲午时，丙火午上太旺，要见己合甲化土，火气伏晶，明照四方，若不见土难享福。生辰戌丑未月，上伏火气，造化得中，年月干上再透戊己，运行金水贵。不透，通土气运亦贵通，忌刑破。

丙子日甲午时，春生吉，夏无依，秋财旺，冬官贵，少子晚成，火土运发达。莫状元己巳、壬申、丙子、甲午。郑进士壬子、戊申。查志立进士甲午、庚午。赵千户戊午、戊午。温应禄探花戊辰、己未。

丙寅日甲午时，生辰戌丑未月，上伏火气，造化得中，贵。午月，火太旺，凶。马自强阁老癸酉、甲子、丙寅、甲午。甲辰、庚午。举人。

丙辰日甲午时，寅卯印助，申酉财旺，巳午身旺，亥子官旺，俱吉。然以火土为重，无则福薄。未戌辰丑见吉。林廷昂尚书壬辰、丙午、丙辰、甲午。刘吾南布政己卯、丙寅。高廷华宪副甲戌、癸酉。一己巳月，举人。何琛御史壬申、庚戌。乙酉、癸未。都宪。

丙午日甲午时，寅午戌月作倒冲论，二三品贵。子月南运，八九品贵。寅月南运，金紫贵。午月东方运，近侍贵。张宰相戊戌、甲寅、丙午、甲午。甲寅、庚

午。乙丑、壬午。俱参政，陈运使同。吴相御史甲戌、癸酉。华汝励举人癸未、
辛酉。一甲寅月，同知。吴迩道郎中壬寅、庚戌。戊戌、戊午。进士。

丙申日甲午时，不见火土气者福薄。行金水运贵。陈伯谅进士己亥、甲戌、丙申、
甲午。谢昆进士己酉、乙亥。乙亥、丙戌。参政。乙亥、甲申。解元。

丙戌日甲午时，春生吉，夏孤克，秋吉，子少。寅午戌月富贵超群。神仙宰相。林
果库生甲戌、丙子、丙戌、甲午。王锡爵阁老甲午、癸酉。榜眼。

炎火添柴局，忧中主发禄。不宜守旧业，离祖反成福。

丙日午时少水灾，浑如炎火又添柴。柱中见火无刑破，中末荣华不必猜。

丙日时逢甲午，柱中劫刃伤官。木衰火旺化为灰，四季提纲方贵。君子亨通出
入，常人守祖多灾。六亲骨肉少和谐，作事有成有败。

六丙日乙未时断

六丙日生时乙未，火月生人多富贵。乙为正印局中逢，不见财星方可慰。

丙日乙未时，生气印绶，丙见未为印库，若通火气月贵，不通，柱无财不行财运，
亦作高命论。见则贪财坏印，主平常。冬生官旺辅印，贵显。

丙子日乙未时，春印绶稳厚。夏平稳，秋反覆，冬贵，岁运同。谢尚书甲戌、丙
寅、丙子、乙未。唐瑶太守癸卯、乙卯。荆川父。刘状元乙丑、癸未。丁卯、乙
未。举人。傅宗龙兵部尚书辛卯、庚子。凶终。

丙寅日乙未时，生卯未月印绶格，智慧丰厚，难为妻子。寅巳子辰年月贵。纪公循
宪副庚辰、戊寅、丙寅、乙未。贺一桂御史辛卯、丙寅。陈懿德庶吉士癸巳、
甲子。龚进士丙申、庚子。中后死。麻禄总兵壬申、壬子。辛丑、乙未。大参。

丙辰日乙未时，春吉，夏平稳，秋劳碌，冬贵显。巳午月行西北运，六七品贵。游
振德都堂丁丑、丁亥、丙辰、乙未。丘伟主事甲子、己巳。李旦进士甲寅、乙
亥。庄一俊参议庚子、己丑。廖云从举人戊午、壬戌。刘少保丙午、癸巳。杨
照总兵甲申、丁卯。阵亡。辛丑、戊戌。太守，被奴鸩死。

丙午日乙未时，不贵则富。午戌年月职居风宪。一云日刃逢生旺太过，若年月偏党
刑煞重者，眼疾。申子辰官星制刃，亥卯未印绶化刃，俱吉。张时举大夫甲
子、甲戌、丙午、乙未。乙卯、戊子。丙寅、庚寅。俱瞽。

丙申日乙未时，不通火气，不见财星，作好命论。年月子辰会官，亥卯会印，俱

贵。王一夔尚书甲辰、丙子、丙申、乙未。吴纳斋太守壬子、壬寅。施千祥苑马卿甲子、丙子。黄应星举人丁卯、丙午。

丙戌日乙未时，申子辰年月近侍贵。寅卯巳年月大贵。顾鼎臣状元阁老癸巳、乙卯、丙戌、乙未。一云丙申日，癸巳时。

未时正印局，遇者贵无疑。福星临照处，金带紫罗衣。

未时丙日生无疑，雁伴随缘各自飞。运气若行东与北，平生衣禄自无亏。

丙日时临乙未，运行东北荣华。身强财旺莫咨嗟，显贵高堂大厦。君子封妻荫子，常人定好生涯。堆金积玉实堪夸，富贵骑骡压马。

六丙日丙申时断

六丙日生时丙申，身衰财破比肩分。暗中鬼旺七煞地，无救何能家道殷。

丙日丙申时，财旺身衰，丙见庚为财、壬为鬼，申庚旺壬，生丙火无气，财遇比肩分夺，若不通身旺月者，贫下。有倚托救助又通身旺月，运再同贵。

丙子日丙申时，若通火气及寅卯月，再行身旺运，吉。年月纯金，弃命从财，亦以吉论。贾似道奸臣癸酉、庚申、丙子、丙申。狗子平章庚子、己卯。己丑、丁丑。富。己卯、壬申。贵戚。

丙寅日丙申时，时日对冲，忧伤妻子。通火气月，行身旺运，吉。亥月手艺。一云旺中脱败死。吴一本金宪辛卯、甲午、丙寅、丙申。夭。温学舜进士癸亥、辛酉。乙酉、癸未。武贵。

丙辰日丙申时，寅月行南运贵。子三合官局，天干透印，大贵。亥生透壬多夭。戌未平常。张敬修进士壬子、庚戌。革退。

丙午日丙申时，主血火厄，后大发。若巳月生庚辛，透露财星格，武贵。张星湖知州乙丑、庚辰、丙午、丙申。吴裸举人乙巳、丙戌。

丙申日丙申时，高，好色。子辰年月东运贵，不然残疾寿促。亥卯未吉。刘知县庚辰、乙丑、丙申、丙申。甲辰、戊辰。富贵。王衡榜眼辛酉、戊戌。

丙戌日丙申时，柱无壬癸亥子酉字填实，作拱格论，贵。寅戌巳午，身旺无依，僧道。一云破祖了发火血灾。张师载都堂甲戌、庚午、丙戌、丙申。杨郎中癸未、甲寅。方兴邦举人戊寅、乙丑。戊戌、庚申。贵。己丑、丁丑。贫。

官旺长生局，天然富贵属。背禄及空冲，奔波财不足。

二丙相逢时遇申，无刑无破改门庭。火金销炼多成败，有印方能脱俗伦。

丙日时逢申位，比肩阳火迟疑。偏官荣旺是和非，就里妻财惩遂。祖宗盈亏得失，双亲雁侣难依。时来鞍马家道齐，资财虚名薄利。

六丙日丁酉时断

六丙日生时丁酉，刃生身死为灾咎，柱中无救定然凶，就财弃命难长寿。

丙日丁酉时，刃生身死，丁为刃，辛为财，酉上辛旺丙死，丁火长生，就财弃命，若无救助，不通身旺月，刃神不见刑冲，为人凶狠，不明礼义，有始无终。通月气或有救助，为技艺便巧之流。癸卯月生者，癸能破丁刃为官，癸水卯上长生，卯中有旺乙为印，如用神有力，又行水木运，贵显。

丙子日丁酉时，春稳，夏贵，秋平，冬吉。未申酉亥年月，大贵。有辰会子，有丑会酉，俱以贵论。邵宝侍郎庚辰、乙酉、丙子、丁酉。名臣。许珀进士癸丑、癸亥。范进士庚辰、丁亥。李起总兵丙申、庚寅。裴赐郎中戊戌、丙辰。丁丑、己酉。进士。

丙寅日丁酉时，卯亥未年月，干透官煞者贵，余月有艺，平常。李冲奎给事丙戌、辛丑、丙寅、丁酉。癸卯、庚申。平章。

丙辰日丁酉时，寅午戌巳年月，干透煞印者贵。申子会官干透印比者贵。如年月火土，宜见财，则吉。阁老壬寅、乙巳、丙辰、丁酉。编修庚辰、丙戌。御史丁巳、戊申。赵秉忠状元庚午、己卯。

丙午日丁酉时，生巳午戌月，僧道，命好。酉月贵。亥子丑寅卯辰官印年月大贵。师丞相甲寅、戊辰、丙午、丁酉。钱太卿丁卯、癸丑。李状元壬戌、辛亥。

丙申日丁酉时，通木水气，月行水木运贵。巳午身旺。亥子官旺。年月两全者，大贵。王一蘷状元乙巳、戊子、丙申、丁酉。何其仁进士庚戌、己卯。

丙戌日丁酉时，月通木气，行水运贵。通金气行火运，金马玉堂，才名冠世。露庚藏戌，贫夭。党绪举人丙寅、庚寅、丙戌、丁酉。方宗重举人甲寅、丙子。炎火销金局，身衰最可伤。常人难显达，君子也如常。

丙火遇酉不相当，太阳日没少辉光。四柱若兼冲克破，六亲刑害走彷徨。

丙日时逢丁酉，天元炎火销金。六亲相守不安宁，阻碍前程难进。日夜思量不足，居官犹自忧贪。若逢巳月改门庭，子午傍人嗔恨。

六丙日戊戌时断

六丙日生时戊戌，火局之中遇食神。月气火通为福寿，不通逢吉亦常人。

丙日戊戌时，庙堂食神，丙以戌为食神寿星，戌上丙火入库，戊土专位，若通火气月及东南运，福厚有寿，不通平常。

丙子日戊戌时，寿永，名利不失。寅亥卯未印及申酉戌巳年月，主贵。张宪尚书丙寅、庚寅、丙子、戊戌。潘方伯丙申、戊戌。林璧郎中癸亥、壬戌。洪珠进士甲辰、丁卯。张文镐进士乙卯、癸未。宋元瀚知县丙戌、庚子。刘庭兰进士丙午、戊戌。杨珂郎中癸未、甲子。丙午、戊戌。太守。

丙寅日戊戌时，夏月福寿双全，善能言语。春木克土，食神被枭。寅月丙戌俱长生，最吉。有申庚制甲，大贵。秋冬火衰，贫下。巳申亥年月，风宪极品。张贤尚书戊申、壬戌、丙寅、戊戌。己巳、壬申。贵同。朱衡尚书壬申、壬寅。李庭龙命同，官止大参，丙子年卒，荆吴分野不同。韩凤桥太守癸酉、甲寅。林石海御史庚午、甲申。李元阳御史丁巳、庚戌。黄希白金宪己巳、戊辰。

丙辰日戊戌时，午月丙火有气，土厚地方，五六品贵。亥月金火运，风宪。一云破祖孤，可为僧道。宋大谏壬申、癸丑、丙辰、戊戌。凶死。汪廉宪癸巳、乙丑。吴琛知府戊申、庚申。龚懋贤御史己亥、丁丑。

丙午日戊戌时，羊刃食神健旺，名利骤发。亥未辰戌年月，西方运，风宪。一云喜中有灾。侍郎甲寅、戊辰、丙午、戊戌。戊戌、戊午。贵同。宪副甲子、辛未。戊午、壬辰。贵同。刘悫知府丁巳、丙午。姜以达进士壬戌、癸丑。王一贯亚魁壬申、辛亥。御史庚子、戊子。

丙申日戊戌时，亥月东方运贵。寅午身旺，干透财吉。丑辰刑冲戌库，发于晚年。一云夭贫。李廷相尚书辛丑、甲午、丙申、戊戌。袁汝是给事壬申、辛亥。

丙戌日戊戌时，贫，若通寅巳午戌火局，福寿双全，大贵，见财亦吉。韩邦彦尚书丙午、癸巳、丙戌、戊戌。林仕凤进士丁酉、乙巳。戊寅、丁巳。主事。乙酉、戊寅。举人。辛未、癸巳。神童。戊戌、壬戌。富。壬戌、戊申。凶。丙戌、辛丑。进士。

时上食神局，楼台店舍中。茶房并酒肆，几度立家风。

丙日戌时财库开，少年未遇且沉埋。运通早晚封官爵，设若无官也发财。

丙日时逢戊戌，就中仓库兼全。重重福禄自天然，富贵妻贤子羡。君子文章早立，常人财物绵延。天孤父母早淹连，辰戌钥匙开显。

六丙日己亥时断

六丙日生时己亥，亥中壬旺被己伤。若通月气方为贵，寅卯不逢主泛常。

丙日己亥时，鬼旺身绝，丙见己为伤煞，壬为正鬼，甲为倒食。亥上有明己，旺壬生甲，丙火绝气。若通身旺月有倚托者，化鬼为官，主贵，终亦凶狠。通身旺运亦贵，身弱无倚托，不通月气，柱中透出壬字，为祸百端，傲物气高，主平常。丙属小肠与心脐，多患心血疾。

丙子日己亥时，秋冬平常。未月行水木运，干透木火者贵。子月行东运，大贵。申亥丑戌年月亦贵。张瀚尚书辛未、庚子、丙子、己亥。蔡国公甲子、丁丑。方状元辛亥、辛丑。谢蹇布政丙申、己亥。华察学士丁巳、丁未。丁丑、癸卯。富，多子。

丙寅日己亥时，夏生化鬼为官，妻贤子孝，不贵则富。寅卯辰巳申丑年月，或午戌会局，天干更透丙戊字，主大权贵。《神白经》云：纳音火木象贵。极品授王爵庚辰、庚辰、丙寅、己亥。一丞相命同，一太师庚寅年。王以旂尚书总制三边丙午、戊戌。郭琥总兵丙子、丁酉。郭持平都堂癸卯、乙卯。罗理榜眼癸丑、甲子。祭酒辛丑、辛丑。一同知同。谢存儒宪副丁巳、戊申。张从律进士癸巳、丙辰。常自新进士癸巳、乙丑。辛亥、己亥。知州。辛未、庚寅。己卯、丁卯。俱举人。

丙辰日己亥时，日德格。寅月生吉。辰月为僧道，主富，平人孤克。戌月冲辰，巳月冲亥，丙旺库，俱吉。卯未会行金水运，申子会行木火运，俱贵。《神白经》云：火土化须有福只寿天。夏子开知府己巳、丙寅、丙辰、己亥。颜守贤知州壬午、庚戌。唐时雍举人己巳、壬申。丁酉、戊申。丞相。

丙午日己亥时，武贵。寅巳午月生，妻重子晚，不贵即富。秋冬名利进退，酉午戌大贵。李遂侍郎甲子、癸酉、丙午、己亥。李敬状元戊戌、乙卯。庚子、己卯。参政。丁卯、丙寅。给事。杜南谷金宪辛未、丁酉。林允宗进士丁卯、甲辰。罗外山举人乙亥、癸未。王时槐主事壬午、丁未。庚申、丁亥。宪长。

丙申日己亥时，春夏生移根换叶，就妻求福。秋冬平常。酉月行东南运，风宪。周奇雍都堂己亥、丙子、丙申、己亥。陈大护进士戊午、乙卯。刘禹谟知府甲申、乙亥。张裔御史甲午、壬申。

丙戌日己亥时，寅卯巳午，木生火炎，妻伤子少，聪明富贵。酉亥子丑，平常。东运亦贵。黄元恭金宪丙子、庚寅、丙戌、己亥。王守中丞丙子、甲午。周御史癸卯、辛酉。屠仲律进士辛巳、辛丑。辛酉、己亥。壬午、癸卯。俱举人。

天乙扶官局，清名到处扬。常人须发福，君子作侯王。

丙日亥时命最高，犹如兰蕙出蓬蒿。四柱若兼冲克破，求名求利却虚劳。

丙日时临己亥，若无壬字希奇。命中子少两三妻，就里喜逢天乙。父母雁侣行远，刑空文福难齐。皆因八字有高低，切忌贪财罢职。

第五十一章　星命汇考五十一

《三命通会》二十三

六丁日庚子时断

六丁日生时庚子，身衰鬼旺暗中藏。月无救助多贫夭，得坐身强又吉昌。

丁日庚子时，身绝鬼旺，丁以庚为财，癸为鬼。子中有癸，丁火无气不能助扶。若通身旺月有倚托者贵，更行身旺运，大贵。反是贫夭下贱。丁属心，心乃血之腑，又主血病。

丁丑日庚子时，平。通木火气，或行身旺运贵，亦有亥子年月贵者，以丁火阴柔不怕水乡故也。一云先贫后吉，戊寅月夭。辛丑月破祖，中年蹇。罗江进十己酉、丙寅、丁丑、庚子。参政同。陈选进士辛亥、庚子。壬子、癸卯。金宪。庚辰、癸未。进士。癸未、甲子。举人。戊戌、乙丑。女命子韩敬会状。

丁卯日庚子时，贫。辰戌丑未，偏官有制，午月干强，春身旺，俱吉。秋冬平常。忌癸巳月破祖凶，己未月刑伤，甲申月刺面血光死。翁理宪副丙子、庚子、丁卯、庚子。林城御史丙午、乙未。高文荐都宪丁亥、癸卯。陶大临榜眼命同，官止侍郎，癸酉年卒，吴梁分野不同。金镜举人癸酉、壬戌。辛亥、丁酉。丞相。

丁巳日庚子时，春旺，夏强，俱贵。秋冬平常。四季月制伏得中，吉。子辰行酉运，四五品贵。一云横发大旺。忌庚寅月刑，庚申月大破，辛酉月破刑。李尚智都宪戊寅、壬戌、丁巳、庚子。陈元琰知府壬申、辛亥。张却斋御史丁丑、丁未。甲子、丁丑。状元。

丁未日庚子时，辰戌丑未月偏官有制。午月干强，贵。余月有制伏，吉。戊子文章显秀。忌戊申月天，丙戌月刑，辛丑月刑凶。陈绶少参庚午、壬午、丁未、庚子。己未、癸酉。参政。

丁酉日庚子时，辰戌丑未月，刚明特达，贵。辰巳年月贵尊相府。忌甲寅月，破败恶死，癸巳月离乡恶死，乙酉月刑死。王笔峰参政丁巳、丁未、丁酉、庚子。吴定泉知府丙子、甲午。黄大经主事乙卯、戊寅。魏公济进士戊申、癸亥。刘尔牧郎中乙酉、己卯。朱端举人癸亥、庚申。张皇亲壬寅、癸丑。

丁亥日庚子时，五十后大旺。辰戌丑未月吉。寅午年月贵。忌庚寅月恶死，庚申月身不全死，辛酉月破败。张状元壬子、癸丑、丁亥、庚子。郑材进士命同。己酉、丙寅。庚子、己卯。俱参政。

沙里淘金局，士庶主平常。刑伤多险难，君子免灾殃。

庚子时逢日是丁，火落江湖暗复明。四柱若兼冲克破，读书到老只虚名。

丁日时逢庚子，日干丁火光辉。火胎金绝有盈亏，妻妾不能全美。有克有刑冲破，就中文福难齐。相生相救贵人提，此命先难后易。

六丁日辛丑时断

六丁日生时辛丑，库中财谷多陈朽。身无依倚不为佳，有托妻贤而富厚。

丁日辛丑时，丑为财库，辛为妻财，己为食神，丑旺金局，暗巳得位，丁火无气，若失天时无倚托者，就妻而发，有倚托救助者，财食丰足。

丁丑日辛丑时，申酉月财星格，财旺生官，贵。午月伤财，身旺主官禄。纯子寅，武贵三品。水月艰辛劳苦。辰月贵戚。陈尚书癸卯、戊午、丁丑、辛丑。王侍郎乙卯、己丑。戊辰、己未，宪副。谭一召进士己酉、丙寅。丙寅、辛丑。双瞽。戊戌、壬戌。礼部郎。

丁卯日辛丑时，辰巳未年月富贵，妻子迟。寅卯印助，戌库身旺，刑丑丁得倚托大贵。张汉侍郎丁卯、庚戌、丁卯、辛丑。贾淇知府甲申、丙子。陈宪举人丙辰、癸巳。陆都司丙寅、乙未。

丁巳日辛丑时，因阴人致贵。巳酉丑申年月财旺生官，富贵。卯月平常，行北运亦贵。丑月西南运大贵。杨丞相戊午、乙丑、丁巳、辛丑。王学士乙卯、己丑。奚良辅同知壬戌、丁未。凶死。李一德知县丁丑、己酉。丁亥、己酉。癸酉、戊午。俱举人，午月建禄透官吉。

丁未日辛丑时，时日并冲，忧伤妻子。酉月通水气吉。岁运同。林照举人己卯、甲
戌、丁未、辛丑。

丁酉日辛丑时，寅卯巳午，身旺有托，主文名高贵，龙遇非常。申酉戌财旺，从之
最吉。亥子官旺亦吉。以下六丁日所忌月分同上时亦并论。胡濙尚书乙卯、辛
巳、丁酉、辛丑。名臣。黄镐尚书辛丑、丁酉。汪宗凯郎中戊辰、戊午。戊寅、
甲寅。主事。吴文伟举人丙辰、戊戌。蔡宗德举人庚子月。王荆公甲申、丙寅。

丁亥日辛丑时，春印绶吉。秋生有火气，亦吉。夏太旺，凶。冬官煞旺，吉。未戌
月冲开丑库，富。朱南冈进士庚子、戊子、丁亥、辛丑。

时上库财局，人生遇有缘。无伤终富贵，此语不虚传。

辛丑遇丁为宝库，柱无匙钥难言富。刑冲运至遇高人，发迹他乡名誉著。

丁日时逢辛丑，偏财库喜刑冲。若还不显有虚名，妻子宜尔相庆。父母雁行难
睦，家门改换重新。发财发福见中兴。必是荣华之命。

六丁日壬寅时断

六丁日生时壬寅，身去从官化木神。水木月通成局象，尊荣安富贵无伦。

丁日壬寅时，身去从官，丁壬化木，寅上健旺，若水局之月大贵，通木月亦贵。如
丁未月行东方运好。

丁丑日壬寅时，化贵。生冬月官旺，贵。春印绶，安稳。夏吉。秋平，行东运好。
黄巩进士庚子、戊子、丁丑、壬寅。乙酉、壬午。学士。乙卯、辛巳。富。万恭
侍郎乙亥、丙戌。

丁卯日壬寅时，贵，化吉。寅卯年月行金水运，大贵。亥子月行西运贵。王德明都
堂壬寅、庚戌、丁卯、壬寅。邵梗宪副癸丑、乙卯。庚申、壬午。官同。方正
梁会魁丙辰、辛丑。戊辰、庚申。主事。癸丑、戊午。同知。壬申、壬子。进士。
邵皇亲丙寅、庚寅。好道求仙。

丁巳日壬寅时，丁死于寅，巳无生意，又被寅刑，有始无终。若行金水运，荣贵。
寅午年月身旺，亥卯未印旺，申子辰官旺，俱可言贵。李仁杰编修壬子、壬
寅、丁巳、壬寅。丁洪进士丙午、戊戌。史朝宷进士丙戌、辛丑。张正卿主事
己未、丙寅。俞绍举人甲申、辛未。丁酉、丙午。知府。辛亥、辛卯。郎中。赵
可总兵壬辰、壬寅。癸巳，己未。贵同。

丁未日壬寅时，恶死。春生印吉，夏木火运发福，秋富，冬贵。酉戌年月，官至三品。亥卯寅戌，文贵高科。纯卯行金水运，金紫。《神白经》云：化木主贵。彭泽都宪己卯、壬申、丁未、壬寅。时臣总兵丙午、庚子。董一夔总兵癸巳、己未。孟赐进士丙午、戊戌。陈器进士癸卯、甲寅。黄廷宣金宪壬寅、壬子。赵四山金宪己卯、甲戌。章丞相乙亥、戊子。何状元戊辰、癸亥。刘如宠进士乙卯、庚辰。

丁酉日壬寅时，亥未寅卯申子年月，聪明富贵，风宪极品，巳午宰相。辰月行金水运，戌月东方运，俱贵。《神白经》云：木化主贵。胡宗宪尚书壬申、辛亥、丁酉、壬寅。陈则清都堂乙巳、甲申。林二山都堂戊申、癸亥。顾可久宪副乙巳、丁亥。张大伦进士甲辰、庚午。袁正总兵辛未、己亥。沈进士丙子、庚寅。黄日敬举人癸丑、甲寅。孔圣公己卯、丙子。赵南星太宰庚戌、庚辰。

丁亥日壬寅时，日贵格，配合壬寅，官印俱全，文章显达。子月大贵。化气凶。《神白经》云：化木主贵。徐侍郎丙子、庚寅、丁亥、壬寅。己巳、癸酉。太守。癸酉、壬戌。举人。己卯、丁丑。祖大寿元戎。

点铁成金局，时逢大吉昌。庶人多发福，君子利名彰。

丁壬合化入金乡，狗禄蝇名空自忙。节概衰贱无足取，眼前骨肉亦参商。

丁日壬寅时合，化局木旺之乡。月支申酉不相逢，得志高人荐用。父母雁行少力，外人喜笑春风。运逢水木没金踪，贵显荣达之命。

六丁日癸卯时断

六丁日生时癸卯，鬼旺身衰困不禁。倚托月通方论福，不然贫下苦悲心。

丁日癸卯时，身衰鬼旺，丁以癸为鬼，乙为倒食，卯上癸生乙旺，若有倚托救助及身旺月，化鬼为官，吉。柱无运通亦吉。反此贫下，失明血疾，妻灾子少。

丁丑日癸卯时，辰戌丑未月，制伏得中。午月干强，贵。申丑风宪。黄士观郎中甲申、庚午、丁丑、癸卯。李际泰进士壬子、癸丑。癸丑、己未。伯。

丁卯日癸卯时，寅卯月生印绶，带煞不为凶论。行官运贵显。杨白泉尚书辛丑、癸巳、丁卯、癸卯。萧良有会元榜眼庚戌、丁亥。己巳、癸酉。参政。乙未、戊寅。太守。辛巳、庚寅。举人。

丁巳日癸卯时，丑月生北方运土厚地方吉。水秀之地，二三品贵。申酉用财亦吉。

陈应之郎中乙巳、甲申、丁巳、癸卯。丙戌、甲午。皇亲。戊戌、癸亥。丞相。太医院使乙酉、辛巳。杨时宁进士丁酉、癸丑。三兄弟，兄举人、弟进士。丙午、丙申。举人，巨富。

丁未日癸卯时，偏官生印。春吉，夏平，秋富，冬贫。或云丁火不怕水，冬生亥子煞重身柔，大贵。丑未行东运贵。章丞相丁亥、壬子、丁未、癸卯。林进士丙戌、辛卯。韩绍方伯丙申、乙未。子敬会状。

丁酉日癸卯时，日时俱坐贵，得之最吉。春夏身旺，化鬼为官，秋冬身衰，勤苦。巳戌月贵。纯午丑年月，干透庚己，清贵。杨忠愍公继盛丙子、甲午、丁酉、癸卯。项乔宪副癸丑、丙辰。林策评事己巳、乙亥。金状元乙卯、丁亥。

丁亥日癸卯时，卯月印绶，近侍之贵，寅午京官五六品。林敬主事乙亥、戊子、丁亥、癸卯。

梦中蝶化局，觉后莫思量。运身通旺地，方许利名昌。

丁丑日逢癸卯生，求名求利且中平。身衰弄巧翻成拙，得志须通遇贵人。

丁日时临癸卯，身衰无倚平常。门中鬼贼耗财粮，守祖须防破荡。父母雁行少靠，妻子不免离乡。运中身旺煞方降，堪许利名荣畅。

六丁日甲辰时断

六丁日生时甲辰，官星得位印生身。不通月气平为福，有倚扶同禄贵人。

丁日甲辰时，印绶官库，甲为印，壬为官，辰中甲木印绶生身，官星合局，若通月气，有倚托者贵，否则平常。春生喜北运，冬生喜南运，吉。

丁丑日甲辰时，吉，亥子月富贵。申月东方运，午月金水运，俱贵。纯寅风宪极品。孙枢密丙申、庚子、丁丑、甲辰。王冢宰甲辰、壬申。何教谕癸丑、辛酉。傅洽举人甲寅、丁丑。丁亥、辛亥。巨富。

丁卯日甲辰时，辰戌丑未月孤克，运通发财。丑月南方运贵。卯月金水运近侍权贵，不利建白。伦以谅进士甲寅、辛未、丁卯、甲辰。周仪举人庚辰、壬子。吴大选举人甲寅、丁丑。癸未、乙卯。给事。戊申、乙丑。同知。壬戌、戊申。富。

丁巳日甲辰时，凶刑孤克。春印吉。夏秋平常，冬官旺。纯戌木火运，官居冷职。王皇亲丙午、壬辰、丁巳、甲辰。己未、壬申。知县。癸未、乙丑。进士。

丁未日甲辰时，丑亥卯未月，印绶官贵。夏平。辰戌贵厚。西午金水运大贵。王廷相尚书甲午、丙子、丁未、甲辰。名公。唐龙尚书丁酉、丁未。名臣。伍布政壬午、庚戌。王太守己未、甲戌。刘豫卿进士辛卯、戊戌。谢检讨壬戌、丙午。己巳、壬申。贵，横亡。

丁酉日甲辰时，平，年月不见戌字，日主荣贵格。春生南运贵，北运大贵。年干月支合局，入马化格，尤贵。李春芳阁老庚午、己丑、丁酉、甲辰。一云癸卯时，谨厚谦虚，五世同堂，缙绅少有。夏侍郎乙亥、庚辰。方知府丁丑、壬寅。韩廉宪甲申、己巳。王三接知府丙辰、壬辰。徐大用同知丁丑、壬子。丙辰、壬辰。封官，先贫。丙子、戊戌。县丞，极富。乙丑、壬午。进士，早卒。

丁亥日甲辰时，日贵格，官禄得位，必当显达。申辰年月大贵。午月东北运，辰月北方运，俱贵。一云血疾凶刑。状元丁亥、甲辰、丁亥、甲辰。都堂壬戌、己酉。周尚文总兵乙未、戊寅。真将才。

时中官库局，发福要刑冲。若行亨通运，财生官自从。

丁日时逢官印同，匙开财库见钱龙。支干四柱无刑破，运至方称富贵翁。

丁日辰时库旺，其中印绶相生。匙钥戌开喜壬丁，文秀出群超众。骨肉六亲刑克，果成花谢重荣。只争运迟见钱龙，先暗后明之命。

六丁日乙巳时断

六丁日生时乙巳，伤官暗里会枭神。东方运地成虚秀，金水之乡禄贵人。

丁日乙巳时，丁以壬为官，乙为倒食，巳上壬绝，有明乙倒食，暗戊，伤官健旺，为人傲物志高，平常。若通金水月气，贵。运通亦贵。

丁丑日乙巳时，春富，夏孤，秋吉，冬贵。许成名侍郎癸卯、癸亥、丁丑、乙巳。陈仁布政甲戌、丙寅。庄献举人辛未、甲午。乙卯、丁卯。刑凶。壬戌、壬寅。贼。

丁卯日乙巳时，春印，夏旺，秋财，冬官。看取用何如，俱可论吉。午未年月文章贵显，行官禄运吉。进士辛未、丙申、丁卯、乙巳。陈以勤阁老辛未、戊戌。

丁巳日乙巳时，再生巳月倒冲，亥壬为官，无水填实破格者，主四五品贵。项编修癸卯、丁巳、丁巳、乙巳。任状元丙子、癸巳。赵参政甲午、丙子。何太守甲寅、甲戌。王郎中戊辰、丁巳。施判院辛酉、癸巳。辛未、丙申。运使。己巳、癸酉。文贵。丁卯、庚戌。武贵。

丁未日乙巳时，若入倒冲格，无冲破贵。己亥年月，三四品贵。酉丑合财局，富。张承叙知府癸酉、乙丑、丁未、乙巳。辛巳、甲午。总管。癸未、乙卯。女命荣寿。丁巳、乙巳。贵。丁未、乙巳。女命天启西宫。

丁酉日乙巳时，破财倒食，若通金水年月行金水运，吉。向成御史辛卯、丁酉、丁酉、乙巳。文参政癸卯、丙辰。己未月。大贵。叶左丞丁巳、乙巳。朱恺知府壬戌、辛亥。李会春举人戊寅、丙辰。

丁亥日乙巳时，时日并冲，忧伤妻子。巳酉丑、申子辰金水二局，财官得用，以富贵论。王圹侍郎壬辰、甲辰、丁亥、乙巳。丁亥、甲辰。乞丐。

偏印破财局，早年且掩埋。运行官禄地，富贵自天来。

丁日巳时怕虎刑，财官运步始能通，好意之反恶意，先难后易乐从容。

丁日时临乙巳，破财倒食难通，双亲雁侣且和平，妻子无嗔无闷。君子文学秀气，常人才艺通明。壬庚辛癸若重逢，中末财名足用。

六丁日丙午时断

六丁日生逢丙午，日禄喜居时上遇。柱中鼠兔癸无伤，少年腾达青云路。

丁日丙午时，青云得路。丁火午上建禄，若支无枭破，干无癸刑，禄元纯粹，主贵。如支有子卯干有癸破禄，遇而不遇。

丁丑日丙午时，平。寅卯戌未年月贵。酉丑用财，最吉。忌亥子官煞。范安抚辛未、庚午、丁丑、丙午。史平章己亥、丙寅。戊寅、辛酉。庚寅、己丑。俱举人。

丁卯日丙午时，旺中有灾，卯字刑破白。丁巳月西北运贵，东南极品有权。寅亥武职二品，若全子酉大贵。黎侍郎戊子、辛酉、丁卯、丙午。王其勤郎中。命同。和参政甲午、丙寅。陈平章。命同。郑寺簿辛未、丁酉。刘一燢阁老丁卯、壬子。

丁巳日丙午时，丁禄午，丙禄巳，互换禄格，柱无寅亥子字，文章贵显，封妻荫子。卢后屏尚书癸丑、丁巳、丁巳、丙午。林承训进士庚申、壬午。吴云台举人丙辰、戊戌。丁亥、乙巳。贵同。

丁未日丙午时，贵，破祖而成。年月忌壬癸字。甲申月财官印三奇，辰月官库，亥月官印，俱大贵。谭纶尚书庚辰、甲申、丁未、丙午。丁丑年卒。吕柟状元己亥、己巳、己丑、戊辰。万户。辛酉、壬辰。宪副。乙巳、乙酉。大贵。己亥、丙子。解元。

丁酉日丙午时，平，不利子孙。亥卯未年月，贵。巳酉丑平。寅午戌富。王安仁太守丁丑、壬子、丁酉、丙午。郑寺丞己巳、庚午。

丁亥日丙午时，平。子月金水运郎官。未申酉丑年月俱吉。一云先破后富。张状元壬申、丁未、丁亥、丙午。姚左丞辛酉、辛丑。陈奇瑜总督癸未、壬戌。

马化麒麟局，遇者必丰盈。不犯刑冲破，声名近帝庭。

午时丁日禄元局，不见官星压众曹。四柱无刑行运吉，青云有路步丹霄。

丁日时逢丙午，互换禄马光辉。功名烜赫世应希，习学文章主贵。年月无癸子卯，时来文福班齐。布衣换得锦衣归，风送云程万里。

六丁日丁未时断

六丁日生时丁未，火托木局生有气。衣禄安稳且如常，运见水兮方得地。

丁日丁未时，火托木局，丁以甲为印绶，未为木库印绶之乡，若柱不见财星，不行财运，年月通亥卯未局有倚托者，安稳之福。

丁丑日丁未时，丑未刑冲，不得善终。年月辰戌四库全，贵当极品。申未三品法司，淡薄清闲。一云破祖刑。洪武御命戊辰、壬戌、丁丑、丁未。丙申、丙申。参政。戊辰、庚辰。巨富。己卯、庚午。阁老。

丁卯日丁未时，刑中发。寅卯月印绶，发财敦厚。辰戌申午俱吉。俞林侍郎甲戌、戊辰、丁卯、丁未。林兆金主事壬申、丙午。韩参政甲午、壬申。黎金宪乙酉、壬午。

丁巳日丁未时，拱禄格贵。年有子字，则午为阙门，得拱大贵，忌空亡填实。年月见财官印俱吉，财富，官印贵。费宏阁老戊子、乙卯、丁巳、丁未。许大亨御史壬午、戊申。傅爔进士壬子、己酉。杨阶进士丁卯、壬寅。辛丑、丁酉。巨富。癸亥、己未。巨商，晚贫。

丁未日丁未时，八专太旺，早克父母妻子，衣禄平常，为僧道吉。柱通金水木并金水运，衣禄安稳，大贵。一云凶中晚发，大富。杨一清阁老乙亥、己丑、丁未、丁未。名臣。无子。娄志德卿己亥、丁丑。邹守益尚书辛亥、辛卯。丁未、丁未。一进士，一生员。

丁酉日丁未时，日贵格。若亥卯未寅月生，衣禄敦厚，寅月金水运，金紫风宪。一云大凶天。黄希晦知县丙寅、甲午、丁酉、丁未。余濂知县壬寅、丙午。顾应阳官生壬戌、辛亥。庚申、乙酉。商人，巨富。

丁亥日丁未时，卯月，三合印局，贵而有寿。申财旺，亥官旺，俱吉。若夏生，丁火有气，儒官，但不免孤贫。耿裕尚书庚戌、己卯、丁亥、丁未。黄谦给事己卯、乙亥。唐时雍举人丁丑、戊申。

时逢木库局，印绶喜匙开。运行官旺地，福禄自天来。

二丁相遇未时排，险路中年发福来。运吉贵人相会合，安闲衣禄不须猜。

丁日时逢丁未，其中仓库沉埋。少年难发等时来，丑未相冲通泰。不靠双亲雁侣，花开收果妻财。时逢寿足福重来，末遇荣华堪快。

六丁日戊申时断

六丁日生时戊申，天元背禄败其身。月无救助财难发，只是平常衣禄人。

丁日戊申时，身败背禄，丁以壬为官，申上见戊土伤克，若年月干透壬，见官为祸，虽有旺庚为财，自败不能制克。不通身旺月者平常，喜甲寅年月，忌壬子。

丁丑日戊申时，秀贵。未申年月贵，行东南运大贵。己月西北运，六卿之职。卢宗哲光禄卿乙丑、己卯、丁丑、戊申。黄祯郎中庚戌、戊寅。癸巳、丁巳。壬辰、辛亥。俱举人。

丁卯日戊申时，春伤官用印，秋伤官用财，俱吉。夏比肩，冬伤官，见官平常。四季月吉。欧阳必进尚书辛亥、辛丑、丁卯、戊申。范参政庚午、戊寅。高才举人癸未、丙辰。二兄无子，富贵合属此人。

丁巳日戊申时，不贵即富，未免刑克。夏生，行西北运贵。秋冬劳苦。谢三洲都宪辛酉、己亥、丁巳、壬申。一子一孙，俱举人。郭提刑己酉、戊辰。赵通判己巳、丁丑。萧春芳举人乙未、戊寅。乙卯、庚辰。富。

丁未日戊申时，生巳午未戌，身旺贵显。若亥卯会未、子辰会申，俱以贵论。英国公丁巳、丙午、丁未、戊申。一云癸巳、戊午。蒋之奇内翰乙亥、丙戌。壬子、壬子。癸巳、壬辰。俱贵。黄文焕翰林丙申、辛卯。

丁酉日戊申时，寅午戌丑辰未月生，伤官伤尽为奇，又日贵格，主登科第。运行金水，腰金衣紫。明武宗辛亥、戊戌、丁酉、戊申。地支亥戌酉申相连无间，名透顶连荣格，又辛亥戊申名天关地轴格，所以至贵。耶律参政壬子、丙午。丙午、乙未。金宪。癸亥、戊午。举人。辛卯、甲午。主事。

丁亥日戊申时，日时相害，忧伤妻子。通月气身旺者贵显。年月戊戌，丁巳火土太重者目疾。董士衡宪副癸亥、丙辰、丁亥、戊申。极富，晚年病目。己未、辛未。参政。应伯川御史壬申、庚戌。甲子、丁卯。知县。

福禄艺随局，凶中反化吉。运行金水乡，方是发财日。

丁日戊申时为正，天元气旺显文明。为官虽是甘淡薄，运吉终须家道成。丁日戊申时正，申上戊土长生。伤官伤尽否中亨，癸亥填实忌用。君子退身解职，常人家计难成。若还富贵不安贫，想是生时不定。

六丁日己酉时断

六丁日生时己酉，学堂遇贵格诚稀。妻子有气食神旺，无破无刑方是奇。

丁日己酉时，丁火酉上长生，学堂、天乙贵人皆兼得之。丁用己为食，辛为财，酉上明己暗辛生旺，文章秀丽，如见卯乙冲破者，不贵。

丁丑日己酉时，辰巳午未申戌年月贵。张内翰甲午、戊辰、丁丑、己酉。曾存仁参议庚戌、庚辰。

丁卯日己酉时，时日并冲，忧伤妻子。通火气吉，忌乙卯字。年月有亥未巳，丑但一字两合，不以冲论。杨令公丁亥、丁未、丁卯、己酉。三位天乙贵并三位杀神居于时，所以武略出人，百战百胜。叶学士丁巳、乙巳。林嵩知县癸巳、辛酉。

丁巳日己酉时，巳酉丑年月，财旺生官，终身富贵，亥子亦吉。师宗鲁侍郎辛巳、戊戌、丁巳、己酉。沈绍德参议癸未、癸亥。林颖举人辛亥、辛丑。乙丑、辛巳。富。刘生中翰林丙寅、庚子。

丁未日己酉时，通火气贵。见卯乙癸字不贵。刘平章乙酉、乙酉、丁未、己酉。

丁酉日己酉时，刑害孤恶，通木火月吉。杨宪副甲子、辛未、丁酉、己酉。郭天禄宪副丙戌、庚寅。欧溥举人乙巳、丁亥。赵总管丙申、乙未。

丁亥日己酉时，蹇滞或娶婢为妻，如戊己丙丁年月，居近侍有权，卯甲乙寅西北运贵。李珊府尹乙丑、丙戌、丁亥、己酉。吕旻编修戊子、甲子。陆从太进士戊寅、丁巳。

秋月当生局，财星朗朗明。若无刑克破，富贵不离身。

丁日酉时终见贵，偏财食遇禄元归。干支生旺凶中吉，冲破财星隐祸机。

丁日时临己酉，食神旺相生财。清闲福禄自然来，一世为人响快。君子宽洪海量，常人四海情怀。财官双美象中排，一路滔滔无碍。

六丁日庚戌时断

六丁日生时庚戌，墓中逢败难成福。若无救助鬼来伤，财帛不聚伤其目。

丁日庚戌时，墓中逢败，丁以庚辛为财，戌中有丙为败，不成其福。若无救助，叠见癸水，主伤目。

丁丑日庚戌时，时日相刑，忧伤妻子。若寅亥申酉年月，官至三品。午未子辰行金木运，亦贵。魏一龙宪副丙子、庚寅、丁丑、庚戌。郭公显御史壬申、甲辰。戊寅、辛酉。郎中。丁未、壬子。举人。

丁卯日庚戌时，生亥未年月，三合会印贵。子月煞印吉。年月建禄僧道主贵。柱无救助，见癸旺多患目疾。酉月无贵，纯酉戌年月，天干透己甲者，贵中带凶。陈长春宪副乙未、庚辰、丁卯、庚戌。杨守谦宪副乙丑、丁亥。江以瀚郎中辛酉、庚子。何良辅进士戊申、甲子。谷中虚都堂丁丑、丁未。一云戊辰、己卯、辛卯、辛亥、恐非。

丁巳日庚戌时，辰巳月金水运，风宪。癸子、壬亥南方运，极品。纯未西北运，三四品。身旺不行财官运，平常，为僧道清高。侯居坤主事戊戌、乙丑、丁巳、庚戌。金一凤解元甲申、辛未。戊辰、壬戌。主事。戊子、辛酉。进士。戊辰、庚申。侯水死。

丁未日庚戌时，主刑。亥卯会印，申子辰会官，俱主文贵。午月建禄，有子冲凶。若年月用土生财主富，用财生官，富贵两全。张治阁老戊申、辛酉、丁未、庚戌。周伯温丞相戊戌、甲子。楚书都堂辛亥、辛卯。李学诗翰林癸亥、癸亥。己卯、戊辰。进士。晏沃举人丁丑、甲辰。刘尧臣举人壬辰、壬寅。甲子、己亥。指挥，七子。

丁酉日庚戌时，日贵格，近贵，晓艺业，有机谋。酉戌六害，骨肉无情。秋月五六品贵。张震侍郎丁巳、壬寅、丁酉、庚戌。郑钢知府丙辰、戊戌。

丁亥日庚戌时，日贵格，巳酉丑年月，四五品贵。寅卯亥火金运，位至六卿。谢尚书己酉、乙亥、丁亥、庚戌。马侍郎丁巳、癸卯。刘翰参政己卯、庚午。陈省都宪己丑年。刘云鹤进士癸酉、甲寅。刘大化知府戊寅、甲寅。徐一唯主事壬寅、己酉。王一乾主事辛丑、辛丑。

残花值雨局，遇者不能通。运至财官地，方知免困穷。

丁日时逢戊刻真，锁钥无匙库闭门。父母兄弟难倚靠，立成家计自殷勤。

丁日时逢庚戌，火金刑害天孤。丑辰不遇钥匙无，库闭财能收贮。就合托妻随住，六亲骨肉消疏。晚年发福改门闾，此命后甜先苦。

六丁日辛亥时断

六丁日生时辛亥，财官双美印长生。若通月气极高贵，月不通兮名利轻。

丁日辛亥时，财官双美，丁用壬为官，辛为财，甲为印。亥上有明辛为财，暗壬为官，生甲为印。若通火气有倚托者，大贵，有全美之名。不通，名利乖劣。

丁丑日辛亥时，秋财旺，夏身旺，春印旺，贵显。冬，官煞太重，恐身弱不能胜任其福。郭惟贤进士丁未、庚戌、丁丑、辛亥。王杲尚书庚子、戊子。

丁卯日辛亥时，时上财官印三奇，再得年月印助财生，皆主大贵。纯子行木火运，官可六品。巳酉丑月，辛财得局，方有倚旺，富贵双全。陈以勤阁老辛未、戊戌、丁卯、辛亥。子翰林。赵炳然尚书丁卯、癸丑。谢东之尚书己卯、癸酉、董策宪副乙丑、辛巳。庚辰、壬子，侍郎。王好问尚书丁丑、丁未。刘日升进士丙午、甲午。

丁巳日辛亥时，时日相冲，忧伤妻子。若通火气，秋生行东运贵。辛月得巳亥者，破祖显秀。一云浊。洪孚仲尚书己丑、丙寅、丁巳、辛亥。马头带剑，中年财禄不资，末年破尽。

丁未日辛亥时，亥卯未寅辰午年月，干透正印正官者，聪明贵显，行西运极品，己丑月风宪。殷塘川阁老壬午、甲辰、丁未、辛亥。张程翰林丁酉、己酉。

丁酉日辛亥时，贵人捧印，贵。子月东方运风宪。柱有己丑会财，卯未会印，天干透财官印者，大贵。郭朴阁老辛未、乙未、丁酉、辛亥。九子。罗金宪甲申、丁丑。饶才知府丁丑、壬子。五子。万来侍郎命同。谪戍。丙子、戊戌。尚书。刘元霖丙辰、乙未。尚书。阴武卿都宪丁亥、庚戌。

丁亥日辛亥时，日贵格，又三奇全，通月气身旺者贵。卯未三合印局，大贵。又云自刑滞。刘仑御史乙亥、甲戌、丁亥、辛亥。李举人戊子、甲子。俞同知癸丑、乙丑。丙子、戊寅。贵。皇亲丁丑、壬子。或云年月子丑与亥相连官煞重，惟丁阴柔最吉。

鲲化为鹏局，声名自此彰。运行官禄地，发达岂寻常。

天元丁日亥时当，平步青云路正长。得志退毛鸡化凤，鹏程万里任翱翔。

丁日时临辛亥，天元禄马同乡。官居进士挂朝裳，必是寒门将相。定主妻贤子孝，威仪权柄难量。骤升台省与京堂，因是财官生旺。

六戊日壬子时断

六戊日生时壬子，月通四季墓中财。若交身化为真火，水旺运乡忌目灾。

戊日壬子时，妻财俱旺，戊以壬为妻财，子上壬水旺，戊土无气，生辰戌丑未月不化者，获财。若合癸化，落水旺乡，火不显其光，作事无成，虚而不实，当患目灾。通月气旺者贵。

戊子日壬子时，财星格，寅卯月禄马朝元，显贵。酉亥丑年月，西北运金紫风宪。忌乙卯年刑，癸巳月旺中刑，丙午月旺中受刑。杨巍侍郎丁丑、丙午、戊子、壬子。乙亥、己丑。副宪。黄谨容进士丙辰、辛卯。壬戌、癸卯。丞相。甲子、丙子。元帅。庚午、乙酉。探花。庚子、戊寅。进士。

戊寅日壬子时，卯月正官格，贵。夏乖，秋少顺。丑酉年月吉。忌己巳月刑，己亥月凶刑。洪朝选侍郎丙子、丁酉、戊寅、壬子。癸未、乙卯。贵同。林益知府壬寅、癸卯。姚永寺丞甲午、乙亥。康知县丙子年。韩奕御史戊戌、壬戌。刘炌宪长癸未、甲寅。庚申、己卯。少卿。丁未、丁巳。同知。

戊辰日壬子时，春财官旺，贵。夏乖。秋少顺。冬财旺，行西南运五六品贵。忌庚辰月自刑凶，辛巳月截路凶刑，乙丑月破败凶。刘焘右都壬申、壬寅、戊辰、壬子。边才。陈甘雨知府丙子、辛卯。孙献策游击己卯、乙亥。乙巳、庚辰。枢密。辛未、庚子。平章。丁丑、乙巳。进士。丙寅、庚子。御史。

戊午日壬子时，时日并冲，忧伤妻子。己午年月风宪。寅卯亥六卿。申月行木火运，侯伯。忌丙午月，身不全，癸亥自刑夭。年月子午不杂丑戌又刑，俱主大贵。贾元参政壬子、癸丑、戊午、壬子。戊午、壬子。戊戌、癸亥。俱参政。壬戊、壬寅。少卿。庚子、乙酉。运同。壬戌、辛亥。布政。

戊申日壬子时，高，先滞后旺。子酉年月时上偏财，贵。巳午未戌，身有制化，用财亦专，皆以吉论。申酉食伤生财，天干透甲乙者，富贵双全。忌己巳月刑害，壬午月夭折，伤六亲，癸亥月孤贫。梁储阁老辛未、丙申、戊申、壬子。许都督乙巳、乙酉。雷龙总兵乙酉、乙卯。葛恒知府乙巳、甲申。戊子、辛酉。贵同。朱浰进士丙午、丙申。庚午、丁亥。金宪。庚午、丙戌。主事。癸亥、甲子。京堂。

戊戌日壬子时，寅巳午年月去财留印，三四品贵。经云：能见义忘利，取印舍财是也。子酉，五品翰林。纯酉水木运，玉堂极贵。忌戊午月刺面短夭，辛卯月破败凶刑，癸丑月受刑，庚午月贫瞽。曾状元学士壬子、己酉、戊戌、壬子。谈石山都堂癸亥、甲子。胡宗明参政甲寅、戊辰。白启常少卿己丑、戊辰。傅作雨史部主事癸卯、辛酉。

财旺生官局，才能振四方。失时居陋室，得志作侯王。

戊日喜逢壬子时，身强官旺正相宜。运行背却休囚地，荣禄奔波任作为。

戊日时逢壬子，此为财旺生官。化为丁丁是漫漫，任子东西走窜。木旺运中显达，文章秀丽多端。为人博览任追欢，富贵资财万贯。

六戊日癸丑时断

六戊日生时癸丑，却去从妻成配偶。为人性巧甚聪明，尤好风流嗜花酒。

戊日癸丑时，戊以癸为妻财，丑中有癸余气从财癸旺，若通月气化为真火，为人聪明。若通土气主富贵操权。夏月行东方运贵显。

戊子日癸丑时，戊月生杂气印绶，天干透丙丁字，不必格局，主富贵。若年月午酉，干透庚乙，乙与庚合，戊与癸合，戊食庚，庚旺于酉，贵于丑，癸为财，乙为官，而印根于午，日时干支为天地合德，贵禄交加，况兼以罗文贵，遇者主极品。王鳌阁老庚午、乙酉、戊子、癸丑。一云甲申时。杨选侍郎甲戌、丁丑。一云戊申、癸亥，癸亥年受刑。林德辉知州癸卯、甲寅。乙卯、癸未。同知。

戊寅日癸丑时，寅巳午未戌月化火吉。秋冬平常。陈伯献宪副甲申、乙亥、戊寅、癸丑。李伯同知壬戌、戊申。

戊辰日癸丑时，寅巳午未戌月，化火得地，申子辰财局亦吉。年月干支纯土，得四库全者贵。赵耀御史己亥、丁卯、戊辰、癸丑。樊北燕行人壬午、丙午。

戊午日癸丑时，寅戌未午年月，性聪明，特达，威权。林应亮侍郎丙寅、乙未、戊午、癸丑。李福总兵戊寅、丁巳。牛秉中总兵庚辰、己丑。癸未、丙午。庚戌、丙戌。俱举人。丁未、癸卯。京卿。

戊申日癸丑时，辰戌丑未午月生，富贵，贪爱酒色。夏东方运贵。秋冬财旺生官，若身衰，不夭即贫。愈应辰知府己丑、癸酉、戊申、癸丑。庚戌、癸丑。壬申、辛亥。俱富。唐仕济总宪庚午、癸未。

戊戌日癸丑时，夏生，东方运贵。辰戌丑未月，富贵操权，好花酒风流。施举人乙卯、庚辰、戊戌、癸丑。以上六日喜忌年月通融活看，更参诸命则得矣。

化合南离局，财门日日开。柱中无冲破，福禄自然来。

丑时戊癸化合柜，最喜刑冲忌锁闭。运行忽遇钥匙开，兴旺家门为活计。

戊日时逢癸丑，化为炎火生光。运行水地不相当，运到东南兴旺。祖业相离不定，从妻置买田庄。不然骨肉有刑伤，晚景荣华旺相。

六戊日甲寅时断

六戊日生时甲寅，病中又被鬼伤身。月气若通身旺吉，日干衰弱夭亡人。

戊日甲寅时，身衰鬼旺，寅中甲建禄，丙生身，如通身旺月有倚托有救助，化鬼为官，主富贵，反此贫夭，行身旺运亦吉。

戊子日甲寅时，先破后发，贵。未月生干，有制伏贵。午月有制，聪明近贵。辰戌丑身旺，亥卯煞旺，但有印有制，贵。纯乙丑年月，金紫。梁辰布政壬午、丁未、戊子、甲寅。郑逢阳主事甲戌、戊辰。寿不永。方随我知县戊戌、丙辰。丘民仰知县丙午、辛丑。陆树德给事壬午、庚戌。一云戊辰日。丙申、己亥。御史。戊寅、壬戌。副使。

戊寅日甲寅时，身旺，骨肉不同居。午月刃印带煞，子月，正财党煞，干透制亥卯未，纯煞身柔，干透刃，运行西南，兵权万里，扬威四方。巳丑戌年月身旺敌煞，酉丑申制煞，皆主大贵。嫌劫煞克身则凶。李尚书庚子、戊子、戊寅、甲寅。尹都宪壬子、壬子。郑尚书庚寅、壬午。刘侍郎癸卯、己未。刘顺徵进士庚戌、乙酉。管石峰大参辛亥、戊戌。蔡昂侍郎辛丑、庚子。颜总兵乙酉、癸未。麻贵总兵戊戌、壬戌。甲午、戊辰。丁酉、丙午。俱举人。

戊辰日甲寅时，时上偏官印绶带煞，柱有庚辛制伏者贵。辰戌丑未身旺亦贵。李志刚廉宪戊子、丙辰、戊辰、甲寅。周文光给事甲辰、癸酉。张献可举人丙申、庚子。丙午、辛丑。<small>解元进士。</small>顾宪成解元进士庚戌、乙酉。陆树德都院壬午、庚戌。

戊午日甲寅时，日阳刃，时偏官，以刃合煞，贵。巳酉丑月刀笔惊人，制伏不宜太过，寅卯辰巳戌子年月，天干有制伏，俱主大贵。一云化贵主贱中贵。王希烈侍郎辛巳、庚子、戊午、甲寅。邹守愚侍郎辛酉、庚寅。何总山平章乙未、戊寅。罗一中举人丁巳、戊申。乙酉、癸未。<small>武贵。</small>庚辰、戊午。<small>富。</small>张纶员外己卯、庚午。<small>由贡有学行。</small>

戊申日甲寅时，申酉伤官带煞，土厚地方贵。丑卯年月去煞留官，大贵。要行金火运，位极人臣。葛守礼左都乙丑、己卯、戊申、甲寅。<small>名臣。</small>何东序都宪辛卯、庚子。韩应龙状元戊午、壬戌。<small>寿夭。</small>华章举人辛丑、辛丑。甲寅、庚子。<small>文贵。</small>甲子、辛未。<small>武贵。</small>汪来宪副乙亥、辛巳。庚寅、壬午。<small>内官。</small>

戊戌日甲寅时，辰戌丑未月行水木运，三品。丑未年月行金水运，富贵双全。申子酉字年月俱贵，子孙亦昌。巳午贵，伤妻害子。朱尚书庚辰、丙戌、戊戌、甲寅。杨曼秋学士甲戌、甲寅。刘勋都堂丁未、丁未。张椿御史辛酉、乙未。夏育才知府乙丑、乙未。饶孚知州壬辰、癸丑。李廷裕进士壬戌、癸丑。甲戌、丁卯。丙辰、甲午。<small>俱举人。</small>

时上偏官局，身强喜印连。无刑冲克破，将相秉双权。

寅时戊日自非凡，卓越超群出世间。定显寒门出将相，如逢身弱是艰难。

戊日甲寅时正，身强花木逢春。偏官如遇怕刑冲，假煞反为权印。煞旺身衰减福，难倚雁侣双亲。如行印运福骄臻，定主才名初顺。

六戊日乙卯时断

六戊日生时乙卯，四柱伤官不见好。辛甲弗逢冲害无，管取功名直到老。

戊日乙卯时，官强身弱，戊用乙为官，卯上乙旺戊死，若无倚托，不通月气身弱，化官为鬼，纵贵寿夭。若通月气身旺有托，柱中不见申酉辛庚伤官甲木破命者贵显。

戊子日乙卯时，时日相刑，伤妻害子，自成自立。年月再遇主风宪。午酉四正全大贵。《神白经》云：火木象主贵少寿。一云凶刑。马文升尚书丙午、丁酉、戊子、乙卯。一品，九年考满，一代名卿。翁世经知府乙巳，丁卯。邓显麒进士甲辰、乙亥。

戊寅日乙卯时，亥子年月，妻贤子孝，贵。卯辰纯吉，寅巳亦吉。卫学士甲子、庚午、戊寅、乙卯。徐尧封郎中戊辰、乙卯。林大有进士乙亥、戊寅。甲辰、丁丑。运使。癸未、甲寅。举人。

戊辰日乙卯时，身孤贵。巳卯年月，身强官旺，荣身显祖，子孝妻贤。《神白经》云：水木象主贵无寿。鄢懋卿侍郎戊辰、乙卯、戊辰、乙卯。两干不杂，党恶害善，谪戍。夹谷明知府壬戌、癸卯。张琦知府辛未、丙申。金情御史丙辰、乙未。马明衡进士辛亥、丙申。曹员外壬申、庚戌。陈廉宪甲申、庚午。庚辰、乙卯。宪副。丁未、庚戌。戊申、庚申。俱丞相。

戊午日乙卯时，刃格正官，去刃为福，子寅卯辰午未申亥年月，俱主贵显。赵贞吉阁老戊辰、甲子、戊午、乙卯。刚直。丙子年四月卒。周延左都己未、丙子。李御史丙午、丙申。壬申、壬子。参政。乙卯、戊寅。进士。丁未、丙午。癸亥、壬戌。俱贵。

戊申日乙卯时，中年破祖。春贵，夏近贵。秋孤苦，冬，富贵双全。巳月木火运，五品上贵。燕丞相壬午、丁未、戊申、乙卯。王尚文总兵乙亥、辛巳。梁县尹壬寅、庚戌。

戊戌日乙卯时，春官旺。夏官印双全，贵显，秋平，冬贵。戌丑年月，方面三品。戌月行东方运孤贫。一云出身卑微发。吴德彰金宪戊子、壬戌、戊戌、乙卯。孙县尹丁巳、己酉。丁丑、戊申。举人。癸卯、甲子。提刑。庚午、癸未。部郎。

天禄朝元局，玉兔到蟾宫。不遇刑冲破，潭龙变化通。

时上生官坐禄权，戊日逢之不等闲。身强有托方成贵，制合官星贵亦难。

戊日时逢乙卯，木冲六合开通。金鸡玉兔显光荣，合掌光辉权印。乙酉辛伤雁侣，重花结子方成。困龙得水喜腾云，运至超群出众。

六戊日丙辰时断

六戊日生时丙辰，宝藏财库利于身。无伤无破何须问，禄马相扶富贵人。

戊日丙辰时，官藏财库，戊用壬癸为财，乙木为官，丙为倒食，辰上丙火无气，壬癸入库，乙有余气，若有倚托通月气者贵显。

戊子日丙辰时，春生近贵。夏辛苦，秋权高寿促。冬财，通火土有倚托者贵。王良桂知府辛酉、庚子、戊子、丙辰。姜金和探花乙亥、甲申。寿不永。丁亥、辛亥。小贵。癸卯、乙丑。双瞽。

戊寅日丙辰时，龙吟虎啸，中年大贵。子月北运土厚地方官至三品，东运风宪。丑辰年月四五品贵。寅午戌年通土气，月行木火运，极品。魏国公丁巳、丁未、戊寅、丙辰。康爱主事癸酉、丙辰。癸亥、丙辰。大富。

戊辰日丙辰时，克父大发，通身旺月行东北运富，水木月行身旺运贵。徐仁总兵己巳、戊辰、戊辰、丙辰。林养浩副都甲寅、癸酉。孔天引布政乙丑、乙酉。庚午、甲申。丞相。

戊午日丙辰时，亥卯年月行东北运富贵。未丑行西南运风宪。范瑟编修甲子、乙亥、戊午、丙辰。吴御史辛未、辛丑。一丙申月，富多子。夏汝励知州庚午、戊寅。庚寅、壬午。总兵。己卯、壬申。己卯、甲戌。俱富。

戊申日丙辰时，辰戌丑未月贵，不通土气行土运亦贵。刘元震尚书庚子、丙戌、戊申、丙辰。林子云贡士戊寅、乙卯。

戊戌日丙辰时，时日并冲，忧伤妻子，魁罡行东北方运，主权重发福。酉月近贵无福禄，亥卯未月以官印论，贵。一云破后大富。又云大凶刑。孙交尚书甲戌、辛未、戊戌、丙辰。李仕安侍郎癸亥、辛酉。张时进士庚午、丁亥。许以明举人癸亥、乙卯。白震都司戊辰、庚申。庚戌、庚辰。贵。丁丑、壬子。富。山东鲁王丙申、辛丑。

水库藏财局，无冲库不开。钥匙如脱锁，否极泰还来。

丙辰时逢为遇日干戊，库有财官锁闭门。不遇钥匙难发达，诛求劳碌度晨昏。

戊日丙辰时正，火光坐库无功。财官锁闭主兴隆，专等钥匙收用。卯戌开放乙癸，富贵名举高崇。运行火土不亨通，作事浑如醉梦。

六戊日丁巳时断

六戊日生时丁巳，印生日禄喜归时。财官不见刑冲破，早际风云会遇期。

戊日丁巳时，印绶遇禄，戊禄居巳，见丁为印，巳上丁火帝旺。年月支干不宜见财官，见官损禄，见财损印。不见官煞，不行财官，行食伤印运，高贵。忌刑冲破害。

戊子日丁巳时，贵。子月正财土厚地方显达。亥丑年月官居极品，内臣中富贵双全。杨荣少师辛亥、辛丑、戊子、丁巳。_{名臣}孙文锡进士甲子、丙子。丘枢密乙卯、壬午。辛亥、甲午。_{大富}。

戊寅日丁巳时，寅巳相刑，忧伤妻子。午月东北运风宪。寅午年月四品。林侍郎壬午、壬寅、戊寅、丁巳。郑东白金宪戊寅、丁巳。吴梓举人庚申、戊寅。

戊辰日丁巳时，巳酉丑月性格风流，威权重大。年月支干不见财官，青云得路。亥戌行南运，五六品贵。申行北运贵。戴尚书甲子、丙午、戊辰、丁巳。王侍郎辛卯、辛丑。

戊午日丁巳时，柱无甲乙卯寅，日禄归时格，又戊禄居时，丁禄居日，为互换禄，高贵。行伤食印运吉，有甲乙寅卯未字作官印取用，亦贵。郭用宾尚书癸酉、乙丑、戊午、丁巳。黄可大参议己丑、丁卯。赵锵参政丙戌、癸巳。壬戌、己酉。_贵。甲戌、己巳。_凶。

戊申日丁巳时，春夏平，秋成败，冬富贵。行木金运吉。董中丞甲戌、丙寅、戊申、丁巳。林烶章宪副辛卯、庚寅。郭田进士丁酉、丁未。萧举人己丑、丙寅。己未、戊辰。_{子贵受封}。戊辰、庚申。_{子贵巨富}。癸未、丁巳。_{凶死}。张一元主事癸卯、甲寅。

戊戌日丁巳时，无冲破，年月不见财官，不行财官运贵。寅月作偏官论，行未申运贵。子月透甲亦贵，亥卯未虽见财官，俱吉。盖归禄格不忌官煞与财，以身旺得之，反为福也。林文俊侍郎丁未、癸卯、戊戌、丁巳。范主事乙亥、丙辰。韦经锦衣千户戊午、乙卯。曾同亨都宪癸巳、乙卯。

风云聚会局，不要见官星。年月无伤败，功名一路通。

日干支禄喜归时，不见财官贵可期。无破禹门三级浪，伫看一跃上天池。

戊日时临丁巳，禄元印绶相逢。早夺丹桂步蟾宫，合掌公卿权柄。食神伤官运吉，财官相遇无功。双亲雁侣不扶同，有破别寻格用。

六戊日戊午时断

六戊日生时戊午，为人凶狠性多刚。月中化火居官吉，破害刑冲却是良。

戊日戊午时，刃神重叠，戊以午为刃，性狠多刚，如见刑冲破害、刃神受制，通月气者，为边疆武职。月中有化气得天时者，大贵。年月干见甲，僧道命。午中火旺，戊土被焚，多患脾肺疾。若月不通寅午戌亥，通运气者亦贵。

戊子日戊午时，巳寅戌月风宪。夏不熔铸，先刑后发，旺处多官灾，破祖。张果运使庚申、丙戌、戊子、戊午。

戊寅日戊午时，戌月，三合火局，干透癸化，得天时地利者贵。年月申子会水，寅午会火，有既济之妙。辰月亦得酉伤官未官印，俱吉。王子勉中丞癸未、辛酉、戊寅、戊午。赵伯员外戊辰、甲寅。方国位进士戊午、己未。邓羊叔都司壬申、王子。一给事同。周澜举人甲子、戊辰。癸酉、戊午。凶死。李同芳会魁庚子、己丑。任启元解元丙午、辛卯。

戊辰日戊午时，拱禄格，年月无寅巳甲乙字贵。卯申武职。酉丑亥行南运贵。一云刑凶。刘知府癸卯、癸亥、戊辰、戊午。丙寅、癸巳。贵同。王御史甲辰、癸酉。癸酉、癸亥。贵同。李纯知县癸未、戊午。己卯、丁丑。举人。

戊午日戊午时，先刑后发，多不善终。寅巳午戌年月印绶大贵。纯午武职，威权镇藩，亥卯未申富贵。关圣帝君戊午、戊午、戊午、戊午。李镇抚一万户命同。张尚书戊申、戊午。李昉丞相戊寅、戊午。张潮侍郎乙巳、壬午。周廷用廉宪壬寅、辛未。乙亥、癸未。进士。壬午、丁未。参政。戊辰、戊午。凶。癸未、戊午。孤贫，瞽目。

戊申日戊午时，拱贵格，年月逢寅行南运风宪，逢午贵寿，戌文贵，有未填实巳建禄相连一片者大贵。一云主法死，不然战亡。沈练红历丁卯、庚戌、戊申、戊午。凶死。许天伦参政乙巳、甲申。宋节使己未、戊午。丁未、癸未。贵。壬午、乙巳。富。山西潘王乙亥、辛巳。

戊戌日戊午时，大凶。卯午年月，官运贵显。寅，印绶带煞，凶变为吉。吴昆知府甲寅、庚午、戊戌、戊午。陈龙举人己酉、辛未。甲申、己巳。贵同。癸丑、壬戌。富，多子。

石中藏玉局，刚断有施为。六亲防不足，妻子早多亏。

戊逢戊午火离乡，刃旺身强大显扬。运蹇时乖名未就，平常衣禄度时光。

戊日时逢戊午，比肩财禄迟违。妻重子晚任施为，发达运临壬癸。父母雁行少利，六亲冰炭疏暌。有冲克破始奇特，中末之年主贵。

六戊日己未时断

六戊日生时己未，阳刃偏官不怕冲。但是为人多性狠，平生衣禄亦无凶。

戊日己未时，阳刃偏官，戊以己为阳刃，甲为偏官，时上明暗二己为刃，甲木未中合局，若见刑冲破害，刃煞有制，主贵。通月旺者平常衣禄，二十年，父母俱失；若不通月气，得寅申者，贵。

戊子日己未时，时日相穿，忧伤妻子，早苦晚好。月通土气，行财官运，贵；水木月，行身旺运，亦贵。汤道衡都宪戊子、癸亥、戊子、己未。丁丑、辛亥。举人。

戊寅日己未时，先难后易，贵人提携，不贵即富。年月透甲制刃，地支午未身旺，煞刃双显，主大贵。郭乾尚书辛未、甲午、戊寅、己未。李多见会魁吏部主事庚子、丁亥。甲申、丙子。举人。

戊辰日己未时，春冬，行北运，富贵。阎璞祭酒甲子、辛未、戊辰、己未。性刚招祸，气死。李廷梧进士庚寅、辛巳。己卯、壬申。戊辰、己未。俱贵。

戊午日己未时，阳刃偏官，主人机谋，寿促；不然，妻子难为，重立重成。午亥年月，金土运，贵。申酉，富。乙卯、甲申、戊午、己未。参政。乙酉、丁亥。贵。

戊申日己未时，贵；行财官运，发福。嫌寅冲煞，有凶。一辛卯、庚寅，果冲煞凶。刘伯跃侍郎癸亥、辛酉、戊申、己未。戊午、丁未。丞相。

戊戌日己未时，春官旺，贵。夏印，安稳。秋平，冬孤苦。戌月，魁罡格，五六品贵。须年月申子辰会财，寅午印绶，巳酉伤官，亥卯官煞，各成局面，方吉。王守都堂壬子、甲辰、戊戌、己未。李镇宪副丙寅、庚子。谢汝像进士己酉、己巳。壬寅、丁未。郎中。壬申、戊戌。主事。

古镜重磨局，昏中又见光。若行官印处，显达不寻常。

未中戊己土成堆，刑害冲来事亦谐。先暗后明凶变吉，贵人提携出尘埋。

戊日时临己未，六亲骨肉成疏。喜逢火印暗中扶，甲乙寅卯为主。重谢花开结果，双亲雁行天孤。自为自立自图谋，赖有贵人扶助。

六戊日庚申时断

六戊日生时庚申，干上食神喜相亲。不见卯寅兼甲丙，何忧玉带不荣身。

戊日庚申时，戊以庚为食，壬癸为财，申上庚旺，壬生，戊土有气，无丙火夺食破财，再无寅巳刑冲，生秋月，大贵。如有丙火，甲寅并巳，为人反覆，亦有功名。年月干止透甲三奇，地支会局，或止寅辰，皆贵。

戊子日庚申时，若生亥子月，亦是合禄，贵。谢丞相己未、壬申、戊子、庚申。周尚书壬申、壬寅。王太守辛未、戊戌。蔡可教主事癸巳、癸亥。陈亮采举人庚午、辛巳。

戊寅日庚申时，凶刑后发，如生寅月，作食禄制煞论，贵。张明进士丙辰、辛丑、戊寅、庚申。和参政戊子、壬戌。郑知府壬申、辛亥。肖学和甲戌、丙子。乡科知县，有学名。

戊辰日庚申时，专食合禄，纯寅年月，二寅不怕一申冲，亦贵。高燿尚书甲戌、庚午、戊辰、庚申。郑茂德知府壬寅、己酉。吕律知府壬辰、丁未。郑太师戊戌、丙辰。蜀王己未、戊辰。戊申、甲寅。庚寅、戊寅。庚午、戊午。俱贵。己酉、癸酉。进士。

戊午日庚申时，未酉丑年月，柱无丙甲卯寅，入合禄格，行西北运，贵。有甲丙，又合神藏煞没，四柱纯阳格，大贵。叶华光禄卿甲戌、丙子、戊午、庚申。蔡焕员外戊辰、甲子。史春坊壬午、己酉。吴主事甲子、癸酉。杨举人丁酉、辛亥。张知县庚申、庚辰。毕懋康侍郎辛未、癸巳。

戊申日庚申时，身禄同窠，富贵两全，子辰未酉年月，行西运，入合禄格，近上三品。年月丑戌，吉。辰戌伤克，平常。亥巳年月，行东北运，一二品贵。胡守中都宪壬戌、乙巳、戊申、庚申。凶死。伊王发高墙壬申、癸卯。王崇古尚书乙亥、辛巳。吕臻状元甲寅、戊辰。曾丞相己未、癸酉。汪御史庚申、丁亥。张长史乙亥、癸未。王家栋解元壬辰、甲辰。郝守业进士丁丑、壬子。邵美布政丁巳、丙申。二子进士。

戊戌日庚申时，灾疟内，子月，亦合禄格，文进三品。卯辰年月，大贵。黄侍郎己未、丙子、戊戌、庚申。丁巳、壬寅。广文。韩四维翰林戊戌、庚申。

食神生旺局，麻衣换锦衣。仕途宜进用，名利自然奇。

戊日时临喜见庚，食神合禄主昌荣。旺中若见刑冲字，活计生涯只许平。

戊日庚申时遇，支上生旺奇希。食神生神显光辉，上下流通旺气。丙字伤枝损叶，甲寅群雁行亏。若无冲破与刑克，积玉堆金之贵。

六戊日辛酉时断

六戊日生时辛酉，伤官暴败怕时逢。柱中纵有财星助，有子不成命早终。

戊日辛酉时，身败伤官，戊以乙为官，辛为伤官，酉上辛金旺，戊土沐浴，为人性傲行卑。年月透乙，为祸百端，如有乙再行官旺运，刑害不吉。若通生气月，行北运，不贵即富。

戊子日辛酉时，巳酉丑月，伤官伤尽，行财旺运，武职风宪。荫子封妻。知州壬午、癸卯、戊子、辛酉。

戊寅日辛酉时，通土气月，行西北运，不贵亦富。王西石尚书壬申、壬子、戊寅、辛酉。魏济民主事甲申、丙寅。黄启初举人戊辰、丁巳。乙卯、戊寅。贵同。

戊辰日辛酉时，丑未年月，干透财，主贵。若癸巳月，词馆学堂居提纲，主文学高科，寅申巳亥年，则时犯狼藉煞，晚无结果。钱福状元辛巳、癸巳、戊辰、辛酉。或云甲寅时。癸未、乙丑。侍郎。乙亥、辛巳。贵。戊戌、乙丑。凶。李待问总河尚书壬午、壬子。

戊午日辛酉时，春夏平常。秋，伤官伤尽，权贵寿促。冬，难为妻子。刘丞相乙未、庚辰、戊午、辛酉。戴廷章举人丙辰、庚子。周孔教都院戊申、己未。

戊申日辛酉时，戊亥丑子年月，权贵。丁巳、庚戌、戊申、辛酉。状元。辛亥、辛卯。教官。曾丁钦举人知府乙亥、辛巳。唐汝楫状元壬申、己酉。

戊戌日辛酉时，辰戌丑未月，贵。古人以水土败在酉，所以多无结果，或功名早退，或子息不成。观上六日无大官命，可见伤官时遇不吉。祝侍郎丙午、辛丑、戊戌、辛酉。王钜进士丁未、乙巳。吴宝进士甲辰、甲戌。乙巳、庚辰。知州。戊子、壬戌。检校，死于途，寿三十九。丙申、辛卯。举人。

时上伤官局，晚年主困穷。运行财印地，方始见亨通。

戊日逢辛号剥官，时上遇之尤堪嫌。官星若遇生奇祸，尤恐带疾子不全。

戊日时临辛酉，伤官不喜官星。财乡运地始亨通，性格心情不定。无破难招祖业，雁侣各自飞腾。妻重子晚始安宁，先难后易之命。

六戊日壬戌时断

六戊日生时壬戌，身居正位见天财。若生秋月通身旺，万贯家资不用猜。

戊日壬戌时，专位逢财，戌以壬为财，戌上水冠带。春夏壬水无气，财帛不旺；冬则太旺，土虚身弱不能驱驾；惟秋后戊土坚厚，财命有气，富贵。

戊子日壬戌时，酉申戌月，家财满目。辰、丑冲刑库开，俱吉。陈奎宪副甲申、甲戌、戊子、壬戌。许太傅辛卯、壬辰。庚辰、己丑。小贵。

戊寅日壬戌时，寅午戌辰年月，金水运，大贵。林尚书戊午、丙辰、戊寅、壬戌。黄大廉进士戊午、乙卯。癸亥、甲寅。府判。辛亥、辛丑。府丞。

戊辰日壬戌时，时日并冲，忧伤妻子。如土厚地方，大贵。卯月，火金运，中贵。寅申戌丑，行西南运，极贵。周斯盛御史乙酉、戊子、戊辰、壬戌。张烛运同甲申、戊辰。无子。韦德甫举人壬寅、己酉。甘雨御史辛亥、壬辰。

戊午日壬戌时，寅午戌月生，时岁火多，以印绶论，未免孤克，先难后易，不贵即富。卯月，官星制刃，吉。王弼知府己巳、癸酉、戊午、壬戌。柯维累举人辛亥、辛卯。丁丑、癸卯。举人。庚寅、甲申。国公。

戊申日壬戌时，春贵，夏平，秋富贵，冬平常。张琏侍郎辛卯、庚寅、戊申、壬戌。李和驸马庚子、戊寅。一云戊戌日癸亥时，命夭无子。壬辰、甲辰。举人。岳和声学宪己巳、己巳。辛亥、壬辰。太守。

戊戌日壬戌时，秋富贵。夏，西运；春，北运；冬，南运，俱贵。辰丑月，尤吉。孟布政甲子、丙子、戊戌、壬戌。郑文焕举人丙寅、庚子。郝勋举人癸酉、乙丑。贫无子。罗伴儿凶徒辛丑、辛卯。平素英雄，杀人拟罪。

弃旧迎新局，偏财时上逢。比肩如不遇，身旺主亨通。

壬戌时财库内埋，要开专等钥匙来。运行财官生旺地，富贵荣华不用猜。

戊日时逢壬戌，柱中卯丑为欢。子辰乙贵显财官，出处高人相伴。开库填房就舍，无冲雁侣难完。先贫后富事团圆，不贵仓箱广满。

六戊日癸亥时断

六戊日生时癸亥，化火无戌战水乡。若见乙庚丁丑无，反为官命不寻常。

戊日癸亥时，戊合癸化火，火绝于亥，战于水乡，不成其象，为人虚秀，多是九流艺术近贵之人，主患目疾。戊以甲为鬼，壬癸为财，亥上壬旺甲生，戊土气绝，财帛聚散，若年月干头见乙丁庚旺，为三奇之贵；通土气月，身旺行火木运，吉。

戊子日癸亥时，年月不见戊字，破格，贵。申子年月，东南运；亥卯，南运，俱
　　贵。巳午未旺，大贵。李文进都堂戊辰、己未、戊子、癸亥。朱卿布政甲申、
　　乙巳。王舜卿金宪癸亥、甲子。吴状元己卯、庚午。

戊寅日癸亥时，午未月生，化火会局，高命。春，官煞混杂，温饱衣禄。酉丑年
　　月，三品京堂。张舜臣尚书乙丑、丁亥、戊寅、癸亥。姜良翰宪长甲子、丁
　　丑。徐应光禄卿甲子、庚午。章东俦进士戊辰、癸亥。高仁进士辛丑、壬辰。
　　陈贵妃乙亥、癸未。

戊辰日癸亥时，秀。亥子月，财官格，不贵则富。寅卯年月，贵显。夏生，教职。
　　黄杭员外甲寅、己巳、癸辰、戊亥。宋国祚举人甲申、甲戌。辛丑、乙未。
　　_{贵同。}

戊午日癸亥时，贵。寅巳年月，土厚水秀地方，六七品贵。卯未辰丑，俱吉。郑弼
　　进士壬子、癸卯、戊午、癸亥。陈大资进士癸亥、乙丑。王宪副丙戌、己亥。

戊申日癸亥时，子未年月，无祖业，因妻致富，不然移根换叶，贫而且贱。邢尚简
　　都堂戊辰、丙辰、戊申、癸亥。_{无子。}郑公琬宪副壬寅、壬子。扈水通主事己
　　未、丁丑。戊子、癸亥。_{尚书。}陈九畴郎中辛巳、庚子。

戊戌日癸亥时，寅卯午巳丑戌亥年月，天干透乙庚丁字，清要权贵，宜火土运。赵
　　太师辛丑、辛丑、戊戌、癸亥。姚谟尚书乙酉、己卯。_{子状元。}黄金主事丙辰、
　　庚寅。周宣布政戊戌、癸亥。蒋珊知府甲子、甲戌。萧祥曜御史己巳、辛未。
　　金文峰郎中己巳、己巳。陆炳都督庚午、丁亥。

天干化火象，得局定非常。运行遇吉地，四海姓名香。

戊癸化火亥时生，落照江湖暗复明。卯未月生三合吉，移屋换舍必安宁。

戊日时临癸亥，天干化火为奇。乙庚丁旺喜相宜，定主名声显贵。四海春风响
快，六亲骨肉刑亏。妻贤子孝乐怡怡，无破科名及第。

第五十二章　星命汇考五十二

《三命通会》二十四

六己日甲子时断

六己日生时甲子，明见官星暗有财。倚托若通于月气，平生衣禄自天来。

己日甲子时，明官暗财，己用甲为官，癸为财，辛为食，子为天乙贵，子上有明甲暗癸，辛长生。身若有倚托通月气者，富贵，若不身旺，行土气运亦好。

己丑日甲子时，化贵。午寅年月夭折，通土气月贵。忌甲寅月贵中恶死，丁未月受刑，丁丑月破祖失乡恶死。潘春谷参议甲戌、丙子、己丑、甲子。丁襄知府癸酉，丁巳。乙巳、丁亥。进士。己丑、甲戌。三品武贵。

己卯日甲子时，先破祖后旺，或旺中有伤。辰戌丑未月贵，午身旺，子聚贵，亥官长生，俱大贵。忌己巳月破败凶死，庚申月血光恶死，壬子月刑害重。明孝宗庚寅、甲申、己卯、甲子。在位十八年如一日，晚年尤明习政务。屠尚书庚子、戊子。郑少保己酉、庚午。闻天官癸亥、癸亥。林豫布政甲辰、乙亥。

己巳日甲子时，辰戌丑未月风宪三品，要行水木运，西运无成，南运财官无气，虚名薄利，贵而不显。子寅年月东南运贵显。《神白经》云：化土主福，但不显。忌壬寅月受刑，乙未月刑伤，癸酉月夭。丞相乙亥、己卯、己巳、甲子。甲子、己巳。枢密。张东谷都堂癸亥、甲寅。癸亥、乙卯。知州丙寅、辛丑。小贵。甲午、甲戌。巨富。

己未日甲子时，高身坐官库，辰戌丑未月吉，寅亥月官旺，文章振发，贵显易成，己丑文贵晚成。寅卯贫下。忌甲申月，身不完死，丙子月孤贫，丁丑月刑害。黄应魁举人庚申、戊寅、己未、甲子。胡直廉宪丁丑、己酉。

己酉日甲子时，寅申午未丑年月，文贵风宪，午月东北运极品。忌庚寅月破败恶
　　死，己巳月凶恶，戊戌月孤单血死。沈坤状元丁卯、壬子、己酉、甲子。江晓
　　府尹壬寅、甲辰。辛亥、庚寅。侍郎。

己亥日甲子时，春夏财官生旺，吉。秋冬四季背禄逐马，凶。寅月金火运，郎官。
　　午月东北运，金紫。忌壬寅月恶死，壬申月孤贫遭刑，癸酉月破败。路天亨员
　　外壬戌、辛亥、己亥、甲子。张智望举人己卯、丙寅。张道御史癸未、癸亥。
　　无子。极富。

　　气冲牛斗局，博雅富文章。未遇鸡窗客，逢时姓字香。己日喜逢甲子时，财官
双美贵希奇，一朝得遇高人荐，独步蟾宫折桂枝。己日时临甲子，化生土厚滋基。
财官既助显光辉，有似青龙戏水。不遇庚金卯午，为人禄至福齐。常人发福有施
为，君子登科及第。

六己日乙丑时断

　　六己日生时乙丑，杀星受制不为伤。柱中身旺多荣贵，无助生人昼夜忙。

己日乙丑时，专财逢鬼，丑上有明乙为鬼，暗癸为财，若有倚托通身旺者贵，通运
　　亦吉。若鬼有助旺不能任者，衣禄平常。

己丑日乙丑时，时上偏官，居武职都阃，还看地方断之。卯月金水运，六七品贵。
　　刘钥侍郎甲子、乙亥、己丑、乙丑。颜颐寿天官壬午、己巳。邵原哲知府庚
　　寅、己卯。佛印禅师乙巳、壬午。张肇进士丁巳、癸卯。

己卯日乙丑时，子申月行金土运，侯伯。巳酉丑戌年月俱吉。史侍郎乙巳、乙酉、
　　己卯、乙丑。刘侍郎庚辰、己卯。林有孚都堂辛丑、戊戌。丙子、辛丑。乙
　　亥、壬午。俱贵

己巳日乙丑时，寅卯月偏官格，无酉戌字文进贵命。蒋状元癸卯、乙卯、己巳、乙
　　丑。孙镇卿守备己亥、丁丑。秦耀巡抚甲辰、丙寅。谪戍。

己未日乙丑时，时日并冲，妻生财可也。卯午年月金神入火乡，西南运贵，辰戌四
　　季全大贵。干透丁辛，纯阴亦贵。翁五伦御史丁卯、戊申、己未、乙丑。庚
　　午、己卯。郎中。廖云龙进士乙卯、丙戌。戴一俊进士辛卯、戊戌。

己酉日乙丑时，卯月偏官，辰月财杀，贵。申酉伤官伤尽，巳午印绶，俱贵，丑戌
　　亦贵。尹台尚书丙午、壬辰、己酉、乙丑。崔铣翰林戊戌、乙丑。二公有文名。

赵卿总兵己未、辛未。名将。孙继皋状元庚戌、丙戌。周良宾副使辛卯、戊戌。

己亥日乙丑时，卯月大贵。申月水木运风宪方面。蔡子文通政乙丑、庚辰、己亥、乙丑。方邻布政戊寅、壬戌。

时上偏官局，身强印旺奇。若还无救助，名利总成虚。

时逢乙丑本身衰，库有财星内伏埋。不遇钥匙难显达，方知出外称心怀。

己日时临乙丑，库中耗鬼兴灾。祖宗产业有盈亏，谋望财去财来。戌未刑冲发福，无匙来往搬移。双亲雁序事难依，有救末中取贵。

六己日丙寅时断

六己日生时丙寅，暗官明印旺其身。月通木气无冲破，贵倚三台八位成。

己日丙寅时，官印生旺，己用甲为官，丙为印，寅上甲旺丙生，若无破，通木局月气者，大贵。喜行木火，不宜金水，岁运同。

己丑日丙寅时，春官旺，夏印旺，秋既济，冬平。辰戌年月文贵显达。纯丑寿高，戌月木火运，五六品贵。《神白经》云：火土象主贵，有血疾。傅丞相甲申、壬申、己丑、丙寅。章极都堂己亥、甲戌。乙丑、壬午。进士。庚辰、己丑。通判。

己卯日丙寅时，午辰年月文章显达，大贵。寅午官至三品。兵部尚书戊午、丙辰、己卯、丙寅。陈珂布政丙子、庚午。韩楷布政甲辰、癸酉。朱彻宪副甲寅、丙寅。刘詟状元甲申、丙寅。黄鹤主事壬辰、辛亥。葵光举人戊寅、癸亥。萧良誉进士丙辰、庚子。兄弟同科。甲寅、庚午。郎中。

己巳日丙寅时，先刑后旺，寅月正官格，文章显贵，亥子水水运贵。纯戌武职三品。年月申亥四生局全大贵，或不善终。魏谦吉都堂己巳、丙子、己巳、丙寅。陈焕布政壬戌、壬戌。陈洸给事己亥、丙寅。刘东立举人丁亥、癸丑。

己未日丙寅时，生土厚地方贵。水木年月行东北运贵。一云多庶出过房，或父不见生。沈布政壬戌、戊申、己未、丙寅。丁卯、庚戌。同贵。甲寅、丙子。高科权贵。袁状元甲子、丁丑。林应采举人己巳、庚午。

己酉日丙寅时，月通木火局贵，木火运亦荣达。翁茂南布政甲申、丁丑、己酉、丙寅。张钺廉宪甲午、丙寅。刘经纬副使甲午、癸酉。戊戌、己酉。巨富，无子。

己亥日丙寅时，春生官旺，贵，夏秋平，冬财旺，吉。寅申丑巳午辰戌年月贵。

《神白经》云：火木象贵。以下六己日所忌月分与上同时犯并论。靳贵阁老甲申、丁丑、己亥、丙寅。熊浃尚书戊戌、丁巳。沈应时侍郎辛巳、辛丑。戊寅、丙辰。_{丞相。}丙子、丁酉。_{总兵。}丙戌、甲午。_{参将，死于阵。}穆撒宪副丙寅、庚寅。

虎榜标名局，财官内外明。若无冲破者，必定作公卿。

己日丙寅时异常，少年未遇富文章。运行卯地生明月，平步青云到帝乡。

己日丙寅时正，官星印绶长生。学堂三合喜光荣，博览文章聪俊。年月无冲无破，定应金榜题名。运行官旺主亨通，上等高人之命。

六己日丁卯时断

六己日生时丁卯，支干暗鬼枭虚神。柱中有助方为福，无助难为显达人。

己日丁卯时，己以丁为印，乙为鬼，卯上明丁暗乙，若岁月中无救助倚托者，虚秀不实，有成有败。月中见辛制伏，身旺者贵，运旺亦吉。

己丑日丁卯时，申子辰武职，亥卯未荣富，巳酉丑行东北运吉。林茂竹进士己酉、乙亥、己丑、丁卯。陈篴进士丁巳、乙巳。谢明易举人癸酉、甲寅。丁卯、甲辰。_{举人。}己酉、壬申。_{举人。}

己卯日丁卯时，巳酉年月制伏得宜，庚申合杀，文进大贵。子月刑煞遇贵，主兵权或法官。地支纯印或三合木局，运行寅混官，再遇流年冲运凶死。如癸丑、丁巳、己卯、丁卯。_{官至大夫，后追官刺面，远方安置。}史道尚书乙巳、乙酉。吴山尚书庚申、庚辰。_{刚正。}陈选进士癸未、甲子。李宜春进士壬申、庚戌。袁福征进士辛巳、丁酉。乙卯、戊子。_{大贵。}

己巳日丁卯时，无冲破，富贵。寅午辰年月刑伤不利，亥月木火运贵。若春生透甲乙者，官杀太旺，有制化亦贵，否则凶夭。路通侍郎癸卯、辛酉、己巳、丁卯。吕调阳阁老丙子、辛卯。_{纯谨，子进士。}张祚指挥戊午、丙辰。丙戌、丁酉。_{举人。}

己未日丁卯时，不贵则富，卯成亥丑年月吉。刘靖臣进士壬子、癸丑、己未、丁卯。方名南进士癸丑、乙卯。

己酉日丁卯时，九成十破，末年旺。年月通身生旺，干头有辛癸制伏丁乙者，吉。郑侍郎丁丑、己酉、己酉、丁卯。朱天和宪副己丑、丁卯。贾默状元壬戌、丁未。尤烈金事丁卯、丙午。汪太守癸丑、乙卯。

己亥日丁卯时，秋生偏官有制，富贵。春寿促，夏身旺吉，冬平常。辰戌丑未月贵。陈通政辛酉、辛卯、己亥、丁卯。陈中丞乙丑、甲戌。金九龄郎中己巳、丁丑。

偏官偏印局，生人性刚强。身强为大吉，如弱也平常。

己日卯时福自摧，求名求利总不宜。身宫但有刑克字，离乡别井走东西。

己日时逢丁卯，倒食偏官交加。酉庚辛破受波渣，思想不能通达。父母雁行难望，落花后立根芽。圆亏离祖可成家，发迹山林涧下。

六己日戊辰时断

六己日生时戊辰，其身得位遇财神。田园富贵多诚信，甲乙提纲禄贵人。

己日戊辰时，财库专位，己以壬癸为财，辰上入墓，己土专位，为人诚信富贵，若通月气或甲乙透出，是生月带禄，大贵。辰月身旺，不得父母力，见甲化土者，大富。冬夏财旺生官，富贵。酉运平常。

己丑日戊辰时，身孤。寅卯月禄旺，辰月透甲作化气看，贵，午富厚，寅酉风宪。年月子丑透甲，行东南运，金紫近侍。怕西北运，退职。汪佃尚宝卿甲午、乙亥、己丑、戊辰。陈儒进士乙丑、丙戌。庚午、乙酉。举人。朱琏御史乙未、丙戌。

己卯日戊辰时，卯月风宪。水木年月行东北运并同。罗瑶都宪癸未、壬戌、己卯、戊辰。王乔桂御史庚寅、乙酉。梁津进士癸酉、戊午。丁亥、丁未。都督。癸未、乙卯。探花。甲寅、丁卯。贵。乙卯、癸未。富。

己巳日戊辰时，身孤后发。春官贵，夏平稳，秋凶暴，冬财旺，岁运同。金事戊寅、乙丑、己巳、戊辰。庄仁春知府壬戌、壬寅。与民争利，遭害。

己未日戊辰时，丑月杂气财官，吉。寅辰巳亥午戌年月，文章贵显。丁士美状元辛巳、壬辰、己未、戊辰。官至侍郎，丁丑年卒。刘一蕉副使甲辰、丙寅。邵梗副使壬申、丙午。陈余馨通判丁酉、壬子。

己酉日戊辰时，春官旺，夏平吉，秋暴狠，冬财旺。林侍郎丁丑、癸丑、己酉、戊辰。尤奇员外癸巳、丁巳。苏佑御史丁酉、癸卯。祖文进士庚午、庚辰。癸未、甲子。富纳中书。

己亥日戊辰时，丑月杂气财官，贵。戌月木水运，六七品。寅午子辰年月大贵。周广都堂甲午、丙寅、己亥、戊辰。戊子、甲寅。举人。癸巳、甲寅。贡士。

翠竹绯桃局，依稀绿间红。不逢寅克害，开库见钱龙。

辰时己日不寻常，内有钱龙镇库藏。比劫不逢行运吉，定教富贵广田庄。

己日戊辰时遇，身逢旺库丰盈。果然花谢再重荣，丑戌刑冲财盛。壬申财官双美，妻重子晚方成。双亲雁侣事中平，独立自成之命。

六己日己巳时断

六己日生时己巳，金神与火两相和。不通月气平常看，月气如通荣甲科。

己日己巳时，金火相合，己以丙为印，巳中有丙健旺，己巳又为金神坐于火位相合。若通火月气，四柱不见财星破印，不行财运，发福非常。若不通月气或在冬生，虚秀不实，不通得南运亦吉。

己丑日己巳时，辰月西北运贵，午未火旺，大贵，申子戌巳亦吉。脱欢丞相壬辰、丁未、己丑、己巳。

己卯日己巳时，夹辰财库，主大富。又卯以巳为驿马，二巳通看，谓之坐马，再生午月，禄马俱有，尤为贵命。亥月财临旺地，官遇长生，巳月金神遇火，皆主大贵。李植巡抚乙酉、庚午、己卯、己巳。

己巳日己巳时，午年月权威赫赫，名誉昭昭。春月子孝妻贤，秋冬平常，贵而不显。辰戌财印官食申伤官生财，俱作吉推。康太和尚书戊午、壬戌、己巳、己巳。丁丑年卒。林廷玉都堂甲戌、戊辰。黄河清通政戊戌、庚申。马运使庚辰、甲辰。癸卯、壬戌。甲辰、壬申。俱进士。

己未日己巳时，拱禄格，若无羊刃、七杀、午字填实，不犯空亡，主显贵。亥丑辰申年月行东运，文武极品。此格不如丁巳、丁未，以丁正禄，己寄禄故也。杨郎中庚午、丁亥、己未、己巳。苏得禄举人庚子、癸未。乙酉、己丑。富。己巳、丙子。寿。

己酉日己巳时，夏生金神人火乡，贵显，岁运同前。赵子昂学士甲寅、甲戌、己酉、己巳。童学士己酉、己巳。戊午、甲子。举人。乙巳、辛巳。千户。

己亥日己巳时，夏生资财满目，行乐轩昂，冬平常。戌月东南运，国师金紫，寅月亦贵。钱汝京尚书戊戌、丁巳、己亥、己巳。王副使丁丑、甲辰。郑溥进士乙

卯、丙戌。李廷龙通判己亥、己巳。

火旺金神局，南方运气佳。若生冬月令，财禄定虚花。

己日重逢己巳时，金神化旺要相宜。南离运步财官显，寅卯东方遇亦奇。

己日时逢己巳，夏生丙火金神。不遇戌亥与庚申，无破声各响应。父母一衰一旺，刑空事业逡巡。要知显达改门庭，火旺南方之运。

六己日庚午时断

六己日生时庚午，禄归时地主昌荣。柱中怕有官星见，若是伏晶另一评。

己日庚午时，日禄归时，己见庚为伤官，乙为正鬼，午上有明庚合乙，伤官合杀，主人独立有成。若年月无乙而伤官临于败地，柱有甲丙二字，伏晶格，不损格局无冲破，主大贵。

己丑日庚午时，寅月生贵，夏凶，秋暴，冬财旺子少。一云总贵。林茂达都堂丙子、壬辰、己丑、庚午。张文拱金事庚申、辛巳。杨思忠侍郎庚午、丁亥。沈通判庚子、丁亥。丙辰、丁酉。武状元。

己卯日庚午时，己禄居午，年月有甲丙及寅午者大贵。卯月杀旺庚合，权贵。毕锵尚书丁丑、乙巳、己卯、庚午。任铠主事甲申、乙亥。周尚文总兵乙未、戊子。名将。田太师癸卯、乙卯。范宣举人丙寅、庚寅。丁酉、丙午。戊申、甲寅。俱举人。

己巳日庚午时，贵。寅午戌月，金神入火乡，作印绶论，贵显。辰戌丑未年月，侯伯，若逢合杀运，必不善终。酉月东南运贵。瞿景淳会元丁卯、丁未、己巳、庚午。官止侍郎，一云丙午月。乙丑、丙戌。驸马。

己未日庚午时，背禄伤官，六亲刑克，无破晚年发旺，未戌年月贵。汤日新通政甲戌、辛未、己未、庚午。方重耿进士辛酉、乙未。梁祐元帅己卯、甲戌。张纲游击丙申、丁酉。周道兴知府癸亥、己未。壬辰、戊申。举人。

己亥日庚午时，午戌年月财官禄印，大贵。寅年午月巨富，卯月西运贵。毛钢都宪壬午、癸丑、己亥、庚午。赵丞相壬申、丙午。壬辰、己巳。平章。丁卯、戊辰。金事。辛未、乙未。进士。庚午、丙戌。主事。丙子、甲午。知县。

日禄归时局，青云定有期。若逢官惹绊，冲破不为奇。

己逢庚午时归禄，无破无冲能发福。柱中丙申若相逢，德润身兮富润屋。

己日时逢庚午，名为背禄伤官。冲刑破害祸多端，骨肉六亲冰炭。甲丙柱中如遇，伏晶之格清闲。月中丹桂任高攀，富贵不须推算。

六己日辛未时断

六己日生时辛未，食神官库喜相亲。木通月气须言贵，月不通兮富命人。

己日辛未时，食神助官，己以辛为食，甲为官，未为官库，未上有明辛暗甲，若有倚托通月气贵，食神生旺，胜过财官，通木气月官旺者，尤贵。不通主富，通运亦贵。

己丑日辛未时，不贵即富。通土气月富，通木气月贵。一云刑凶。郑凤举人丁未、辛亥、己丑、辛未。壬午、癸卯。同。谈相侍郎甲寅、丙寅。

己卯日辛未时，酉戌亥卯未年月贵，行东南运，官至金紫。朵列平章壬子、癸卯、己卯、辛未。一丞相丁丑年。宋曰仁主事辛未、丙申。乙卯、戊子。举人。

己巳日辛未时，金神日，寅午戌月生贵。亥卯辰午行金火水木运，大贵。商辂三元阁老甲午、丁卯、己巳、辛未。名臣。甲辰、戊辰。极品。郑玉副使己卯、庚午。林灿章进士己卯、己巳。不禄。壬申、甲辰。通判。丙午、戊戌。举人。

己未日辛未时，春夏丑月，丰姿特达，言语清辨，名高禄重，封妻荫子。秋冬平常，木火运刑害发财。一云财中自害。张枢密乙巳、壬午、己未、辛未。随副使癸巳、丙辰。己未、壬申。富。庚午、丁亥。进士。

己酉日辛未时，春反复，夏吉，秋寿促，冬财帛丰厚。卯月金水运，五品以上贵。丑月西南运，郎官。辰戌财印库地，俱吉。一云凶刑后旺。蔡克廉尚书辛巳、壬辰、己酉、辛未。林见素父赠尚书庚戌、戊子。黄仕达同知甲寅、丙子。

己亥日辛未时，春贵，夏稳，秋贫、冬富。酉月己土长生，食神遇禄，享受自然。一云贵中凶失。张平章甲子、壬申、己亥、辛未。方攸跻郎中壬申、己酉。子贵。

时库官星局，逢春最吉昌。运行官旺地，名姓自然香。

己日相逢辛未时，灯窗寂寞有谁知。运行财旺兼官旺，名利双全莫恨迟。

己日时临辛未，食坐官库要开。丑戌刑冲显官财，镇闭前程阻碍。君子文章福助，常人商贾奇魁。匙开发福命中该，财去财来常在。

六己日申时断

六己日生时壬申，损败天元气不全。若失天时无倚托，非穷即夭命难延。

己日壬申时，水旺土虚，己以甲为官，壬为财，庚背禄，申上庚旺，壬生甲绝，己土气败。若通四季土气或通土气运，吉。若失天时，无倚托，不通月气，非贫即夭，不然残疾，末狼狈。

己丑日壬申时，酉年月天干透甲，富贵好礼，为人慨慷。辰戌吉，亥年乾清坤夷，大格，寅申官贵相辅，俱吉。蒋因丞相丙寅、丁酉、己丑、壬申。黄颢参政癸未、癸亥。乙酉、丙戌。贵。戊申、丙辰。己丑、壬申。俱富。

己卯日壬申时，辰月杂气财官早贵，亥月南方运五六品贵，寅申年二三品贵。陆丞相辛亥、庚子、己卯、壬申。辛亥、戊戌。辛亥、壬寅。俱丞相。壬申、庚子。少参。甲寅、壬甲。侍郎。王子、甲辰。王状元。辛卯、丁酉。布政。乙丑、己丑。都宪。

己巳日壬申时，大凶，刑己酉丑月伤官，行财运吉。寅午戌月，金神入火乡，运西南贵。申子辰月木火运贵。进士丙午、壬辰、己巳、壬申。己巳年月。贵。杨四知御史乙巳、丙戌。

己未日壬申时，己月生贯朽粟陈，亥子寅月金火运侯伯，辰亥年月近侍贵。林石渠知府癸巳、壬戌、己未、壬申。李庶进士乙亥、辛巳。陈华进士癸未、戊午。郭清进士乙未、甲申。郑公琦进士辛丑、辛丑。癸丑、乙丑。富，三子。

己酉日壬申时，巳酉丑月伤官伤尽，吉。寅月凶暴，卯未武职，子未，公侯。一云主心狂肾病，大贵。俞大猷都督癸亥、丁未、己酉、壬申。狡猾。戴时中都堂戊申、乙丑。朱都堂庚午、甲申。何继之进士癸亥、癸亥。庚戌、癸未。举人。

己亥日壬申时，卯未三合会官，干透印大贵，戊子月财旺生官，酉己土受生，干透甲丙，俱吉。

鸾凤栖梧局，飞腾大不难。如逢刑克破，劳碌不曾闲。

日干是己会申时，无破无冲最合宜。柱中纵然官不现，也交财旺定根基。

壬申时逢己日，就中三合为宜。天乙贵人正入提，宜用财官显贵。戊己辰戌得位，文章广学须知。妻贤子孝福文齐，刑破中年不利。

六己日酉时断

六己日生时癸酉，沐浴之乡水土浑。财食支藏多聚散，身衰失地寿难存。

己日癸酉时，水土浑浊。己以癸为财，辛为食，酉上癸病辛旺，比肩夺财，财多聚散。更身衰失地，主成败反覆，不然寿促。若通身旺月或运，吉。

己丑日癸酉时，春平，夏稳，秋伤官伤尽，有威权，冬富。如丙寅巳月，金神遇火贵。丑月金水运，郎官。透乙大贵。龚廉游击庚午、辛巳、己丑、癸酉。寿五十九。冯时可进士乙巳、丁亥。

己卯日癸酉时，时日相逢，卯酉主迁移刑伤，又伤官带杀，主性凶暴，作事迟延，生四季月吉。建文君丁巳、壬子、己卯、癸酉。水土败酉时，犯破碎，宜失国游走。王春复副使丁卯、癸卯。

己巳日癸酉时，巳酉丑月伤官伤尽，居武职风宪。寅卯戌月金神入火乡，贵而能言，伤贵收心早退，以水土败在酉故也。林石洲副使癸未、甲子、己巳、癸酉。己巳、壬申。贵夭。己卯、丙寅。小贵，早退。庚申、戊寅。富，被劫。

己未日癸酉时，戌亥丑辰年月西方运贵，子巳大贵，卯辰近侍不大。杨兆尚书戊子、丁巳、己未、癸酉。四干四支互换，贵全。周书生员极富壬辰、庚戌。己未、甲戌。运使。

己酉日癸酉时，偏财遇食，主峥嵘。丑未子午俱吉。酉月内戚。如年月巳酉全犯破碎杀，主一生破败游走，无结果。陈效太守癸亥、辛酉、己酉、癸酉。辛未、辛丑。贵。蔡缵举人壬子、丙午。甲子、丁卯。同。

己亥日癸酉时，通土气月行木火运，贵。黎来举人壬午、癸丑、己亥、癸酉。

食神生财局，刑伤更忌冲。若无犯此字，迟早改门风。

己逢癸水酉时生，食神生旺自从容。身弱更兼冲克破，此命依算只中平。

己日时逢癸酉，偏财喜遇食神。雁行无倚靠双亲，性格情怀不定。财来财去聚散，眼前广见难存。花开花谢再重新，此命先逆后顺。

六己日戌时断

六己日生时甲戌，妻从夫化为真土。如通月气禄源深，反此而言平常取。

己日甲戌时，妻从夫化。巳合甲木化土成局，土神钟秀，禄源深厚。月中无化，取甲为官，丙为印，戊土甲木成形，丙火合局，通月气贵，不通，有刑冲破害者，平常，己身虽吉，然父母早失。

己丑日甲戌时，克父太旺。辰月生土厚，居巳午未申，临官帝旺，吉。亥戌寅卯土病死，凶。酉辰，三四品贵，中年退闲，亥木火运，六七品贵。傅御史壬辰、癸卯、己丑、甲戌。周卓训导甲辰、癸酉。丁巳、辛亥。府丞。壬戌、壬子。解元。

己卯日甲戌时，丙丁午戌年月，干有庚辛制伏官杀，生山明水秀地方，官至二三品。未酉丑月行火土运，四五品。午月东北运，大贵。子月木火运，风宪。辰巳有倚托者，极品。王正国侍郎壬午、壬子、己卯、甲戌。陈益都堂己巳、戊辰、壬午、乙巳。大富。李春芳知府乙酉、丙戌。戊辰、乙卯。富五子。

己巳日甲戌时，寅午戌月，金神入火乡，贵显。亥戌年月，官居守令，极有声名。子月木火运，极品。皇甫芳员外甲子、癸酉、己巳、甲戌。丁丑、壬寅。给事。方重杰举人戊申、丙辰。丁亥、己酉。同。

己未日甲戌时，克陷遭刑。寅午年月，三四品贵。戌月东南运，五品。纯辛卯年月刑。王郎中癸未、壬戌、己未、甲戌。一主事，一举人，俱同。赵云翔进士戊戌、乙丑。壬午、庚戌。封官。二子俱贵。

己酉日甲戌时，辰丑刑冲，财源益进。酉戌相害，名利中平。子月己贵。寅月官印，行印运贵。纯乙酉年月，顽暴，一云孤独离乡。李克斋尚书乙丑、丙戌、己酉、甲戌。子贵。林阳景进士庚寅、戊子。沈鲤举人辛卯、壬辰。甲戌、癸酉同。

己亥日甲戌时，通土气月，要行木运，通水木月，要行身旺运，俱贵。宋景尚书丁酉、辛亥、己亥、甲戌。张学士乙丑、庚辰。陈豪御史己未、丙子。

秋叶经霜局，须臾绿变红。但逢冲克字，凋落任西东。

甲己化土气藏收，如逢匙钥福优游。假若逢财财不聚，浑如木叶值深秋。

己日时逢甲戌，妻从夫化为佳。库财专待钥匙开，壬申丑神通泰。父母天孤刑克，雁行花果难谐。若逢时运一时来，家业兴隆亨快。

六己日乙亥时断

六己日生时乙亥，官藏煞见未为奇。逢金制煞方为吉，身不旺兮凶可知。

己日乙亥时，煞见官藏，己以甲为官，乙为鬼，亥上有明乙暗甲，为官煞混杂。柱中见辛制乙，去煞留官。通月气者贵显。亥上水旺土虚，漂流失业，见财不聚，成败进退，要身鬼两停方吉。若不通月气通运气者，亦吉。

己丑日乙亥时，巳酉丑月制煞留官，贵。午月身旺，亦贵。子月火运，七八品贵。卯未透辛制乙，大贵。严讷阁老辛未、己亥、己丑、乙亥。秦尚都堂丙午、庚子。余侍郎壬申、癸丑。黄乾亨司副己巳、庚午。吴一琴主事己丑、庚午。夭死。沈尚书癸卯、乙丑。一歙县监生命同。巨富。

己卯日乙亥时，卯月偏官格，杀重身柔，作弃命看。壬字暗逢，志气轩昂。柱有制伏，行土金运，官至三四品。丑月杂气。辰巳酉运，金紫。亥月水运，疾夭。范尚书辛巳、癸巳、己卯、乙亥。壬辰、辛亥。贫苦。辛巳、己亥。废疾。

己巳日乙亥时，寅午戌月金神入火乡，贵。巳月西北运，官至公卿。卯午风宪，纯子亥年月，以财党杀作弃看，主大兵权。李西涯阁老丁卯、丁未、己巳、乙亥。金幼孜尚书戊申、丁巳。名臣。黄仲昭进士乙卯、己卯。戚继光都督戊子、癸亥。名将。沈懋学状元己亥、壬申。

己未日乙亥时，无刑破混杂，清高富贵，文学堪夸。崔东洲侍郎己亥、丁卯、己未、乙亥。黄佐翰林庚戌、己丑。蔡白石都宪乙亥、丁亥。李旻状元丙寅、丁酉。宋天民进士丙辰、壬辰。癸酉、丁巳。同知。

己酉日乙亥时，春夏显达，秋制伏太过，贫儒，冬财旺。午巳戌年月，六七品贵。寅月行金火运，四五品贵。董芬侍郎庚午、丙戌、己酉、乙亥。王印东参政乙亥、辛巳。林华进士乙卯、丙戌。邢云路进士己酉、乙亥。乙亥、丁亥。部郎。癸酉、乙卯。刑人。

己亥日乙亥时，年月透辛制贵，无制亦主特达。戌月风宪。巳亦贵。丑土厚之官，官至三品。一云自刑多成败，晚富。应槚总制癸丑、甲寅、己亥、乙亥。名臣。邵经济知府庚申月。赵灼都给事庚寅、丙戌。黄穆编修乙丑、丁亥。舒芬状元甲辰、戊辰。己卯、癸未。进士。

鱼入深潭局，得志化鲸鳌。无刑空克破，都省把名标。

天元乙亥在时间，驿马长生不等闲。身旺杀强骈福禄，功名显达自欢颜。

己日时逢乙亥，偏官喜遇正财。若逢身旺亦为佳，混杂天元减半。行藏进退无定，六亲雁侣兴衰。运行禄马自然来，富贵清闲自在。

第五十三章　星命汇考五十三

《三命通会》二十五

六庚日子时断

六庚日生时丙子，身鬼俱衰退神强。有托荣华无托贱，鬼逢生旺寿难长。

庚日丙子时，身鬼俱衰弱，庚以癸为伤，丙为鬼，子上庚死，丙火无气，癸水建旺，若身有倚托吉，无倚托，又行身衰鬼旺运，飘风天贱。通火气月要行西运，贵，身弱不然。

庚子日丙子时，贵。年月再子并冲午中丁为官，己为印，入飞天禄马格，柱无财官填实，主贵，为僧道一尘不染，万法皆成，为常人有名有利，刑伤妻子。一云先贫后富。忌己巳月破刑，贫，癸未月孤单，己亥月刑。乔行简丞相丙子、丁酉、庚子、丙子。左鉴少卿丁卯、壬子。何源少卿己卯、丙寅。戈郎中癸酉、癸亥。陈褒进士甲辰、丙子。一郎中己未年。郭子章癸卯、甲寅。由贡登科，官至尚书。

庚寅日丙子时，春生带财带杀，行金水运，金紫。夏杀旺，大贵。秋身旺，须行南运贵。冬身鬼俱弱，平常。纯午年月，位至公卿。壬子食前杀后随，一阳生后丙火有气，贵极人臣。忌癸酉月破败，凶，辛亥月血光，甲子月天。明成化皇帝丁卯、壬子、庚寅、丙子。黄太傅丁酉年。霍韬尚书丁未、乙巳。会元。黄冢宰丙午、甲午。何天衢侍郎己酉、辛未。陈状元壬寅、乙巳。魏良贵都堂癸亥、壬戌。王副使辛卯、癸巳。庚午、丁亥。御史。丁丑、戊申，举人。时霖进士己未、己巳。

庚辰日丙子时，月通木火气行西运，妙。忌乙巳月破败刑，丁酉月旺中刑凶，己丑

月破败凶。林塾参政丙戌、丙申、庚辰、丙子。经魁会元乙巳、辛巳。张拱北知县己酉、丙子。

庚午日丙子时，贵，时日相冲，忧伤妻子。运喜西南，通火木月气风宪三四品。秋生丙火无气，难为子息。忌己巳月破祖，凶。己亥月被劫盗，凶。癸丑月孤。何鳌尚书壬子、癸丑、庚午、丙子。黄封进士辛未、庚子。张承勋总兵己卯、癸酉。

庚申日丙子时，申月生土厚地方贵。辰未年月行西运，公侯。忌辛巳月凶刑，辛亥月孤夭。定国公戊辰、己未、庚申、丙子。李本阁老甲子、辛未。一云壬午时。陈元琦郎中乙丑、丁亥。金进士丙午、庚寅。吴游击戊寅、庚申。杨子充解元壬申、壬寅。洪声远进士丙申、丁酉。

庚戌日丙子时，春夏生西南运，秋月木火运，俱贵。忌乙巳月凶破，乙亥月官灾多，凶刑，己丑月破败凶，戊戌月恶死。文彦博丞相癸亥、乙丑、庚戌、丙子。马西园侍郎癸丑、壬戌。黄懋官侍郎丙子、戊戌。死于乱军。申价副使命同，黄闽人，申魏人，申先死，黄后死，申无子，黄有一子。任中丞乙卯、丙戌。一丁亥月大贵。罗崇奎进士戊辰、戊午。胡绪吏部主事丙戌、辛丑。辛丑、甲午。司丞。

游鱼避网局，跳跃到天津。运至凶成吉，时来不受贫。

庚日相逢丙子时，伤官合局不为奇。双亲祖业难成就，燕寝鸾栖别立基。

庚日时逢丙子，刑官背禄安身。双亲克陷早难辛，雁侣不能和顺。废学经商发福，田庄后懒先勤。家居财帛晚才成，先暗后明之命。

六庚日丑时断

六庚日生时丁丑，贵地逢官火太轻。木火运通轩冕客，不通独立只虚名。

庚日丁丑时，金重火轻，庚以丁为官，以己为印，丑上丁火气轻，己土正位，若通木火气月，官印逢生旺，贵。不通，虚名而已。通火土生旺月，富。不通，运遇亦主名声。

庚子日丁丑时，春夏贵，秋平常，冬孤克。沈应乾兵备庚午、丁亥、庚子、丁丑。史官知府壬午、乙巳。郑赞主事丙申、辛卯。周文烛司业壬子、丙午。甲寅、甲戌。举人。辛酉、丙寅。进士。

庚寅日丁丑时，魁元。寅卯午未亥月，清秀高命。行午未运贵显，通火土年月贵。

伦以训会元戊午、乙丑、庚寅、丁丑。官至侍郎。黄世范举人乙巳、己丑。

庚辰日丁丑时，丑月富而寿促，已近侍大贵，通火旺土生月贵，不得运遇亦富，有名誉。丞相戊辰、戊午、庚子、丁丑。胡汝钦给事甲午、戊辰。穆铎举人戊子、癸亥。

庚午日丁丑时，通土月气，不贵亦富，有名声。严蒙丞相乙丑、戊子、庚午、丁丑。周在参政庚子、戊寅。陈进士庚寅、丁亥。甲午、辛未。同知。林以吾举人戊戌、丙辰。己巳、戊辰。举人。己丑、庚午。富。

庚申日丁丑时，丑月金火运极品。辰巳午未戌月，官印两旺，贵。申酉，身太旺，须行木火；寅卯，财太旺，须行金水；亥子，金寒水冷，须行火土运，贵。王尚书乙巳、庚辰、庚申、丁丑。陈虚窗都堂壬申、己酉。吴球副使己巳、己巳。鲁龙山御史己卯、丙寅。郑三得通判壬午、丙午。张进士丙午、庚子。己巳、庚午。解元。

庚戌日丁丑时，春财旺，夏官旺，秋平淡，冬无力。一云：刑，四十后发。蔡侍郎丁巳、丁未、庚戌、丁丑。黄万石知州庚申、壬午。彭球知县乙未、戊子。林培举人己未、戊辰。戊戌、丁巳。同。丁酉、癸丑。解元。

气吐虹霓局，仓门库户开。一朝时运至，福禄自然来。

庚丁相合丑时全，好像明蟾耀碧天。不遇刑克真稀奇，财官兴旺更长年。

庚日时逢丁丑，正官财库相随。午未戌月福优余，庚取时逢金柜。金逢火而成器，必然荫子封妻。从来歌酒不相离，定主清闲乐意。

六庚日寅时断

六庚日生时庚寅，火生金绝福亏人。月通从革或秋降，却作皇家柱石臣。

庚日戊寅时，火生金绝。庚以丙为鬼，戊为倒食，寅上有明戊合癸化火，庚金气绝。若不通金旺月，无救助者，天贱贫下。巳月，庚长生，丙健旺，身鬼俱强；运行西方，勇暴武贵。申酉丑戌月，金火合局，化鬼为官，更得身强运贵。

庚子日戊寅时，寅午年月，登科显达。纯甲，三、四品贵。丑月，金火运，公卿。吕震尚书乙巳、己丑、庚子、戊寅。己未、癸酉。极品。壬午、壬寅。侍郎。姚廉使己丑、戊辰。宋茂熙进士甲寅、甲戌。庚寅、丙戌。参将，问死。丙午、癸巳。同知。

庚寅日戊寅时，月通火局，或秋生，行身旺运，贵。庚子月，自死。年见辛酉，贫
夭残疾。身衰见丙太旺，同论。黄尚书甲申、乙亥、庚寅、戊寅。冯成大参壬
辰、己酉。壬辰、壬寅。廉使。雍见川进士壬子、庚戌。季科进士庚寅、己丑。
戊寅月，极品。吴杰守备己亥、丙寅。丙戌月，御史。于县尹丁卯、丁未。乙酉、
庚辰。知州。

庚辰日戊寅时，春夏生，干透丙丁，运行身旺，贵。蔡尚书丙寅、辛卯、庚辰、戊
寅。史梧进士壬子、壬寅。知州壬戌年。金进士戊戌、甲寅。丁卯、丁丑。举
人。壬戌、丁未。府尹。

庚午日戊寅时，寅午戌月，金衰火旺，当带残疾。纯寅，反主极贵。秋，金旺，多
贵。但忌时遇亡劫，克身则凶。祭酒甲寅、丙寅、庚午、戊寅。刘真参政庚
午、戊寅。庚申年进士。王宗会金事丁丑、己酉。刘廉使戊戌、庚申。戴纶总兵
壬午、丙午。庚子、己丑。指挥。丙申、庚寅。富寿。辛巳、丙申。凶死。

庚申日戊寅时，时日并冲，忧伤妻子。寅卯辰月，火金运，侯伯。春月，西南运，
大贵。寅月，贵显不久。一云先刑后吉。彭韶尚书庚戌、丙戌、庚申、戊寅。
余子俊尚书己酉、戊辰。名臣。陈状元癸亥、壬戌。曹举人丙戌、己亥。富。丁
丑、癸卯。同。

庚戌日戊寅时，贵。戌月，杂气，财官印绶，贵。庚辰年己卯月者，侯伯。傅伯寿
枢密辛酉、丙申、庚戌、戊寅。郝中书己未、丁丑。黄运使壬申、庚戌。刘大
受少卿丁亥、癸丑。乙亥年卒。己酉、丙子。进士。

良工琢玉局，未遇在初时。一朝逢巧匠，成器贵人提。

庚日寅时甚可夸，无刑克破显荣华。运来自有高人荐，时至如添锦上花。

庚日戊寅时秀，偏印倒食难收。少年未遇莫心忧，此命或贫或富。时至发财发
福，运来顺水行舟。月中金水更相投，无破功名成就。

六庚日卯时断

六庚日生时己卯，胎生元命发因妻。柱中有托逢庚旺，财禄丰盈福寿齐。

庚日己卯时，胎生元命。庚金卯上受胎，见己为生气印绶。庚以乙为财，卯有旺
乙，因妻发福；若柱旺丁，生月带禄者，贵；有倚托者，富。通生气财旺者，

生财旺运者俱贵。

庚子日己卯时，子卯相刑，忧伤妻子，子年月，贵。丑未，官至三品。一云：破祖失土，大贵。岳钟英知府辛卯、庚寅、庚子、己卯。万仑尚书甲午、乙巳。

庚寅日己卯时，亥卯月财星格，早荣早退。午戌，三合官局，干透金水，行西北运吉。平章甲申、甲戌、庚寅、己卯。邵同溪运判丁卯、癸卯。

庚辰日己卯时，孤。年月通木气，及有倚托者贵。韩丞相壬子、癸卯、庚辰、己卯。高大参辛酉、丙申。

庚午日己卯时，刑破。申子辰己酉丑，俱行东南运，贵。寅午戌亥卯未，须得西北运为佳。何御史乙丑、乙酉、庚午、己卯。壬寅、己酉。<small>监丞。</small>戊辰、己卯。<small>富。</small>

庚申日己卯时，卯月财星格，不贵即富。丑巳年月，翰林清贵，官至亚卿。一云：少贫，中年有小灾，克妻少子。梁丞相甲戌、丁卯、庚申、己卯。己卯、丙寅。<small>平章。</small>

庚戌日己卯时，少孤母贱。中年贵。卯酉辰丑月，官至公卿。进士壬辰、庚戌、庚戌、己卯。乙丑、癸未。<small>运使。</small>

胎星元命局，财旺喜身强。时来宜进达，中末姓名香。

天元庚己卯时连，禄见文书富贵全。四柱无刑冲克破，贵人接引上青天。

庚日时逢己卯，财官运气亨通。若无刑冲定褒封，有破中年不顺。雁行六亲难靠，自成家计无穷。时来发达显功名，自有高人引用。

六庚日辰时断

六庚日生时庚辰，金火秋生气象纯。若有魁罡包贵贱，财官喜忌六宫分。

庚日庚辰时，生金水清白。六庚之中，庚戌、庚辰为魁罡，怕见财官，刑冲；不见，主为人粗豪暴勇而贵，见则祸患百出。庚子、庚寅、庚午、庚申，喜见财官，生秋月，为人秀丽，不贵则富。若身不化，得甲、乙、丁透出，生火木分野，亦作财官论。喜月气通运者吉。

庚子日庚辰时，申月生，井栏叉格，柱并运不见丙丁巳午寅戌字，贵。纯卯年月，位至公侯。庚午、己丑、庚子、庚辰。<small>京卿。</small>庚辰、乙酉。<small>解元。</small>甲申、壬申。<small>进士。</small>一命庚子、庚辰，祖父皆贵。申运申年问军信，顽金要火。一命纯庚辰年月，强盗分尸。三柱魁罡独旺，柱无火制，一片顽金，为盗遭凶宜矣。

庚寅日庚辰时，龙虎拱门。年月通火土者，贵。纯庚辰，王侯；不然，极凶。若年月遇木火，运再行，极品。王道立编修庚午、辛巳、庚寅、庚辰。舒都堂己巳、戊辰。金琦佥宪乙丑、丙戌。壬戌、壬子。大富，凶死。

庚辰日庚辰时，魁罡，年月不见财官戌字，贵；冲破者，富。申子年月，作井栏叉，行西南运，吉。纯庚辰、庚申，或乙酉化金通无火气，凶徒小人。一云刑。乙亥、庚辰、庚辰、庚辰、甲戌运冲刃太岁，戊辰小运，己未五十四岁凌迟死。许统制乙卯年。黄鼎都堂戊寅、甲寅。陆万钟进士壬寅、丁未。胡知府甲戌、乙亥。张佳引尚书丁亥、戊申。商惟正御史，同。赵廷槐大尹甲申、乙亥。戊子、辛酉。举人。董总兵甲申、庚午。朱都司命同。甲寅、戊辰。武贵，阵亡。

庚午日庚辰时，自刑，金神入火乡。申月，行火木运，官可六品。王嘉宾文选丁巳、丁未、庚午、庚辰。黄希宪御史丁丑、己酉。辛丑、乙未。知府。丙子、己亥。举人。己卯、己巳。平章。

庚申日庚辰时，子申年月，入井栏叉，柱运不逢丙丁巳午字，贵。纯庚申、庚辰，行西北东运，武职极品。韩郡王戊申、庚申、庚申、庚辰。周忠布政乙巳、甲申。王鹤府尹癸亥、乙丑。己卯、庚寅。都谏。癸亥、庚申。员外。尹凤武状元参将癸未、庚申。周令中书己亥、辛未。费尚伊给事甲寅、丙寅。壬辰、壬寅。县尹。末清霞道人戊寅、乙卯。百二十岁。

庚戌日庚辰时，魁罡，土厚地方，官高禄重。子月，西南运，贵。寅辰年月，平常。魏丞相丙辰、辛丑、庚戌、庚辰。胡琏都堂乙丑、己丑。陈之良郎中癸丑、己未。隗邦衡主事甲申、丁卯。李进士己酉、丁丑。癸酉、乙卯。伯。

远震雷霆局，为人有变机。福星临到处，身至凤凰池。

六庚时辰仔细推，辰中印库钥匙开。四柱若有冲刑字，安然福禄自天来。

庚日庚辰时正，地支三合为魁。就中卯戌库门开，无破紫袍金带。巳午丙丁减福，谋为财去财来。妻重子晚命中该，富贵清闲自在。

六庚日巳时断

六庚日生时辛巳，偏官合刃自身生。为人刚毅妻财损，运到金乡贵禄享。

庚日辛巳时，阳刃偏官。庚以辛为刃，丙为杀。明辛暗丙，合杀为权。通身旺月，贵；不通，无贵寿考。

庚子日辛巳时，春富，夏秋贵，冬贫。辰戌丑未年月，印绶，行西南运，贵。张瑞知府己未、丁丑、庚子、辛巳。萧主事丁丑、癸卯。黄德纯进士己未、己巳。宋副使己丑、戊辰。甲戌、壬申。_{运使。}福顺进士戊戌、壬戌。

庚寅日辛巳时，巳酉丑月，身旺，贵。杀旺身弱月，贫。纯申年月，大贵悠久。亥月，东南运，主有权贵。沈侍郎庚子、甲申、庚寅、辛巳。陈祥都宪甲午、癸酉。薛进士己酉、乙亥。壬辰、辛亥。庚辰、己丑。_{俱举人。}

庚辰日辛巳时，终蹇。年月不见财，高。通木气，行西南运，未申，东北运，俱贵。一云：先无后有。汪镗尚书壬申、壬寅、庚辰、辛巳。李少卿丙午、丁丑。方万有主事庚辰、乙亥。辛酉、丙申。_{知州。}张学颜尚书甲申、丙子。

庚午日辛巳时，巳午丑年月，进士风宪。巳申酉戌，行土木运，侯伯。卢孝达主事甲子、己巳、庚午、辛巳。白元举人甲申、甲戌。辛未、戊戌。_{主事。}

庚申日辛巳时，刑。巳酉丑月，特达。春夏，木火旺，财官得地，吉。辰戌丑未，印绶，行南运，贵。陶朱公丙寅、己亥、庚申、辛巳。王东台少卿辛未、戊戌。张县尹癸酉、乙丑。

庚戌日辛巳时，年月遇财，吉。午未，行东南运，文职操权，恐无好终。寅申，翰林宰辅；若行火运，亦难善终。曹鼐状元阁老甲申、丙寅、庚戌、辛巳。_{死土木之难。}翁溥尚书壬戌、丁未。蔡学士壬申、辛亥。辛巳、戊戌。_{状元。}戊辰、庚申。_{参政。}

张问主事癸巳、乙丑。

日干生旺局，喜内又藏忧。运行财旺地，富贵不须求。

庚日相逢时巳生，为人福禄依稀平。刑冲破害柱如有，自立自成免祸惊。

庚日时临辛巳，败财暗鬼偷寻。财去财来小人侵，祖父家基难荫。外合重行发福，兄弟雁行无音。妻迟子晚喜开心，先苦后荣之命。

六庚日午时断

六庚日生时壬午，官印福宫聚食神。金土助身须显贵，月逢火旺命难通。

庚日壬午时，官印健旺。庚以丁为官，己为印，壬为食。午上壬食无气，丁己禄旺。通金土月气扶身者，贵。通火气，官贵太重，反化为鬼；庚金柔弱，不能作福，运气扶身，亦贵。

庚子日壬午时，时日并冲，忧伤妻子。通金气，贵。火气，大贵；但多忧劳禄。胡韶侍郎癸酉、己未、庚子、壬午。周煦都堂庚子、丙戌。沈一定副使甲寅、戊辰。赵性刚进士甲辰、庚午。周解元己未、丙寅。余孟麟榜眼戊子、甲子。无子。

庚寅日壬午时，辰戌丑未巳申酉月，身旺俱贵。寅午，火旺，运气再遇，寿促；不然，残疾。赵时春会元己巳、丁卯、庚寅、壬午。吴子孝主事乙卯、己丑。马谦进士甲戌、甲戌。戊午、戊午。状元。己巳、己巳。举人。罗凤翔举人都堂丙戌、丙申。时落空亡。少子。

庚辰日壬午时，食神旺，善饮食，有操持，发即死。诚意伯庚子、戊寅、庚辰、壬午。地支连茹最妙。

庚午日壬午时，寅午戌月金柔火旺，畏缩残疾。亥子午月行木火运，贵。李天官戊子、甲子、庚午、壬午。丘秉文寺丞癸酉、丁巳。陈知府己巳、甲午。郑洛书御史丙辰、乙未。癸巳、丙辰。指挥，富。壬寅、癸丑。推官。己丑、丁丑。知府。己卯、丁卯。举人。

庚申日壬午时，禄马同乡，最吉。如午未年月，位至台阁。卯辰巳贵。戌月行火土运，清虚冷职。曹工部丙午、庚子、庚申、壬午。麻进士甲子、辛未。郑壶阳参政丙戌、丁酉。刘廷芸知州乙亥、己卯。王寀知州壬申、甲辰。己酉、丙子。贫。庚子、庚辰。凶。

庚戌日壬午时，卯月正财，吉。未月杂气财官，贵，辰丑月同。祝学士辛未、辛卯、庚戌、壬午。杨俊民都宪辛卯、庚子。杨旦阁老庚辰、甲申。凶夭。蒋彬进士己未、丁卯。癸丑、乙卯。给事。

骏马离群局，人间将相才。四柱无冲破，富贵命中该。

壬庚会合时临午，无破无冲福自来。从此利名皆有望，贵人举荐上天阶。

庚日时临壬午，支中官印俱藏。贵人禄马更同乡，祸患潜消福长。克破刑冲不吉，柱中更忌空亡。将星天乙主荣昌，中暮家门兴旺。

六庚日未时断

六庚日生时癸未，官星魁制权星退。柱中见巳不逢丁，却能显达得官位。

庚日癸未时，印财库庚，以乙为财，未中入库，用丁为官，巳为印，未中巳丁却有明癸制之，柱有巳制癸，不透丁字，居官显达，若无巳透丁，为祸百端，通火土运气，贵。

庚子日癸未时，年月无丁透露，有己土制伏癸水者，贵。郑王己卯、庚午、庚子、癸未。<small>被诬发高墙，复正位。</small>壬子、戊申。<small>富。</small>益王丁酉、乙酉。<small>三十六子。</small>

庚寅日癸未时，贵。辰戌丑未月高，夏富，岁运同。巳酉申月身旺，大贵。汪俊尚书戊子、庚申、庚寅、癸未。曾干拱都宪辛巳、辛卯。王士翘都宪辛酉、癸巳。柯英知府戊子、甲子。乙亥、戊子。<small>御史。</small>

庚辰日癸未时，魁罡。日辰中有土制癸，年月无丁，贵。卯月金水运，七品贵。举人壬午、壬子、庚辰、癸未。

庚午日癸未时，贵。酉申巳亥年月，总领兵戎，官至二品。先虚后实。蒋诏侍郎戊戌、甲寅、庚午、癸未。潘仲骖编脩癸酉、甲寅。汪元锡都堂丁酉、庚戌。

庚申日癸未时，酉月武贵，初年剥权。年月寅午戌、申子辰二局相参，贵。胡训尚书甲午、丙子、庚申、癸未。牛相参将甲申、丙寅。庚辰、良辰。<small>会状。</small>

庚戌日癸未时，戌月东方运贵，辰月卯年大贵。秋生最吉，夏须西北运方吉。李承勋尚书辛卯、壬辰、庚戌、癸未。辛巳、壬辰。<small>御史。</small>

镜里观容局，喜中仍带忧。云开明月出，作事恐绸缪。

庚日未时库有财，钥匙开处独为魁。运至财旺生官地，富贵荣华不用猜。

庚日时逢癸未，喜逢丑戌荣财。伤官背禄库难开，祖业盈全有碍。父母天孤空克，妻迟子晚和谐。运行吉地免生灾，官旺财乡通泰。

六庚日申时断

六庚日生时甲申，归禄带财格最纯。巳丙与寅柱不见，功名富贵自然臻。

庚日甲申时，日禄居时，庚金申上见禄，甲为偏财，柱中不通丙火，巳寅冲刑，主贵。有，平常。岁运同。

庚子日甲申时，时犯日禄，见财星，柱无巳寅丙，富贵双全。辰戌丑未，土能生金，吉。寅午戌，平常。申酉，行火木运，贵。寅亥，三四品，贵。卯刑子多凶。孔夫子庚戌、戊子、庚子、甲申。<small>考路史又载巳酉年癸酉月。</small>李默尚书己未、己巳。彭黯尚书丁未、辛亥。范惟一方伯庚午、己丑。洪垣知府乙丑、庚辰。

刘存德副使戊辰、甲子。杨以诚御史庚午、辛巳。张星知州乙亥、戊寅。以上诸公皆有道义。岂亦同孔子之生而然耶。

庚寅日甲申时，寅亥月，官至三品。虞通政丙寅、己亥、庚寅、甲申。金柱金宪丙戌、庚子。甲子、丙寅。富商。

庚辰日甲申时，日魁罡，又归禄，俱不喜财官，柱无寅午戌丙丁巳字，贵。施笃臣府尹庚寅、乙酉、庚辰、甲申。丁亥、壬子。知府。戊子、辛酉。通判。刘尧卿御史癸巳、辛酉。

庚午日甲申时，贵。通身旺月，无丙巳寅午丁伤破，贵。赖学士壬子、丙午、庚午、甲申。席参政己巳、戊辰。黄甲状元庚午、丁亥。陈廷谟举人甲寅、辛未。

庚申日甲申时，贵。无卯午未戌丙丁字，贵。子丑月，金水运，文贵。余见庚申、甲申，专禄归禄。坚金非火不能锻炼，故巳午戌月生者，多贵。看归禄有七法，勿以为嫌。财月最吉。吴嘉会侍郎甲戌、己巳、庚申、甲申。武金都堂壬午、丙午。田杨宪副庚辰、乙酉。王司业戊子、壬戌。纽纬给事戊辰、庚申。己卯、甲戌。知州。丁丑、癸卯。举人。

庚戌日甲申时，寅巳午戌月，妻贤子孝，贵。《神白经》云：金水带印，主清显之福。金尚书乙丑、戊寅、庚戌、甲申。张参政乙丑、丁亥。杨逢春进士戊午、甲寅。黄文汉举人己未、戊辰。乙卯、丙戌。同。

庚日甲申时，刑冲事未奇。运行无破地，平步上天梯。

日禄居时喜遇申，柱中嫌巳丙和寅。时来若遇高人荐，柳绿桃红万里春。

庚日申时为主，是名财禄相扶。生长清闲好诗书，禀性无嗔无怒。运拙农商工贾，时来职位迁除。高人见喜小人扶，无破青云有路。

六庚日酉时断

六庚日生时乙酉，金中相会化真金。柱中无火多刚缺，有火相成贵气荣。

庚日乙酉时，气化真金。庚以乙为财，辛为刃，酉上财绝刃旺。若化真金，柱中无火，金太刚则缺；行火运，造化抑扬，得合中道。庚辰日最好，年月带马，三、四品贵，但主子少或不肖。

庚子日乙酉时，主富。月通火气，贵；不通，平常，运通亦能称意。卯亥年月，帅阃。一云：破祖刑凶。汝伯太卿壬申、癸丑、庚子、乙酉。

庚寅日乙酉时，刑。寅午戌吉。申子，凶暴。樊深通政癸巳、乙卯、庚寅、乙酉。端逢赦都堂甲寅、丙寅。张志选知府丁丑、癸丑。无子。孙孟太守甲子、丙寅。吴子仁总兵壬辰、己酉。范禄进士丁未、癸卯。陈进举人己巳、己巳。林士章尚书甲申、丙子。探花。

庚辰日乙酉时，刑。寅卯午未年月，二品权贵，戌亥大贵。《神白经》云：化金，主福厚。李天荣进士丁丑、辛亥、庚辰、乙酉。张尚书乙酉、戊子。甲子、丙寅。举人。

庚午日乙酉时，刑中贵。寅午戌，亥卯未局，贵吉。舒知府壬午、丁未、庚午、乙酉。丁亥、癸卯。一提学，一尚书。

庚申日乙酉时，真刑。寅午戌大贵。巳酉丑中贵，申子辰富，亥卯未，凋零，一云：财吉。赵司业丁卯、丁未、庚申、乙酉。

庚戌日乙酉时，刑后发。寅午戌官星明朗，贵。亥卯未富，或五六品贵。巳酉丑月，刃旺持权，主发迹于疆场，武臣最宜，文臣亦主掌兵权，究竟受羊刃之祸。吴兑尚书乙酉、辛巳、庚戌、乙酉。庚午、庚辰。进士。沈阁老乙丑、庚辰。李汝华尚书戊申、乙丑。

入海求珠局，天性富文章。君子升官禄，士庶有财粮。

天元化合酉时生，生月之中见土亨。荣遇财官皆显达，功名利禄沐恩荣。

庚日时逢乙酉，就中合化真金。财官运步福源生，文秀聪明为甚。不遇亥子克妻，贵贱举失胸襟。凡事后吉先多凶，人品显达之命。

六庚日戌时断

六庚日生时丙戌，金火持争事不祥。身旺月通印绶吉，不通无救祸难当。

庚日丙戌时，金火持争。庚以丙为鬼，丙火戌上合局，金无气，若通身旺印旺月，有救助者，贵，反是平常，或夭贱，运通亦吉。庚属大肠，若丙丁旺甚，主痔瘘脏毒，脓血之灾。

庚子日丙戌时，春偏官用财，吉。夏杀旺身衰，凶暴。秋身杀俱旺，巳酉丑月，西方运，腰金衣紫。寅亥子月金绝病死，多贫贱。一云：聋哑，犬狼伤。吴慎庵侍郎庚寅、丙戌、庚子、丙戌。彭侍郎辛丑、辛丑。詹莹进士癸巳、丙辰。壬午、己酉。举人。魏允中解元会魁甲辰、乙亥。三兄弟俱科甲。

庚寅日丙戌时，申子辰月偏官有制，吉。秋生身杀俱旺，有禄权。纯午孤贫无倚，不然残疾。丑午行西南，公卿以上贵，纯寅亦贵。邹应龙侍郎乙酉、戊寅、庚寅、丙戌。丁丑、丙午。给事。庚子、甲申。天官。黄宗明侍郎丁未、癸丑。江汝璧学士丙午、辛丑。万育吾参议壬午、癸丑。傅津总兵命同。傅雍人，万翼人，庚生雍则得地，生翼则太寒，傅为武臣，万掌兵宪，万三子，傅一子。少卿癸巳、乙丑。郝杰参政丙戌、庚寅。李勇总兵戊寅、乙丑。背义小人。黄瓒知府庚戌、甲申。巨富，多子，一中进士。戊寅、丙辰。丙戌、庚子。俱举人。戊子、戊午。知县。庚辰、癸未。贫儒，无子。瞽一目极贫，乙丑、丙戌。甲寅年死，无子。庚辰、乙酉。木匠。癸亥、壬戌。凶死。年月不同，行运有异，中间悬绝如此。

庚辰日丙戌时，时日相冲，忧伤妻子。月通金水气，贵。木火气重者，艰辛贫夭或残疾。何迁侍郎辛酉、戊戌、庚辰、丙戌。道学。李屏御史壬午、癸丑。辛酉、丙申。贵同。壬辰、戊戌。进士。

庚午日丙戌时，申酉亥丑富贵三品，巳午未申透出壬字，艮坎乾方运，卿相，有寿。吴道直侍郎乙亥、丁亥、庚午、丙戌。丁丑年卒。牛天麟大理卿壬寅、癸丑。己亥、癸酉。大贵。丙寅、癸巳。次贵。甲戌、丙寅。享福。庚午、丙戌。举人。壬午、壬子。进士。

庚申日丙戌时，戌亥年月，东南运，贵。申月，大贵。蔡茂春会元丙戌、辛丑、庚申、丙戌。官止副使。丁亥、辛亥。廉使。己未、甲戌。布政。吴推官癸巳、己亥。丙子、丁酉。推官。周郎中甲戌、甲戌、甲辰、丙寅。例贡。丙寅、辛丑。凶死。

庚戌日丙戌时，辰戌丑未月，印绶生助，吉。申子辰，偏官有制，贵。月通金气，不透壬字，行北运，贵。张甫川尚书甲辰、庚午、庚戌、丙戌。林炉尚书甲申、丁卯。金贾亨宪副癸卯、甲子。道学，三子俱进士。丁未、丙午。府尹。都事丁亥、癸卯。进士丙午、庚寅。举人癸卯、丙辰。庚戌、癸未。同。壬寅、庚戌。方伯。

时上偏官局，身强最妙哉。秋生财乡旺，福禄自然来。

戌时官库最为魁，丑戌相刑库自开。初主中年无显达，未年晚景称心怀。

庚日时逢丙戌，偏官仓库埋藏。就中鬼贼不相当，身弱钱财虚荡。运旺身强发福，雁行骨肉参商。妻重子晚免刑伤，老景封侯拜相。

六庚日亥时断

六庚日生时丁亥，官星失地自身衰。不通月气难成福，若见魁罡却妙哉。

庚日丁亥时，庚以甲为财，壬为食，丁为官，亥上丁火无气，壬旺甲生，庚金失地，难任财食。若不通身旺月，不能成福；通月气、有阴土扶身者，发财。官星有助，稍贵。庚戌、庚辰，此二日魁罡，不宜财官生旺；时逢丁亥反贵。

庚子日丁亥时，贵。申子辰月，伤官劳碌。卯月，金火运，五六品贵。顾可学壬寅、甲辰、庚子、丁亥。原任参议，以修养进身，官至尚书。敖璠进士庚申、丁亥。庚寅、戊子。知县。

庚寅日丁亥时，平，初贫中秀，末主富旺。辰戌年月，贵显。申酉亥卯巳午年月，干透乙巳者，大贵。高公韶侍郎庚子、甲申、庚寅、丁亥。一乙巳年，极贵。沈鏊进士辛酉、辛卯。朱裳举人辛巳、癸巳。一丙申月，一辛亥月，俱同。丙寅、庚寅。富。

庚辰日丁亥时，纯未显达。己午，西北运，风宪金紫。亥卯，金紫有权。申月，建禄，最吉。闵煦尚书丁卯、辛亥、庚辰、丁亥。李方至郎中癸酉、丙辰。子神童，翰林。甲辰、壬申。学士。

庚午日丁亥时，贵。辰戌丑未月，土能生金，荣显。申亥酉月，行木火运，极品。蒋瑶阁老己丑、癸酉、庚午、丁亥。陈道基都宪己卯、丁丑。曹尚书丁丑、戊申。饶布政戊午、癸亥。陈知府乙卯、己卯。朱怀干知府辛亥、庚子。苏民望举人壬戌、庚戌。丁未、丁未。先贵后贫死。庚子、丁亥。辛未、辛卯。戊辰、戊午。庚申、壬午。俱贵。

庚申日丁亥时，秋生，南运，贵显；北运，平常。李缵尚书庚辰、己丑、庚申、丁亥。陆完尚书丁丑、癸丑。通宁藩谪戍。佟登总兵乙酉、乙酉。包承引从。牛副将甲申、丙寅。朱参政己巳、壬寅。王原相御史乙未、丙戌。壬午、壬子。癸卯、丙辰。俱贵。徐秉正进士丁未、癸丑。

庚戌日丁亥时，辰巳午月，官杀虽混，亦主武贵。丑月，西运，郎官。辰月，西北运，方面。梁剑庵侍郎丁未、丙午、庚戌、丁亥。杨循布政癸丑、丁巳。黄润参政癸丑、癸亥。杨铨进士丁丑、戊申。张给事己巳、甲戌。李员外辛未、壬辰。陈府判丙申、辛卯。甲申、丁丑。举人。甲子、丙子。通判。

名遂功成局，麻衣换锦衣。若无冲克破，福禄转加余。

丁亥时逢庚日排，重重喜色照朱扉。桃红烂熳日时绽，一阵春风自显威。

庚日时逢丁亥，柱中暗合三奇。要知子旺并三妻，父母雁行可美。癸巳戊辛不遇，文章博览多知。无冲无破贵人提，终末亨通吉利。

六辛日子时断

六辛日生时戊子，印绶学堂坐食神；不见丙丁同午破，必是荣华贵显人。

辛日戊子时，六阴朝阳。辛金子上长生学堂，辛以戊为印，癸为食，时上明戊暗癸。柱中不见丙丁午字冲开，通身旺月，大贵；犯者，不贵。不通月气，通运，亦贵。

辛丑日戊子时，丑月，杂气财官，贵。纯丑，儒职。纯辰，行西运，都宪。酉月，东北运，贵。忌庚寅月，刺面凶；癸未月，受刑；癸丑月，破败孤凶。孙慎都堂乙亥、丙戌、辛丑、戊子。苟颖太仆卿癸酉、乙丑。林希元金事辛丑、戊戌。

辛卯日戊子时，春生，寅，贫；卯，贵。夏，清贵。秋，羊刃，无益。冬富。丑月，尤吉。辰戌未月，财官印绶，俱吉。《神白经》云：金火化，主贵。忌辛卯月，父母凶死；辛巳月，大破凶；壬申月，尸不全死。顾都堂丙辰、壬辰、辛卯、戊子。谭御史庚辰、癸未。葛御史丁丑、癸丑。进士辛卯、辛卯。杨湿亚元乙未、己卯。官止推官，贫无子。壬子、壬子。乙亥、乙卯。丙申、丙申。俱举人。

辛巳日戊子时，寅巳午月，正官，贵显。亥子，伤官，子少妻多。卯戌，五品贵。《神白经》云：金化象，主贵。忌丙寅月，刑平；乙巳月，先贫；丁酉月夭。张尚书丙寅、戊戌、辛巳、戊子。张参政癸丑、辛酉。王及泉御史丁亥、壬寅。以访异术、异人升侍讲。蔡元伟同知丙寅、丁酉。

辛未日戊子时，贵。寅巳午酉年月，火木运，贵。亥子，翰苑。辰戌丑未，杂气财官印，俱吉。忌庚申月，尸不全死；壬子月，孤凶；癸丑月，凶刑死。彭凤翰林己未、戊辰、辛未、戊子。罗洪先状元甲子、乙亥。王国光尚书壬申、壬子。张允郎中丙申、戊戌。马彬御史乙卯、癸未。周俶府尹早戌、庚午。李采菲御史癸巳、丙辰。杨惟平太守甲戌、丁丑。凶死，无子。俞汝为进士壬寅、辛亥。癸亥、丁巳。学士。癸酉、甲寅。知府。

辛酉日戊子时，子酉月生，无丙丁火，不行南运，三四品贵。伤妻子，武职权重。《神白经》云：金火化，主贵，破祖方发。忌壬寅月，凶死；辛巳月，大败祖，凶。庚戌月，凶死。吴侍郎丁酉、戊申、辛酉、戊子。虞侍郎甲午、丁卯。赵侍郎丙子、辛卯。刘国总兵癸巳、甲寅。林有年副使丁亥、乙酉。周莹知府庚子、庚辰。刘起宗进士甲子、癸酉。丙寅、戊戌。参政。王凝侍郎戊子、乙丑。己卯卒。周之屏学宪戊子、辛酉。

辛亥日戊子时，不贵则富。亥月无官，伤官伤尽，发福子少。春夏亥子丑木火运局，金紫风宪。六辛日见戊子时，谓之天庭清显气。辛酉、辛亥得之，最高。忌丙寅月，死不全尸。丙申月，失乡恶死；丁酉月，失亡恶死。王尚书癸丑、庚申、辛亥、戊子。胡杰祭酒壬午、辛亥。孙化龙进士甲辰、丙寅。壬申、癸亥。郎中。乙巳、辛巳。太守。丙戌、庚子。贵。己丑、丙子。凶。丁未、丙午。男女同，男遭刑，女为娼。

寒门生贵局，福禄自然彰。不犯刑冲破，升迁到省堂。

天元六辛子时生，春到花开灿烂明。丙巳午丁如破坏，功名难望晚方成。

辛日时逢戊子，六阴会合朝阳。金神印绶显威光，相助一身荣旺。巳午逢之减福，丙离雁侣尊堂。妻子勤助旺家庄，无破寒门将相。

六辛日丑时断

六辛日生时己丑，金土持争势不安。年月财官相救助，免交贫困受饥寒。

辛日己丑时，金土相争。辛以巳为倒食，丑上有明巳暗辛。岁月无财官救助者，贫困；得财官运，亦吉。

辛丑日己丑时，孤浊滞生。申酉月，金旺运，行火乡，疏通，刑伤妻子，为僧道，贵。纯丑，西南运，大贵。洪布政壬午、壬庚、辛丑、己丑。余副使庚戌、辛巳。焦金事丙午、庚寅。张知府戊辰、辛酉。赵状元辛丑、辛丑。县尹戊子、甲子。甲申、辛未。凶死。

辛卯日己丑时，寅卯亥未等月，财星格，南方运，贵。辰戌丑未，印绶，南方运，吉。胡知县壬辰、癸丑、辛卯、己丑。丙辰、丁酉。举人。庚寅、丙戌。富贵。

辛巳日己丑时，丑巳申酉月生，金多克木，损伤妻子；僧道，贵。寅卯辰月，南运，贵。明世宗丁卯、己酉、辛巳、己丑。一云戊子时。代王丙戌、戊戌。王邦瑞尚书乙卯、癸未。王国祯方伯癸酉、甲子。陈奎举人壬申、乙巳。羌检讨庚辰、戊寅。甲辰、乙亥。封君。

辛未日己丑时，寅卯未月，财星格。巳午，官显。何镗参政戊寅、乙卯、辛未、己丑。辛亥、戊戌。举人。龚用卿状元辛酉、甲午。

辛酉日己丑时，破祖。巳酉丑月，金多克木，俊俏有财，难为妻子。寅午月，近侍，贵。王尚书丁卯、乙巳、辛酉、己丑。王宗沐侍郎癸未、甲寅。辛巳、丁酉。戊戌、乙丑。俱知县。庚寅、甲申。进士。

辛亥日己丑时，寅巳午月，官星明朗，立计成家。卯未，财局，富贵。未戌，冲，吉。申、子、辰年月，金水涵秀，佳。酉建禄，行木火运，吉。纯亥，金水涵秀，贵。王教侍郎己亥、乙亥、辛亥、己丑。姚鸣鸾进士丁未、壬子。吴翰进士己酉、己巳。苏璞举人戊申、辛酉。甲申、辛未。知县。辛亥、乙未。同知。

倒食逢时上，财官库内藏。时乖多险阻，骨肉且参商。

己丑时逢辛日险，财官埋没未为奇。六亲骨肉多刑害，年月冲开富贵推。

辛日时临己丑，总由倒食淹留。就中金柜紧监收，午未戌开成就。甲丙卯寅发福，癸壬亥子漂流。少年谋望事难周，中末前程自有。

六辛日寅时断

六辛日生时庚寅，财旺生官遇贵神。金木局中通月气，必为荣贵富豪人。

辛日庚寅时，贵人财官。辛以寅为天乙贵，丙火为官，甲木为财，寅上丙、甲旺，若通金木月气或通运，主富贵显达。

辛丑日庚寅时，春贵；夏官旺；秋显达；冬吉。丑月，南运，风宪或武贵。一云：发即风疾。年月酉申，全无火气，贫夭。顾清尚书庚辰、戊寅、辛丑、庚寅。刘天和都堂己亥、辛未。张明御史壬戌、丁未。辛亥月。侍郎。饶成山御史己卯、甲戌。施梦龙郎中己丑、丙寅。乙酉、甲申。贫夭。

辛卯日庚寅时，午未亥子，俱贵。寅卯申酉，六七品贵。一云：父早亡，多患风疾。胡镇总兵癸未、己未、辛卯、庚寅。王知府乙亥、丙戌。陈宾举人辛未、己亥。丁卯、辛亥。乙酉、甲申。俱举人。

辛巳日庚寅时，春贵。夏官禄，行西北运，大贵。秋，身旺。冬，暴狠。一云：刑后有财。韩太师壬申、丙午、辛巳、庚寅。京丞相戊午、己未。颜若愚举人庚辰、己卯。

辛未日庚寅时，己未丑月，名标金榜，妻贤子孝，晚年风疾。寅卯午戌，俱吉。刘状元甲寅、甲戌、辛未、庚寅。甲戌、庚午。寿。丁卯、丙午。富。王佐才举人戊寅、乙卯。

辛酉日庚寅时，贵。春，财聚；夏，官禄成。秋，身旺。亥子丑戌午酉等年月，俱贵。吴三乐侍郎乙亥、己丑、辛酉、庚寅。魏侍郎丙申、辛卯。王腾进士甲辰、丙子。蓝渠进士丁酉、辛亥。辛酉、庚寅。凶死。

辛亥日庚寅时，贵，主有暗疾。干透丙，发。午酉寅亥年月，南方运，贵。李幼孜尚书丙子、辛卯、辛亥、庚寅。何侍郎癸酉、壬戌。胡都堂庚子、己丑。王参政甲子、庚午。喻郎中戊寅、辛酉。邓主事壬辰、庚戌。壬申、己酉。举人。辛未、丁酉。都司。戊戌、乙卯。极富。巳亥、癸酉。凶死。

背暗向明局，平生志气高。财官年月上，兰蕙出蓬蒿。

六辛之日遇寅时，财旺生官互换推。运拙利名应塞滞，若行财禄更无虞。

辛日庚寅时遇，弟兄骨肉生疏。双亲祖业靠难成，鸳侣中年迷镜。亥癸坎壬减福，丙丁巳午驰名。春生冬产贵人钦，中末荣华之命。

六辛日卯时断

六辛日生时辛卯，妻子难为遇比肩。秋产冬生贫下格，丙临寅马却当权。

辛日辛卯时，比肩分财。辛以乙为财，卯上乙旺，遇比分夺，损伤妻子。生秋冬，财官无气，平常。寅巳午月，干透丙火，丙合辛生，官贵显达。辛卯，悬针煞，柱多不吉。

辛丑日辛卯时，春、夏生土厚地方，富贵。秋，克妻刑子。冬，艰辛。寅巳午月，近侍，贵。甲戌年月，木火运，风宪。张尚书丙申、辛丑、辛丑、辛卯。查布政壬辰、庚戌。凶死。萧御史甲申、丙子。费懋贤进士庚申、己卯。乙丑、戊子。进士。

辛卯日辛卯时，寅午戌月，财官双美，贵显。卯酉申辰年月，近侍，贵；见官印财星，妙。一云：先苦，中年发。徐阁老戊午、乙卯、辛卯、辛卯。严世蕃癸酉、丙辰。以恩荫至侍郎，罪大恶极，典刑。余元立翰林戊午、乙丑。郑尚书己亥、丙子。魏一恭方伯壬子、壬子。郭万程进士丁卯、己酉。杨一凤御史辛巳、辛丑。_{戊午年卒。}林奎知县甲戌、己巳。甲子、壬申。己卯、丁卯。_{俱副使。}林乔相宪副辛丑、辛丑。伍令御史丁卯、己酉。_{夭。}

辛巳日辛卯时，春，财旺。夏，官旺。秋，身强，冬，懦弱。巳酉年月，行木火运，贵戚。申月，水火运，金紫。巳月，西北运，风宪。王继礼廉宪己亥、甲戌、辛巳、辛卯。辛未、丙申。_{辰运戊午年凶死。}

辛未日辛卯时，纯未丁年月，虽大权贵，不善终。寅巳亥纯，吉。赵凤尚书癸未、丁巳、辛未、辛卯。傅镇都堂辛酉、庚寅。方大乐知州甲子、乙亥。

辛酉日辛卯时，出身孤苦，中年获福，末年封妻荫子，贵。巳月，官印逢天德，贵当一品。丑月，木火运，中贵。申酉亥年月，东南运，风宪。张居正阁老乙酉、辛巳、辛酉、辛卯。_{十年专政，丙子运末壬午年死，岁运冲故。}陆布政戊申、戊午。方一正举人辛卯、丙申。肖景训进士知州戊申、甲子。王国侍郎辛亥、辛丑。

辛亥日辛卯时，春、夏财官双美，贵显。秋、冬，背禄遂马，劳碌反复。纯亥，金水涵秀，多发高科。辰戌，吉。丑未，尤吉。吴桂芳尚书辛巳、戊戌、辛亥、辛卯。_{一云庚寅时。}汪道昆侍郎乙酉、己丑。_{有文名。}钱四窗御史乙丑、丙戌。_{凶死。}汪旦御史己未、壬申。范应期状元丁亥、辛亥。林焕举人辛丑、癸巳。

羊刃劫财局，皎月有盈亏。财禄中年聚，鸳侣恐伤悲。

二辛遇卯禄分明，比劫逢财事不成。春夏人生财禄旺，秋冬刑害命中平。

辛日时逢辛卯，二辛分夺妻财。雁行鸳侣少合谐，独立自成无碍。年月财星生旺，忻然禄自天来。运行比劫事沉埋，水木运中通泰。

六辛日辰时断

六辛日生时壬辰，伤官伤尽倍精神。四柱火虚防克害，九流技艺卜医人。

辛日壬辰时，暗金沉水底。辛用丙为官，壬为伤官，辰水库，丙辛无气，壬水合局。若年月透丙，是伤官见官，刑祸百端，为人气高夸大，秀而不实。不通月气，无倚托者，为人反复成败，为医卜艺术。柱有木火身旺，行东南运，贵。

辛丑日壬辰时，春，显达。夏，平常，有名利，主暴虐。酉月，行东运，贵。戌未，四库全，最贵。纯未，杂气财印。丑未，冲开，主有权贵。王继津侍郎癸未、己未、辛丑、壬辰。殷正茂尚书癸酉、己未。何懋官进士戊申、癸亥。甲申、戊辰。解元。

辛卯日壬辰时，春，财旺，妻贤子孝。夏，伤官见官，然亦多富。秋，吉。冬，孤克，多贵。张给事壬辰、辛亥、辛卯、壬辰。周鲲进士丁卯、丙午。乙巳、壬午。贫生。

辛巳日壬辰时，春，伤官生财。夏，行藏反复，或凶暴。午未，亦奇。秋，申酉，身旺，得火则吉。冬，亥子，伤官伤尽，有木土为妙；贵重清高，未免刑克。辰戌丑未，主武贵。罗钦顺状元乙酉、戊子、辛巳、壬辰。名臣。孙应奎尚书丙午、辛丑。刚直。林廷进士庚午、己卯。郑邦兴进士丁丑、丙午。陈堂锦衣指挥癸丑、丙辰。曹世德参将戊辰、辛酉。府尹丁巳、丁未。

辛未日壬辰时，身孤。春生，财星格，吉。夏，劳碌。秋，贵。冬，伤官伤尽，为奇。礼部尚书庚申、甲申、辛未、壬辰。杨廉侍郎壬申、戊申。王廷声侍郎丙戌、戊戌。王廷弼举人壬午、丙午。辛未、庚子。知县。张秩翰林戊子、乙丑。早卒，乏嗣。

辛酉日壬辰时，春，富贵双全。夏，好。秋，身旺贵。冬，白丁。子月，辛生地，学堂，主文学。年月火济，贵。甲戌月，三品。王九庵尚书庚子、己卯、辛酉、壬辰。王仲山金宪丁巳、壬子。画入妙品，海内高人，子进士。黄大中知府丙子、癸巳。乙酉、辛巳。辛巳、癸巳。俱举人。

辛亥日壬辰时，贵。春，财旺扶身。夏，吉。秋，身旺，好。冬，伤官伤尽，自立自成。卯未年月，贵。许国翰林丁亥、丁未、辛亥、壬辰。杨铎知府戊辰、乙卯。黄镗郎中己酉、癸酉。沈恺进士壬子、癸丑。丁卯、丙午。侍郎。癸巳、壬戌。戊午、壬戌。俱举人。张阁老母丙寅、壬辰。

细水长流局，六辛总属阴。运行财旺地，官禄自来临。

六辛日干时壬辰，锁闭财官事未能。不通钥匙兼压伏，自古难发少年人。

辛日壬辰时遇，伤官伤尽为奇。祖业父母早难为，雁行分飞无意。春夏财官生旺，东南方运施为。自谋自立作家资，不得亲人之力。

六辛日巳时断

六辛日生时癸巳，贵气无伤官印强。月气有通兼倚托，早年荣贵姓名香。

辛日癸巳时，官印扶身。辛以丙为官，戊为印，癸为食神。巳上丙戊健旺，癸合化火，赤白文章。若有倚托、通月气者，显达；若月不通，运通，亦贵。

辛丑日癸巳时，凶，别父母发福。春夏吉，秋冬凶暴。一云：化贵戒酒。林子仁魁元戊戌、癸亥、辛丑、癸巳。善才进士戊辰、丁巳。张懋修丙辰、癸巳。状元，革。辛卯、乙未。刑人。

辛卯日癸巳时，春夏，身弱寿促，秋身强，劳力辛苦。如月气火木，三四品贵。赵鸾郎中丙寅、甲午、辛卯、癸巳。何道济进士丙午、辛卯。张子滔郎中乙亥、甲申。胡公濂进士丙辰、乙未。

辛巳日癸巳时，化贵。子午年，寅午戌月，贵。亥卯未，清贵。申子辰，无义之人。辛巳、癸巳，两干不杂，寅辰透丙，俱主极贵。丑酉三合，亦吉。吕纯阳丙子、癸巳、辛巳、癸巳。神仙。寇准莱公辛巳、癸巳。考道书，吕公生天宝十四年乙未四月十四日巳时。考宋史，寇公七月十四日生，魏野诗云：何时生上相，明日是中元。星家传俱诬。富弼郑公丙辰、丙寅。戊午、乙丑。总兵。癸亥、庚申。举人。傅鸣会知府壬午、壬子。胡朝臣通参甲戌、甲戌。沈束己巳月，二公俱淹狱。张锭进士庚子、己卯。

辛未日癸巳时，寅午戌月，高命。巳酉丑，身旺平稳。申子辰，白丁。亥卯未，清贵。邹尚书己卯、辛未、辛未、癸巳。史知府丙午、丙申。蔡仁进士己未、庚午。张润锦衣甲子、乙亥。极富，多子，寿不六旬。陈柏宪副丙寅、乙未。

辛酉日癸巳时，贵显，酒色重。寅卯，财旺，吉。丑，三合全，富贵。林介和知府壬寅、癸卯、辛酉、癸巳。辛巳、辛丑。富贵。

辛亥日癸巳时，时日并冲，忧伤妻子。春财旺。夏，吉。秋，平。冬，凶暴。酉午年月，木火运，风宪都堂。湛若水尚书丙戌、己亥、辛亥、癸巳。道学。周进隆布政癸酉、庚申。金定金事辛巳、戊戌。蒋相侍郎己未、壬申。

辛干时对局，官印喜相逢。不遇刑冲破，腾身到帝宫。

癸巳时逢辛日干，柱中独喜显财官。运行禄马无刑地，金榜题名步御銮。

辛日时临癸巳，春生财旺镒基。丙丁午年最为奇，破克刑冲不利。壬癸庚申无破，功名富贵为的。妻贤子孝两相宜，刑破巳时不济。

六辛日午时断

六辛日逢甲午时，暗鬼枭神真可畏。若无倚托反劳生，莫道六辛逢马贵。

辛日甲午时，鬼旺身衰。辛用丁为鬼，己为倒食，甲为财，甲午木死，则神无气，丁巳健旺，虽见午为天乙贵，平生反覆；纵通旺气，亦贵不永。若生火土月，西方运，贵。

辛丑日甲午时，未申年月，四柱有刑害，虽富寿夭。通金，虽贵不永。方守布政丙辰、甲午、辛丑、甲午。周天佐主事戊寅、壬戌。谏言系狱死。一云：辛未、辛卯、壬午、庚戌。彭希贤进士壬戌、癸丑。刘觉吾郎中壬辰、丁未。丁酉、丁未。一进士、一官生同。

辛卯日甲午时，卯月，武贵。寅戌，破祖；不然，残夭。巳午，七八品贵。运同。陈仲举人丙午、癸巳、辛卯、甲午。开封周王庚子、甲午。

辛巳日甲午时，平。寅午戌，官旺，吉。申子辰，平常。卯戌年，官印双全，公侯。史参政癸酉、戊午、辛巳、甲午。辛亥、丙申。县尹。壬辰、乙巳。凶死。杨成尚书辛巳、己亥。

辛未日甲午时，申子辰，偏官有制，吉。丑戌，方面。未月，贵。欧阳铎侍郎丁未、戊申、辛未、甲午。蓝济卿御史甲戌、甲戌。沈良举人戊午、甲寅。张居正阁老父甲子、丁丑。子孙昌盛，夫妇偕老，丁丑年九月卒，生前恩荣无比。

辛酉日甲午时，春，财旺；夏，官贵，俱吉。秋，身强，虽富不永。冬，平常。薛文清公甲午、己巳、辛酉、甲午。从祀庙廷。乙卯、丙寅。举人。

辛亥日甲午时，亥子年月，金水涵秀，文学堪夸。辰戌丑未、杂气财官，贵显。杨尚书丁亥、壬子、辛亥、甲午。赵文华尚书癸亥、己未。

四意三心局，谋为事滞疑。虽然财禄聚，担是又担非。

六辛日干时甲午，财神无气不相当。春生木旺财官运，一路滔滔姓字香。

辛日时临甲午，妻财无气身衰。干强火旺为鬼胎，火重金柔炼坏。最忌用神伤损，金沉海底生灾。无刑无破趁心怀，贵重光明广大。

六辛日未时断

六辛日生时乙未，火木相成金不畏。月通金气与春荣，财旺生官身自贵。

辛日乙未时，天财入库。辛以乙为财，未上入库；己为倒食，丁为正鬼，未上有暗丁，巳被明乙制伏，不能为害。若通巳酉丑月者，贵。通火，行西运；通金，行南运，俱贵。

辛丑日乙未时，刑。亥卯未寅月，财旺生官，不贵则富。辰戌丑子，俱吉。林省吾侍郎乙未、丁亥、辛丑、乙未。陈克恭御史己丑、甲戌。辛酉、戊戌。学士。胡汝霖都宪壬申、丁未。王继祯进士丁卯、壬子。壬午、己酉。丁丑、戊申。戊辰、庚申。俱举人。

辛卯日乙未时，亥卯未月，财盛生官，吉。郑鳌举人辛未、辛卯、辛卯、乙未。

辛巳日乙未时，月通金火，贵。运通，亦贵。易提学甲寅、癸酉、辛巳、乙未。壬寅、癸卯。大参，贪鄙。

辛未日乙未时，寅卯未年月，财旺生官，名高禄重。通火气，行西，通金气，行南，俱吉。蒋冕阁老癸未、乙卯、辛未、乙未。王俊臣布政丙寅、丙申。丁酉、壬寅。主事。戊子、乙卯。进士。

辛酉日乙未时，月通火气，行东运，贵。辰戌丑未，最吉。亥卯，贵显不久。秋，生身太旺，财官无气，凶夭。欧阳绅纳指挥升都司阵亡，荫指挥，己巳、甲戌、辛酉、乙未。子进士。秦都事己巳、戊辰。秦尚书子。朱运昌进士己未、乙亥。

辛亥日乙未时，亥卯未月，财星格，吉。秋、冬，孤独。辰丑，近侍，三品。戊辰、甲子、辛亥、乙未。贵。

偏财时旺局，乙未库中藏。丑戌相逢处，功名翰墨香。

未时辛日库门开，卓立成家自发财。金木运中身旺吉，几经险过福重来。

辛日时逢乙未，库中透出偏财。运行木金忌身衰，丑戌之运通泰。经历初年发福，鸳帏抵敌无灾。荣华富贵命中排，无破为官清泰。

六辛日申时断

辛日生时遇丙申，月通金火转精神。化成金水逢金地，聚福能为富贵人。

辛日丙申时，丙辛化水，申上长生。若月通巳酉丑，金气者，精神秀丽，文章聚福。通火气旺、有倚托者，贵，辛酉、辛未最妙。不成化象，申上官星无气，平常衣禄。

辛丑日丙申时，化贵，少年蹇剥，中贵显。亥月，作化气看，吉。寅午戌己未月，官星有气；春，财旺，俱吉。倪绲进士辛酉、己亥、辛丑、丙申。一戊戌月贵。赵进士戊辰、庚申。己亥、壬申。贵。

辛卯日丙申时，化贵。寅巳午未戌酉亥月，官星明朗，山明水秀，登科荣贵。通土气，亦贵。一云：少蹇，中、末好。丘茂英举人丙申、乙未、辛卯、丙申。

辛巳日丙申时，见血则福。又云：贵中失，申末年月，身厚，妻重子孝，武职三品。薛侍郎戊戌、甲子、辛巳、丙申。赵参政庚子、戊子。姜应熊总兵乙酉、甲申。吴逵知府辛亥、甲午。周状元丁巳、庚戌。丁亥、壬寅。巨富。乙巳、辛巳。进士知州。

辛未日丙申时，因贵人门下得富。春，清贵。夏，平常。秋，富。冬，大贵寿促。《神白经》云：金水乖合，化水，主贵。陆树声会元尚书己巳、丁卯、辛未、丙申。杨万程太守壬戌、丙午。己卯、癸酉。进士。甲午、丁丑。举人。

辛酉日丙申时，寅巳午未戌月，官旺荣贵。《神白经》云：水化，主贵。己酉、庚午、辛酉、丙申。太守。丁酉、己酉。巨富。

辛亥日丙申时，发福，防孤克带疾。通金气，主人秀丽福厚。通水气，大贵。王侍郎辛亥、丙申、辛亥、丙申。蔡存远进士壬子、癸丑。潘允哲学宪甲申、乙亥。杨道亨知府癸未、乙丑。

合化天元局，冬生福有余。时来随贵显，金榜把名题。

辛日良时遇丙申，天元化合得其真。冬生若也无刑破，贵显当登要路津。

辛日丙申时遇，长生禄马希奇。天元化合显光辉，职重名高威势。君子文章上立，常人荣旺家基。生时真定却无亏，运喜兑离震地。

六辛日酉时断

六辛日生时丁酉，鬼破禄元祸百端。倚托身强方断吉，月通制伏是偏官。

辛日丁酉时，火金持争。辛金酉上健旺，见丁为正鬼；酉上丁长生，破禄，不成其福，反复成败。身强、通月气，有制伏者，作偏官论；更行身旺运，贵。通金气无丁，身强，行南运，大贵。

辛丑日丁酉时，高，平稳。酉月，木土运，方面，戌亥子巳未年月，大贵。张岳侍郎壬子、庚戌、辛丑、丁酉。名臣。庄仁山进士癸丑、辛亥。徐养相举人辛巳、辛丑。壬午、乙巳。宗室。

辛卯日丁酉时，时日并冲。月通金气，不透丙丁，南方运，贵。王凌侍郎甲子、癸酉、辛卯、丁酉。何棨宪副戊寅、甲子。庚辰、乙酉。进士。

辛巳日丁酉时，平。亥月，反复不定。午月，偏官带疾，显达寿促。子月，贵戚。

一云：有财有害，寿不过三十一。庄用宾金事甲子、丙寅、辛巳、丁酉。曹同知辛巳、辛卯。吴三畏举人丙子、戊戌。

辛未日丁酉时，不贵则富。月通金气，无丙丁字，行南运，贵。戴大宾编修己酉、壬申、辛未、丁酉。马伋主事辛丑、辛丑。己未、丙子。富。丙申、庚子。寿逾百岁。

辛酉日丁酉时，年月通金气，吉。丑月，西方运，风宪。寅午戌，贵。郝良臣方伯壬戌、丙午、辛酉、丁酉。

辛亥日丁酉时，贵。丑寅卯酉年月，近侍，金紫。沈健知府己亥、辛未、辛亥、丁酉。巨富，子贵。

时上杀生局，天元莫见官。身强财禄运，贵显步金銮。

酉时辛日等同伦，出户相迎喜事新。不遇刑冲空克破，何愁富贵不加身。

辛日时临丁酉，偏官合局相投。丙丁重见主淹留，嗣息女多男少。祖业残花秋暮，游人皎月云收。身强官旺福优游，运至财官大有。

六辛日戌时断

六辛日生时戊戌，印绶生身坐禄堂。有托福人难靠祖，不通月气是平常。

辛日戊戌时，禄同印堂同居。辛以戌为禄堂，戌上有明戊为印绶；以丙、丁为官，戌上戊土正位，丙、丁火局。若有倚托通月气者，难为祖业。不通，平常。

辛丑日戊戌时，刑害。辰戌丑未，印绶，行南运，大贵。寅巳，正官，贵。子午卯酉，武职风宪。阁老壬辰、甲辰、辛丑、戊戌。吴布政壬午、庚戌。曹当勉知府戊辰、甲寅。辛巳、辛丑。举人。

辛卯日戊戌时，刑害，**饕餮**。亥、卯月，木火运，五六品贵。湖广襄王辛卯、甲午、辛卯、戊戌。霍冀尚书丙子、辛卯。寿六十。叶珩布政丁未、辛亥。知府丁酉、丙午。庚寅、戊子。通判。

辛巳日戊戌时，辰戌丑未月，印绶，文贵少病；生土厚分野，贵。戌月，行木火运，风宪。伯丁丑、丁未、辛巳、戊戌。参政乙亥、壬午。高时给事乙丑、己丑。问死。陈文浩进士丁未、乙巳。庚申、甲申。举人。

辛未日戊戌时，凶恶狠暴，忧伤妻子。寅巳午戌丑月，贵。申子辰亥，金水涵秀，尤贵。一云：克父母，身旺，中年富。王国光尚书壬申、壬子、辛未、戊戌。李凤毛少卿乙亥、辛巳。俞咨伯副使辛未、戊戌。两干不杂。姚凤翔副使甲子、丁丑。丘天祐御史甲戌、丙寅。李鹗主事壬午、庚戌。李奇俊举人辛未、甲午。甲寅、丁丑。贵同。丁卯、庚戌。凶死。

辛酉日戊戌时，凶刑。巳酉丑辰戌未年月，魁元，卿、尹之命。万士和尚书丙子、己亥、辛酉、戊戌。君子。李侍郎己巳、癸酉。陶谟御史丙辰、庚寅。戊子、己未。知府。丙寅、辛丑。进士。林文聪知县戊戌、庚申。辛丑、乙未。举人。

辛亥日戊戌时，凶狠、机谋奸猾，计较。一云：凶后发。林夔进士乙酉、戊寅、辛亥、戊戌。赵申甫举人甲申、壬申。丁亥、乙巳。凶死。

官印临时局，早年事莫谐。末中时运至，仓库自然开。

辛日戌时财库闭，如开须待丑辰来。月年甲丙天干透，富贵荣华不用猜。

辛日时临戊戌，五行财禄荣昌。柱中辰戌两相当，名曰钥匙开藏。火水光辉发达，空亡锁闭如常。运行财地并官乡，无破天然福相。

六辛日亥时断

六辛日生时己亥，背禄剥官反破伤。如作飞天禄马贵，失时无合空忙忙。

辛日己亥时，飞禄合局。辛以丙为官，亥上有旺壬伤，故官无气；如再得亥月或亥日，以亥冲出巳中丙火为官星。若是辛酉、辛丑合局，贵。其余辛无合。不通月气，无倚托，贫下，有倚托，吉。

辛丑日己亥时，辰戌丑未及寅卯月生，作飞天禄马，贵。未月，金水运，金紫方面。林廉使乙亥、丁亥、辛丑、己亥。合飞天格，甲申、丙子只作财官看贵。辛酉、丙申。喜东南运，亦贵。

辛卯日己亥时，寅卯亥未月，财旺生官，终身有庆。巳酉丁年月，贵。南轩郎中丁丑、壬寅、辛卯、己亥。张学士辛丑、己亥。张希虞举人乙卯、戊子。帅兰给事辛卯、丁酉。

辛巳日己亥时，填实巳字，不入飞天格，作官印论，主父母竭力扶持，而后富贵。沈良材侍郎乙丑、己丑、辛巳、己亥。诸大绶状元侍郎癸未、甲子。癸酉年辛。万民范知州丁亥、壬寅。

辛未日己亥时，贵。亥卯未寅月，金能克木，为财盛生官，名利贵显，巳午年月，富贵。秋生，透丙，亦吉。秦鸣雷状元戊寅、乙卯、辛未、己亥。丘愈解元丙午、丙申。贾应元参政丁酉、壬子。汪道昆父癸亥、乙丑。受侍郎封。杨秉义进士癸卯、辛酉。

辛酉日己亥时，辰戌丑未、杂气财官，吉。纯亥，冲巳中丙火为官，贵。郑纲侍郎辛酉、己亥、辛酉、己亥。王廷儒举人丁丑、辛亥、辛亥、辛丑。同。王四槐副使庚子、己丑。

辛亥日己亥时，年月再亥，飞天禄马，三、四品，贵；武职极品；侯伯。寅巳填实，则减。子辰年月，亦吉。方一桂御史癸丑、乙卯、辛亥、己亥。徐元稔进士壬辰、戊申。姚鸣凤进士辛亥、癸巳。丁亥、乙巳。布政。甲子、乙丑。主事。甲戌、丁亥。郎中。己丑、己巳。举人。

苓芝出草局，亲面各支离。守旧难成就，平生自作为。

辛日天干己亥时，枭神背禄主灾虞。无冲发福亦不重，禄马飞天贵自殊。

辛日时临己亥，枭神背禄同宫。好如缺月被云笼。癸巳甲寅无用。父母完全不睦，残花结果防风。若无克破与刑冲，飞天禄马福重。

第五十四章 星命汇考五十四

《三命通会》二十六

六壬日子时断

六壬日生时庚子，子上明庚暗损伤。火土月中仍主吉，不通凶狠只平常。

壬日庚子时，刃旺身强。壬以庚为倒食，癸为羊刃，时上明庚癸旺。若通火土月气，制伏庚癸，大贵。不通，凶狠，平常。通运，亦贵。

壬子日庚子时，辰戌丑未月，杂气财官；巳申丑酉，印绶，居土厚分野，俱贵。寅月，金水运，近侍金紫。午月，行西运，六品。子运，败凶。若纯壬子羊刃，贫凶。一云：少年富，三十五后艰辛，末大富。忌辛巳月，凶恶死，辛亥月，大凶；甲子月，刑。张司寇己卯、癸酉、壬子、庚子。黄侍郎癸酉、乙卯。李邦珍都堂己未。月。杨午东吏部甲戌、乙亥。严清尚书甲申、己巳。张状元甲子、乙亥。戊午、戊午。甲寅、丁卯。俱举人。萧遍副使辛丑、戊戌。

壬寅日庚子时，贵而刑。辰戌丑未月，杂气财官；巳申酉月，印绶，俱贵。忌乙巳月，受刑；丁酉月，大破祖，恶死；乙亥月，刑。方献夫阁老乙巳、庚辰、壬寅、庚子。焦侍郎癸酉、甲寅。饶侍郎壬戌、辛亥。薛天华布政庚午、己丑。孙丕扬都堂壬辰、甲辰。乙亥、甲申。举人。

壬辰日庚子时，若寅午月生，财星旺；辰戌丑未，官旺，俱吉。纯辰，透庚壬，作壬骑龙背格，大贵。忌丙辰月，夭死，尸不全。丁未月，破祖，孤。辛丑月，大破，刑。赵丞相庚辰、庚辰、壬辰、庚子。王参政乙酉、甲申。宋仪望都宪甲戌、丙寅。孙矿会元壬子、丙午。庚戌、戊子。经魁。己丑、戊辰，举人。甲子中戊辰死。壬寅、戊申。吏目，寿八十九犹健。辛亥、戊戌。富。癸酉、乙卯。

壬午日庚子时，时日并冲，女多男少。丑未月，行南运，富贵。余年月，观诸贵命可见。忌甲午月，自刑，多是非；癸酉月，大破，失乡恶死；辛亥月，恶死。徐缉佥事辛酉、甲午、壬午、庚子。丁卯、己酉。_{贵同}。郭成总兵戊子、己丑。蔡季良主事乙卯、乙酉。丙寅、乙亥。癸丑、壬戌。_{俱举人}。宋尧武进士丙申、庚寅。癸卯、乙丑。_{进士}。

壬申日庚子时，贫刑。未月，杂气财官，行财旺运，贵显，先难后易。辰，会水太旺，须行火土运，吉。丑戌，财官印绶，俱吉。春、冬，平常，秋、夏，吉庆。忌乙巳月，受刑，夭；丁酉，夭；乙亥月，孤，自刑。夏邦谟尚书甲辰、丁丑、壬申、庚子。赵侍郎壬午、乙未。李锐进士己亥、戊辰。己卯、乙亥。_{贵同}。

壬戌日庚子时，夭。丑月，金火运；辰未，财官格，俱贵。寅酉，行西北运，贵。申子辰，行东南运，极品。忌巳酉月，孤单，凶；丁亥月，凶刑，恶死；辛丑月，刑。曾省吾尚书壬辰、壬子、壬戌、庚子。_{后削籍}。邢一凤探花庚午、戊寅。

舟重沙滩局，扬帆待顺风。几番凶险处，遇吉又亨通。

天干壬日时庚子，枭日由来遇劫财。运弱妻儿防克害，运强财禄自天来。

壬日时逢庚子，劫财倒食留连。运行比劫事忧煎，财禄不能通显。雁侣双亲失意，妻儿迟则团圆。财官运步福滔然，祖业从新改变。

六壬日丑时断

六壬日生时辛丑，下有官星上印绶。如通月气运西南，官印扶身人清秀。

壬日辛丑时，官印得位。壬以己为官，辛为印，丑上金局，暗巳得位。若通月气，为人清秀，禄贵安稳；不通，主性僻诡谲。

壬子日辛丑时，巳酉丑月，印绶，多受父母荫。申月，火土运，近侍，有权。辰戌丑未，有官有印，丰姿旷达，名播天涯。寅午戌月，财破，禄印不成局，平常。亥申年月，贵。布政丙辰、丙申、壬子、辛丑。张给事丁亥、戊申。御史戊子、辛酉。壬子、辛亥。_贵。丁卯、庚戌。_{举人}。辛巳、甲午。_富。

壬寅日辛丑时，丑月，杂气印绶，高。辰巳，煞强无制伏，财官身弱，辛苦。徐浦给谏癸未、乙丑、壬寅、辛丑。癸巳、己未。进士。符佶知县癸酉、乙丑。王基仁都阃丙申、辛丑。

壬辰日辛丑时，辰戌丑未，杂气、财官、印绶，俱吉。春平；夏财禄；秋吉，中有凶；冬身旺，须行南运，方显。范文正公辛丑、辛丑、壬辰、辛丑。黄志淑布政辛丑、丙申。潘旦都堂丙申、辛丑。秦鸣夏修撰戊辰、丙辰。一戊戌年，中书。李天宠都堂辛未、丁酉。凶死。郑洛都堂庚寅、丁亥。

壬午日辛丑时，禄马同乡，贵。夏吉，秋财官印全，亦贵。江淮宪长丙辰、丁酉、壬午、辛丑。张冕金事癸酉、戊午。林湛知府己巳、癸酉。林廷莹给事戊辰、丁巳。陈景行皇亲封固安伯癸酉、庚申。

壬申日辛丑时，寅卯亥未年月，进士风宪，官至二品，终有起倒。辰戌，富足。申酉，享用自然，行北运，亦贵。郑晓尚书己未、丙寅、壬申、辛丑。博雅。许从诚驸马丁酉、戊申。曹熙学士庚寅、丁亥。柯维熊进士丁未、庚戌。戊申、甲寅。封官。刘台御史乙未、戊寅。壬午劾张居正，谪戌卒。邹元标进士辛亥、丁酉。

壬戌日辛丑时，辰月，冲开财官，贵。丑戌，亦吉。柱有乙癸卯字，平常。何洛枢密丙寅、戊戌、壬戌、辛丑。杨侍郎乙酉、己丑。梁对君甲子、乙亥。梦龙父。时临官印局，身弱且如常。欲要功名显，财官运步昌。

六壬日干辛丑时，官印相生事事奇。午月更通金土旺，为官清贵定无移。

壬日时临辛丑，财官印绶其中。要知开库钥匙通，戊己相逢火重。癸卯乙字减福，有遇龙虎相冲，只争迟早改门庭。富贵承恩拜宠。

六壬日寅时断

六壬日生时壬寅，水火相逢既济论。水木月通财禄贵，不通无救是常人。

壬日壬寅时，水火既济。壬用丙为财，甲为食，寅上丙生甲旺，壬水无气，若通水局，有倚托，皆贵；不通、无救，福薄。壬寅日健旺，主大富；如不通月气，亦贵。

壬子日壬寅时，纯子年月，无午冲破，入飞天格，富贵。寅卯巳申酉戌亥年月，俱贵。方良永尚书辛巳、戊戌、壬子、壬寅。韩都堂庚寅、乙酉。刘廉使辛酉、辛卯。壬子、丁未。少卿。张主事己未、丙寅。乙巳、丁亥。进士。丁丑、乙

巳。知县。李太后丙寅、庚子。丁酉、壬子。庚寅、戊寅。俱皇亲。壬子、壬子。大贵。辛巳、丙申。纳贡。

壬寅日壬寅时，壬趋艮格，土厚地方，山明水秀，腰金衣紫。己亥年月，武职三品，富厚纯笃。寅年午月，行北运，金紫；巳月，行西北运，贵；辰戌丑未，亦吉。纯寅，尤吉。一云：中年贵，五十后大厄。王天官戊午、丙辰、壬寅、壬寅。陈正卿丙申、丙申。韩都堂壬寅、壬寅。一炁生成，一巨富命同。张机进士壬午、戊申。林状元癸巳、甲子。姚刺史戊辰、丙辰。丁卯、甲寅。举人。丙戌、乙未。大富。

壬辰日壬寅时，纯辰，壬骑龙背格，干头无丙丁戊巳，运行比肩，大贵。纯寅，大富。卯戌月，木金运，三五品贵。午月，平常。方纯尚书戊申、癸亥、壬辰、壬寅。贺贤金事甲戌、辛未。郑希斋进士乙丑、庚辰。许骈会元侍郎甲子、戊辰。极富。杨道南举人辛巳、辛丑。郑澄举人丁未、丁未。乙卯、癸未。通判。刘楚先检讨甲辰、丁丑。

壬午日壬寅时，少年多疾厄。壬午，禄马同乡。辰寅年月，二品贵。申酉，高尚，若通木火，才名冠世，贵。戌月，行东南运，方面极品。盛端明尚书庚戌、丙戌、壬午、壬寅。庚寅、乙丑。丞相。胡俨祭酒甲辰、丙寅。段炼知府壬申、壬子。辛未、庚子。贵同。黄中御史辛酉、甲午。丘预达举人戊辰、辛酉。戊戌、壬戌。同。丁亥、壬子。凶死。

壬申日壬寅时，巳酉丑月，武职三品。辛卯、戊月，亦贵。子寅、大贵。一云：贫而发，亦不久。蔡天祐侍郎丙申、甲午、壬申、壬寅。马世杰郎中辛亥、壬寅。刘伊进士壬辰、壬子。辛卯、戊戌。进士。乙酉、戊寅。举人。丁酉、甲辰。凶死。或云乙巳月壬寅时。

壬戌日壬寅时，巳月，偏官格，名标金榜，身坐玉堂。纯子，三品。寅卯，行北运，风宪。又六壬日见壬寅时，名曰太虚贵，不久，盛而祸生。闵如霖侍郎癸亥、辛酉、壬戌、壬寅。杨太卿甲子、丙子。马本初参政壬寅、戊申。顾叔龙同知壬戌、壬子。壬申年。副使。庚戌、乙酉。御史。

壬日壬时局，无官亦有财。寅辰重叠见，富贵自天来。

六壬逢虎是浮沤，富贵功名莫强求。有印有官为上格，骤然财禄免忧愁。

壬日壬寅时遇，比肩相遇食神。弟兄雁侣少同群，此是生时定分。坐局运行官

中华传世藏书

钦定古今图书集成

精华本

古今图书

星命篇

二八九八

地，身强禄位超伦。身衰刑害祸相侵，衣禄平常之命。

六壬日卯时断

六壬日生时癸卯，引归死地势难安。劫财杀刃见伤鬼，倚托若无常命看。

壬日癸卯时，身死刃生。壬以癸为刃，卯为暗乙，而伤官鬼。卯上癸生乙旺壬死，不通身旺月气，无救助及倚托者，夭贱。巳酉丑月，印旺无化者，性僻孤高虚诈，通身旺，见金气行财运，贵。伤官伤尽，行南运，亦贵。

壬子日癸卯时，子卯相刑，忧伤妻子，贵人提携，财帛盈余，敦厚之命。副使乙丑、癸未、壬子、癸卯。林一阳举人丁卯、壬寅。丙申、辛丑。盗。

壬寅日癸卯时，背财败禄，或兴或废。子年月，贵。巳月，财官，虽刑亦贵。辰戌丑未，官杀制刃，俱吉。倪岳尚书甲子、己巳、壬寅、癸卯。名臣。张大韶经历己卯、丙寅。甲子年死。

壬辰日癸卯时，通身旺月，见土金破刃，行财运，贵。田汝成提学辛酉、庚子、壬辰、癸卯。胡叔廉给事壬申、癸丑。乙卯、己卯。金事。

壬午日癸卯时，壬居午位，禄马同乡，又值卯时，贵显荣达。巳午年月，武职，风宪。又云：旺中破。唐一麐解元癸未、甲寅、壬午、癸卯。中进士死。己丑、丁卯。平章。丙戌、甲申。教授。

壬申日癸卯时，亥卯未寅月，伤官伤尽，妻贤子孝，土厚，贵命。纯辰，医卜。子月，水木，贵。李太后圣母丙午、庚子、壬申、癸卯。真德秀名儒戊戌、壬戌。常儒甫举人辛丑、辛丑。

壬戌日癸卯时，甲癸午酉年月，文贵。申，平常，金火运，贵。林世明举人丁亥、丁未、壬戌、癸卯。俞举人乙亥、己丑。丁亥、辛亥。百户。

劫财伤官局，早年事沉埋。生来财不聚，用尽复还来。

壬癸相逢见卯贵，刑冲破害不周全。月逢二德兼身旺，改祸为祥乐自然。

壬日时临癸卯，败财背禄相逐。平生反复事疑迟，水到东方失位。须有贵人救助，自身文福难齐。祖财骨肉有盈亏，命主晚成先废。

六壬日辰时断

六壬日生时甲辰，壬骑龙背坐食神。柱中有托无刑害，必是荣华富贵人。

壬日甲辰时，亦为壬骑龙背。壬以甲为食神，辰上壬水合局，甲有生气，食神旺相，通月气者，富贵福厚。冬月，行卯运，不利。

壬子日甲辰时，纯子年月，飞天禄马，无破，六卿。巳酉，大贵。亥，亦贵。曹尚书壬子、壬子、壬子、甲辰。周尚书壬寅、壬子。甲午、己巳。进士。丙申、辛丑。举人。

壬寅日甲辰时，巳月偏官格，不冲不破，贵显。午，正官，贵。辰卯局全，东方，少年登科，荣贵。又云：克陷，极贫。马森尚书丙寅、庚子、壬寅、甲辰。李韶知府丁酉、丙午。黄希英运使乙卯、丁亥。甲寅、丙子。府丞。癸卯、丁巳。总兵。辛丑、戊戌。举人。壬寅、壬寅。富。甲辰、丙寅。寿。

壬辰日甲辰时，辰月生，壬骑龙背，大贵。寅月，不贵即富。戌月，杂气财官，冲开辰库，高命。子月，断根损叶，成败不定。未月，金水运，贵。一云：水火灾，少孤。又云：有财自刑，失。曹一鹏庶吉士壬子、甲辰、壬辰、甲辰。齐王元帅戊辰、丁巳。杨阁老庚辰、丙戌。韩进士辛丑、庚寅。刘给事戊寅、辛酉。卢运使甲辰、丁卯。沈通判庚辰、庚辰。壬寅、壬子。贵。戊戌、戊午。进士。丙寅、庚辰。富。戊申、癸亥。凶死。

壬午日甲辰时，水火灾。寅辰年月，翰苑宿儒，或居祭酒。纯子，风宪。卯寅，富厚。辰子，儒职。又云：自刑，凶恶死。陈节之进士乙丑、庚辰、壬午、甲辰。盛古泉少卿乙丑、丁亥。多子。己未、癸酉。主事。

壬申日甲辰时，水火灾。丑寅年月，文行武权。纯子，金火运，方面。成国公朱希忠丙子、丁酉、壬申、甲辰。一云辛亥时。周金尚书癸巳、丁巳。李恺副使丁巳、辛亥。杨大年副使辛亥、戊戌。姚文焌进士乙卯、己丑。周参政辛未、庚子。徐学古副使丁酉、戊申。癸卯运，辛巳年卒。癸亥、癸亥。举人。

壬戌日甲辰时，寅申酉月，行南运，贵戚。亥卯未申子辰巳午年月，俱吉。一云：有财，孤。李知府丙子、庚子、壬戌、甲辰。谢知府乙酉、甲辰。陈祥明进士辛亥、辛卯。王继祖总兵戊辰、甲子。一云戊申时，富。

壬骑龙背局，禄马自然丰。辰多官禄重，寅多比石崇。

时遇甲辰壬日干，喜神重叠福多端。时来早晚功名就，运至申辰作显官。

壬日甲辰时好，青龙入庙为高。犹如兰蕙出蓬蒿，水木滋生荣茂。时日冲开库旺，自然成就窝巢。运行吉地逞英豪，贵显亲人难靠。

六壬日巳时断

六壬日生时乙巳，身绝有财不聚财。进神暗鬼来相克，透己相刑是祸胎。

壬日乙巳时，财旺身绝。壬用丙为财，戊为鬼，庚为倒食。巳上有乙木为伤官，丙戊健旺，庚金长生，壬水气绝，柱有巳官，祸患百端，傲物夸高。若不通身旺月无救助者，贫；有倚托，通旺，或行身旺运，皆吉。

壬子日乙巳时，贵，但难为妻子，性格刚强，不受击触。戊年月，纯杀有制，行木金运，官至三品。方良节布政甲申、甲戌、壬子、乙巳。一侍郎甲戌年。汪相进士癸酉、乙卯。刘存业榜眼庚辰、戊子。夏范中书庚午、壬午。

壬寅日乙巳时，孤高，刑妻克子，如为僧道，富贵。任副使戊寅、壬戌、壬寅、乙巳。陈于陛阁老乙巳、己丑。

壬辰日乙巳时，春平，夏财，秋稳实，冬无助救，主贫苦。周孟尚书癸未、辛酉、壬辰、乙巳。陈京进士甲寅、甲戌。彭文质举人甲申、己巳。乙巳、戊子。同知。

壬午日乙巳时，辰戌月，贵。亥月，金运，位至都帅。敖铣祭酒甲辰、戊辰、壬午、乙巳。御史癸酉、戊午。

壬申日乙巳时，身坐长生学堂，财帛进退，名利驱驰。未月，行北运，贵。辰戌丑，俱吉。又云：手足折伤，自刑死。元帅丙辰、庚寅、壬申、乙巳。夏汉寿都堂癸未、辛酉。尚书辛亥、戊戌。叶参政甲戌、癸酉。陶大年副使癸丑、乙丑。傅卿进士庚午、丙戌。己亥、戊辰。举人。

壬戌日乙巳时，寅年月，人日德格，贵。辰戌丑未，贵。秋印，夏财官，俱吉。春伤，冬旺，看干透何如，亦取贵。郑主敬进士乙酉、庚辰、壬戌、乙巳。吴宗器知县丙戌、甲午。黄珠举人丁未、壬子。

壬日乙巳局，柱中莫见官。见之防不足，刑害事多端。

壬日时逢乙巳临，谋为未遇且沉吟。贵人举荐财官旺，子嗣鸳帏不一心。

壬日时临乙巳，伤官背禄无取。虽然天乙贵人扶，贵显遇而不遇。谋望云为反覆，生平实事成虚。时来发达改门闾，犹似旱苗得雨。

六壬日午时断

六壬日生时丙午，聚财之地坐胞胎。月逢金水须富贵，弃命从来是就财。

壬日丙午时，禄马三奇。壬以己为官，丙丁为财，午上丁巳是禄马，壬水受胎，有倚托，通金水月气，就财弃命，主富贵；通火气，亦贵。

壬子日丙午时，公直撑持，孤高而贵。年月子午，字重，水火既济，极品。一云：旺中失伤妻子。黄太守壬辰、乙巳、壬子、丙午。丙午、壬子。大贵。己酉、乙亥。举人。

壬寅日丙午时，寅午戌月，财星格，但嫌身弱，宜僧道，吉。秋生，印绶；冬身旺，行金火运，金紫。周侍郎辛酉、庚子、壬寅、丙午。刘汝南解元癸亥、乙卯。乙卯、乙酉。府同知。

壬辰日丙午时，寅午戌月，财旺，大贵。尚书戊辰、乙丑、壬辰、丙午。罗任智举人己巳、癸酉。陈文烛参政丙申、壬辰。

壬午日丙午时，冬月身旺，吉。夏，财多身弱。丑月，近侍，贵。寅千，金土运，独弱从强，弃命就财，高命。袁炜阁老戊辰、癸亥、壬午、丙午。会元探花，无子。林冕郎中己巳、己巳。谭金宪庚辰、丁亥。丙午、庚子。丞相。丁亥、壬子。太守。乙亥、壬午。巨富，纳指挥。

壬申日丙午时，通金水月气，贵；不通，弃命就财，主富；不然，极贫下。温如璋都堂乙亥、己丑、壬申、丙午。癸巳、庚申。进士。刘中书丁亥、戊申。丙午、癸巳。壬戌、丙午。俱富。

壬戌日丙午时，寅月，三合财局，弃命相从，富。秋，身有托，贵。冬，亦吉。黄初榜眼丁酉、戊申、壬戌、丙午。廖逢时都宪己卯、戊辰。史弘询知州戊辰、庚申。富，子贵。沈绍代金宪辛巳、庚寅。

禄马同乡局，身强财禄昌。常人能发福，君子坐朝堂。

丙午时生壬日强，时中禄马不寻常。运行吉地无冲破，早晚升迁到省堂。

壬日时逢丙午，亦名禄马同乡。就中既济见文章，志气宽洪海量。不遇刑冲破害，自然财禄盈箱。运行财旺及官乡，定是朝中宰相。

六壬日丁未时断

六壬日生时丁未，夫化妻从格局奇。若是局中通水木，发财发福两相宜。

壬日丁未时，夫从妻化，壬合丁，未上同木局，贵。若月通木局，有倚托者，发财；不通，但有资助，因妻致富。

壬子日丁未时，月通木气，贵；通金气，富；通火土气，富贵两全。不通，行火土运，亦吉。王状元壬辰、辛亥、壬子、丁未。赵节度丁酉、壬子。吴恕知州丙申、丙申。庚寅、壬午。举人。戊子、己丑。贡士。

壬寅日丁未时，丁壬化木，亥卯未寅月，贵。彭洞进士庚子、己卯、壬寅、丁未。陈艮山知县戊寅、甲寅。

壬辰日丁未时，辰月生，壬骑龙背局，贵显。寅月，妻重子荣，三合水局，身旺无倚，多贫克妻。张杰御史癸巳、辛酉、壬辰、丁未。马思聪进士壬午、癸卯。杨国本知州甲午、乙亥。

壬午日丁未时，春平，夏富，秋贵，冬吉。巳午年月，位至王候。未月，东运，贵。子月，正印，三奇俱藏，贵极品。杨一清阁老甲戌、丙子、壬午、丁未。名臣，无子。乙亥、癸未。郎中。郑登高进士壬子、壬子。庚午、壬午。富。壬申、壬寅。凶。

壬申日丁未时，大富。巳午年月，或透戊己，富贵全。左监丞乙卯、乙酉、壬申、丁未。

壬戌日丁未时，日德，封妻荫子，中年又损妻子。亥子申酉月，贵。巳午，不贵即富。辰月，天月德，贵。刘斯洁尚书巳卯、戊辰、壬戌、丁未。李参政丁丑、甲辰。一癸卯月，举人。厉汝进给事己巳、丙子。朱道澜进士丙午、丙申。一辛卯年，贵。丁卯、壬子。长史。丙子、乙亥。举人。

小往大来局，家门渐渐兴。一朝时运至，名利自然成。

壬日时逢丁未临，木化成林忌见金。年月若还无破害，必教富贵福弥深。

壬日时临丁未，就中暗合妻财。好来丑戌钥匙开，收积钱财广大。年月克冲不犯，天然衣禄安排。鸳帏子息早年乖，中末依然享泰。

六壬日申时断

六壬日生时戊申，长生之地鬼伤身。身强制伏为高命，反此定知贫薄人。

壬日戊申时，水土混浊。壬以戊为鬼，庚为印，申上庚金建旺，壬水长生，戊土偏官，身鬼俱强，为人勇暴，若通旺月，行身旺运，有甲木制伏者贵；不通，聪明，不贵，再行鬼旺运，难显达。

壬子日戊申时，羊刃带煞，贵人提携。巳午年月，近侍，有权。史际少卿乙卯、甲申、壬子、戊申。富甲江南。傅好礼副使丙午、戊戌。吴昭副使甲戌、丁亥。郭端通判己丑、乙亥。丁巳、戊子。大贵。

壬寅日戊申时，时日相冲，身孤为僧道，吉。如寅午戌或纯辰年月，亦贵。梁震总兵丁未、丁未、壬寅、戊申。称名将。吴远都堂戊寅、甲寅。李同知丙戌、庚子。胡参政丙辰、甲午。翁中丞辛亥、壬辰。乙未、癸未。驸马。乙卯、甲申。御史。周宪主事乙酉、己卯。由寒儒四十后中，有好子，以八字四冲难看。

壬辰日戊申时，戊月生，早登科甲，官至方面。寅卯丑申子午等年月，极贵，武职一品。刘文靖公健癸丑、乙卯、壬辰、戊申。名臣。曹金侍郎戊寅、庚申。张松总制甲戌、壬申。

壬午日戊申时，偏官偏印。亥卯未寅月，威权。子丑月，木火运，翰林，清贵。戊月，行东南运，高品。张秉壶侍郎丙寅、辛丑、壬午、戊申。林大钦状元辛未、庚子。翁总兵丙子、庚子。问死。

壬申日戊申时，壬水长生，居申，杀旺身强，更生亥卯未月，偏官有制，吉。董尧封都宪丁亥、癸丑、壬申、戊申。癸卯、壬戌。侍郎。戊子、丁巳。廉使。壬申、丙午。举人，一甲辰月贵。

壬戌日戊申时，破滞多蹇。纯酉，巨富。若不通身旺月，行杀旺乡，不吉。有甲制亦可。戊、己土重，主瞎疾，平常。舒汀御史戊午、甲子、壬戌、戊申。皇甫钟岳举人庚辰、壬午。

申时壬日干，身旺不贫寒。大名通虎榜，险处发财官。

申时壬戌合天元，运去财官福自然。鬼旺身衰无救助，平生劳碌不周全。

壬日戊申时显，支干杀旺双全。喜逢辰子两相连，正合衣锦局面。被害刑冲克战，就中文福艰难。运行吉地紫泥宣，富贵妻多子健。

六壬日酉时断

六壬日生时己酉，明官暗印有扶持。月通身旺人清贵，犹恐恋花贪酒厄。

壬日己酉时，败处逢生。壬水酉土沐浴，辛为生气印绶，酉上辛金旺，用巳为官，酉上有明巳，若通月气有倚托，行财官运，贵；反是，平常。但犯桃花坐命，风流人物，恋花贪酒。

壬子日己酉时，春平，夏吉，秋常，冬旺。如卯月生，好花酒。吴阿衡侍郎戊子、甲子、壬子、己酉。

壬寅日己酉时，大富贵。喜通水气，行官运，贵。但好花酒，风流人物。孙状元阁老甲辰、甲戌、壬寅、己酉。林应节举人癸未、乙丑。吴正郎己未、丁丑。举人。

壬辰日己酉时，高，月同日，壬骑龙背，大贵。巳月，行东北运，贵。高昭举人丁未、癸亥、壬辰、己酉。赵堂典膳己未、乙亥。五子，大富。

壬午日己酉时，禄马同乡，先难后易。丑寅月，行金水运，武职二品。一云：破祖，凶。桂萼阁老戊戌、壬戌、壬午、己酉。庞尚鹏都堂丁丑、辛亥。或云乙酉、丁亥。林魁副使丙申、己亥。程闿侍郎辛酉、庚寅。癸巳、己未。贵。

壬申日己酉时，官印临门，局中无冲破，禄马双全，不贵即富。戌月生，东南方运，腰金衣紫。李邦器魁元壬午、丙午、壬申、己酉。刘状元壬申、己酉。陈思育祭酒甲午、己巳。

壬戌日己酉时，亥寅子月，行财官运，贵显非常。纯亥，文贵。赵贤尚书甲午、丙寅、壬戌、己酉。陈于鲁举人戊子、丁巳。

官印临门局，无冲福禄全。东西须称意，南北自安然。

天干壬日酉时真，改祸为祥遇贵人。若不为官封品级，晚年享福旺家门。

壬日时逢己酉，正官印绶无偏。荣枯贵贱是因缘，人自生成便见。乙癸卯冲破克，驳杂财官减半。迤遭富贵不双全，差了生时难辨。

六壬日戌时断

六壬日生时庚戌，身临财库却为魔。明庚暗戌相刑克，财禄生平聚散多。

壬日庚戌时，枭临财库，壬以丙丁为财，库于戌，庚为倒食，戌偏官，若通火木月气，有倚托者，贵；不通，财帛聚散。

壬子日庚戌时，名利进退，庚辛年月，贵。辰丑，刑冲；酉月，破害，财库得用；巳午，财官旺，俱吉。吴仕典知府乙巳、庚辰、王子、庚戌。刘进士乙酉、己丑。黄指挥甲辰、丙子。丙申、辛丑。贵同。

壬寅日庚戌时，刑妻克子。若春生，平，夏、冬，吉。辰丑未月，贵。知府庚戌、己丑、壬寅、庚戌。

壬辰日庚戌时，夏月，不富则贵。春，平。秋，稳。冬，辛勤劳苦，或为僧道，有財刑破。

壬午日庚戌时，禄马同乡，壬日坐禄，有庚辛制甲乙为贵。辰戌丑未年月，吉。申月，学堂，文贵大显。亥子，水旺透壬，主凶。午戌，透戊，杀旺，亦凶。一云：名利进退，驳杂。张守直尚书乙亥、甲申、壬午、庚戌。无子。丙戌、壬辰。丞相。戊子、戊戌。侍郎。壬辰、辛亥。知县。丁卯、辛亥。白手成家，无子。

壬申日庚戌时，通火木月气，富贵；不通，行运，亦好。丑戌年月，大贵。马如松进士丙子、丁酉、壬申、庚戌。胡颐尚宝丞丁酉、戊申。富寿。

壬戌日庚戌时，不利妻，主被妻妾害，反覆成败。纯戌，贵，寅丑，武职。申月，长生学堂，修文多贵。亥月，建禄，干透财官；卯月，伤官，干透财星，俱贵。未月，杂气财官，丑戌相刑，吉。黄相知府丙戌、庚寅、壬戌、庚戌。宋大勺知府戊辰、庚申。苏继太守辛未、丙申。尹秉衡总兵丙戌、己亥。张尚宝己未、甲戌。黄守备戊戌、乙卯。

清浊难分局，运拙等时来。少年若发福，财库钥匙开。

壬庚相逢戌时生，库有财官锁闭门。究竟无头多反覆，功名到底似浮云。

壬日时逢庚戌，支干倒食难容。财官印绶库内封，无钥不能取用。丑酉辰逢作福，更逢丁巳成名。但怕克害遇刑冲，驳杂如常之命。

六壬日亥时断

六壬日逢辛亥时，印禄相随最是奇。财官不见无冲破，得路青云报尔知。

壬日辛亥时，日禄居时，无克破，有倚托，柱中不见财官，富贵显达；行东运，大贵；若通气，减福；南方运，不贵，巨富。

壬子日辛亥时，主父母不得善终，后发不富。亥卯年月，文章进身，大贵。又云：木命贵；土命有财。何洛文侍郎丙申、辛丑、壬子、辛亥。范爱众御史癸巳、壬戌。李太尉庚寅、壬午。丁卯、壬寅。凶。甲辰、丙寅。贫。

壬寅日辛亥时，艰难中发。未月，杂气财官，敦厚，中年贵，五十后终。亥月，东南运，方面。李玑尚书己未、丙子、壬寅、辛亥。凌相都堂乙未、庚辰。宋宣参政己卯、辛未。黄泮御史甲戌月。周大谨进士丁酉、乙巳。乙巳、乙酉。举人。丙戌、甲午。都司。

壬辰日辛亥时，秀贵、恶死，午月，干头无己土，青云得路，若有甲合，为去官留杀，三四品贵。酉月亦贵。蔡鲁公丁亥、壬寅、壬辰、辛亥。_{一命同，十九岁溺}死。赵王己未、乙亥。_{缢死。}顾侍郎甲申、乙亥。己酉年。_{长史。}苏志皋都堂丁巳、辛亥。张大韶知府辛卯、辛卯。张志淑解元己巳、丁卯。都光先尚书癸巳、乙丑。_{死后破棺被戮。}王学夔尚书壬寅、戊申。_{寿九十三。}

壬午日辛亥时，平。丑月，风宪。寅月，禄马同乡，行金水运，方面。戌月，东北运，四五品。丑午，僧道，官命。朱希周状元尚书癸巳、己未、壬午、辛亥。潘晟尚书丁丑、丁未。贾尚书已未、乙亥。刘司徒丁亥、己酉。陈宗庆金宪乙丑、己丑。_{子太守。}乙卯年。_{举人。}翁洪主事戊子、丙辰。壬午、庚戌。_{给事。}刘庭兰进士戊申、壬戌。_{丙子发解。}

壬申日辛亥时，贵。辰戌丑未，杂气财官，吉。年月干无己土，入日禄格，酉月，申卯年，行东北运，显贵。刘安峰尚书壬申、丙午、壬申、辛亥。陈炌左都掌院丙子、丁酉。徐南湖御史乙卯、辛巳。张玉御史乙丑、癸未。周大有御史甲子、乙亥。刘询给事己巳、甲戌。萧鸣凤进士庚子、壬午。庚辰、己卯。_{主事。}辛酉、丁酉。_{侍郎。}辛未、壬辰。庚戌、己丑。_{俱举人。}杨启元编修丁未、庚戌。

壬戌日辛亥时，少年富贵。亥申巳戌年月，一、二品贵。纯戌，水火运，金紫。胡锭侍郎甲午、丙寅、壬戌、辛亥。黄养蒙侍郎癸亥、乙丑。朱庭立大理卿壬子、己酉。周用都堂丙申、戊戌。韩雍都堂壬寅、辛亥。_{名臣。}吴希白副使甲申、丙子。饶湖田大参丙寅、辛丑。伦以谅郎中甲寅、乙亥。龚恺御史庚午、壬午。丁巳、丙午。_{举人。}己卯、丁卯。_{参将。}魏允中阁老丁未、壬辰。_{解元。}

禄马交通局，时来名利全。无刑冲克破，平地可登仙。

壬辛会遇亥时推，白玉休嫌出见迟。长生禄马无刑破，抛却麻衣挂紫衣。

壬日时临禄马，又为印绶同乡。水从金木自然强，此命极高为上。癸乙暗合减福，无冲破显文章。积玉堆金满屋堂，荫子封妻之象。

第五十五章　星命汇考五十五

《三命通会》二十七

六癸日子时断

六癸日生时壬子，青云得路最为奇。若无己土冲克破，自有功名显达时。

癸日壬子时，日禄归时，癸水干上建禄，若年月干支无戊己午未字，刑冲破害，三元有倚托，通月气者，文章秀丽，官职显达；若通木气月，亦贵。如柱透己，有甲合，亦贵。否则，反覆。

癸丑日壬子时，犯午寅，乙丑、己丑年月，文职四五品，通身旺木气月，无戊己午巳字，显贵。未，风宪。己午，进士。忌壬寅、乙未、庚戌月，俱刑；乙丑月，下贱。朱英知府壬戌、戊申、癸丑、壬子。樊御史壬子、癸丑。魏主事庚辰、辛巳。李进士癸巳、庚申。

癸卯日壬子时，时日相刑，伤妻克子，近贵；无己土，威权。若亥巳俱全，进士。阙字年月纯寅，伤官生财，非大贵即大富。忌甲辰月，凶刑，孤；丙申月，凶恶死；己丑月，刑。极品壬寅、壬寅、癸卯、壬子。大富命同。壬午、癸丑。举人。癸亥、癸亥。贫。

癸巳日壬子时，春夏，发财福，辰戌丑未，不贵终富。忌戊寅月，遭刑；戊申月，受刑；巳酉月，乞丐。包节御史丙寅、丙申、癸巳、壬子。庚寅、乙酉。副使。己未、丁丑。贵同。

癸未日壬子时，申酉月，贵。戌亥，大富贵。寅卯，孤。辰巳，凶。忌壬申月，身不全，凶；庚辰月，凶刑；乙丑月，失土，凶死。徐阶阁老癸亥、壬戌、癸未、壬子。名臣，孙进士。孔惟德知府乙酉、戊子。方安抚癸未、甲子。赵序班甲午、丁丑。

癸酉日壬子时，行藏进退，少子，难为妻家。忌丙寅月，不全尸死；乙巳月，大破，凶死；丁酉月，自缢死。徐陟大理卿癸酉、戊午、癸酉、壬子。崔栋御史乙酉、丙戌。陈枫举人辛未、庚子。辛酉、庚辰。三品。庚辰、辛巳。举人。万历皇后甲子、乙亥。天月德全。徐元泰史部丁酉、壬寅。

癸亥日壬子时，贵。亥月生，飞天禄马，登科甲第，大贵。又癸禄居子，壬禄居亥，日时互换，三、四品贵。忌戊寅月，死不全尸；戊申月，孤贫；己酉月，孤苦。如老彭癸亥、甲子、癸亥、壬子，身归冬旺故寿。张祯阁老丁巳、癸卯。宋日克都堂乙酉、庚辰。宿应参知府甲戌、丁丑。乙丑、戊子。举人。

得禄生财局，沉潜外处通。时来名利顺，富贵显家风。

日禄归时局中得，食神喜遇怕刑冲。伤官莫道伤财运，官不加兮财不丰。

癸日时临壬子，名为归禄格同。家门白屋也峥嵘，元武当权禄重。水清宝瓶益盛，文章博览多通。荣迁来历紫泥封，甲午寅亥破动。

六癸日丑时断

六癸日生时癸丑，支中暗鬼有刑伤。月通身旺防妻损，丑巳遥合贵异常。

癸日癸丑时，支得隐鬼。癸以己为偏官，丑中有暗己得位，癸以丁为妻，丑中丁火无气，若通身旺比肩之月，防损妻财。柱丑寅多，以寅刑巳，丑合巳刑，合出巳中丙戊为财官，须干头无戊己字，大贵。忌己未卯破格。

癸丑日癸丑时，丑遥合巳中丙戊为财官，若生丑寅申子酉三合年月，主妻贤子孝，荣贵特达；火土运凶；金水运吉。一云：孤中失土，贵。张瓒尚书癸巳、壬戌、癸丑、癸丑。王家屏阁老丙申、辛丑。孙恩侍郎辛丑、辛丑。宋缠都堂壬午、壬寅。马理通政甲午、丙寅。罗一鸾参政辛未、己亥。章甫端给事丙戌、辛卯。安得郎中癸酉、癸亥。马芳总兵戊寅、戊午。癸丑、癸亥。尚书。壬戌、癸丑。中丞。庚申、庚辰。参政。

癸卯日癸丑时，日贵格，身孤克，主贵。丑寅辰年月，干支无戊己巳午卯字，极品。翁大立尚书丁丑、甲辰、癸卯、癸丑。甲寅、丙寅。大贵。丙子、庚子。司训。侯于赵参政丙申、癸酉。

癸巳日癸丑时，福德秀气格，学问聪明，英才特达，贵。若纯丑巳年月，大贵。王基尚书戊戌、甲子、癸巳、癸丑。杜鸿知州戊子、甲寅。_{一武生命同。}戊午、癸亥。_{贵。}

癸未日癸丑时，子丑寅年月，贵，中年富。卯月，行金水运，极品。辰戌，四库全，大贵。一云：先贱卑，中年方贵，克父母。王太傅甲戌、辛未、癸未、癸丑。黄泽布政乙丑、戊子。黄献可进士壬戌、庚戌。陈化州举人戊寅、丙辰。癸亥、壬戌。_{七子。}凌嗣音进士丁未、壬寅。

癸酉日癸丑时，福德秀气格，学问渊源，行藏进退，难为妻家。一云：刑狱，贫贱。若年月子巳，干透庚辛，是月隐三奇，年得禄印，贵当一品。傅石渊都堂癸丑、辛酉、癸酉、癸丑。张白滩吏科甲子、丁丑。伍驾部癸卯、癸卯。

癸亥日癸丑时，拱禄格，怕冲破、填实，柱无子巳午未字，大贵。寅午戌月，南方运，六、七品贵。柯潜状元癸卯、乙丑、癸亥、癸丑。余申状元庚寅、戊子。郑枢密丁丑、癸丑。梁丞相丁未、癸卯。李参政辛未、戊戌。蔡大用御史乙丑、己丑。甲申月，都宪。成宪检讨己亥、庚午。张执中主事己卯、丙寅。林茂举进士庚午、壬午。陈太后乙巳、戊寅。

库藏金柜局，未字见匙开。无匙空锁闭，晚景称心怀。

阴水重重时库收，少年难发莫强求。算来受过中年后，安坐高堂任白头。

癸日时逢癸丑，水流金局盈冲。库逢戌未禄财丰，不过空乏难动。无匙少年不显，有匙禄马和同。运来何用苦劳心，发达门庭大庆。

六癸日寅时断

六癸日生时甲寅，刃伤背禄减精神。柱中无有庚申字，刑合财官是贵人。

癸日甲寅时，刑合财官，癸以丙为财，戊为官，寅刑出巳中丙戊为财官，若柱无官煞及刑冲、破害、损格，贵；有庚申戊己字，无制伏，不贵。

癸丑日甲寅时，本贵，丑中有辛金，减其分数。纯水年月，官至一品。秋生印绶，亦贵。辰月，行东运，贫下。纯申，破寅，凶。高拱阁老壬申、癸丑、癸丑、甲寅。_{无子。}吴岳尚书甲子、壬申。乙巳、己丑。_{大贵。}石茂华侍郎壬午、戊申。张大纲知县丙子、辛卯。陈璐举人庚辰、壬午。宋缯冢宰壬午、壬寅。胡尧时宪长己未、甲戌。

癸卯日甲寅时，亥卯，未月，至贵。寅卯年月，刑合格，侯伯。寅亥，四品。寅月，西运，金紫。丑戌辰巳，亦贵。蔡清祭酒癸酉、己未、癸卯、甲寅。庚戌、癸酉。学士。曾铣都堂己未、丁丑。凶死。刘显都督乙亥、丙戌。白衣出身。戊寅月。副使。麻禄总兵辛卯、庚子。朱参政癸丑、甲寅。娄参政癸酉、辛酉。癸丑年。运使。龚进士乙亥、戊子。庚申年。贵同。

癸巳日甲寅时，平，通身旺月，大贵。忌戊己庚申字，岁运同。杨宜侍郎乙卯、丙戌、癸巳、甲寅。杜拯侍郎戊寅、戊午。苏见章给事癸亥、甲子。陈子阶御史庚辰、丁亥。

癸未日甲寅时，主秀实，中年贵显。若生己未、己巳年月，武贵。王廉使甲子、癸酉、癸未、甲寅。癸未、丁巳。富。辛亥、甲午。布政。壬午、甲辰。进士。

癸酉日甲寅时，金神格。寅午戌月，结火局，贵显特达，官至二、三品。忌丑年，不贵；己未亥子年月，富寿。辰丑，干透甲丁者，凶。一云津梁高贤。李尚书辛亥、丁酉、癸酉、甲寅。陈侍郎甲戌、甲戌。高抚翰乙未、甲申。王参政戊戌、甲寅。郑富省魁癸亥、甲子。黄希护知县甲子、丙戌。

癸亥日甲寅时，子丑未申月，进士，运行金水，风宪。卯戌年月，地支六合，贵。又云：贵中凶死。王学士壬子、癸丑、癸亥、甲寅。赵节度乙未、癸未。曾御史甲辰、丁卯。高知县辛未、庚子。庄允中解元丙申、乙未。林文迪进士丙戌、丙申。癸巳、壬戌。丁亥、癸亥。俱贵。张宗太监丙子、癸巳。

日出烟霞局，否极泰来亨。常人添厚福，君子进前程。

甲寅癸日戊丙开，少年未遇且沉埋。若还四柱无冲破，平步登云到省台。

癸日寅时克应，支干相合光荣。若无壬巳戊庚申，必然财禄丰润。运至皇州显达，文章虎榜标名。但逢一字稍空冲，克子伤妻剥俸。

六癸日乙卯时断

六癸日生乙卯时，长生之地遇食神。若无午酉兼辛巳，福寿双全禄位人。

癸日乙卯时，食神干旺。癸以乙为学堂，食神，卯上癸水长生，乙坐禄，柱中无己破辛夺，午酉刑冲，通月气，有倚托，主聪明有寿，居官食禄；若有己土，不贵。春月生，北运，显达。

癸丑日乙卯时，辰丑月，高贵。一云：少贱，中年贵。叶侍郎乙丑、己丑、癸丑、乙卯。甲寅、丁卯。举人。甲辰，丙寅。县尹。龙宗武知府壬寅、戊申。

癸卯日乙卯时，艰难。生寅卯月，伤官格，难言富贵。未戌年月，技艺，近贵。辰丑，吉。己丑、丙子，凶。林志学士戊午、庚申、癸卯、乙卯。癸卯、丁巳。司业。梁怀仁进士庚午、己丑。周辂运使甲寅、辛未。闵绅举人庚辰、庚辰。丁卯、甲辰。举人。

癸巳日乙卯时，财官双美，春，伤官。夏，财旺。秋，印稳。冬，平常。如丑午子亥年月，官至三、四品。乙亥、乙酉，残疾。王侍读丁巳、己酉、癸巳、乙卯。谭太尉辛亥、庚寅。黄嘉善尚书己酉、庚午。

癸未日乙卯时，寅亥卯未月，伤官伤尽，刚断平常。辰戌申子月，贵。阁老甲戌、壬申、癸未、乙卯。提学壬辰、辛亥。谢原御史己亥、甲辰。林远进士己酉、甲戌。陈恩进士庚申、戊子。

癸酉日乙卯时，申子辰月，贵。寅午戌，中。亥卯未，平。巳酉丑，富。黄知府己卯、戊辰、癸酉、乙卯。

癸亥日乙卯时，辰巳月，风宪。常参政庚寅、己卯、癸亥、乙卯。刘节提学己亥、丁巳。乙未、庚辰。进士。

文星食禄局，声名到处闻。壬庚加兴旺，君子至公卿。

乙癸相逢旺食支，天工造物本无私。运行自有高人荐，手攀丹桂上云逵。

癸日时逢乙卯，贵人食禄之乡。玉堂乙卯位侯王，便是金门将相。君子文章播发，常人财禄盈箱。甲寅辛酉颇安常，富贵荣华大享。

六癸日辰时断

六癸日生时丙辰，偏官无气未为贫。若无木气通其局，定是清高福禄人。

癸日丙辰时，身坐官库，癸用戊己为官，辰上土墓为官库，见丙为财，辰为水局，丙火无气，癸水合局，柱无甲破官损库，主贵。

癸丑日丙辰时，平。辰戌丑未月，财官有气，贵。又云：财孤。蒋冕举人丁丑、辛丑、癸丑、丙辰。

癸卯日丙辰时，孤独难为椿萱，有财帛，贵，人钦敬。卯亥年月，日贵格。午戌，九品至五品。寅月，行南运，风宪。隆庆皇帝丁酉、癸卯、癸卯、丙辰。吕光洵尚书戊辰、庚申。无子。朱希孝都督戊寅、甲寅。无子。李参政甲子、戊辰。辛巳、甲午。知府。

癸巳日丙辰时，子月，生南方，山明水秀地方，高贵。子未年月，富厚。戌卯，近侍。未戌申，儒官。咸宁侯仇鸾癸亥、丙辰、癸巳、丙辰。破棺枭示。温尚书乙未、己丑。张祐布政己丑、戊辰。李平公御史辛丑、辛丑。傅夏器会元己巳、己巳。官止五品。丘茂举人壬子、壬寅。丙辰、壬辰。贵同。

癸未日丙辰时，高。寅卯未月，平常。辰戌丑月，吉。巳月，财官俱旺，贵。陈音太常卿丙辰、壬辰、癸未、丙辰。辛卯年。举人。熊镜湖都堂丙寅、辛丑。刘天受宪长癸亥、壬戌。多子。彭甫金宪辛未、癸巳。李盛时举人甲辰、乙亥。

癸酉日丙辰时，孤贵。巳酉丑月，贵。寅卯，不吉。子午，富。戌月，大贵。韩文公戊申、庚申、癸酉、丙辰。秦凤山尚书丁亥、庚戌。丁巳年。举人。林瀚尚书甲寅、戊辰。甲戌、壬申。例贡。丁丑、癸丑。富。饶位进士辛亥、己亥。发解。

癸亥日丙辰时，柱无甲木破损官库，贵，运喜南。郑清之枢密丙子、辛卯、癸亥、丙辰。乙亥、丁亥。武贵，多凶。庚戌、壬午。发财凶死。万一贯御史庚子、癸未。丁卯、戊申。侯。

玉出蓝田局，休嫌出现迟。钥匙逢卯戌，财禄自天随。

癸日丙辰官库闭，财星虽透却无气。官要匙开财要兴，柱逢卯戌方为贵。

癸日丙辰时遇，库中锁闭财官。要逢卯戌钥匙开，守祖六亲阻碍。暗有食神相助，空乏虚度资财。先贫后富命中排，改祖重兴渐快。

六癸日巳时断

六癸日生时丁巳，贵地逢财遇暗官。有托就看财禄盛，无依必定福偏残。

癸日丁巳时，癸合财官。癸用丙为财，戊为官，庚为印，巳为天乙贵人。巳上庚金长生，丙戊建禄，癸水受胎，若有倚托，通水气月，贵；不通水气，平常。时逢三奇，大抵发于晚年。

癸丑日丁巳时，先贫后富，行火水运，发达。冯熊太守癸酉、癸亥、癸丑、丁巳。辛巳，甲午。举人。

癸卯日丁巳时，若子月，身旺财旺，贵显。柯焞金宪辛酉、辛卯、癸亥、癸丑、丁巳。张中书庚申、丁亥。

癸巳日丁巳时，财官双美。子月，贵。火月，富。天干透土，地支午未，主大权

贵。纯丑，极品。一云：贱中贵。又云：贵中血光死。刘章尚书庚辰、丁亥、癸巳、丁巳。翁万达尚书戊午、己未。<small>名臣。</small>许诰学士辛卯、辛丑。李迨侍郎乙丑、己丑。张塌府尹戊辰、辛酉。贾名儒鸿胪卿丙戌、甲午。

癸未日丁巳时，寅午戌月，身、财旺显，秋、冬，禄旺，伤残疾。路可由都宪丁卯、辛亥、癸未、丁巳。陈克宅进士甲午、丁卯。丁酉、戊申。<small>举人。</small>

癸酉日丁巳时，先贫后富。巳酉月，官印俱旺。亥卯未，食伤生财，贵显。午戌，旺财，亦吉。李杰尚书甲午、己巳、癸酉、丁巳。谢骐少卿辛卯、辛卯。杨维聪状元壬子、辛亥。陈收知府辛巳、乙未。宋南川副将丙子、丁酉。

癸亥日丁巳时，刑害。春、夏月生，好。秋，印绶，吉。冬，平常。庚寅年月，武贵。参政辛未、戊戌。癸亥、丁巳。知府甲子、丁卯。周岐麓御史壬子、己酉。王狰都宪乙未、壬午。谢恩举人丁卯、乙巳。赖庭检参政辛丑、丁酉。

凤落荆山局，石中隐美玉。得志遇良工，不贵即富足。

巳时禄马同争先，造化无私产大贤。刑冲减半无空克，运至声名扬九天。

癸日时临丁巳，贵人禄马同乡。三重蛇马正朝纲，玉殿金阶来往。壬亥申寅减半，只愁运落空亡。果无冲克与刑伤，舞拜凤凰池上。

六癸日午时断

六癸日生时戊午，化火临时帝旺乡。运喜东南木火地，为官清正禄荣昌。

癸日戊午时，化气成火局，癸合戊化火，午上帝旺、合局而贵，身旺不化癸水，北方之气引到南方，癸水无气，贵而寿促；东方运，吉。

癸丑日戊午时，财厚。南运，主贵，寿促。东运，吉。黄鳌进士丁未、丙午、癸丑、戊午。丁卯年。<small>举人。</small>翁海门知县乙亥、丁亥。

癸卯日戊午时，申子辰亥月，身旺不化，平常。卯戌月，贵。顾东阶侍郎丙申、乙未、癸卯、戊午。董嗣成进士庚申、癸未。甲午、壬申。<small>知县。</small>

癸巳日戊午时，中年大富；若行东运，贵显。申未月，亦贵。甲戌、丙寅、癸巳、戊午。<small>富贵。</small>

癸未日戊午时，寅午戌，化火合局，贵显。王汝正御史壬午、辛亥、癸未、戊午。俞鸾给事癸亥、甲寅。张元衡进士壬戌、戊申。徐参政甲午、己巳。王经历癸酉、癸亥。<small>尚书子。</small>

癸酉日戊午时，主伤妻家财，有始无终，子年，子贵而无禄，行南运，好。又云：破祖，凶败。金泽尚书丁亥、庚戌、癸酉、戊午。林云同左都御史庚申、戊寅。乙卯、辛巳。贵同。蒋涂府尹丁巳、壬子。傅诠知县己亥、丙子。周鸣鸾举人乙酉、壬申。张楚城参政丁亥、壬寅。

癸亥日戊午时，贵未月东方运，金紫。一云：有财凶。戊申、庚申、癸亥、戊午。极贵。癸亥、癸亥、双瞽。癸亥、乙卯。以子封一品夫人。

将星扶禄局，财旺生官禄。冲破合平常，奔走财不足。

将星扶禄命高低，见爱于人是与非。得志退毛鸡化凤，虎卧平坡被兔欺。

癸日时逢戊午，天元既济之方。化为真火显威光，祸潜消除福长。壬会甲寅减半，是非成败难防。六亲不睦暗刑伤，难得资财富旺。

六癸日未时断

六癸日生时癸未，鬼旺身衰福不齐。月气不通无救助，平常衣禄有相亏。

癸日己未时，鬼旺身衰。癸以己为鬼，未上明暗二己得坐专位，癸水无气，浑浊不清，反复成败，若通月制又不通水气者，平常。癸属肾与膀胱，为腑患、腰膝下部之疾，或肾经所循脉络生痛瘤。

癸丑日己未时，高。年月俱丑，贫薄。辰戌丑未，土旺，主目疾、贫贱。通金木水气，贵。午月，东北运，六、七品贵。又云：刑破。罗元帅甲辰、甲戌、癸丑、己未。郑云鹏举人壬辰、庚戌。徐阁老妻丙子、乙未。

癸卯日己未时，子巳未年月，二品。巳寅字，刑六亲。张经尚书壬子、丁未、癸卯、己未。凶终。李参政丁巳、壬子。

癸巳日己未时，财官双美，柱无戊土，有卯木合局，作时上偏官，有制，贵。张鼎布政戊寅、庚申、癸巳、己未。包孝御史戊辰、乙卯。杨昂通判庚午、癸未。崔道光推官癸未、己未。

癸未日己未时，高。春，偏官有制，吉。夏，平常。秋、冬，身旺，申月，行木运，显贵。巳辰年，六卿。又云：刑伤。叶镗侍郎壬戌、戊申、癸未、己未。己卯、丁卯。进士。

癸酉日己未时，寅巳申酉丑戌年月，贵。毛伯温尚书壬寅、丁未、癸酉、己未。戊寅、申寅。举人。

癸亥日己未时，贵。未月生，忠孝双全，官至风宪。如煞官混杂，恐终在外。亥年月，贵。李东阳阁老丁卯、丁未、癸亥、己未。马钟英进士丙子、乙未。何通判庚辰、丁亥。

苦尽甘回局，未遇受奔波。少年难得遂，离祖可成家。

偏官暗鬼库中埋，险难惊忧不聚财。丑戌相逢钥匙吉，旺中发福定无灾。

癸日时临己未，库中耗鬼身衰。不逢卯戌钥匙开，锁闭不能通泰。花落重荣结子，双亲雁侣难谐。纵然先贫后富来，弃旧迎新无碍。

六癸日申时断

六癸日生时庚申，官星印旺在其支。柱中无己丙寅巳，自有荣华富贵时。

癸日庚申时，作专印合禄。癸以戊为正官，庚为正印，申上庚旺戊生，以申合巳中戊丙，癸日得财官，若有倚托，柱中无财及破害、刑冲、官印，主贵；柱中有财，行财运，反复进退，少贵。

癸丑日庚申时，辰戌丑未年月，文章冠世，官至三品。子月，坐禄，亦吉。赵丞相乙酉、癸未、癸丑、庚申。韩淮侍郎庚子、戊子。刘侍郎戊申、甲寅。白允中总兵丙申、乙未。胡有恒参政庚戌、己卯。杨鳌参政己未、甲戌。刘佐副使戊戌、乙丑。杨员外壬午、庚戌。程同知癸酉、乙丑。

癸卯日庚申时，卯月作合禄格，西北运，贵，金紫。申月，东北运，风宪。庚辰、庚戌年月，正官格，贵。辰月，金水运，七品贵。韩尚书癸丑、庚申、癸卯、庚申。盛应期都堂甲午、甲戌。胡指挥乙卯、甲申。

癸巳日庚申时，贫，亦是合禄格。未月生，学问有成，西北运，贵。行东北运，亦贵。陈侍郎辛酉、丙申、癸巳、庚申。受敕命戊子、丙子。一主薄命同。董德润举人甲午、辛未。

癸未日庚申时，柱有甲寅、乙卯，甲与己合，乙与庚合，妻贤子孝，荣华在后。酉申年月，三、四品。秋生，行木火运，二、三品。亥卯，文进，贵。郑丞相乙酉、癸未、癸未、庚申。欧阳塾少卿乙丑、丙戌。杨国相进士乙未、乙酉。

癸酉日庚申时，卯酉戌寅年月，贵。申酉，火木运，贵。丁丞相庚午、乙酉、癸酉、庚申。二品元帅庚戌、戊子。何卿总兵庚戌、壬午。刘维芳举人壬申、壬子。

癸亥日庚申时，性平身孤。卯未月，饱学，贵命。申，亦贵。子申，近侍，有权。
　　一云：少贫好学，有才干。陈侍郎丁丑、壬子、癸亥、庚申。癸卯、庚申。乙
　　酉、乙酉。俱贵。张评事甲戌、丙子。癸未、乙丑。通判。

金乌太阳局，腾空向九霄。柱中无克破，名誉镇皇朝。

癸日庚申仔细推，禹门深处见龙飞。文章得助雄威力，柱合财官世所希。

癸日庚申时正，印绶齐合官星。亥寅申丙巳刑冲，离合立身不定。无破黄甲显
姓，常人财禄安宁。果无刑害与灾星，便是锦鸡化凤。

六癸日酉时断

六癸日生时辛酉，自身失地更何有。支中明暗被辛伤，无助利名终不就。

癸日辛酉时，明暗枭神。癸见辛为倒食，酉上辛建旺，癸失地，若无倚托救助者，
　　遇贵生涯；有倚托，则吉。

癸丑日辛酉时，秋月，印绶格，行官煞运，吉。冬，福禄双全。子寅年月，干头无
　　戊己字，贵。史侍郎乙丑、己丑、癸丑、辛酉。冯京状元辛酉、辛卯。张监丞
　　甲子、丙寅。

癸卯日辛酉时，日贵格，辰戌丑未月，贵。子卯年月，大贵。巳午，亦贵。又云：
　　不利妻子。严嵩阁老庚子、己卯、癸卯、辛酉。麻锦总兵辛卯、庚子。

癸巳日辛酉时，孤。寅卯年，辰戌丑未月，贵。子午卯酉，中贵。寅申巳亥，最
　　贵。昌应时主事甲申、乙亥、癸巳、辛酉。冯保太监辛巳、己亥。一云丁巳时，
　　据理论，水败酉，主结果。

癸未日辛酉时，春贫；夏，先难后易；秋吉；冬贵。袁桂臻郎中己亥、丙子、癸
　　未、辛酉。叶学士甲子、己巳。都事甲寅、癸酉。寿三十五。许梦熊主事壬辰、
　　己酉。

癸酉日辛酉时，申酉月，印绶多，能守祖，破妻家。子巳午月，干透庚辛，禄贵印
　　绶俱全，贵不可言。寅戌，腰金。午亥，大贵。丑月，杀重，凶夭。成祖文皇
　　帝庚子、辛巳、癸酉、辛酉。蔡枢密戊午、庚申。杨布政壬子、辛亥。王棠郎
　　中甲子、乙亥。陈茂然御史己卯、辛未。

癸亥日辛酉时，戌月，行东南运，金紫；东北，风宪。子月，建禄，年遇财官，大
　　贵。王楣副使壬午、壬子、癸亥、辛酉。

鸿雁失群局，亲族各西东。六亲亦少靠，守祖不成宗。

天元是癸时辛酉，用尽心机度日忙。官印相生逢印合，胸中便富且如常。

癸日辛酉时遇，倒食偏印难禁。柱中无依且安贫，财官月遇亦称。只怕癸水失地，不能驱驾奚胜。六亲骨肉各西东，一生劳苦之命。

六癸日戌时断

六癸日生时壬戌，支内正官坐财库。月兼有救贵多成，倚托若无终不富。

癸日壬戌时，水火既济。癸用丙丁为财，戊土为官，戊与癸合旺，为人智谋，通月气有倚托者，贵；不通，平常。通火土月气，富贵双全。运气通，亦吉。

癸丑日壬戌时，刑。亥月，土厚地方，上贵。辰申年月，南方运，状元。五月，南运，风宪。若春、秋生，南方运，八、九品。忽答细平章庚午、戊寅、癸丑、壬戌。谭惟鼎金宪辛巳、戊戌。

癸卯日壬戌时，日贵格，寅巳年月，干透戊丁，财官两旺，大贵有权。卯辰丑午子等年月，文贵。酉戌，金土运，五、六品。子肃愍公戊寅、丁巳、癸卯、壬戌。刘渤金宪壬午、癸丑。子翰林。壬辰、壬寅。县尹。丁巳、丙午。举人。乙卯、壬申。举人。

癸巳日壬戌时，财官双美，春平。夏、秋、冬，贵。辰丑未寅酉年月，都堂。张都堂癸酉、甲寅、癸巳、壬戌。陈士贤都堂己未、丁丑。庚午、丁亥。杨太傅公夫人侍郎公母，壬午年终。

癸未日壬戌时，刑。巳月生，三、四品。子庚年月，近侍贵。林廷机尚书丙寅、癸巳、癸未、壬戌。林继美举人甲寅、庚午。丙辰、辛丑。大富。

癸酉日壬戌时，亥子月，才智高贵，妻贤子孝。春，平常。夏，财官。秋，印绶，俱吉。辰丑，刑冲戌库，贵富两全。戌月，东南运，武贵。孙振宗进士壬申、戊申、癸酉、壬戌。陈裕举人壬申、丙午。癸巳、壬戌。阁老。

癸亥日壬戌时，春生，伤官见官，夏，财旺，秋、冬，吉，名利有成。戌辰月，行亥子运，贵。子月，行西南运，金紫。何维柏尚书辛未、庚子、癸亥、壬戌。陈瑞山御史甲子、丁丑。金立敬学宪乙亥、丁亥。父子兄弟俱贵。韩皋进士癸卯、甲子。己卯、丁卯。都司。

田鼠船仓局，运拙且奔波。钥匙逢辰丑，晚景福财多。

天乙壬癸戌时排，库内财官等钥开。不遇刑冲空锁闭，少年难发更生灾。

癸日时逢壬戌，就中仓库盈余。将星天德两相扶，辰戌钥匙开助。土旺长流水局，六亲恩处成疏。不遇空亡有增余，中末荣华享福。

六癸日亥时断

六癸日生时癸亥，禄马飞天临旺神。不见官星兼惹绊，必为贵格异常人。

癸日癸亥时，禄马飞天格，癸水亥健旺，癸用戊为官，丙为财，亥中丙戊俱绝，癸无财官，却亥去冲出巳中丙戊，飞来就癸为财官，柱无戊己惹绊，及官星破禄，若见庚辛，清白而秀，为人智慧，贵为方面。

癸丑日癸亥时，作拱禄格。巳酉丑生，福德秀气。午月，平常。卯酉月，行南运，金紫风宪，但难为寿。和尚书壬子、癸丑、癸丑、癸亥。许成名侍郎癸卯、癸亥。癸亥、癸亥。给事。洪都宪。命同。江潮进士癸未、辛酉。辛未、辛丑。举人。

癸卯日癸亥时，平，日贵格。寅卯月，伤官论，行金水运，风宪。辰戌丑未月，官旺。纯卯，三品贵。辰戌与卯刑，主孤贫。唐汝楫状元壬申、戊申、癸卯、癸亥。盛唐副使己丑、乙亥。甲申、丁卯。进士。刘清总兵丁未、壬寅。张思诚给事庚午、乙酉。乙卯、壬辰。太守。丙申、庚寅。游戎。

癸巳日癸亥时，五月，杂气印绶，贵。亥子年月，行南运，贵。又禄马同乡格，巳申年月，大贵。许赞阁老癸巳、庚申、癸巳、癸亥。父子兄弟俱王带，仕宦无比。张尚忠进士癸卯、甲寅。许奖举人壬寅、壬寅。甲寅、辛丑。寺丞。癸卯、癸亥。进士。

癸未日癸亥时，身下坐财官。辰戌丑未月，行东北运，贵。秋月，东运，七、八品贵。干透正印、正官，金紫。马翰林己巳、庚午、癸未、癸亥。陆给事庚寅年。李汶主事丙申、戊戌。戴品通判癸丑、庚申。

癸酉日癸亥时，辰戌丑未月，生涯遂意。酉月，行东北运，八九品贵。申月，东方运，五品。张嗣修翰林癸丑、己未、癸酉、癸亥。邢尚书庚子、丁亥。刘万户壬辰、壬子。丙戌、丁酉。学士。毛进士辛未、戊戌。丙子、丙申。癸未、甲寅。甲子、辛未。俱举人。李盛春参议癸卯、甲子。

癸亥日癸亥时，性聪飘逸，中年大富。冬月生，飞天禄马，无戊己子字填实惹绊，贵显；不然，孤克为僧道，亦主清高。年月辰亥，干透辛壬，无填实己字，有智量，大贵。卯月，金紫。己丑亦贵。王守仁尚书壬辰、辛亥、癸亥、癸亥。刘广成少参癸丑、丁巳。戊寅年卒。宗臣学宪乙酉、己卯。称才子。寿止三十六，无子。庄士元参议己卯、己巳。刘时秋金宪丙戌、乙未。寿不永，九子。王槐亭知府丙午、庚子。陈状元癸丑、癸亥。史侍郎丁巳、辛亥。周仆射癸酉、甲寅。张仁县尹辛丑、辛丑。

莺迁乔木局，背暗向明归。钥匙逢克破，等待羽毛飞。

阴水重重透海波，少年未过且蹉跎。困龙得志方能化，不遇时来虎卧坡。

癸日时逢癸亥，败财带禄亨通。喜遇秋夏忌春冬，戊丙庚木富盛。巳亥甲丙反复，六亲大不和同。一身不定好翻腾，先败后成之命。

第五十六章　星命汇考五十六

《三命通会》二十八

看命口诀

大凡看命，先看月支有无财官，方看其他，月令为命也。月取支神，年取天干，日取天干，流岁取天干，大运取支神，月为本，日为主。如月有正官及偏官，而时又入他格，只以月中取他格无用。如月令全无可用，方看他格。古歌云"三宫带格混难详，不晓凭谁是贵方。一任三宫皆带格，除非只得用提纲"是也。月令用地支，假如官星，须要上下干支透出为妙，或干透出，支中不透，主聪俊。忌年与时冲，月支、日支自冲，不妨大运，及岁君来冲月支，则祸。凡正官一位，乃君子、贵人笃厚纯粹，刚直廉明，年时有印，尤妙；多则反主成败。四位纯官，仕宦虚名。凡七煞一位，聪明伶俐；二位、三位，先清后浊。四柱纯煞有制，贵；无制，贫。凡财。一位务要得时，富贵成家，为人性躁，紧急；二位，性气减半；三位、四位，耗气身衰。若身旺甚，则可成立；弱则劳苦生受。凡印，不论一位、二位、四位都好；格中不宜见财破印。大凡行好运，日干伤流年、岁君，干头祸轻；行不好运，日干伤岁君，干头祸重；若已发，过则死。辰戌丑未，各有三分余气。如行午运，至未有三分火气；行子，至丑有三分水气之例。不可全作土论。凡阳刃格，岁运最怕冲合。太岁干合日时干者，为晦气煞；日时干支与流年干支同，为转趾煞。如庚申日见庚申或庚寅、太岁之类，轻则远迁，重则毁屋破财。凡年、月、日有吉神，要时引归生旺之处；有凶神，要时引归制伏之乡。若时上带吉神或凶神，亦要年、月、日上吉者生之，凶者制之。月上有用神，得祖宗之力；时上有用神，得子孙之力。反此则否。

凡看命，以日干用为天元，是以干为禄；日支、月支用为地元，是以支为命。假如壬癸日、己未月，干支透出财官是也。财官论原有原无，地支原有财官，天干不露出者不问；若地支无财官，只是天干透出，虽行好运，亦不济事。看流年岁君，只用天元。若行运虽重地支，亦要看运天元。人命柱中或有官星，或有偏官，有制伏太过，而运干见官煞，可发；运支无财，而运干是财，亦可为福运；支无煞而运干是煞，亦可为祸。人命以当生之月为运元，最怕大运并岁君来冲为祸。以当生官星为禄元，最怕冲坏。如丁日生人，以壬为官，而生亥月，亥中有壬，是丁之禄，若年与时有己字则冲坏禄元。以当生财星为马元，最怕劫夺，如庚日生人，以甲乙木为财，而生寅卯月，寅中甲木偏财，卯中乙木正财，若年时有辛字，却有争夺之患。岁运同论。凡年干上有日之官星，福气最厚；有日之七煞，终身不可除去，官星为禄，财星为马，行官星发官，行财星发财，二者不可缺一，各有所用。年月上有财官，必生富贵之家，祖父根基，少年便行官禄运，多是幼年拜命，早发功名；年月无财官，日时有之，则是自己成立。人命以财官为本，柱中但得其一，亦可发福；若四柱原无官星，不入他格，年、月、日、时干支财多，又行财旺运，亦能成就功名，以财旺自能生官，须身旺方许。年月无财官，幼年又行不好运，多是出身卑微，破祖伤父，无见成之福。凡命，官煞混杂，伤官合神重，男子犯之，耽迷酒色；女人逢之，不媒自嫁。

凡看命，专以日干为主，取提纲所用之物为命。譬月令以金、木、水、火、土为用，但有一件，取其节气先后、轻重、浅深，成局破冲，细加考究，曰官、曰印、曰财、曰煞、曰食神、曰伤官，以此六法消息之。逢官看财，逢煞看印，逢印看官，取四者不偏不倚，生克制化为上；遇破害休囚，为下运；有生有去为福，有助有剥为祸。亦有用年、日、时支合成格局者，然皆以月令为用。假令月用金只用金，用火只用火，十八格内取六格为重，用相生定格合局，却用年、日、时下以推轻重浅深。如逢官用印不怕煞，是煞局印，印局身还，作上局取之；逢印看煞，但有官煞在命，行官煞乡，亦作贵论。月令通官，柱中遇财，财旺生官，乃富贵。柱中见财，要入财旺运，发福。但见一煞，则以煞为重，不可用财；若行财旺运，乃财生煞党，作贫贱言。凡格以煞为重。

凡命，先看干神有无克制，支神有无刑冲，干支纳音有无战斗、降伏。如甲以寅为禄，而寅上有何干？甲以辛为官，而辛得何支？干不侵支，则天乃尊，支不犯干，则地乃卑；五行不相贼，则人乃顺；四孟不相害，则马乃能驰。若干侵支犯，五行相贼，又当分别主本，有气无气，有用无用，有救无救，成格不成格，则干支错综，五行变化，造化在其中矣。李淳风云：五行生旺，观福气之往还；五行死绝，在吉神之救助。若五行得地，纳音相生，吉神无助，亦荣；五行无气，纳音相妨，纵有吉神，不用。

凡命，天元喜地元有禄，如甲己喜四季，乙庚喜申酉，丙辛喜亥子，丁壬喜寅卯，戊癸喜己午。地元喜天元有合，如子丑喜戊，寅喜己，卯辰喜庚，巳喜辛癸，午未喜甲壬，申喜乙，酉戌喜丙，亥喜丁。天元、地元皆有，平生福气。高崇皆无，名利无成。坏天元者，三十九岁以前名利难发；坏地元者，四十岁福不如前。若天元秀气坐禄，如癸得子，甲得寅之例，不贵即富。地元忌天元相克，如子丑怕己，寅怕庚，卯辰怕辛，巳怕甲壬，午未怕乙癸，申怕丙，酉戌怕丁，亥怕戊，更看喜忌何如，不可执定。

凡命，取干支与纳音同类，壬子、壬午真木，己酉、己卯真土，丙子、丙午真水，戊子、戊午真火，乙丑、乙未、庚辰、庚戌真金，若乙酉日、庚辰时为精金，丁巳日、丙午时为精火，癸亥日、壬子时为精水，己丑日、戊辰时为精土，甲寅日丁卯时为精木，以上遇者，俱主富贵。若火人丙日辛时、辛日丙时，木人甲日己时、己日甲时，土人戊日癸时、癸日戊时，水人壬日丁时、丁日壬时，金人庚日乙时、乙日庚时，虽为五行真贵，重犯减福。

凡命，取五行真气交互。如辛亥，金人得丁巳土，有丁壬合真木往来，有丙辛合真水往来；丁巳，土人得癸亥水，有戊癸合真火往来，有丁壬合真木往来；如戊戌、癸亥、丁巳、辛亥，交互真气全，乃宰相命也，戊午火得壬子木，中有丁壬真木，戊癸真火；丙申火得乙酉水，中有丙辛真水，乙庚真金；庚寅得己卯土，中有甲己真土，乙庚真金，如庚寅、己卯、交互全，乃两府命也。

凡命，先论化气。考《五运篇》，以甲丙戊庚壬合五阴干为太过，乙丁己辛癸合五阳干为不及。太过不及之间，有权存焉。考《天元变化书》，又分昼夜。如六甲，日生木，夜生化土，故六戊人得甲，取日生为鬼，夜生为官用；六乙人日生用金，夜生用木，故六己人见之，日生为官，夜生为鬼，独六己、六庚不变。是以五阳干昼生为本体，夜生作化看；五阴干夜生为本体，昼生作化看。六般阳命，男犯禄鬼、倒食，须取夜生，反凶作吉，呼鬼为官，倒食为喜神，却以日生为顺；六般阴命，男犯禄鬼、倒食，须取日主，反凶作吉。余并同前，却以夜生为顺。女人皆反此求之。此昼夜气象，是阴阳配合，刚柔体用也。

凡命，五行下生上曰助气，主一生自享其福；上生下曰盗气，主一生供人之福。上克下曰顺，主有威势而制人；下克上曰逆，主多沉滞而难发；死绝尤紧。生旺差慢，四柱纳音鬼多，主本当时，名曰官星乘旺；纳音财多，主本无气，名曰财多害身。

凡命，五行贵阴阳相等。如两金见两木，或两火两土两水之类，各自成象方吉；若太过、不及，如三水一木、一水三木等类，俱不为福。假令金人，三金一木，金克木为财，三金争一木，是分擘其福，多主财物不遂。若一金三火，火多金少，煎熬太过，主一生不闲。又如甲人，逢三壬三己，谓之三吞三偶，主不吉。若逢两己、两庚，谓之重偶重伤，视三尤凶，不贫即夭。余以例推。

凡看命，伤官见官而早死，七煞见财夭亡。财逢劫尽死，重财破印凶。水盛木流，终为外鬼；食神逢枭，死于牢狱。劫重见财死，煞旺挂根休。亡神、七煞、冲刑，非徒流亦亡缧绁；伤官、阳刃重并，虽全体而死血光。财星见刃，财散人亡。生旺死于库墓，库墓绝于生旺。晚有吉运行凶运，未入死卒何？分有凶运来吉运，未来发福曷论？当究进气退气之由，更审已发未发之义，将来而速进，功毕以先归。一生岁运皆凶，年少早死；末旬命星得地，老寿弥高。老怕生旺，少嫌死绝；阳刃逢生多恶死，有根煞旺定凶终。春旺火多，宜西北库是归期；夏荧金旺，利东南鬼乡寿地。四刃星重，死在正财之下；一官贵浅，终于阳刃之中。四柱俱伤人自死，金神入水溺为灾。阳刃倒戈，无头之鬼；煞星叠刃，半体之徒。制伏中和，煞极全而气死；生扶太过，印更旺而身终。伤官入墓死，晚局最宜观。阳生而阴死，阴死而阳生。煞逢三合太过，必倾五行之内。宜细消详。

凡看命，五行太过、不及，固不为福，中间亦微不同。如水土不嫌死绝，以盈天地间皆水土，无分四时，岂有死绝之理？但辨轻重，如点水滴众土之中则干，撮土雍众水之中则散，当论多寡，分轻重也。金非土不生，木非水不长，故金木欲其生旺，怕见死绝，如金死则沉，木死则灰，与水土不同。火藏于木，宿于土，故不欲旺，旺则焚；亦不欲死，死则灭，惟得其平则佳。五行水土均赖，凡木金火之命，尤为要也。

凡五行取象，本象取本象，如甲乙丙丁木火象之类。化象取化象，如戊癸丁壬，亦木火象之类。金水象不可见土，谓土杂水混，金自不清，岁运遇土亦滞，惟金水不杂，生于秋月最贵。如明神宗：癸亥、辛酉、癸亥、辛酉，干支俱金水不杂，水生金月，金助水清，二水二金成象，所谓金白水清，别无夹杂，又合两干不杂，所以尊为天子。如癸酉、癸亥、庚子、辛巳，金生水月，金反泄气，沉于亥子之中，所以不免水厄。金土象不可见木，谓木克土，则土不能生金，不成象也。土积成金，土多金少，其福厚实，金重土轻，福出艰辛。金火象不可见水，见水则火灭，金沉不能成器。金重火轻，发迟益寿；金轻火重，发早退速，或主寿亏。金木象不宜见火活，木畏金见火成秀，死木得金方成造化；金重木轻，令人骨痛；木重金轻，主损钱财或肺疾相攻，惟金木相宜则吉。水木象秀而清高，不可见卯巳，以水死绝；木火象秀而丰富，不可见金，以木受克，流年遇之，俱灾。水火象成既济最妙，或未济亦得，不可见土，火多性燥，水多眼疾，火怕死，水怕浴，入酉火死水浴，主艰难而死。岁运同。此象日时忌之。水土象不可见火，土重水轻，秀而不实；水重土轻，却有科名。火土象不可见水，火虚土聚不成物，若同水流，主泪没。如戊子、戊午、己丑、己未；丁己、丁亥、丙辰、丙戌，丙丁与戊己相夹，乃火虚土聚。李九万以戊子、己丑、戊午、己未、丙辰、丁巳、丙戌、丁亥，皆火土夹杂之象，不可以连珠为贵。时上逢壬癸水，土滞火灭，平生塞薄。又云：火火见土则暗，土土见火则虚，土轻火重则燥，己卯日见丙寅时是也；火轻土重不明，丁酉日见戊申时是也。如韩学士：戊戌、丁巳、戊戌、丁巳，火土成象，又为凰凤干支格，故贵。经云："金水多清，金土多厚，以其相生；金火多刚，金木多正，以其相克。火土多毒，火木多聪。火水多昧，火金多烈。木火文彩，木水清奇。木金方直，木土毒害。水火智慧，水木智仁。水金秀丽，水土重浊。"各以五行之性推之。

凡命怕同类相破，如己未见甲辰、甲辰见己丑、己丑见甲戌、甲戌见己未，凡在四冲之地，纳音同类，逐两位逆数之，寅申巳亥子午卯酉，亦以此取，主平生不足，多不成器。《道经》云：井栏互破，无药可医，遇空亡庶儿，岁运亦忌之。

凡命，主本逢岁运，不可遇死地。如丙寅火畏乙卯水，辛巳金畏丁酉火，甲申水畏己卯土，戊申土畏壬午木，己亥木畏甲子金，与人生怕死同义，主本生死，同途则不忌。

凡命，最怕鬼克，而窠鬼最毒。如丙子水见庚子土，丁丑水见辛丑土之类。窠

中就位相克，所以最毒。有墓中鬼，如壬辰水见丙辰土，丙辰土见戊辰木之类；有隔壁鬼，如庚子土见癸丑木之类；有空亡鬼，如甲戌见甲申乙酉之类，皆主为害。内墓鬼轻于窠鬼，壁鬼轻于墓鬼，空鬼轻于壁鬼，若木命人得火月、金日时之类，有火克金，金不得伤木，是御鬼也，鬼不为害。如水命人，四柱有火土，土克水，火又生土，是助鬼也，其鬼尤凶。干支通用纳音最紧，御鬼则立身于艰难，助鬼则骨肉多生乎破斗。若鬼中有鬼，谓之鬼啸。如土命人生木月、金日时之类，以木克土，金克木，根基劣弱则凶，主本强健不忌。如王黻：己未、乙亥、丙寅、辛卯，逢三合生，更遇寅卯为己入官乡，丙与辛合，大贵；奈巳阴土逢乙木作鬼，又遇辛作乙木之鬼，变寅卯之官作己土鬼，在亥卯未三合位，通是鬼克，犯鬼啸也，故主恶死。《经》曰：五行切忌下贼上，平生不足事相萦。又曰：鬼啸分明格局恶，更加刑煞祸不差。纵使以前逢富贵，定知日后厌年华。

　　凡看命，取胎生旺库为四贵，死绝病败为四忌，余为四平。以太岁干为主，配于五行，取四贵、四平、四忌之位而分贵贱，遇贵多则贵，遇贱多则贱。四贵之中又分四旺，库为上，胎为次。若人命胎月日时遇三贵，干皆有辅或正禄、正官、正印，三公命也。带正天乙：如丑未生人，月日时得甲戊庚之类；带本家禄：如寅生人，月日时带甲之类，谓之福会或天乙贵，合两重者，亦三公命也。三贵上带，上下合或一官、一印及一正天乙，或一位本家禄，三两位贵人合者，宰辅命也。若日时上遇两贵而带上件者，亦然。若一位上遇灾煞、地煞、亡劫、羊刃等神，兼主兵权，司马节钺之贵。若胎月生，月与日时上遇胎库一贵，却带正天乙，上下合或天乙贵合本家禄正官、正印，本家禄但有气，或贵人上亦带前件禄干者，亦宰辅、九卿命也。若月在忌神，而日遇贵，或日在忌神，而时遇贵不害，为清华侍从之职。若日月俱在贵，而时遇忌神，此常调选人也。四忌主贫贱，亦有轻重死败，绝为重，病为轻。五行各三位，如寅午戌火丙丁人，遇之为贵，与四贵三位同。惟阙胎贵一位，其主贵之福，亦与四贵同。阳禄贵在临官，阴禄贵在帝旺，若阳禄遇旺，阴禄遇官，虽为本位，其福减半。若旺而无禄，如丙寅得戊午日时，更克本命，又带刑煞，主荡浪愚贱。有遇一两位贵，却为凶煞、刑害破得深重，亦主无禄。沈芝曰：五行以生旺为君，临官为相，若纳音是木，月日时遇寅卯两位，金遇申酉，水遇亥子，火遇巳午，土遇辰戌丑未，皆以贵论。

　　凡看命，分五行生旺死绝，如甲申、丙寅、己亥、辛巳、戊申，皆五行自长生，不论四时，超然得自生之理，人命禀之，敏快高明；贵者得之，其进以渐；富者得之，亦将向荣而得其所以生也。丙子、戊午、辛卯、癸酉、庚子，皆五行自旺，不待四时，而能自致其旺，福力奋发，无与比拟。癸未、壬辰、丙辰、甲戌、乙丑，皆五行自墓，乃归根复命之时，凡库之所在必欲物聚之则其库充，如壬辰水，欲得众水交归，然后为旺，更有金往来相生，当得重权；傥水制火，火制金，更天中临之，是为负印不起，主贫贱。乙卯、丁酉、壬午、甲子、己卯，此五行自死者也，生则劳，死则息，其理自然，不有死之地，其物无自而归，所谓自死者得其真归之理焉。凡命遇此，颖特高明，多慧少福，以静默为体，而不利有为；以淡薄为事，而不利兴起，惟可学道访仙，超生死之门也。癸巳、乙亥、庚申、壬寅、丁巳，此五行自绝者也，天之道无可绝焉，干支适会已绝则更生。凡遇此者，忧喜未定，如癸巳绝水，得癸酉旺金扶之，是谓绝水逢生，尤为吉庆。凡命上带死绝、生旺、库墓等，不可就以所带言之，须看月令，以辨清浊。清者，有制伏之谓，如水病见土则浊，却非土堤防则不能止息，既止息则清之有渐也；浊者，无制伏之谓，如水多无土则泛滥无归，而水极生木，极则变，变则通也，盖五行尚其变而不尚其常，贵其隐而不贵其显，死绝有救，则为还魂，多以贵论；生旺有克，则为散气，反主福浅。若夫彼我之相生，顺则益本，逆则夺气，彼此之相克，顺则势强，逆则有伤。经云：以小凌大，自胎其害；以弱胜强，自掇其殃。一水克三火，是以弱胜强。以阴胜阳，虽殃不彰；以阳胜阴，为害不深。两阳相梗，凶祸旋至；两阴相敌，不安其处。如乙巳火克壬申金，是以阴胜阳；壬巳金克己巳木，是以阳胜阴，阴阳有情，故无大害。若丁卯见癸酉，是二阴相敌；戊午见甲子，是两阳相拒。阳刚阴柔必胜而后已，故祸。《太乙》云：天地阴阳变化之机，未尝不以阴召阳、阳召阴，则天地合正，五行气融；若乃阳从乎阳，阴从乎阴，则阴阳偏出，动静失序，所以祸福两途也。大抵阴阳偏出，造化不成五行，如火多金少，聚散不得成形；火少金多，既不能销铄，反有淹灭之患，余以例推。

　　凡看命，先论五行体面、局势，然后参以喜忌、好恶，旺相、休囚。如金人得庚辛或申酉为体面，得巳酉丑三合为局势，喜火制土扶，忌金寒水冷，生三秋四季为旺相，春夏为休囚。余木火水土以例推之。金人遇庚申、辛酉为五离煞，若生秋月，逢水则化金之毒，为金白水清造化；逢火则制金之刚，为煅成锋利之器；柱无火无水，是谓顽金，主早年酒色瘵痢身死；若得戊寅日时，刚处逢生，主富而寿。

木人得土，则根荄藉以栽培；得水，则枝叶赖以条畅；得金，斫削便成材也。木逢寅卯，更在春生，最吉。若三合会木局，全不须春生，多主仁寿。木逢金制，金煅火伏，则刚柔相制；若火太多，则焚；金太多，则损；土虚，则不能培；水泛，则不能润，妙在得其中和。水人以亥子为源，以寅卯辰巳为纳，于源自北，万折朝东，故水人喜逢东方，则浪息波平；水赖土防，若生亥子，土多则吉；既在东方，逢土亦吉；不宜土多，更有贵人、财禄，则贵；若日时遇庚申、辛酉，水忌西流，恐寿不高；生于秋冬，生旺清澄，壬癸此时而逢亥子，主有文学；纳音更水，则水太过，柱无土堤，乃少子之断，惟艺术空门则吉；更隔角重逢，定主刑克。春月干渴而涸，夏月浑浊而泛，柱无水助，则不贵。火居寅卯，生于春月，木秀火明，荣华富贵；生于夏月，则太炎，柱中无水，定夭，有水早贵；生于秋月，火死金成，藏光内照，时日微，逢旺气则吉。盖水火不嫌死绝，只宜恬淡为福；生于冬月，柱中再得火助，则潜消霜雪，温暖山河。古人云：冬日可爱，夏日可畏，此之谓也。土逢四季全，上贵。如纳音全土，柱中更得寅字为艮山，亦贵。土能厚载，万物资生，金木水火皆不可缺，故此四行咸赖之也。夫论五行之用，多则太过，少则不及，其气、其数有余、不足，皆能致凶；抑扬归中，然后为福。功成者宜于退藏，将来者贵于荣振。五行禀旺，谓之成功；旺而能止息，是谓退藏；五行在冠带胎养之地，其气亏而未盈，是谓将来。故欲子母相生，以益其气，则有荣进振发之道。如木非其时，衰则梗介，死则枯槁。金旺太过，则动作多凶。炎炎者贵乎熄，不熄则有自焚之灾；滔滔者贵乎止，不止则有自溺之患。火行南陆而化，热盛则焚，烈而害物，至酉亥则阴，能翕之然后能温暖万物。水行北陆而化寒，盛则严冷而杀物，至卯巳则阳能辟之，然后能滋生万物。又有生而不生，此旺而不旺，此为凶乃先吉也；有死而不死，绝而不绝，此为吉乃先凶也。如水见戊申土，此生而不生；见庚子土，此旺而不旺，遇此多成而反败，因喜而反忧。如水见癸卯金，此死而不死；见辛巳金，此绝而不绝。五行气尽而得父母之德，以生益之，则其气复生，遇之者危中有福，穷而通，屈而伸也；生旺太过，则福中藏祸，死绝太过，则福无可托。若夫死绝逢生，殃变能逃，火土最先，金水犹后。火绝得土曰睿，土绝得金死而不亡，曰寿。金绝得水精复继体，水绝得木，魂复天游。木绝得火，火出木烬，灰飞烟灭，故独为凶，蛇马无胆，于焉足证。蛇马在位巳午，木历巳午而死，木于脏属肝，于腑属胆，证木死为凶也。经云：身土遇火生而渐，利命；水得金年乃优

中华传世藏书

钦定古今图书集成

精华本

古今图慧

星命篇

二九二七

长；金多须火，或从革以成名；木重得金揉，曲直而任使；水流不止，须土以拥之；火盛无依，惟水以济之。五行用得其宜，虽相克而为福；若用失其宜，虽相尘而为灾。

凡五行怕太过相忤，如禄多则贫，马多则病，印多则孤，库多则虚，生旺多无归宿，死绝多无激扬。五行不可太相伤，不可太纯粹。贵人马多，升擢；常人马多，奔驰；破要伤祸，空要空尽；所爱者不可毁，所畏者不可旺；先畏后爱为福，先爱后畏为祸；合多不发而媚，学堂多则无成；贵人多则巽懦而无立志，禄马太显不可以贵人论；贵人表里足，不可以常人论；四柱俱阳，口恶心善；四柱俱阴，狼戾沉毒，拱要拱马、拱禄、拱贵、拱福神，不要拱刑，拱祸、拱岁、拱时，阴阳贵在均协，病伤要有克制。

凡命，丙辛壬癸见戊戌，则戊土当涂，刃伤折挫。壬子、丙午、丙午、壬子，水木精神，阴阳纯粹，余位无助，亦非常器；加以季秀之气，则旷世无忌，大德有容，乃丈夫也。卯酉，日出入之地；子午，阴阳始分之宫，遇之者，令人往来不定，岁运亦然。巳亥为两极之地，地天斡旋；寅申为三停之方，邮递往来，如人遇之，多不执一。丑未迟迟，辰戌速速，遇之令人执方，性不通变。辰戌有气，却能建立大事。丙子人四柱有壬寅，是壬入丙家就破，不美。庚子见庚午，是五鬼临门；戊寅见甲寅，甲克其戊，戊寅随势克甲寅，是支干纳音上下不和，除别有福神，方为福力。癸酉见戊寅，戊土克癸水，又金气向绝乡，劫煞元辰居中，除得月令中秀气，方可为用，亦久而不佳。庚午、丁酉互旺互破，乃旺中破也，不可全为福力。己未、辛酉虽得食，却归死地，终久不佳。乙丑、乙未、庚辰、庚戌见戊寅，大好，运亦然。《经》曰：如得刚金济戊寅，欲绝不绝成福力。乙卯见戊寅，戊寅见乙卯，是大好命。《丹阳书》云：三奇之际，尚有虚声；死绝之中，尤存生旺。盖三合、三奇，不合月分则不贵，如甲戊庚，有子午时方贵；乙丙丁，有寅卯时方贵。《天元变化书》云：乙丙丁正爱酉亥，更看纳音有无交涉。又云：凡三奇、三合，带月令中秀气，入贵格，亦不免庶出，过房作赘。又云：凡命见三合、三奇，而本年不带，在四孟生，而得四仲、四季月日时，四仲、四季同论，及胎月日互换，干合或六合而本命不带，皆名曰掉太岁，多主离祖孤立，为人不得力，少救助，却宜义居，假合而立也，贵命则多倚仗而升进。凡四柱带三奇、三合者，本身若不是过房、庶出，将来子孙必有过房、庶出、随母之子。古诗云：三合与三奇，清秀更饶肥。不为过房子，便是随母儿。

凡命，前五辰为宅舍，若遇有气及吉神临之，主有好宅，门阀崇峻，子孙华显。假令甲申人，宅舍在丑，十二月生，得天乙临宅为吉。若居无气，及凶神临之，主其宅虚耗，破坏不完，祖业不守。假令庚午人，宅舍在亥，甲子旬，亥落空亡，又遇劫杀临之为凶。余准此推。命后一辰为破宅煞，若在破宅煞中，主无父祖产业，或客死他乡。又看宅纳音，与本命纳音相生则吉。宅克身得好宅，身克宅必破散。假令甲子金，以己巳木为宅，二月生，虽系宅旺，合有好宅，以身克宅，后当破落。戊午火以癸亥水为宅，九月生，宅冠带；十月生，宅建；十一月生，宅旺，又值宅生克身，必得好宅。若宅鬼旺中生者，有官则吉，无官则凶。凡禄命虽有休旺，更论其宅，以辨吉凶。沈芝云：宅怕犯破，如甲子人以己巳是宅，如犯亥字，其宅受破，命元稍薄，太岁冲年亦须破，须是为长方可断，如丙子人得辛巳金为宅，遇乙亥流年之类是也。命好，亦更动兴作，方应。

凡命，后五辰为田园，若居有气之乡，又福神临之，主田园盈野，仓库充实。假令甲子人，田园在未，六月生，土乘旺气，又逢天乙贵为吉。若遇无气之乡，又凶神临之，主田园瘠薄，仓库空虚。假令戊子人，田园在癸未，六月生甲申旬，未落空亡，余准此例。

《鬼谷遗文》云：马无害刑破，禄无鬼鬼克，食无亡空亡，支合无元元辰，干合无厄六厄，旺无丧丧门，衰无吊吊客，妻无刃羊刃，财无飞飞廉，孟无孤孤辰，季无寡寡宿，体重须鬼，禄重须官，夫须鲜，妻须倍，吉须显然，凶须沉昧，支干失和而塞，夫妇失时而凶。四柱主本，禄马往来，须分建破，天乙扶持，将德是冲。更辨尊卑，有根而无苗实，贫而尚可甘食；本气绝而花繁，纵子成而味拙。至若贵神当位，诸煞伏藏，三元旺相，岂专神煞？命中用煞，以五行为本，如五行得地，无贵煞而亦贵，虽有恶煞，无害于事；若五行不得地，纵有吉煞，亦发不久，如冬月中花耳。

纳音者，天地之舞数也。驿马、学堂，居长生之位，才能官职在旺相之乡，文章富贵处印库之地。如逢衰败，则减三分之一；更遇死绝，则去十分之半。切忌空亡、冲克，不宜刑害吞食。故同源相成，则天地舞全，基本强壮。同类相伤，则支神气散，理无复合。管辂曰："五行互旺，虽冲气完；五行相克，虽合气散。"此之谓也。或问：人生有始终，功名富贵，有一旦崛起，忽然骤兴；有始终剥落，而中间奋发；有半世淹蹇，而晚年成就，其故何也？答曰：莫非命也。其始终富贵，乃柱中身主专旺，其所用吉神，或官印、财食，俱各带禄得令，不偏不党，无刑冲克害，出门行运，步步皆吉，故能成材，能振耀，绍前人之基业，立当代之功名，不招谗谤，不致伤害，保其终始，是命运生旺，体用俱得故也。其一旦崛起，忽然骤兴，由柱中所用贵神，悉皆得位乘旺，又且合格，奈日主无力，不能胜任其福，所以劳困偃蹇；候逢好运生扶，日干得其强健，元命用神，方为我用，我因乘之，虎啸风生，大发富贵，是偏气乘和，衰以遇旺，故迎吉而发，前后迥异。亦有日主强旺，五行煞纯不杂，奈根本原无制伏，富贵不成，惟待运来，制伏煞神，化为权柄，功名显达，出类超群，制神力旺，发福非常，所以骤兴，由贫贱而至极品，全由行运得地，方见其兴；如运不至，即常人耳。其始终奋发，而中间剥落者，乃柱中日主健旺，用神亦旺。各相力停，为富室朱门之贤子，及其长大成立，要逢好曜，若大运加临，元命见其财而夺之，因其官而伤之，临其印而坏之，逢其食而枭之，遭际此运祸不胜言，所以盛年见倾而不发；如其恶运一去，又逢好运扶持，使用神一新，譬如枯苗得雨，勃然而兴，鸿毛遇风，飘然而举，不可御也。若半世淹蹇，晚年成就，乃四柱身强，阳刃比肩又各争旺，惟财官、煞神等物，虚浮轻少，无力而成功名，出门行运，又非作福之地，所以一生饥寒，劳苦剥落，直至晚年，顿逢好运，补起财官、煞神等物，假煞为权，制伏阳刃，或得权贵而显扬，或起资财而发福，当随五行清浊，以其所遇之运别之。嗟夫，穷通有命，富贵在天，孔子有是言也，岂人智力所能移易乎哉！

或问兴亡生死。答曰：凡人命中有煞为用，煞神未制，则为白屋穷途之人。或作豪门卓荦之士，要逢制伏运，假煞而兴，切不可脱制伏。运一入财乡，财能党煞，再遇流年，财煞助旺，并力为殃，身主孤寒克害，轻则倾家徒流，重则刑弃其身。煞神并合，凶亡可畏如此。阳刃同论。又有柱中月令正气官星，为一生富贵，惟逢财印则利官星，喜财旺，以生之印旺以护之，故令其人能行仁布德，纬国经邦，权重爵高；后煞神得位，岁煞并临，官化为鬼，丧身必矣。不行煞运，或行伤官运，又无印绶制之，伤官得地，贵禄遭伤，丧妻克子，剥职生灾；更遇流年党他，必致身亡惨恶。如有高见明识，知进退存亡之机而保其身者，不遭非横，亦自己恶疾而终。又有柱中所专用神无官煞气，惟偏正财旺，财神当道，隐隐兴隆，积财聚富，但少贵耳。再看行运何如？如逢官禄旺乡，富贵双全；设有不幸，财神脱局，阳刃相逢，更遇流年冲合阳刃，财神尽伤，元命衰绝，阳刃生灾，败亡必矣。生死则以格局论，如印绶见财，行财运，又兼死绝，必入黄泉，柱有比肩，庶几有解。正官见煞及伤官、刑冲、破害，岁运相并，必死。正财、偏财见比肩、分夺、阳刃、劫财，岁运冲合，必死。伤官之格，财旺身弱，官煞重见，混杂冲刃，岁运又见，必死；制则伤残。拱禄、拱贵、填实，又见官煞、劫亡、冲刃，岁运重见，即死。日禄归时，刑冲破害，见七煞、官星、空亡、冲刃，必死。煞官大忌岁运相并，必死。其余诸格，并忌煞及填实，岁运并临，必死。会诸凶神、恶煞、勾绞、元辰、亡神、劫煞、吊客、墓病、死宫诸煞，九死一生。财官太多，身弱；元犯七煞，身轻。如丙丁日干，年、月、时庚辛加酉运，或庚辛年，必死；甲乙日干，庚辛月、时夹杂，年运见庚辛，必死。若有救，则吉；无救，定凶。五行神煞，金多，夭折；水盛，漂流；木旺则夭；土多，痴呆；火多，愚顽；太过、不及，作此论。一不可拘，二须敢断，求其生死，决定无疑。至若五行生死。如壬日生在二月，行申运，即死；生在七月，行卯运，即死。乃遇生怕死，既死怕生，造化与人事一也，须并看之。

尝谓人之生死，年、月、日时，俱皆前定。姑举一二：如定兴张易金，嘉熙二年仲秋，以儿妇马睦阁临盆，乞灵宝泉寺当境神，梦金狗、玉鸡、黄羊、青犬，次第而至，逮生勇九淮王，则戊戌、辛酉、己未、甲戌，八字果应。淮王云孙壅七公相，亦占嗣于江文通祠，梦始出，疲赤犬，再见肥黄狗在路傍及白马立平地木，左复睹赭猪联咬犬尾入屋上土，公相自忖度，乃丙戌、戊戌、庚午、丁亥年、月、日、时，成化岁次，暮秋朔后，夜半甫生子，果验。又元文式五师，生大德丁未岁正月十七日壬午申时，至明洪武己未元旦，梦中得黄羊触数七十有三至，斯际果逝。其子式敬筹六老，梦数白兔入内，姜沉闺怀，及顺帝十一年仲春甲辰昧爽，产淑正，求二者四柱，皆辛卯。后人有记云：历周追忆古人心，仰止高山直到今。晥兔两双生梦兆，四重辛卯又逢阴。又：白鸡、银鼠应辛酉、庚子之祥，白鸡在酉，值太岁不起之兆。由上数事观之，人之生死，信前定矣哉。若尹子常梦巳达午厄寅灭，后见蛇入穴，得金坠马虎啮，皆符孝介经三叟梦达逯逢乙巳对局，至成化三十一年，遇是干支，登耋寿，四月望日，进宣义郎。秩孙干父亦同前梦，后复以正德四年乙巳仲夏，遂升卫侯。又古人祈梦问子孙于土地神，得诗云：犬羊父母青龙子，赤马黄驹与白鸡，孙虎曾同翁属肖，丙隆一气应多齐。解者以其伯子生甲辰、仲子生丙午，叔子生戊午，季子生辛酉，长孙生寅，曾孙生丙戌，推算皆验，是一家祖父子孙，其生皆前定也。又古人祈嗣社庙神，示诗云：左龙右虎赤同方，只怕炎猴及木羊。三十八年生死隔，风云际会总无常。其后生死年、月、日、时，无不符验。古人谓饮啄莫非前定，况功名乎？况生死乎？况子孙乎？彼不知命而妄图者，其不为鬼神所笑者几希。

巫咸撮要

《天元神趣经》云：凡推人命，先详日下兴衰变用，分局天地，方成造化，贵贱明于上下，兴衰尽在干支。四时中妙理穷通，五行内荣枯自禀，是以春生甲乙居寅卯，岂怕庚辛？夏长丙丁乘巳午，何愁壬癸？庚辛值兑秋生兮，离火难侵；壬癸逢乾冬降兮，戊己怎克，土生四季得时而遇鬼，其伤无害；设使五行失地而逢克，其灾不愈。又若化格成象，须分衰旺相停；尤宜配合之中，要识往来去路。金绝艮北，火没乾西。木落坤南而无形，水到巽东而无位。此乃阳干皆死，遇合而以类相从；妻若潜形，但见局中而可决。阴生四正时旺者，身贵家荣；死绝墓衰类伤干，尤为不足。化气入格不破，大显，贵者十有八九；化气失局有伤论，显荣者万无二三。最高最贵者居旺处，三位须要相扶；至贱至贫者居衰处，四柱难寻造化。元象在地支之中，配合在天干之内。象成旺用，皆生火土之中；四柱无伤，直列朝廷之上。支中畏惧亦须声誉非贫；运至衰乡，必主灾咎。化成造化，各居于衰墓绝乡；象成杂局，遇合犹如不遇。夫行旺运，妻乃从夫；妻运扶持，夫从妻论。己身临鬼，须明天地之中；象旺象衰，要识荣枯贵贱。身衰鬼旺，应须肢体伤残；身旺鬼衰，定作凶徒之命。鬼身皆衰，男必飘蓬，女必师尼，伏身潜匿，自居高名。月气相伤，此乃伏象。官鬼皆全，遐龄不遂。干中破败，乃有技艺以随身；支乃生全，难仗六亲而独立。五行属于其象，皆在十二支中。先分南北与东西，次看三合内别认。详六亲者，从象而推之；审富贵者，官禄而两说：有禄盛者，鳏寡孤独；有官鬼者，残疾天寿。身如显化，自身无气，本性全亏，假五行成象。平生窘迫，岂得祖宗之财？显福显盈，因犯别房父母。从象论，引用为气；化象论，天地相停。从中有贵有贱，化内有富有贫。从中贵显得时，而位列朝中；化内成局运转，而成封帝侧。从象衰而至老驱驱，化象伏而平生碌碌。

又曰：看子平之法，专论财官，以月上财官为紧。要发觉在于日时，要消详于强弱。论财官不论格局，论格局不论财官。入格者非富即贵，不入格者非贫即夭。一格二格，非卿即相；三格四格，财官不纯，非刑卒多是九流。官怕伤，财怕劫。印绶见财，愈多愈灾。伤官见官，原有者重，原无者轻；重者迁徙，轻者刑责。年上伤官，父母不全；月上伤官，兄弟不完；日上伤官，难为妻妾；时上伤官，子孙无传。岁月伤官、劫财，生于贫贱之家，或是庶出；日时伤官、劫财，伤损子孙，主无晚福。官煞混杂，为人好色多淫，作事小巧寒贱，有财印者吉，无财印者凶。劫财，败财，心高下贱，为人贪婪。正财、月令，勤俭悭吝。柱有劫刃、比肩多者，刑父母，伤妻妾，不聚财。商贾须观落地之财，宰相须看得时正禄。七煞枭重，走遍他乡之客；伤官、劫财，瞒心负赖之徒。重犯奇仪者贵，重犯亡劫者夭。七煞宜制，独立为强。鬼中逢官，逼迫太甚。明煞合去，五行和气，春风暗煞，合来四柱，刑伤害己。煞刃无制，女多产厄，男犯刑伤。二德无破，女必贤良，男多忠孝。财官印食，定显慈祥之德；劫伤、比枭，难逃寡恶之名。冲官无合，乃漂流之徒；坐马、落空，是落魄之辈。月令逢冲，过房离祖；官印遇偏，庶出孽生。干头灭烈，堪嗟伯牛之疾；时日冲刑，难免卜商之泣。六虚临于乙亥，孟浩然徒有文章；三才会之壬辰，石季伦恣情金玉。有文无印，贾谊屈于长沙；有印无文，李斯专于上蔡。刑多者，为人不义；合多者，疏背皆亲。合多主晦，冲多主凶，辰多好斗，戌多好讼。辰戌、魁罡，多凶少吉；时日、空亡，难为妻子。背驼驿马，离别乡土；混杂官煞，奔走衣食。印绶遭伤，名利成败；天厨逢枭，食禄亏盈。伤官遇羊刃、劫财营食，终日区区；正官逢七煞，剥伤求生，一世忙忙。财官招上贵之怜，煞伤虑小人之耻。官无冲破，爵禄独显，财少伤劫，名利双全。官印在刑囚之地，心乱身忙；日时在鬼墓之乡，忧多乐少。福不福，恐吉还遭伤；成不成，是格中带煞。财官两旺兮主持节钺，煞刃交显兮掌握兵权。官是扶身之本，官在长生须富；学财为养命之源，财逢旺处足钱帛。财官印绶三吉，不可不逢；劫刃伤煞四凶，不可不畏。印临天乙，受盛世之封；财藏官库，畜希异之宝。三奇贵人见生时，馆学清华世所稀；贵人若逢禄马来，设使金章未为足。官贵若逢财官助，重犯奇仪须宰辅，不作蓬莱三岛客，也须金殿玉阶行。互禄、互马，共羡黑头公相；带刑、带破，终为白面书生。有印无官，发不在迅速之内；有官无印，难求乎荣显之名。财官带印，积玉堆金；偏正逢财，仓盈库满。印绶锦鞍勒马，官贵玉带金鱼。凶莫凶于羊刃，祸莫祸于伤官。运逢羊刃、劫败，财物耗散；羊刃倘同生杀，阃外

持权。伤官被合，妨妻害子；伤官带刃，克爷损娘。官藏煞见，定招非横之灾；煞没官明，当膺藩辅之柄。少乐多忧，官星又带劫财；骨肉分离，孤鸾再遇伤煞。三刑六害冲击者，难得峥嵘；孤辰隔角重见者，多主贫夭。享用见成，出门便行财禄；一生寂寞，行运与命分张。有官而不食禄，月上正官被伤；有财而不得享，柱中正财分夺。禄马先逢于生月，阴德荣华；若日时再见财官，此乃遇而不遇。

又曰：四象之中，隐土而成；五行之内，干秀为荣。亥卯未滋荣甲乙，寅午戌聚福丙丁。壬癸喜生润下，庚辛爱见从革，戊己忻逢四季。水润下兮文学贵显，土稼穑兮富贵经商。春生甲乙，抱怀仁德之心；夏遇丙丁，胸藏明辨之才。秋金兮性多刚毅，冬水兮智足权谋。木盛无金，虽仁不成造化；火旺木衰，纵学难得贵显。水多遇土，成堤岸之功；木盛逢金，作栋梁之美。水火相停成既济，土逢木旺为稼穑。金火气均，炼山锋刃之器；五行造化，皆因鬼而成功。木败不仁而妄作，金衰寡义亦无恩。火灭无礼之辈，水浊失智之人。土遭木克，言常失信；金鬼好杀，水盛多淫。日旺仍须自立，更详上下；吉凶岁月相扶，因祖而发。时日相冲，妻子无功。衰墓，平生孤立；生旺，一世峥嵘。上下相合而无害，往来克战乃多忧。禄马时克日破，纵职位终须退剥；日旺时强聚秀，无福亦须横发。月为伤害时得地，财运自能成立；月遇绝伤时对冲，门户定有三迁。年逢衰地，幼岁艰难；月在旺乡，晚年不足。时衰日秀，有始无终；月弱时强，晚年荣显。元气强旺，虽未达终显功名；基本休囚，纵得地难成富贵。若夫天元羸弱，命不再苏；忽值本主休囚，贫寒无地。气旺遭伤，虽遇险终身有救；气败逢生，纵得地一世无成。五行失地，休言禄马同乡；四柱无归，难论财官双美。以日克者为妻，妻生者为子，考其生旺，定其死绝。时临旺处必多儿，时在败乡必绝嗣。男逢两位之财，必须置妾；若遇合处逢禄，定挟妻荣；财乡见合，立身倚妻。阳干上下逢合，妻多易得；合中更遇生炁，妻妾贤良。四柱递互相亲，多生喜庆；五行来往相伤，皆主不义。财失地而岐路经商，身旺甚则九流术业。火聚水德相刑，为僧反覆；水逢土旺相残，为道无终。火明木秀，幼年显达朝廷；火炎水涸，终身求财市井。金白水清多显达，鬼位逢官主困穷。财下见财，富而悭吝；羊刃带煞，被刑男子。身遭鞭配，财盛刑伤；父母鬼旺，后代昌荣。从化忌从返本，平生哀乐无宁。丙辛化水到水乡，位列朝廷；丁壬化木临木位，身居宰辅。东金西木不从化，一世虚名；离壬坎丙得位时，平生显迹。用神败衰带禄，不能为福；禄马气旺遇贵，合主显荣。有官无马而职微，有马无官而身贱。四柱生旺，虽无官禄亦长年；五行败衰，纵带禄马终夭折。魁罡相逢冲克，多遭刑狱；建禄无财刑制，定为奴婢。阳火死于墓绝，性凶顽多为酷吏；阴火生于长养，人丰厚当为富豪。五行忌沐浴逢伤，四柱喜生旺制煞。有害而姻亲散失，遇战而疾病缠身。木火忌逢申西，灾病呻吟；衰金畏遇旺火，苦形悲叹。时临鬼地无制，多贫；运至财官无刑，必发。七煞、羊刃，名位大显；正印、官星，刑冲乃祸。壬趋艮位，遇之则发资财；变煞为官，幼岁功名显达。戊日午月，火多而运喜官乡。财官败地，一世贫寒；三奇无伤，平生富贵。日虽建禄，不逢财官主孤贫；日禄归时，不遇财印亦难发。时上偏财，运至兄弟之位，主妻灾；时上羊刃，岁遇偏正之财，生凶祸。正官月上旺，富贵双全；偏官时上逢，无情有祸。财归旺地无破，家道兴隆；印绶生身无伤，门阀光彩。有官无印，即非真官；有印无官，反成厚福。桃花带合，风流儒雅之人；五湖云扰，饿于首阳之客。干刑支合，乐变为忧；干合支刑，喜中不美；若不九流僧道，定须重拜爷娘。墓时杂气逢局钥，始得显荣；羊刃、金神遇七煞，必为大贵。双辰夹角，偏生庶出之人；寡宿孤辰，异姓同居之子。壬水骑龙逢辰多，少登天府；乙木捕鼠遇子多，早步蟾宫。日禄归时没官星，锦鞍绣辔；月生日干无财气，玉带金鱼。六阴朝阳逢季月，只作印看；六壬趋艮逢亥月，当以贫论。格局无破无刑，名利成就；官印有伤有损，爵位亏停。妻宫嬴弱犯劫财，必损其妻；兄弟位柔见官强，必伤昆季。天元嬴弱失时，难获延年；日主高强化鬼，当膺厚福。日旺无依，离祖迁居；若不迁居，死在外地。日旺无依，损财伤妻；若不伤妻，外家零落。正官被合，平生名利皆虚；七煞被合，处世反凶为吉。煞旺更值身衰，衣食奔走；官柔又遇煞扰，行藏汨没。财旺身强，资财叠积。假如甲辰、甲戌落寅亥，金帛满屋；丁亥、丁卯到酉亥，珍宝盈室。六甲日遇庚辛，若重、多，必主灾厄；六丙身居亥子，无制伏，定是贫儒。行运得失，更当详察。得地失时，如田畴得雨；得时失地，如辗损涂泥。得时者亦能举跃，失地者难以升迁。故火到南方而荣，水临北地而盛，土到东而病，木至西而衰，金入北而沉。旺处生而死处灭，死处生而旺处脱。岁运俱伤，日主遇之，命必亏危。气运与祖气伤残，门户与父母俱损。运神克岁，刑讼来临；岁克运神，官灾竞起。金主刀刃、刑伤，水主江河覆溺。木则悬梁自缢，虎咬龙嗔；火则夜眠压倒，焚死蛇伤。土乃墙推土陷。五行煞重，当如此详。

又曰：有化而不化之由，聚而不聚之机，合而不合之类，秀而不秀之实。化而不化，损于贵；聚而不聚，损于财；合而不合，损于官；秀而不秀，损于福。又有不化而化之因，不聚而聚之机，不合而合之理，不秀而秀之用。不化而化者，定居权贵；不聚而聚者，终于富足；不合而合者，必迁高职；不秀而秀者，须享禄位。定四时有旺无旺，察五行有炁无炁，随物而变物，因类而求类。五行俱要中和，一物不可偏枯。水不胜火兮奔波流荡，火不胜金兮困苦恓惶。三辛见丙兮钱财破散，二壬见丁兮家道兴隆。有秀而无官者，但施巧于技艺；见财而无托者，惟遂志于经商。甲居从革之方，风灾困苦；金成润下之局，萍梗他乡。俱旺则从之所使，俱衰则变为他物。一鬼不能胜两官，一禄不能胜两鬼。五行落在本乡，不贵则富；四柱临于破地，非贱则贫。生旺为上，德秀为奇。身坐学堂，文艺清高之客；命临鬼祸，徒流盗贼之人。禄内隐刑，定操兵戟于戎位；秀中见克，必主案牍于公门。鬼休母旺，钱财奴马多招；鬼旺母衰，父母、兄弟分散。官印两全，秉旌旄而居武职；淑秀全备，应科甲而入文铨。藏暗禄者，官居极品；遇真官者，禄位非常。十干临死绝病衰，贱居尘土；五行在三奇库墓，荣列缙绅。两位鬼乡逢倒食，必为奴婢；一气有归遇墓月，定主孤贫。勾陈得位居辰巳，贵列三台；元武当权逢亥子，官封一品。癸见庚申居右职，辛逢戊子中高科。阴水遇秀，失地者身为僧道；阳火无归，遇水兮定作凶徒。金到火乡，财多聚散；旺水入南，家道盈昌。庚居三冬，水冷金寒，得火相扶，莫作等闲。破禄则亡，气绝则病。时临鬼位更逢冲，伤危不诬；临官复加衰败地，死绝无疑。最贵者，官星为命，财得偏正为福；最凶者，七煞临身，天赦二德为祥。官星如遇比劫，虽官无贵；七煞若逢滋助，其煞愈凶。三合、六合，岁运合而必荣；七官、八官，月建官而为喜。四合、四刑，刑合当明邪正；七冲、八击，冲击喜得会藏。夹贵、夹丘为暗会，财库、官库要明冲。官星在生旺之方，逢则何须发见；印绶藏孟仲之下，见而不用露形。印绶得劫财为贵，财元喜伤官为奇。伤官若见印绶，贵不可言；归禄若遇食伤，福无限妙。年日互有阴阳二刃，刑法重犯；官煞混逢天月二德，禄位高迁。飞刃、伏刃，会刃多凶；伤官、剥官，见官为祸。羊刃若逢印绶，虽贵而残疾在身；七煞无制，逢官为祸而寿元不久。三偏、三正遇三奇，贵居一品之尊；四旺、四生全四柱，福在众人之上。煞化为印，早擢巍科；财旺生官，少受贻泽。官煞同来，要知扶官、扶煞；偏正相会，须知合正、合偏。归禄月逢羊刃，世事不明；金神运到水乡，身尸分拆。暗中藏煞，须明月下用神；见处无财，必受空中祸害。羊刃更兼会合，千里徒流；用财若遇劫夺，一生贫窭。人生前定，穷达已分，须要识其消长，亦当究其始终，或有先贫后富，或有骤发而贫。或是白屋之公卿，或是朱门之饿殍。或一生长乐，或一世失所。当详流运之源，要察行年之位。身弱如逢七煞运到，制伏必倾；身旺若逢福轻运到，衰败必死。太岁与命不和，有灾有病；四柱与岁相生，无祸无殃。身弱徒然入格，虽发早亡；福轻若遇休囚，必然倾天。是以用神不可妄求，形迹自然发见。有福则当用彼，无时必是用身。祸害在于五门，福荣存于运气。福厚人所共同，如或伤原终困。此中消详元妙，在我明通理推。

又曰：绝不能取生下之财，衰不能敌旺中之鬼。逆制无情，顺生可救。主无而本有，可救一半；日时俱逢二德，百事无凶。更值财官，定主豪富。主本有力，鬼可为官；本主无殀，官来作鬼。刑冲之法，仔细推详；有刑出、刑入、刑吉、刑凶；有冲动、冲不动、冲合、冲不合之辨。干衰必定动摇，来合有情，方为富贵。杂气藏蓄，要定谁先、谁后；提纲专用，须分炁浅、炁深。一阳来复木，火用而水藏；一阴如生火，土盛而金伏。将来者进，遇之有功；成功者退，得之何益。月建财官、印绶，时作分野归元，或补其不足，或抑其太过，要造化中和为吉。

又曰：三元定命，先详四柱有无五行成格，次论命运强弱。如身弱财旺，须假身强之乡；若身旺禄衰，却喜禄生之地。印生为福，畏见财乡；煞在柱中，煞不宜旺。命无财禄，运逢禄马则灾；原有伤官，再遇官乡则祸。最忌者日干冲运，所喜者运干生于日干也。但看有情、无情，合与不合，凶会、吉会消详。且如原有害刃，则骨肉残伤；原有伤煞，地支死绝；加以运中禄马俱弱，祸不旋踵；更以流岁抑扬祸福，无有不准。若逢建禄之地，名为禄马俱绝，寿限难逃。内有禄绝而发，比肩而耗，气有浅深，格有成坏，不可执一推之。

第五十七章　星命汇考五十七

《三命通会》二十九

玉井奥诀上

凡推究造化之理，其法以日为主。

单提作体，要认为主者之端，为化气，为本体，入门便要通变。识得主干，有本象，有化象，方可消详。如甲，即本象是木，化象是土。

坐下支神，先求其意。

乃日干坐下。其首先看此地支与月支一位，时支一位，年支一位，刑冲、破害、生克、比和何如？主干喜忌，何物得来？不可视为泛常，不可顾盼。

月气浅深，何者主权？

月建之下，气候浅深，五行之气，是何干神，正当此日天时之令，五日一候之气。一云，德秀有无。

地支至切，党盛为强。

地支乃四位支神至切者，视天干为尤切也。要看何者为主干之宅舍，何者为用神之基业；何者力轻，何者力重。宅舍即得地之方，基业即乘贵之所；一看其力势冲起是何支神，二看其力势拱起是何支神，三看其力势刑起是何支神，四看其力势合起是何支神，五看地支统摄，此法是空中立有者也。论地支，冲、拱、刑、合四件，极切门庭。一法，只拿日干作主取用，中间或吉神，有刑冲凶煞，有拱合，其生旺休废，交差不一，难下手脚，不如只详四个地支基址，五气中何物最重，将来品量却能耗散何神，能生扶何神，能冲合何神，能变化何神，然后却看日干，属何五气与其最重之气，统摄何如，便拿财官等物、用神之气，共前五气引于时座，参校其物，何者轻，何者重，义理调顺为祥瑞，反则即为乖戾矣。如此已立定，然后看其支气，各有所喜，所忌之端，不可不详五气，谓如木、火、土、金、水五者，须要各各记住题目。若五气中何者党多为重，如支干内外明暗，木多则木气党盛矣，其喜忌已论于前五行中。

专执用神，切详喜忌。

专执一位用神，为尊长，为权神，为号令，为本领，为倚托，此非小可。执而推之，未敢纵求。其意外取用神，或财，或官、或刃、或煞、或食、或贵、或印、或禄马等件，各类例取，原无定法。其用神，最忌损犯，兼怕分窃，不宜太过与不及。如太过之物，本不好了，或岁运又来生扶，即是倾覆坏了，如木则折，水则倾，土则崩，火则一发而灭，金则折损。如不及之物，本不好了，或岁运又来克窃，坏尽此物，岂独有祸？用神喜忌，至元至妙，后篇别详，务要得中和为贵。

气气切穷尽理，物物至极转关。

金、木、水、火、土五气，一阴一阳，共有十般消息。一件件要看衰旺、轻重、明晦、广狭，穷则究理尽处生何神、克何神、刑何神、合何神之类。破坏之物，得生之物，主系何事，物物推将去，须要有依倚下落，至无可奈何处，便是转关，入何格调。极处一转，即是建功，圆活参透，却要定见下落，断成器不成器何如。

有气者急，有情者切。

有气乃当时也，看八字内外，明暗干支，如六月中气大暑节，土金旺相有气之类。此为至急，余则否，有情乃合气也，如甲见己，丙见辛，丁见壬之类。中间干支明暗有合，皆取此为最切也。一说，非特合气有情，吉神生我，克我皆为有情。虚拱，贵气生我、克我、刑我、合我，亦无异也。

年干统摄，次看月时。时如权衡，分毫加减。

看年干所乘何支，与我如何相摄为切，亦要引在有气贵地，体局方大。又看用神，却系岁君是何吉凶神煞，若更用神，与岁君和，全贵无疑。次看月时二干之关系，不可竟作差慢，不来扳搅。柱中象数，变化五气真假，吉凶神煞，俱当引归时座，细分轻重分毫，必须比较。又云：太岁，一年之领袖，诸神之主宰，极有用处，只因徐子平以日为主，专取财官，误了后人多少，错会了义。故曰：年如秤钩，绾起其物；月如称系，提起纲纽；日如衡身，星两不差；时如称锤，轻重加减，其譬可谓切矣。

随合仍紧，遥合不闲。

随合，如丙午气壮，便知有辛未二字，如影随形，亦看辛未，还是我家恩人，却是仇人。遥合，即是支中所藏之神，与彼所藏之气合也，如申、卯、子、巳、亥、午等类，盖有其气类遥合，事意自不闲矣。

体制须广大，

凡八字，要看气象规模。势况豁达，天地相停，雄健壮实，五气顺克而有力，倒生逆化而有功，贵气往来不杂，必非寻常格调。又看八字，大意体段过于清，则或寒、或薄；过于厚，则或浊、或滞；过于华丽，则或轻、或浮；过于肆逸，则或流、或荡；过于有情，则或滥、或淫；不识廉耻，过于孤介，则独立不能容物；过于刚勇，则或暴、或躁而无涵养；过于柔懦，则或愚、或钝而无作为；过于执实，则拘局而只知有己；过于轩豁，则图谋广而秀不能实。

字面分先后。

紧用字样，却远在后，或被别字闲神占先隔了。若无伤犯，须得岁运生扶，方为全美。紧用字样，虽近且先，却有闲神字样，远处在后，动摇得切，妨碍得用神字样，却看柱内何者可以剿除去得。

天干专论生克制化，

生则相生、有生、不欲生之理。克则相克、有克、不欲克之情。制则如水克火而有土制其煞，火能复生之情。化则水本克火，见木能窃其气，火转得生之理。余皆仿此。

地支专取刑冲破害。

刑者，如丑日戌时之类，则刑其出；如巳日寅时之类，则刑其归。恶物宜刑去，好物喜刑归。冲者，吉象宜冲凶象，贵气宜冲我家破者。大概破坏其物，中间有吉有凶，如卯破午，乃乙克午家，己土受破，若己土为煞，地面有力，岁运一露，其害无疑；若或不露，亦犹抱虎而眠。又看酉字有气、无气，可能驭服否？又如，巳为贵气，露而有力、有势，则亦因破而来为福。害者，六害之处，若带忌神、凶煞来克、来窃，真为仇害。

象成一家，不执贵气。

人八字中，全无财官等件贵气，有突然奋发富贵者何？盖以相生之气，自立成象也。生意滔滔，有不尽之情，高远坚实如此。本象配本，如甲乙丙丁之类；化象配化，如戊癸丁壬之类。木火成象。火土成象，土金成象。金水成象，水木成象，及有三象顺序者同此法，如火土金象之类。又有四象和协生育者亦然，如水木火土之类。

根源一气，生物满盈。

如金气正临天时建旺之序，既无克窃，其气一往，据生其子者，水神也。水神既显露于干，或泛滥于支，物盛不祥，还得几多火土，能堤防倚赖哉。余仿此推，则造化盈亏之道，灼然有凭，万无一失也。

八法关键，五气开端。

八法已论于前。五气有聚散、完缺、实虚、深浅、敌交、狭广、轻重、厚薄、寒和之不同。干支俱有力，克物归窠，精神强健为聚，喜吉神，忌凶煞，亦要辅佐吉神。冲而无义，刑而不归为散，宜凶煞，忌吉神。金木水火土俱全，顺序为气完；五行欠一，以待岁运补足为气缺，实则如甲戌见丙寅之类，有合有生，局于一象，滞于一方，柱中若无激扬昂藏之类，如此则不过一富翁而已，即有体无用，纵贵亦尸位素餐。如柱中土气太重，略见官来，即贵。余仿此。虚则如土入酉，寅木临乙，巳金到辰，亥水向卯，戌火居丑，申气虚而不能确固，余仿此。气深，如木之本象化象，近清明节；气浅、如木之本象化象，方得雨水节之例。气敌，如辛酉见乙卯，大概凶甚，若见己未、己丑，转有凭藉，反吉；如无凭依，又看宾主强弱，主弱则为鬼象，宾弱则为财象。交如丁巳见辛亥、丙戌见己丑、庚辰见癸未之类，仍分何者气旺而言。狭如用神，局于一二支神之情，狭亦有生旺引用处，其气却来不得。广则引用处，其气来得生源处，仍有精神，通三合之气，或通六合。气轻，如木之本象化象，却入金乡，又非天时之类。重如木象逢寅卯，乃本象地面之类。薄如木象逢自家死绝之地面，仍非天时之类。厚如木象逢库墓、长生之地，或得天时，或他干来助之类。寒如木枯、火散、金寒、水冷、土冻，天干休囚地支死绝之类。和则有合、有生、有情、有助、有临官、帝旺、无休废、死绝，或有旺相之神来扶助，或当天时，前后有气。满而盛，乃物无倚藉堤防者，不久而倾。有气亏而衰，乃根本不实，仍未得时，气亦不足，又无生扶，此等废物，何可胜言。有气衰而久不得天时，又临死败，却有暗干相生，引归生旺之乡。有气旺非长，始则气焰奋发，通舒自若，终则收敛，归藏去处，竟无依靠，易于散漫，盛意无源，殊乏转生，乘势无续。有气嫩易摧，方来之气，人皆以为旺相之象，中间若逢顽厚之气克窃者，凶不可言。有气过耐远，过去气候，俱曰休废。又云：成功者退，殊不知余气忽被旺处资来，缩动生意，气返实处，愈耐岁寒，余气即休废，别化他象故也。

造物须原本体，

东方阳散以泄而生风，风生木；西方阴止以收而生燥，燥生金；南方阳极而生热，热生火；北方阴极而生寒，寒生水；中央阴阳交而生湿，湿生土。五行体象渊源，已取论于前。

器完由出根基。

凡成象处，是为器完；凡贵气归一，亦为器完。凡六亲致一，我生即子；丙辛见木之类是也。一云，妻生者即子。两义在活法而取，各有理趣。生我者为母，合我者为妻，成其物象器备，亦六亲所生，致一而成者也。如运中成象，盖由根基，原有来意则成矣。谓木火必无相停，各有轻重。为木重火轻，运上遇火干、火支，凑完真象，若四柱中原带火之临官、帝旺、长生、库墓等字，方是器完；否则，不真、不实、不完、不正，似是而非。余仿此义

法如搜捡，各禀吉凶。

时与日、月与年，干支八字，要纵横来往勾合，互相取用，不可有一处分毫照瞭不到。如四干乘四支为各自占贵、占煞，或年干乘月支、时支取贵，或年干取日支、日干取月支、月干取年支，有贵、有煞，或岁、月二支，时、日二支，自取干神、贵气，如此搜捡，庶不差误。

物须提豁，方明轻重。

此一段须要先看四支，一一将所藏干气提豁出来，细推何者党众，何者力寡，何旺、何弱，何轻、何重，方明得用神吉、凶道理。不去一一提豁，大纲昏蔽，难以忖度取舍。

荣而易枯，发身暂致；显而不露，成物岁寒。

凡脆虚、浮嫩之气，休废、败绝之乡，得支干夹扶、暂合，而发于一时，倘遇岁运，将赞助之神伤坏，或抑扬其无气，则易败而不长久。如物不显露、用神有气，合神成象，相乘一路，运中无破，则耐久远；纵有岁君逐年驳杂，乃浮云蔽日，树影横阴而已。故不在露其干，支中隐藏有气，得生反远大也。

夺胎换骨，意出自然；舍本逐末，原非真义。

本象如有财官贵神，又有别位通气，有化、有象、有类，引用却清，宜乘福地者，非勉强而行，气类有感，必有所至也。欲化真象，如丁壬化木之类，万一妒合争战未成者，忽至运中却资助本象，具体乘本象，财官等贵则弃其本象之真，逐其末节之气。

大器镃基，自然遏恶而扬善。

体局若大，本源若重，用神若专，兼带贵人、德秀，虽有大耗、元辰、刃煞等件为恶，反能助威，则所谓遏恶而扬其善矣。

薄才体局，方知害物更伤人。

岁与日辰，力虚薄不专，被吉凶神煞播弄，随气动荡，精神被其所役，自家主张无定，多是凶煞。象内刃煞、亡劫、金刃、白虎之类作为，故非德秀纯厚之气比也。建业立事，虽有偶成，岂不害物损人也哉？

贵人、禄马交错，勾绞、元亡多端。

贵气不欲烦杂，用财只用财，用官只用官，如用禄马、贵人、食神、印绶之类，只宜一件、二件贵气，便当辅佐，如用财，以官相辅，官印相承，禄马兼行之类。三件、四件泛滥，便不归一。又云：一项贵气，须要贵人德神相助，方可大显。勾绞、劫煞、元辰、亡神等物，若贵气重，则助身行威；恶煞重，则肆害酷切。一说，以此等煞多端，独宜消息。

吉神参天月扶持，凶煞入空亡品藻。

贵神、禄马，皆吉神也，更遇天月二德，尤吉。勾绞、元亡，皆凶煞也，若入空亡，减半互言之。吉神亦嫌空亡，凶煞亦要二德。旧注：吉神贵气，虽清归一，更无混浊，或入别格，因推其妙，若无天月二德，天月二合，月空天赦之类赞助，亦减分数，福力非全。空亡，以生日系何旬所属，如甲子旬，即戌亥二位是也。空亡有三神：一旬内之后所藏干神，如甲辰旬，甲乙二干是也；一旬后所遁到干神，如甲辰旬丙午，即庚辛是也；一截路空亡，加至愈紧，如甲己日申酉时之类。凶神宜坐空，吉神怕坐空。又云：金火宜空，木土水忌空。又云：水亦喜空。又云：柱中凶煞交并有德神者，遇险自散，死亦不致非命；日时带则紧。

十全贵气，还看倚伏祸星；一局凶神，要识隐藏福气。

贵气十分完备，始终不坏，中间宁无一件祸神隐藏，凶煞之神往来繁杂？其中却有一件福神，隐隐深奥，或虚夹遥合，或刑出冲归，亦系切当有意处，不可便作满盘凶煞看。只待何运扶起局中福气，则吉；扶起祸星，破贵坏用则凶。

调峻格孤，势穷力尽，义理正欲变通；

究其日干用神，搜捡明暗造化，吉凶神煞隐显之处，其体孤峻，气亦未为穷绝，难于取用，此等至极转关处，自有穷则变，变则通之理。运迎何者之气，一路挽回，是何生意，起发情源，亦有无限之义。

气盈物盛，运并岁冲，身主何能恬静？

欲观其大概之义，气象或盈或流；察其物理之体，则盛且极，便自有不耐久之兆。况岁运抑则倾覆，扬则泛没，更若冲并，此身之主独能安然恬静不扰？无此理也。

年月日时，干支有序。君臣宾主，体格朝伦。

月干宜在年干之次，时干宜在日干之次，若或循环次第，又奇如甲子、乙丑、丙寅、丁卯之类奇格也，年为君，日为主，月、时如宾、如臣，辅佐贵气，兼似前法有次，朝其纲常，辅其伦序，正其尊严。又云：阳欲慎独，阴欲群随，仍察贵煞所加之处。

日主最喜先干，日主应嫌次位。

日主先干，如甲日见癸之类。此等其益有三：一能合戊财资我一也，一能善于长发我二也，一能化其象生我三也，但已往之气稍慢。日主次位，如甲见乙之类。此等其损有四：一能劫妻财空我，一能合煞损我，一能化象以泄我气，一能拦截前路，作刃害我四也。

支神前气，支神后宫。

地支迎前之气多者，平生为人，精神磊落，如甲子年或子日见丑寅卯辰巳之类是也。地支后宫者，主作事悔屯，或折挫进退多端。如甲子年或子日见亥戌申未之类是也。余仿此。

独掉岁君，孤虚日主。

月、日、时支干，作联、作党、作旺、作合，或成一象，或化一气，独太岁孤另一位，似远似疏，必然离祖别宗，自立或偏出螟蛉者有之，穷乏孤独。年、月、时同上，日主独居孤寡，仍自无合、无生，另立于阙陷处者，非异居同活，则乞养寄生，赘居外立。

党合双争，妻财两义。

柱中如土党既多，天时却系木旺，抑扬之道，在如何用，不可便作两仇相竞。若土不虚，加厚木有气而露支音，兼不刑害冲克，却能培养木秀成林，为用更奇。我合者为妻，我克者为财，世人但知我克者总为妻财，纰缪未善。又还看化象如何。

用神一字，贵气重来。象欲晶明，气伤懒散。

柱中有平生独用一字者，谓之不如格。字面俱合、俱散，各自竟成群党去了。日干亦另处，悬一字无依无倚，故用此字，或用二字用神，一件精神，严切最妙。如用官星了，又见官星再来复建禄等。或用财，又见食神贵人，皆为贵气重叠，苗不秀，秀不实。用神壮健，成象意专，力露不虚，不背昼夜，如土木水昼生，金火夜生，柱中如此，岂不为名利特达之士？若地支、天干与我竟不相顾，用神不合，星主孤虚，冲刑克害，相背窃气，更多象无赞助，叠见休废者，无立无成，不足道之格也。

我生我克情能退，我克他生气自归。

凡我生、我克者，其义自然退散。他来生我，克我，二者皆为气入，为支生，为克入吉神，如此第一妙。

生克来往，合主扶持。

柱中合空或有赞助之神，合实或有破坏之神，生有制者，克有扶持者，来往进退不一，万一先取分毫之间，便差远千里，却会在合主扶佐何神，至切为急事也。

善恶繁难，时分众寡。

善恶二位俱众，或错、或杂，但看时座聚众休旺，聚寡休旺。恶众则为攒凶聚煞，善众则为吉聚福集，善寡力怯，恶寡庶几。一云：年月时互见贵人，生旺与日和，第一妙。

生而复生，皆倚托成于何者？

如丙辛人见戊申，运却见庚申岁，转有倚靠复生之意，有壬水精神自来，况丙辛化水，故得生倚托，成于何者此也？

化而又化，竟渺茫归于何地？

如丁壬化木，况有寅卯亥未地面，又有余神水木赞助，腾腾顽养之木，安可又用水来滋助，渺茫之气无倚，却看运引或有堤防驭制之道，方能为福；若遇转生处，一向汗漫，反不立矣。

五象相乘，有祥瑞，有乖蹇；五气交战，或伤残，或奋发。

祥瑞，如木火、火土、土金、金水、水木成象。得时，谓得天时。得位，谓得生旺位，或乘建禄等气。得权，谓乘财官贵人等，如有权、有势、有执事者。乖蹇，反是三者，若坐下贵气，纵乘贵地，地支却又刑冲、克害是也。交战，谓体均力停，如一物恃天时，一物恃其党众，或一物得地，或一物得权，水火、土水交战之类，伤残，谓用神被克，主干被害，或财亦被伤，官亦被克，或一物有党成化，却见克神来坏，如丙辛化水，忽见一土来克之类。奋发，物我相安，宾主和协，我乘旺而相犯，他得地而相迎，我势强而敌去，他有气而来朝。

财官欲真致妙兮，须理化气。

如丙辛见戊癸为财，甲己为官，此为真造化，秀气不可言。余皆类此推之。

财官有象致精兮，要倚局神。

如丙辛见戊癸为财，得火局；甲己为官，得土局，方就其器完，而且清纯无比矣。余例此推。

财官杂气，吉为库，凶为墓。

财官之气均停有拱，更加贵气于上，为吉、为库。库中杂气有三件，若当旺相为贵，益我者妙。若官化鬼入墓，财神休囚入墓为凶，则不为库。若吉神入库，仍带休废，来刑且克我者，亦非库。

善恶冲神，克则入，生则通。

地支贵气来冲，未可便言其吉，恶神未可便言其凶。须是支干同克方为吉凶，克入或一生、一克，一和、一制，此亦变化通达在其中矣。

上生下成，脱气可忧，子旺母衰；三窃一生，用神翻喜，子衰母旺。

上生下，如干生支、支生音，一也；岁生月、月生日、日生时，二也；得生者既为子，若系闲神，三也；如木生火，在夏正为子旺母衰。余仿此。三窃一，如金生三水、四水，母生子广，母既当虚，即喜子衰，而母在旺乡为吉。如木生火在亥正，为子衰母旺。其余皆例此推。

前呼后应，生则继，克则治。

凡格局，一辰一干有体用、有本末、有呼应，难矣。生则继续而无绝，婉转有情。若克则削朴，锻炼既济，堤防疏通，造物之切治也。如是，局面拘于生克小节，所以不能洞究元机耳。

左包右承，收则归，散则虚。

凡一干一支挺立于柱中者，类有左右相承之兆。有包罗，有归向，有散漫，有退脱，轻重较量，得失加减，宜处当然之义，不可务小弃大，舍本逐末。

局神无取，闲来一派清冷。

柱中取其日主财官用神等件，或杂、或浊、或繁、或混，或欠胜负，或欠制降，无分优劣。忽一闲干非主、非用，却来左右逢原，能乘一贵气，却取其干系日主之神何等遁神，以别其用，虚处造象，或合官、合财等项，取其成局有切用者始，虽闲而无用，既而闲神时至，闲得成器，际遇有用，则天下无弃物之谓，况造化乎？

官气混求，妙在各支匹配。

即重犯奇仪之格一体也。谓如官煞混淆，一有所配，一有未归，乘者须得岁运，更配其未归偶者吉；或官煞柱中，各寻所合所制则佳；有过不及，又有消息，极为切事。又有两官一煞，两煞一官，皆此类矣。如用土为日主，露甲乙为官煞，支中有申酉字，或辰巳字，此为所合、所制也。

交互有意，要审扶谁；拱夹虽真，当防损露。

交互有意，如丙午见壬子，各有所赖；丙用癸官，壬用丁财，已官看余神扶何者为急，何者非急。拱夹虽真，如乙人遇癸未、乙酉二位，明见拱夹甲申之真官，贵气无疑，或余神埋藏火神，倘遇岁运见火、见庚、或见填实其位，发祸可胜言哉。

合起力露，莫作等闲；脱废精英，转加时用。

天干相合，看支神吉凶为要。支神有力，则自然非常。如地支相合，看所乘之干力、力重愈精神也。一云：上下俱合，有真合煞，如已亥见甲寅之类。又合煞，如甲子见已丑之类。一云：煞神忌合，喜冲刑破害，干神、支神，一有闲慢岁运，合者精神百倍。一云：禄马宜六合，忌刑破，况柱中见合力露，不等闲也。脱废精神，如我生我克之精，本散我气，若加时上用神，凶则制驭，却转生助主本，则有挽回生意真矣。

群分有日主专行，日辰务在吉凶之位。

吉神：财元、官贵、印绶、食神、日德、月德、日禄、贵人。德神：天、月德合，天赦月空，时禄、时象，奇宝、学堂。凶神：金神，羊刃，七煞，空亡，六害，孤寡，隔角，三刑，冲神，死神，死绝，勾绞。一说在年。亡神同上说。元辰同上。

　　类聚有年神领用，太岁参宅吉凶之宫。

　　吉神：建禄，驿马，宅神，天医，福德，阙门，进神，生旺位。华盖，三奇，凶煞，碎煞，的煞，咸池，沐浴，亡劫，白虎，羊刃，飞刃，破宅，大耗、勾绞，丧吊，官符，病符，死绝。

　　时座消详，有五理之当然。

　　一如时上之亡劫，刃煞、空亡、元辰、孤寡、死败、金神、白虎等项，恶气贯聚，倒归于日，有所刑冲克犯者，不祥；若贵气聚此，则为祥瑞矣。一年月日，三项贵气，三元福禄神引入，何者重，何者轻，分详端确，何者来得安稳，何者不得停住，更自家还载得起否，或如船车，又如屋宅。又云：时之有家，却于年、月、日上之处，又看有相依倚呼应否。又云：时座一位，竟作主体之端，余见未敢如此，亦系辨明吉凶，妙理一致，断得造化精切也。年、月、日内，有一位与时和者，平；二位与时和者，小享富贵；三位共与时和者，大发，见成富贵，但日紧、年浅、月缓。一时有克破冲害，和助勾引、空亡、死败等件，最为撮要事体，如庚寅时取乙亥为用，旺相生扶，得气得地可否，以凭借参考岁运，较其吉凶，发废之由。一时欲旺相有气，勿使休囚无情。又云：有初、中、末三次之情义，如寅时初属土，中属火，末属木。一时相冲刑是切紧事也，载物不牢，时座五紧之序，为至切、至要之道。盖此日生辰，普遍天下众人所共大纲造化也，唯时之刻，分毫不可差忒、有惑，故为准则凭据，况交换之间，刻次日轨本是未时一刻之次，其铜壶漏箭，却刻午时之七刻八刻，况有山僻村落夜诞者乎。

　　虚辰遁法，有三术之妙趣。

　　一，禄马贵人等吉，刃煞死败等凶，一一俱有定位，乃用五虎遁，元住干支，能司其官之事，极为应验。又云：太岁所临十二宫之善恶。遁亦只遁岁神之干，吉处作福、凶处兴祸，却用日主取财官等件，正要看岁日干之二位，的系当生，所遁何等吉凶神煞，所主亦分轻重，如人出身，处系何孤源流、资格也。

　　用神生时旺之方，当防克制。

　　如用水为官，忌土到申子辰等处；用木为官，忌金到亥卯未等处。李虚中所谓伤破用神家宅。予独以为，用神起发之处，先被伤坏，即用神无归若矣。

忌神坐令旺之所，反喜刑伤。

忌神者，如用金为财，火即忌神。惟喜克制之神占土为妙，却要水来寅午戌巳等处，以减忌神发旺之基宅也。

用神之鬼墓，得之为殃；用神之贵情，亭亭赞助。

用神自有鬼墓，吉则谓之官库。如带凶煞来刑克冲窃者，其用神自忌之，日主尤忌之。用神自有财官贵气，非本家之财官也。来意顺生扶合，精神百倍，用神自喜之，日主尤宜见之。

墓绝并煞刃来刑，祸形恶会；空赦领财官为体，禄集福加。

墓绝、死败，至不足道，若带有刃煞、亡劫、勾元等来冲刑、克窃，日主并用神，者祸患立侵矣。月空、天赦二神至，吉善者天月德、天月合四神同断，各司乃职主事，若又系财官等贵，主领者更美，其荣耀之福气，骈集矣。

类有伤官、墓神，柱中尤恶；暗有劫财、库鬼，命分至凶。

伤官自有墓库，如丙人，土为伤官，遇辰自家墓神。若带凶煞克窃、刑冲，日主并用神，至为紧切，恶气劫财之库墓，如丙人戌位，兼丁旺于上，带凶煞前来克窃、刑冲其用神日主，至凶。

印绶生乡，宜乎润泽；恶神死地，怕作刑伤。

印绶本为生我之神，若值印绶自家生旺之所，又见生合之神，转转为福。自家大义，绵绵不绝，则可或满、或溢，火出木焚，木浮水泛，土重金埋，火重土虚，水流金沉，反有太满则倾，太盛则折之祸矣。凶恶之神，自家已在死绝之处，于上又乘恶气，克窃、刑冲用神日主者，狼狈。若死绝墓败。上官主为恶来坏者，用前注断。

用神恶没之所，地支岂欲全彰；纳音生旺之方，用神坦然无忌。

凡用神之败绝恶陷等位，柱中忌露，多是卑贱下格。更带凶煞之神可乎？倘见一二位犹可，若岁运上扶起恶陷之气，兼会煞局者，即为沉沦丧败，悔吝破失之气类也，甚则死无葬身之地，须空亡并煞方断。凡命之纳音，常生常旺四贵之地，月神来生，自然喜悦者，皆无所忌惮，恬然自安。

火土之源失中，易化尘蒙之象。

若火土，不得造化中和之气者，或燥、或寒、或偏、或枯，易于晦物之气，乃滞暗昏蒙之象，不能焕发，遇而不成者矣。

死败之象有党，莫伤生旺之神。

如死败之象有党，反来刑冲，克窃生旺之神，大不亨通之兆。如水人见卯家之木、酉金、辰土、巳火等神之类，却将日主生旺，官主月神生旺，官主相犯相克，为咎不小，宜详之。

五气布定东西，地理能培能竭。

亥子水、寅卯木、巳午火、申酉金、辰戌丑未土，如金到亥子，则气泄而竭；木到亥子，则受养得培。余仿此推，极为切要。

一辰聚藏贵煞，纳音自旺自生。

如一辰，贵聚长生，带煞在日时，为生煞同途。一云：煞带贵，自长生为有用，此为贵带自生，又为煞中藏贵。一云：年中干音随长生，同神煞在日时者，为真长生，乃聚年、月日、时之气，又为一强四弱。又云：四柱只要一位长生，专其旺气，为聚敛精神。

空亡消息数端，岂止十干缺处。

此煞最为要紧，中间轻重真假，宜仔细详审。一旬空亡，十日分上下所管，如甲子旬中，至戊辰用戌空为切，己巳至癸酉用亥空为切。一气分轻重，甲子见壬戌真空，见戊戌轻。一云：上肩一位太重，如甲人见癸，乙人见甲之类，一旬中后禄遇空亡，如甲子旬壬申、甲戌旬庚辰之类。一五气落空，如甲子旬水土，甲戌旬金，甲申旬火土之类。

官贵抑扶两立，称停一路镃基。

官星为一身之贵气，福源第一切事，财神次之。若有一扶一抑两立，其义不分胜负。

如阴阳气不升降，一路运中须称停，其配属强弱之情，以察兴废可也。

煞见官隐以托情，官显煞藏而立义。

煞见，有露神制合均配，官隐无印更隐者，主外有权谋操略，内怀奸宄奇计。若煞重而无驭、官神无情者，反是。官显煞藏，内则性恶无情，外则义和谨节，大义如此，又当格物以消详之。

忌煞气专，用神情假。用神力切，忌煞外驰。

忌煞有生有扶。或坐生旺之处，及有赞合六神其专之意，不可言也。柱中乃见用神，虚来生合，情假露形有气，或落天中，虽旺亦无地面，情假力散，故自不若气专者。若用神赞合，有扶有生，或力专生旺之位，亦有生助之神，有情有力，切要分晓。忌神、煞神二者，虽在柱中作梗，力却自偏，岁运兼有克窃，自然柱中停住不得，气散而外驰也。

缺用纳音，全为补气。

大挠造纳音之法，隔八有用之具，如何竟为弃物？缺气处仍要纳音补借，如欠土，纳音有土，则补其不足，休囚稍慢。

物皆妙意，身不能任。

贵气或多或重，自身无气，岂能胜任？如随其类，逐其化，或从其象，应其气，不在此论。一说，身不能任，如病不能食，花不结实。

势情充悦，发旺以时。象意空寒，幽栖度日。

八字气候势况，情思体段，如人气壮、气满，似和暖喜悦之色，少能达时通济，利物发轫，或岁运扶持，更何言哉。若八字体制既孤虚，气象又冷落，兼带空亡、休囚者，任有智术才勇，无所施展，岁月空闲而已。

成功之气，变化归尊；交互之神，往来俱贵。

成功变化，如壬水十二月，气本残废，有木象，支干引化，第一妙事。交互俱贵，如丁巳见辛亥，或庚寅、巳卯之类，地支虽冲不和处，二支互有闲神、贵气往来。其余仿此。

第五十八章　星命汇考五十八

《三命通会》三十

玉井奥诀下

休囚更入空亡，时乖事退；旺相若兼生合，辐辏权行。

凡休囚之物，本不好了，更入空亡，岂惟生不遇时？纵使乘时，事亦退散不济。若五象旺相，到空犹可；金火旺，入空却好。夫旺相之神，本自当时，若生若合，愈见精神权变，福能骈集，可行其志，去就皆不失序。

气已过者欲退藏，翻宜墓绝之地；物方来者将进取，原喜生旺之宫。

如三月以甲木气过，理合退藏，惟宜于墓绝之地，乃道合自然也；若临生旺之乡，反主乖戾。方来生旺者，如十二月甲木进气，正月乙木进气，将进方来，宜立生旺之地，为祸、为福尤切。

休囚有用，发越仍迟；旺相无情。为恶最速。

用神；虽贵有用，生我、助我，或又临天月二德、天乙之类；若不临天时旺相，纵有用，发越迟迟。柱中虽带旺相之神，与我无意，如半吉半凶。一至岁运只扶其凶，煞为祸最为猛速。

进神执权，至精至当，纳音载贵，宜克宜生。

进神带贵气，柱中第一妙；引煞入内，第一凶。贵气柱中虽吉，情若未切纳音，宜来克我生我，则方为有意，以全其贵之美，若纳音不生克者，空负其贵，与我无统也。

旺神冲气，透用凋枯；恶煞任权，本旬急切。

如丁未，或生夏月得时之际，刑出丑中辛癸、透在柱中为用者，其福气薄，为祸亦轻。恶煞旺相本凶，若同日辰，一旬之内，祸速至重也。贵神本旬，至吉至紧。

金神得势至凶，空亡遇冲必发。

金神本凶，若无火乡所制，又被别处扶起，或旺相皆为得势，至暴至刚，为凶特甚。空亡陷没无用，乃弃物也，遇冲神必然起发，即有用矣。如寅空见申之类是也。

刃并元亡金满局，全赖火神；旺相凶煞火焚空，须凭水象。

金乃杀害物命之象，满局金气，兼带凶煞等神刑克者，我不杀害他人，必被人所刺，无火制必验。火若焚炎之象盛者，此等多值火灾，况岁运符合其气，须借水象既济。

木土气托，以待发明；克冲力停，未分胜负。

木非土则不能栽养，土非木则不能疏通，以待岁运扶其不足，焕发其气，自然益坚。至于润泽、冲克，有胜有负，力停则胜负未分，须观其气而消息之，方可断也。

扶持生助，察转养之神；战斗冲争，观坏尽之气。

生助滔滔者，看转养之神，何处为体用之基，为吉凶之兆，而决之战斗、冲争。观坏尽之气，即此为闲退无用之人也。

阴干取刃欲分明，支力当权防暗犯。

阴干取刃，如丁巳见未、辛人见戌为刃之类。支力当权，如未系贵神，或力重则合午，午冲子来把未。又如未有力重，能冲起丑字中癸巳之物出来。

旺神挺立，物莫当前；恶煞满盈，干无停处。

如一位之干，有天时至旺之气，卓然柱中擅权，余无牵绊者，其被克之神何敢现露，纵使藏伏，亦莫敢执事也。岁干、日干，遇满局煞刃等恶，自家干主竟无住处，决主不祥，贫夭恶死。

鬼中逢鬼无去就，冲而遇冲欠倚凭。

克害我者为鬼，倘鬼亦遇鬼来相害，辗转伤克，气极逼我，若更无转制，促死之兆。支神被冲，干神贵气便不安稳，奈何冲神又遇冲激，我家更无倚赖之基，象不立，物亦不成，非祸则夭。

并吞重克皆成祸，二激双冲总不祥。

如甲见二壬为重吞，见二庚为双克。柱中叠见冲神，或合处有刑、有害、有克、有破，皆不祥之兆也。

五行务要均停，偏倚难能济物；四柱全宜匹配，兴衰恐不成功。

停均，之说有五：一，日主用神，冲和相济，彼此各有倚赖不至偏枯。一，损用神之气者，有物以制之，不致作梗。一，干支上下，字样相承得所，无过不及。一、死气或对活物，党寡不能胜党众。一、欲变欲化，有妒有破，欲静欲安，有犯有激者。匹配，之说有六：一，衰神有用须运扶，衰者方可。一，善恶虽能均配，看运扶何者，以别吉凶。一，虽有用神，一兴一衰，偏枯不济。一，相安相济，所应所求，各有倚赖。一，旺欲成其物，一，衰不可成全，一，干支各有所配贵气者，或有所乖劣者。

平生福德，不知化物连绵；次位来神，要识暗伤拦截。

支内有己乙辛丁之类，皆言七煞，恶之。殊不知己土生乙金，乙金生辛水，辛水生丁木，续续不绝，况明露乎虚拱处。或有甲丙壬庚暗合完气者，大富贵格。天干未来前一位，地支未来前一位，皆为凶恶，不可不知。如乙见丙合辛暗损及有刃类。子见丑、丑见寅、寅见卯之类，有刃、有煞、咸池、比肩，恶气多端耳。

十干顾真气相凌，七煞犯克神极切。

如乙酉见戊戌，即戊火伤乙金。又，六害之墓火，发其旺金之气，余仿此。七煞犯克，如原用乙木行酉运，丑岁冲损乙木，金局本坏，其乙木用神兼丑冲其虚，未将所藏之神，碎坏倒地也。举此一例，余局细详。此段止可言七煞逢冲者，不吉；不可论金局坏乙木用神。

八字带煞刑胎，意外须识；四印何干乘气，类取其详。

胎神所传消息，各有异类：今人但总约十个月之位，故无浅深以致。差池一法，十个月左右间，其所生日辰对者是。如丙午日。在何月节内，或十一月、或九月，遁而用之，若带刑主，早妨父母。空陷、冲刑四煞，最恶四印。古歌云：辰戌丑未为四印，戊己得之偏主信，甲乙若逢鄙且贪，丙丁或遇多贫病，庚辛格号母生儿，聚煞丑官多短命。壬癸未详。

五行分布方隅，死水生金而异用。

谓火生寅败卯旺午，金生巳败午墓丑之类。如甲子人遇巳，即为生金，生金克甲，绝水生甲，临官火窃甲之类；遇卯即为死，水生甲旺木同党，败火耗甲，位位各有所司，看其余局，次第扶抑而论之。余干仿此推。

一神闲停左右，伤官窃本以待时。

闲停之神在左右者，即月、时、岁干，多是不取用，故一向差慢而至停囚，长智养病丧身；或系伤官之神无气，不系为事，忽岁运助起此等之神，耗我之气，伤我之用，半真半假，其实则围围得势，小人逢宠有权，留此祸根，岂可忽哉？

干神彼此相安，方为禄备；地支来往冲激，不奈马驰。

如甲人，禄在寅，见壬寅，则自家带截路、空亡，为僧道有福；庚寅为破禄，半吉半凶。又如丁见戊为刃难，只言禄为贵，辛禄在酉，见癸酉为火水相犯，丁酉为空亡，贵；丁木受气，辛水沐浴，主奸淫也。禄上遁干，号为真禄。著落何方有用？其干见天乙贵人，其贵上之明干，复坐贵禄，如丁人，禄在午，遁至午，得丙字，丙贵；酉亥而逢辛酉、辛亥，则辛贵复见于午也，入格极品。此李虚中为天禄互贵，一马不喜冲，冲则动，马上干神乘贵者，吉；马上遁干有情者，吉。如丁丑人逢辛亥，是要贵处有用，马上干神自带凶煞空亡者，恶；来克主体及用神者，恶；或支神激烈，刑冲转转，其马岂得安休耶？

伤尽官星，方知用禄；冲破禄位，始得用官。

柱内有伤官之神，官星明被克害，却有日禄者，用禄却稳当，不致两用不归一也。禄位如被破坏，却只用官星为定体，盖贵用一端最妙，多则散了精神。

禄位虽明，化气恐忌；驿马既见，日辰又重。

官星建禄等件，既明无破，为吉、为福必矣。若体用成化，却于其位有妒、有夺、化来不得者，为物不成，则亦苗而不秀，空贵无官；或有福，而非财积福厚者。驿马本埋于太岁官，要来乘用，若日宫又有马出重叠者，反为贱局。一说，日辰马并岁马，虽重马，若有用，贵气相安者，愈好；再见，则不中矣。

记取禄宾为用，细观马将为元。

遁禄上之干，名为禄宾，如无年禄，须看遁至禄宫干神为用，主禄最切，却看日辰用为何神也。马将亦如禄法，譬如丁巳岁，丙日马，在亥遁见辛为丙日之妻，主道途方外所娶，却分贵禄、财官、凶煞、轻重言之。

用象契合，要防妒争；贵气交通，切观分夺。

用神，本与日干作合有情，有气得侣，或其明暗中有比肩，一争一妒，遇而不遇。用神，自家之神争妒者，一体断法。岁运同。凡贵气专用则可两处、三处分用，便是众人之物，不惟平生多起分争之讼，自家财产，亦为比肩所擘，彼重我轻更甚。

财官只倚日辰，亡劫须参太岁。

日辰，只取财官为用，最为亲切，兴衰旺绝，相生相克，却与岁家如何统摄，其行藏祸福极验。亡、劫二神，一年至重之恶煞也，须准岁君推参，各有进退、吉凶，一十六般所致行藏、取舍之道，已录于前。

贵有等降，明轻重；富有高低，分厚薄。

察格局体制，如势意猛烈，主本雄健，贵气互换往来，凶煞辅佐得所，不致气满无去就，第一义也。二，用神至切至清，无破无坏格局，斤两相等而顺。三，福神有情，化象得体；四，本等财官有用，运遇扶持不绝。五，所喜之物，时上与运中扶持；所恶之物，时上与运中制驭。凶处兼有德神，吉处每有焕发。一，大富不在财神之轻重，大概亦有贵气俱全者，不过看气厚气壮，但中间欠清纯之象；二，精神有助，闲神颇多，日主有倚，印食财神，三者至切；三，禄马扶身，日主受气，胞胎绝处，财官有用，或遇生气，但流远聚象之气不广；四，库财有拱或露，则要气厚得冲、得刑，财、印、食神三位，一位有用日辰，但拘切自专，贵气散漫，详之各有高下明矣；五，带刑克或克我之物，系财星生旺之气，或财神禄马贵人之气。

贫贱而寿延，富贵而年夭。

一应用神，克战无倚，又兼休囚无用，或临死绝，驳杂独身，得中和之气，运引而不偏，一身临胞胎，死绝受气之方，不带福神，运通不能害者，或空亡、破碎、元辰、大耗、六害、鬼墓、金神、白虎、死气、刃煞交并，归局独有一印缓，或一食神有力，运引而驳杂处不绝者，准前文。一福神往来得势，自身旺相，岁运显扬太满而倾者；或欠转生之神，或克我处竟无去就，或一空陷之物，刑冲我聚气之所，一本象与化象皆得用神为福，左右逢其源，其身却化而不化，根本不稳者；一满局贵气，身弱不任，岁运克战日主，准上文。

闽实亦由于火土，

火生土，意最良最实，气象自然固聚，必是敦厚务本，利名安享，处世优游，却非驾空建功立业者。

流行俱借于根源。

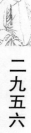

大凡流年，运限从容，不经风波成败者，盖由根基元有得力贵气引行，岁运赞助不坏，有所凭借也。

聪明无非德秀，晦懒总为休囚。

德秀，如申子辰月，壬癸为德，丙辛为秀，带此多是文业通达、聪明晓事之人。余局例此。休囚废死，天时也。死败墓绝，五行也。如满局俱带此等气数，一生谋望无成，退晦藏拙，若兼孤气，出俗林泉人也。

偏气俱强而鄙俗，本源失托则漂流。

如八字纯阴、纯阳，柱中因欠合神、财官等贵，用神既偏且强，又能刑出冲飞之物来者，皆为偏气所致，虽豪亦俗，非俊秀才器矣。日主象则无党可就，气则无贵可乘，柱中多系闲神慢煞，兼有刑克、冲窃、散漫之气，此等懒散驰逐，多谋少立。

气如猛烈，害物伤人；象若纯和，无操无纵。

势当天时之气，勇猛刚强，若更带金神、白虎、刃煞、刑害之神，凶则为强盗劫掠，善则屠侩活计，终亦杀人害物，恐亦被人杀戮也。临事有断，机变通利，皆由凶煞之神，不滞不塞，辅佐用神，有以使之然也。若柱中象数纯和，柔善气实，则无纲常伦序之能，虽有用神，亦难也。

轩昂呼应，原凭刃煞之威；龌龊财丰，尽带库墓之气。

有贵气，无刃煞辅佐，不独临事无威勇，作为殊欠相应合也；有此刃煞扶贵，必能做事立业，果决有断。有人名目卑微，却发财禄，乃库基中杂气，财官、印绶，亲厚有益于日主，况岁运更相扶合也。

身强露刃，翻宜聚敛营营；干合多偏，倒乱精神渺渺。

身强力健，柱中暗有财源之意，若见刃露，本为劫财，但我力既专，财神有情，反宜刃露，盖我能执夺归敛其物也。此等格调，悭吝干蛊，善能聚财；若柱中、岁运有刃旺之地，未敢如此议断，须别详之。干合多偏，如乙见三庚、二庚合者，岂惟气不得中，亦自偏枯倒乱，纵化得成象，亦未成全美；不过三姓同居，两姓合活，接李换桃人也。

独为煞布众辰，虚张声势；一种贵由三处，分散英灵。

煞本不聚，若只一位之煞，布向诸处，力自轻疏不至，谋多遂少，有口无心，过望大节，力小任重，一件贵气，精专为奇，若二、三处皆有，如密云不雨，秀而不实，或空贵无官，多学少成。

平头带来针刃，岂无伤残？勾绞并至亡劫，宁惟狡猾。

平头，乃甲丙丁等字样，引悬针羊刃刑害日辰。一云：日中带煞，带华盖，主妻先嫁人，或残疾，或愚钝。一云：率因事而结婚，或有貌必淫，如巳人未日或己亥、己卯、己未。一云：日时羊刃为贴身刃，妻有生离死别。一云：互换悬针，主带疾，及官刑并恶煞，自刑立见，女人亦然。勾绞二神，主狡猾、破败，吉则立威；若临亡劫，必凶。况不和于日主者乎？

财居库地，身人衰乡，性能鄙吝，气亦猥懦。

财神遇库闭藏，既欠刑冲开激，况身弱者。此等之人，度量悭鄙，器宇少豁达也。

木遇学堂，火临生地，文既精华，志尤倔傲。

木火，文明之象，居生旺之位，主文学疏通，才能雄健；但木火炎上之气，为人不顾细节，不能屈下，倔傲骄忽。

播德望之声名，敏智谋之才略。

贵气有助干有力，天、月德辰及天乙互换来往，主聪明雅望；兼借空亡，刑冲得用，准上文。煞刃扶贵，象有制伏得中，日干可以驭伏，准上文。又云：水带贵气，有扶助，有堤防，不惟智谋过人，而才略机变，亦不在人下。

财源拘局，街头铺店经营；窃气无凭，化外江湖奔走。

格局不广，器宇不充，但有财源助身一二支伶俐生扶，而局于纯粹之器，兼库神得用，宅神有情者，准上文。又云：食神或印，此例同断，若泄气之神，汗漫滔滔之势，远而有力，聚而无依，准上文。

江湖泛泛兮风餐雨宿，罗网蒙蒙兮利锁名缰。

亥子为江湖，若系财官、禄马用神，其气泛溢者，多致道途生计，披星带月，其水泛泛，其马刑冲，方断辰巳为地网，戌亥为天罗，全者用神，其上失地，五气不能成象，则利名碌碌无成，如尘埃所罩，昏雾所迷，岁运并临，仍与日干克害者，夭亡。

水火动摇，是非林里立身；木金和协，义礼门庭发财。

水火，乃人间之动物，犯此格，多惹是非唇吻，凡立身为事，每于闹处出头，斗喋之中著脚。若吉，则有决策之机；凶则有不雅之号。金木无偏倚，气和得中，阴阳相配相济者，必务本实，我若克彼，专当获道义之财，若交错无情，主被客凌者，主不义人损我，无意中之财，或被不义事冤屈折辱。

驿马得我克他生，尽发外邦之禄；空亡有物明气见，每膺无意之名。

遇马上之干，日主能克，或马位有物生我者，多是远方外财发越，或出外于边境得财禄。空亡为凶败之所，若有喜象集来，如金火喜空，乘旺为官贵等神有情者，合此格局。

身虽食禄，家计贫寒；库有余财，名目卑贱。

八字体段轻，清官神乘贵。地支或破其象，休废其财，却又入死绝等处，不带库墓、宅神之贵，宅神仍冲破者，准上文。贵气落空亡，用神入死败处，仍无生意，其咸池、沐浴、白虎、空亡却有拱护、柱中惟财库或财神专旺，辅日主有情克助者。准上文。

岁望阙门，当近朝堂之职；气冲第宅，难依祖业之基。

太岁对为阙门，有拱入格，决主食禄，职任皆近于朝堂要路之处。岁前第五位若是破冲，更与日主非贵气生扶统摄者，决主祖上基业离破，不能居住。若乘官符并亡神，主为官断没抄封；犯破碎、劫刃、毁售必矣。

二位不宜亡劫，拆屋售田；四仲若犯咸池，贪财美貌。

岁前第五位为命宅，后第五位为禄宅。命宅为第宅家舍，禄宅为田庄丘墓。若带亡劫，主平生多费财造屋置田，却主破坏，况与日家刑冲、害劫、破克乎？子午卯酉全，古谓遍野桃花，又名廉贞沐浴，又为暴败桃花，带此，主爱风流艺术，性巧情急，是非中立身，与日刑冲、克窃方准。忌水主淫，兼贵煞轻重言之，咸池紧，沐浴慢。

马上空亡，每遇异路之财帛；天中禄位、常招憎号之声名。

马上遁干得用，遇马上明干助我，或作财元，或马坐财生旺之地，却坐空亡有意，多外方出入，获外方财禄，或常招别门无心利禄。异路，言非本等之财也。天中，即空亡带禄，若衰败者，准上文。加白虎在日，紧切，或招人传恶名，况水火象并咸池、桃花乎？

卯酉好迁移门户，巳午当感梦生胎。

犯卯酉字在日时，好妆饰堂亭，迁改门户；带马则常移居。止胎时加临巳午，带年禄和谐其日主者，主应父母得梦生产。

旺刃不兼余煞，偏好异端；亡劫更引他神，只图豪饮。

旺气阳刃，别无余煞者，刚廉、正直、武勇、爱笼养打捕起扮社火之类；带学堂官贵，别详。亡神、劫煞、羊刃多聚，更与日不和协，狼餐鲸饮、逐日醉饱，一任风波，落魄无成矣。

桃花簪主恣风情。

即应天歌云：倒插回眸，风流偶傥。如卯人见寅午戌，酉人见申子辰之类，又谓倒插桃花。为人风流偶傥，却有贤而有不贤也，与日克窃方准。

破碎朝元宜落魄。

如酉人见寅申巳亥，丑人见辰戌丑未之类，亦谓面头破碎，克窃刑害日辰，主狡猾命夭，轻则不能起发而贫。

官符落在天中，语多妄诞；空亡却临天乙，性好讴吟。

官符即亡神也，在空亡中与日克窃。天乙贵人在空亡中，与日克窃者，俱准上文。

才伤用气抱怨嗟吁，重驾身强妄为狂荡。

用神当生，纵无伤动，倘若岁运来克，必须得意中反成失意，故嗟吁生怨。凡身旺之人，即如饮酒醉眩者，欲其无狂，不可得也。或又遇岁运重驾气强，自然所为淫荡狂妄，兼破财产家业，胡做胡为。柱有驭制、有倚托，别详。

白虎兼刃，骂杀时人；华盖自墓，享于清福。

白虎同刃，乃白虎与飞刃、阳刃同宫，与日刑冲、克窃者如此。一云：若在日时上克年者，娶妻鹊突，不然妻有异证，因服讼促逼结亲则可，其妻亦爱骂人也。华盖自墓者，自生旺、又遇岁运与日和合成局，极受清高之福。否则，为僧道九流，如庚辰不能自墓，只是村巫或为粗鲁手作人。一云：华盖带墓有气，主福寿，但不至封爵之贵，或为僧道名望人。若带鬼、咸池，非艺人即村巫也。

禄命二神相激，鼓舞作为；贵煞四位相承，聚归取用。

前法禄命二宅，若犯激，作刑冲、克害，看吉凶之意何如，与日不和，应验如此。盖禄、命二神，实系冲命，左鼓右舞之气使然也。或贵、或煞、二重、三重，兼并一辰上者，况柱中四位，各有吉凶之神，要分聚在何位最多，以较长短。寅申巳亥，无长生则凶。

水火之象，轻清则文章异术，刑冲则道德禅门。

水火，乃坎离之神，有既济之造化。其中气清，则文章魁众，轻则术业异常，空则仙风异质，刑则道法鬼符，克则禅宗空寂，野纳宿缘，参究觉悟，专论日辰格象轻重而言。

金土之源，气老则财库楼台，浅嫩则经商手艺。

金土之义，有以贱生贵之功。气老则成就其物，盖宜于富藏，墙垣、第宅、庄营之壮观，由此而致也。或衰气残绝，或初新气嫩，若非经商买卖，则手艺工作之人。

华盖墓神，天月德合，泉石家风；休囚日德，死绝败生，尘埃庶士。

华盖、墓神、天、月德合，三件循环于柱中者，必有水边、石上宿缘，办道求仙志意。日德若休废，虚有其德名矣，况又干音有死败等位恶气、空亡来生助者，不过碌碌一寒士耳。

十恶大败若真，贵为将，贱为寇；囚死空亡若聚，生者道，衰者僧。

十恶，以《道藏经》所载为准。贵气相扶，清厚入格，必掌兵权。若凶煞凑集，交并柱中，战害用神，身主则凶；日主用神，若当休废之时，落空亡，兼为孤寡；六害若临长生、临官旺地，则为黄冠；若处败绝、墓死之方，则为缁衣。

魁罡权重，却害六亲；劫寡虽孤，喜全三贵。

辰为天罡，戌为天魁，最有权威力量，但孤克之气太重，未免妨害六亲。劫煞寡宿，若带长生、贵人、有禄，乃三件之福气也，与日和协，必主富贵；无此三件，纵发，不久而贫。

吞啖势繁，非偏房定乏乳哺；孤寡来并，由异姓假合同居。

吞啖乃倒食之神，倘多有力，有势有权，或临生旺之乡太切，准上文。孤寡六害同并，却有印绶、食神，一有用者，仍见宅神冲破，准上文。

重拜双生，巳亥带支干同类。巫医酒色，亡劫犯咸池贵人。

命带巳亥二位，又有别支、别干一类同者，有二、三位者，如甲见甲，子见子，必是双生，或重拜父母，须是干支俱有相同方的，更劫、孤亦然。师巫、药术、牙侩等辈，仍分轻重高下。皆亡神、咸池二位主领，兼阳刃、破碎、墓鬼、白虎之类者，狂妄诡诈，迷花恋酒，九流不才之人。若贵人，德神、财官、生旺者，庶几。

坎离交会，老醉秦楼；象类清幽，幼登仙府。

子午上有干神钩合，如壬子、戊午之类，戊合子癸，壬合午丁，或丁合壬，癸合戊，水火有情，至老迷恋花酒，清则风流，浊则卑贱。五行之气，至清成象，况引于幽洁之地，贵神归一不杂，气纯清远，别无死绝等件恶神相犯，准上文。

论文学业特精英，长生德秀；殢酒惜花偏落魄，身旺咸池。

长生、帝旺四贵等处，德、秀二神，文学、才能、艺术，特达精专，出类拔萃人也。殢酒惜花，日干旺于咸池之上，一也；本身自旺，受沐浴之神克者，二也；本身太旺，沐浴更多，福气散漫不聚，三也。

妻遇比肩旺夺，非是良人；财因沐浴强争，难辞淫浊。

妻干或隐或显，而切切遇比肩相近相亲，其位被占夺，又或比肩乘旺，其妻必与外人私通，不然娶婢妾娼妓为婚，方免此丑。五行败处为沐浴，又名桃花咸池煞，一例同断。其神若来，乘势争财，或财立其上，被他神所窃战者，我身兼与用神之气，不聚不敛，精神散漫，准上文。

娶婚却因服讼，类明六干；生子欲别贤愚，体有五法。

日辰丙子、丁丑、戊寅、辛卯、壬辰、癸巳、丙午、丁未、戊申、辛酉、壬戌、癸亥，犯此日，多因孝服、官讼二事，临逼结婚或成亲，百日内决主两处亲家忽招讼服，或主无外家力，舅氏不谐，或无外家，或两重父母，或无妻财，或女命两重翁姑，半真半假，带合神桃花，花烛不明，或非良妇，或残房入舍。此六干，柱中多者，尤紧尤滥，即阴错阳差也。带桃花在帝旺，多惹妇人官讼，或豪家亦因妻党婢妾致争，否则儿女官司也。别子贤愚五法：一，以妻生而克我者为子，男以偏官为子，女以正官为子。一云，女以我生为子，引至时上，逢生旺则好，仍以余神会合有情方贵。一云，我与妻同化者，如甲人以土为子，引至时上考究。一，化气所生者为子，如甲人以金为子，引至时上取用。一、我之本气所生者即子，如甲人，以火为子，引至时上详究。一，但是偏官、正官有情，引至时上，化得成象，即好子，纳音长生之气，赞助妙甚。一云，如以我生为子，类以水一、火二、木三、金四、土五取之。

恶攒时日，轻则子拗妻愚，重则空房只影。

亡劫孤寡三刑，若三煞并而有救者，时上子多不孝，日上妻愚拙或不和，若重犯力猛无救，孤独贫寒，一生自守空房。

刃带墓刑，吉而寿弥福厚，凶而破帽单衣。

阳刃、飞刃，犯墓刑二位，须有华盖始吉；及丑未干头贵者，未有不享福也。与日宜和，若无华盖带空亡、死绝，孤寒、破败人也。与日不和亦如此。

日犯恶神有助，再婚女妻；时临凶煞仍空，须招义子。

日犯年家亡劫、大败、破碎、临官、帝旺者，克妻；却有干音生助日主，必是再娶少年室女，或幼妾为妻。若带禄贵拱助者，貌美贤能。一云：若年之禄马贵食六合在日，不独妻秀，更主得妻财。时上带凶煞、落空亡，必主无子；若生助食神，或日去冲克者，必是螟蛉之子。

时日咸池带煞，父命恶亡；休囚大败临空、妻家无宅。

咸池在日时为岁煞，主父恶死，更加恶煞无疑。如金主刀兵，火主火厄，水主水厄，土主瘟疫，木主枷杖，以五象推之。一云：带咸池若旺，犯华盖、破碎，及阴错阳差，因妻丑辱，或离异；若贵豪之家妻，父母、兄弟亲属内乱。一云：咸池、阳刃，多算多能，亦有宿疾。互换在日时紧切。日主宅神，陷妻之气，兼的煞、十恶、大败之日休废，又落空亡，如甲寅旬，癸禄居子为空神，主妻家无片瓦根基。

胎神克窃横亡，忌冲局中之字，破碎空孤离祖，因犯禄后之神。

胎神，白虎煞也。水午、金卯之类冲局中字，如申子辰支系水命，怕午字之胎神、白虎来克窃日主并用神，主血光横死，以五象推之。禄后一辰若系空亡、孤寡、破碎等煞，定主出祖旺相别立。

支隔合冲二方，此格多应自缢；合嫌河井两位，犯者无不溺亡。

自缢煞，乃戌人己，巳人戌之例。若带金神、白虎、亡劫、鬼墓、空亡、官符、大耗、刃煞，领其死绝之地，来克其身，废其用神，犯其太岁，刑其大运，准上文。丙子旺水，癸未东井，癸丑三河，带咸池、金神、阳刃、亡神，多主死于水中。一云：若带亡神起端，因花酒惹事。

耳瞆目盲，用神陷切而死败克身；腰驼足跛，福气衰颓而刃煞刑主。

用神被死败等物克窃，又临休废时令，又被恶神克窃身者，准上文。贵气休囚，又被恶神克制，本体兼又倚托，死绝恶气出现，沉沦用神之吉，刃煞仍刑我日主者，准上文。

鬼啸应知恶天，本亏非止贫寒。

鬼啸如甲人遇庚，庚遇丙，转转相克之类。有辛合其丙，方可贪合亡克。一云，先问日，后问年，此格最紧。本亏乃凶神作党克日家之气，害年之干，所以贫难少亡不免。

天地具包藏之德。风雷遥激烈之声。

申亥二字，明有力量，酉戌用神得所，正合此格。一云：申亥不露支神，虚夹二位，有贵气者，体局不凡。卯巳二位，内有贵气，柱中虚拱岁运，对冲空处，必能变化发越。一云：拱夹稳处，又恐刑冲太迫，走了贵气。

拱将拱座并拱印，必是贵人；顾子顾母尤顾身，自非俗客。

拱将，谓本支三合，如子人见申辰之例。拱座，谓对官，如子人即午之例。拱印，谓印绶正位，如甲人子丑之例。一说：印乃库也。又云：印即干库，兼若财官、贵气有用，或财官生旺之乡，皆富贵造化。生我者为母。我生者为子，兼自身三位，俱无损坏，往来顾盼，有福益者，为有福人也。

三位奇宝用官神，流芳英烈，四干天乙临华盖，旷世清高。

时座三合，谓之奇宝，若官星居上，无破无忌，世代不绝芳名勋业人也。古法不独论岁日之干，乘天乙之贵为吉。月时干有贵人乘者，更妙。况临本命华盖，生平不止无凶，亦清高奇贵人也。

四面宣明旺相，内廷食禄；二煞若临夹拱，沙塞扬威。

青龙、元武、朱雀、勾陈，为四面干禄归元，各占方位旺相。如甲乙临寅卯为青龙，丙丁临巳午为朱雀之类，准上文。亡神、劫煞二位俱空闲而却各有拱夹者，准上文。

金水文华而拔萃，土金阜富以成高。

金水二象，若清，无其余之气混浊其源者，文采英华，出类之格。金土相生，若各无偏倚，得中和之气者，似物渐长，生意益高，如此之象，当作富贵之格，或贵气和协，亦主功名食禄。

荣耀者，木火有发源；清贵者，水木多顺序。

木火易于焕发，有来处根源，柱中生意，或引岁运，故能扶引而荣耀，所以人不知元有根气，但知运上木火透发耳。水木清奇，若其气不偏倚，顺扶生旺带贵者，必为翰苑清要，或台谏。

登金步玉，贵人头上带官星；负笈挑簦，学堂馆中逢驿马。

天乙头上有官星显露，谓之官星坐贵，主贵。学堂，乃日主生旺之位。学馆，为官星生旺之方，临官之位，亦同取用。遇驿马在中、无甚贵气者，空有才学，无成；即入仕途，亦多奔走道路；空亡更甚。

翰苑标名，定禀乾坤瑞气；薇垣秉政，应拱子午端门。

寅巳二位有力，能合亥申乾坤。又有三合拱者，子辰能拱申卯，未能拱亥，若无杂，申亥乘其贵气，必为出群之造矣。子午二位，或有正拱，或有三合外拱，如有贵气集上，勋业名家人所未及。丑亥拱子，未巳拱午为正，申辰拱子，寅戌拱午为外。

魁罡才逢夹贵，风宪提刑；龙虎得以专职，玉堂拜相。

辰戌二位逢夹贵，为风宪提刑者，谓有威权振作也，如壬癸逢巳卯拱辰，丙丁逢酉亥拱戌是也。又明见魁罡重集贵气，同前断。辰寅二位，若遇正拱、外拱，有贵气、吉神聚其上者，妙合此格。或见寅辰得气集贵，旺相扶持，无冲刑克害，仍得卯处有吉者，同前断。

阴阳偏用，贵崇奋极品之尊；卯酉正门，权辅领外藩之镇。

偏阴、偏阳，其气多是奋发，风飞雷厉。贵气若专旺相，力重骤进，极品者多。盖偏气好争，挺然不屈，雄豪力大；偏官易于起发，但是退速，或非命尔；若正官，则稳，随分迁擢，无生杀之权。卯酉，乃日月出入之门户，有贵气拱夹得用者，合此或明见此二位用神，集福有力，无破者，准上文。

岁驾禄马带财官，英雄超迈；贵局日时乘德秀，才业峥嵘。

凡太岁、禄马二位，宜系日主财官居上，岂非英雄超迈。凡贵人局在日时见德秀二气者，合主文章、才业、大器、秀拔英杰之人也。

用拙而运扶，枯鳞济水；用强而运拙，曲港行舟。

用神力拙，或有气而被克窃，或隐藏而无冲合，钝而不利，运上却引生扶之气，似此荡荡悠悠然畅意哉。用神或有力，或得时，或情合，若运中阻坏其气者，似此东碍西撞，不能顺驾，纵有一时之风便，其奈何也。

运以支重为基，岁以干重乘气。

运之支神太过之物，则宜抑之；不及之物，则宜扶之，须要与当生支神贯穿，看其本末乖顺何如？若只详用神轻重、扶抑者，亦未善。又论生气、克气，运支至重，次观运干战斗和谐何似，统何柱中之物，有情而言方吉。流年与太岁干神关系最紧切，一年，万神吉凶之主，日克岁则灾，合则晦，若有化有情，则有好事。所验灾福迟速，仍察运中相摄如何，须兼用岁支刑冲破害上言，无偏则可。

运驰行色，用分何弱与何强；岁摄兵权，势持情急而情重。

如日为身，贵为用，二者难以偏废。日主为体，贵气为用，俱要中和。一说，用神贵气，如登程行李、器物、粮草等件；运即住脚公廨、馆宇所泊之所。五气贵煞，何者引彼地理所宜，或顺以参考其否泰之兆。吉凶二象，运元未萌，非岁则不能激扬唯岁君最严最切，至威至重，持握特急，势来则如战阵斗敌，迅速险大，难以卒然救应，虽铁关金锁，其能御哉！亦有贵气为凶，抑恶扬善，乘机凑济莫测。

禄贵运欲显扬，少壮宜兼旺地；凶煞须从沉昧，老人更喜衰乡。

一胞胎养，沐长生、冠带之地，二十岁宜行；临官、帝旺之运，阳气强盛，三、四十岁宜行；衰病、墓绝之运，天癸枯竭，五六十岁宜行。其中合可之义，则造化取舍之道，通变为言也。运中少壮合体，固宜扬其贵禄凶神；运欲沉淹老者，宜行死绝等运。仍不要与日主用神，表里生意者，诚为福运。

运气发源力稳，方易成功；时干化象求情，行当领用。

行运究考，的验祸福，亦是易事，当逐官消息，审其来意。如运之发源在年、月、日时上空、冲、死、败之地，纵发不久。发源在稳实住处，可耐患难，可享富贵，悠远也。行运之法，取时干之化象者，有体象、化象二意。一者得侣有情，有类为象成用，或行至运中扶持，或旋造成其器，第一妙事乃虚中，家传之秘，有此极论，引用余神之气最切，宜取用生克强弱。

蚩黄腾达，运开一路官星；豹变兴隆、年统平生财气。

柱中带官星，不若运；运统摄官神得意，步步荣耀。八字中有财不旺，虽见无情，行运虽至生旺之处，仍未奋发，盖气或死绝，或滞塞。岁乃尊严之君，吉凶神煞之主，流年或领财元，或生扶财象，或激开财库，或遥合飞冲生旺之所，或拱夹、暗包财神、禄马、贵人之官，其财之旺，由此岁君统系，豹变勃然兴发也。

运凌身弱而适扶用神，运变身强而抑其福气。

当生身旺，或比肩大繁，用神怯弱者，宜凌废其身之气，适扶我之用神；反是，则不祥矣。当生本体气弱，用神太过，身不胜任，又或错乱不能归一，所喜如是；反是则乖。盖当生本末，体用相称，运扶身太过，或困其用神，亦不中也。

岁或运符吉罔凶，岁或运昧善纵恶。

或当生凶煞力重，吉神力轻，财官势况散漫，岁运符合福神而抑凶气者有之；

当生吉神力重，凶煞为任使者却气薄，岁运失纪纲制驭之道，或至于纵容恶煞，沉昧众善者有之。

诗曰：往来能参玉井篇，人间却是地行仙，重开五气分条处，剖破藩篱别有天。

《玉井奥诀》，乃安东杜谦所著。其间幽趣妙象，数见而用藏；气类从无立有，倒飞暗合，得一分三，脱胎换骨，入圣超凡，诚非易事。欲穷其绝处逢生，要识其旺而退藏。器满必倾，物过则损。党盛则随类，气衰则托情。用不用，真假宜辨；变不变，象类先分。故气禀有厚薄焉，有清浊焉，有高卑焉，有晦明焉，万绪万端，千变千化。气有生克究竟，尽烛理外之理；物有造化活法，极参元中之元。诚得李虚中余学一派之正传也。世之不得睹是书者多矣，予故表而出之。

气象篇

今夫立四柱而取五行，定一运而关十载。清浊纯驳，万有不齐，好恶是非，理难执一。故古之论命，研究精微，则由体而该用；今之论命，拘泥格局，遂执假而失真。是必先观气象规模。乃富贵贫贱之纲领；次论用神出处，尽死生穷达之精微。不须八字繁华，只要五行和气；浪指三元六甲，谁知万绪千端。学者务要钩元索隐，发表归根，向实寻虚，从无取有，虽曰命之理微于此，思过半矣。然大海从于勺水，少阴产于老阳；成乃败之机，变乃化之渐，此又所当深察，乃若一阳解冻，三伏生寒，阳刚不中，亢则害也；刚而能柔，吉之道也。

此象亢阳无制，更不包藏阴物，而运又行东南，则阳刚失中，必主于害。用此者，孤贫凶暴，死于水火之间。乃若五阳生于阴月，干支夹合阴柔之物，运道又行阴柔之乡，乃谓吉也。用此者，虽出寒贱，终必荣华。

柔弱偏枯，小人之象。刚健中正，君子之风。

此象不中之道也。四柱中但见阴柔而不入格，干支又不包阳，则终日柔懦。用此者，机心阴毒，无所不至。乃若刚健君子之体也，中正君子之德也。四柱中阳而藏阴，刚柔得制，不犯破克、刑冲。用此者，德行过人，中直盖世，故曰君子之风也。

过于寒薄，和暖处终难奋发。过于燥烈，水激处反有凶灾。

四柱纯阴，生于十月空绝五行之根，日干又见衰弱而无强健之气，纵遇和暖之乡，终难发达。四柱纯火，生于夏至之前，火性燥烈，岁运中乍遇水激，不惟不能制，而反致害矣。用此者，夭折孤贫，多犯刑宪。

过于执实，事难显豁；过于清冷，思有凄凉。

执实者，用一而不通也。假如用官无财，用印无煞，多合少成者，遇事终无豁达。若金水过于清寒，不遇和暖之运，如庚辛生于十月，柱中纯水，运又行西北，平生独食孤眠，生涯寂寞，人不堪其忧矣。

过于有情，志无远达。

局中之物，不可过于有情。若过于有情，则牵迷不能自脱，外无所见矣。如甲木以己土为妻，情固宜有；若甲己支下又乘子丑，内外加合，而外无财官、印绶动甲之心，则甲常处于己土之下，其志安能远达哉？

过于用力，成亦多难。

凡柱中得自然之物为妙，若用力扶持，终不为美。且如用财，局中不见，必求伤官、食神所生，如食、伤失时无气，又求比肩转助，或外冲遥合，皆谓过于用力，其成就必艰难矣。

过于贵人，逢灾自愈；过于恶煞，遇福难享。

八字中原多贵人，二德扶用财官，不有刑破，虽居颠沛之中，亦无危矣。原多恶煞，三刑、六冲，又与财官反背，纵遇财官之地，将何以为享福之基？

五行绝处，禄马扶身；四柱奇中，比肩分福。

凡遇绝处，不可便指为凶，盖凶处亦有吉神相扶。假如木绝于申，申有壬水为印，庚戊为财官，皆我所用之物，必能扶身进福。只愁有神克害所用之官，则所用绝矣，如此乃凶。言以官为贵，以财为奇，局中得遇财官，乃为吉矣；如见比肩则无惮，争官劫财，则无全美。

阴阳固有刚柔，干支岂无颠倒？

阳刚阴柔，天地之道也。颠之、倒之，反覆之谓也。所以启下文之端。

虽聘妻不识其夫，

夫妇既入其宫，岂有不识？但情隔而不通，则不见其夫矣。如乙木用庚金为夫，中间丙火隔断，庚被火伤，或坐子午败死之地，使其妻终不见其夫也。

本有子不顾其母。

子之顾母，理也，情也；身有所羁，则不得终养。如甲用丙为子，却被辛金合

之，但恋妻之情，而易母之爱矣。故局中虽有丙火，不可用也。凡命中议论至此，庶几无误。

父无子而不独，子有父而反孤。

木以火为子息，四柱中如无丙丁巳午之位，则无子矣。若地支暗蓄有火，或天干制化得用，亦不为无子。木以水为父母，若被损克，则不得其所生。如甲乙日，生于亥子之年，月值四季，水被土伤，所生之人失矣，岂不孤哉？

生尚可以再生，死不可以复死。

局中之物，原有长生先被克损，岁运复遇生旺之地，身力复强，如再生也。死者，终也。凡四柱之物，原值死绝之宫，后来岁运再遇此地，不为更凶之论，盖死无二也。

既死亦非为鬼，逢生又不成人。

木值春生，得时乃旺，柱中虽遇死绝之宫，若运行生旺之乡，亦不为之死也。木值秋生，失时乃弱，柱中虽遇生旺之宫，若运行衰绝之地，终不为生也。

子多母病，如佃甫田；母多子病，如临深渊。

子者，母之所生，多则泄母之气，正谓子能令母虚也。若母再加衰病，则精力不及，决不能以抚其子，其佃甫田之谓钦？母无二尊、其恩乃全，若母氏众多，阴聚妒生，邪谋兴矣，即五星、二母争权，姑息太过，母失所爱，子何所依？如更临病死之宫，申生之变，必起朝夕也。

不正不冲，不偏不合，不横不刑，不直不破。其为冲也，启六极之岐门。其为合也，辟万物之形迹。其为刑也，变而改正。其为破也，敌而有伤。是以棘地生金，不若蓝田种玉。

以上四端，乃战克、击剥之象也。内有刑虚钩远之用，若倒乱中而取用神为贵、为福者，不若用财生官，用印得煞，自然之妙。此子平所以专论财印食也！

吉神相我，功求相吉之神。

凡人命，衰弱或刑伤、破害不能成用者，必欲吉神扶佐，成我之福。又观相我之神，势力轻重何如，若无根失令，或自受伤，先用求助相吉之神何如？假如甲日夏生，遭火焚化，得壬癸、亥子相我为救，但水先受火土耗克，不能为我之福，必欲求金转生水旺，使水有顾我之情、如此之功，不在水而在金矣。又如午破子冲，赖未合我而与子穿，则为相我之神；如未受伤，不能为用，必求生助，未土之神有力，而未土方得成用。

凶物伤身，解用伤凶之物。

人命中若遇凶神克我身官，必求柱中何物能制伤我之神，则彼自解不暇，焉能及我哉？如甲木原被金伤，祸所不免，得火克，危自远矣。又如卯被酉冲，柱中见午，亦然。

五行各得其所者，归聚成福。

凡五行不可虚名失位，但要得令归垣，方能为贵；若归聚一局，妙不可言。

一局皆失其垣者，流荡无依。

凡日主用神、俱要著落之处，如四柱中不得通根有靠，又遇空亡、死绝、沐浴、刑冲，则终无成立，必然流荡失所矣。

大运折除成岁，小运逆顺由时。

文库冲而文明盛，武库掩而干戈宁。

戌为文库，盖火为文明。八字中原无财官、印绶、食神生气，则无文章学问之机，徒得火库，又被关锁，此无文之人也。若暗有伤官，或印绶隐而不明者，亦主聪明。柱中得辰未丑字冲刑，戌库更入东南运道，发火光明，文章必由此而盛也，高擢翰苑者，予见多矣。丑为武库，盖金为干戈。八字中如带秋气，申酉、庚辛为煞，偏官、羊刃，又见同官，此无惧好战之人也。柱中如得子巳酉神合局，兼行东南木，火制其顽金，则掩其武而干戈宁矣。壮士于此弃甲投闲者，予尝见之。

飞龙离天，随云入渊；潜龙在渊，随云上天。

龙者，辰也。天者，亥也。云，壬也。龙得其云即飞，若年见亥，月建辰，岁月干头有壬，则龙在天矣。若日时水旺，与龙会局，龙必随云入渊，盖龙以水为家，故上离于天，下潜于水。得斯象者，文章盖世，平生有塞、有通，功名虽出于台阁，事业终归于林泉。柱中有巳、午二字者，贫薄下流之命也。若年见亥，时见辰，日月会水，则龙下潜于渊，若干支有刑冲、克破、龙不能安；要日时上有壬字，龙必随云上天矣。此象如年无亥，用巳反冲，亦吉，但出寒贱，祖父无依，后必有人借力，奋发功名，主近侍之贵。运行巳酉败绝之乡，丧家罢职，即壬骑龙背格。

大林龙出值天河，四库土全居九五。

大体龙者，即戊辰也。要四柱之中，纳音得天河水，则龙飞在天；更全四库，则四海俱备，所以天下皆沾雨泽，必为九五之大人也。明太祖命：戊辰、壬戌、丁丑、丁未，此亦有因而言。

长流龙复归大海，五湖水聚掌群黎。

长流龙者，即壬辰也。龙值长流，地支得亥，名曰龙归大海。又曰：龙跃天门。妙在纳音得大海水，四柱俱带水者，则五湖之水，既备且深，龙所益喜。要有庚辛以生之，则出入动摇山岳，非贵象乎？如王阳明：壬辰、辛亥、癸亥、癸亥。此亦因阳明命而立论。

六合有功，权尊六部。三刑得用，威镇三边。

凡四柱中有刑冲、克害、破象，本为凶论，得神挽合有力者，即反为祥，其福高远。年月成用，大贵；日时成用者，次之。刑本不吉，得用者富贵聪明；无用者孤贫凶夭。何以为得用？三刑有气，日主刚强；无用，反是。

子午端门，双拱岐嶷凭外正。

子午二位，正而不偏，故曰端门。若得夹拱无破损者，更有力量，人必聪明，奋立勋业。正拱者，亥丑拱子，巳未拱午；外拱者，申辰拱子，戌寅拱午，忌空亡克破为害。

巳寅生地，十分秀气合乾坤。

巳寅生有力，能合亥申，亥乃乾也，申乃坤也。若无冲杂，申亥乃乘贵气，才调出群。

天地包藏神得用，显豁胸襟。

亥为天，申为地，明有力量，如八字中不见二字，得左右之神拱起二字，兼有贵气，不落空亡，须当显豁。或以申亥包酉戌，看系天干何物，以有用为贵。

风雷激烈贵无亏，飞扬姓字。

巳为风门，卯为雷门，八字中虚拱一位，更有贵人，岁运若逢冲起，必能发达。

贼地成家，贼乱家亡身必丧。

此法，月支五阴者是也。若岁日中有神争合为妻，月支陷溺其中，欲出而不可得，故曰贼地。更得岁日之神自刑；无暇合我，得时支乘机，与月支为合，是谓贼地成家，富贵不浅。大运去贼则安，再见贼乱则凶。

梁材就斫，木多金缺用难成。

夫木本赖金斫以成器，若金被神留合，不能来克其木，却要木与金为邻，就彼雕琢可也。若木盛金弱，则虽就金，亦不能斫而有用。假使用木与金作合，彼此两强，乃为贵论。

纯阳地户包阴，兵权显赫

八字纯阳，本为偏党，殊不知子寅辰午申戌，暗拱丑卯巳亥未酉之阴，二象相济交感，则反全天地之正气矣。更要四柱无空亡及天干有生意者，极妙。此象权施边塞，位至公侯，发福非小。

独虎天门带木，台阁清高。

凡岁月得寅一位，却要时见天门虎，必朝天啸日。柱中更有卯未合局，木盛生风，风从于虎，岂不伟哉？若使刑冲、克破，不得印绶财官，则无用矣。

学堂逢驿马，山斗文章。

身坐长生之位为学堂，更得驿马交驰，一冲一合，又得高大气象、带财煞贵人者，最贵，文章潇洒出尘。

日主坐咸池，江湖花酒。

咸池，又名桃花煞，男女逢之，必然淫乱，多因花酒，流落江湖；若见财官，贵德同官，反得标格清奇、富贵安享。大忌刑合，只喜空亡。

福满须防有祸，凶多未必无祯。

大抵用印生身，乃为我之福也。柱中原有官煞，转生印旺，不遇财伤食神泄气为贵。运行此、印旺地，生扶太过，福满处，岂无祸生？是以君子怕处其盛也。局中原多官煞，再行官煞岁运，其凶乃甚。历尽艰险，后必有制伏，身旺之运，否极泰来之象。如甲日原被官煞所困，运神再行申酉，乃凶甚也；顺去有亥子，印运逆行。有巳午制，运乃有救之物，岂不为佳？此二句，言阴阳消长，祸福倚伏，天道人事，相为流通，宜细味之。

马头带箭。生于秦而死于楚；马后加鞭，朝乎北而暮乎南。

此言驿马在日时之下者，必要带合，谓之联缰，聚大财福，干事过人。若马前见有刑冲，谓之带箭，断缰之象也。若来冲者属金，受克者属木，其祸尤甚。主人他乡丧亡。凡取用驿马，顺则年取其日时，逆则时用其日主，马无堤拦，则纵肆而不可遏，如后再加刑冲，马必疾行，终无安顿之地，主人一生劳碌，奔竞四方。若刑冲之神遇有三合、六合，则不为加鞭矣。

性灵形寝，多因浊里流清；貌俊心蒙，盖是清中涵浊。

凡取用神，错乱刑冲，未可便言浊而无用，当审其中有暗藏之物。如浊中流出一点孤清，则人虽朴陋，多见性情颖悟，机谋异常。若用神清奇特立，不为混杂刑伤，未可便言清也，但中间有暗藏之物，与所用之物有伤，其病终不可去。故人虽貌美，必然失学无成，昏迷酒色。

一将当关，群邪自服。

将者，贵重之神也。关者，紧要之处也。邪者，妒我之物也。假如甲乙日，生于金旺。年月皆来克我，得丙透出月上制煞为权，而煞自服矣。又如壬癸遇戊己、及支土乱克，身不能敌，紧要处却要庚辛为印化煞，不敢为乱。

众凶克主，独力难胜。

此言煞重身轻，孤独无助者，盖无当关可救之神，则不能胜所克矣。决主夭疾。

脱此辈忌见此辈，化斯神喜见斯神。

从化之妙，遽不可穷，务要用心详察。假如甲己化土脱木气，而从妻家，若见甲乙寅卯未亥，皆我比肩，则有原旺之借，岂无恋哉？况比刃又能争合我财，使甲己不能相成，反有离间之恨也。又如：乙庚化金，喜见金旺，而妻得倚其夫；丁壬化木，喜见木旺，而女得倚其母；丙辛化水，喜见水旺，而母得倚其子；戊癸化火，喜见火旺，而主得倚其财。大怕空亡见煞，比肩争妒，不成名卿巨公，则为孤儿异姓矣。

驿马无缰，南北东西之客。

无缰马，无合也，南北东西，无所不至矣。人命遇此，必主飘零。

桃花带煞，娼优隶卒之徒。

桃花，日时上见是也。不惟忌刑合有情，尤忌五煞同处。凡遇此者，不受礼义廉耻之教也。

母子有始终之靠，夫妻得生死相依。

母子夫妻者，专言体用两端，惟在月日为要。假如戊日坐辰，生于申月，然土以金为子，金养于辰，少倚母而自强；土生于申，老得子而有靠。此象甚奇，大忌岁运破而为患。假如丙日坐子月，用酉金，然火以金为妻，辛金生于子，适夫家以养其身；火至酉亡，赖妻财以活其命。此象贵用财官，大怕刑冲散局。

双眼无瞳，火土熬干癸水。

癸水，在人属肾，为一身之基，两目之本。目关五行，惟瞳属水，水涸肾虚，则瞳无所倚。若在日干，生于火土月分，日时坐土塞源，而柱中遇木火耗熬，不成从化者，多患目疾。若在岁月时中，虽得秋气，不行西北，大运遇木火太炎之地，恐有丧明之苦。即水稍得通根，亦有下元之疾。

大肠有病，丙丁克损庚金。

庚属大肠，宜临水土。嫌者丙丁寅卯得局，无制庚金，虽得挂根，又被刑冲、克破，兼入木火大运，水土衰处，便有此疾。

土行湿地而倾根，伯牛有恨；火值炎天而得局，颜子无忧。

戊土属脾。四柱中不有生旺通根之位，生遇阴湿之时，又加水浸土虚，运行湿地，岁见土克，则脾土受伤，因而有疾。火乃文明之象，生于九夏，三合寅午戌局，火愈发，辉少，用木资其势；不宜见水拖根，遏火之焰。人生得此，乐道无忧。火行极处，多遇木生，反主夭贫，至不利也。

水泛木浮，死无棺椁；火炎土燥，生受孤单。

木从水泛，不遇运土堤拦，更值死绝之乡，逢冲并煞，是必堕崖落水，横害毒亡，多不为美。土因火燥，万物不生，初运南行，废而无用；后来虽遇财官，不能为用，以致孤贫奔走，无家之命也。

妻多力弱，花粉生涯；马弱比多，形骸飘泊。

凡用财为妻，最要得时、得位，日主更喜刚强，岁月有倚，阴阳各得其所，良配可知。若财多散乱，刑合不齐，日主孤弱，不能任用，必因妻获利以养其身也。此又反言财为身命之物，用不可无。凡遇财旺身强，平生安乐；若见财轻、比多，不足其用，终必飘泊江湖，逐财劳苦，安享何能？

凡遇凶神交会，善以少而难成。吉曜并临，恶虽多而亦化道。从理悟神入心生，熟读苦求，巨微征矣。

第五十九章　星命汇考五十九

《三命通会》三十一

六神篇

五行妙用，难逃一理之中。进退存亡，要识变通之道。正官佩印，不如乘马。

夫用官之法，大要健旺清高，最忌浅薄。官旺宜印，弱则宜财，此不易之理也。今言用印不如用财者，乃有一说。假如身旺官轻，多见印绶，则日主愈强而官愈弱矣。《壶中子》云：官轻不若煞轻，所以喜财旺之地。生官克印，表里方得中和，于此足以发福。

七煞用财，岂宜得禄？

此言煞旺太过，日主无依，又加用财生煞，则日愈弱，而煞愈旺矣。当之不能，远之不可，只得弃命相从，以免侵凌之患。运行财煞旺地，不易始从之心；一遇岁运归禄，日主恃强，乃与煞战，以寡敌众，其能胜乎？凶可知矣。

印逢财而罢职，财逢印以迁官。

印乃清高正大之物，见财则不能保其名位。且如原用印绶，不以官煞为倚者，运行印官之地，仕路清高；一遇财乡，克了印绶，柱无比肩为救，不免罢职投闲。伤重者，必死于异乡水火。身旺用财，荣华可知；再行财旺之地，主不能胜，却要印旺流年助我根本，反能进爵迁官，不为贪财坏印之论也。

命当夭折，食神子立逢枭。

七煞伤身，原无正印为解，独以食神一位制煞，壮年运道，喜行制煞之乡，若遇枭神有力，克我食神，柱无偏财御敌，不免纵煞伤身，为祸滋烈。

运至凶危，羊刃重逢破局。

专言用财无煞者，大忌羊刃为祸。若岁运重逢羊刃劫财、破局者，必有丧家囚狱之苦，伤妻克子之悲，水火兵刃，悉有之矣。

争正官，不可无伤。

官者，禄也，无人不欲。若柱中多见比刃，只有一位官星，必然争夺，立见有祸。不如运至伤官，伤尽官星，则比肩无争夺，始可安矣。

归七煞，最嫌有制。

此亦因比肩之谓也，盖四柱多见比肩，必然争禄争财，且夺岁运之物为祸。如年月透出一位七煞，比肩知，畏势必归之岁运，一遇食神制煞，则柱无主张之神，使比肩复乱如初，则散财破业，横死于苟贪之下。端有征矣。

官居煞地，难守其官；煞在官乡，岂能变煞。

官为纯雅之贵人，煞乃奸邪之恶客。如官居煞党，其势不能独立，必混化而为煞，虽官有纯雅之风，安能守乎？煞乃刚暴之人，虽在宫星礼义之乡，终不由礼义而化，故不能变煞为官也。

贪财坏印擢高科，印分轻重。

凡命，印重煞轻，终不为贵，要行财旺之运，克太过之印，生不及之煞，煞印相停，必能超越。若印轻逢财，乃为大害，宜细详之。

遇比用财缠万贯，比得资扶。

财乃我用之物，得之乃佳。柱中有一七煞专权，日三被制，则无暇用财，若得比劫透露，或岁运生扶，日主不致衰弱，可以敌煞，而财始为我用矣。

运到旺乡，身反弱。

此言从财、从煞未成之象。日主衰弱，未肯弃命而从财煞，若大运行遇资扶之地，必与财煞争敌，敌之不胜，反遭财煞之害，愈见弱矣。是必因财构祸，灾病累身。

财逢劫处，祸犹轻。

身弱财多，当之不能；行遇比劫，分财助气，而祸反轻。

财不有伤，还忌阴谋之贼。

柱中用财，无比刃、劫夺者，则无所伤。尤忌支库口有比刃暗藏，或被冲刑，则私窃之害不免矣。

煞无明制，当寻伏敌之兵。

煞者，顽暴之人也，必欲食神明制，方可为用。如柱中明无制伏之人，不可便以凶言。要深求四柱支神，如有食神暗伏，或遇刑冲，或就三合，亦可为伏敌之兵，大运行制煞乡，必主成名进禄。

贵人头上戴财官，门充驷马。

此专言岁日互换贵人，不遇空亡、克害、煞刃同宫者，上戴财官，又居正位，带合有根，得时进气，乃为贵富，权掌兵刑，非常之命。《玉井》云：登金步玉，贵人头上带官星。是官视财为尤要也。

生旺宫中藏亡劫，勇夺三军。

八字中如带亡神、劫煞，得遇真正长生，及年支纳音或得长生、临官、帝旺者，主武略出群，有举鼎拔山之勇也。

为跨马以亡身，因得禄而避位。

柱中原多比劫，无财用，岁运逢财，日主乃贪其用，比刃必然劫夺，重则损命丧家，轻则休官罢职。原用官星带财为贵，运行归禄之乡，乃比肩旺地，必然争夺官，正谓遇比肩而争竞于此，反失俸禄，故避位也。

印解两贤之厄，财勾六国之争。

两贤者，二煞也。印者、仁也。凡用日主不弱，两煞透出天干，并虐日主，无食为救，纵有亦被枭神所夺者，最凶。若能用印化煞，使降于我，如此不独富贵出，人且能享福。一云：两贤，官与煞也，若止作煞言，重下句众煞混行意财者，人所共欲之物，因兹而构祸者多矣。若局有刃伏于柱中，不遇其财，则无争劫；倘有财为用，或岁见财惹起比肩混劫为祸，刑耗伤妻，在所不免。

众煞混行，一仁可化。一煞倡乱，独力可擒。

煞本待制而后服从，若见煞多，力不能制，制之则必致叛。故不若用印。印者，仁也，以仁化煞，使煞自降为妙，喜印旺乡，乃益其化，不宜再见制伏，所谓疾之已甚，乱也。独煞倡乱，势力有限，一食制之，自可以服，况食神多制者乎？

印居煞地，化之以德；煞居印地，齐之以刑。

如甲日主用申为煞，克我无制，其凶可知。殊不知水印长生于申。自能化煞，不使凶暴。若干支多财，乃成下格。比旺财轻者，用之更美，如乙木用辛金为煞，遇子栽根，恃强克我，虽为我之印，乃煞所生之宫。若更辛金透出，侵凌日主，千无食神为救者、得旺午冲子去生煞之宫，则辛无所倚，庶免克身之患。

兄弟破财财得用，煞官欺主主须从。

一局比肩，日干专禄，柱中不见财官，则无所用，却要比肩成党望空，冲破财旺之官，而财方为我所用。大怕填实、冲官、留合、比肩。假如辛酉日遇酉多冲卯，遇卯多破午，乃合正用；官煞太多，日主无力，四柱更不拖根，运途又行财煞，不如弃命从煞，遇煞旺之乡，必能发福。大忌身旺、食神之运。

一马在厩，人不敢逐；一马在野，人共逐之。

马，财也，乃比肩必争之物。若财明透，四柱中特立无遮拦者，譬如马之在厩，其分素定，比肩不敢争逐。大怕背财，运道三合、六合之乡，比肩乘机暗窃，致祸不轻。若用财不见明露，隐于支库之间，乃人所不知之地，比肩竞图窃取，虽深藏固闭，难保无患。

财临生库破生宫，兼奉两家宗嗣。

凡命以印为母，以财为父。财固以印为家，印必以财为主。然财贵而印自荣，夫败斯妻无倚，所以论人，根基父母，必以看财为先。若财有长生之官，又见墓库局，却有神破所生之官，无犯于墓库者，则为螟蛉过继之儿，弃父随母之子也。盖生乃发蒙之初，库在收敛之际，弃始由终，故如此也。

身坐比肩成比局，当为几度新郎。

凡命无伤官、食神者，必然用财为妻。妻所属之官，日下一位是也，却被比肩占了；又见三合成局，岁、月、时中见财必夺，柱若无财，岁运见亦为患，克妻伤妻，岂止一二而已。

父母一离一合，须知印绶临财。

柱中财、印乃为父母之神所处，不许同官，虽为父母之名，实有克剥之意，岂能免离间之恨哉？若印与财相连一官，而财、印皆有着脚，生禄同乡者，终得聚合成家，而无间矣。

夫妻随娶随伤，盖为比肩伏马。

凡论财为妻室，财逢旺用之年，或有生助进气，当得一妻。若财下原伏比肩，因被煞神制伏，不遂可夺之机，一遇其财，又见食神制煞，则纵志夺财，妻难久处。

子位子填，孤嗟伯道；妻宫妻守，贤齐孟光。

子者，官煞也。子位者，生时也。时上要财，及用官煞生旺之气，不逢刑害孤虚，不失用神时候，则有子矣。若官失其令，更有伤官、食神为炉，径来时上填实，反有伯道之叹。妻者，财也。妻宫者，日支也。本宫若见其妻，乃得位矣。不逢比刃，不遇刑冲，不有桃花恶煞，仍得天月二德贵人同处者。不惟过道韫之才，且有孟光之德也。

入库伤官，阴生阳死；帮身羊刃、喜合嫌冲。

伤官本有阴阳、生死，当较其是否，凡伤官归库，岁运逢之，多见丧亡横祸。殊不知五阴伤官，于此返魂无咎，刃乃帮身之物，大怕身旺逢之，得一重煞，与刃作合，化为权星，若见官与刃冲战，乃成恶煞。用者当审其轻重，好恶何如耳。

权刃复行权刃，刀药亡身；财官再遇财官，贪污罢职。

权，煞也。刃，兵也。身旺用此两端，乃兵刑首出之人也。煞旺喜行制乡，刃旺喜行煞地，若原煞旺，复行煞旺之乡，立业建功处，不免死于刀剑之下。刃多再逢羊刃之地，进禄得财处，必然终于药食之间，数使然也。财，俸也。官，禄也。身强遇此两端，乃名利出群之士。凡官弱喜行旺乡，财旺喜行印地，皆发福成立之时也。若有印逢官，则禄过矣；财旺逢财，则俸余矣。君子禄过俸余，必见贪污罢职。

禄到长生原有印，清任加官；马行帝旺旧无伤，宦途进爵。

原用官星衰弱，不能称印绶之荣，若官遇长生，便见清奇特立，且有顾印之情，印乃扶身之本，三者之用，既周于此，必然进爵。原有偏正之财，虽得位而失其时，居官亦未显要，必待帝旺、临官、岁运。财已足用，马必健驰，旧无比刃，伤劫于此，加官进爵，立业余财可征矣。

财旺身衰，逢生即死。

财旺身衰，力不能任，意若与之相忘，反见所守安然。一遇长生之地，即便倚强苟图，财未得而祸随至矣。

刃强财薄，见煞生官。

兹言用官微渺，而财又浅薄，盖因羊刃、劫财不能生官，则官无倚矣。如见一位七煞，合刃弃财，以苏财病，足以生官，官自旺矣。学者于此，又不可有见煞混官之嫌也。

兹法元元之妙，今颇习而成章，少助愚蒙开明万一。

中华传世藏书

钦定古今图书集成

精华本

古今图书

星命篇

二九八○

憎爱赋

富莫富于纯粹，贫莫贫于战争；贵莫贵于秀实，贱莫贱于反伤。文章锦绣，贵马会于学堂；襟怀宏阔，水火合于情性。深谋远虑，德星居沉静之宫；术业元微，帝座守文章之馆。魁罡有灵变之机，离坎乃聪明之户。贵人、禄马宜逢，劫刃、空亡可远。长生招贵人之可爱，衰败遇小人之憎嫌。四宫溃乱兮不仁不义，五行相生兮为孝为忠。印禄在刑冲之位，心乱身忙；日时居鬼库之中，忧多乐少。日干旺而灾咎寡，财命衰而惆怅多。衣食奔波，旺处遭克；利名成败，贵地逢伤。平生祸福，赖于日时；一岁吉凶，凭乎气运。福星有气，而变动升迁；岁克运凶，而人离财散。大运危而生百祸，流年吉以除千殃。无绝至绝，财命倾危；求生得生，名利称遂。三合、六合，逢之吉重凶轻；七煞、四凶，遇之祸深福浅。职迁官进，定因禄会之年；产置田增，必是合财之地。岁君冲压主凶灾，大运受伤殊少吉。岁宜生运，运喜生身。三位相生，一年称遂。财官俱旺，应显达于仕途；财食均荣，岂淹留于白屋。禄入聚生之地，富贵可知；马奔禄旺之乡，荣华可断。欲取交关利息，须要六合相逢；时干带禄朝元，定主安然获福。月衰时旺，早岁丰肥；本重主轻，终身漂荡。惯取市廛之利，必因旺处逢财；忽然显达成家，定是刑中见贵。主本当时，得女人以扶持；贵禄有情，因君子而叶吉。南商北旅，定知马道之通；东贩西驰，必是车运之利。日干困弱，伯牛敢怨苍穹；禄马衰微，颜子难逃短命。凶莫凶于支刃，吉莫吉于干强。马劣财微，男逃女走。天罗地网，非祸横灾。穷途逢劫，危疑必犯自刑；绝处逢财，妻子应难谐老。大耗、小耗，多因博戏亡家；官符、死符，必主狱讼时有。或再四柱遇绝、三命刑伤，难免徒绞之刑，终受黥面之苦；若逢五鬼，雷伤虎咬无疑；更值群凶，恶殃横死，定断女多淫贱，男必猖狂。或问人之性情，贤愚、善恶，先推贵煞旺衰，方究机巧灵变。心高者，魁罡为祸；性顺者，六合为祥。观幽闲潇洒之人，遇华盖孤虚之宿；好恃势霸道之辈。犯偏官、劫刃之权。劫刃生鄙吝之悭，更出机关之险。谋略多因于壬癸，威猛必本于丙丁。甲乙顺而仁慈大量，庚辛亏而果断无刚。孤囚遇之无精神，破败逢之多疏跌。刑战者愚顽，静安者贤俊。躁败者火盛，隐忍者金多。金水司令而相生，火土逢时而相助。不劳心而衣食自足，不费力而家计自成。更若德神相扶，定是推尊乡里；贵禄拱位，必然台省扬名。其所忧者福不福，其所虑者成不成。福不福者，吉处遭凶；

成不成者，格局见破。伤其格则伤福，破其局则招祸。譬若苗逢秋旱而冬廪空虚，花被春霜而百果无成。智谋虽裕，措用无成。纵有回天转轴之机，而无建功立业之遂。岂不见郦生烹鼎，范增背疽，渊明东归，子美西去，孟轲不遇，冯衍空回，买臣负薪而行歌，江革苦寒而坐读。盖苗而不秀者有之，秀而不实者有之。更值伤败太过，一福不过刍荛；纵有百艺多能，难免饥寒疾苦，困于沟壑，命使其然。欲问富贵双胜，何由得之？莫大于镃基，莫奇于秀实。达圣达贤者，无时不有；至富至贵者，自古皆然。或生煞局之中，文高武显；或居冠带之下，业大才奇。若此元微，如何推测？先论学堂之内，三奇、四福；次察格局之外，一吉、二宜。若己未，见甲子为祥；壬辰，见丁巳为瑞。壬子、丙午，主风光儒雅之人；辛酉、丙申，乃俊秀荣华之士。阴阳全凭纯美，造化最喜相生。难辨者，日精月华；莫测者，玉堂金匮。得之者荣，遇之者贵。若论贤愚显晦，无非造化钧陶。假若凤生于鸥，蛇化为龙；芳兰不断于蓬蒿，枯木犹生于山野。少贵老贱，初屯后亨。盖由大运之衰旺，以致富贵之变更。格局纯而反杂，惆怅残春；运行老而得时，优游晚景。是以时有春秋，月有圆缺。尝观资荫之子，亲一丧定无聊；复见耕钓之人，运一通而殊显。多年爵禄，一旦俱休。时运至者，与时相遇。值生旺者，未必无凶。有情者通，无情者滞。有合者吉。有冲者凶。官印岁临仕途，定知进擢；食、财运遇庶民，亦许荣昌。或有少依祖父之荣，长借儿孙之贵。又有垂髫苦难，至老无依。盖因四柱之旺衰，所由大运之亨否。岂不见枯槁之木，纵逢春而不荣；茂盛之标，虽经霜而不败。时日更亏年月，定无下稍；生时旺气朝元，必有晚福。古有琢磨之玉，价值连城；世有孤立之人，自成家计。如烹炼之余而不损，岁寒之后而不凋。消息妙在变通，祸福当察衰旺。庶几知命，君子共评。

消息赋上

元一气兮先天，禀清浊兮自然。著三才以成象，播四气以为年。

以原造化之始，三命之所由生也。三命以以干为禄，谓之天元；以支为命，谓之人元；以纳音为身，谓之地元。此古人窥见造化，所以法天地而体阴阳，配四柱而成八字。此珞琭子首言之义也。

以干为禄，向背定其贫富；以支为命，详逆顺以循环。

干犹木之干，支犹木之枝。统言之，干阳而支阴也；分言之，干支各有阴阳也。十干之禄，寄十二支中，阳道顺行，阴道逆转，皆自长生而数，遇本音临官以寓焉。此阳生阴死、阴生阳死、自然之理也。以干为禄而推之，则有向背。如甲禄在寅，遇丑则谓之向，见卯则谓之背。故禄前一辰曰羊刃，禄后一辰曰禄库。经云：向禄则生。背禄则死。此所谓向背定其贫富者欤！以支为命而推之，则有逆顺。如阳男阴女，从生月顺行；阴男阳女，从生月逆行。人禀受阴阳逆顺之气，在乎干支之中，周而复始，往来循环，如寒暑之运四时而无穷者也。故曰，以支为命，详逆顺以循环。昙莹曰：干禄推之有向背，吉凶究之有浅深。背而逆者，可定其贫；向而顺者，以卜其富。然而不在一途取轨，亦有逢背禄而不贫。于是支作人元，运商徒而得失，男迎女送，否泰交居，会吉会凶。作用定矣。

运行则一辰十岁，折除乃三日为年。精休旺以为妙，穷变通以为元。

先言干支，则八字定矣。行运，乃三命之最要者。故首举其法，以示人焉。运行，则一辰十载；折除，乃三日为年。此古人立运之法也。折除要明实历之数，命有节气浅深不同，运有就生就节互异，中间或休或旺，要与八字符协。有喜生旺而恶休败，有宜休败而嫌生旺，千变万化，非达元通幽消息，以尽造化之妙，其孰能与于斯？故曰：化而裁之之谓变，推而行之之谓通。通变之理得矣，吉凶之义存焉，故能为妙为元，尽善尽美。

其为气也，将来者进，成功者退。如蛇在灰，如鳝在尘。

气、五行之气也，播于四时。如春则木旺、火相、土死、金囚、水休，迎之以临官、帝旺，将来者进；背之以休废、死绝，成功者退。五行之气，循环进退，人之行运，每居一辰，相者既进，旺者则退，当权者用之为福，不当权者用之无益。若五行，气过则退，蛇鳝皆属火类，火至囚死为土，休废为灰。巳中三兽，为蛇、为鳝、为蚓，故知蛇鳝为火，至囚死休废则在尘在灰，是土进而火退也。莹和尚曰：鳝蚓为水土之属，居尘必忧。腾蛇乃灰火之神，处灰为乐。方以类聚，物以群分，顺其所欲，则吉；乖其所趋，则凶。即物可以观造化也。人之行运，虽同一宫，而气有进退；所处不异，而命有生死。见其不可不精休旺、穷通变也。此说得之。

其为有也，是从无而立有。其为无也，天垂象以示文。

此正明五行之气，是从无而立有，故借天象五星以明之。盖播物之初，孰为之有？太极之后，谁为之无，有出于无，无生于有。在气成象，在地成形，变化见矣。

其为常也，立仁立义；其为事也，或见或闻。

五行，在天为五星，在地为五岳，在人为五脏，推而行之，则为五常，常有可久之道。《易》曰：立天之道，曰阴与阳；立地之道，曰柔与刚；立人之道，曰仁与义。人之道，非仁与义，则不能立也。《书》曰：二，五事，一曰貌，二曰言，三曰视，四曰听，五曰思。五常、五事，皆五行之变化，与人事相通。人之性情去就，见闻动静，皆不逃乎此数。或见、或闻，如金木水火土则见，而宫商角徵羽则闻；貌言视听思则见，而肃乂哲谋圣则闻。盖五行之用，至不可胜穷，非圆机明智之士，孰能精察而默识之哉？

崇为宝也，奇为贵也。将星扶德，天乙加临；木主休囚，行藏汩没。

崇者，卑之反。奇者，耦之对。物以积而高，高之为崇，在五行，上生下是也。物以无与耦之为奇；在五行，异而乃群是也。将星，月将也。德、天、月德也。天乙，贵神也。生年为本：生日为主，休囚对生旺言。人命年、月、日、时，四柱有五行，上生下有三奇，乙丙丁更带将星，德贵主本，生旺得地，所谓吉将交临，而福臻成庆，此为至贵之命。赋先言崇奇为宝贵，后言主本忌休囚、见崇奇为难遇，以主本为切要，而诸方神煞则次而言之。是知命以五行为先，生旺为上，将星德贵又神煞之最吉者欤？徐曰：崇以主本言，凡命中掌寿、掌财、掌灾福之辰，亦谓之崇。奇以禄马言，凡命中财官、印食，亦谓之奇。德者，日支德辰，即六合也。如壬寅年、庚戌月，癸卯日，乙卯时，九月将在卯，扶其生日；五行九月，金土六合，卯戌合，乙庚合，戊癸合。如此五行，各不居休败之地、则贵。似非赋义。

至若勾陈得位，不亏小信以成仁；真武当权，知是大才而分瑞。

此举水土，以例其余。勾陈为土之将，其于常也为信。真武乃水之神，其于常也为智。信也者，足以达于圣；智也者，足以撰其道。五行之用、独善于兹。得位者，戊己生七月，母在子乡。当权者，壬癸生七月，子居母家。二物同源、俱生于申故也。徐以戊己坐临寅卯、并亥卯未；壬癸坐临午巳，及辰戌丑，未下有官印、禄马、旺相、库墓为得位当权。似与赋义有背。不若只以土生四季，水遇三冬为是。

不仁不义，庚辛与甲乙交差；或是或非，壬癸与丙丁相畏。

上言当权得位，则不交差。不相畏也。若甲见庚，乙见辛，丙见壬，丁见癸。犹二女同居，两男并处，阴阳不合，不成庆也。庚辛主义，甲乙主仁以交差，故不仁不义。丙丁主礼，壬癸主智以相畏，故或是或非。若庚合于乙，辛合于甲，则刚柔相乘，仁义兼济，非交差也。若丙见癸官，丁合壬禄，则阴阳相配，水火既济，非相畏也。或以甲申、乙酉为不仁，庚寅、辛卯为不义，缘寅申庚甲之交差，卯酉乙辛之暗战；丙遇壬，则丙非、壬是；丁逢癸，则癸是丁非。子午同然，巳亥一致。凡命遇此一辰，始可言之。

故有先贤谦己，处俗求仙。崇释则离宫修定，归道乃水府求元。

仁义每乖于得失，是非常绊于荣枯，于是日用不知，曾无休息，故有先贤谦己处俗，求仙割爱，少私寡欲。或崇释以灭心之火，或归道以益肾之精，内守精神，外除幻妄，达物我非有，明色空究竟者，莫非是也。

是知五行通道，取用多门。理于贤人，乱于不肖。成于妙用，败于不能。

道无乎不在，物无乎非道。五行变化，通乎大道，何所不该，其取用不一，故谓多门。如识者取之以修定，仙者取之则求元。自非顿悟之士，岂能与此？是故贤者得之，能穷理尽性，达五行之妙用；愚者失之，终亦自昧，而无所得。能者养之以取福，不能者败之以取祸。《易》曰：苟非其人，道不虚行。

见不见之形，无时不有；抽不抽之绪，万古联绵。

见不见之形，如十干禄寄十二支，有见不见之形存焉。甲禄寅，寅为显见之禄；不见寅而见戌，以五子元遁至戌见甲戌，戌为甲之禄堂，此所谓不见之禄。甲以辛为官，辛禄酉，甲受金鸡，酉为明见之官；不见酉而见未，以天官遁甲入羊群，未上有辛，此所谓不见之官。抽不抽之绪，如阳气生子旺卯终午，阴气生午旺酉终子，阳生则阴死，阴变则阳化，子午乃阴阳化生之，始终无极也。阴极则阳生，阳极则阴生，气自子午中孚甲抽轧而出，出入无间，往来不穷，如丝绪之联绵，万古不断之义。《太元》云：见不见之形，抽不抽之绪，则日迁月变，暑往寒来，代废代兴，更休更旺，一显一晦，一缩一抽，绵绵常存，无时不有。盖阴阳五行，有见不见，有抽不抽，其理元妙，其机发泄，无物不有，无时不然，自有天地人以来，便如此，要顿悟何如。

是以河公惧其七煞，宣父畏其元辰。峨眉阐以三生，无全士庶；鬼谷播其九命，约以星观。今集诸家之要，发其偏见之能，是以未解曲通，妙须神悟。

元辰、七煞，煞之最凶。命禀五行，斯患孰逃？上古圣贤，如河上公，仙之流也；文宣王，圣之至也。犹俱畏二者，况其下乎？于是著书济世，吉凶祸福，告在未萌。峨眉仙阐以三生，非不精也；鬼谷子播其九命，非不通也。指陈元言、幽奥难测，故云，约以星观。无全士庶，三生禄命身也。九命、身命两宫，禄马二位，生年胎月、日、时也。珞琭子参集诸家之要旨，略其偏见之能，独发心得之见，著为是文，大解元义，曲通妙机，在学者神悟而变通之，斯为善矣。

臣出自兰野，幼慕真风。入肆无悬壶之妙，游衢无化杖之神。息一气以凝神，消五行而通道。

臣者，对君之称。兰野，地名，自叙所出。幼慕真风，则其志大矣。悬壶化杖，乃壶公费长房故事，称前人之至妙，悔在己之无能。外绝所欲，内无所思，息一气以凝神，消五行而通道，故著此赋，名《消息》焉。盖造化有消有息故云。

乾坤立其牝牡，金木定其刚柔；昼夜互为君臣，青赤时为父子。

此消息造化之大规模地。乾属阳，为天道、君道、夫道；坤属阴，为地道、臣道、妇道。乾以动为体，曰辟户；坤以静为体，曰阖户。乾坤立阴阳，牝牡之合，两者交通，斯五行变化在其中矣。《易》其乾坤，正此义也。仁柔义刚，金木性之所司。一阴一阳，刚柔相推。独刚而无柔，则不能生变；独柔而无刚，则不能生化。昼为刚，生变以进，夜为柔，生化以退。积刚柔而成变化，则昼夜而成进退。昼为阳以象君；夜为阴以象臣。昼夜之道，其微，有消息；其著，有盈虚；其分，有幽明；其数，有生死。一泰一否，一损一益。终始之相因，新故之相代。荣辱之所至，福禄之自来，莫不本诸此也。五行之神曰帝，东方青，帝之父；生南方赤，帝之子。青、赤之理，父传子道也。言阴阳五行之中，有君臣、父子、夫妇之道存焉。是造化之大指，通乎人伦也欤。

不可一途而取轨，不可一理而推之。时有冬逢炎热，夏草遭霜；类有阴鼠栖水，神龟宿火。

此言阴阳五行之道，微妙难通，隐奥难测，不可只一途取轨，一理而推之。如冬寒夏热此理之常，时之正也。若冬逢炎热，夏草遭霜，则非其时矣。非其时而行其令，是可以常理拘乎？鼠火龟冰，此理之有，类之宜也。阴鼠栖冰，神龟宿火，则非其类矣。非其类而居其所，是可以一途论乎？常者易究，不常者难穷，造化岂易言哉？邹子吹律，而寒谷回春；孝妇舍冤，而六月飞霜，古今纪灾异，此类甚多，不可谓非阴阳五行之变也。火鼠之毛，绩而为布；水蚕之脂，登而为俎，此世之所知也。《神异经》曰：北方有层冰万里，厚百丈，有鼠重万斤，毛长尺余，在中藏焉。通阴鼠之栖冰也。《尔雅》曰：一曰神龟，十曰火龟。郭璞赞云：天生神物，十朋之龟。或游于火。是神龟之宿火也。徐子平指冬至一阳生，夏至一阴生，为冬逢炎热，夏草遭霜。以癸禄在子为人元，丙以癸为官印；戊禄在巳为人元，癸以戊为官印，为阴鼠栖冰、神龟宿火，恐非赋义。

是以阴阳罕测，志物难穷。大抵三冬暑少，九夏阳多。祸福有若棋祥，术士希其八九。

上文言冬热夏霜，冰鼠火龟，非阴阳常理，物类相感，故云罕测难穷。此反照破上文，言时有冬逢炎热，大抵三冬暑必少也；夏草遭霜，大抵九夏阳必多矣。寒暑既有其常，阴阳可窥其奥，祸福当以理推，祺祥显以类应。术士专门论三命、五行，行年岁运遇旺相得位之运则泰，遇休囚失位之运则否。只道其常，可希冀八九中足矣。人命行年、岁运，祸福之应，如棋祥之变异，志物之难穷，挟术之士，十分之中，此理亦难希其八九。盖天地无全功，而况于人乎？亦通。

或若生逢休败之地，早岁孤穷；老遇建旺之乡，临年偃蹇。若乃先凶后吉，以源浊而流清；始吉终凶，类根甘而裔苦。

身虽逐运，必假运以资身势，须及时，亦假时而乘势。生逢壮岁，运宜处于旺乡；晚遇衰年，运恰宜于困地。是乃随宜消息，休旺自如。初生歇灭而晚岁兴隆者，源浊流清之谓也。幼年建旺而临老伶仃者，裔苦根甘之谓也。若乃较量运气，穷究根源，先察根基厚薄，兼明运限始终。虽未百发百中，亦可希其八九。大抵人命，立年为尊。其胎、月、日、时，资以次之，故曰，作四柱之君父，为吉凶之主宰，而立其年也。明运气之本，推虚实之基，而取其月。观安危之兆，察苦乐之原，而取其日。定贵贱之本，决生死之期，而取其时。辨幼荫之始，究未立之前，而取其胎。月管初主，日管中主，时管末主，年则总统之。须要终始兼济，前后相应，则富贵两全，财禄双显。无初吉终凶、始凶终吉之异矣，然而不易得也。或只中末兴隆，亦可为成实之命。

观乎萌兆，察以其原，根在苗先，实从花后。

谈命之说，以胎为根，以月为苗，以日为花，以时为实。穷根可以知苗，见花然后知实，是以圣人观乎先兆，见乎未萌，即察其根源，则知其苗裔也。徐曰：欲知运内吉凶，先看根元胜负。根元有贵，则运临贵而必贵；根元有财，则运临财而发财；根元有灾，则运临灾而生灾。其说亦通。

胎生元命，三兽定其门宗；律吕宫商，五虎论其成败。

禽分三十六位，支列一十二辰。次而布之，一辰三兽。子人鼠蝠鸢，丑人牛蟹鼍，寅人虎狸豹，卯人兔狐貉，辰人龙蛟鱼，巳人蛇鳝蚓，午人马鹿麋，未人羊鹰雁，申人猴猿猱，酉人鸡乌雉，戌人狗狼豺，亥人猪豕猯。《凝神子》云：象神者即天禄，主大富贵；不象神者，天云不录。具以形神、性气断之。胎生元命、只如甲子生人，生月癸酉，胎逢甲子，元命是同。人如乙丑金人，月居己卯，胎逢庚午，以土生全。二说并详，其意不远。或曰：以年取月，以月取胎，观三处承属，谓之三兽。有无吞啖伤形，则可以定宗门之出处。阳六为律，阴六为吕，五音总于律吕。律吕相合，分支定干，五行合为五音，是故甲己宫土遁起丙寅，乙庚商金遁起戊寅，丙辛羽水遁起庚寅，丁壬角木遁起壬寅，戊癸徵火遁起甲寅。五音皆自寅起，寅为十二月之初，二六时之首也。人之成败吉凶，由此而始。

无合有合，后学难知。得一分三，前贤不载。

道立于两，成于三，变于五，而天地之数，具其十也，耦之而已。无合、有合，如甲与己合，柱不见己而得午，缘午中有己禄。寅与亥合，柱不见亥而得壬，缘亥上有壬禄。又如，寅午戌合，柱不见寅而得甲，缘寅中有甲禄。得一分三，如甲得己为一合，得午为二合，得亥为三合，此乃得一禄而分三禄。与前见不见之形，抽不抽之绪，交相贯穿。李虚中论支干合全格：年、月、日、时胎五位，能合干支全，言子则丑在，言寅则亥在，言甲则己在，言乙则庚在。禄干五位，如带甲乙丙丁戊，自然合起己庚辛壬癸。十二支如带寅卯辰巳午，自然合起未申酉戌亥，或于子丑位有禄马加之，则十干十二支皆合全矣。徐曰：无合有合，即刑合，丑子遥己等格，得一者既见。有寅刑巳、丑破巳，而丙戊被刑破而出，则便分三而行，是三合巳酉丑也。古歌曰：虎生奔巳猪猴走，羊击猪蛇自然荣。此说亦通。

年虽逢于冠带，尚有余灾；运初至于衰乡，犹披鲜福。

年，太岁也。运，大运也。年虽逢于冠带，犹披暴败之余灾；运虽至于衰乡，犹带旺官之鲜福。此行运所以有前后五年之说，二句互文见义。

大段天元赢弱，宫吉不及以为荣，中下兴隆，卦凶不能成其咎。

天元，十干也。干以生旺为荣，若衰病死墓绝，则天干赢弱，虽所临官分之吉。如得财官、将星、天乙之类，亦不及以为荣。中，地支也。下，纳音也。中下俱临五行兴旺之地，虽八卦定分为凶，亦不能致灾。徐曰：凡命，天元临财官之地，而生不得时，本气羸弱，上下五行休旺又不相辅，虽官遇禄马之吉，亦不及以为荣。如庚辛生于春月，别位有火克金，金见寅卯甲乙为财，缘木中旺火害金，而金又不得其令，虽官属财吉，而反发凶祸之例是也。中者，人元。下者，支元。如丁以壬为官印，中下禄马建旺成庆，虽火临绝地，却乘中下之贵成。《鉴》曰：禄虽绝而建贵。《陶朱》云：绝禄亡财，不为凶兆是也。或以一吉三生属九宫，五鬼绝命属八卦。亦通。

若遇尊凶卑吉，救疗无功；尊吉卑凶，逢灾自愈。禄有三会，灾有五期。

立年为尊，其胎、月、日、时资以次之。大运为尊，其太岁、小运资以次之。若遇本命与大运德合于建旺之乡，其岁运、日、时凶而不能为咎。大运与本命争战于死囚之地，其岁运日时吉而未足为救。故曰，云云。禄有三会者，长生、帝旺、库也，其为至吉之地。灾有五期者，衰、病、死、败、绝，其为至凶之地。盖禄对灾言，非干禄之禄，当以活看。今之学者，但举三合，而以金逢巳酉丑，木居亥卯未，火得寅午戌，水遇申子辰，便是禄有三会，非也。徐言：以八字中内外三元，有最得力者为尊，即用神也。用神不可损伤，若有损伤，则虽别位之吉，不能救。若年、月、日、时内外三元虽有克战，但不损于尊者，即逢灾自愈也。更切消息所损之神，主何吉凶，害命则身灾，害妻则妻灾，害官则官失。其说有理，但尊卑字欠通。

凶多吉少，类大过之初爻；福浅祸深，喻同人之九五。

凶多吉少之命，以其休囚无炁，故不宜于进用。有类大过初爻，其《爻辞》云，初六借用，白茅无咎。六阴柔无过，人之才初在下，非有为之时，可以遁世而避位，戒人以慎之道也。夫子曰：慎斯术以往，其无所失矣。正此意也。福浅祸深之命，以五行相克而无气，非谋望进用之宜，喻如同人卦中九《五爻辞》云：同人先号，咷而后笑，大师克相遇。《象》曰：同人之先，以中直也。可见直道难行，戒人以自克之意也。

闻喜不喜，是六甲之亏盈；当忧不忧，赖五行之救助。

闻喜，以盈为言。盈者，益也。不喜，以亏为言。亏者，损也。损益之道，由六甲而推之，或以空亡为天地虚脱之辰。六阳命畏于阳官，六阴命畏于阴位，岁运行年遇禄马、贵人，在空亡，五行之亏盈相制，是闻喜不喜也。当忧不忧，是五行休废之处逢生，如木得甲申癸巳之例。假如戊申人得丁酉，暴败破碎自刑。丁酉死火，巳化为土，子传母道，甲寅人运至申上，冲刑反吟，禄马俱绝，为旺金所制，遁见壬申是干救神。术云：绝处逢父母，变灾为福是也。余见六甲五行，其说圆活，或元命八字有亏、有盈、有救、有助，或行运流年有亏，有盈、有救、有助，不可执定。亏盈者，或吉或凶之谓也。救助者，制凶扶吉之谓也。

八孤临于五墓，戌未东行；六虚下于空亡，自乾南首。

甲子旬中，戌亥为空亡，对冲为大虚，乃辰巳也。戌亥是乾金之位，在西极之北隅迤逦，甲戌甲申，自乾南首，故寅申巳亥四孤之地，辰戌丑未五墓之乡，向戌未而东行，顺空亡而逆转。或以八孤者，除辰戌丑未乃五行之墓、其余八音，孤虚之辰，孤临于墓。如申酉人，孤辰在亥，而寡宿居未。五行之墓，寄于四气之中，其气皆随月建而来，行东之戌与未乃火木之墓，木自亥生，火从寅起，火木之气，皆自寅首之东行，而钟藏于戌未之墓。如乙丑生人，以亥为六阴，正空亡，亥冲巳为六虚，亥为乾天，巳为巽地。巳乃南方之首神，或云六虚下于空亡。孤既东行，虚则西回，二者尝相对。此总论十二支中神煞之名，顺逆循环，孤虚空亡五墓，为人命之最要者欤。

天元一气定，侯伯之迁荣；支作人元运，商徒而得失。

以干为禄，故天元清秀，吉将加临，人得之而贵。以支为命，故支元纯粹，四柱比和，人得之则富。此天地之分，干支之别也。天元一气，不是一样，如今谈命者所指，以其象天，故云一气，天禄之所司也。须禄带天德官印贵食五行、四柱中兼得生旺气者，至贵。商贾之徒，详以人元。定财物之得失，须观有气、无气，当究进神、退神，故下文云：财命有气，财绝命衰。运对定而言，定则决定、运则流转，义各有所取也。

但看财命有气，逢背禄而不贫；若也财绝命衰，纵建禄而不富。

人生以财命为主，五行所克者，谓之财。有炁，谓财与命皆得寓于五行生旺之地，虽四柱背禄，使之无官，亦不至贫贱。若命与财俱无气，虽得月建坐禄，使有小官，亦不能致富贵。如庚寅木克丙戌土为财，土旺在戌，身命二木至东南，戌虽背申之庚禄，以其财命有气，故不贫。又如，甲辰生人，得丙寅火，以金为财，绝在寅辰土，至寅为命鬼，兼遇空亡、财绝、命衰，虽月建坐禄，以财命无气，故不富。前云以干为禄，向背定其贫富，盖指财伞两宫，各宜旺地。不但八字，行运皆然。徐说，以财命有气，如甲乙见巳午等月建禄；不富，如甲乙生寅卯等月。宜并详之。

若乃身旺鬼绝，虽破命而长年；鬼旺身衰，逢建命而夭寿。

破命长年，以其本命旺宫逢绝鬼者是也。如火在巳宫，值水木居寅地，逢金土到申乡遇木，金归亥中逢火。逢建命而夭寿，以其本命衰乡逢旺鬼是也。以土到寅中见木，火归亥地逢水，金在巳乡得火，火居申位逢金，俱以纳音取之五行之理。受制则夭，制物则寿。旧云：建命主长寿，破年主夭殇。故《竹轮经》云：建命未必延长，破命未必夭寿。此珞琭子所以消息也。天元论贵，人元论富，财命论贫富身，鬼论寿夭，各指其重者言之也。

背禄逐马，守穷途而恓惶；禄马同乡，不三台而八座。

禄者，爵禄之谓也。马者，车马之谓也。人命重禄马，故先言之禄马，皆可以致富贵。若禄背之而去，马逐之而散，二者俱失，所以守穷途而恓惶。背，如阴阳之相背，非所谓向也。逐，如散逐之逐，非所谓追也。如癸亥人得甲寅月，癸禄在子，寅以背之；驿马在巳，寅以刑之；前因刑而逐去其马，后因背而不能及禄，马在面前，禄在背后，向前趁马，禄又不来向后，待禄马又渐远，此与捍禄拦马相反。同乡，用日干遁禄，时干遁马，五子元求之，则可知。假令庚午人，得壬辰日，丁未时，便以丁壬庚子遁至戊申，缘庚禄午马同在申上，与本命相得尤佳。又如甲申人，丁丑月，己亥日，丙寅时，其生时于帝座上，会同禄马兼甲申、己亥、丙寅，皆禀五行清旺生气，故应晚年有非常之遇，所以位至三公，寿逾七十。徐论，以禄为官，马为财，见伤官为背禄、见比劫为逐马。如甲人生三春、九夏，天元更透丙丁、甲乙，或亥卯未之例。酉逢刃壬午、癸巳等日，柱有丁巳丙戊归禄丑巳之例，岂但守穷途而凄惶者乎。

官崇位显，定知夹禄之乡；小盈大亏，恐是劫财之地。

夹禄癸禄，即如癸丑得癸亥之例，劫、劫煞，如丁丑得丙寅岁，水以克火为财，丙寅乃自生之火，可谓小盈。丑人以死绝在寅丑，土受寅木之制，为财化鬼，斯所谓大亏也。三命以财旺为佳，人以有财为福。若值劫地，纵禄命有一、二吉处，亦不免太过。徐论，夹禄，如癸丑日癸亥时，不可本禄上为岁首，合化相害，更不可克坏天干，冲动地支，夹贵不住，走了贵气，所以福聚之地，不可有伤；祸聚之地；不可无败。五阳干见五阴为劫财，五阴干见五阳为败财。劫凶于败，其解尤著。

生月带禄，入仕居赫奕之尊；重犯奇仪，蕴藉抱出群之器。

王廷光解：生月带禄，以生月为运元，带天禄生旺之气顺行运者，主平生温厚，为福最多。举生月而生日、生时可知矣，四柱五行互相带禄，兼乘生旺之气为贵。莹和尚解：本命于生年生月日干求之。如庚子人，甲申月，但得乙未日，癸酉时拱申猴之贵也。徐子平解：未酉人秋生，丑卯人春生，辰午人夏生，戌子人冬生，四生人逢之为禄贵，须要生日支内，天元自旺，生时不临休败，行年更坐禄乡，为生月带禄。余见：以戊日逢乙巳月，壬日逢己亥月，癸日逢戊子月，干支带官禄，或年日时所坐之支，得生月干，以壬寅日得甲辰月，辛酉日得辛巳月之例，入仕定居赫奕之尊。重犯奇仪，王廷光解：乙丙丁为三奇，戊己庚辛壬癸为六仪，十干用九，而遁去其甲者之谓仪。如乙巳生，得辛巳月、日，辛为仪，乙为奇，乙以辛巳为生成官，又坐官禄、长生，学堂，二巳乃重犯奇仪。奇仪者，天地阴阳耦合、英秀之气也。莹和尚则以甲戊庚乙丙丁，法天地二仪。李仝则以子加寅，顺数至年月见本命。余观遁甲、论三奇六仪，王廷光之解为是。

第六十章　星命汇考六十

《三命通会》三十二

消息赋下

阴男阳女，时观出入之年；阴女阳男，更看元辰之岁。

男女之别，男尊女卑。阳位本男，阴位本女，今言阴男阳女，失其序矣。既失其序，则运有逆顺。大运出入之年，虑招不测之咎，阳男阴女，各得其宜。大运迁变之年，更看元辰等煞，是故吉凶悔吝，生乎动者也。行运为三命之最要；徐子平解此最详。元辰，是当生元有害官印之辰。前云出入之年，此论元辰之岁，其理无二。至于论节气之浅深，财官之向背，皆前人所未发也。

与生地之相逢，宜退身而避位。凶会、吉会、伏吟、反吟，阴错阳差，天冲地击。

此论运中所遇吉凶、祸福，生地相逢。莹和尚则以本命长生中逢鬼旺，如金逢乙巳火，土遇庚申木，火见甲寅水，木逢辛亥金。王廷光则以五行有父子相继之道，父壮则子幼，子强则父衰，子父同处，子既来矣、父已成功，自当告退，是知他生我而休，子代父位也。《易》：震为长男用事，而乾父退居西北。亦是此理。徐子平则以庚辛生人，运到申酉，以火为官禄，火至申酉病死；木为财帛，木到申酉死绝；官财俱无，即建禄不富之说也。恐非赋义。行年岁运禄马，五处皆在生旺之地，共来扶我元命，谓之吉会；共克我元命，谓之凶会。伏吟者，大运与元命相对。以阴遇阴曰错，以阳遇阳曰差。人命有阴阳错杂，人运有阴阳交差，元命与运在东南，而遇太岁在西北，谓之天冲。元命与运在西北，而遇太岁在东南，谓之地击。吉会、凶会，言运遇伏吟、反吟，阴错阳差，天冲地击，其间亦有吉会，凶会未必皆凶也。如甲子金命，伏吟，庚子土为吉，戊子火为凶。反吟，戊午火为凶，庚午土为吉。西北冲东南，主动改出入，是内冲外也。东南冲西北，虽冲而不动，是外冲内也。遇此者，皆主不宁其间，吉凶两存。阴阳错差，则纯阴纯阳，不生不成，所作多奇而不耦。或曰：天冲地击，乃天干地支，大运与元命相冲击，非专指五行阴阳绝灭之地也。岁运得此，更在反、伏吟上，则其为凶会可知。四柱寓于其上，纵贵不寿。

或逢四煞五鬼，六害七伤，地网天罗，三元九宫，福臻成庆，祸并危疑，扶兮速速，抑乃迟迟。

此皆言行运所遇之神煞也。命前四辰曰四煞，乃寅申巳亥四冲之劫煞也。命前五辰曰五鬼，乃子人见辰，亥人见卯也。或指辰戌丑未为四煞，五行遇克为五鬼。六害，寅巳之例。七伤，亡煞等神。或以一吉、二凶、三生、四煞、五鬼、六害、七伤、八难、九厄，皆是三元、九宫内诸神煞之名，岁运逢之，故多为凶。若元命，三元、九宫，五行生旺为福之臻，尚可以成吉庆，以五行为神煞之先也。若三元、九宫、五行四柱，在衰败之地，岁运又值诸凶煞，所谓祸并危疑者欤！煞扶乃速速成灾，福抑乃迟迟为庆。余以二句，并兼祸福。言扶祸则速，扶福则迟，抑福则速，抑祸则迟。徐说，元命犯辰戌丑未，大运又行到其上，谓之四煞。大运干为鬼制财克官，印与太岁同谓之五鬼。丑未生人，柱中元有丑未，更大运在辰戌丑未，却遇太岁在子午卯酉者，谓之六害。运中逢七煞，谓之七伤，如甲乙人，用庚辛为官，运在南方，或逢寅午戌巳与未，太岁是也。四煞轻，五鬼重；六害轻，七伤重；运逢之轻，岁遇之重。天罗、地网，戌人不得见亥，亥人不得见戌，谓之正天罗；辰人不得见巳，巳人不得见辰，谓之真地网。中间又分亥见戌，辰见巳，为尤重，遇之者，灾病连绵。大凡推运，须看生年太岁与运生克，生克已定，然后参诸神煞，则吉凶无不验矣。

历贵地而待时，遇比肩而争竞。互若人疲马劣，犹托财旺之乡。

孟子云：虽有镃基，不如待时。若运入贵神之地，待时数符合，则有福庆，最忌者比肩也。如比肩并行之运，必有争竞，弱者伏强，在吉凶神煞升降言之；若禄马气衰，但得禄财、命财、旺相，亦可扶持。或曰，比肩争竞，如两庚夺一丁，两丙食一戊，分擘其福，如此者交相是非。人疲马劣。本命支曰人元，兼驿马皆在，五行衰败无气之地，其所以不为灾者，以财旺。如戊午火命，驿马在申，申中金旺火衰是也。徐解：历贵地而待时，如壬辰、癸巳生人，用土为官禄，用火为财帛，而生月不居九夏，不在四季，虽历贵地，犹待四时基本，元有元无也。遇比肩而争竞，如壬辰、癸巳，更在九夏、四季，得其官禄之时，大运又在火土分野，却遇太岁在壬癸年。亥子丑亦同。或为冲刑，或为破害，主称意中夭横。人疲者，人元疲乏也。马劣者，所合之辰马弱也。如甲午生人，运行西方，午为人元属火。火到西方死绝，人疲也。甲以己为财，午内有己土，己到西方，亦自衰败，马劣也。午虽疲乏，犹赖西方金旺为财，秋金怀壬癸，亦可与己破鬼生财，此说得之。

或乃财旺禄衰，建马何避掩冲。岁临尚不为灾，年登故宜获福。

克者之谓财，寓者之谓禄，乘者之谓马。马是扶身之本，禄为养命之源。禄临贵而迁官，马临财而获福。禄财驿马兼得之，则富贵两全；偏得之，则次。或天禄虽衰，而身财犹旺，兼遇驿马来乘，纵使掩伏冲击岁运，尚不为灾。况后岁运，更在五行生旺会合丰登之处，故宜获福之多矣。掩者伏吟，冲者反吟也。假令癸亥生，得乙巳，岁遇禄，水虽绝在巳，而以水人克火为财，火旺在巳，兼巳上乘马，虽巳亥相冲，临于反吟之上，以身旺之财，不为灾咎。若岁运不相冲临，在三合、六合，五行生旺之地，又逢财遇马，可谓年岁丰登，故宜获福者欤。徐曰：此节与前意同，而理异也。如丙午人，运至西方，虽财旺而禄衰，下元建马为助，言酉中有辛合丙，则不畏掩冲，此与中下与隆不殊。前说财运掩冲，固不为忌，此论岁临运位，亦未可便言凶咎。太岁为造化之主，百煞之尊，来临压运，多凶少吉。若三元内外，五行官印有用，亦可以利见大人而成吉会。财帛有用，亦可以因贵人而发财帛。且如生日是壬午，大运是庚午，岁是戊午，此言岁运并临，亦为吉会。次年交辛未，其气不殊，官印财帛有用，其获福宜也。

大吉生逢小吉，反寿长年；天罡运至天魁，寄生续寿。

丑为大吉，未为小吉，如癸未日生人，行丑运，或丁丑日生人，行未运，不得谓之反吟，皆谓之生气。癸受气于巳而成形于未，丁受气于亥而成形于丑，故曰生逢。如六壬课发用，丁课在未，癸在丑，亦此意也。丑未为阴阳之中会，天乙贵神所临，主与本逢之则有长年之寿。辰为天罡，戌为天魁，如庚戌生人，行辰运，或甲辰生人，行戌运，不得谓之反吟。庚受气于寅而成形于辰，甲受气于申而成形于戌，皆是生气。《鬼谷子》云：罡中有乙魁里伏辛是也。前云生逢，后云寄生，义不殊也。或曰，此后八句，再明反吟吉凶，无固必之义，假令乙丑阴命男，在六月生，遁见癸未，木虽本命，生月相克合，主夭伤，却为乙丑纳音金克癸未纳音木，反寿长年。歌云：便将生月用为身，却以纳音回作命。身衰克命短天年，命往克身长寿命是也。假令戊辰阳命男，在三月生，计五岁起运。顺行五十六，运至壬戌，纳音水来生戊辰木，又三月天月德俱在壬，寄在戊上又生木，故曰寄生续寿。莹和尚曰：以下四节，并用真真印，始得其详。乙丑金印，癸未木印，壬申水印，甲戌火印，戊辰土印。长生续寿，惟寄与反，除此五干，未有知其然也。缘丑中有乙木，未上有癸水，癸水生其乙木，增长禄元，反寿长年，莫非是也。戊中有甲，辰中有壬，壬水生其甲木，续其丙火，故曰天罡运至天魁，寄生续寿。大要十干为禄，定人寿命也。

　　从魁抵苍龙之宿，财自天来；太冲临昴胃之乡，人元有害。

　　酉为昴胃之乡，从魁是也。卯曰苍龙之宿，太冲是也。支元取财，今言天来者，缘酉上有辛，卯中有乙，辛金制其乙木，故云财自天来。以其酉金，克其卯木，乙木畏于辛金，禄既被伤，人元受克，若然，酉人见卯为吉，卯人逢酉为凶。位列尊卑，刚柔断矣。徐曰：苍龙属辰，酉生人逢辰，是酉中辛金，克辰中乙木为财，用支内天元为财也。卯人运至酉金，克木而反相刑，支作人元，故曰有害。害者，是七煞不犯冲刑克制，亦偏阴偏阳也。

　　金禄穷于正首，庚重辛轻；木人困于金乡，寅深卯浅。

　　阴极生阳，阳极生阴，阴阳自然之理也。阳金生于巳而死于子，绝于寅；阴金生于子而死于巳，绝于卯。正死正生之谓重，偏生偏死之谓轻。次以阳木生亥绝申，阴水生午绝酉，阳木申深而酉浅，阴木申浅而酉深。盖寅卯指群木之情，庚辛举众金之类，申是水生之地，木曰困；寅是生火之官，金云穷也。

　　妙在识其通变，拙说犹神；巫瞽昧于调弦，难希律吕。

　　凡命运，吉凶祸福，如上所云，赋特言其大概。妙在识其通变，赋辞虽拙，而理妙应如神，设若不能通变，譬之巫瞽，昧于调弦，希律吕之和难矣。

　　庚辛临于甲乙，君子可以求官；北人运在南方，贸易获其厚利。

　　金木有相得之理，水火有既济之道，故特举而言之曰，庚辛临于甲乙，则余八干可知也。北人运在南方，则余东西可知也。言君子见小人则不然，言北人须亥子方为是。甲以辛为官，乙以庚为官，如庚辛之运岁来临甲乙之人，故曰君子可以求官，在小人反以为鬼也。亥子北方之水，巳午南方之火，以水行运至火，我克之为财，所以贸易获其厚利。或谓，壬癸之位，其卦属坎，丙丁之位，其卦属离，水归火地，运至财乡。不知壬癸是禄，巳午是命，干支不相入，如壬癸得丙丁，止可谓之禄财而已，不可以贸易言也。谈命者须当分禄命身。

闻朝欢而夕泣，为盛火之炎阳；观祸福之赊遥，则多因于水土。

此论五行之性，明祸福之迟速也。火之性暴而多伤，故钻木而烟飞，击石而光发，朝欢旋泣，今是昨非，由火传薪，莫知其极也。水土为物，其性柔和，故于祸福之端，得其迟缓之意，盖智与信也。火木性快，易发易休；水土性迟，难成难败。

金木未能成器，听哀乐以难名，似木盛而花繁，状密云而不雨。

言金者则尚木，金得用而木乃成，是以刚济柔也。言木者则尚金，木成器而金得，著仁者必有勇也。若有金无木，勇而无礼则乱；有木无金，庚辛亏而义寡。金者，西方之器也，主哀；木者，东方之物也，主乐。乐而不淫者、木遇金也；哀而不伤者，金得木也。凡此者，皆大人之命也。若明水火之归中，用乎金木之间隔，由是哀乐不能动其心，乃方外难名之人。若偏阴偏阳，似木盛花繁，偏阳之谓；伏密云不雨，偏阴之谓。见人命要阴阳两停，则为应格之命，故下文云云。又曰：金不能成器，借火以陶熔；木未能成功，假金以削刻。故乐必以哀为主，益必以损为先。木盛花繁，秀而不实；密云不雨，晦而难明。两在未测之间，拟议生矣。是故旺而不可无制，衰而不可无生，得处比和，复归纯粹。

乘轩衣冕，金火何多？位劣班卑，阴阳不定。

前论水火以相济而成庆，次论金木而为官乡，是知水贵升，火贵降，木要济柔为刚，金要损刚益柔，则互用为庆。其间独有金刚火强，不可不知也。金至坚之物，非盛火则不能革化；火至暴之物，非金无以显诸用。金火两停，方为铸印之象，故赋云，乘轩衣冕，此君子之器也，须金火两停者当之。若火多金少，金多火轻，皆为凶暴之命。金旺于西方，火旺于南方，各恃其势，则为自刑之刑，如此之命，虽日时有用，终归于位劣班卑而已，是阴阳不能定分故也。金，阴也，火，阳也。既阴阳两偏，则贵贱高卑，无所定著。况有金而无火，有火而无金，其为凶徒，又可知也。或曰，人命四柱，五行金火多者，不足贵。以金刚不能顺物，火暴而难益其生，为气不常，故君子之道鲜矣。庚人得丙，辛人得丁，纯阴纯阳，为克为鬼，是为阴阳不定，虽有出身，亦位劣班卑，不能大显。亦通。

所以龙吟虎啸，风雨助其休祥；火势将兴，故先烟而后焰。

此为上文五行相克，或未成器，合贵不贵，此又言相克相生之性，因以龙虎烟焰为喻。若五行各得其所，则如龙行雨降，虎啸风生。又如火旺，先有其烟，后有其焰。或以龙吟、虎啸二句，喻人年吉而岁运又吉。若初凶后吉者，必不然。譬若火之始然，先烟而后焰也。盖烟生于火而能郁火，烟以有气未通为义，岂非火外景而内晦，烟达而后生，不犹人之始凶终吉者哉？徐解：龙吟虎啸，当以戊辰、甲寅，其说甚详，不然但遇寅与辰相得，亦得先烟后焰明，阴阳气顺有次序，此与其为气也不殊。终非赋义。

每见凶中有吉、吉乃先凶；吉中有凶，凶为吉兆。

此本上文，言吉凶相为倚伏。如前论，从魁抵苍龙之宿，财自天来，吉。也是酉中辛克辰中乙木为财，辰乃水乡，复能夺辛金之官，论财却不缺，而失官为凶，太冲临昴胃之乡，人元有害，凶也。却木用金为官，酉则不背官禄，凶中反吉。赋意始于说运，次议五行，之后再详言之。又如火人，行水运，则是七煞，凶也。或用水为官、吉也。水行巳午，运南方，获利为财，吉也。却下有戊己七煞，凶也。如此极多，要学人深造，变通以根本，取最重者言之。昙莹曰：吉凶之相，仍祸福之相因，阴阳之常理也。世固有吉人凶于吉，凶人吉于凶者，君子所不道也，亦道其常而已。凶若胜吉，吉蕴凶中；吉若胜凶，凶藏吉内。驳杂生于纯粹，比和出于战争，故曰吉中有凶，凶为吉兆。

祸旬向末言福，可以迎推；才入衰乡论灾，宜其逆课。男迎女送，否泰交居；阴阳二气，逆顺折除。

此言灾福吉凶，由于行运。祸旬向末，如见凶运十年，终满前交吉运，若当生年月气深，或行年太岁扶助，向禄临财，不须待交运，只在此运末，便可迎祥而推之。才入衰乡，人命久历福地，方交背禄财绝之运，然未可便以凶言，是论灾于逆课也。男迎女送，阳男阴女，运顺行也。一运十年，更分前后各五年，凡入吉运，得节气深，男迎者，前五年发福；女送者，后五年发福。或曰：男详大运，初入之年，迎何灾福，故云迎。女详大运，将出之年，送何灾福，故曰送。男迎女送，否泰交居，作一义看，迎吉送凶，迎凶送吉，是否泰交居也。阴男阳女，阳男阴女，依逆顺行运折除，即前折除三岁为年也，看新旧运上有何吉凶，以运数言。昙莹曰：此论行运，各指长生，次于衰地，如金生于巳而衰于戌，戌上男顺行于死囚休废，女逆行于帝旺、临官；次如巳上男顺旺申酉之乡，女逆困于寅卯之地，故云祸旬云云。阴阳二气，盖言小运，乃年之气也。大运是月之气也。日干为运，月支为气，小运则从生日后交；大运则论其气而过二气，运行由我命者也。故曰阴阳二气云云。

占其金木之内，显于方所分野；标其南北之间，恐不利于往来。一旬之内，于年中而问干；一岁之中，求月中而问日。向三避五，指方面以穷通；审吉量凶，述岁中之否泰。

此言运行东西南北、金木水火之乡，有利、不利，兼岁中否泰言也。王氏曰：木火金水，乃四方专一之气，各擅方所分野。如春之辛卯、夏之戊午、秋之癸酉、冬之丙子，四方各抱自旺之气而不可相犯。故五行旺气，取仲一辰谓之曰虎煞。如东方之木，往西方逢金；南方之火，来北地遇水，所谓煞忌四仲，物禁失道，曰君曰父，不可两亡；以其相克，往必不利。若五行衰绝无气，逢相冲往来，则反互用为福。如乙亥火得癸巳水，火至巳而旺，水至亥而旺，互换逢旺，往来何伤？壬寅之金，为臣不强；庚申之木，事君不暴，独占一隅，奚有造化？盖禄旺贵其自亨，患难欲得相救故也。一旬之内，于年中而问干，以年之干，则有以知。甲之所寓，于是同旬之生也。一岁之中，求月中而问日，谓一岁之中则有异者，阴阳男女之命也。求于月而问日者，欲知节气、日数以定几岁，为行大运之法也。运之行也，宜向三元生气、避五鬼绝路，指陈方面，穷通阴阳，观禄马之向背，大运之盛衰，由此以审吉凶。不出指顾间，能述岁中之否泰。或以生炁、福德、天医为向三；绝体、游魂、五鬼、绝命、本宫为避五。徐曰：占，读去声，看当生岁月所占。如木用金为官，在阳命男运，出未入申；阴命男运，出亥入戌，是向禄临财于金木分野之际。如金用木为财，阳命男运，出丑入寅；阴命男运，出巳入辰，是向禄临财在木火方所之中。更加太岁、月令、气候扶同言之。标，对本言，又有标准之义，则是命基本也。南者向明而往也。北者向北而来也。此言运气出入动静，或吉、或凶，不可驳杂。或遇交运之年，不可轻举。一旬之内，于年中问干，是月中求日也。一岁之中，求月中问日，是年中求月也。向三、避五，是岁中求吉，利方所也。凡坐作进退，向吉避凶，莫大于此矣。一旬，十日也；年中，生日也。凡在一月之中，一旬之内，将生日天元配合而言，则知其日中休祥，定立生日为主也。一岁之中，取月令以生克配合而言，则知其月中休咎也。且如人生得地，须太岁为尊，是一岁之中求生月带禄、或官印，原有原无，是月而问日，乃看命总法也。

壬癸乃秋生而冬旺，亥子同途；甲乙乃夏死而春荣，寅卯一揆。

此言人命有生旺、死绝，而行运所值，有宜与不宜，通指五行言也。庚为众金之主，故居申而生水，水归亥子，冬天而旺，壬为聚水之源，故居亥而生木，木归寅卯，春天而旺。甲为群木之首，故居寅而生火，火归巳午，夏天而旺。戊为众土之尊，故居巳而生金，金归申酉，秋天而旺。壬癸、亥子一类，水也，水生于申而旺于子；甲乙、寅卯一类，木也，木旺于卯而死于午，故壬癸秋生而冬旺，甲乙夏死而春荣。

丙寅丁卯，秋天宜以保持；己巳、戊辰，度乾宫而脱厄。

此指纳音言也。丙寅、丁卯，炉中火，火之旺也。至秋宜以保持，以火至秋而死，况他火乎？己巳、戊辰，大林木，木之盛也。度乾宫而脱厄，以木至亥而生也，况别木乎？又丙寅、丁卯，举火之类，火既克金，秋天保持者，何也？言水生于秋故也。己巳、戊辰，举木之类，木既生亥，乾宫脱厄者，何也？言亥有乾金故也。明五行休旺之道，造化自然之理，或元命、或行运，或流岁，皆宜慎之。

值病忧病，逢生得生。旺相峥嵘，休囚灭绝。论其眷属，忧其死绝。

值病忧病，以休囚灭绝为言。逢生得生，以旺相峥嵘为义。值病忧病者，五行病中逢鬼是也。木值辛巳金，火值甲申水，土逢庚寅木，金逢乙亥火，如此之类。休囚灭绝，逢生得生者，五行生处逢生是也，木临癸亥水，火得庚寅木，水值壬申金，金逢丁巳土，如此之类。旺相峥嵘，或值之于当生，或逢之于岁运，更看始终，随宜消息。五行生我者父母，我生者子孙；克我者官鬼，我克者妻财，比和者兄弟，忌在空亡死绝之地，忧居、休囚、衰败之乡，随眷属所得言之。此总论五行生乎天地之间，寓于十二支内，有长生、沐浴、冠带、临官、帝旺、衰病、死、墓、绝、胎、养，内有四吉、四凶、四平也。

墓在鬼中，危疑者甚；足下临丧，面前可见。

墓在鬼中，乃五行墓中逢鬼，如金畏己丑火，木防乙未金，水患丙辰土，土忌戊辰木，火怕壬戌水，如此之格。或行乎岁运，主危疑之甚。足下临丧。以命前二辰为丧门，如辛亥人见己丑，既入墓又临丧，乃足下同为祸。面前可见，言其凶速也。若太岁、诸煞、大、小运临之，忧其不测之灾，防有外服之象。

凭阴察其阳祸，岁星莫犯于孤辰；恃阳鉴以阴灾，天年忌逢于寡宿。

中华传世藏书

钦定古今图书集成

精华本

古今图书

星命篇

三〇〇〇

寅卯辰人，巳为孤辰，丑为寡宿。其寅辰为阳之位，丑巳为阴之位，故曰凭阴察其阳祸。岁星莫犯于孤辰；巳午未人，以申为孤辰，辰为寡宿，未巳为阴之位，申辰为阳之位。故曰恃阳鉴以阴灾。天年忌逢于寡宿，天年，犹小运也。岁星、犹太岁也。阳以孤辰为重，阴以寡宿为重。徐曰：阴以阳为对，阳以阴为耦，言阳则未尝无阴，言阴则未尝无阳，故凭阴可以察阳，恃阳可以鉴阴。岁，星者，太岁也，不可在孤辰之上。假令寅卯辰人，遇太岁在巳，寅人勾绞，卯人丧吊，辰人谓之控神煞，又谓之邀神煞，主阻碍抑塞。天年，亦太岁，不可在寡宿之上，如寅卯辰人，遇太岁在丑，辰人勾绞，卯人丧吊，寅人谓之窥神煞，又谓之迫神煞，主人窥窃、逼迫、陷害。或三元克我，岁运不和，是五行禄马为害之年，为凶尤甚。

先论二气，次课延生。父病推其子禄，妻灾课以夫年。

五行相生为父子，其为传受之气，青赤等类是也。阴阳相制为夫妻，其为交合之辰，支干等类是也。假令金病，无疑畏火，急求水以救之，以金生水为子，能克火故也。又如金之灾者，恐值火也，且看火之休旺何如，此乃救解二法，最为详要。徐曰：二气者，阴阳也。延生者，命运也。先别阴阳，次分命运。父病二句，是明阴阳进退之象也。假令庚辰人，十月生，庚金病于亥，是父病也。庚生壬为子，壬禄在亥，是子有禄也。庚以乙为妻，大运到巳，乙木病于巳，是妻灾也，而庚金复得延年，五行俱如此类。如壬癸日生人，以庚辛为父，行亥子运，金病死亥子，主父母灾，或丁忧。丙丁日生人，以庚辛为妻，行寅卯运，金绝寅卯，主妻灾或丧偶。又如丙寅人，大运至戊申，火虽病，而丙寅为戊申之父。土至申长生，子禄既生，父承子禄之荫，虽病亦不至死。如丁卯人，行运至甲午，火克金为妻，金至午而败，可谓妻灾。丁卯火旺于午，又逢天禄，金火相得，阴阳相合，虽五行妻灾，以夫年旺而不为凶。盖父子一体相关，夫妻二体同居，是人之至亲骨肉也。故观其夫子之中，遇凶神恶煞。当刑伤父母、妻子，则父病必深，妻灾必重。

三宫元吉，祸逢可以延推；始末皆凶，灾忽来而迅速。

三宫，乃禄、命、身；三元，长生之宫。四柱同居是宫，逢禄马、贵人，五行生旺，谓之元吉。虽行年岁运逢凶神恶煞，欲为之祸，亦迟延而不至于夭折三元。五行无气，加以岁运凶神恶煞来临，是始末皆凶，其祸之至，迅速而不可救。徐曰：前论阴阳始终，此说人命吉凶，如命内天元、人元、支元内外，岁月时中值贵禄不居休败，是根基主本，三元元吉，或值行年、太岁、运命乖危之地，然亦可以推祸以迟延也。若三元内外，虽有禄马、贵气，却八字中冲刑、破害，不唯有贵而不贵，又终为凶人之命。如遇吉运，则防因福生祸；遇凶运，则灾忽来而迅速。二解同一义也。

宅墓受煞，落梁尘以呻吟；丧吊临人，变宫商为《薤露》。

命前五辰为宅命。后五辰为墓煞。劫，煞灾；煞，岁煞也。命前二辰为丧门。命后二辰为吊客。人，人元也。古之善歌者，有绕梁之声；善唱者，合宫商之曲。今易以呻吟愁叹，变为《薤露》挽歌，则丧吊临门，宅墓受煞故也。其或太岁、凶煞临并，大、小运限刑冲，必致凶祸，切宜预备。或宅墓二位，若遇逐年太岁、丧门、吊客；黄幡、豹尾、太阴、大耗、将军诸恶煞入宅，一主呻吟，二主忍痛，三主分离，四主哭泣，此为四声入宅。或云，移居避舍，可免。此言流岁所遇之凶煞也，人命原有，尤重。

干推两重，防灾于元首之间。支拆三轻，慎祸于股肱之内。下元一气，周居去住之期。

干推两重者，干为天元。以象元首。遇德见贵者，吉；逢煞值鬼者，凶。天元两值受克，如甲子生，得庚午月，加以庚午日，谓之重者，干不胜重克故也，防灾于头、目、胸、背之间。支拆三轻，支犹人之支节，主之于命带三合、六合者，吉；逢四冲、三刑者，凶。支辰三刑逢伤，如辛酉人，得庚寅月，丁巳日，戊申时，谓之轻者刑，不至于本命故也；慎祸于腹脏、股肱之内，或以三合逢伤，亦通。下元一气。纳音是也。其主宰五行，逐干支迁变而成否泰，其灾祸不拘元首、股肱，故云周居去住之期。夫干推两重。况三乎？支拆三轻，况两乎？此干支轻重之别也。或曰，此论十干遇大运，在本年上值干，反克太岁，干克名为鬼临头，患头面之疾。十二支辰，若身命逢生死，旺五鬼，须有四肢腰脚之疾，比于干为轻也。复言气运，《陶隐居歌》曰：甲己五年乙庚四，丙辛三岁丁壬二，戊癸须从一岁推。又有纳音行运气，相生福德相克凶。五行恭顺皆如意，金人遇金犯凶祸，木人见木营求遂，水人值水主动摇，运气顺逆顺还记。假令癸酉男命，三月生，三月建丙，辰便从丙辰起三岁，丁巳土二岁，此五年纳音是土，别无刑克。戊午住一年，己未住五年，此六年纳音是火，金遇火，凶。庚申上四年，辛酉三年，此七年纳音是木，自十二至十八，主营求称遂。余仿此循环数之。或一宫住五年，或住一年，故云去住之期。大运住在旺乡，设使吢有相制，则不能为害。

仁而不仁，虑伤伐于戊己。至于寝食侍卫，物有鬼物，人有鬼人，逢之为灾，去之为福。

甲乙，木五常为仁，今反言不仁，以其克戊己，凶也。如甲见戊，乙见己，偏阴偏阳为克为伐，为孤为背，则五行为不仁也。若甲见己，乙见戊，刚柔相乘，两得其所，未可以不仁言也。赋中举甲乙戊己为例，其余五行可以例求。五行变化，与人事相通。至于寝食侍卫，皆不外于仁而已。五行，我克之谓财，克我之谓鬼。譬之辛卯人，遇丁酉。辛禄在酉，逢丁为辛之鬼，是之谓禄头逢鬼，物有鬼物。命支属木，酉支属金，金来克木，是之谓人元受克，人有鬼人。格局中类此者，运逢之则为灾，去之则为福。或曰：君子晨兴暮寝，常宜摄卫护持，其或食息弗调，动过生灾，于是合中逢鬼，吉内藏凶。虽或人情所为，亦被阴阳所宰然也。寝食，言调养之至切也。侍卫，言左右之至近也。此二者，甚不可轻忽。以物中有鬼物，人中有鬼人。吉凶之变，自近及远，为速之甚也。且如戊见甲为不仁，或岁月时中见庚辛则为仁。谓戊食庚，庚来制甲，或见己亦为仁，谓己合甲，能侍卫甲也。戊逢甲，木不仁为灾，有庚己寝食侍卫，是谓去之为福。

就中裸形侠煞，魄往酆都，所犯有伤，魂归岱岭。

就中，是本上文鬼物鬼人言。就中所遇极重者，五行沐浴之地，谓之裸形。如本音沐浴，大运逢之者灾。水土人，运在酉；木人，运在子；火人，运在卯；金人，运在午，鬼谷子谓之波浪限。侠煞者，元辰七煞也。如人运在沐浴之上，与太岁并者，灾。或当生岁时原有所犯之神，则魂归岱岭，魄往酆都，此至凶之名也。或云：侠煞，拱七煞也。裸形见煞，尤为不吉。午乃辛煞，酉乃乙煞，子乃丁煞，卯乃己煞。假如辛巳日，乙未时，是裸形侠煞。余仿此。或以甲子金人，得戊午岁，金裸形在午，加以戊午旺火，夹带自刑，反吟灾煞，破甲子之命。如此，则所犯有伤。

或乃行来出入，抵犯凶方，嫁娶修营，路登黄黑。

行来出入，动作施为也。嫁娶修营，乃动作施为中之大者。吉凶悔吝，生乎动，故君子慎焉。珞琭子既谈三命五行，又述出入方所，当避四魔、五鬼、六害、七伤、八难、九厄为凶。方一德二生为吉方。取逐年、太岁、神煞看之，行黄道为吉、黑道为凶也。或曰：此论人运气，自运元而行来出入吉凶之地、遇五行相克相生，有嫁娶修营之理。五行，我克之谓妻，妻在五行生旺之地则可娶，娶之则为助。克我之谓夫，夫在五行生旺之地，则可嫁，嫁之则为福。言出于夫妇，可以成嫁娶之义也。修营者，言五行虽有正性，两间有不常之变，是以君子修德、营生，以待时而已。路登黄黑，指运元、月建，上行黑道；十午顺行至除满，上行黄道。如运到黄道，凡事皆利；运至黑道。凡事皆塞。凡人修为动作，进退向背，莫不本乎阴阳体合，运气吉凶，俱不能逃。

灾福在岁年之位内，发觉由日时之击扬。五神相克，三生定命。每见贵人食禄，无非禄马之乡；源浊伏吟，惆怅歇宫之地。

凡说岁中休祥，专看日时与太岁生克、刑冲言之。生日为妻，生时为子。日时与太岁和合，及财物有用无诸坏者，依事物而言之。如太岁与日时相刑，或六合、三合中有元辰、七煞者，凶。亦看类而言之，故下文云云。或曰：岁年，指太岁行年。言凡人命遇流年、岁君，凶则为灾，吉则为福，皆由五行中日时之激扬、响应于岁位。五神者，五行也。三生者，三元也。凡观人命，须究根基，用三元定宫，以五行相配。此法以日时、禄马五子元求之，或相生于本命建旺之乡，或驳克于当生灭绝之地。至若运限加临，必有吉凶之兆。凡遇五行而造化灭绝、空亡，更逢运限、刑冲，恶星交并，主多忧少乐，必招夭殒，惆怅呻吟，故号歇宫之地。或指惆怅为煞名，子人见亥，卯人见寅，午人见巳，酉人见申。指五神为绝体、游魂、五鬼、绝命、本宫。三生为生气，天医福德。此以上谓出入、嫁娶、修营之法，非三命之说。谓用太岁五行之位内，看其灾福，亦须择吉日、吉时，乃可用事。其说亦通。

狂横起于勾绞，祸败发于元亡。宅墓同处，恐少乐而多忧；万里回还，乃是三归之地。

神煞者，天地五行精气也，各有所主吉凶。谈命者先推五行休旺格局，然后参以神煞、观其事类。阳命以前三辰为勾，后三辰为绞；阴命以前三辰为绞，后三辰为勾。或交临运限，乃招狂横之灾。元辰、亡神，二煞名。更值当生凶煞，岁运刑星，多因官事勾连，无端营绊；加以宅墓同处于勾绞、元亡之上，尤凶。譬癸亥生，前五辰见戊辰，乃水之墓，流年岁运若带煞来、同处其中，是宅墓同处也。三归者，乃辰戌丑未，此云三丘，亦云五墓。万物归根复命，反本还元。凡此四辰，以应回环之象，或以三元、五行归宿之地为三归。如甲子人，得亥年，为木禄之一归；得申月，是水命之二归；巳运，是身金之三归，皆指三元本音长生之位而言。

中华传世藏书

钦定古今图书集成

精华本

古今图书

星命篇

三〇〇四

虽身客万里长途，将有回还之理也。徐曰：勾绞，不可在元命、日时二运之上，更或与元辰、七煞并者，尤凶。宅墓，如戊子生、遇辛未太岁，亦须未子日上有日时或大运同宫者，则重，主不利阴人，小口家宅。此言大运在十二辰之间，顺逆回环在三元、本禄、本财、终宿之地，遇此者，优安享福。

四煞之父，多生五鬼之男；六害之徒，命有七伤之事。

此专论骨肉。四煞，指劫灾天地言。或以辰戌丑未为四阴煞。五鬼，乃子人见辰，丑见卯，寅见寅，卯见丑，辰见子，巳见亥，午见戌，未见酉，申见申，酉见未，戌见午，亥见巳是也。三元受伤于年，养子乃是五鬼之男，反制受克，不和顺也。六害，子穿未等例。十二支不顺，命值一两重。六害或展转，凶煞并冲，如此之人命，有七伤之事决矣。七伤，乃害六亲及本身也。或以四煞，专指四劫。五行生于四孟，生者，万物之父，五行克我者为鬼，人所遇生败旺死绝五变者是也。譬之甲申自生之水，为木人劫煞之父，而生庚申木为子，甲乃庚之父，至申而绝，逢庚为鬼，加以丁亥，因为甲申之六害如此，则命有七伤之事矣。七伤，亦神煞名。观赋前云或逢四煞、五鬼、六害、七伤可见。

眷属情同水火，相逢于沐浴之乡，骨肉中道分离，孤宿尤嫌于隔角。

此合上文言也。沐浴煞，长生第二位，子午卯酉是也。孤辰、寡宿，已论于前。隔角，寅申巳亥是也。有人命逢沐浴相克，又孤辰、寡宿临于隔角之位，如卯日丑时，丑日卯时之例。丑者，北方之煞；卯者，东方之神，其趣不同眷属，情同水火，言不相合也。分离则又甚矣。

须要明其神煞，轻重较量。身克煞而尚轻，煞克身而尤重。

五行所司者，命也。论命，必先之以五行、四柱格局，次论神煞吉凶，可以较量祸福之轻重而已。先论五行，见根基之厚薄、分格局之高下，二者相参，庶不差误。神煞，上文勾绞、元亡、孤辰、寡宿、隔角、沐浴、宅墓、丧吊、伏吟、反吟、三归、四煞、五鬼、六害、七伤等名是也。禄马、财官、印绶、食神，乃五行生克正理，不可以神煞名之。身，指岁干言。或以岁干支纳音，言吉凶神煞；或得于日时之间，或逢于岁运之内；但以煞克身而重，身克煞而轻。更要随五行、四柱格局，详察消息。

至于循环八卦，因河洛之遗文。略之定为一端，究之翻成万绪。

《珞璩子》言：三命五行，不外九宫八卦，循环推究，便有许多道理出焉。此非臆说，乃因《河》《洛》遗文而为之也。始出一端，《易》有太极是也。终成万绪，变六十四卦、三百八十四爻、吉凶悔吝，不啻万绪而已。一端万绪，在学者略之究之。或曰：略之，定为一端，即元一气兮先天也；究之，翻成万绪，即赋中所说五行、三元、运气、行年、禄马；贵德诸吉凶神煞是也。

若值攀鞍践禄，逢之则佩印乘轩；马劣财微，遇之则流而不返。

数起于一而终于九。九者，究也。究穷数之终，而极于九。九者，九阳太过，穷极生化之数也，人贵贱成败之理，莫不由之于数而已。譬癸酉生，壬戌月、丁亥日，庚子时，坐天禄，月、日、时中纳音水土，得三阳生旺之成数；阴生命，三辰会禄，马攀鞍之上，斯命也，必致身午贵显，故曰若值云云。如乙酉生，丁亥月、己卯日，丁亥时命，亥月虽乘水马，遇丁亥土克之为鬼，卯日虽坐天禄，以水土俱死于卯，而遇身鬼冲破本命，所谓禄马反以为鬼灾矣。禄马既失，必得身财为资，如水以火为财自绝于亥，生月日时，皆临三财死绝之地，此五行之穷数也。虽有禄马身财，尽为鬼物所夺，纵使得运，以数之终穷休败，飘荡无归，故曰马劣云云。或曰：马前一辰为攀鞍，马后一辰为鞭策。攀鞍有位，与天元带合者，人得之贵也。须要加临吉将，岁运资身，更于旺相之宫，始可言福。驿马微劣，财命休囚，则涂炭辛勤，终身难立。此以四柱临之，定主飘蓬。

占除望拜，甲午以四八为期；口舌文书，己亥慎三十有二。善恶相伴，摇动迁移；夹煞持丘，亲姻哭送。

此论行年大、小运，由之于数，数有奇耦之变，吉凶自此以生也。甲午生人，三十二，小运丁酉，金家旺乡，乙丑太岁，本音正库，又逢驿马入宅，天乙加临，故占除望拜之喜。己亥生人，三十二，小运丁酉在吊客，太岁庚午在死乡，仍为六厄之宫，三元受克，故有口舌文书之患。又岁运交宫，当须意会；吉凶相伴，祸福交攻，未有不因迁变而兴。故云善恶相伴，摇动迁移，则吉凶悔吝生乎动者也。辰戌丑未，谓之四煞，亦云三丘之地，各以五行、五墓。假令己巳木命，得乙未日生，此是本家三丘，又加以羊刃，故曰夹煞持丘，危疑者甚。自行来出入，止夹煞持丘。此一节文，亦备阴阳地理、三元九宫之例。用游年太岁，决其灾福，非尽三命之理，兹不尽述。

兼须详其操执，观其秉持。厚薄论其骨状，成器借于心源。木气盛而仁昌，庚辛亏而义寡。

此言虽用五行定命，见其贵贱灾福，虑有特杰非常之人，似冰鼠火龟，难穷罕测之资，则三元五行不足以尽之也。兼须详其操执，秉持骨状、心源，则视其所以，观其所由，察其所安，心术制行，两得之矣；相貌德行，互见之矣。人焉廋哉？人焉廋哉！此珞琭子观人之法，而有合于吾儒之论也。麻衣有心无相，相逐心生；有相无心，心随相灭，亦是此义。甲乙木主仁；丙丁火主礼，戊己土主信，庚辛金主义，壬癸水主智。本盛则仁昌，金亏则义寡，余皆象事知器，占事知来，此以五行配五常，定人之器量也。

恶曜加而有喜，拟其大器；福星临而祸发，以表凶人。

修之于身，其德乃真，故曰，忠孝仁义，德之顺也。虽临诸煞，反为权星；富贵而骄，自贻厥咎。故曰，悖傲无礼，德之逆也。善不失善报，为恶自招殃。此珞琭子深戒之也。拟、表二字最有味。恶曜宜加祸，而反有喜，非大器之君子不能也。盖器识远大之人，忠孝仁义，慎礼守法，祸焉能干？故曰拟。其福星临宜喜而反有祸，乃小人恃命而妄作也。不忠不孝，不仁不义、悖逆无礼，祸焉能逃？故曰以表。《语》曰：凶人凶其吉，吉人吉其凶。此之谓也。此承上文操执、秉持骨状、心源而言，君子小人见矣。

处定求动，克未尽而难迁；居安问危，可凶中而卜吉。

此珞琭子教人求名谋动，趋吉避凶之道也。天命在德亦当论克我、克彼。我克彼则为权，彼克此则为鬼。是克是财，不克不食。所谓处定求动，克未尽而难迁；行年岁运，五行来克本命为官，不能迁动，宜守静以待之。又如士人问功名，不冲不克，则难以发越；居安问危，可凶中而卜吉者。君子居则观其象而玩其词，动则观其变而玩其占，是以自天佑之吉无不利。且吉凶祸福之兴也，非圣人，孰能察于未萌之前哉？若能趋吉避凶，居安虑危，亦庶乎其无咎矣。

贵而忘贱，灾自奢生；迷而不返，祸从惑起。

君子见天命，而不敢求福于天；小人慢天命，而不知正福于己。贵而忘贱，迷而不返，不能居安问危，而专处定求动，是以灾自奢生，祸从惑起，至于亡身败家而不悔，不亦深可哀哉？奢是穷极纷华，惑是耽荒酒色，此二句真格言也。

殊常易旧，变处为萌；福善祸淫，吉凶异兆。

动静为利害之枢机，智虑乃祸福之门户。术不可不慎，机不可不察。小人不知天命，不守常道，轻生易物。则祸淫由此而始也。君子得时而动，失时而守，体天行道，畏于轻动，则福善由此而生也。《易》曰：吉凶悔吝，生乎动者也。又曰：吉凶者，得失之象也。积善之家，必有余庆；积不善之家，必有余殃。又曰：知进退存亡之道，其惟圣人乎？此珞琭子篇终之大戒也。

至于公明、季主，尚无识之文；景纯、仲舒，不载比形之妙。

管公明，司马季主，郭景纯，董仲舒，此四贤者，探天人之奥，原性命之理，穷阴阳象数，知未来吉凶。尚无变识之文，不载比形之妙。言造化深隐，不易度量。珞琭子，不知何时人。观其赋，自云出自兰野，又称及于郭景纯，疑六朝时人，梁昭明其近之，昭明所居，乃兰陵之野也。或谓周灵王太子子晋，则诬。

详其往圣，鉴以前贤，或指事以陈谋，或约文而切理，多或少剩，二义难精。今者参详得失，补缀遗踪，规为心鉴，永挂清台，引列终编，千希得一。

凡论五行，离道者非也，离世事者，非也，离人物者亦非也。或约文而切理，或指事以陈谋，于中神煞交参，吉凶互体，是知五行通道，志物难穷，流布其间，岂云小补？珞琭终于此谈，言是赋之作，详往圣之遗文，鉴前贤之得失，文博而言约，道妙而义深，显仁藏用，乃五行三命之指南也。后学者从而发明之，使聩者聪，瞽者明，历百世而无穷，统一性之常在。观其始末，通神合变，纵横之论，皆不溺于他术；戒谕之言，多有合于至道。若珞琭者，岂非圆机之士，高尚之流也哉？

第六十一章　星命汇考六十一

《三命通会》三十三

通元子撰《集珞琭子赋》注

金逢寅午戌方吉，丙戊己午喜庆德。甲乙寅卯是财神，壬癸润下为伤克。

庚用丁官，辛用丙官，喜丙丁，爱寅午，戌利巳午未火旺之地，向禄、临官。辛巳、庚午为贵，假如庚申、辛酉、庚午、辛未、庚寅、辛卯、庚子、辛丑、庚辰、辛巳、庚戌、辛亥，此十二宫命。金家以火为官，木为财，火到申酉亥子丑无烝，木到申酉戌子丑气衰，是财命无气，贫贱之命也。若生月日时遇旺相，坐午巳寅位之地，可为贵命；若不遇火，非贵命。见壬癸亥子水者，为背官背禄，不成庆也。得寅午戌全，为官神入局；天元戊癸全，为化火官局；地支巳午全，为暗官局，更遇木神辅助，并为上局。柱有壬癸亥申子辰水，喜遇戊己，克水为救，又为印贵，见甲乙寅卯亥为财，未为财库，无刑害，财库受实，可作发财断之，背禄不逢官印贵地，只遇木旺，商徒发财之命。

壬癸四季巳午荣，戊己荣官财丙丁。甲乙曲直皆凶地，庚辛印显附龙鳞。

壬癸者，真水也，喜戊己辰戌丑未巳午方吉。盖壬用巳官，癸用戊官，巳午官禄之地，四位之土，皆历自旺之乡。四五月上旬、六月中上旬、及三月下旬生，官有气乃能成庆。水以土为官位，若遇甲乙亥卯未寅木破其官，克害轻者，则官卑名微；克害重者，不得共官。得庚辛金神旺相，可为助救，反主贵。

火喜辰申亥子宫，壬癸官旺土孤穷。戊己退神甲乙进，金财荣显禄兴隆。

火见壬癸，盖丙用癸官，丁用壬官，真造化既济之道。见亥子为正官位，丁猪丙鼠为贵神，辰申亥子以为贵。逢土为六害，无救则贫。再逢甲乙旺相为救，庚辛

巳酉丑为财，禄命也。

土值寅卯未亥局，甲乙荣官金破禄。庚辛背禄爱丙丁，壬癸辰中长享福。

戊己值亥卯未为贵。戊寻玉兔已猪头为贵命。又逢旺禄旺官之方，遇庚辛巳酉丑辛戌，则破禄不贵，四月、八月尤重。得丙丁为救神，且如戊见丙，己见丁，未不能救，谓之偏阴偏阳。若戊见丁，己见丙，方是救神。或生七月、八月，火死囚无焰，不能救，见亥子辰为财库，主发财。少木一宫，亦可例见。喜巳酉丑申辛庚，恶丙丁炎上火局，爱壬癸亥子为印救助，戊己辰戌丑未为财。

贤达之人明此诀，愚昧之人迷转盛。

凡论命，先明天干，后论地支，并纳音为九宫，三元分为天、地、人三才。论五行四柱，遇一阴一阳之谓道，偏阴偏阳之谓疾。

戊己甲乙木格停，生旺官贵帝王临。

戊己若逢支干木气旺相，或见己亥、癸亥真长生官星，主极品贵。生月再旺无刑冲，富贵双全。看轻重言之。

壬癸戊己土旺方，大材分瑞上格详。

壬癸见戊己辰戌丑未土，巳午月生，土旺相为贵。

庚辛冬至一阳生，丙丁生气福如林。

庚辛生人，冬至后一阳生火，有暖气，木渐到旺，能生丙丁之火，为官为禄。

丙子夏生一阴长，亥子壬癸偏官乡。

此明水火有功，既济之象。如夏气浅则发早。夏至一阴长，水渐旺，故官禄生旺也。

六甲生人在寅月，建禄不富无差别。

六甲生人，正月建丙寅，是生月带禄，为克妻绝嗣、贫贱之命。甲以己为妻，用辛为官，星为子，皆绝于寅，谓之金绝土囚之地，禄马妻子皆绝，不为贵气。若用丙寅为食神有气，须是甲人见庚申，乙人见辛或酉戌，却在七煞，鬼旺之地，得寅生火，鬼降伏化官为贵。

乙人辛多酉月生，鬼旺身衰带疾侵。

乙人见辛，为干头见鬼，名为七煞。乙人见酉，身居白虎无气之地，又遇七煞克身，岂无疾患？甲人见庚与同，其人若不带疾，须寿夭。

词馆学堂主科名，若无官贵定虚名。

命逢词馆学堂，词馆是官禄长生之地，学堂是本主长生之地，有官贵则，科名，显达非常，若无官贵，则空名之人。前文有印甲见癸亥子是也。

魁星若也逢官位，定是神童腹隐贵。

魁星者，乃甲辰旬中至癸丑十日是也。若遇本命官星位，逢官贵学堂，则应神童科。譬之癸丑人，见戊申，同在甲辰一旬是也。

临官逢处人钦敬，天马财库为贵命。

命逢临官，人多钦重，天马为妻财论之。如甲见己为妻、为财，辰为财库，可作发财显达命看。若妻临旺相二运，或太岁再遇，多主婚姻、出入、修造之事。假如甲午人，己土为妻、为马，运到申酉戌午，为人元到西方火绝死之地，己土自败，有金旺土为财禄，人元财皆无气。又如丙午生，运至西方，丙见癸为官，癸水败西方，是官衰。丙以辛为马、为财，酉戌有辛金，金为丙财，旺辛为马到酉建，马本畏冲，不冲掩藏，亦作发财命断之。

命犯贵地得亨通，命衰遇旺福不迎。

命坐贵地，行向禄、向财运，可言荣显。元命逢官贵旺相，运虽凶，未必为灾。如壬癸生人，行巳午未运，可发。北人运至南方，贸易获其厚利。命遇休囚，无官贵，运行贵地，不能成庆。命旺原有官星在命，运并背禄，太岁冲害，有官休官，行主本长生运，亦罢官失职。与生地休囚同，如甲乙人见亥，盖官病地，故言休囚生地相逢，亦言官星病绝，主为官之人，宜退身避位。若二运太岁并临丧吊、丘墓、夹煞，主哭声；裸形侠煞自主，呜呼！

八孤五墓为僧道，破祖飘蓬孤独人。

假甲子旬中，戌亥为空亡，为六虚，乾属亥戌，戌南行三位是未，未东行三位是辰，辰北行三位是丑，丑西行三位是戌，辰戌丑未四位为孤寡五墓，多为破祖孤独飘蓬之人，九流之命。三元克害，为孤单命。克害若轻，入舍命。如遇真孤神，乃克妻害子之命。通元子解，非珞琭本真，乃自撰集，与徐子平同。

明通赋

太极判为天地，一气分为阴阳。流出五行，化生万物。为人禀命，贫富贵贱由之。术士知机，吉凶祸福定矣。

此原造化之始。

凡看命，以日干为主，统三元而配合八字干支。

天有四时，造化万物；屋有四柱，各立规模；命有四柱，注定荣枯。论者专以日辰天干为命元之主，支为地元禄支，内所藏者，为人元寿。八字，即四柱天干、地支共八字也。《继善篇》云：四柱排定，三才次分，专以日干天元，配合八字干支是也。

论运者以月支为首，分四时而提起五行消长。

大运以月支起，故月为提纲。看月支节气浅深，四时得何节。如春木、夏火、秋金、冬水、季土，初气、中气，消长不同。所行之运，或顺或逆，或旺或衰，与八字或助，或泄，或克或生者，本乎此。先言日干，次言月支，举其所要者以示人也。

向官旺以成功，入格局而致贵。官印财食为吉，平定遂良；煞伤枭败为凶，转用为福。

五行临官、帝旺，在四柱为本官成功之地。入格局则贵，破格局则贱。如官印、财食，本是吉神，须无伤克、冲刑、破败，则为平定遂良，乃入格也。煞伤、枭败，本为凶煞，若有制伏，去留合化，是谓转用为福，亦入格也。观下取用诸格局，其喜忌自可见矣。四吉、四凶，格局之最重者，故首言之赋云，"日主最宜健旺，用神不可损伤"是也。

全备藏蓄于辰戌丑未，长生镇居于巳亥寅申。子午则成败相逆，卯酉乃出入交互。

此言十二支，包藏十干，各有生死、成败、出入、交互。《独步》云：辰戌丑未，四库之局；寅申巳亥、四生之局；子午卯酉，四败之局。《喜忌篇》云：财官印绶全备，藏蓄于四季之中；官星财气长生，镇居于寅申巳亥是也。或以子午为天地之基柱，卯酉为日月之门户，是指其地而遗其理也。

支干有不见之形，无中取有；节气存有余之数，混处求分。

此总言造化之妙。支干不见之形，节气有余之数，即上十二支中所包藏，人元乃无中取有，混处求分，如遥巳拱夹等格。是以天干而取地支之物，非无中取有，而何如子初三刻，分属壬水；丑初三刻，分属癸水；寅初三刻，分属艮土。是节气藏于一字，而各有所主，非混处求分而何？《赋》云："无合有合，后学难知；得一分三，前贤不载。"《继善篇》云"见不见之形，无时不有"是也。

善恶相交，却喜化恶崇善；吉凶混杂，至怕害吉添凶。

此节专言看命之法，本上文取有求分而言。如甲日见丙丁，背禄为恶、为凶；见戊己，财星为善、为吉。而丙丁化木助财，是谓化恶崇善；怕乙木克害财星，是谓害吉添凶。观下文财印交差，喜官煞化之；官煞混杂，喜印绶化之；无印喜财，马资化之；无财印喜，羊刃合之，或食神伤官制之。又如，制煞受破，煞制不住，印化见财，破化为凶之类皆是。

是故得局朝元，非富则贵；犯垣破局，非夭则贫。

局者，三合、四维正局之官。如亥卯未木局，辰戌丑未土局之类。甲乙见亥卯未为本局，丙丁见亥卯未为印局，戊己见亥卯未为官局，庚辛见亥卯未为财局，壬癸见亥卯未为伤局之类，元，即本元、垣庙。如子官，癸朝元，丑未，己土朝元之类。凡元垣得之，或用为命元，则寿；为官印，则贵；为财、则富；为背禄生财，益富。但得其一，无冲刑克破者，功名富贵；反之，则否。犯垣，如子贵，忌丑未克破、午冲破、卯刑破之类。一子二午，破尽一半，得半福。破局，如申子辰。忌寅午戌冲破之类，大凶。若用星虚成飞天禄马格，反贵。余仿此。

得失均兼，进退仍复。

得朝犯破，此造化之有得、有失，有进、有退。此得则彼失，强进则弱退，中间均兼，仍复变化难测，非精察言辨，不能分也。如甲朝垣于寅，忌申冲破，若有二寅一申、二甲一庚，亦无害，以甲有力而进也。又：寅被申冲，有亥可救，亥字坚盛，为福十全。亥或受戊克、己冲则败。若亥字多，不怕，亦强而进也。进退相仍，一成一败，只看岁运助起何边为福、为祸，可知。

神煞相绊，轻重较量。

神煞，凡财官、印食、伤煞、刃败皆是。中间喜忌不同，爱憎互异，如下诸格所论是也。须轻重较量，何者当时而重为用，何者失令而轻不用。重者留之，轻者去之。此与上二句总言其理，当如此详较。考《珞琭赋》，须要明其神煞，轻重较量。身克煞而尚轻，煞克身而尤重。是指诸吉凶神煞也。徐子平专以官印、禄马、贵贱之别名解之。如甲申、丙寅、乙卯、辛巳，乙用庚为官、辛为煞，庚官在申，得寅冲去丙合辛煞，乙木生旺，故贵。甲寅、丁卯、癸丑、丁巳，是身克煞，身弱财旺，力不能任其财官，故夭。如乙丑、辛巳、丁巳、己酉，身旺财亦旺，可任其财，所以至富。如甲子、辛未、乙卯、甲申，乙日用庚官，以辛为煞，庚在申内，六月生，官旺煞衰，此是正官得位，七煞失所，又喜身旺，变鬼为官，故贵。辛丑、庚寅、乙巳、甲申，官衰煞盛，乙木无力，化官为煞。一生嗜酒落魄，至乙酉运第五年，丙申岁八月十九日死。

内有杂气财官相兼，偏正两印同宫禄马，号为内外三奇。

此正指神煞相绊。乃八字中有财、有官、有偏正二印。或同宫，或异位，或包藏，或透出相绊，难论吉凶，要轻重较量用之，故曰，内有三奇。歌曰：寅午戌酉是三奇，兔蛇随猴不可移。巳酉丑中逢子妙，马猴见猪好光辉。辰巳子逢即奇处，午亥见寅是贵埠。猪来赶兔马当欢，寅酉见巳喜相宜。猪逐马儿蛇后援，水鼠未人火龟池。又曰：神禄飞来就马骑，资财官职两相宜。旺中更得本元助，上格荣华第一奇。如己丑、丁卯、壬午、癸卯，壬用己为官，丁为财，丁巳归禄于午，是此格也，故主大贵。

真官时遇命强，早受金紫之封。

此月令正官格也。以下详言格局，如戊申、甲寅、己丑、丙寅，翁仲益进士。

良马月乘时健，末迁银青之职。

此月令正财格也。财官二格，官当取贵，财当取富。今俱以贵言，是从日干取得月内支干之财，无所冲克者言之。其福与正官同。诗云："日干爱取月支财，金玉家藏看积堆。更看天干财为贵，纷纷金帛自天来"是也。

月印附日无财气，为黄榜招贤。

此月令正印格也。《喜忌篇》云：月生日干无天财，乃印绶之名。又云：印绶生月岁，时，忌见财星，运入财乡，却宜退身避职。印绶畏财，须天干岁时无财方取。又，月印难得十全。如甲日、亥月，透出癸字，变偏为正，方为十全，主招恩宠遇贵。又，得祖父之财，然亦不免先遭耻辱，或偏生，以贱至贵，以贫至富，自婢为妇，以吏为官，以卒补将，皆偏印之所致也。偏、正俱有，又有浅灾，或重拜父母，或僧俗相杂，或过房寄养，或偏生正养，或正生偏养，又忌比肩争宠分恩，阳刃多或合去，或印微遇而不遇，虽有荐举，亦不能拔萃超群。《赋》云："印旺官生，必掌钧衡之任"是也。

日禄归时没官星，号青云得路。

此日禄归时格也。大抵印绶第一，最好行伤官、食神，财运亦发；忌官刑冲、阳刃。以上真官、真财、真印、真禄，皆十干天地阴阳正气，生克至理。惟月分得之无破，准经文有破坏者，随轻重言之。时得，发福较晚，然皆自致，可以创业垂统。归禄一格，只喜时上见之，若月支重见，名为建禄，不富。月单见，时上却喜财食见官，是别格论。

月令七煞而煞身俱强，当为黑头宰相。

此月令七煞格也。大抵月令煞，要身煞两强，方主大贵。若身强煞浅，须财以生；煞强身弱，须印以助，或阳刃合之，皆为贵命。若印合与制星相攻，身弱必夭，不然贱疾。如癸卯、乙卯、己巳、乙丑。癸卯、丁巳、壬寅、甲辰。壬寅、乙巳、庚寅、丙子，俱身强煞旺有制，所以大贵。《喜忌篇》云：五行遇月支偏官，岁时中亦宜制伏，所以救赋之偏也。

时上偏财而财命并旺，须出白屋公卿。

此时上偏财格也。只一位为吉，见合不为福，忌比肩兄弟争夺，刑冲克破。如丙戌、戊戌、戊子、壬子，戊克癸为正财，重有子字，壬字为偏财透露。又如，丁亥、戊申、壬申、丙午，虽年有丁火，喜有合制，又阴火能夺阳火权，故贵。《喜忌篇》云：时上偏财，别宫忌见。所以补《赋》未备之义也。

建禄坐禄或归禄，遇财官印绶，富贵长年。

建禄以月言，坐禄以日言，归禄以时言，此三禄格。本身健旺，故独遇财则富，独遇官则贵，独遇印则秀。以其干旺，又主长命，安享福禄。若三者兼有，亦妙。如丁亥、己酉、壬午、辛亥，是日禄归时，午中亦有官星，却得酉月，为印合格。

月刃日刃及时刃，逢官煞荣神，功名盖世。

此三刃格，要官煞、印绶相制化。荣神，印绶异名。有官煞无印，有煞无官，俱得有印化煞尤佳。只怕羁绊，如有官不可见伤，有印不可见财，有煞不可见食伤。压之，或制去、合去，皆不成正格。如壬申、壬子，戊午、乙卯，日刃有乙卯制伏；丙戌、癸巳、戊午、丁巳，日刃有印绶变化，故皆贵。

月令专制七煞，身健鹰扬。

《喜忌篇》云：若乃时逢七煞，见之未必为凶。月制干强，其煞反为权印。即解此义也。一云：时上偏官通月气，主旺鹰扬。少异。

运元生发三财，命强豹变。

运元，月令也。三财，禄命身也。此是日干背禄，即伤食格也。喜逢财星，如

甲日逢巳午月，须干头透出戊字，丑戌未日时，日主健旺，行东方运，必然大发财禄，白手成家。一云：月中正禄会财源，身强豹变。与此少异。

年见正禄、正印、正财，无破必承祖荫传芳。

重在无破，有破不以此论。年为祖宗，故云云。

日坐真官、真贵、真印，有成号曰福神治世。

重在有成，有成即无破。真，即正义。若参之以偏，为所假借，非真正也。如丙子、丁亥、辛巳、庚午、等日为真官；丁酉、癸巳、癸卯、丁亥等日，为真贵；甲子、乙亥时日，为真印，柱中无破，有助为福。

月内偏财而无败、无煞，富出人间。

此月令偏财格，与时上偏财大同。怕比劫相克，七煞泄气。

日下正马而有助、有生，名扬天下。

乃甲午、戊子等日。甲戌、乙丑等日，则偏。与日坐真贵格同论。有助，是别支财。有生，是别支食伤。

身浅坐煞，运行身旺之乡，发财发福。

坐煞，乃甲申、乙酉等日。柱中无土为身清，行寅卯运，大发财禄。此格喜印绶，忌食神、正官犯之。非身清，下等命也。

独主临官，运至主贵之地，加职加封。

独主临官，乃丁巳、癸亥等日，又遇贵人冲官星为贵。岁运逢巳亥重并者，倍加封职。或以日遇官星，行运再遇官地，为解亦通。

食神生旺，无印绶刑冲，乃母食子禄。

此食神格也。如戊辰、丁巳、壬辰、甲辰，贵而且寿。丁未、丙午、甲午、丙寅，食神化作脱局，丁伤辛官，飞来不得，故贫夭。

主本临官没官星，煞败为弟袭兄班。

乃丁巳、癸亥日，得寅戌月类也。无官煞、比肩、兄弟，本身自旺，必得高长之班，兴家立业。何者？丁之禄在午，癸之禄在子，癸亥为水正旺之乡，乃壬家之禄也；丁巳为火，临官之地，乃丙家之禄也。得此格者、谓丁癸乃丙壬之弟，而巳亥为丙壬之禄位，故曰弟就兄班。必因兄有为，高兄一班。又：丙午、壬子，亦是纯粹，尤贵。驳杂者，不入格。若有兄弟比肩，干支驳杂，为兄星填实，便为下矣。或官星填实，兄弟比肩争差，身无容处，又作凶断。若官星不实、单露天干、虽分星擘禄，亦可再成。

倒食本宫临官旺，乃侍臣叨禄之名。

如庚子见戊子，岁月偏印，在我本官之上，名倒食，乃我之君父也。是偏印所坐，与日干同宫，临于官旺之地，则受我命，生我福气。侍臣叨禄，言近君之宠也，如庚子、戊子、庚子、丙子，是此格也。

胎生元命无财星，为赤子承恩之宠。

此庚寅、辛卯、甲申、乙酉等日，皆本主天元。自坐绝地，为胎生之宫，即胞胎格也。其生甚微，所以喜印绶，怕财克。主少年招受皇恩，大概与印格同论。如乙酉、乙酉、乙酉、甲申，是此格也。《喜忌篇》云：五行绝处，即是胎元，生日逢之，名曰受气是也。

岁月正官，七煞混淆人下贱。时日独强专制，职重权高；月时七煞，正官杂乱病交侵。岁运冲开合去，官清名显。犹嫌过制，最忌争强。

《喜忌篇》云："四柱纯煞有制，定居一品之尊，略见一位正官，官煞混杂，反贱类。有去官留煞，亦有去煞留官。"又云："四柱煞旺运纯，身旺为官清贵。"又云："月令虽逢建禄，切忌会煞为凶。官星七煞交差，却有合煞为贵"是也。此二格，各有所主。岁月正官，以官为主，嫌煞混之。月时七煞，以煞为主，嫌官乱之。时日独强，专制岁运，冲开合去，互文见义也。过制则七煞不显，争强则难以去留，其理当细详之。如壬子、甲辰、己卯、壬申，月时正官，日下卯为七煞，得申内庚金，合卯中乙木之煞为贵。又如，张侍郎八字：乙日以庚为正官，申内庚金，近七月生，庚旺辛衰，六月丁火旺，为去煞留官，故贵。又如：丙午、丙申、甲寅、丁卯，丙丁虽多，不敌月令之煞，又行官旺运，身旺变鬼为官，故贵。

天元无气，却宜中下兴隆。

此印绶格也。如甲乙生于冬月，天元无气，地支有亥子水生木，为兴隆之象。又如丁亥、丁丑等日，丁火无气，又有壬癸来克亥子，得之为党，反能生出甲木，为地支兴隆，喜土来克财，丑中得之为财，亦利之类。古人论中下，以日、时支言。如日干月令无气，若所坐之支及时得地，亦成实之命。若无气，而日时又在衰败之乡，则终身偃蹇可知矣。《喜忌篇》云：凡见天元太弱，内有弱处复生是也。

年本偏官，须忌始终克害。

此岁德格也。如甲日逢庚申，太岁为年上偏官，一名元神，一名孤辰，其煞最

重，终身不可除去，故主始终克害。克害，非专指祖父、六亲，本身亦在其中矣。如丁巳、丁未、辛巳、壬辰，喜一壬合二丁为制。乙卯、丙子、己卯、丁卯、喜丁丙化去三乙，皆主贵，但克害终不能免。或云：七煞多根，切忌始终克害。亦通。

阳刃极喜偏官，削平祸乱。

此阳刃格也。大抵阳刃忌财，以刃破财，财生煞，煞克身，及刑冲三合、六合，喜煞制伏，而煞自制者。又作凶断。

金神只宜制伏。降肃奸雄。

此金神格也。大抵金神，不畏过制，只忌破制与失制。岁运同。甲巳日得此三时，惟甲日得之为正。

阳德阴贵，旺则荣显，而弱可保名。

阳德，天月二德及日德。阴贵，天乙贵神及日贵格也。弱虽不如强，亦可自守。

天罡地魁，衰则贫寒而强当绝世。

即魁罡格也。喜强恶衰，忌财官，要并踏。

官库财库，冲开则荣封爵禄，塞闭则贫乏资财。

此杂气，财官格也。如甲见丑为官库，见辰为财库，见未为本库，见戌为食库。官为上，财次之，本库又次之。若库在年月之中，管事太早，难发；少年若在日下及时之中，虽晚发。不失为富贵。造化要见冲刑、破害，以开局钥，怕有星闭塞。如丁用辰为官库，或戊字僭之，或戊辰压之，是闭塞也。如此，则丁不能官，须柱有甲戌或岁遇之，方吉。

伤官正官，伤尽则独握权高，半残则必遭塞难。

此伤官格也。半残，言伤不尽。《喜忌篇》云：四柱伤官，运入官乡，必破是也。

日月倒冲官禄，无填无绊，而禄马飞来。

此飞天禄马格也。

天地制合煞神，不过不失，而名利骤发。

天地制合煞神，乃天干、地支或是食神制煞，或是阳刃合煞，但制合不宜太过，如一煞二食、二阳刃，则过而失也。身煞两停，制合不过，煞乃凶神，故主骤发。《喜忌篇》云：偏官制伏太过，乃是贫儒。见不可过也。

惟官印最宜相会，德政加封。

此官印格也。如甲日得辛为官，又有癸为印，或地支有酉子字皆是。官印于身，一克一生，阴阳配合，而又自相生焉。故主为相，有王佐之才；为将、有运筹之智，为守宰，著循良之政。要本身与官印相等，乃极品贵也。否则，随力量升降、轻重言之。

有禄马极喜同居，官能称职。

此财官格也。如甲日见己丑、己酉及壬午、癸巳等月之类，是禄马同居。与上官印相会，皆为三奇格也。须要本身力旺，或遇时气可称。此格禄身强弱不等，降下论之，身弱难寿。

印绶逢煞则发，逢合则晦。逢财则灾。破合去财，亦发。

此总论印绶喜忌。逢煞，谓之印赖煞生，功名显达。若遇偏财合去，正财克去，皆主灾晦。柱中日干健旺，或有比肩破合去财，则印煞可以双收，亦主发达，但不清也。诗云："忽逢甲己加金局，丙火寻常便可嗟。运行旺火生身地，功名何处不光华"是也。

建禄遇官则贵，遇财则富。遇印则秀。败财破印，不吉。

建禄，则身旺。故用官、用印、用财皆吉。有败财、阳刃、比肩，则身太旺，皆足以劫我之财，分我之官，夺我之印，建禄尤喜印与财，故见，败财破印，则偏枯不成造化，财印俱见，混杂不富，不秀无成之命也。

官煞两停，喜者存之，憎者弃之。武能去正留偏，化官为煞；文能去偏留正，化煞为官，运逢身旺必加封。财印交差，欲其进也，忌其退也。贵能见义忘利，取印舍财；富则见利忘义，取财舍印，岁遇命强而进爵。

官煞不可并用财印，难以交留，故喜憎存弃，或去煞留官，或去官留煞，欲忌进退，或取印舍财，或取财舍印，各从其有力而重者。用之文武富贵，亦推言其类，未必尽然，四格皆以身旺命强为主，岁运生扶为妙。通融论之：身与财旺、力停得官，煞来亦可化财助印，为福益厚。身弱无官煞来化，不惟不胜官煞，而财印交差，身制不护。无可为倚，必定贫贱。

十干背禄，喜见财丰。败逢比肩逐马，官煞俱有，犹如去煞留官。印助身强，必定收功拜职。

此言伤官格也。《喜忌篇》云："十干背禄，岁时喜见财星。运至比肩，号曰背禄逐马”是也。

五行食神许乘，马盛祸生正印。枭神官煞一来，误致反贤败德。枭神印旺，立见破败伤身。

此言食神格也。此因上文背禄逐马，穷极将官煞而转为福，故此章言因财致富，被官煞助印为祸，而反大坏。互文见义，不可不详察之。盖食神喜财怕枭，官煞生印，则枭愈旺，伤喜见印，食怕见印，故并言之。

戊日午月，勿作刃看。时岁火多，转为印绶。

此阳刃与印同宫，火多则印旺；故能转弱从强。然刃助身强，又得印助，则文理高致，可以隐恶而扬善。若有己字透出，仍以刃断。印、刃俱有，其人不免性毒。有好运来，成功；运退刃来，或被财冲起，亦凶。喜正官制之为妙。如癸亥、戊午、戊午、戊午，此命正合此论。

丙日丑时，非为背禄。支干金旺，反作资财。

时，当时，指月令也。丙日生逢丑月，丑中己土，伤官背禄，主贫。得干支庚辛，金气旺盛，土能生金，却为财断，须丙日健，或寅午戌火局亦旺，可任其财，时支是丑，支中巳酉合庚辛透出丙火生旺者，亦合此格。如丙日本身自旺，单见丑月，无庚辛透露，及巳酉丑局，真背禄也。

官坐刃头终被刑，贵压三刑须执政。

如甲日见辛卯月，及辛卯时，官不得令，反被卯中丁火伤克，岁运又见，定然遭刑。若官煞制伏得宜，虽以贵论，遇刃年终凶，是阳刃最坏造化也。贵压三刑，乃命中犯三刑，虽凶，若得一个天乙贵人正照，生旺得时，反主掌典刑政，可专征伐。贵人不生旺者，亦可作从政断。是贵神，最为吉煞也。

德盖七煞，必是安禅之士；花迎六合，岂非淫荡之人。

德即天月德，乃慈善神也。七煞，乃孤辰煞也。德盖七煞，主人有道德，因道德而生富贵。花，即桃花煞，乃淫荡煞也。六合，乃多情煞也。花迎六合，主好色歌唱，大非端士。又如：戊子生人，见癸丑之类，乃支干交合，为滚浪桃花，四柱子午卯酉，为遍野桃花，主男不媒而婚，女不媒而嫁。

孤寡双全带官印，当膺住持；无则只为道行。

孤辰、寡宿二煞，怕双逢叠见，只一位不论。带官印在上，虽为僧道，亦贵。如无，只平常僧道而已。如甲戌、戊辰、庚辰、丙子；甲戌、戊辰、庚辰、丁丑。

俱是清高长老之命。

控邀隔角，逢生旺必过房舍；绝则终守鳏孀。

控神、邀神，是孤寡煞也。假令寅卯辰人，见巳，辰人谓之控神煞，又谓之邀神煞；见丑，寅人谓之窥神煞，又谓之追神煞。余仿此。更值岁运不和，三元刑战，为凶尤甚。

吞啖全排，家人消散；空亡遍见，亲属离伤。

吞啖、空亡二煞，乃克害孤寡之辰也，须全排偏见，方如经断。若食遇吞啖财食贵禄等格，见空亡尤为不吉。

财印双伤，断其必无上下；官煞俱去，知其少失爷娘。

此二节专论骨肉。

纯耗纯刃交差，牛羊类断；纯阴纯阳排克，猪狗徒看。

大耗、羊刃，乃神煞之最恶者。孤阴、孤阳，乃干支之不调者。耗、刃攒聚交至四柱上，主贱之极，作牛羊之类断之。天干皆是一偏，地支冲刑破害，此必是无正性之人，作猪狗之徒论之。若夫驿马、六害、华盖、劫煞、亡神、年月等煞，见偏阴偏阳，尤凶。如甲子、庚午、甲子、庚午，甲用辛为官，庚煞透出，又不得令，甲用己为财发禄，午月子午对冲，财又不成，作不仁不义断之。又如甲午、甲戌、甲午、甲子，三甲并见，用官官不显，财印俱冲，并无所托，当是贪图无厌、不认六亲、薄情背礼之人也。

衰受众枭，乃是寄食长工；绝逢重食，宜作屠行牙侩。

枭与食相反，故并举之。其身嫌衰绝，一也。衰而逢枭，难作偏印；绝而逢食，难作寿星，故皆不吉。寄食长工，因枭难得饱食；屠行牙侩，因食虽得饱而贱。

若也纯官纯煞，纯马纯财，身旺无杂则官居极品。

凡命，以纯粹不杂为上，偏枯混乱为下。且如甲日，以辛为官，柱中只有酉、辛字，是谓纯官；以庚为煞，柱中只有申、庚字，是谓纯煞；以正财为马，柱中只有丑未己字；以偏财为财，柱中只有辰戌戊字，谓之纯马、纯财。值身旺为大富贵格，建禄得格，出身便是富足。日下次之，时下又次之，建禄遇正官第一，正财次之，惟煞寿不永。若阳刃之月，纯煞第一，财格则防横事。假如癸卯、乙卯、己巳、乙丑，此命纯煞，乃能尽善，亦贵为极品。又如：甲戌、丁卯、己巳、乙亥，官煞混杂，赖甲己合化为贵，因杂化力过，不得善终。

全印全冲，全制全食，命强无破则禄受千钟。

全印，如甲日见子癸壬亥，或正，或偏，无所驳杂。全冲，如地支纯亥、纯巳、纯子、纯午之类，冲出禄马，或寅申巳亥子午卯酉辰戌丑未，皆是。全制，如甲日见丁字或午字，伤尽官星，虚空生出土来为财。全食，如甲见丙，柱中纯寅之类，须得日主生旺，正库临官月日时者，皆贵人也。如己未、乙亥、丙寅、辛卯，此全印剥杂。又有辛财克刑，运行身旺，则贵显；行身衰，则刑陷。如辛亥、己亥、辛亥、己亥，四柱纯亥，冲出巳中丙戊，全冲为贵。

日干太旺无依，若不为僧，固宜为道；天元羸弱无辅，若不为技，则当为巫。

此言太过、不及，皆不为吉也。太过，则财官死绝，所以主孤；不及，则财官难任，所以主艺。见造化，贵中和也。若有依有辅，则不可以是论。《喜忌篇》云"柱中官星太旺，天元羸弱之名；日干旺甚无依，若不为僧即道"是也。

身弱有生必发，忌财马以相伤。

此身弱用印忌财，伤印为贪财、坏印之说，须分财印轻重言之。《喜忌篇》云："日干无气，时逢阳刃不为凶。阳刃所以劫财，柱中财多身弱。"故阳刃不忌。须并论之。

食神逢枭则夭，喜财星而生救。

此食神怕枭，要财制枭，为用神有救，须分财枭轻重言之。印则忌财，食则要财，义各有所当也。

甲子日逢子时，没庚辛申酉丑午，谓之禄马飞来。

此子遥巳格也，《喜忌篇》文义同。

庚申时逢戊日，无甲丙卯寅午丁，名曰食神明旺。

此专食合禄格也。《喜忌篇》云："庚申时逢戊日，名食神干旺之方；月犯甲丙卯寅，此乃遇而不遇"是也

庚壬子冲午禄，切忌丙丁。

此正冲禄马格也。

辛癸丑合巳官，须嫌子巳。

此丑遥巳格也。《喜忌篇》云"辛癸日多逢丑地，不喜官星；岁时逢子巳二宫，虚名虚利"是也。

丙午丁巳准此，最忌刑冲。

此倒冲禄马格也。

壬子癸亥例同，亦防填实。

以上正冲、倒冲，遥合通融，互文见义。举丙丁与巳，忌填实也；举子，忌刑冲也。如丙子、庚寅、丙午、癸巳；庚寅、壬午、丙午、戊戌，二命喜寅午戌全。如辛酉、癸巳、丁巳、乙巳；癸卯、丁巳、丁巳、乙巳，二命喜巳字多，不论有合、无合，皆吉。惟忌辰字绊住，则不能冲，却喜巳酉丑全，是正冲格也。《喜忌篇》云："若逢伤官月建，如凶处未必为凶；内有正倒禄飞，忌官星亦嫌羁绊"是也。

六辛日而无午字，得戊子时，辛合丙官为贵。

此六阴朝阳格也。如戊辰、辛酉、辛丑、戊子；戊辰、辛酉、辛酉、戊子；乙丑、庚辰、辛酉、戊子，是此格也。《喜忌篇》云："六辛日时逢戊子，嫌午位运喜西方"是也。

六癸日而无干土，得甲寅时，寅刑巳格尤奇。

此刑合格也。此格主性气刚，而见快太察。如乙未、甲申、癸酉、甲寅，嫌申中庚伤甲木，寅申对冲，故虽贵而减分数，利厚名低。《喜忌篇》云："六癸日时逢寅位，岁月怕己戊二方"是也。

癸无丙火戊己庚申时，合一己之财官。

此专印合禄格也。与专食同看。

壬有子午卯酉正气，柱兼四季之土禄。

壬日为主，既无官煞，却得子午卯酉为四正，能合出辰戌丑未为官禄，不须四正俱会，但得四字全为妙。

癸日同上，土曜莫侵。得之者利害交并，官高身病。遇之者刑惠确实，职重家贫。

癸日为主，却嫌土禄，见子午卯酉与壬日同，吉凶相伴也。

甲曲直，丙炎上，官高克妻而不富。戊从革，庚润下，职重嗣少而自贫。

甲见亥卯未曰曲直，丙见寅午戌曰炎上，戊见巳酉丑曰从革，庚见申子辰曰润下。甲丙见木火局则太旺，能三合又出官局，故主官高，然有阳刃劫财，故克妻。戊庚见金水局则脱气，能三合又出官局，故主职重，然柱中原无官煞，故少子。要之此四格皆偏党，所心福禄不全。

身犯休囚之地，并冲官贵何嗟。

如辛亥日，既无官煞，身又不旺，岂不惆怅，不知亥字多，亦能勾出巳中官印为贵，故曰何嗟。

自专官旺之支，同钓禄子犹贵。

此即丁巳、癸亥、丙午、壬子等日，自坐临官帝旺之官，支神多能冲出对官官禄，与上文义同。

阴木独遇子时，没官星乙镇鼠窠最贵。

此六乙鼠贵格也，喜忌篇文义同。如甲寅、戊辰、乙亥、丙子，四柱别无他格动摇，丙子亦不动摇，安然为贵。经云：用神不可动摇是也。如甲寅、癸酉、乙亥、丙子，月令偏官伤身，赖日下印旺，亦不失为衣禄。如辛亥、甲午、乙亥、丙子，此命贵被午破，两亥自刑，本身既在死地，又见自刑，两无所依，故主贫贱。

阳水叠逢辰位无冲克，壬骑龙背非常。

此壬骑龙背格也。《喜忌篇》文义同。如壬辰、甲辰、壬辰、壬寅，壬用巳为正官，丁为正财，辰字多，冲出戌中官库，虚合午中财官，寅午戌三合火局，壬日得之为贵。如壬寅、壬寅、壬辰、壬寅，壬日见丙火，生在寅，巳是财了。又寅字多，合起午戌财官，故利胜于名。

庚日全逢润下，忌壬癸巳午之方。时遇子申，其福减半。

此井栏叉格也。《喜忌篇》文义同。

合官合财作公卿，防休囚克害之辱。

合官，如乙日见庚之例。合财，如甲日见己之例。乃十干变化之道也。《赋》云：化之真者，名公巨卿；化之假者，孤儿异姓。如乙庚化金见水地，则休囚；见火地，则克害。凡带合或独旺，不肯自就，或合中见冲破，或一边破克，皆合不成，或化在休囚死绝之地，失误与合，必然陷滞不利，是化之假也。如己见甲，见己未为得地，己旺库也。丙，见辛，见辛卯为失地，丙火败于卯也。戊与癸合，见戊午为得地，戊癸化火，午为火旺之地故也。亦须癸水先得地，方合得中；若失地、不得时，则损寿。盖化为贵旺，身弱不能胜，纵贵亦失。又丙与辛合，见辛未阳火，气弱于未，多夭折，或因色伤。柱有壬克丙，或壬居申上自生，对冲寅官火生之地，折寿无疑。亦有贪合忘官，如丁日见二、三壬字，丁独壬众，一人不能胜众，乃污合之士，无所卓立，岂能成功？丁有力，仅得半吉。又如，甲与己合，甲木无通气之官，己土有正义之位，虽合而失其正，亦同上论。若甲己两皆得位，贵显高极。经云："甲己木盛于土乡，发扬仁义佐明君。丙辛合丙旺辛生，镇守威权之职。乙庚入金局，兼木自旺，文仁武义双全。戊癸得火旺，更水独旺，礼律智勇俱备。丁壬水火既济兮，鱼水和同；阴阳干支相合兮，君臣庆会。听凤鸣于高岗，必鹰扬于疆场"是也。如甲辰、戊辰、己巳、辛未，己日得甲为正官，三月通气，引于未上，兼为正印，故主极贵。如戊申、庚申、癸亥、戊午，癸生七月，印旺天德之地，合戊为官，引于午时火旺之地，又能资戊土之官，官印俱旺，故主大贵。

拱贵拱禄为将相，忌刑冲填实之凶。

此拱贵、拱禄格也。《喜忌篇》文义同。如丁巳、丙午、甲寅、甲子，拱丑贵。壬子、丁未、丁巳、丁未，年支子字冲出午字，故大贵。癸卯、庚申、戊辰、戊午，拱巳禄。如辛丑、辛丑、甲寅、甲子，有丑字填实，却以辛为正官论。己未、戊辰、戊寅、戊午，官煞多，寅字冲申为冲开，则拱不成。又如壬辰、戊申、己未、己巳，是此格也，故大贵。

官印暗合天地，其贵可知。福德隐在支中，其德尤萃。

官印暗合，即食神暗合正官，偏财暗合正印。如甲用辛官，丙盛能暗合辛未为官，用癸为印；戊旺能暗合癸丑为印；更得地支有子合丑，有午合未方是。福德隐藏，福即福星；贵德即天月德，或指福德秀气，或指天乙贵人，以藏在支中为妙。如甲戊庚不见丑未，但得己字即是。见己在丑未宫尤妙。柱无卯乙破，更生四季月，己土得令，主贵人见喜前程，尊显妻貌，及得妻财。又云：甲人见丑，喜坐阳刃，为天乙当职，见未夜生得力，为福十全。反此，一半论。四柱带甲戊庚全，得乙丑为聚贵，更加福力。若一庚、一甲，见支神三四丑未，为会贵，亦加福力。若本主与贵人俱生旺，只消一字，其福自全。害三合、六合，忌休囚、空破。诗曰：贵人帝座见生成，官旺之乡名早成。若遇休囚并破制，虚名踪迹远三公。

五行正贵，怕刑冲克害之神。四柱吉神，喜官旺生合之地。

五行正贵，乃正气官星，如甲生酉月之例。最怕酉刑卯冲，丁克戊害，伤了贵气。或以贵为贵神，如甲见丑，丑中有辛，又为甲正官之类。柱有卯乙克坏丑贵，喜巳酉三合，乙木克冲，丑不入。或有子合丑，亦可隔木之克。如有乙卯子卯相刑，不能克丑未，为天乙之贵。四柱吉神，乃官印、财食、奇贵、福德等星皆是。

但得一星临长生、帝旺、临官、正库、三合、六合之位，无不富贵。诗曰：人命生时得一强，日时或临禄马乡，须看前后扶助合，必然衣锦入中堂。《喜忌篇》云：五行正贵，忌刑冲破害之宫；四柱干支，喜三合、六合之地。又云：地支、天干合多，亦云贪合忘官。二义须并论之。

若也沐浴逢煞，魄往酆都。元犯再伤，魂归岳府。

此因上文刑冲克害而言。怕裸形逢煞，以生之者微，而克之者重。命元犯之，已为不吉；岁运再犯，决死无疑。如元犯官煞，去配不清，柱无食神可解，岁运再见，则死。若元犯破印，流年再犯，则死。凡用神有损者，皆是。此四句，《珞珠子》本文。

畏煞逢煞则夭，忧关落关即亡。

此亦因上而申明之也。柱中原怕关煞，如甲见庚申为煞，岁运再见，柱无救解者，夭。年煞尤重。有印则化，有食则制，有刃则合，身旺则敌，若行煞旺运，亦夭。又如，甲日见辰，为阳数极，又为铁蛇关。壬见丑，庚见戌，丙见未申，皆阳关，曰重。乙见辰，癸见丑，辛见戌，丁见未申，为阴关，稍轻。四柱犯流年，又犯运行休囚，主死，或被神煞鬼贼，或曰关。煞之名甚多，非直言七煞阳关也，其详见前论《寿夭及小儿关煞下》。

引合关煞误伤身，中下灭绝横夭寿。

引合关煞，如丙火既弱，又见辛未，丙辛既合丙就辛官未位，乃丙犯阳关，再被壬来克，即亡。或是辛亥煞地，尤紧，犯之横罹其咎。如：丙戌、丁酉、辛酉、乙未，壬申年死是也。中下灭绝，如壬戌日为坐财，又坐煞，日支能有之，是则寿。若行壬辰运，壬癸水聚于辰，克破戌中火土，别无可救，即夭。此名倒冲命元，土旺财水旺，土身自崩坏，何暇救之；水旺则火灭，故云中下绝灭。中下者，即地元、人元，中、下之分也。余仿此推。

伤官见官，祸患百端；逐马逢马，劳苦千般。

此独犯所忌，故不吉。伤官见官，惟有财星可以解伤之毒；劝官之怒，转祸为祥。逐马逢马，惟有官煞可以制刃之劫，虽劳亦得其财。若比肩多，他强我弱，虽减耗亦得其财。不得均平，止三四分之一矣。

财逢羊刃以多伤，印见妻财而不破。

此亦同上文之义。凡命，最忌羊刃，财格被破，印格被夺，官格冲怒，只喜七煞制之。阴刃力微无妨。印见妻财，是贪财坏印之说也，岁运又见，主破财伤妻，或因妻致讼。若原无财星，或财星力微，岁运见之，稍轻。惟官煞进生解劝，反得举荐成名。

食神遇枭，无财则夭；身弱有财，重逢正印，亦凶。制煞逢印，有冲则诛；命强无官，单遇七煞尤胜。

《喜忌篇》云"柱中七煞全逢，身弱极贫无地"是此义。

三刑对冲横祸生，羊刃对合非殃至。沐浴从生无家客，休囚见煞不埋人。

沐浴、休囚，皆身衰也。从生则泛，见煞则伤。

月下劫财主无财，喜煞无印而有获。

煞能制刃，印能化煞，化则不能制刃，故喜煞而去印。

暗中破印亲坏印，喜宫无食以加封。

财能破印，官能生印，有食则坏官生财，印愈受伤，故喜官而去食。

官煞混杂贱患兮，兄弟太多分散兮。喜印无制能文，喜制无印能武。制印俱有，碌碌难成。

印能化煞，食能制煞。有化莫制，有制莫化。制化太多，则煞无气，反为不吉。羊刃全赖煞制，或化作印绶，如戊日午月之类。是制化止用其一，皆能有成。

禄马背逐饥寒兮，财印相破括囊兮。喜官带煞为权，爱煞带官为贵。官煞单见，琐琐不遂。

禄马背逐，财印相破，须官煞叠见，方能制比劫而生财，生印绶而化财。单见则力薄弱，岂能遂意？

枭印相杂宠辱兮，财马太多盗气兮。喜身旺而为福，忌运弱以生灾。

偏正二印相杂，偏正二财俱有。若身弱不能双成，其生并受其财，中间要分偏正强弱。若偏印偏财强，身旺运强，骤然发福。正印、正财亦然。

官禄克破夭死兮，库墓冲散无餐兮，忌重破而无依，喜比肩而可救。

官，官星。禄，正禄。如甲见辛寅，又见庚申，及巳与午之类，岁运再见，即夭。若身旺，有比肩，亦可作旺论。又如，甲以丑为官库，要得未字冲开，用未不可见二丑，有丑不可见二未。又忌丁丑、丁未，丁伤辛官之类。见癸未、癸丑，癸水能制丁火，己丑、己未，己土能生辛官，己为甲财，癸为甲印，丙为甲食，支干生旺无破者，富贵。稍见冲克，则减分数。冲克太甚，反为贫窭。以上杂举财官、印绶、食神、伤官、官煞、羊刃、比肩、枭神，相忌相须，相制相合，交互言之，看所用之神何如，日干强弱如何。经云：日主最宜健旺，用神不可损伤。斯言简而尽也。

劫财、羊刃，切忌时逢；岁运并临，灾殃立至。

岁冲运则崩，运冲岁则晦。

此下专论岁运。岁者，天之所盖，运者，地之所载。岁运不可两相冲激，重则崩，轻则晦。命中最要相和，则天地亨泰，福禄自臻。太岁冲运，其祸重；运克太岁，则祸轻。考《渊源》《渊海》诸说，俱以运克岁为重，岁克运为轻，即日犯岁君之义也。验余命，行丁巳运，遇癸亥流年，癸伤丁亥冲巳，是岁冲运也。其年罢官丧母，受祸最惨，可以例观矣。

阴气终而阳气断，未死堪嗟；阳数极而阴命迫，不殂何待？

甲见辰，丙见未，戊见丑，庚见戌，壬见丑，为阳气极。乙见戌，丁见丑，巳癸见未，辛见辰，为阴数终。岁运见之，尤凶。又云：乙辰、丁未、巳丑、辛戌、亦是阴符来迫，阳数先断，若止当生，四柱无害。最怕生既犯，岁运又见，立死。又云：阴干遇阳极，为阴遇阳关；阳干遇阴终，为阳遇阴关。身弱只力，皆夭；身旺得比肩党助，则无害。

五行有救，当忧不忧；四时逢空，闻喜不喜。

言人命遇岁运之凶。以上冲克、气终、数极之类，如五行有救，则当忧不忧。四时逢空，是流年太岁遇吉神，却值空亡，则闻喜不喜。或曰：甲忧庚，得乙可救；春无土，不怕土为凶，不喜土为福之类。经云："庚辛来伤甲乙，丙丁先见无危。"又云"春无土，夏无金，秋无木，冬无火"是也。

是以阴阳罕测，不可一途而推；贵贱难分，要执两端而断。略窥古圣之遗文，约以今贤之研详。若遵此法，参悟鉴命，庶无差忒。

此总结上文诸格之义。以上指出诸格，俱论前卷诸格，下故不详注。《喜忌篇》、《继善篇》，是就此赋变化而出，今人但知有此二篇，而不知有此赋。故录之。

第六十二章　星命汇考六十二

《三命通会》三十四

元理赋

夫一气生五行，统三才，周万物。发乾坤之妙用，剖阴阳之枢机。在乎推四方，分其贵贱，得其中道。八字一定荣枯，是以强明其生克制化，清浊贵贱，寿夭贤愚。

此原造化之始。

金赖土生，土多金埋。土赖火生，火多土焦。火赖木生，木多火炽。木赖水生，水多木漂。水赖金生，金多水浊。金能生水，水多金沉。水能生木，木盛水缩。木能生火，火多木焚。火能生土，土多火晦。土能生金，金多土变。金能克木，木坚金缺。木能克土，土重木折。土能克水，水多土流。水能克火，火炎水热。火能克金，金多火熄。金衰遇火，必见销熔。火弱逢水，必为熄灭。水弱逢土，必为淤塞。土衰遇木，必遭倾陷。木弱逢金，必为砍折。

以上言太过不及，各有其害。如此见五行四柱，不可不中和也。

强金得水，方挫其锋。强水得木，方泄其势。强木得火，方化其顽。强火得土，方止其焰。强土得金，方制其害。

以上言五行克制，要得中和，而太过不及，胥失之矣。

理贯人融者，妙其幽察。其显也，其为体也，深能通变，以究元微。其为用也，论其轻重，原有原无，天理赋来，吉凶动静。人生分定，否泰亏盈。

以上通论干支阴阳、生克制化之实，体幽用显，轻重有无，而吉凶动静、否泰盈亏，皆自此而生之也。妙在识其通变，究其元微，由显推幽，斯得其理。以下则详言之。

煞无刃不威，刃无煞不显。

煞乃克我，刃乃劫我，命中之最凶者。肯首煞刃，其知所重者钦！《赋》云："刃为兵器，无煞难存；煞为军令，无刃不尊。刃、煞双显，威镇乾坤"是也。徐大升因见《喜忌》《继善》二篇，不足以尽人之命，故复撰此赋，所以补其未备也。

煞刃轻重相停，位至王侯；刃、煞轻重无制，身为胥吏。

言煞、刃相停者，极贵；不相停者，极贱。煞刃、停不停，而贵贱之相悬如此。

生平富而且贵，煞重身柔；中途忽死或危，运扶干旺。

既不相停，不如从煞。能从者，必煞重身柔，而后可从；不然，不能从也。既从煞，只以煞论，不可再遇身旺相敌，敌则反生祸矣。

处身僧道之首，用煞反轻；受职台谏之除，偏官得地。

七煞为权星，又为孤星。身、煞两强，七煞有制，身弱，从煞，皆贵，煞多为台谏之官。若身旺煞轻，更入清奇，必为僧道之首矣。

岂知大贵者，用财而不用官；当权者，用煞而不用印。印赖煞生，官因财旺。

用财不用官，财生官也。用煞不用印，煞生印也。故云印赖煞生，官因财旺，非不用印用官而专用财煞，则官印在其中矣。印赖二句，紧承上文四句，自发明之。

五行消息，元理可知；四柱推明，用神可见。食居先，煞居后，功名两全；酉破卯，卯破午，财官双美。

人之八字，全看用神。用神者，所用之神也。如上用煞、用刃、用财而不用官、用印，其理甚元，在人消息之耳。论煞当要刃，无刃要有制，煞强有制，皆为贵论。煞主名，食主利，故曰功名两全。酉破卯，卯破午，亦食前煞后之意。酉以卯为财，午为煞，煞财、兼有，故主财官两美。然所以相破者，以其相克也，必四正相破。

享福五行归禄，眉寿八字相停。

此举命中最要者言之。要归禄，要相停，不可死绝偏党。享福属归禄，眉寿属相停，义各有所取也。

晦火无光于稼穑，盗木多困于丙丁。

此以下，正言不归禄、不相停，故不得享福、眉寿。土掩火光，土赖木疏，木本生火，火多则反盗气，见不中和也。

火虑有焰，

火怕晦虚，则有焰不晦。

金实无声。

金要火，无火炼则不成器实，何以发声？

水泛木浮者活木，土重金埋者阳金。水盛则危，火明则灭。

此又细分五行不相停，而有阴阳之别见。五行不可太过，如水泛则木浮，在乙木则怕，甲木则否。土重金埋，在庚金则畏，辛金则否。以乙木死于亥，甲木生于亥。庚金，出土之金，所以生巳；辛金，带水之金，所以生子。水盛则泛滥，故危；火明则煨烬，故灭。

阳金得炼太过，变革奔波。阴木归垣失令，终为身弱。

金实无声，炼过变革；归禄享福，失令身弱，见要中和。阳金，土重则埋，怕炼太过，是无土也。阴木，失令则弱，纵是归垣，亦损寿也。此本上文活木、阳金而言，又不可无水土生养也。

土厚而掩火无光，水盛则漂木无定。五行不可太盛，八字须得中和。

土厚，即晦火无光之意；水盛，即水泛木浮之意。五行二句，又所以总结之，归于中和而已。

土止水流全福寿，水无土止必伤残。

此下言失中和，而五行有救，亦作吉论；无救助方凶。如水流而有土止，则禄寿两全。余可例见。

木盛多仁，土薄寡信。水旺居垣须有智，金坚主义却能为。金水聪明而好色，水土混杂必多愚。

此言五行性气太过，中亦各有所盛，偏之为害也。五行分四时，五常配五行，自然之理也。或盛、或薄、或旺、或多、或混杂，而仁义智信。聪明愚鲁，亦各从其类耳。

遐龄得于中和，夭寿丧于偏枯。

此又申言人命要禀中和，即前眉寿八字停均之义。若太过不及，失于偏枯，安得遐龄之享哉？

辰戌克制并冲，必犯刑名；子卯相刑门户，全无礼德。

此以下提起地支相冲、相刑言之。辰戌，魁罡并冲必凶；子卯，母子相刑必乱，乃冲刑之最重者。余稍轻。寅申巳亥为四生之局，纵犯克制、刑冲。亦无大害。

弃印就财明偏正。

前言大贵者，用财不用印。财有偏正，印亦有偏正。正印见财有祸。偏财见印无妨。正财不喜见印，偏财不忌见印。同此理也。

弃干从煞论刚柔。

前言当权者，用煞不用印。煞有刚柔，弃天干而从地支，阳刚阴柔，金水土可从，木火不可从。明可从不可从之理，然后知印可用不可用也。

伤官无财可倚，虽巧必贫；食神制煞逢枭，不贫则夭。

伤官、食神同类，伤官剥官，命中最忌。有财亦好，以伤生财，财生官故也。无财则以贫断。食神制煞，命中最怕逢枭，以枭夺食，煞无制，则克身，故夭。

男多羊刃必重婚，女犯伤官须再嫁。

羊刃逢煞相停，固主贵矣，女则伤妻。男以财为妻，刃则克制，故重婚。伤官有财可倚，固主贵矣，多则伤夫。女以官为夫，伤则克制，故再嫁。

贫贱者，皆因官处遭伤；孤寡者，只为财神被劫。

官为禄，有禄安得贫贱？身旺得官微，复行伤官运，谓之背禄，则无官矣。安得不贫贱？财为妻，有妻安得孤独？财少遇身旺，复行劫财运，谓之逐马，则无妻矣，宜乎该孤寡。财官，其人命之最要者欤！

财逢旺地人多福，官遇长生命必荣。

前言食伤生财为旺，此则直言财临旺地。如甲以戊己为财，居巳午之地为旺。前言财旺生官，此则直言官遇长生。如甲用庚辛为官，居巳子之地为生。二者必须身旺，方主有福荣贵。

去煞留官方为福，去官留煞不为卑。

人命最怕官煞混杂，用官只用官，用煞只用煞，故有去留，方可言贵。如伤官、羊刃，人命逢之多不吉；用之去官留煞，去煞留官，或者亦作福论。

岂知遇正官却终俸禄，逢七煞乃有声名。

正官、七煞，君子小人之分也。岂君子不如小人？正官虽得纯粹，七煞一有制伏，便发贵有声。若正官纯粹，发福悠长，岂七煞之比？此举其偏重者言之。

逢伤官反见夫，财命有气；遇枭神而丧子，福气无依。

女命最怕伤官，有则伤夫，其理易晓。内有伤而反见夫者，乃财命有气，伤官生财，财生官星，为夫故也。女命以食神为子，遇枭夺食，虽生子不存，女倚子为福，既无子，又何有福之可言？女命重夫、子二星，故举伤官、食神言之。

天干煞显，无制者贱；地支财伏，暗生者奇。

人命以煞为重，前专以煞言，要刃合，要食制，要从煞，如不合、不制、不从，天干显则煞为无情，故主贫贱。人命以财为福，前专以财言，要伤生，要酉破，要食旺，但财不喜露，要藏地支中，有暗物以生之，则主丰厚，故为奇特。

三戌冲辰祸不浅，

魁罡最怕相冲，不吉。若相停为财官库，不忌。如三戌一辰，甲辰日主贪财生祸，以地网冲天罗，所以忌之。

两干不杂利名齐。

两干难得不杂，故主利名兼有，然不可一概言贵。或是财煞，或是官印，或是煞刃，或五行成象，更入格局，方作贵论。

丙子辛卯相刑，荒淫滚浪。

丙辛合，子卯刑，干合支刑。丙辛水象，子卯无礼，故主荒淫滚浪，言极淫也。女命尤忌之。

子午卯酉全备，酒色昏迷。

上重子卯，此并论午酉，为四败之局，号曰遍野桃花煞。全备者，多贵，但主酒色昏迷。女命尤忌之。

因财致祸、贪食种疾。侄男为嗣，义女为妻。

上言财要伏藏为奇，然财者，众所争，故有羊刃劫，则因财致祸，见财不可专也。上言食神制煞为妙，然食者，人所贪，故有枭神夺，则因食生疾，见食不可贪也。男以官煞为子，如羊刃劫财，官煞为彼用，是弟兄有子而我无子，故以侄男为嗣。以偏正财为妻，如柱中无财，正位而寄生别官，是娶他人所养女，故主义女为妻。

日时相冲卯酉，始生必主迁移；造化因逢戌亥，平生敬信神祇。

此又言地支中卯酉，日月门户，日时遇之，主迁移不定。戌亥为天门，日月逢之，多信神祇，或僧道也。

阴克阴，阳克阳，财神有用；官无官，鬼无鬼，太旺倾危。

人命以财官为重，故又举而言之。人皆知正财为用，不知阴能克阴，阳能克阳，偏财胜乎正财，造化反为得用。官不可无，官多反主无官，不吉。煞不可有，煞多得从其鬼，反不为害。要之皆为太旺，身衰不能敌，倾危之道也。

得局失垣，平生不遂；归垣得局，早岁轩昂。

得局，三合局也。归垣，干归禄也。此言人命要生旺成局，势为福。若得局失垣，虽天干类象，而地支三合，却为日干休囚死绝之地，亦平生不遂。若得局，又归垣，如五星升殿入垣，乃得地得时之谓也，决主早年发福。曲直润下等格，即得局归垣。

命遇枭神，而与富家营运；龙藏亥卯，经商利赂丝缗。财官俱败者死，食神逢枭者凶。

枭神固可恶，小人得之有用，谓其与富家营运。如甲用丙火为食，丙能生戊土为甲之财，壬水却为甲木，枭神受戊驱使，丙火以托甲木，互换相生，为主客之道故也。亦有为商自营运者，须龙藏亥卯，寅为青龙，巳为太常，亥卯未木局，八字龙藏，亥卯未为用神者，或用财，皆主丝缗之利。财官为禄马，人最紧要，若俱在败绝之地，或行运又到败绝，用神损气，安得不死？食神，人之爵星，生财制煞，命中紧要，逢枭夺食，则煞无所制，财无所生，安得不凶？

丁巳孤鸾，命遇聪明诗女；裸形沐浴；日犯浊滥荒淫。

此论女命，男亦同。孤鸾，乃甲寅、丁巳、戊申、辛亥等日，坐四生之地，最多聪明。裸形沐浴，即子午卯酉四败之地也，月时犯无妨，只怕日干自坐，如甲子、庚午、丁卯、癸酉等日，身坐桃花煞，再遇带合，故主浊滥荒淫。

丁逢卯日遇己土，饕食之人；亥乃浆神逢酉金，嗜杯之客。

丁干坐卯木为枭，若遇己为食，故主贪食，或因食生灾。亥为登明，酉加水为酒，酉日生人逢亥，必主贪杯。更带刑冲，主落魄或酒死。

归禄得财而获福。无财归禄必须贫。

归禄身旺，故用财，无财而专，归禄无用。得伤官、食神生财月，吉。又怕见官煞，窃财之气。

财印混杂，终为受困；偏正错乱，必致伤身。

贪财坏印，故忌混杂。若先财后印，反主成其福，不以此论。官煞混杂，有去留，亦吉。若错乱，则伤身为凶。女命偏正错乱，尤为不吉。择妇者须知之。或曰：偏正，就指财之偏正、印之偏正言，但于伤身。难通。

太岁忌逢战斗，羊刃不喜刑冲。

此论日干与岁君相犯祸福。若日犯岁君，以岁为用神者，无咎。如六壬日，以丙丁为财，柱中原有根，虽犯太岁，反为吉。身旺者凶，弱者无咎。日与运俱犯，方主大凶。五行有救，亦减分数。最怕天冲地击，当察性情阴阳，物元真理。且如六乙人，逢己岁运，活木克活土，却有生意，财源倍有。六甲人，逢戊岁运，死木克死土，则不吉，重者丧身，羊刃格，不喜岁运刑冲，小人不可犯。如八字既有羊刃，多煞制伏，行羊刃岁运，亦凶。元有财者，更重。带伤冲刑战斗，主祸出不测。经云："羊刃冲合岁君，勃然祸至"是也。战斗独举太岁。刑冲独举羊刃，指其所最重言也。

庚逢丙扰，多有不仁；癸从戊合，少长无情。

此言人之性情、心术。金火相刑，故有此病，且主人刚暴。癸为少阴，戊为老阳、癸戊虽合化，乃无情之合，故以少长言之。男命戊日见癸，当娶少年之妇；女命癸日见戊，必嫁老年之夫。

不从不化，淹留仕路之人；得化得从，显达功名之士。

不通月气，时无所归，又犯孤神，不从不化也。若通月气，时有所归，则以从化论。夫旺，从夫化，妻旺，从妻化。人之行藏，岂止一事而立，终身无改，故从化成格，则富贵备矣。先论从化，后论财官。从，以天干从地支，如乙生八月，地支重金，则以金论是也。

化行禄旺者生，化归禄绝者死。

此言得化、得从，要得禄旺，不要死绝。盖化成造化，行本局禄旺，如丁壬化木，月令春，或东南方运为生；行金乡，或时遇申酉之地，为死。

生地相逢，壮年不禄；时归败地，老后无终。

生地相逢，是命已有长生、临官；行运复遇之，如庚辛临官、帝旺，在申酉，用丙丁为官，用甲乙为财，火至申酉运，则病死，是庚辛无官也。木至申酉运，则死绝，是庚辛无财也。财官俱败，用神破伤，虽壮年不禄。时为结果，人之生时，

最不可居于五行败地。

建禄坐禄或归禄，遇财官印绶，富贵长年。

建禄以月言，坐禄以日言，归禄以时言，此三禄格本身健旺，故独遇财则富，独遇官则贵，独遇印则秀，以其干旺，又主长命，安享福禄。若三者兼有亦妙，如丁亥、己酉、壬午、辛亥，是日禄归时，午中亦有官星，却得酉月为印合格。

月刃日刃及时刃，逢官煞荣神，功名盖世。

此三刃格，要官煞印绶相制化。荣神，印绶异名。有官煞无印、有煞无官俱得，有印化煞尤佳。只怕羁绊，如有官不可见伤，有印不可见财，有煞不可见食，伤压之或制去、合去皆不成正格。如壬申、壬子、戊午、乙卯，日刃有乙印制伏，丙戌、癸巳、戊午、丁巳，日刃有印绶变化，故皆贵。

月令专制七煞，身健鹰扬。

喜忌篇云：若乃时逢七煞，见之未必为凶。月制干强，其煞反为权印。即解此义也。一云：时上偏官通月气主旺，鹰扬与此少异。

运元生发三财，命强豹变。

正官格。喜羊刃及财印相资，有伤官则克，有刑冲则破。无印、无刃，只有财星资助，亦吉。岁同。

财官生旺逢印绶，拜薇垣宪府之尊；三合印财会局全，登五马诸侯之贵。

财官生旺格。柱有偏、正印，再三合印局，或财局，吉。

伤官逢劫刃，兼将相于明时；印绶若相扶，登龙门于早岁。

伤官格。身弱逢刃印相资扶，则吉。

伤官得食神重辅，麟阁图魏相之功。岁运忌制伏刑冲，再伤官而祸至。

伤官得食神重叠相扶，吉。所忌刑冲及制伏太过，复行伤官运，不测灾来。柱中无官，喜行财官运；无印，喜行印绶运，主迁官。岁运同。

财资七煞，威权独压万人；印若相扶，断定官居极品。

七煞格。喜财资助，又得印化，最吉。惟煞，故主有权；得印，故主极品。

月会既同煞刃，英名俦汉室之霍光；时岁复带印财，高位埒中兴之邓禹。

七煞、劫刃同在月令，岁时有财、有印，最贵。义同上文，但此又兼刃言也。

煞失时而印无气，更主旺而任常流。

七煞、印绶，若不当令司权，而日干自旺，用神轻微，不过清闲冷淡之职。岁运行财煞，则吉。

印司令而煞相扶，再见财而官翰苑。

印绶格。要当时月令，日支又得，重生气旺，不见刑冲破害，稍得一财、一煞为妙，太过不宜。财印两停，乃常流也。《赋》又云：印绶重逢，官居翰苑是也。

偏财时上见官，早岁名标金榜；更得食神相辅，少年日近天颜。

时上偏财格。岁月有官星，又得食助，准上文。忌比劫，逢比，百无一遂。

福德见财而隐官，居极高之重任；柱运逢印而无土，处至下之孤刑。

福德。如壬癸日，生冬三月之例。喜财官资助，干支作合，或得火局，及辰戌丑未，但逢一字为妙。柱无财官，而逢印绶，不行财官，而行印绶及北方之运，刑妻克子，孤寡贫穷之命也。

六壬趋艮，透财印以为奇；官煞相侵，反贫穷而下贱。

六壬日逢壬寅时，乃趋艮格也。岁月再见寅，天干透丁辛为妙，富贵双全。最忌官煞，或行运见之六亲，骨肉分散，贫薄婢仆之人也。

六甲趋乾，喜财印而位重名高；岁运冲刑，并煞官而灾兴祸至。

甲日时逢乙亥，乃趋乾格也。岁月再见亥，又得财星，重遇印绶，生身正官，自然出现，再行财旺之地，吉。忌巳字刑冲，官煞克破，甲乙劫夺。岁运同。

财宿叠逢得印生，少年受福。

即先财后印，反成其福，不可以财坏印为嫌。

倒冲带印遇财食，早岁成名。

倒冲禄马格。乃丙午、丁巳、辛亥、癸亥等日，柱有偏印，又行财食运，为贵。忌填实，官煞不中。《赋》又云："倒冲带印，早岁成名，财食兼资，身近丹墀"是也。

岁德扶干，喜财星而嫌制伏；印星在运，会羊刃而掌兵刑。

年干七煞为岁德，不宜重见，最喜财星及印绶，羊刃不可制伏，岁运同。如甲申、己巳、戊子、癸亥，岁德无制，有财生煞得用，有印化煞助身，有刃合煞扶身，故大贵。

二德配官，王陵为汉朝之相。

如辛日生九月，以丙为天、月二德，又为正官喜财，是资助，忌伤官克制。《赋》又云："平邦国，统六师，赖官变为二德"是也。如乙亥、丙戌、辛丑、戊

子合格，又官变德，居官无祸；财变德，得善中财帛；印变德，主受父祖贻庆无祸；日干变德。则主本身。

财星德秀，谢安为晋代之公。

如戊己，以甲乙为官，壬癸为财，二德透干，为德秀之辰，无庚辛制伏，不被比劫争夺，大贵。又如，乙日以庚为官，生巳酉丑月；丙丁用庚辛为财，生巳酉丑月之例。《赋》又云："王商扶汉，因财官而为德秀之荣"是也。或以德秀为福德秀气，更逢财官尤妙。

伤官多而见官，顽石产玉；原有官而再见，灾祸连绵。

伤官格，要柱中重见伤官，如有一位正官，为贵。无官喜行官运。伤官如石，正官如玉，若有官，再行官运，则祸。

伤官如带煞刃，出将相而入公侯。

伤官为主，柱带煞、刃，又得印绶，当时得令，有相益之情，不被刑冲，乃极贵之格。《赋》又云："伤官带刃，印全备，掌兵符重任"是也。

德秀若助伤官，握兵权而伏铁钺。

此又兼德秀言之，皆以伤官格为主。

地全子午卯酉，成大格而文武经邦。

四仲全看天干何如，须成大格为妙。

柱列巳亥寅申，更奇仪而威权震主。

四孟全看天干何如，更得奇仪为妙。

木生卯月，时会午而震动离明；运至西南，官居极品。

此木火通明格也。

食遇印多再劫冲，天年必夭。

此食格所忌。

柱盛食神运财乡，功名有准。

一云，权臣内使。此食格所喜。

朝阳带印资马宿，青琐黄门；柱无财印，职居民牧，岁运最嫌填实。

六阴朝阳格。喜印绶、财星，在岁月之中入格，而无财印则减分数。运行财印，官居转运，忌冲刑填实。《赋》又云：朝阳带印，清朝达士；财星资助，非青琐之荣，即风纪之任。柱无印财，多居民牧，职守专城是也。

鼠贵带食资印曜，薇垣藩省；柱有官煞，贫穷下贱，运途不喜刑冲。

六乙鼠贵格。喜食神重见，及印绶则吉。忌官煞冲刑害。

子丑遥合巳宫，柱印财而为极宝；岁运若无辅佐，登卑职而坐寒毡。

子丑遥巳二格。要柱有财印，必贵。无则否。运遇财印，亦发。《赋》又云："子丑遥合巳宫，得财印而为至宝"是也。

论道经邦，喜财官自禄而自旺。

如甲日以辛为官，得酉建禄，己土为财，长生在酉之例。入斯象，大贵。忌刑冲伤官运，岁同。如吴岳尚书：甲子、癸酉、甲辰、甲子，合格，庚午年卒，平生正气君子。

调元赞化，因三奇自旺而自生。

正官、正印、正财，为三奇，日以庚为正官，得巳字长生；壬为正印，生于申；戊土正财，生于申，入斯象，大贵。如谭论尚书：庚辰、甲申、丁未、丙午，财官印俱旺。胡宗宪尚书：壬申、辛亥、丁酉、壬寅，财官建禄印长生，火自生于酉，为贵神之地，又化木成象，所以威制四省，官居一品。

栏叉得印禄之相助，官居补衮阿衡；火劫兼岁运之不和，反作贫穷而下贱。

此格柱中有禄神，偏、正印，天干得财印为妙。若见火神、劫刃太重，岁运不和，贫贱。

禄逢财印，青年及第登科；岁运刑冲，官煞逢之不妙。

归禄格。岁月时中有印、有财，地支三合为妙。运行财印之地，吉。忌刑冲、破害，官煞破格。

金水清澄被伤，文章显达而寿算难延。

柱中巳酉丑金局，申子辰水局，二局全，乃曰金白水清。却被天干丙丁戊己混克，则文而不寿。《赋》云："金水清澄被伤，颜子秀而不实"是也。

木火衰盛不均，功名蹭蹬而夭折无疑。

五行之理，木旺于春，火旺于夏，如乙木夏生，火旺木泄。如年月时日干支火盛无水，加以土重金微，不但功名蹭蹬，而手足父母早损。柱中如有亥子壬癸三分，稍解烦渴，如无亥子壬癸三分，火耗木元，尽成灰炭，夭折无疑矣。

云龙风虎若相从，定作盛朝大贵。

四柱或前三干或后三干相同，地支年时月日有辰寅卯巳、卯寅巳辰，再有壬癸甲乙，谓之风云，风云以合龙虎，自是贵人之象。

飞禄栏叉兼印绶，必为昭代之官。

年支有日主之禄，遇四支倒冲或日主暗冲禄，亦为飞禄，天干三同，地支得申子辰相会为栏叉，此格微有印绶，必为昭代之官。

身虽旺而官禄则微，马氏讲经艺于绛帐。

格不清而用神不废，萧曹起刀笔于西秦。

甲乙若遇乾宫，会辰龙而必贵。

甲乙二字多逢干头，地支见亥字在年月时间有一二位，又得辰字，名六甲趋乾通明格，如四柱。入斯象，主大贵。

金神如逢壬癸，得巳午以为佳。

甲乙日生人，得壬癸来生扶，支带巳午，是有火为，水火既济，龙得飞腾之象，云行雨施之功。

庚遇壬癸坐煞印，而周瑜位重。

六庚日生，柱中壬癸多，身坐七煞、印绶者，大贵。如何尚书：壬子、癸丑、庚午、丙子。余命：壬午、癸丑、庚寅、丙戌，俱合斯象。

龟蛇持剑兼金刃，而贾复名高。

壬癸日生，柱中丙火多，或寅午戌、申子辰二局，水属龟，火属蛇，名龟蛇持剑之象。柱若无金，其剑不出。

庚辛重而时见巳亥，虎啸风生。得戊己以相资，官居极品。

庚辛日生，再见庚辛干，岁月时中得一巳为巽风；或得亥，亦可喜。甲乙亥卯未，运行东南，权高禄重。行北方，富。入西，祸莫测。

一气相生，称五行之顺食，位近三台。

一气相生，即甲生丙，丙生戊，戊生庚。五行顺食，更地支互益者，大贵。或以天元一气解之，则非。

金神带刃，遇火地之炎明，官居内阁。

金神格。柱中有羊刃，又行火乡，大贵。

时上偏官，喜劫刃印财而居岁月。

时上偏官格。岁、月、时中，有财资印，化刃扶身强，主风宪之权。

父传子道，兼文武将相而显朝廷。

乙日生，逢壬午时者，是。乙属东方青帝之神，午属南方赤帝之神。乙为父，午为子，得干上壬水，反生乙木，是父传子道之象，青赤相续之妙。入此格者，功高一世，宠压千官。不宜水盛，乙木有泛。即前木生卯月，时会午而震动离明，运至西南，官居极品是也。

伤官透而正官隐，遇煞印而位重权高。

伤官透于岁月时干，正官隐于地支柱内。财印、七煞全者，大贵。

地天交而阴阳感，得戊己而三台八座。

日时得亥为乾天，岁月得申为坤地，而干透戊己是地在天上，有阴阳交感之意，内阳外阴，健顺之象。入此格者，大贵。

木盛金繁，得离明而公忠正直。

木赖金削，繁则金太多，要火制金。公忠正直，因金木而言也。

金白水清，遇长生而聪明出众。

庚辛日，生于申子辰月，地支坐巳，柱有壬癸，无火土夹杂，主聪明有文学。

火明木秀，逢土现而早占鳌头。

甲乙日生，柱中有巳或丙丁寅戌字，在春生，奇特。若地支有午戌亥卯未，各得一字，亦是，不拘甲乙日生。

水木在春生，遇土金而作公侯之贵。

水见土，木见金，为官。水见金印，木见土财，春则木旺水休，互相资助，故贵。

金逢火炼，早年出仕木得金裁，幼岁成名。

此言五行之相济也。

金多失火，嗟性度之凶顽。木盛无金，叹功名之不遂。土重而无木疏通，困苦奔波之辈。水盛而无土制，伏破家淫荡之人。火盛而无水济，死而无悔之暴夫。木衰火盛变灰飞，功名迟而难逃夭折。金白水清被枭害，文章秀而莫永天年。

此总言五行偏党，无制伏皆不为吉。

金白水清，脱枭神而文章益显。

与前"金白水清、遇长生而聪明出众"互看。

煞官两露，遇二德而爵位崇高。

二德，天、月二德也。煞官两露，疑混得此解之，故贵。

财资七煞，子仪司将相之高权。

柱中财旺生煞，煞生印，又得长生之地，日干旺，格局纯，大贵。

金神带煞，寇准擅庙堂之大器。

金神重犯岁时月令，却逢七煞，大贵。忌刑冲。

岁德逢财煞栽根，早登显仕；更加印刃无妒合，预拟高科。

与前"岁德扶干，喜财星而嫌制伏；印星在运会羊刃，而掌兵刑"义同。

岁德逢财，少年请举；岁德带刃，早岁成名。

岁德为重煞，故屡言之。请举，少而成名，早擢高科而登显仕。以年管初年，煞主威风故也。假如甲日见庚，年为岁德，柱中要戊己资煞，巳酉丑栽根带刃，喜行印绶，忌正官，妒合之辰。

月七煞而时岁食肃，宪府风霜之号令。

食神制煞，理固然也。

月煞印而时伤官，受凤阁龙楼之厚宠。

月令有煞、印，岁干支得此为极妙。要时透伤官为印之妻，作煞之制，故主大贵。

日丙火而时入亥宫，丽乎天而文明四海。

六丙日、时得己亥，亥属乾为天，火在天上，无所不照。命值斯象，自幼至老，贵显崇高，掌兵刑之任，上佐天子，下顺四时，外抚四夷。所忌刑冲、破害，有救者吉。《赋》又云："阳火时逢亥位，文明光照乎四海"是也。

干阳荧而时逢己丑，出乎地而照耀山川。

丙日逢己丑时，是日出地上之象。顺而丽乎天，大明之德。如安国康侯，多受大赐命之，值此心膂股肱之任。如姚涞状元：戊申、戊午、丙辰、己丑，合格。《赋》又云："六丙时临己丑，日在地上，为极显"是也。

时辛亥而日逢丁，乃时三奇而科名早中。

六丁日见辛亥时，辛为偏财，亥中甲木正印，壬水正官，谓之时上三奇。必主少年登科，富贵长久。《赋》又云："阴火时亥，富贵悠悠"是也。

月建申而岁时遇为坤坎顺而将相可期。

欲知富贵，先观月令，乃提纲。月建申属坤为地，年支子居坎为水地，水师卦，水不外乎地，兵不外乎民。得此象者，大贵。子时亦然，日支子者则非。

时离岁巽，日阴金透甲乙，为三台之贵。

午时生人，年支得巳字，日得辛金为主，金用巽木为财，离火为官，名曰内得巽顺而外得离明之象。柔进而上行，得中而应乎刚。若巽居月令，则非入格，大贵。

木秀火明，春秉令人斯象，登榜眼之魁。

重在春生。即前"火明木秀，逢土现而早占鳌头"之义。

食神带刃，结局而位至三公。

如甲人食丙，要火局；己人食辛，要金局。但得一字，更有刃助，大贵。

食神带刃，坐官而勋高一品。

日主坐下官星，岁月时中又有刃食之现，大贵。所嫌者偏印冲刑，若行财官二运，勃然骤发。

官星带刃，班超万里封侯；岁月得时，周勃特然入相。

正官之格，用神要当时。柱有劫刃为正官妻财，则刚柔相济，却得财星为贵。官星、劫刃两现天干之上，尤贵。《赋》又云："官星带刃，贵不可言。岁月透露，周勃特然入相"是也。得时，以官星乘旺；言带刃，以不拘干支；言透露，则直指所重者言之也。刃为凶煞，官食带之，皆作权贵看。如李邦珍都宪：癸酉、己未、壬子、庚子，合格。

财官双美，透财印而居台省之尊；运至比肩更刑冲，抱守株之拙。

癸巳日，坐向四月；壬午日，坐向午月，天干透财印，贵。不宜北方运，又怕刑冲。宜斟酌。

财官生旺，天干透露为奇而曳紫拖朱。

四柱财星旺，不必正官透财，自生官，绝奇。或财官两透，居生旺之地，皆主大贵。

财旺生官，印刃相扶为妙而三台八座。

柱中财星旺得令，又印劫扶持，大贵。再莫行财乡运。

干食神而时骑禄马，初年题虎榜之荣名。

庚日见壬午时，辛日见癸巳时是也。

透印绶而格得财官，早岁镇边隅之重任。

财官之格，要岁时透印干为妙。

日干健旺而印刃相扶，龚胜尽汉家之死节。

《赋》又云：煞旺而得印刃之扶，龚胜死节于西汉，是四柱纯煞。或官星从煞，得印刃透出天干，乃忠节之良臣也。前言日干旺而印刃相扶则太过，焉得好处？当以后为正。考龚胜，汉之处士而能死节，岂非五行太过之伤欤？

官星带刃而印绶带煞，元龄步唐代之瀛洲。

三公之任，在乎煞刃司权。各遇长生，更得财资极贵。

如甲用庚为煞，乙用辛为煞，柱有巳子，则煞长生。甲见乙，乙见甲为刃，柱有亥午为刃，长生更得财资，煞印化刃，极贵。

司要枢总，戎政因劫，带刃以资官。

月令时上正官，要羊刃资之。如甲用辛为官，得乙字资官是也。

伸枉抑理，冤愆为财，生煞而助印。

四柱七煞重叠，又得财官资助，则煞得势，复生乎印矣。

进直言，趋金阙，因煞刃两露于天干。

此是煞格。而煞刃并现岁月时中，主言路。

居翰苑，掌丝纶，为正官归禄于四柱。

归禄，乃正官。如丙用癸为官，有子字，则癸禄居子，在冬三月生，妙。《赋》又云："掌丝纶之命，列玉堂之职，因贵禄而得清奇"是也。

年正印而月正官，居国监翰林之任。

正官喜现于月令之中，正印要露于岁元之上，不见冲克之神，准上文。

格清奇而时得令，唱鸿胪玉殿之名。

格局纯和不杂，用神得令有气，无刑冲、破害，大贵之造。《赋》又云："格清局正，玉殿传胪"是也。

平邦国，统六师，赖官星变为天德。

解见前。

理阴阳，登宰辅，因禄马又带长生。

正财、正官，俱有长生，得刃生食，食生财，财生官，官生印，印生身，有周流不息之妙，必主大贵。《赋》又云：财官有蒂，调和燮理之权。有蒂，长生是也。只财官长生便贵。长生，指所居长生之地，言不必要刃食相生解。

格局纯和而日干自弱，览泉石而好幽栖。

用神虽得时，日主衰不胜，却为林泉晦迹之人。遇运扶身，亦发。

格局薄弱而用神轻微，纵资生无过小职。

如其所用之神，不得时令，纵得资益之字，不过小官。比前格局纯和者不同。

土重而支神厚载，畏元武而喜青龙；格局苟逢，庆膺大贵。

且如戊己日，柱中又重戊己字，或得一申字在地支，是纯柔顺之道。赋形有定之方，德合无疆坤之大也。值此象，大贵。忌壬癸，喜甲乙。运同。

木盛而土厚逢荧，顺东方而行坤地；柱运纯和，定显功名。

天干甲乙一气，地支戊己重叠，却得寅午戌一字，顺东方，木得地也；行坤地，土得位也。如是，则木愈盛而土愈厚矣。四九上下应之。

土多而居坤艮之上，则天道下济而光明。

戊己居于岁月时干，地支又有其根，得提纲在寅，土为坤、为地，寅为艮、为山，止乎内而顺乎外，嫌之义也；山至高而地至卑，乃屈而止乎其下。值此象，富贵亨通。

刃逢禄马三奇，得令透财，为公侯一品之贵。

柱会水火二局，露金藏土，为龟蛇持剑之形。

即前"龟蛇持剑兼金刃，而贾复名高"之义。

财星变德而坐煞，李靖兼文武全材。

如丙申日，以辛金为正财，要在四月中生，自坐申中壬水为煞。己卯以壬水为正财，要在申子辰月生，为天、月德之类。二者俱变为德秀，又是财星变德值生旺，无劫夺。武则锄强殄暴，文则胙土分茅。《赋》又云"财星变德，登枢要而任股肱"是也。

煞刃得印以相资，汲黯作朝廷耳目。

煞生印，刃合煞，全者大贵。

伤带财印，兼生旺而持纲持纪。

此伤官，用财、用印之义也。得财印生旺，方妙。

柱均火土，逢木气而为国为民。

火生土为食，伤木为火，印为土官，故也。

王曾魁众士，因官印带食以相扶。

叶正占鳌头，赖印星自官而自禄。

身旺无财官之辅，非技艺而必僧流。

女人犯二德之纯，受宠章而沾风诰。

余观此《赋》，不外子平，但多重七煞、羊刃、伤官、食神，而财官、印绶兼资，并取成格、合局、作党、制化、变德者，皆作大权大贵。万公耳闻目击，故以子平之法而推广之。万公其亦识微之士耶。

第六十三章　星命汇考六十三

《三命通会》三十五

金声玉振赋

受命之不同也，有如受形。测理之难精也，过于测海。阴惨阳舒，知盈虚之有数；天高地迥，极覆载之无疆。或升之云汉兮而非有所私，或坠之渊泉兮而非有所恶。其气数定于太初，其培覆譬诸草木。妙诀不在于多言，至人奚事于强聒。且如类属从化，格判旺衰，照伏拱遥，局分明暗。

见类属要旺，从化要衰。照伏二者，皆取局于明；遥拱二者，皆取局于不见之形，故谓之暗。

论用神论日主，各有所宜；取地脉取天元，是或一道。

此泛举谈造化者之非一端也。

游心于去留舒配，决意于喜忌爱憎。

此约言谈造化者之无多术也。中间妙理，则不能一言尽。如论用神，论日干取地脉，取天元，喜忌爱憎，万有不同。若不去留舒配，何以成造化而分贵贱，谈性命而决生死？所以当游心详玩，决意专察也。

亦有源浊而流清，岂无根甜而裔苦。

如水，生于土令，其源本浊，运行西北，土化金，金化水，其流不亦清乎？若此者，先主凶，后主吉。《洪范》曰："稼穑作甘，炎上作苦，木生土令，行南方，根甘裔苦"之谓也。虽伤官能生财，然木不南奔，何以任之？或谓此二句总喻五行命运，不专指水、火。亦通但异乎吾所闻。观《珞琭子》有初凶后吉，始吉终凶，则是譬喻。此则直言其理耳。

鸳鸯比翼见江湖，必遂平生。

如丙戌、辛丑、丁巳、壬寅，丙辛合，丁壬合，寅戌合，丑巳合，若鸳鸯之比翼联飞也。有壬水在柱，而又丙辛化水，是江湖之象，可以遂其栖迟之性矣。或曰：鸳鸯比翼，只取其两两相合，即德合双鸯格也。江湖字，不必拘。

蝴蝶双飞逢园囿，方为得所。

如辛未、戊戌、辛未、戊戌，未为木库，戊戌纳音又为平地木，乃园囿之所，故合格而贵。若无一点木气，岂非虚名虚利之人乎？

采精金于青沙黄碛，别利器于错节盘根。

甲午日见己巳时，乙未日见戊寅时，盖甲午、乙未本是沙中金，而戊寅则青沙，己巳乃黄碛也。甲乙生卯月木旺之时，柱带壬申、癸酉剑锋之金，正合此格。余金则非。

我生者，岂若生我者之为安；克我者，曾如我克者之为显。

此言伤官不及印绶，用煞不如用财也。盖伤官、七煞，虽或大贵，然多有得其祸者，弗若纯用财印为享自然之福也。或谓用财似止于富，不曰财旺生官耶。故用财者制人，用官煞者制于人。

如逢既济未济，休疑冲并，休疑无依。

如壬子、丙午、壬子、丙午，既济之格也。丁卯、丙午、丙戌、甲午，未济之格也。二者皆大贵。如以俗眼观之，则前一命嫌于冲并，后一命嫌于无依矣。或以未济，以火在上，水在下，柱中太旺为解，即聚精会神之格也。

内有三正三偏，不必生扶，不必透露。

六壬生四月，巳中戊为偏官，丙为偏财、长生，金为偏印，故谓之三偏。癸生巳月则为正官、正财、正印，乃三正也。水虽绝巳，金长生则水不终绝，是以不必生扶也。翕聚，则气专发散，是以不必透露也。或以生扶指财官印，言若日干衰弱，则不可不生扶耳。

奔道途而丧生，盖因秀气繁乱；坐囹圄以亡命，只为比肩争斗。

如一甲三寅，一丙三戌，一辛三丙，禄库官星太多，无秀气也。如三壬一亥，三庚一丑，三己一甲，秀气不胜其分夺也。余仿此。

刃重官轻，业屠沽于市井；马疲印破，弄刀笔于公堂。

官星带刃，本吉。官煞失时，而刃用事，兹其所以贱也。凡遇此格，断为屠沽无疑。如寅午戌马居申，有刑冲破害则马疲，甲木以壬癸为印，无庚辛金生之而有戊己破坏，乃吏胥之徒也。或云：马指财言；疲，病也；财临病地，谓之"马疲"。考《珞琭子》"马疲"注，王廷光以前说为是。

三奇再犯辰戌，作斫削裁缝之匠。

地三奇：甲戊庚。天三奇；乙丙丁。人三奇：辛壬癸。干得三奇，地支有辰戌相冲，乃贵；反，为贱之造。遇此者，不作木匠营生，即为裁缝度日矣。遇寅辰则不然。或戌有合，辰有合，各分二局，则水火既济，亦不然也。

四柱尽归禄位，为眉寿景福之人。

如丙寅、甲午、乙巳、己卯，丙禄居巳，甲禄居寅，乙禄居卯，巳禄居午，天干各有所归，此人一生富而且寿。即《消息赋》"享福五行归禄，眉寿八字均停"之意。

木衰火旺复行西，天年夭折。

如甲午日，生四、五月，木不南奔，又见金砍伐，宜夭折也。行东北。运则否。

水冷金寒兼拱北，身世浮沉。

金水伤官，只宜东南运行，吉。

甲春乙秋，偏宜官煞重叠。

甲生春，木旺赖金斫削，方成器。乙生秋，或化、或煞，皆吉。是以宜多煞。假若甲生秋而重受克，必主大凶。乙生春而煞多，亦不宜。

丙火卯月，难资印绶生扶。

湿木不生无焰火，理固然也。乙卯、癸卯尤甚，丁卯庶几。

水繁而不制，病生于膀胱；金繁而不化，疾在于喉舌。

水属精，金属声，水失堤防而无土制，则其人淫，水多大泛也。金太坚刚而无火化，则其人哑，金实无声也。

财官双美，透露极荣；火木通明，见土则贵。

财官双美，是辰戌丑未月生，或壬午癸巳等日，固宜财官，透天为妙。木火通明，须春生最吉。土所以宿火培木，故须见之方贵。

壬趋艮，甲趋乾，须以财印助福；子遥巳，丑遥巳，亦以财印相成。

以上四格，皆赖财印辅佐，而始大贵。不宜见官煞。

三奇伏岁支之下，少入翰林；三奇在时位之间，晚归台阁。

如六甲，日主见己丑年者，是己丑中辛金、癸水、己土为财官印之三奇也。如六丁日，见辛亥时亥中壬水为官，甲木为印，又辛金乃财也，遇之岂不居极品乎？夫三奇，一也而贵。有老少之分，以年先而时后，年近而时迟耳。

官星得令，制伏诸凶；贵人扶身，解脱百厄。

此言命中有官星、贵神，不忌凶神、恶煞，盖邪不胜正也。须得令扶身，方准《赋》文。若官失令受伤，贵。散漫生嗔则否。

煞刃两现干头，定受言责之寄；一遇刑冲岁运，恐蹈不测之危。

煞刃，为权星，刑冲最忌。

丙临子申，戊当头而贵拟王谢；辛骑羊兔，乙透出而富比陶朱。

贵，以食神生旺言。富，以财星禄库言。

八月官星见子辰，合来暗煞。

假如甲生酉月为正官，岁时下有子辰则会出申金，斯为官煞混杂矣。

三春丙火逢猴鼠，化作正官。

丙火、辰土，本是食神，有子申会成水局，非官而何？此二句，乃不见之形。

金水固聪明，有土反成顽儒。

土能浊水，埋金故也。

枭食虽贫夭得财，忽变亨通。

食神乃财源，又为寿星，枭神破之，贫夭无疑。一经财地，逐去枭神，凶中反吉。凡入此命，多依他人取富。

六乙鼠贵，爱见食神；六阴朝阳，何妨肩劫。金神带煞入乌台，偏官带刃居宪府。

金神、羊刃皆恶星，喜官煞制伏，人命得之，为除奸去弊之象，故断居此之职。

戊土叠临寅宫，喜财而不喜印。

戊寅虽坐煞，实长生地也，见火勿泥，煞印是火蒸焦土喜财者，财生偏官，官为有气耳。

壬水坐下，阳土透煞，慎勿透官。

水固赖土止，亦恶混杂也。

偏财见官兼食神，荣华有准；身主用神或入墓，进取无绣。

木火相照，胸中万斛珠玑；金水相涵，笔下千篇锦绣。

此格见前，重举之，以明其才华之卓越。

三刑失合，破相伤躯；六害多逢，辜恩负义。

凡命三刑若有合，则不成刑，如人争斗，而有和解之者，不然，难免此患？带六害多者，为人则以恩为怨，忘恩负义之流也。

空亡却损于妻子，隔角难为乎兄弟。

空亡，如甲子旬中无戌亥。隔角，如丑寅，乃隔角方位也，日时见者重。

壬骑龙背，带刃者类乌获孟贲；庚坐戌支，火多者是邢侯雍子。

辰中有龙，阳刚之物也。更逢羊刃，膂力绝人矣。经云：辰多好斗，戌为火库，庚日坐之，再经火则锻炼太过，其为无情甚矣。况其中藏娄金狗，此宿乃狡猾之物。经云：戌多好讼。刑侯雍子，在春秋时，争鄐田者也。

满路异香，富而好礼。

年、月、日、时之天干，见地支四位贵人者是也。如壬申、辛亥、己巳、丙寅，壬以巳为贵，辛以寅为贵，己以申为贵，丙以亥为贵也。

一旬和气，乐以忘忧。

年、月、日、时，共出一旬，如甲子、壬申、己巳、癸酉，俱出甲子旬中也。

归禄爱财星，见官则损寿。

财为养命之源，归禄之格，身旺爱财，直忌官星窃财气故也。

正官得时令，有印不如财。

官印固妙两全，苟无财星，官失其生意，印亦何用？

从革复出乎三奇，血食迄千年而未艾。

日干庚辛，地支巳、酉、丑，或申酉戌全者，乃从革之象。庚日干头再有甲戌，辛日干头再有壬癸，其人死当庙食于百世矣。何以言之？夫金之为用也，刚而其为质也。固刚者，义气之发，固者可久之道。人之秉义者，生为忠臣，死必为明神矣。此理可与达士论之。

曲直兼资乎印绶，仁声播九有以无穷。

曲直者，木象也。甲乙，日主倘见地支寅卯辰，或亥卯未全者，是更逢印绶之相生，其人必有仁心仁闻矣。以理推之，仁者，天地生物之心，于时为春，于五行为木。是木者，有生意之物；而仁者，实好生之德。更逢印绶则生，生而不息矣。得之者，泽被群生，恩沾黎庶。故曰，仁声播九有以无穷。

地天泰故斯人挺生，云雷屯则经纶显设。

此指上两格之人，其生也既有所自而不虚生；其出也必有所为而不苟出也。或云：地天泰，乃戊申见辛亥。云雷屯，乃壬子见乙卯。即《妙选》地天交泰，雷雨迎春二格。

是知术数无穷，实则不遗至理，言辞难悉。吾特举其一隅，显微阐幽，遵彼往哲，引伸触类，存乎后人。

金鼎神秘赋

人生有命，得失顿殊；富贵贫贱，那能一体。红光满室，五行群聚于贵乡；佳气充庐，四柱并集于福地。先贫后富，生时值禄马同乡；始吉终凶，日时犯空破之处。平生坎坷，基薄与凶运交杂；一世荣华，命高逢好运叠至。刚金遇火方成器，决定超群；旺火得水为既济，必然出众。木须金而不繁，水赖土而不散。戊己见寅卯，得位于勾陈；壬癸坐巳午，当权于元武。贵人入命遇奇仪，必是公卿；华盖临时值孤寡，定为僧道。玉堂拜相，炎炎火秀在离宫；金阙朝元，洋洋水德宅坎位。重逢水位，断为云水之仙；累犯纯阳，定作空门之子。遇长生而聪明智慧，逢死败而蒙蠢愚顽。父母难靠，年月俱陷空亡，妻子易亏，日时并临孤寡。卯酉生逢克战，败门户而多灾；子午全居死墓，走他乡而为客。子午最嫌巳亥，卯酉切忌寅申。宅墓受煞，门户多破。时落天中子少，合逢干头妻多。年中无气，幼而散失元基；月内逢空，门户消索不立。日临绝位，纵妻无恙亦多离；时在墓中，后嗣有时也不顺。合地秀者贵，得天时者荣。五行无气者贫，四柱有伤者贱。阴阳纯一者孤，支干刑害者疾。用神休囚者，难求富贵；秀气浅薄者，多是艺术。刑克互见身旺，定作军徒；辰戌相加有损，断为狱吏。金水闲慢，落魄清贫之人；驿马冲击，驰驱红尘之客。魁罡重犯，生于屠宰之家；酉戌重逢，身死奴仆之下。柱中子午双包，尊居垣省；命内干支一气，贵至侯王。一片纯阳独克命，不死也伤；满盘印绶俱生身，不贵即富。年月并伤父母，妻妾难为；年时并伤怙恃，继嗣不保。年冲日兮父母旺，妻妾难存；时冲年兮儿女旺，父母易损。破命者，少失双亲；破月者，长克昆季；破日者，一身独立；破时者，老无结果；破胎者，母氏独当。此则论其大略，尚未及乎精细。先提官贵，迥异常流。甲戊庚引至丑未，贵神有气；乙丙丁出于酉亥，天乙加临。己逢坎位乙在坤方，六辛喜于寅午，壬癸宜于巳卯。此谓暗中得贵，更看官印弱强。甲逢酉位，乙到申方。丙得子宫必显，丁加亥上荣昌。戊见卯而能秀，己临艮而声扬。庚到离宫得气，辛临巽位安然。壬投午上既济，癸向巳内财官。此为正官、正印，更看禄马朝元。若无刑冲、克破，定作鼎鼐神仙。次论财富养命之源。先观财命有气，次观禄马不贫。木临四季向禄，自然充裕；水到午上财旺，必定丰隆。土逢润下，金遇曲直，火遭金局。三合逢禄库、食神，五行值天厨财气。四柱无伤，日时得地。身旺有气，逢财化作官星；身衰失时，财多反为贫汉。若居煞地，多是凶徒。人有公吏、军戎、商贾、艺术，四者不同，各有所居。公吏之命，多带克刑，东西战斗，南北冲击。长生处破了，死绝处生起。五行错杂，象不纯一。倒食逢财，夹贵逢破。财印相刑，引用无气。秀中带鬼，贵气损伤。干支重会提纲、悬针，此等之命，不离公门。至若带官禄而可获福，遇贵神而可进步，则又有出仕显达者也。

兵卒之命，与吏大同。局中煞重而干支不等，象内贵轻而主本破伤。甲见卯支，丙临三丁之地；辛向亥地，壬家二癸之乡。乙丁逢蛇，戊土奔马。此乃悬针、羊刃，更犯克破刑冲。又带福气，凶中有吉。悬针遇吉煞相扶，羊刃有贵神相助。由是从行伍而有权禄，自兵卒而任总戎。然以煞为重，则不可诬焉者也。再看商贾，其命何凭？日时并临子午，三元都值寅申。马前无鸾，劫上逢财。或偏财身旺，复行财运。或六合会财，更坐马乡。壬人运南，丙人运北，经营买卖之人；甲人行西，庚人行东，贸迁有无之辈。甲乙居坎犯壬癸，未免萍梗他乡；元武遇亥无戊己，谅必龙断外土。至于得利不得利，则专论财之旺与不旺而决之也。再看艺术，又非商贾。命遇德秀犯刑冲，小道可观；时逢学堂见空亡，多能可鄙。乙庚化金于坎艮，丁壬化木于兑乾。辛丙临乎四季，戊癸居乎一宫。此乃秀而不秀，化而不成；格局破损，禄马不全。原夫秉赋聪明，多因生遇学堂。至于成就淡薄，乃是命无根本。若四柱不相往来，更五行再无气象，天乙闲慢，华盖叠逢，不作飘蓬寻幽之士，必为九流艺业之人。再看僧道，又非艺术。五行在无气之乡，十干临死墓之地。年月尽逢孤寡，日时全见元辰。累犯空亡，重临华盖。妻子衰绝，身旺无依。火盛而身心禅定，水多而自在逍遥。若命合贵格而死绝，心乐清虚；命无贵气而生旺，性好空门。月上五行恬和，道行高洁而教门增重；时上五行安静，行果相辅而徒众数多。月上福神得助，则善和法眷而同衣赞美；日上刑冲带煞，则求化无缘而行脚飘流。见煞印则当权服众，遇丧吊则苦行伤身。华盖、夹贵与三奇，虽云吉煞；自死、自绝、自生旺，则无吉助。若生旺太过而兼带干鬼，则名利之心不忘；值克害太甚而更遇凶煞，则凡俗之还不免。咸池为酒色之星。犯之则耽迷不检；羊刃乃凶恶之物，遇之则财利是图。岁运见丧吊伏反，在俗人则凶，而僧道则吉。元命遇孤寡、亡劫，在常人有妨，而僧道无害。古歌云：两般父母见星孤，四季天上禄也无。辰戌丑未加临著，多是道士及僧徒。又云：三合生人辰戌时，定为僧道不须疑。若还华盖并临墓，囊橐丰隆定紫衣。凡论僧道，又当以是质之。

又有先贫后富，先富后贫，二者隔别，全看月、日。日时生旺聚福兮，晚景荣华；月令有气储财兮，早年富贵。若月吉而引用多轻，先富后贫；日强而本根不利，先贫后富。生来受荫，年月在财官之乡；末主孤寒，日时犯空破之地。年月逢财无气，幼年窘迫；日时遇食有气，老景欢忻。四柱衰微，平生不遂；背禄逐马，一世恓惶。若夫干头财露，支内不藏，伤劫实地，禄马虚浮，身旺印助，一生破败不聚财。身弱财多，外似有余内不足；或四柱原无财官，遇岁运忽然发迹。似此之命，有名无实。又有抛乡去井，失土离家。乃年克月兮相制伏，日冲时兮在子午。四煞若冲身命，定应游走他乡；三限再临死绝，未免飘泊外处。重重鬼害，累累刑空。运拙时乖兮，别闾里而跋涉程途；命蹇日衰兮，辞亲戚而往来岐路。

再论兄弟，以及妻子。木人春降到寅亥卯，昆仲必多；若生西南，必少。金命秋生临巳申酉，兄弟盈门；若逢东地，不靠水居，润下遇乾坎，同气多荣。往来辰戌消洒，火向炎上居离巽，连枝共美；到于酉亥，凋零。土临四季，伯叔成行。若论得力不得力，三元不落空亡，四柱不犯孤寡。青龙作子，休婚白虎之妻；火德成男，莫娶亥子为妇。水生子嗣，母忌中央。年合日时犯戊癸，决主三妻；甲逢二己到巳午，不止两妇。丙逢重辛居酉子，多招宠妾；庚与乙合生卯午，定有偏房；壬重逢丁在巳酉，重婚别室。阳合阴盛妻双立，阳合阴衰妻再娶。又有子多荣贵，亦有子少愚顽。是理极微，要当详论。金居离位逢炎火，儿孙满前；火临坎户遇顺下，后代克昌。木逢庚辛到巳申，土生甲乙见寅卯。水临四季，喜见戊己。时日生逢无克制，子孙多荣；官煞重逢见财生，继嗣必贵。若夫日临衰墓死败，男女须伤；时犯空亡有克，儿孙必少。木为后代，忌逢申午之方；火若为男，休逢酉亥之地。金为子位，怕见坎寅；水作男宫，忌见卯巳；土为后嗣，怕临震东。男取克干为嗣，女取干生为子。四柱归于败绝，五行都在伤官；虽有干支暗合，也须螟蛉作嗣。纵有偏出，实难定姓。古有借妻安子，其理甚元；木儿见鬼得北方，坎女多存。水子遇煞，赖西方兑妻可养；水制火男，借青龙为奶母；木损土儿，觅朱雀为继娘。五行有损，须借相生。四柱虽克，亦多无害。若不借母安子，岂能后嗣不乏？

　　至论女命，最怕刑夫。日生木蛇，难成婚配之期；己用金鸡，定是失夫之妇。土为夫婿，寅卯多寡。木作婚期，离宫须害。再犯孤鸾尤甚，更遇八专何说。至于为妇清洁，生而不犯贵合；若要秉性坚贞，长而不逢煞伤。丁壬无气，必犯娼淫；戊癸休囚，多有浊滥。四柱禄合，三元纯一，日时有合，有夫不离私情；桃花劫煞，五行居墓，财禄沐浴，背夫别成暗约。阴遇阳干合多，不娼即妓；比劫分争身弱，非妾即奴。至有五行失位，四柱休囚，十干上下交战，运行无气空亡，三元在沐浴之中，五行居死墓之地，生为奴婢，将谁怨尤？间有命犯倒食而无食，能与别人作福；偏财遇比而身旺，甘为富室干仆。男子舍居，异姓入赘。金居金位遇卯寅，木到木乡逢丑未。日时犯月鬼破门，丙壬别祖宗入墓。魁罡临命见华盖，一生就妻为活；丑未重犯遇寡宿，半世从妇入舍。四柱往来有情，携手为婚；三元重犯阴合，不媒作室。阳衰阴旺，女招别姓子为男。命配成婚，休败克滞；后看相生，多招外婿。支多克滞，定应知汝波涛下上。无生一户，岂能坚守？身如显化自无气，本姓全亏；若是假合别成象，孤儿异姓。平生窘迫，岂能得祖宗之财？若得兴丰，因托别房父母。此只论其大概，尚未得其精微。命之理微，悟在心得。若夫疾病死绝，贫贱凶恶，岁运晦显，各有道理。已著于前，兹不重赋。

第六十四章　星命汇考六十四

《三命通会》三十六

元机赋

太极判为天地，一气分有阴阳。日干为主，专论财官；月支取格，乃分贵贱。有格不正者败，无格有用者成。有官莫寻格局，有格不喜官星。官印财食，无破清高；煞伤枭刃，用之最吉。善恶相交，喜去恶而崇善；吉凶混杂，忌害吉而向凶。有官有煞，宜身旺制煞为奇；有煞有印，畏财兴助煞为祸。身强煞浅，煞运无妨；煞重身轻，制乡为福。身旺印多，喜行财地；财多身弱，畏入财乡。男逢比劫伤官，克妻害子；女犯伤官偏印，丧子刑夫。幼失双亲，财星太重；为人孤克，身旺无依。年冲月令，离祖成家；日被提冲，弦断再续。时日对冲，伤妻克子；日通月气，得祖安身。是以木归春长遇庚辛，反假为权；火居夏生见壬癸，能为福厚。土逢辰戌丑未，木重成名；金生申酉巳丑，火乡发福。水居亥子，戊己难侵；身坐休囚，平生未济。身旺者喜行禄马，身弱者忌见财官。得时俱为旺论，失令更作衰看。四柱无根，得时为旺；日干无气，遇劫为强。身弱喜印，主旺宜官。甲乙秋生金透露，水木火运荣昌，丙丁冬降水汪洋，火土木方贵显。戊己春生，西南方有救；庚辛夏长，水土运无妨。壬癸逢于土旺，金木宜荣。身弱有印，煞旺无伤；忌行财地，伤官伤尽，行官运以无妨，伤官用印宜去财，伤官用财宜去印，伤官财印俱彰。将何发福？身旺者用财，身弱者用印。用财去印，用印去财，方发其福。正所谓喜者存之，憎者去也。财多身弱，身旺运以为荣；身旺财衰，财旺乡而发福。重犯官星。只宜制伏；食神叠至，须忌官乡。顽金无火，大用不成；强木无金，清名难著。木多得土财帛厚，火焰逢波禄位高。有官有印，无破为荣；无印无官，有格取贵。羊刃极喜偏官，金神最宜制伏。杂气财官，刑冲则发；官贵太盛，旺处必倾。身太旺，喜见财官；主太柔，不宜禄马。旺官、旺印与旺财，入墓有祸；伤官、食神并身旺，遇库兴灾。运贵在于支取，岁重向乎干求。印多者，行财而发财，旺者遇比无妨。格清局正，富贵荣华；印旺官明，声名特达。合官非为贵取，合煞莫作凶推。桃花带煞喜淫奔，华盖重逢多克剥。平生不发，八字休囚；一世无权，身衰遇鬼。身旺则宜泄宜伤，身衰则喜扶喜助。务禀中和之气，莫令太过不及。若遵此法推详，祸福验如影响。

络绎赋

参天地文奥妙，测造化之微幽，判人生之贵贱，决生死之吉凶。法则取乎日干，兴衰论乎月支。甲乙属木，最喜春生；壬癸属水，偏宜冬旺。丙丁火而夏明，庚辛金而秋锐。戊己两干之土，要旺四季之期。日乃自身，须究强弱；年为本主，宜细推详。年干父兮支母，日干己兮支妻，月干兄兮支弟，时支女兮干儿。后煞克年，父母早丧；前煞克后，子息必亏。马入妻宫，必得能家之妇；煞临子位，当招悖逆之儿。禄入妻宫，食妻之禄；印临子位，受子之荣。枭居祖位，破祖之基；财官月旺，得父资财。所忌财伤禄薄，最嫌鬼旺身衰。食神暗见，人物丰肥；枭印重生，祖财漂荡。咸池财露主淫奢，凶煞合年防自刃。桃花重带合神，花街柳巷；驿马若逢冲物。暮楚朝秦。金火交争，断无礼义；印财两失，少损爹娘。桃花会禄，洒色亡身；财旺枭衰，因财丧命。身临沐浴之年，恐遭水厄；主入战斗之地，必逢火伤。财生官者，用贿求官；财坏印者，贪财卸职。财旺生官，白身荣显；财生煞党，夭折童年。独煞冲破废闲人，诸煞逢刑凶狠辈。天干多煞遇干年，须当夭折；地支多鬼遇支年，必见凶灾。财生官，官生印，印生身，富贵双全；伤党财，财党杀，煞克身，凶穷两逼。酉寅刑害继伤婚，巳卯风雷多性急。煞官混逢，乃技艺之流；财禄坐马，为经商之客。马落空亡，迁居漂泊；禄遭冲破，离乡萍梗。阴多利于女人，阳盛宜于男子。阴盛于阳。女主兴家；阳盛于阴，男当建府。纯阳男必孤寡，纯阴女必困穷。官贵生年，化凶煞而名垂万古；胞胎临日，遇印绶而禄享千钟。一气为根，秀出群英之表；两干不杂，名出众彦之先。木秀火明，拟作监梅调鼎客；水深土厚，当为舟楫巨川才。命元生煞进身旺，必主加权；临官岁遇值贵人，重宜进秩。伤官最要去官尽，制煞无如化煞高。倘若化神弱，制神强，施恩有不足之怨；化神旺，制神衰，临事无决断之能。有煞无印欠文彩，有印无煞少威风。煞印两全，文武兼备。衰运发而旺运止，旺运发而衰运终。此乃春秋代谢，天运循环，万古不易之理也。

金玉赋

搜寻八字，专论财官。次究五行，须求气候。论财官之向背重轻，察气候之浅深生死。他来克我为官鬼，身旺必权；我生克他为妻财，干强则富。年伤日主，乃父与子而不亲；时克日辰，是子不遵于父命。年克日分，上能凌下；日克年分，下去犯上。若得有物制日干，则可化恶为祥；更要本主逢喜神，则将变凶为吉。喜神庆会，当知资产丰隆；四柱无情，定见祸端并作。或见本主相冲，三刑重叠，岁运欺凌，必招横事。纯粹五行入格，台阁风清；身强七煞逢伏，藩垣镇守。无财官而有格局，青云得路；无格局而有财官，黄甲成名。财官格局俱损，不贫寒乃功名蹭蹬之夫；日干月令俱强，非困穷必草茅隐逸之士。丙丁坐南，离而无制，是不遵礼法凶暴之徒；壬癸遇戊己之相应，乃怀德抱材聪慧之士。辛逢乙木于南墓，虽富而不仁；丙逢辛金于北镇，纵贫而有德。年月时令有偏印，吉凶未萌；大运岁君逢寿星，灾殃立至。幼年失乳，食神遭刑克之宫；壮岁峥嵘，财官居纯粹之位。阳日食神得地无冲损，则暗合官星；阴日食神无破亏须契合，则自亲印绶。偏财能益寿延年，羊刃善夺财化鬼。财星有破，费祖风别立他乡；印绶被伤，失祖业抛离故里。人命以贵神为福，遭克陷则凶。祸不祥五行会凶，曜为灾喜合煞并。食神为贵，命亏煞旺，要天赦二德呈祥。身弱财丰喜羊刃，兄弟为助。月令值食神健旺，善饮食而姿质丰盈。四柱有吉曜相扶，堆金积玉；五行无凶煞侵犯，名显声扬。寅申巳亥叠犯，有聪明生发之心；子午卯酉重逢，耽酒色荒淫之志。桃花带煞，心意猖狂。二德逢印，德性慈祥。食神多而好贪饮食，正官旺而略沾滋味。枭神兴，早年夭折；爵星旺，老寿弥高。要知女命难婚，运入背夫之位；欲知男儿早娶，定是运合财乡。子克重重，煞没官衰伤食重；伤妻叠叠，财轻身旺兄弟多。若不如斯，定是刑冲妻妾位。暗合财星，妻妾众；虚朝财位，主妻多。财星入墓，必定刑妻；支下伏财，偏房宠妾。妻星明朗，乔木相求。大运流年，三合财乡，必主红鸾吉兆；或临财败之宫，家资凌替，伤妻损妾，婚配难成。妻星夫位在何宫，要求端的；官禄天厨居甚位，须察根源。有格局纯粹，忽遇恶物相冲，亦主死亡；有财禄浅薄，或逢岁运旺相，亦当骤发。日求升合，食神旺处劫财多；生来贫夭，财食得地枭印重。官弱煞强，无制则夭；日衰财重，党煞则穷。更看岁运，何凶何吉。身宫冲破无依倚，不离祖必出他乡；乾坤艮巽遇互换，好驰骋心无定主。柱中若逢华盖，遇二德乃清贵之人；官星七煞或落空亡，在九流任虚闲之职。五行克战，非伤日主不为灾；岁运并临，若损用神必有祸。财星入墓，少许刑冲必发；伤官伤尽，或见官星则凶。有十八格，当从善恶推求。总系五行，各取衰旺消息。身旺何劳印绶，干衰不喜财官。中和为福，偏党为灾。但见贵神朝拱，禄马飞天，遥合虚格，不得刑冲逢合，皆忌七煞官星，各嫌羁绊，填实则凶。忽然运到官乡，当以退身避职。马疲官破，困守穷途；禄旺财丰，峥嵘仕路。如临喜处以得祸，是三合而隐凶星；或逢凶处而返祥，乃九宫而露吉曜。要知职品高低，当求运神向背。清奇，则早岁成名；玷缺，则晚年得地。津路通亨，权高爵显；程途偃蹇，禄薄官卑。推寻子位，先看妻宫。死绝者嫡庶难存，太旺者别门求觅。子星显露，子息必多；刑害嗣宫，男女罕得。若问兄弟多寡，细检四柱干支。月令虽强，更看运神向背。死绝刑伤，雁行失序；相生庆会，棣萼联荣。兄弟身旺，父母有亏；财帛宫多，母年早丧。若见官鬼出见，母反长年；如逢脱气排连，父还有寿。壬临午位，癸坐巳宫，禀中和兮禄马同乡，遇休囚也胎元绝地。丙临申位。庚坐燕寅，巳入巽乾，乙临双女，金乘火位，甲坐坤宫，名曰休囚，最嫌克制。七煞忌逢言丧魄，寿星欣遇曰还魂。天命能施，智力难出；纲维造化，阴功可夺。贫寒将尽，能令白屋出公卿；奢侈太过，还使朱门生饿殍。家资将费，定生不肖之儿男；婚媾自刑，必娶无寿之妻妾。四宫背禄，不可妄求。官将不成，财当见费。八字无财，须要本分；越外若贪，必招凶事。噫！甘贫养拙，非原宪之无才；鼓腹吹箫，岂任员之挫志！莫非命也，要当顺之而已。

心境五七赋

人生富贵皆前定，术士须详论。

天上星辰有可加，此说更无差。

时加月建逢命位，正是福原地。

寿元合处是其真，此说不虚陈。

官禄贵马见台形，一举便成名。

日逢贵地见禄马，壮岁登科甲。

时日若逢夹禄位，为官必清贵。

五行时日无相杂，为官多显达。

羊刃重重又见煞，大贵登科甲。

若逢三奇连禄马，名誉扬天下。

日坐食支又合干，九卿三公看。

甲子己巳又一说，天地德合诀。

丙子癸巳与前同，官职拜三公。

木若逢金主不伤，两府坐中堂。

火若遇水主将权，为将镇戎边。

金若逢火主大权，方面刺史官。

水若逢土入官局，宜作侍从职。

土若得木为正禄，八座三台福。

年得月禄不为喜，日贵取为主。

生逢贵人值孤寡，决定为僧也。

空亡官禄遇贵人，缁衣作高僧。

五行无气守孤寡，必定作行者。

空亡刑害又逢囚，为僧及裹头。

欲知人命主有权，食神旺必全。

相刑羊刃并煞伤，必主上法场。

的煞若逢盘足坐，恶鬼死刑狱。

夹角相逢共岁星，徒流定分明。

六害当权逢刃煞，少年多夭折。

日逢官鬼见重刑，恶死甚堪惊。

刃神劫煞两头居，早岁梦天衢。

禄马俱逢行绝地，劳困难逃避。

月若逢时与刑冲，根基定一空。

时遇官星生旺位，子孙成行队。

向禄临财官更吉，贵显有家资。

日月纯官无财位，反主无官贵。

卯刑子位子刑卯，癸乙相生挠。

未来刑丑丑刑戌，戌刑未同律。

禄马克生主发财，人元克出来。

得一分三缘何说，飞天禄马格。

岁合时日分两头，切须仔细求。

君子若逢利奏对，常人主灾晦。

心怀悔退缘何事，重犯剥官位。

柱中有禄运逢财，金玉自天来。

前言能说贵与贱，亦须看运限。

大凡行运逢禄马，发迹为官也。

天月二德为救神，百灾不为凶。

向禄临财甚希奇，贵显有官资。

命中禄马同贵人，福禄进珠珍。

贵人君子坐刑煞，名成少年发。

阴阳贵贱宜消息，熟晓在胸臆。

日时身命许多般，一诀千变看。

继善篇

人禀天地，命属阴阳。生居覆载之内，尽在五行之间。欲知贵贱，先观月令乃提纲。次断吉凶，专用日干为主本。三元要成格局，四柱喜见财官。用神不可损伤，日主最宜健旺。年伤日干，名为本主不和。岁月时中，大怕官煞混杂。取用凭于生月，当推究其浅深。发觉在于日时，要消详于强弱。官星正气，忌见刑冲。时上偏财，怕逢兄弟。生气印绶利官运，畏入财乡。七煞偏官喜制伏，不宜太过。伤官复行官运，不测灾来。阳刃冲合岁君，勃然祸至。富而且贵，定因财旺生官。非天即贫，必是身衰遇鬼。六壬生临午位，号曰禄马同乡。癸日坐向巳宫，乃是财官双美。财多身弱，正为富屋贫人。以煞化权，定显寒门贵客。登科甲第，官星无临破之宫。纳粟奏名，财库居生旺之地。官贵太盛，才临旺处必倾。印绶被伤，倘若荣华不久。有官有印，无破作廊庙之材。无官无印，有格乃朝廷备用。名标金榜，须还身旺逢官。得佐圣君，贵在冲官逢合。非格非局，见之焉得为奇。身弱遇官，得后徒然费力。小人命内亦有正印官星，君子格中也犯七煞羊刃。生平少病，日主刚强。一世安然，财命有气。官刑不犯，印绶天德同宫。少乐多忧，盖缘日主自弱。身强煞浅，假煞为权。煞重身轻，终身有损。衰则变官为鬼，旺则化鬼为官。月生日干，运行不喜财乡。日主无依，却喜运行财地。日归时禄，生平不喜官星。阴若朝阳，切忌丙丁离位。太岁乃众煞之主，人命未必为灾，若遇战斗之乡，必主刑于本命。岁伤日干，有祸必轻。日犯岁君，灾殃必重。五行有救，其年反吉为财。四柱无情，故论名为克岁。庚辛来伤甲乙，丙丁先见无危。丙丁反克庚辛，壬癸遇之不畏。戊己愁逢甲乙，干头须要庚辛。壬癸虑遇戊己，甲乙临之有救。壬来克丙，须要戊字当头。癸去伤丁，却喜己来相助。庚得壬男制丙，夭作长年。甲以乙妹妻庚，凶为吉兆。天元虽旺，若无依倚是常人。日主太柔，纵遇财官为寒士。女人无煞，带二德作两国之封。男命身强，遇三奇为一品之贵。甲逢己而生旺，定怀中正之心。丁遇壬而太过，必犯淫讹之乱。丙临申位，逢阳水难获延年，月逢印绶则安富尊荣。己入亥宫，见阴木终为损寿，时遇丙寅则冠带簪缨。庚值寅而遇丙，主旺无危。乙遇巳而见辛，身衰有祸。乙逢庚旺，常存仁义之心。丙合辛生，镇掌威权之职。一木叠逢火位，名为气散之文。独水三犯庚辛，号曰体全之象。水归冬旺，生平乐自无忧。木在春生，处世安然必寿。金弱遇火炎之地，血疾无疑。土虚逢木旺之乡，脾伤定论。筋疼骨痛，皆因木被金伤。眼暗目昏，必是火遭水克。金逢艮而遇土，号曰还魂。水入巽而见金，名为不绝。土临卯位，未中年便欲灰心。金遇火乡，虽少壮必然挫志。金木交争刑战，仁义俱无。水火递互相伤，是非日有。木从水养，水盛而木则漂流。金赖土生，土厚而金遭埋没。是知五行不可偏枯。务禀中和之气。更能绝虑忘思，鉴命无差无误。

造微论

两仪肇辟，六甲攸生。将三元而作三才，建四时而为四柱。干为禄本，定一生职位高低；支作命基，布三限寿元终始。年生为根，月建为苗。日管经营，断中年之休咎；时为结果，定晚岁之荣枯。先推胎息之由，次入变通之道。为官为贵，缘上下以咸和；多滞多危，根本元而相克。是故格清局正，当为台阁之臣；印旺官生，必秉钧衡之任。马头带剑，威镇边疆；印绶逢华，尊居翰苑。禄虽多而有害，福不为祥；煞虽重而无伤，凶不为祸。三奇弗遇，才高难解成名；六合正逢，家富又能增业。空亡亲于寡宿，孤独跎蹱；长生陷于空亡，贫寒偃蹇。桃花若临帝座，因色亡身；咸池更会日宫，缘妻致富。根元浅薄，逢生旺而不荣；本主兴隆，遇休囚而反吉。羊刃临于五鬼，定须重犯徒流；勾绞叠于三刑，应是频遇编配。是以登仕途者，莫逢吞啖，爵禄亏停；当兵权者？勿遇天中，身权退失。胸襟澄彻，盖因水济江湖；学问渊源，本是水居壬癸。慈祥恺悌，木乘甲乙之乡；焦燥暴恶，火盛丙丁之地。名高禄重，乾金早会庚辛；贯朽粟陈，镇土重亲戊己。木繁而无金斫削，纵荣而末岁孤穷；火炎而无水淘溶，虽发而早年夭折。粤若水之浮泛，惟凭土以堤防。土重而无木疏通，遂归愚浊；金坚而无火锻炼，终是凶顽。至若金脆火炎，多则损己；木柔金重，利则伤身。水清不假土多，土弱不禁木盛。火强燥而微眇，水既济以宽和。须将匀配为佳，亦以均调为上。大显者，贵乎深隐；大屈者，贵乎卑伸。寿永年高，皆是禄临帝旺；职崇位显，为禄马会官星。华盖逢空，偏宜僧道；学堂遇贵，惟利师儒。五行若也萧索，三命因而低弱。日逢空寡，其妻多致生离；时值空虚，其子纵有不肖。绝宫为鼓盆之煞，胎宫为白虎之神。天空临嗣续之宫，末岁损成家之子。运逢吉宿无本主，未足欢娱；限守凶神有根苗，则不畏惧。岁君若临恶弱，一岁迍遭；生时若遇休囚，一生愁叹。源清者，其流必远；本浊者，所作无成。八字超群，不贵则当大富；五行驳杂，居安可不虑危。休囚者，身性卑微；旺相者，名利壮实。先强后弱，必先吉而后凶；始弱终强，亦始凶而终吉。乃若初逢贵吉，未可便作贵推；中遇煞凶，岂可便作凶兆。大抵文贵要长生之地刑煞宜死绝之宫。是以当忧不忧，闻喜不喜，详其本末，察其盈虚。荣辱穷通，不言而喻；吉凶悔吝，可考而知。名曰《造微》，岂云小补？

人鉴论

洪濛肇判，甲子攸生。二十二字之用无穷，百千万人之命可考。日生为主，年长为君。先论根本虚实，次论岁运强弱。森列三才，妙在权衡。轻重包罗，八卦自存。规矩方圆，天道尚有盈亏；人事岂无反覆。或始贫而终富，或先败而后兴。当舍短而从长，勿取彼而弃此。四柱俱嫌一字大醇，亦求小疵。详察其原，勿轻以断。官在禄乡，伊尹负阿衡之位；时居贵地，傅说兴作相之臣。生逢贵格，入仕为台阁之尊；重遇鬼局，乐道有山林之兴。是知居官居贵，五行醇而不疵；多滞多忧，八字杂而又战。根甘裔苦，贾谊屈于长沙；源浊流清，太公兴于渭水。禄马同乡而会登台鼎，煞印重旺而早入科名。比肩重遇，宜嗟范子之贫；印绶叠逢，可比老彭之寿。夹官、夹贵，日时值而峻宇雕梁；劫财夺马，岁时逢而蓬门瓮牖。嗣位逢克绝，鹊之巢而鸠之居；妻位犯煞伤，鸾之孤而鹊之寡。运行背禄，昔日富而今日贫；命遇旺财，昨日悲而今日笑。四柱坐学堂之上，回也不愚；三元助墓库之中，子之好学。年伤官贵，才高那解成名；时值偏官，家富又添好子。庚行丙地，祷尔于祇；壬入戊乡，胡不遄死？伯牛有疾，缘战克以交差；司马何忧，盖比和而无位。身中衰弱，逢吉运以为凶；命坐坚实，遇祸年而反福。煞虽重而多合，何伤日月之明；禄虽显而有失，难际风云之会。遇而不遇，庚辛在壬癸之乡；忧而不忧？甲乙行丙丁之地。或若生逢绝败，郑谷归耕；禄马病衰，冯唐皓首。九宫旺相，难逃邀我于桑中；四柱合和，未免题诗于叶上。西施貌美，自身多带长生；绿珠坠楼，凶恶又逢七煞。孤鸾入命，夫哭妇而妇哭夫；烟花绊身，女求男而男求女。头目陷而肢体相亏，财帛耗而田宅有害。生时若遇刑冲，一生屡空；岁月若临劫夺，百岁孤寒。财入财窠，不贵即当大富；煞居太岁，居安可不虑危。乃若官星透露，未可便作贵推；煞星不攻，曷可便作凶断？大抵贵禄喜逢于印绶，刑煞宜值于制合。是以当忧不忧，闻喜不喜。考其根而明其实，论其始而究其终。是以妻宫有克，少年无早娶之人；儿位逢伤，末岁损成家之子。平生不吉，而寿算椿松；财禄带多，而福姿蒲柳。源清者，其流必远；本壮者，其叶必荣。三命冠群，不至贵即当大富；九宫陷弱，怕凶运又忌凶年。千条万绪，当求不见之形；百派一源，贵得弥身之地。详陈本末，备察盈亏。澄神定虑，可考而知，深略沉机，不言而喻，后之君子，幸勿忽诸。

元妙论

尝闻分二气以定三才，播四时而成万物，人命荣枯得失，尽在五行生克之中。富贵荣华，不越八字中和之外。先观节气之浅深，次看财官之向背。凡人命内难得实有财官，余观格中只要虚邀禄马。先贤已有成式，后学须要变通。太过无克制者，贫贱；不及失生扶者、刑天。宜向之而运背，决知贫贱；宜背之而运向，定是困穷。喜生而逢生，贵而可取；爱克而受克，吉而堪言。木盛逢金，断作栋梁之材，水多遇土，妙为堤岸之功。火炼秋金，铸出剑锋之器；木疏季土，培成稼穑之禾。火炎有水，名为既济之佳；水浅金多，号曰体全之象。亥卯未逢于甲乙，富贵无疑；寅午戌逢于丙丁，荣华有准。庚辛局全巳酉丑，位重权高；壬癸格得申子辰，禄优财足。戊己局全四季，荣冠诸曹；更值德秀三奇，名扬四岳。木全寅卯辰之方，功名自有；金备申酉戌之地，富贵无亏。水归亥子丑之源，利名之客；火临巳午未之域，显达之人。木旺宜火之交辉，秋闱可试；金坚爱水之相涵，文学堪夸。用火愁水，用木怕金。春木重重，休为太旺无依；夏火炎炎，莫作太燥有压。秋金锐锐最为奇，冬水洋洋专可美。生我扶我为忌，克我制我有功。五行有配，曰康曰治曰和；四柱无情，为乱为伤为祸。合中逢战，如大治之遇乱离；死地逢生，若极否更以盛世。一治一乱，柱中滚浪刑冲；乍旺乍衰，命里交横破害。刘贲不第，只因文学年衰；李广非侯，盖为人强马劣。欲知平生贵贱，当推科甲之星。要问职分高低，细察财官之位。求官未就，冲伤命贵便登科；功名已成，不可覆临伤以破。魁胜官，则终身不第；官胜印，而唾手成名。木相火明，此辈宜登甲第；金寒水冷，斯人终是贫寒。胎元日主，提纲印旺夺魁元；聚贵岁苗，高坐玉堂荣翰苑。病乃魁星，病去方能成就；文为甲首，官来始见升腾。元武格而比劫多，太乙玉堂真甲第；朱雀赋而食神旺，官年印岁拟登科。比肩多见官煞，印是魁星合岁，冲官及第；官煞重遇印伤，便是甲宿食年、印岁题名。木魁若临年月旺，状头解首属斯人；火宿如值岁干炎，甲榜状元归此辈。数科不第，只因财破。文书一举成名，乃是魁星带甲。五行消长，皆因鬼以成功；四柱兴隆，若无病而不贵。虽用鬼病为奇，终是去之为福。更寻三合禄马之年，须看玉堂天乙之岁。丙丁生于冬月，贵于戊己当头；庚辛产在夏间，妙乎壬癸得局。甲乙秋生，贵宜元武；庚辛夏长，妙用勾陈。丙丁水多嫌北地，逢戊己反作贵推；庚辛火盛怕南方，遇戊己翻为贵断。甲乙秋生透丙丁，莫作伤看；戊己夏产露庚辛，当为贵论。火带水多，贵行木运；土逢木旺，荣入火乡。庚逢水重，水冷金寒，最喜炎热；戊遇酉多，身衰气脱，偏爱荧煌。不及要生扶，太过宜剥削。青龙全从革之金，且贫且贱；白虎备润下之水，曰富曰荣。春木多而水浅，补衲之僧；夏火炎而金衰，簪冠之道。勾陈局全润下，奔波之徒；朱雀三合元武，困弱之辈。金坚火弱，行商贩卖之人；土败水凝，破祖淹留之客。金生秋月土重重，贫无寸铁；火长夏天金叠叠，富有千钟。春木专遇水多，贫贱之流；冬水独逢金盛，寒弱之辈。辰戌丑未遇刑冲，无人不发；子午卯酉带刑合，犯者多淫。夏金叠火，秋水重金，太偏党非贫即贱；春金多火，冬水盛金，无制伏不夭则贫。秋木无根从妇福，禄贵崇高；夏金失地配夫荣，功名显达。火向春林逢木旺，好去求名；土临季地见金多，堪来出仕。甲乙夏荣土星厚，功名半喜足田庄；丙丁冬盛水源清，爵禄全欣荣锦绣。专禄带食伤，权持外阃；羊刃入官煞，威镇边疆。拱禄、拱贵、夹丘，爵禄丰饶；倒冲、遥合、栏叉，功名显达。壬趋艮而甲趋乾，清名之士；辛朝阳而乙鼠贵，文学之官。局全风虎，良将之材；柱备云龙，大人之德。四库全备龙变化，逢大海为九五之尊；三奇局秀凤腾翔，遇天门乃台阁之贵。旺财官之贵富，暗禄马以荣华。入格以贵而推，破局不贵而断。究一理而察百端，明片言而通万类。后学君子，勿忽于斯。

精微论

凡看人命，专论六格。逢官看财，见财而富贵；逢煞看印，遇印而荣华。逢印看官而遇官，十有七贵；逢财忌煞而有煞，十有九贫。官喜露，露则清高；财要藏，藏则丰厚。官煞混杂，身弱则贫；官煞相停，合煞为贵。年月官星，早年出仕；日时正贵，晚岁成名。胞胎逢印绶，禄享千钟；财气逢长生，田肥万顷。秋冬官星防刃伤，存全元武贵无疑。腊月伤官喜见官，破印伤重祸而死。财旺生官者乃贵，少而富多；伤官见财者，又官高而财足。无伤不贵，有病为奇。始虽用之为奇，终须去之为福。理妙于斯，何必外求。如火炎水少遇庚辛，休作身旺官轻而取；或土重木绝逢壬癸，难当官旺身轻而决。财轻莫逢劫地，印多最妙财乡。财旺生官，因贿取贵；煞星制刃，劫宝图名。身旺偏财可取，必得横财；主健正财被劫，频见妻灾。劫财、羊刃入官煞，台阁之臣；归禄冲食逢刃伤，廊庙之贵。身旺有煞逢印绶，权断之官；主弱逢印见财星，寻常之客。羊刃、偏官有制，膺职掌于兵刑；正官、正印无伤，牧黎庶为守令。财旺稼穑，给饷之官；飞禄朝阳，侍从之职。乾坤本清气，经国之荣；子午为尊极，黄门之贵。癸日癸时兼丑亥，魁名及第入翰林；壬日壬时叠寅辰，高爵承恩登御阁。日德见魁罡，纵吉遇贫寒之士；魁罡值财官，任得地衣禄之人。伤官见官，妙遇财印之地；财星破印，贵行比劫之乡。命重财运逢煞，吉而堪言；命重煞运逢财，凶而可决。甲乙运入西方，身旺功名可许；壬癸路经南地，主健财禄堪图。见劫煞不宜行旺地，食神最妙偏财乡。女命伤官归禄，得之极吉；男造羊刃、身弱，遇之为奇。金神、建禄、栏叉，女命逢之最忌；羊刃、伤官、七煞，男子遇之得权。金神入火逢煞刃，贵而无疑；煞重有印逢食伤，荣而有准。正官、正印，官居不显；羊刃、七煞，出仕驰名。身旺无依，僧道之辈；桃花滚浪，娼婢之流。金弱火强，土木销熔之匠；土多水浇，行间针线之工。五湖云扰，始荣终辱己身贫；寅申巳亥是也。遍野桃花，一世风流多酒色。子午卯酉是也。亡神、拱煞，贼盗之徒；秀气失时、清贫之士。印旺身强多嗜酒，丁壬妒化犯淫讹。身印俱强，平生少病；天月德助，处世无灾。食神生旺，胜似财官，贵全财煞。有弃命就财、就煞、就官者有余，富贵无依；专旺绝食、绝财、绝官者无限，贫穷身弱。弃命要无根，官居宰府；干衰身化得其时，位近天庭。男命类属从化，照返鬼伏，宜细详之；女命纯和清贵，浊滥娼淫，当深究也。

惊神论

五行生旺，朝中荣贵之人；四柱休囚，林下清修之客。鬼旺身衰，少年难得荣华；禄破身刑，早岁失其怙恃。男少女多，只为阴神太重；男多女少，定是纯阳有托。逆克悬针，雕面打铁之辈；魁罡煞刃，役身军伍之流。官遇亡劫兼七煞，当为武将；贵填财印遇二德，得作忠臣。财冲禄破，市井屠儿；禄旺身强，豪门贵客。孤辰值华盖，道士僧尼；劫煞遇魁罡。巫医术士。咸池坐旺带刃，因色亡身；驿马临刑带禄，为牙致富。命长富贵。盖缘天德遇长生；衣食丰盈，乃是财星无克破。日居专禄，支神全合贵无疑；支刃干官，时月重逢官必显。戊午、戊午，贵因化刃生身；拱禄、拱贵，祸为岁来填实。财多露显，有败有成；财少暗藏，烂钱朽贯。早年无子，皆因时日刑身；晚后添婴，知缘时得日贵。丙申、庚寅、甲巳，真是贵人；甲子、己巳、壬辰，业专医卜。日逢刃煞，妻必产亡；时值孤虚，子当不肖。子卯之中逢一癸，富且不贫；干支刑合带咸池，娼门帮客。时上偏官有制，晚子英奇；柱中财旺生官，早年清选。咸池、华盖，月时相犯主伶仃；吊客丧门，岁运并临方孝服。水多则泛滥之辈，作事无成；土多乃愚浊之徒，化生须福。马多则终年奔走，禄多则活计难停，刑多则终有残疾，破多则一生苦恨。马多禄少，奔驰诡诈之徒；财旺身强，良显忠正之士。咸池带合遇鬼贼，家败人离；劫亡、煞刃会伤官，凶顽招祸。偏财身旺，趁求商贾之人；六合会财，兴贩经营之辈。拱印、拱贵，三岛玉阶金殿客；拱禄拱财，万顷桑田朱履宾。有印无官，享见成清高之命；金神遇水，乃贫寒带疾之徒。愚痴无知，皆因泄气伤身；知武能文，天德贵人生印。风流破荡，印多干弱坐咸池；圆顶方袍，孤寡二星临华盖。满盘羊刃，决定分尸；时日俱空，妻儿不力。干支重犯剩官来，痼疾缠身；天乙一字遇长生，利名兼享。跛足驼腰，只为煞神逢曲脚；侏儒残疾，盖由鬼旺日衰柔。支旺干衰家稳实，支衰干旺外虚花。四柱连珠官印助，一品之尊；五行连茹财禄享，千钟之富。身若刚强，不怕鬼来克我；日干柔弱，喜逢比劫相扶。身弱食多则夭，金神带火则贵。慷慨者偏财、劫刃，悭吝者正官、正财。七煞无制，乃为凶恶之徒；伤官、咸池，定作岐路之客。凡见日干太弱，内有弱处复生；若见旺相相生，亦有旺中克破。

明津先生骨髓歌

欲知五行生死诀，容易岂与凡人说。

五星只在限为凭，子平专以运中决。

生知富贵问前程，死时未审如何截？

格局只以用神推，用不受伤人不灭。

运行先布十二宫，看于何宫受某节。

财宫印绶与食神，当知轻重审分明。

官星怕行七煞运，偏官尤畏正官临。

官煞混行当知审，去煞留官仔细评。

留官去煞莫逢煞，留煞去官官莫逢。

官煞受伤人自绝，更看财格定前程。

日时偏正问何财，又怕干头带煞来。

煞运重逢人亦夭，孰知偏正是为灾？

自专偏正皆为福，兄弟同分是祸媒。

运到正财必争竞，各宜偏正两分推。

有财官运须荣发，官运财乡是福胎。

只怕日干元自弱，财多生鬼赶身衰；

财多身弱行财运，此处方知入泉台。

官不受伤财不劫，寿山高耸岂能颓？

第一难推印绶乡，运行身旺必荣昌。

官乡会合逢官职，死地当知是祸殃。

若是逢财来害印，悬梁落水恶中亡。

官居在任他乡死，经纪逢之在路傍。

印不逢财人不死，如前逐一细推详。

财官印绶分明说，更有食神非易诀。

食神有气胜财官，只怕残伤前后截。

倒食运遇反伤年，须知早下泉台歇。

前格教君说短长，后格也来前路截。

却分轻重细推详，大怕财官临死绝。

伤官命运再逢官，断是徒流祸百端。

日贵日德逢冲战，此命危亡可立看。

飞天拱禄嫌填实，更看绊神来犯干。

若依喜忌篇中断，格局逢伤作天看。

后格死生无异兆，第一财官为紧要。

运行若不遇财官，既遇财官无长少。

问寿须知问用神，用神受制定克身。

受伤勿以便为祸，轻重须教认取真。

用神健旺定无虑，运若逢伤实塞迍。

退职卸官依例断，亡家败业损儿孙。

六亲眷属还遭累，礼服亲丧百事临。

何以知其能住寿？但宜运上细推寻。

日干同运如逢煞，逢煞逢刑祸来侵。

外敌仍还逢内敌，其余宫分外方寻。

内逢外敌为灾重，外逢内敌祸微侵。

戊己土须分四季，杂气中间难又易。

逐年分定数中分，受制受伤随岁气。

指定吉凶此运中，何年何月殃灾至。

子运岁逢辰子癸，克应太岁及月位。

寅运丙申逢年同，巳丙一同祸福类。

卯运乙木怕相逢，巳中戊庚丙杂会。

午运年上午戊凶，丑未年中须是畏。

申宫庚亥莫相逢，酉逢辛丑皆为忌。

亥运壬甲怕申宫，只是八宫包四季。

四季从头混八宫，大抵循环如指示。

不知去处是无穷，配合干支同一位。

便分轻重定灾凶，运重岁轻宜并论。

吉凶岁随运一同，此是千金不传秘。

予因济世写遗踪，术人且莫妄轻议。

搜髓歌

造化先须看日主，后把提纲分次第。

四柱专一论财官，身旺财官多富贵。

若还身旺财官损，只是朝求暮讨儿。

财官旺时日主旺，紫袍金带有何疑？

财官旺而日主弱，运行身旺最为奇。

日主旺而财官弱，运入财官利名驰。

日主坐下有财官，月令相逢贵不难。

总把财官为紧要，早年富贵禄高攀。

财官微薄身太旺，太旺无依受孤寒。

更有印来比劫助，伤妻克子可立看。

官煞太重身更强，一逢制伏作贤良。

煞官拱印贵不小，烜赫威名定振扬。

生居九夏火土多，利逢水济贵中和。

水火原来要既济，管教名利镇山河。

火热炎炎如无水，运行水乡亦是美。

水势滔滔若无土，运入土乡真可喜。

东方木多宜西运，西方金旺爱东行。

五行相济成造化，人命逢之福不轻。

三丘五墓怕见重，骨肉参商损六亲。

提纲刑冲克父母，日时对冲妻子屯。

比劫伤官若再旺，不但伤妻更损儿。

纵有一子亦不孝，或者乞养总非宜。

身旺比肩坐驿马，兄弟飘蓬好潇洒。

八字驿马纷交驰，身荣劳苦东西也。

倘得身闲心不定，动则风流静则愁。

若是财星坐驿马，妻贤无处不悠悠。

财星入库主聚财，谨守资财不做人。

妻儿悭吝善持助，只怕暗藏羊刃嗔。

官煞重重不带财，妻能内助不和谐。

公姑不敬全无礼，夺却夫权命所排。

官星若也逢生旺，更得长生旺在时。

子息聪明多俊秀，儿孙个个著绯衣。

日主七煞带枭食，妻主虚胎小产多。

经脉不调成血疾，更看行运又如何。

男子枭食重重见，身弱多应痨病随。

女人枭食非为吉，产难惊人病亦危。

女命官旺兼财旺，招得贤夫更好儿。

若是财官俱受损，伤夫克子有何疑。

印绶生身身更旺，为人刑克主贫孤。

若得官显财又显，亦为超迈贵人扶。

女命若也伤官旺，坐下伤官会骂夫。

朝暮喃喃口不绝，百年终是见刑枯。

乙巳庚午与辛未，月干带之最为美。

再看四柱又何如，定主夫贤己亦贵。

丙丁子丑戊己春，此日生人定不同。

甲午甲申共乙酉，坐下财官富贵荣。

丁亥戊子并庚寅，日主逢之福不轻。

辛卯丙申丁酉位，财官内隐显声名。

己亥甲申见庚戌，印绶财官暗里藏。

更得丙辰壬戌至，四柱扶印不寻常。

甲子丙寅与丁卯，己巳壬辰癸巳同。

若是身同强月令，虚名虚利任飘蓬。

辛亥庚申并己丑，坐下财官并无有。

妻宫子女带虚花，东西南北是身家。

甲寅戊戌并庚子，女克丈夫男克子。

己巳丙午丁未同，重重壬子主孤穷。

辛酉乙卯与戊午，支干同类妻不足。

己未庚申及癸亥，月令更旺成祸害。

日主财官印绶全，月时符合福绵绵。

干支同类并身旺，克子刑妻破祖田。

好将四柱分强弱，莫把阴阳只一言。

此是五行真妙诀，不逢知者莫虚传。

四言独步

先天何处，后天何处。

要知来处，便知去处。

四柱排定，三才次分。

日干为主，配合元辰。

神煞相绊，轻重较量。

先观月令，论格推详。

以日为主，专论财官。

分其贵贱，妙法多端。

独则易取，乱则难明。

去留舒配，论格要精。

日主高强，月提得令。

用财为物，表实为正。

年限为主，月令为中。

日生百刻，时旺时空。

干与支同，损财伤妻。

岁运一类，破弃祖基。

月令建禄，不住祖屋。

一见财官，自然发福。

用火愁水，用木愁金。

轻重论分，祸福能真。

五行生旺，不怕刑囚。

东西南北，数尽方休。

寅申巳亥，四生之局。

用物身强，遇之发福。

辰戌丑未，四库之神。

人元三用，透旺为真。

子午卯酉，四败之局。

男犯兴衰，女犯孤独。

进气退气，命物相争。

进气不死，退气不生。

财官临库，不冲不发。

四柱支干，喜行相合。

提纲有用，最怕刑冲。

冲运则缓，冲用则凶。

三奇透露，日主专强。

寄根有力，福禄荣昌。

十干化神，有影无形。

无中生有，福禄难凭。

十恶大败，格中大忌。

若遇财官，反成富贵。

格格推详，以煞为重，

化煞为权，何愁损用。

煞不离印，印不离煞。

煞印相生，功名显达。

官煞重逢，制伏有功。

如行帝旺，遇之不凶。

时煞无根，煞旺取贵。

时煞多根，煞旺不利。

八月官星，大忌卯丁。

卯丁克破，有情无情。

印绶根轻。旺中显达。

印绶根多，旺中不发。

印绶比肩，喜行财乡。

印绶无比，忌见财伤。

先财后印，反成其福。

先印后财，反成其辱。

财官印绶，大忌比肩。

伤官七煞，反助为权。

伤官用财，无官有子。

伤官无财，子宫有死。

时上偏财，怕逢兄弟。

月印逢财，比肩不忌。

伤官见官，格中大忌。

不损用神，何愁官至。

拱禄拱贵，填实则凶。

提纲有用，论之不同。

月令财官，遇之发福。

名禄高强，比肩夺福。

日禄居时，青云得路。

庚日申时，透财归禄。

壬骑龙背，见戌无情。

寅多则富，辰多则荣。

天元一气，地物相同。

人命得此，位列三公。

八字连珠，支神有用。

造化逢之，名利必重。

日德金神，月逢土旺。

虽有轻名，祖业漂荡。

金神带煞，身旺为奇。

更行火地，名利当时。

甲日金神，偏宜火制。

己日金神，何劳火制。

六甲生春，时犯金神。

水乡不发，土重名真。

甲乙丑月，时带金神。

月干见煞，双目不明。

甲寅重寅，二巳刑煞。

终身必损，遇火难发。

六甲寅月，透财时节。

西北行程，九流艺业。

乙日卯月，金神刚烈。

富贵比肩，旺横死绝。

天干二丙，地支全寅。

更行生印，死见祸临。

火旺二寅，透壬坐申。

艮禄多厚，见水伤身。

六戊重寅，月令水金。

火乡有救，见土刑身。

己日月戌，火神无气。

多水多金，眼昏目闭。

年干会火，日时会金。

巳干用印，官彻名清。

秋金生午，丙火透露。

运至南方，血伤泉路。

金旺三秋，二庚火丙。

到丑伤情，逢离顺境。

庚金生午，辛金生未。

透煞两停，冬生最贵。

辛金月辰，庚金丑库。

逆数清孤，顺行豪富。

辛逢卯日，年月见酉。

时带朝阳，为僧道丑。

辛金亥日，月逢临戌。

水运初行，须防目疾。

辛金坐酉，财官用印。

顺行南方，名利必振。

辛金坐巳，官印用禄。

顺行南方，贵显荣福。

酉金逢离，透土何虑。

无土伤身，寿元不住。

月生四季，日主庚辛。

何愁主弱，旺地成名。

辛金逢火，见土成刑。

阳金遇火，透士成名。

壬生午位，禄马同乡。

重重遇火，格局高强。

壬癸多金，生于酉申。

土旺则贵，水旺则贫。

癸向巳宫，财官拘印。

运至南方，利名必振。

癸日己亥，煞财透露。

地合伤官，有劳无富。

癸日申提，卯亥岁时。

年煞月劫，林下孤恓。

癸日干己，阴煞重逢。

无官相混，名利必通。

伤官之格，女人最忌。

带印带财，反为富贵。

煞多有制，女人必贵。

官星重犯，浊滥淫类。

官星桃花，福德堪夸。

煞星桃花，朝劫暮巴。

庚日申时，柱中金局。

支无会合，伤官劫妻。

癸日寅提，壬日亥日。

莫犯提纲，祸福难推。

甲日乾提，见煞喜比。

金水栽根，忌寅卯未。

戊己丑月，比肩透出。

叠运入局，忌逢午未。

壬癸坎宫，支逢午戊。

干头比肩，东行为吉。

甲乙震宫，卯多须夭。

逆顺运行，子申发福。

庚辛巳月，金生火旺。

比劫栽根，两行成象。

丙丁酉月，比肩不忌。

火入离宫，比肩一例。

曲直丑月，带印多金。

壬癸丑月，土厚金沉。

食神生旺，胜似财官。

浊之则贱，清之则垣。

阳木无根，生于丑月。

水多转贵，金多则折。

乙木无根，生临丑月。

金多转贵，火土则折。

丙火无根，子申全见。

无制无生，此身贫贱。

六甲坐申，三重见子。

运至北方，须防横死。

丙临申位，阳水大忌。

有制身强，旺成名利。

己入亥宫，怕逢阴木。

月逢印生，自然成福。

己日逢煞，印旺财伏。

运转东南，贵高财足。

壬寅壬戌，阳土透出。

不混官星，福崇显禄。

阴水无根，火乡有贵。

阳水无根，火乡即畏。

丁酉阴柔，不愁多水。

比肩透露，格中最忌。

戊寅日主，何愁煞旺。

露火成名，水来漂荡。

庚午日主，支火炎炎。

见土取贵，见水为嫌。

辛未身弱，卯提取格。

癸酉身弱，见财害格。

癸巳无根，火土重见。

透财名利，露根则贱。

辛酉八月，未时受生。

人命遇此，平生多凶。

甲乙无根，怕逢申酉。

煞合逢之，双目定朽。

乙木酉月，见水为奇。

有根丑绝，无根寅危。

乙木坐酉，庚丁透出。

二库归根，孤神得失。

丙火申提，无根从煞。

有根南旺，脱根寿促。

阳火无根，水乡必忌。

阴火无根，水乡必救。

阴火酉月，弃命就财。

北行入格，南走为灾。

戊己亥月，身弱为弃。

卯月同推，嫌根劫比。

庚金无根，寅宫火局。

南方有贵，须防寿促。

辛巳阴柔，水囚官煞。

运限加金，聪明发达。

壬日戌提，癸干未月。

运喜东方，逢冲则绝。

弃命就财，须要会财。

弃命从煞，须要会煞。

从财忌煞，从煞喜财。

会逢根气，会损无猜。

此法元元，识得神仙。

学者实授，千金莫传。

五言独步

有病方为贵，无伤不是奇。

格中如去病，财禄喜相随。

寅卯多金丑，贫富高低走。

南地怕逢申，北地休见酉。

建禄生提月，财官喜透天。

不宜身再旺，惟喜茂财源。

土厚多逢火，归金旺遇秋。

冬天水木泛，名利总虚浮。

甲乙生居卯，金多返吉祥。

不宜重见煞，火地得衣粮。

火忌西方酉，金沉怕水乡。

木神休见午，水到卯宫伤。

土宿休行亥，临官在巳宫。

南方根有旺，西北莫相逢。

阴日朝阳格，无根月建辰。

西方还有贵，干怕火来侵。

乙木生居酉，莫逢全巳丑。

富贵坎离宫，贫穷坤艮守。

有煞只论煞，无煞方论用。

只要去煞星，不怕提纲重。

甲乙若逢申，煞印暗相生。

木旺金逢旺，冠袍必挂身。

丙火怕重逢，北方返有功。

虽然宜见水，犹恐对提冲。

八月官星旺，甲逢秋气深。

财官兼有助，名利自然亨。

曲直生春月，庚辛干上逢。

南离推富贵，坎地却犹凶。

甲乙生三月，庚辛戌未存。

丑宫壬癸位，何虑见无根。

木茂宜金火，身衰鬼作关。

时分西与北，轻重辨东南。

时上胞胎格，月逢印绶通。

煞官行运助，职位至三公。

二子不冲午，二寅不冲申。

二午不冲子，二申不冲寅。

得一分三格，财官印绶全。

运中逢克破，一命丧黄泉。

进气死不死，退气生不生。

终年无发旺，犹忌少年刑。

时上偏财格，干头忌比肩。

月生身主旺，贵气福重深。

时上一位贵，藏在支中是。

日主要刚强，名利方有气。

运行十载数，上下五年分。

先看流年岁；深知来往旬。

第六十五章　星命总论、星命名流列传及星命艺文

星命总论

廖中五行精纪

论贵人驿马

天乙贵人，神者，十干之秀气在紫微宫门外，乃天皇大帝，其神为最贵，所至六害，一切凶杀隐然而避。甲，阳木也，乘少阳之气而生乎东，至巳而阳用事毕矣，故藏于未而为贵。庚，阳金也，乘少阴之气而生乎西，至亥而阴用事毕矣，故藏于丑而为贵。戊，阳土也，冲和中央，播于四时，甲因之而万物成，则生成之理备矣。此阳木、阳土、阳金喜于印库也。丙丁之火，盛夏则其性至酷，而害物惟息于酉，藏于亥。而猪鸡所以贵者，和之以西北方之气也。壬癸之水，穷冬则其性至严，而杀物惟啬于卯，潜于巳。而蛇兔所以为贵者，和之以东南方之气也。此水火不嫌于死绝，六辛阴金执方而不能自化，乙阴木，己阴土，失类而无居，故六辛必假寅午戌之火，乙己必假申子辰之水土，此阴金不嫌鬼盛，阴木、阴土喜于财旺也。如甲子人有戊有庚，得癸未乙丑，遇二吉而带印也。甲人遁见丁丑辛未者次之乃三阳喜在印库也。乙人得戊申庚子生旺之土。巳人得甲申丙子，生旺之水。此阴木、阴土喜于财旺也。丙丁得丁酉乙亥，壬癸得乙卯癸巳，水火不嫌死绝也。六辛得丙寅戊午，此阴金不嫌鬼盛得二者为上一次之。甲阳木，戊阳土，庚阳金，皆喜土位。而未者，土之正位。丑者，土之安静之地。故以牛羊为贵。然细分之，则甲尤喜未，庚尤喜丑，各归其库也。戊子、戊寅、戊午喜丑。丑者，火人胎养之乡。

戊辰、戊申、戊戌喜未。未者，木之入库，土人生旺之位也。乙者，阴木也。己者，阴土也。阴土喜生旺，阴木爱阳水，所以鼠猴为贵。然乙尤喜申，申者，木之绝乡也。己尤喜子，子者，坤之正位也。丙丁属火，火墓在戌。壬癸，属水，水墓在辰。辰戌为魁罡之地，贵人所以不临。故寻寄火贵于酉亥，寄水贵于卯巳，皆归静复之乡。六辛阴金喜阳火生旺之地，故以马虎为贵。虽然，宜以纳音互换推寻须比和则其贵为福若丙寅火得酉则火至此死，焉得为贵哉？天乙贵人者，三命中最吉之神也，若人遇之，则荣功名，早达官，禄易进。若更三命，皆乘旺气，终登将相公卿之位。大小运行年，至此亦主迁官进财，一切加临。至此皆为吉兆。所谓驿马者，乃五行有为，待用之气，强名也。阴阳倚伏，气令循环，犹之置邮传命，迎来送往，气藏如驿，气动如马耳。寅、午、戌，火属也，水藏其中矣。遇申位生水，以发越之，然后阳中阴动而化。申、子、辰，水属也，火藏其中矣。遇寅位生火，以圆融之，然后阴中阳动而生。亥、卯、未，木属也，金藏其中矣。遇巳位生金，以囊钥之，然后动者静而敛者散。巳、酉、丑，金属也，木藏其中矣。遇亥位生木，以敷荣之，然后敛者散而屈者伸。由是水、火、木、金错综往来，因时动静，内外相感，互为利用，进则与时偕行，退则与时偕极。然则昔之强名驿马者，皆此例也，是特举一隅而已。苟以三隅反则理归一揆，不必执于寅午戌申申子辰寅然后为马。凡水中火腾，火中水降，阴阳交泰，刚柔交通，皆为马类也。古人谓：当行更易变动，奔冲往来之际为驿马。然火局在申，水局在寅，金局在亥，木局在巳，何也？盖五行之气当其相反处，乃使冲激，故火马必在水长生处，水马必在火长生处，木金亦然。

支干数

子午之数九，丑未八，寅申七，卯酉六，辰戌五，巳亥四。注，自太极，函三为一，故参一为三。子一阳生，故成于寅，而备于申，故自子至申其数九，自丑至申其数八，自寅至申其数七，自卯至申其数六，自辰至申其数五，自巳至申其数四，故女起壬申。午一阴生，成于申，而备于寅，故自午至寅其数九，自未至寅其数八，自申至寅其数七，自酉至寅其数六，自戌至寅其数五，自亥至寅其数四，故男起丙寅。甲己之数九，乙庚八，丙辛七，丁壬六，戊癸五。注：自甲至壬其数九，自乙至壬其数八，自丙至壬其数七，自丁至壬其数六，自戊至壬其数五。乾天道顺行，以壬为始。自己至丁其数九，自庚至丁其数八，自辛至丁其数七，自壬至丁其数六，自癸至丁其数五。坤地道逆行，以丁为始。愚按：世俗范数算法，盖本于此，而不知其所以然，观此可以见矣。

论德刑害鬼煞

德者，得也。皆主救危而济难。十干以阳德自处，阴德在阳。十干德者，甲乙丙丁戊己庚辛壬癸甲庚丙壬戊甲庚丙壬戊。十二支德者，子丑寅卯辰巳午未申酉戌亥巳午未申酉戌亥子丑寅卯辰。一十二支德，岁月日时，假令正月乙丑日未时，古斗争用起传送加午一克下六乙日天乙乘神后加神前四勾陈准庚则准则斗争遇德神其相救，终无伤，余仿此。

刑者，戮也。一曰衰谢之刑，谓金木水火土之正刑也。二曰制御之刑，谓十干之刑也。三曰不逊之刑，谓十二支刑也。《翼奉传》曰：金刚火强，各言其方，木落归本，水流趋东也。巳酉丑，金之位，刑在西方。言金恃其刚，物莫与对，八月阳气从酉而入，因而挫之，故金刑酉方也。寅午戌，火之位，刑在南方。言火恃其强，五月阴气生于午，因而挫之，故火刑在南方也。亥卯未，木之位，荣落覆根，木恃其荣观，故阴气之使雕也。申子辰，水之位，水性东流，逝而不返，其东为之木地，故水刑东方。言恃阴淫，故阳刑之使不归也。土位在丙寄王四季以未为正旺丑上为冠带墓在辰。天刑在戌，此位土力最大，天能刑之，故天刑在戌也。制御之刑者谓十干也。辰未克日，为逆乱，故加刑以制御之。凡干刑所加，斗战不出，在其下，甲刑申，丁刑亥，戊刑寅，丙刑子，乙刑酉，己刑卯，庚刑午，辛刑巳，壬刑戌，癸刑未。不逊之刑者，谓十二支也。义有三，第一谓寅刑巳，巳刑申，申刑寅，为无恩之刑。言寅里有杂火不恤巳中之杂金，故寅刑巳，巳刑申，又刻尤巳中之杂土不恤申中之杂水，故以刑申，申性又以见其所生巳中之土没刑寅，故申又刑寅。此谓无恩刑也。第二未刑丑，丑又刑戌，戌刑未，为恃势刑者。言未恃长生，而丑中土之性冠带，故未刑丑，丑又恃冠带而欺戌，土先被火刑，故丑往刑戌，戌迁其怒，自恃为旬首，甲戌而刑癸未。此谓为恃势之刑也。第三谓子刑卯，卯刑子，无礼之刑者。言阳精生日，阳气在子，而卯为日门，子为卯父，鼎立无谦卑恭敬之礼，是以子卯为无礼之刑也。《翼奉传》曰：子为贪狼，卯为阴贼，王者以忌失之。辰午酉亥自刑者，义见上也。

害者，妨也。前刑杀之间，酉戌相害者，为戌中死火害酉旺金，此以嫉妒相害者也。申亥相害者，各恃临官，欲竞强，此嫉才争进相害者也。子未相害者，谓未以王土害子王水，此恃势家相害者也。丑午相害者，谓午以王火凌丑死金，此官鬼相害者也。辰卯相害者，谓卯以旺木凌辰死土，此以少陵长相害也。寅巳相害者，谓各恃临官，擅能而进相害者也。凡占事遇六害者，各以本意决之。

鬼者，五行之精气也。谓干中皆有之。十干鬼者，甲乙丙丁戊己庚辛壬癸申酉子亥寅卯午巳戌未。十二支鬼者，子丑寅卯辰巳午未申酉戌亥辰卯申酉寅。亥子卯午巳寅来，阴气尤毒，谓之煞也。

　　　　巳酉丑，劫杀在寅，寅中有阳火也。

　　　　灾杀在卯，卯为日门，阴所入也。

　　　　天杀在辰，四季阴气能游天上也。

　　　　申子辰，劫杀在巳，巳中有阳土也。

　　　　　灾杀在午，言阴气生于午。

　　　　天杀在未，四季阴气能游天上也。

　　　　亥卯未，劫杀在申，申中有阴水也。

　　　　灾杀在酉，酉为日门，阴所出也。

　　　　天杀在戌，四季阴气能游天上也。

　　　　寅午戌，劫杀在亥，亥中有阴金也。

　　　　　灾杀在子，言阴气生于子。

　　　　天杀在丑，四季阴气能游天上也。

金神三杀者：寅申巳亥杀在酉，子午卯酉杀在巳，辰戌丑未杀在丑。若占病白虎并官事朱雀并皆大凶。若承旺相气，来克日辰，人年者，大凶也。

年月三杀：申子辰年月，杀在未亥卯未年月，杀在戌寅午戌年月，杀在丑巳酉丑年月，杀在辰。凡三传吉。将与杀并者事速凶，杀与将并者尤凶也。

洪迈随笔

论镇星为福

世之伎术，以五星论命者，大率以火土为恶，故有"昼忌火星夜忌土"之语。土，镇星也。行迟每至一宫，则二岁，四月乃去，以故为灾最久。然以国家论之则不然。苻坚欲南伐，岁镇守斗，识者以为不利。《史记·天官书》云："五潢，五帝居舍。火入，旱；金，兵；水，水。"宋均曰："不言木土者，德星不为害也。"又云："五星犯北落，军起。火、金、水尤甚，木、土，军吉。"又云："镇星所居，国吉。未当居而居，已去而复还居之，其国得土。若当居而不居，既已居之又西东去，其国失土。其居久，其国福厚；其居易，福薄。"如此则镇星乃为大福德，与木亡异，岂非国家休祥所系，非民庶可得侔耶？

说 海

论命术

孔子曰："道之将行也与，命也；道之将废也与，命也。"是圣人素其位，而行所遇不可必，故归之于命。先言道而后言命。天之有命，圣人依命而行道。所以严君平西蜀设肆，为人臣者勉之以忠，为人子者，劝之以孝，是亦行道。尔后世不知其理，殢于书传，自立一家，或以五行支干，或以三元九气，或专取于日，或寓于星禽，或依于易数，立说纷纷，徒惑闻见。尔如汉高帝入关三百人，皆封侯；赵括四十万众，悉坑死。岂汉无一人行衰绝运限者？赵无一卒在生旺日时者？此理可见。近东淮岳总卿刊山西廖君所类诸家命书为《五行精纪》，其集录备载而无去取，亦不免拘于五行之内言之。且造物者恶得以甲乙数语而窥之，且夫人事未尽，焉尽天理。故善与人同即为合德，知过再犯即为转趾，闻言不信即为孤神，财不俭用即为耗宿。昔有军校，与赵韩王同年月日时生。若韩王有一大迁除，军校则有一大责罚；其小小升转，则军校微有谴诃。此又不知于命以何而取焉？大抵烛理明道之人，五行神鬼皆不能拘系。陶渊明有云："痴人前不宜说梦，达人前不可言命。"至急则无阴阳，凡有妄心则被五行所惑，一有私心则为鬼神所制。况天道福善，祸淫鬼神，祸盈福谦。以命取断于卜师，彼以糊口之迫，而借此术以度日。欲决行藏，一以为贵，一以为贱，转为之惑。近时有一内贵官，以门下人命使术者议之，若言命佳，则必以奇祸扰之；言命穷，则必以好爵荣之。此时特与造物争巧。略举此以少释其惑。

临安中御街上，士大夫必游之地，天下术士皆聚焉。凡挟术者，易得获，而近来数十年间，向之行术者多不验，惟后进者术皆奇中。有老于谈命者下问后进："汝今之术即我向之术，何汝验，我若何不验？"后进者云："向年士大夫之命，占得禄贵生旺皆是贵人。今日士大夫之命，多带刑杀冲击方是贵人。汝不见今日为监司郡守阃帅者，日以杀人为事耶？"老师叹服。

三命通会

序

今星家者流，乃就造化中于人有生之初推年月日时，立名四柱，而谓之命。其说肇于珞碌子，衍于李虚中，盛于徐居易。细考其说，不可谓无理也。但阴阳五行流行天地间，生克制化而已。今乃于生克制化中巧立许多名目，以尽人之命，未免已失之凿矼。世庸术弗明，道理达造化。仅能诵《渊源》《渊海》等书，便谓知命，及询古人论命之所以然，茫然无以应。间有知者，又粗浅执滞，弗能洞究达变。无怪乎星命之谈有准与不准也。余博求古今之书，凡语及阴阳五行，生克制化，有关性命者，必深探其所以然之理，久则豁然贯通，乃知古人推命，论纳音，论干支，论格局，论财官，论禄马，论神煞，取用变化，皆有至理寓焉。

总论星命

星命之说，汉有《太乙星子》等书，推数行以论吉凶，见于《艺文志》。辰弗集于房，我辰安在？又载于诗书，可考是说其来远矣。盖天地以阴阳五行化生，万物，人禀天地之气以生，而阴阳五行之理即具于所生之中。真气有清浊纯驳之不齐，其理有生克制化之不一，而富贵、贫贱、寿夭、贤愚不外是矣。所谓命也。古今推命之书，如《鬼谷遗文要诀命格》《珞碌子消息赋》《太乙统纪》、阎东叟《书林开五命》、沈芝源《髓窒公要诀》《兰台妙选》《五行要论》《八字金书》《三车一览》《三命纂局》《玉霄宝鉴》《金书命诀》《寸珠尺璧》《天元变化》《指掌提要指南》《烛神经》《神白经》《太乙经》《降诞宝经》《紫虚局广信集理》《愚歌应天（缺三字）赋》及一行禅师悟元子、壶中子李虚中、李九万并徐子平、徐大升今传《渊源》《渊海》等书。有专以纳音论者，有专以纳音取象论者，有专以五行论者，有专以禄马论者，有专以神杀论者，有专以格局论者，有专以化气论者，有专以财官、印绶、食伤、羊刃论者，虽所见不同，其理则一，要在人博观详求通会达变。以徐子平之说为主，而兼尽诸家之长可也。况命之理微，此犹不足以尽之，而世之庸术者流恶，足以语此哉。虽然，余所集者数也，未外之理命也，未外人性术家，诚能造命协极，为他山之石，则刘子所谓"天地之中庶得其绪余"云。

星命名流列传

北 齐

魏 宁

　　按《北齐书·魏宁传》：宁，巨鹿人，以善推禄命征为馆客。武成亲试之，皆中，乃以己生年月托为异人而问之。宁曰："极富贵，今年入墓。"武成惊曰："是我。"宁变辞曰："若帝王，自有法。"又有阳子术，语人曰："谣言，卢十六，稚十四，犍子拍头三十二。且四八天之大数，太上之祚恐不过此。"既而武成崩，年三十二也。

宋

王 讷

按《济南府志》：讷，阳信人，通星历。太宗时，王赞宁充史馆编修，寿八十，讷推其命孤薄无贵寿。谓宁曰："君生时其有贵星临乎？"宁曰："然，予母尝言生我时有王侯贵人避雨门前，移时方去。"

马处谦

按《安陆府志》：处谦，病瞽，父使其学易，以赡衣食，常于安陆鬻筮自给。有一人谒筮，谓马生曰："子之筮未臻其妙，我有秘法，子能从我学之乎？"马生乃随往郡境有陶仙观，受星算之诀，凡一十七行。因请其爵里，乃云胡其姓而恬其名。诚之曰："子有官禄，终至五十二岁，慎勿道我行止于王侯之门。"马生能诀筮事，甚验。赵匡明弃荆入蜀，因随至成都。王先令杜光庭审问马生，享寿几何。对曰："主上受元阳之气四斤八两。"果七十二而崩。四斤八两即七十二两也。马生官至中郎金紫，五十二而卒。

程惟象

按《婺源县志》：惟象以占算游京师，言人贵贱祸福若神。英宗在潜邸时，惟象预言其兆既贵，得赐御书。王荆公赠诗云：占见地灵非卜筮，算知人贵因陶渔。梅圣俞之属皆有诗送之。故老犹及见其家有御书。

张 衍

按《闻见前录》：长安张衍，年八十，以术游士大夫间，其为人有忠信，识道理。章子厚、蔡持正官州县时，许其为宰相。蒲传正、薛师正未显，皆以执政许之。绍圣初，余官长安，因论范忠宣公命。衍曰："范丞相命甚似其父文正公，正艰难中，仅作参知政事耳。"余曰："忠宣为相，何也？"衍曰："今朝廷贵人之命皆不及，所以作相。"又曰："古有命格，今不可用。古者贵人少福人多，今贵人多福人少。"余问其说。衍曰："昔之命出格者作宰执，次作两制，又次官卿监为监司大郡，享安逸寿考之乐，任子孙，厚田宅，虽非两制，福不在其下，故曰福人多贵人少。今之士大夫，自朝官便作两制，忽罢去，但朝官耳，不能任子孙，贫约如初，盖其命发于刑杀，未久即灾至，故曰贵人多福人少也。"余又以问时为监司者张芸叟、陆孝叔、邵仲恭、吴子平数公命，间之，衍曰："皆带职正郎员外郎耳，取进于此即不可，独仲恭数促。"其后芸叟为侍郎，孝叔待制，未几皆谪官。孝叔帅熙，子平帅秦，寻卒。仲恭邯郸移常州，卒年五十五。三公皆直龙图，无一不如衍之言者。章子厚作相，意气方盛，因其侄绎不用其言，亦不怒也。后遂为崖州之祸。蔡持正以门客假承务郎奏衍赏其术。衍与总领市吴宫田舜卿善，衍有钱数千缗，舜卿为买田以官户名占之。后舜卿赃败，官籍其产，衍之田在焉。或劝衍自陈，衍曰："衍故与田君善，田君占衍之地，美意也。田君不幸至此，衍论于有司，非义也。"卒不请其田，士大夫多称之。衍病，余见之，则曰："数已尽，某日当死，凡家事悉处之矣，公其记之。"已而果然。

刘童子

按《荆州府志》：童子善声骨及命术，游荆南，谓夏侯嘉正曰："将来须及第，亦有清职，唯得清贵已，俸外有百金横入，不病则死。"后官至正言，其余皆验。

邹元佐

按《瑞州府志》，元佐，新昌人，涉猎书传，精通五行，尝以人之年、月、日、时分配金、木、水、火、土，而推其生旺、休囚，附以官贵、禄马、刑杀，考其寿夭、祸福、贵贱、贫富，万不差一，京师诸贵人争造其门而问焉，因致家大富。尝自言"凡看命须随所见即谈，无不奇中，若稍涉思虑，则相去遂远矣。"乃知技术亦必纯乎天乃神。著有《洪范福极彝伦奥旨五卷》《贵命四十九格》行于世。时号新昌三奇，谓洪觉范奇于诗，彭渊材奇于乐，邹元佐奇于命。

何　生

按《癸辛杂识》：生，平阳县八丈村人，能谈五行，设肆城中，有士人以女命来扣，问弄瓦弄璋，答云："也弄璋，也弄瓦。"后果孪生一男一女。

戴　生

按《癸辛杂识》：生番禺人，以术游临安。时陈圣观为常博，戴许以必当言路，且与郭间为代。既而圣观果代郭云。

孙　黯

按《前定录补》：何文缜丞相在太学时，诣术者孙黯问命，黯曰："命极贵，不惟魁天下，且位极人臣，但当死于异域。"乙未岁，廷赐擢第一，靖康甲午拜少宰，从二帝北狩，死于边，悉如黯言。

董元善

按《婺源县志》：元善说命屡中。内翰程公珌一生官职皆元善预言，但必许其过两府，乃未过府而薨。或戏其语不验，元善奋然曰："虽死亦过府。"未几累赠端明殿学士，得执政恩例。尝又有德兴士子托其占科名，得困卦。元善曰："一县内当有十八名。"果然。

杨　艮

按《桯史》：蜀有杨艮者，善议命。嘉泰辛酉来九江，偏见郡官，余适在周梦与坐上。时韩平原得君权震天下，梦与因扣以所至。艮屏人愀然曰："是不能令终，其年月日四孟全备，二气交战，虽以致大受之福，亦以挺冲击之灾，一阳将萌，亶其时乎？"及余官镇江，偶遇之，适林总卿檄吴江袁丞，诏入幕。丞登科人，有俊才，余问其命，亦俱在四孟，于格，为天地合德尤分明，遂扣艮前说，因以为拟。艮作而曰："唯其大分明，所以非韩比韩，自此却不及之。"既而艮言皆大验，乃叹其神。

明

刘日新

按《金华府志》：日新，金华星者，明祖下婺之日召之推命，答曰："将军当极富极贵。"又推诸将校，则言或为公或为侯，明祖怒其不言官职，刘请屏去左右曰："极富者富有四海，极贵者贵为天子。"明祖喜。洪武四年，召之问："欲贵乎？"对曰："不愿。""欲富乎？"对曰："不愿。"问以所欲，曰："臣所欲者，求一符可以遍游天下耳。"明祖以手所挥白扇题曰："江南一老叟，腹内罗星斗。许朕作君王，果应神仙口。赐官官不要，赐金金不受。持此一握扇，横行天下走。"识以御宝。刘持此遍游十二年，回家，忽对妻子言："我当死以非命，故归，欲作别，去游京师。"遂至南京都市中推算，但讲命而已。都督蓝玉平云南回，因诣刘，言："将军将星见梁地，当封梁国，然七日必有一险，我当与将军同死。"后果封玉为梁国公，待朝穿红袍在西班，时日当上照映，上目之曰："此将军不独外邦人畏之，朕亦胆寒矣。"有张尚书者，同往云南，与玉不睦，对曰："此人在陛下前不妨，但恐非少主臣也。"上由是欲诛之。玉临刑时叹曰："神乎刘先生之言。"问为何人，曰："刘日新。"上闻，因逮刘至，问："汝与蓝玉算命？"对曰："曾算。"又问："汝命尽几时？"曰："尽今日。"遂杀之。

郭景夏

按《福建通志》：景夏，斗鹿人，少得刘伯温秘书，精星平，算历神验。尝判某家命云："双双燕子入池塘，又见美人梁下立。"不解所谓。后其家二子溺池中，妻见之遂缢于梁。人呼为郭半仙。

季　董

按《处州府志》：董，龙泉人，善星命，洪武末年游京师，见文皇帝于藩邸，知天命有在。永乐初召见，授御史中丞。

郑希诚

按《温州府志》：希诚，瑞安人，入山中，遇异人，与语，授以《果老五星》一帙为别，自此晓书史意见，旋发举五星，推之辄验，求占者填门。其法问人生辰，即书所生之七政四余及干支化曜于盘上，倒悬之，仰观旬日，人之寿夭祸福穷通，锱铢不爽。后卒，书不传。今有所撰占词七十二张行世，永乐中汪廷训效其法，亦取验。

陈岊山

按《杭州府志》：岊山，仁和人，善星命，遇异人授天文术，言事屡中。

詹永达

按《福建通志》：永达，南靖人，幼失明，宣德间寓龙溪，以人生年月日时推其贵贱寿夭，并父母兄弟，多奇中。自知死期，先诣所知，辞谢而后卒。

万　棋

按《江西通志》：棋字维寿，南昌人，精禄命，言多奇中，士大夫异其术，以掾史办事吏部授鸿胪寺序班进主簿。景帝不豫，石亨将谋复辟，以问棋。棋赞其决，遂有夺门之功。亨荐于英宗，召见，嘉叹，累擢吏部验封司郎中。天顺末，曹钦反，执大学士李贤，欲加害。棋在旁力陈利害，乃止。钦伏诛，擢棋太常卿，供奉武英殿，迁工部尚书太子少保。

金鬼谷

按《苏州府志》：明金鬼谷，家于郡城中醋库巷，尝有富商谈命肆中，适一贫者负薪而来，告曰："我四柱适与同，何彼富而我贫也？"鬼谷曰："汝虽生于此，当于南方千里之外亦与富者相埒。"贫者告其母，母曰："汝有姊在闽中，当往求

中华传世藏书

钦定古今图书集成

精华本

星命篇

三〇九二

之。他日诣姊家，姊亦甚贫，不能容。姊知邻舍有隙所，但一宿必见鬼物，乃使暂宿之。贫者入夜寝，果见鬼物，入穴中，遂得黄金百镒，上有金鼓覆其上。贫者得金致富而归，以金鼓报之鬼谷，因署其门曰："吴中名术，金鼓传家。"

张神峰

按《江西通志》：神峰，临川人，精星学，以五行禄命诸书诸家沿习讹舛，著《辟谬》一书，海内星平家皆宗之。

高平川

按《延安府志》：平川，永安人，精星术，得云谷道人断袁了凡意。叶台山、李九我二公微时，川与语，二公骇之。已而二公入相，言皆验。每怜其贫，讽令以子小就一职为禄养。川曰："宁日不再食，勿以薄分辱名器也。"李益重之。年八十，卒于郡郊四鹤桥，不能举殡。适叶驰驿至，为赙丧具。

胡日章

按《嘉兴府志》：日章，澂所戎籍也，少学禄命术，遇异人海上，授之诀，因益精。每作绝句诗判人一事，无不验。与人言必依于孝、友、忠、信。有后母者，尤谆切诚勉之，盖有道而隐于术者。年九十余卒，其术无传。

刘兴汉

按《宝庆府志》：兴汉，字思吾，邵阳人，工日者术，士大夫多与之游。监司郡邑以冠带给之，额旌无虚日。然虽业星卜，每与人言，必以修命造命是训是行，盈户牖皆格言。尝识一友于贫贱时，随成显宦，视之如三党者二十年。孤介之性，绝无一事相干。后其家败，戚友多受累者，独超然事外。惟雅好读书，督课二子不少姑息，后先俱游泮，苦志早卒。汉好善益力，以老且孤历变乱，八十余考终。

星命艺文（一）

辩命论

（梁）刘峻

主上尝与诸名贤言及管辂，叹其有俊才而位不达。时有在赤墀之下，预闻斯议，归以告余。余谓士之穷通无非命也，故谨述天旨，因言其致云尔。臣观管辂，天才英伟，珪璋特秀，实海内之名杰，岂日者卜祝之流乎，而官止少府丞，年终四十八，天之报施何其寡欤！然则高才而无贵仕，饕餮而居大位，自古所叹焉，独公明而已哉。故性命之道，穷通之数，夭阏纷纶，莫知其辩。仲任蔽其源，子长阐其惑。至于鹖冠瓮牖，必以悬天有期；鼎贵高门，则曰唯人所召。诡诡欢咋，异端斯起。萧远论其本而不畅其流，子元语其流而未详其本。尝试言之曰：夫道生万物则谓之道，生而无主谓之自然。自然者，物见其然，不知所以然，同焉，皆得不知所以得，鼓动陶铸而不为功，庶类混成而非其力。生之无亭毒之心，死之岂虑刘之志。坠之渊泉非其怒，升之霄汉非其悦。荡乎大乎，万宝以之化；确乎纯乎，一化而不易。化而不易则谓之命。命也者，自天之命也，定于冥兆，终然不变。鬼神莫能预，圣哲不能谋。触山之力无以抗，倒日之诚弗能感。短则不可缓之于寸阴，长则不可急之于箭漏。至德不能逾，上智所不免。是以当放勋之世，浩浩襄陵；天乙之时，焦金流石。文公厄其尾，宣尼绝其粮，颜回败其丛兰，冉耕歌其芣苢，夷叔毙淑媛之言，子舆困藏仓之诉，圣贤且犹若此，而况庸庸者乎。至乃伍员浮尸于江流，三闾沈骸于湘渚，贾大夫沮志于长沙，冯都尉皓发于郎署，君山鸿渐锻羽仪于高云，敬通凤起摧迅翮于风穴，此岂才不足而行有遗哉？近世有沛国刘瓛、瓛弟琎，并一时秀士也。瓛则关西孔子，通涉六经，循循善诱，服膺儒行。琎则志烈秋霜，心贞昆玉，亭亭高竦，不杂风尘。皆毓德于衡门，并驰声于天地，而官有微于侍郎，位不登于执戟，相次殂落，宗祀无飨。因斯两贤以言古，则昔之玉质金相，英髦秀达，皆摈斥于当年。韫奇才而莫用，候草木以共雕，与麋鹿而同死，膏涂平原，骨填川谷，堙灭而无闻者，岂可胜道哉！此则宰衡之与皂隶，容彭之与殇子，猗顿之与黔娄，阳文之与敦洽，咸得之于自然，不假道于才智。故曰：死生有命，富贵在天。其斯之谓矣。然命体周流，变化非一，或先号后笑，或始吉终凶，或不召自来，或因人以济，交错纠纷，回环倚伏，非可以一理征，非可以一途验。而其道密微，寂寥忽恍，无形可以见，无声可以闻。必御物以效灵，亦凭人而成象，譬天王之冕旒，任百官以司职。而或者睹汤武之龙跃，谓戡乱在神功；闻孔墨之挺生，谓英睿擅奇响；视韩彭之豹变，谓鸷猛致人爵；见张桓之朱绂，谓明经拾青紫。岂知有力者运之而趋乎，故言而非命有六蔽焉。余请陈其梗概。夫靡颜腻理，哆㖒颇颊形之异也；朝秀晨终，龟鹤千岁，年之殊也；闻言如响，智昏菽麦，神之辩也。固知三者定乎造化，荣辱之境，独曰由人，是知二五而未识于十。其蔽一也。龙犀日角，帝王之表；河目龟文，公侯之相。抚镜知其将刑，压纽显其膺录。星虹枢电，昭圣德之符；夜哭聚云，郁兴王之瑞。皆兆发于前期，涣汗于后叶。若谓驱貔虎，奋尺剑，入紫微，升帝道，则未达幽冥之情，未测神明之数。其蔽二也。空桑之里变成洪川，历阳之都化为鱼鳖，楚师屠汉卒，睢河鲠其流；秦人坑赵士，沸声若雷震。火炎昆岳，砾石与琬琰俱焚；严霜夜零，萧艾与芝兰共尽。虽游、夏之英才，伊颜之殆庶，焉能抗之哉！其蔽三也。或曰：明月之珠不能无类，夏后之璜不能无考。故亭伯死于县长，相如卒于园令，才非不杰，主非不明也。而碎结绿之鸿辉，残悬黎之夜色，抑尺之量有短哉。若然者，主父偃公孙弘对策不升第，历说而不入，牧豕淄原，见弃州部，设令忽如过隙，溘死霜露，其为诟耻，岂崔马之流乎。及至开东阁，列五鼎，电照风行，声驰海外，宁前愚而后智，先非而终是。将荣悴有定数，天命有至极，而谬生妍蚩。其蔽四也。夫虎啸风驰，龙兴云属，故重华立而元凯升，辛受生而飞廉进。然则天下善人少，恶人多，暗主众，明君寡。而薰莸不同器，枭鸾不接翼。是使浑敦梼杌，踵武于云台之上；仲容廷坚，耕耘于岩石之下。横谓废兴在我，不系于天。其蔽五也。彼戎狄者，同面异心，宴安鸩毒，以诛杀为道德，以蒸报为仁义。虽大风立于青丘，凿齿奋于华野，比其狼戾，曾何足喻。自金行不竞，天地版荡，左带沸唇，乘间电发。遂覆瀍洛，倾五都，居先王之桑梓，窃名号于中县，与三皇竞其萌黎，五帝角其区宇。种落繁炽，充牣神州。呜呼福善祸淫，徒虚言耳。岂非否泰相倾，盈缩递运，而汩之以人。其蔽六也。然所谓命者，死生焉。贵贱焉，贫富焉，治乱焉，祸福焉，此十者天之所赋也。愚、智、善、恶，此四者人之所行也。夫神非舜禹，心异朱均，才绁中庸，在于所习。是以素丝无恒，元黄代起；鲍鱼芳兰，入而自变。故季路学于仲尼，厉风霜之节；楚穆谋于潘崇，成弑逆之祸。而商臣之恶，盛业光于后嗣，仲由之善，不能息其结缨。斯则邪正由于人，吉凶在乎命也。或以鬼神害盈，皇天辅德。故宋公一言，法星三徙；殷帝自翦，千里来云。若使善恶无征，未洽斯义。且于公高门以待封，严母扫墓以望丧，此君子所以自强不息也。如使仁而无报，奚为修善立名乎，斯径庭之辞也。夫圣人之言，显而晦，微而婉，幽远而难闻，河汉而不测。或立教以进庸怠，或言命以穷性灵。积善余庆立教也凤鸟不至言命也。今以其片言辨其要趣，何异乎夕死之类而论春秋之变哉？且荆昭德音，丹云不卷，周宣祈雨，珪璧斯馨，于叟种德，不逮勋华之高；延年残犷，未甚东陵之酷。为善一，为恶均，而祸福异其流，废兴殊其迹，荡荡上帝，岂如是乎。诗云："风雨如晦，鸡鸣不已。"故善人为善，焉有息哉。夫食稻粱，进刍豢，衣狐貉，袭冰纨，观窈眇之奇舞，听云和之琴瑟，此生人之所急，非有求而为也。修道德，习仁义，敦孝悌，立忠贞，渐礼乐之腴润，蹈先王之盛则，此君子之所急，非有求而为也。然则君子居正体道，乐天知命，明其无可奈何，识其不由智力，逝而不召，来而不拒，生而不喜，死而不戚，瑶台夏屋不能悦其神，土室编蓬未足忧其虑，不充诎于富贵，不皇皇于所欲，岂有史公、董相不遇之文乎。

禄命论

（唐）吕才

叙禄命曰：谨按《史记》，宋忠、贾谊诮司马季主云："夫卜筮者，高人禄命以悦人心，矫言祸福以尽人财。"又按王充《论衡》云："见骨体而知命禄，睹命禄而知骨体。"此则禄命之书行之久矣，多言或中，人乃信之。今更研寻，本非实录，但以积善余庆，不假建禄之吉，积恶余殃，岂由劫杀之灾。皇天无亲，常与善人祸福之应，莫犹响影。故有夏多罪，天命剿绝；宋景修德，妖孛夜移。学也，禄在其中，岂待生当建学。文王忧勤，损寿，不关月值空亡。长平坑卒，未闻共犯三刑。南阳贵士，何必俱当六合。历阳成湖，非独河魁之上。蜀郡炎燎，岂由灾厄之下。今时亦有同建同禄而贵贱悬殊，共命共胎而夭寿更异。按春秋鲁桓公六年九月，鲁庄公生。今检长历，庄公生当乙亥之岁，建申之月。以此推之，庄公乃当禄之空亡。依禄命书，法合贫贱，又犯勾绞，六害，背驿马生，身克驿马，驿马三刑，当此生者并无官爵。火命七月生当病乡为人尫弱身合短陋今按《齐诗》讥庄公云："猗嗟昌兮，顾而长兮。美目扬兮，巧趋跄兮。"唯有向命一条，法当长命。依检《春秋》，庄公薨时，计年四十五矣。此则禄命不验一也。又按《史记》，秦庄襄王四十八年，始皇帝生。宋忠注云："因正月生，为此为名政。"依检襄王四十八年，岁在壬寅，此年正月生者，命当背禄，法无官爵，假当禄合，奴婢当少始皇。又当破驿马生，驿马三刑，身克驿马，法当望官不到。金命正月生，当绝下为人，无始有终，老而弥吉。今验《史记》，始皇乃是有始无终，老更弥凶，唯违命生，法合长寿，计其崩时，不过五十。禄命不验二也。又检汉武故事，武帝乙酉之岁七月七日平旦时生，亦当禄空亡，下禄命书，法无官爵，虽向驿马，尚隔四辰，依禄命法，少无官荣，老而方盛。今检《汉书》，武帝即位，年始十六，末年已后，户口减半。禄马不验三也。又按《后魏书》云，高祖孝文皇帝皇兴元年八月生。今按长历，其年岁在丁未，以此推之，孝文皇帝背禄背命，并驿马三刑，身克驿马，依禄命书，法无官爵，命当父死中生，法当生不见父。今检《魏书》，孝文皇帝身受其父显祖之禅，《礼》云："嗣子位定在于初丧，逾年之后方始正号，是以天子无父事三老也。"孝文皇帝受禅异于常礼，躬为天子，以事其亲，而禄命例云不合识父。禄命不验四也。又按沈约《宋书》云，宋高祖癸亥岁三月生，依此而推，禄之与命并当空亡。依禄命书，法无官爵，又当子墓中生，唯宜嫡子，假有次子，法当早死。今检《宋书》，高祖长子先被篡杀，次子义隆享国多年，高祖又当祖禄下生，法得嫡孙财禄。今检《宋书》，其孙刘劭并刘浚并为篡逆，几失宗桃。禄命不验五也。

赠人鉴萧才夫谈命

（宋）文天祥

岁单阏，人鉴萧才夫过予，以予命推之，言颇悉。是秋迄次年，予所遭无有不与其言相符。噫人鉴其神已。为之辞曰：眇阴阳之大化兮，布濩垓埏。出王游衍之度思兮，曾浅浅乎为天。自青紫食穷经之心兮，怪诡乘之而相挺。窃掠王纬之肤兮，诳其愚以自贤。方疾其拂耳骚心兮，羌作炳于眇绵。将事实与行会兮，抑抉，幽而钩元。予将窥前灵之逸迹兮，就有道而正焉。

跋彭叔英谈命录

前　人

命者，令也。天下之事，至于不得不然。若天实使我为之，此之谓令，而自然之命也。自古忠臣志士，立大功业于当世，往往适相解后，而计其平生，有非梦想所及，盖不幸而国有大灾大患，不容不出身捍御，天实驱之，而非夫人之所得为也。当天下无事，仕于是时者，不见兵端，岂非命之至顺。盖至于不得已而用兵，犯危涉险，以身当之，则命之参差，为可闵矣。士大夫喜言兵，非也；讳言兵，亦非也。如以为讳，则均是臣子也。彼有王事鞅掌，不遑启居，至于杀身而不得避。是果何辜，吾独何为而取其便。如以为喜，则是以功业为可愿，鳃鳃然利天下之有变，是诚何心哉。是故士大夫不当以为讳，亦不当以为喜，委质于君，惟君命所使，君命即天命，惟无所苟而已。星翁历家之说，以金、火、罗、计、孛皆为主兵之象，遇之者即以功业许人。十二曜之行于天，无日不有，无时不然。人物之生，亦无一日可息，事适相值者，亦时而有至之也。治乱本于世道，而功业之显晦关于人之一身，审如其说，则人之一身常足为世道之轩轾，有是理哉。圣贤所谓知命、俟命、致命，皆指天理之当然者而言，是故非甘石所晓。彭叔英儒者也，而星翁历家之说尚不免胶固。欧阳巽斋先生既具为之辨，予复备论之。叔英持以复于先生。

禄命辨

（明）宋濂

三命之说古有之乎？曰：无有也。曰：世之相传，有黄帝、风后、三命一家，而河上公实能言之，信乎？曰：吾闻黄帝探五行之精，占斗罡所建，命大挠作甲子矣。所以定岁月，推时候，以示民用也。他未之前闻也。曰：然则假以占命果起于何时乎？曰：诗云："我辰安在。"郑氏谓六物之吉凶王充《论衡》云："见骨体而知命禄，睹命禄而知骨体。"皆是物也。况小运之法，本许慎《说文》。己字之训，空亡之说，原司马迁《史记》。孤虚之术盖以五行甲子推人休咎，其术之行已久矣，非如吕才所称起于司马季主也。沿及后世，临孝公有《禄命书》，陶弘景有《三命抄略》，唐人习者颇众，而僧一行、桑道茂、李虚中咸精其书。虚中之后唯徐子平尤造其阃奥也。曰：十一曜之说古有之乎？曰：无有也。《书》云："在璇玑玉衡，以齐七政。"所谓七政，日、月、水、火、木、金、土也。而无紫气、星孛、罗睺、计都也。星孛数见于《春秋》，或见大辰，或入北斗。紫气则载之史册，与氛祲同占。罗睺、计都者蚀神首尾也，又谓之交初、交中之神。初、中者，交食之会也，借此以测日月之食也。唐贞元初，李弼乾始推十一星行历，鲍该、曹士芳皆业之。士芳又作罗、计二隐曜立成历，起元和元年，及至五代。王朴著钦天历，且谓蚀神首尾，颇行之，民间小历而已。若吴伯善，若甄鸾，若刘孝孙，若张胄元之所造，但云七曜而不闻有十一星也。曰：然则假之以占命，又起于何时乎？曰：《洪范》云："月之从星，则以风雨。"泠州鸠云；"武王伐殷，岁在鹑火，月在天驷。"则以星占国，亦已久矣，而未必用之占命也。曰：以星占命奈何？曰：予尝闻之于师，其说多本于《都利聿斯经》。都利盖都赖也，西域康居城当都赖水上，则今所传《聿斯经》者，婆罗门术也。李弼乾实婆罗门伎士，而罗睺、计都亦胡梵之语，其术盖出于西域无疑。晁公武谓为天竺梵学者，于此征之尤信也。曰：术之缘起，则吾既得闻命矣然亦巧发而奇中乎？曰：有固有之，而不可泥也，何也？且以甲子干枝推人所生岁月，展转相配其数，极于七百二十，以七百二十之年月加之七百二十之日时，其数终于五十一万八千四百，夫以天下之广。兆民之众，林林而生者不可以数计，日有十二时，未必一时唯生一人也，以此观之，同时而生者不少，何其吉凶之不相同哉？吕才有云："长平坑卒，未应共犯三刑。南阳贵士，何必俱当六合。"诚足以破其舛戾矣。三命之说，予不能尽信者此也。天以二十八宿为体，体则为经，有定所而不可易；以五星为用，用则为纬，恒络绎乎其间。或迟，或留，或伏，或逆，固有常度，而可以理测。苟谓躔某宿则吉，历某宫则凶，犹或可言也。设其星有变，其行不依常经而犯乎河汉内外，诸星又将何以占之哉？或如前所谓生同一时者，其躔次无不同，吉与凶又何悬绝哉？夫万物皆出于五行，安有五行之外又有四余。土木行度最迟，而为吉凶者久，故有余气。而气为木之余，计为土之余，犹或可言也。水之余则孛，火之余则罗，果何所取义哉？水、火、土、木然矣，奈何金独无余气乎？或谓相生故有，而相克故无，亦非通论也。况孛乃妖星，或有，或无，而气、罗、计三者本非星也，不知何以有躔度之说哉？十一曜之说予不能尽信者此也。曰：秦汉以来诸儒推十二国分野，十二次度数，及其所入州郡躔次，毫厘若无差忒者，既可占国，岂不能占人乎？曰：天运地维，动静不同，故先正云有分星而无分野，占国者不可尽泥也。占国者不可尽泥，况占命乎？曰：五星之精发乎地，而昭乎天，其分配十干十二辰，名虽殊，而理则同也。人资天地以生，山林之民毛而方，谓得木气之多也。川泽之民黑而津，谓得水气之多也。得火气之多，则丘陵之民专而长也。得金气之多，则坟衍之民晰而瘠也。至于丰肉而痹，则得土气之多而所谓原隰之民也。然则彼皆非欤，曰五土有异而民生以之，此固然也。人之赋气有厚薄短长，而贵富、贱贫、寿夭六者随之，吾不能必也，亦非日者之所能测也。蹈道而修德，服仁而惇义，此吾之所当为也，不待占者而后知之也，予身修矣。倘贫贱如原宪，短命如颜渊，虽晋楚之富，赵孟之贵，彭铿之寿，有不能及者矣。命则付之于天，道则责成于己，吾之所知者如斯而已矣。不然委命而废人。自昼攫人之金而陷于桎梏，则曰：吾之命当尔也。怠窳偷生而不嗜学，至老死而无闻，则曰：吾之命当尔也。刚愎自任，操刃而杀人，柔暗无识，投缳而绝命，则又曰：我之命当尔也。其可乎哉？其可乎哉？所以先王知山川异制，民生异俗，刚柔缓急迟速异齐，五味异和，器械异度，衣服异宜，于是修其教不易其俗，齐其政不易其宜，所以卒归于雍熙之治也。昔者郑大夫裨灶言："郑当火。"请以瓘斝玉瓒禳之，子产不之与，已而果然。灶复云："不用吾言，郑又将火。"子产曰：

"天道远，人道迩，非所及也。"郑卒不复火。呜呼！此不亦禄命之似乎？吾知尽夫人道而已。尔。曰："近世大儒于禄命家无不嗜谈而乐道之者。"而子一切禁绝之，其亦有所本乎？曰：有子罕言命。

赠徐仲远序

刘虞臣

世之所谓祸福通塞者，果由于命耶？圣人罕言命，命果不足道耶？孔子曰："道之将行也与，命也。道之将废也与，命也。"自古固有不仁而安荣，守道而戮辱者，庸非命乎？古之人以寿富康宁攸好德考终命为福，而不言贵。今之论命，以官爵之大小，品位之高下，岂古之所谓祸福与今异耶？好德无逾于仲尼，则厄穷而在下，颜渊亚圣，三十以死，曹孟德、司马仲达位在人上，而以寿终，且及其予与孙。祸耶？福耶？所谓命者，当何以断之哉？《易》曰："穷理尽性，以至于命。"孔子曰；"不知命无以为君子也。"今之言命者，其果有合于古人否乎？天以阴阳五行生，为人也。阴阳五行之精是为日、月、木、火、土、金、水之曜。七曜运乎上，而万形成于下。人也者，天地之分体，而日、月、木、火、土、金、水之分气也。理生气，气生数，由数以知气，由气以知理，今之言命者之所由起也。夫气，母也，人子也。母子相感，显微相应，天人之理也，则亦何可废哉？日至而麋鹿解，月死而蠃蠵，温风动而荠麦死，清霜降而丰钟鸣，物理相通，不可诬也。天台徐仲远以七曜、四余推人生祸福，无不验，予甚异之，而赠以言。若夫吉凶利害之所趋避，则吾尝闻之孟子矣。

星命艺文（二）

三星行

（唐）韩愈

我生之辰，月宿南斗。

牛奋其角，箕张其口。

牛不见服箱，斗不挹酒浆。

箕独有神灵，无时停簸扬。

无善名已闻，无恶声已欢。

名声相乘除，得少失有余。

三星各在天，什五东西陈。

嗟汝牛与斗，汝独不能神。

送许季升诗

杨廷秀

连珠合璧转璇霄，也被星家不见饶。

灾曜元来怯祷杌，福星不是背箪瓢。